KAPITEL I

In dem die Familie Colón
ihren Namen italianisiert

Wären die Karwoche und das Passahfest in meinem Geburtsjahr nicht zusammengefallen, hätte sich das alles nicht ereignet. Ein anderer wäre, von ein paar Ausnahmen einmal abgesehen, der berühmteste Mann aller Zeiten geworden. Was dabei herausgekommen wäre, weiß niemand. Was wäre gewesen, wenn dieser andere erst ein paar Jahre später auf den Plan getreten wäre und damit den Indianern womöglich die Zeit verschafft hätte, das Rad zu erfinden oder aufzuhören, sich gegenseitig ständig zu bekämpfen, oder die Ehrfurcht vor den bleichhäutigen Göttern zu verlieren, die von jenseits des Meeres kamen? Hätte womöglich Cortés Mexiko erobern können oder Pizarro Peru? Die Geschichte ist im wesentlichen ein Würfelspiel, und in diesem Jahr entschieden die Würfel eben, daß die Karwoche und das Passahfest in ein und dieselbe Woche fallen sollten.

In jener Nacht, in der alles anfing, huschten Mama und Papa durch schmale Gassen zu Santiago Santangels Haus, wo der Seder stattfand. Sie huschten recht gemächlich, denn Mama war im siebten Monat mit mir schwanger. Nicht daß Papa es eilig gehabt hätte. Er wollte weder zum Seder in Santiago Santangels Haus noch zu irgendeinem Seder irgendwo.

Santiago Santangel – wenn das kein Name ist! Er war ein Jude aus Calatayud – Noah Chinillo hieß er ursprünglich – und jetzt ein bekehrter Christ, ein sogenannter Converso. Sein Sohn Luis, damals neun Jahre alt, wurde später der Verwalter der Privatschatulle

Ihrer Katholischen Majestäten, eine Art Finanzminister also. Ob er reich wurde? Und ob! Aber davon später.

Die Gasse, durch die Mama und Papa huschten, führte auf eine breite Hauptstraße, durch die sich ein Fackelzug bewegte: Büßer in langen Gewändern mit spitzen Kapuzen zogen mit klirrenden Ketten unter düsterem Singsang vorbei. Ein großes Tragegerüst mit der Jungfrau Maria schaukelte gefährlich zwischen den Häusern hindurch. Mama und Papa warteten.

«Was für eine Schönheit, diese Jungfrau Maria», flüsterte Papa ehrfurchtsvoll.

«Zweitklassige Arbeit», entgegnete Mama naserümpfend.

«Wir sollten lieber nicht gehen», flüsterte Papa.

«Und warum nicht?» Das war weniger eine Frage als eine Drohung. Papa wußte genau, daß Mama ihm keine Ruhe gelassen hätte, wenn sie nicht gegangen wären.

«Es ist gefährlich.»

«Im Haus eines Freundes zu essen soll gefährlich sein?»

«Vielleicht wäre es besser, sich neue Freunde zu suchen», meinte Papa. «Da wir nun mal Conversos sind, sind wir eben Conversos. Das ist Schuß und Kette unseres Lebens.»

Papa war Weber. Für ihn ließ sich alles mit Hilfe von Schuß und Kette, Rahmen und Schiffchen erklären. Keine schlechten Metaphern, muß ich zugeben.

Hinter der Jungfrau zogen Zigeuner her, auch sie mit Fackeln. Zigeuner waren ziemlich neu in Spanien. Vor dreißig, vierzig Jahren tröpfelten die ersten durch ein Loch in den Pyrenäen nach Süden. Bald wurde daraus ein reißender Strom. Immer mehr Zigeuner ergossen sich nach Spanien, und da führte kein Weg mehr heraus, weil Europa hier zu Ende war. Sie sind Analphabeten, leben von der Großzügigkeit der Natur (was bedeutet, daß sie jeden bestehlen, der kein Zigeuner ist) und sind noch dreckiger und verlauster als die Altchristen. Baden tun sie nie. Und was ihre Unterwäsche angeht (falls sie überhaupt welche tragen), so ist es fraglich, ob sie sie je wechseln. Ich erwähne das nur, weil die Juden das nämlich tun. Einmal in der Woche, vor dem Sabbat. Das ist eines der unzähligen Kriterien, anhand deren die Obrigkeit Jagd auf irregeleitete Neuchristen macht.

Spanien also wird von einer Unmenge Zigeuner überflutet. Und wen jagt man wenig später aus dem Land, um Platz für sie zu schaffen? Einfach die ganze nichtbekehrte jüdische Bevölkerung des Landes – Ärzte, Rechtsanwälte, Gelehrte, Steuereintreiber, Frauen, Kinder, einfach alle.

Ein schlechter Handel für Spanien, meinen Sie? Da kann ich nicht widersprechen.

Die Heilige Mutter Kirche behagte den Zigeunern vorzüglich. Sie fühlten sich sofort zu ihr hingezogen. Mama hingegen gab sich nie ernsthaft Mühe. Daß der Messias bereits gekommen war, empfand sie als enttäuschend. Da konnte man sich ja auf nichts mehr freuen. Realistische Gottesbilder, aus deren realistischen Wunden realistisches Blut floß, waren ihr ein Greuel. Die Beichte erregte ihren Zorn. In einem finstern Kasten zu knien, einen Priester anzulügen und durch ihn Gottes Vergebung zu erbitten – da Mama eine Abtrünnige war, mußte sie um Papas willen lügen – war das schwerste Kreuz, das Mama zu tragen hatte. Gelegentlich, wenn sie geistesabwesend war, nannte sie es sogar so.

Als die Zigeuner vorbeigezogen waren, trieb sie Papa zur Eile an.

Papa stand einen Augenblick lang unschlüssig da.

Dann sagte er, einer plötzlichen Eingebung folgend: «Wir werden ihnen Jesús nennen.»

«*Was?*»

Mama hatte rote Haare und ein entsprechendes Temperament.

«Ich sagte, wir werden ihn Jesús nennen.»

«Wen werden wir Jesús nennen?» fragte Mama mit tödlich leiser Stimme. Dabei wußte sie es genau.

«Den Jungen. Sobald er geboren ist. Er soll Jesús getauft werden.»

Ungeachtet des Namens hatte Mama bereits beschlossen, mich von der Taufe im Laufschritt nach Hause zu tragen, um mir das sogenannte Weihwasser abzuwaschen. Vielleicht können Sie sich jetzt vorstellen, was sie davon hielt, mich Jesús zu nennen.

Aber was Papa konnte, konnte sie schon lange. «Moses», konterte sie.

Jetzt war es an Papa, «*Was?*» zu rufen.

«Wir nennen ihn Moses. Moses Maimonides Colón.» Verzückt

ließ Mama die melodischen Silben dieses Namens, den ich nie tragen sollte, auf der Zunge zergehen.

«Erst mal die Kette», sagte Papa geduldig. «Moses. Ein Name aus dem Alten Testament. Ein sicheres Indiz dafür, daß wir rückfällig sind. Jeder fanatische Altchrist in Spanien kennt die Liste auswendig. Saubere Unterwäsche, kein Schweinefleisch, Segen ohne das Kreuzzeichen, zu häufiges Baden, alttestamentarische Namen . . .»

«Weiß ich doch alles. Ich *bin* abtrünnig, und ich bin stolz darauf.»

«Pssst!» warnte Papa.

Energisch bog Mama um die nächste Ecke.

«Moses Maimonides Colón», wiederholte sie störrisch.

«Und dann der Schuß», fuhr Papa auf seine talmudische Art fort. «Jeder fanatische Altchrist weiß, daß Maimonides, der berühmte Arzt und Philosoph aus Córdoba, ein Jude war. Willst du uns unbedingt ins Unglück stürzen, Susanna?»

Mama lachte. «Jetzt heiße ich doch María del Pilar. Na so was, ein Bekehrter, der sich nicht mal den Bekehrtennamen seiner Frau merken kann!»

Sie hatten sich vor zehn Jahren beim Freitagsgottesdienst in der Synagoge von Sevilla zum Christentum bekannt. Eine richtige Feuer-und-Schwefel-Versammlung war das gewesen, mit einem glutäugigen Kanzeldonnerer von einem Dominikaner in speckig weißer Kutte, der in der Linken eine Gesetzesrolle hielt und in der Rechten ein riesiges Kruzifix, und hinter ihm eine glaubenseifrige Meute von Pyromanen mit Pechfackeln, die die Synagoge in Brand steckten. Der Dominikaner stand unter der Tür, und während er mit seinem fetten Wanst den ganz konkreten Rettungsweg versperrte, schleuderte er die Gesetzesrolle in die Feuersbrunst und hielt das Kruzifix hoch.

«Verneigt euch vor diesem Symbol, dann wird euch Rettung und ewiges Heil in Unserem Herrn Jesus Christus zuteil werden!» rief er mit donnernder Stimme über die knackenden Flammen und die zu Boden krachenden Deckenbalken hinweg, während die Gläubigen zur Tür drängten.

«Amen und der Reihe nach aufstellen!» brüllte einer der Pyromanen. «Der Reihe nach aufstellen, jeder hat die Möglichkeit zu konvertieren!»

Keiner konnte den herabstürzenden Balken und den alles verschlingenden Flammen entkommen, ohne durch die Tür zu gehen, an der wie ein Baum der Dominikaner stand, und zum Zeichen, daß er den neuen Glauben annahm, das Kruzifix zu küssen.

«Joseph», schlug Papa vor. «Wir könnten ihn Joseph nennen.»

Mama warf ihm einen schrägen Blick zu.

«Joseph ist doch ein neutraler Name», meinte er hoffnungsfroh. «Wie Bartolomé.»

Bartolomé war mein Bruder, damals gerade zehn Monate alt.

«Gefällt mir nicht», sagte Mama.

«Was ist denn daran auszusetzen? Kette aus dem Alten Testament, Schuß aus dem Neuen.»

«Gefällt mir einfach nicht.»

Sie waren noch etwa hundert Meter vom Haus der Santangels entfernt, als sie Schreie hörten. Blitzschnell ergriff Papa Mama am Arm und zog sie in einen dunklen Hauseingang. Da wurde auch schon die Tür von Santangels Haus aufgerissen, Licht fiel auf die Straße, und Menschen strömten heraus. Wenig später ritten königliche Büttel auf Armeslänge vorbei, daß die Funken stoben.

Jahre später, als ich gegen Ende der Belagerung Granadas durch die Araber Luis de Santangel als inzwischen ungeheuer dicken und ungeheuer reichen Beamten von etwa fünfzig Jahren wiedertraf, fragte ich ihn nach dieser Nacht.

«Der letzte Seder? Aber ja, natürlich erinnere ich mich. Mein Vater, meine Mutter, die ganze Sippe. Schlimm war das! Ich erinnere mich gut. Ich war damals der Jüngste.»

Fanatische Ketzerjäger waren über den geheimen Seder informiert worden. Da er ausgerechnet in die Karwoche fiel, handelte es sich um ein besonders abscheuliches Verbrechen, weil dadurch angeblich der Leidensweg Unseres Herrn verhöhnt wurde. Alle Teilnehmer mit einer Ausnahme wurden auf dem Scheiterhaufen verbrannt.

Das war die Zeit vor der Inquisition. Es dauerte noch ein rundes Dutzend Jahre, bis König Ferdinand Torquemada auf die Menschheit losließ, und der Rat der Suprema und Generalinquisition kam noch später, so daß das Feuer eher Zufall war und durchaus kein inszeniertes Spektakel, wie dies später der Fall sein sollte.

«Wie konnte das nur passieren?» fragte ich Luis de Santangel, während Sturmkanonen riesige Eisenkugeln auf die lehmfarbenen Mauern von Granada schleuderten. «Wer hat eigentlich Eure Familie und die anderen verraten?»

Ein Stück zinnenbewehrter Mauer sackte in sich zusammen und verschwand in einer Staubwolke.

Und Luis de Santangel, der zweit- oder drittreichste Mann Spaniens, schaute mir geradewegs in die Augen und meinte: «An irgendeinem Punkt muß ein Mann den Grundstein für seine Karriere legen.»

Erschüttert und verängstigt huschten Mama und Papa nach Hause zu dem kleinen Bartolomé. Joseph und Jonah, Noah und Joshua, Jakob und Johannes, Timotheus und Petrus – alle diese Namen hatten sie verworfen.

Plötzlich sagte Papa: «Und wenn er ein Mädchen ist?»

Aber ich war ein Junge, und zur Welt kam ich einen Monat zu früh auf einem Schiff, das nach Genua segelte. Als es soweit war, war Mama so felsenfest davon überzeugt, daß sie nie wieder festen Boden betreten würde, daß sie einwilligte, mich Cristóbal zu nennen.

Ich hasse Biographien, die etwa so gehen: Im Alter von acht Jahren war das Denken des zukünftigen Premierministers (oder Hurenjägers oder Admirals des Ozeanischen Meeres) bereits auf den Völkerzwist (oder Geschlechtsverkehr oder die Seewege nach den Indischen Landen) gerichtet. Denn im Alter von acht Jahren war der zukünftige Premierminister etc. nichts weiter als ein rotznasiger kleiner Junge mit verdrecktem Gesicht, und die Gedanken, die ihn damals bewegten, sind der Nachwelt nicht überliefert. Vielleicht ist das auch gut so.

Anderswo habe ich (nicht ganz wahrheitsgemäß) geschrieben, daß ich mit vierzehn zur See ging, wobei ich andeutete, daß das sehr plötzlich geschah, daß ich der Polizei womöglich nur eine kräftige ablandige Brise voraus war, und es dem Leser überlassen, sich auszumalen, was für ein heimtückisches Verbrechen ich begangen haben mochte.

Mein eigener Sohn Fernando stellt die Dinge anders dar. Der

junge Fernando, wenig erpicht darauf, den Lenden eines halbgebildeten Niemand entsprungen zu sein, der sich mit vierzehn aufs Meer davonmachte, schickte mich in seiner Biographie (einem Buch, das ich nicht empfehlen kann) auf die Universität von Pavia und ließ mich Mathematik, Geographie und Astronomie studieren, auf daß ich einen adäquaten Vater für den unehelichen Sohn des Admirals des Ozeanischen Meeres abgäbe.

Ich wurde auf hoher See geboren. Das könnte zumindest Rodrigo Borja bezeugen, ein junger Spanier von niederem Adel, der auf demselben Rundschiff, das Domingo und Susanna (oder María del Pilar) Colón und ihren Sohn Bartolomé in ihre neue Heimat Italien brachte, von Valencia nach Genua fuhr. Meine Mama wurde auf dieser Überfahrt so seekrank, daß meine Geburt für sie eine beinahe willkommene Abwechslung darstellte.

Der Hidalgo Rodrigo Borja befand sich auf dem Weg nach Rom, da seine Familie dorthin Beziehungen hatte. Er reiste mit einem vierzehnköpfigen Gefolge und einem Gepäck von fünfzig Truhen aus Eichenholz. Eine davon enthielt mehrere Dutzend seidener Strumpfhosen, keine zwei im selben Farbton, für Rodrigo Borjas kräftige, wohlgeformte Beine. Eine andere war bis zum Rand mit intensiv duftender spanischer Wurst gefüllt. Rodrigo Borja brachte den Knoblauch nach Italien.

«Nennt ihn doch Cristóbal», schlug Borja vor, während Mama, abgeschirmt durch ein Segeltuch, mit mir und ihrer Seekrankheit kämpfte. Papa hielt unbeholfen meinen Bruder Bartolomé auf dem Arm. Bartolomé begann zu plärren.

«Warum Cristóbal?» fragte Papa und tätschelte den kleinen krebsroten Kopf. Mama stieß einen langgezogenen Schmerzensschrei aus und begann dann sogleich auf Ladino zu fluchen. Für die Ohren der italienischen Schiffsbesatzung mochte sich das einigermaßen spanisch anhören, aber Rodrigo Borja würde den Unterschied bemerken; er würde den Straßendialekt der spanischen Juden auf Anhieb erkennen. Besorgt wartete Papa ab. Aber Borja schien sich nicht weiter für Mamas saftiges Ladino zu interessieren.

«Weil Ihr Eure Namen italienisieren werdet, sobald ihr Euch eingelebt habt, und Cristoforo ist doch ein schöner Name.» Borja betrachtete das rotgesichtige Kind auf Papas Arm. «Bartolomeo auch», fand er.

«Wir sollen unsere Namen italianisieren?»

«Natürlich. Das machen wir alle. Wie heißt Ihr noch gleich?»

«Domingo. Domingo Colón.»

«Also Domenico. Domenico Colombo. Nichts einfacher als das», meinte Rodrigo Borja.

In diesem Augenblick gab mir hinter der Wand aus Segeltuch eine seiner Dienerinnen oder Konkubinen einen kräftigen Klaps aufs Hinterteil.

Ich ließ einen beleidigten Schrei los.

Die Spanier sind als einziges Volk in der Lage, unbekümmert Freundschaften über Klassenschranken hinweg zu schließen, da sich jeder Spanier seines Wertes zutiefst bewußt und sicher ist. Als also Rodrigo Borja wenige Stunden bevor wir in Genua anlegten, sagte: «Wenn Ihr je nach Rom kommt, dann besucht mich doch», meinte er das ernst. Papas Webstuhl-Philosophie hatte dem jungen Hidalgo imponiert, und Papa genoß es natürlich, sich im Glanz des Renaissancemenschen Borja zu sonnen. Absurderweise befanden sich damals bekehrte Juden in weitaus größerer Gefahr als jene, die ihrem Glauben noch anhingen, und unzählige Neuchristen, oder sogenannte Marranos (Schweine), wie man sie verächtlich nannte, verließen Spanien Hals über Kopf. In dieser Situation befand sich auch Papa. In welcher sich Rodrigo Borja befand, weiß ich nicht. Und Papa fragte nicht danach; das schickte sich nicht. Aber sie waren sich auf Anhieb sympathisch.

«Und wenn Ihr nicht kommen könnt, dann schickt Cristoforo, wenn er soweit ist», sagte Borja. «Und Bartolomeo natürlich auch.»

Papa versprach es ihm.

Einige Historiker behaupten, ich hätte mich in Berichten über meine Jugend gewisser Übertreibungen schuldig gemacht. Das mag schon sein. Aber welcher Autobiograph tut das nicht? Und die Biographen erst recht. Ein gewisser Bartolomé de Las Casas, der zweite Schreiberling nach meinem Sohn Fernando, ist so ein Beispiel. Er spielt auf «adelige Vorfahren» an und auf nur in seiner Einbildung existierende Studien an der Universität, die Fernandos Mathematik, Geographie und Astronomie weit in den Schatten stellen. Bei ihm diente ich unter einem «illustren Verwandten», einem französischen Admiral; ich hüpfte vor der Küste Portugals von einem brennenden Piratenschiff, das auch noch unter meinem Kommando gestanden haben soll, und schwamm «trotz schwerster Verletzungen» bei Lissabon ans Ufer. Diese Biographen!

Domenico Colombo (ehemals Domingo Colón) ließ sich in der Nähe der Porta dell'Olivella in Genua als Weber nieder. Ein paar Jahre später machte er außerdem noch eine kleine Taverne auf und erfüllte sich damit einen geheimen Wunsch. Die Kundschaft war von der derben Sorte – Matrosen und Dirnen. Mama hatte mit mir und Bartolomeo alle Hände voll zu tun. Daß wir unter dem Webstuhl herumkrochen, störte sie nicht weiter. Aber die Taverne war verbotenes Terrain. «Weben si, Weinstube no», pflegte sie zu sagen. Sooft es ging, schlich sich Mama, die sich jetzt Maria Susanna Colombo nannte, in die Synagoge. Domenico Colombo tat, als merkte er nichts. In Italien war man damals großzügiger.

Sechs Jahre nach unserer Ankunft in Italien kam mein Bruder Giacomo auf die Welt. Es war eine schwere Geburt. Kaum hatten Bartolomeo und ich einen Blick auf unseren kreischenden, glatzköpfigen kleinen Bruder geworfen, als auch schon ein Priester aus Papas Kirche herbeieilte und Mama die letzte Ölung gab. Es kam auch ein Rabbi, aber Papa wurde gewalttätig und ließ ihn erst gar nicht herein. Von dieser Nacht an bis zu dem Tag, an dem er starb, war Domenico Colombo ein fanatischer Christ. Anscheinend gab er den Juden die Schuld am Tod seiner Frau, ähnlich wie manche Leute sie für die Pest verantwortlich machten. Geheiratet hat er nicht mehr.

Allerdings verschwand er regelmäßig mit der einen oder anderen Dirne nach oben. Diese Dirnen behandelten uns drei Jungen wie ihre Lieblingsneffen und brachten uns sogar ein bißchen Rechnen und Lesen bei. Giulia mochten wir am liebsten. Sie war ein großes, kräftiges Mädchen aus den Abruzzen. Giulia konnte ein Hufeisen in beide Hände nehmen und es geradebiegen; ihr Gesicht lief dabei dunkelrot an. Sie hieß allgemein die Amazone, und sie hatte ganz spezielle Kunden. Einmal, als die Dinge nicht nach Plan liefen, packte sie ihren Besucher und schleuderte ihn durchs Fenster, so daß er sich beide Beine und ein paar Rippen brach. Mit meinen

Brüdern und mir war Giulia sanft wie ein Lamm. Ich glaube, auf ihre brachiale Art hatte sie uns ins Herz geschlossen.

Diverse Biographen haben mich – wie könnte es anders sein – im Hafen herumlungern und sehnsüchtig aufs Meer hinausschauen lassen, als hätte ich bereits mit neun oder zehn Jahren geahnt, daß dies meine Bestimmung war. Natürlich konnte man so einiges lernen, wenn man im Hafen herumlungerte und aufs Meer hinausschaute. Zum Beispiel, daß die Erde nicht flach ist wie eine Seekarte, sondern rund wie ein Ball. Zumindest hat Bartolomeo mir das oft genug erklärt, wobei sein häßliches Gesicht jedesmal vor Begeisterung strahlte.

«Die Erde ist rund wie ein Ball», behauptete er.

Mir war das ziemlich egal. «So? Woher willst du das denn wissen?»

Er führte mich in den Teil des Hafens, in dem Karavellen, ab und zu mal eine Galeasse und Flottillen kleinerer Boote ankerten.

«Da schau», sagte er und zeigte hinaus aufs Meer.

Es war ein klarer Tag. Am Horizont war ein Segel zu erkennen.

«Das Segel sieht man, den Schiffsrumpf aber nicht.»

«Na und?»

«Schau doch hin!»

Jetzt sah man in weiter Ferne das Schiff. Wie ein Spielzeug sah es aus.

«Sie ist rund! Hab ich's dir nicht gesagt? Die Erde ist rund. Wenn ein Schiff hereinkommt, sieht man erst das Segel und dann den Rumpf. Wenn es hinausfährt, ist es umgekehrt. Begreifst du das?»

«Klar», sagte ich, um ihm einen Gefallen zu tun.

«Weißt du auch, was das bedeutet? Es müßte möglich sein, nach Westen zu segeln und weiterzusegeln und immer weiter . . .»

«Ich kann mir schon denken, was du meinst.»

«Und von Osten her wieder zurückkommen. Das heißt, es ginge, wenn nicht Indien und Cathay und Zipangu im Weg wären.»

«Kein Mensch kann nach Westen segeln und von Osten her zurückkommen», sagte ich, ohne auf Indien, Cathay und Zipangu einzugehen.

Bartolomeo seufzte. «Wenn du gut zugehört hättest, wüßtest du, daß ich recht habe.»

«Du bist verrückt», sagte ich. «Westen ist Westen, und Osten ist . . .»

«Vergiß es.»

An einem Herbsttag, als Bartolomeo dreizehn war und ich zwölf, entdeckte ich ihn im Laden eines Kartenzeichners aus Florenz. Er hieß Vongole. Bartolomeo hing ständig bei Kartenzeichnern und Händlern für Schiffszubehör herum.

«Ja, mein Herr, Thule, das ist das Ende der Welt», sagte der zahnlose alte Vongole, wobei er, ein gelbliches Auge kurzsichtig zukneifend, eine auf Pergament gezeichnete Seekarte betrachtete. «Sechs Segeltage nördlich von Britannien. Ein Grieche namens Pytheas, jawohl, mein Herr. Ist vierhundert Jahre vor der Geburt Unseres Herrn dahin gesegelt.»

«Mein lieber Schwan», staunte Bartolomeo.

«Sommer war's damals. Keine Dunkelheit, einfach die ganze Nacht über normales Tageslicht.»

«Menschenskind», sagte Bartolomeo.

«Und nicht mal Kompasse hatten sie damals. Wie Ihr auf der Karte seht, habe ich Thule nordwestlich von Britannien eingezeichnet.»

«Und wieso?» fragte Bartolomeo.

«Pytheas», sagte der alte Vongole, «hat sich mit der Richtung ein bißchen vertan.»

«Und wieso?»

«Durcheinandergebracht. Hat Breitengrade und Längenmeridiane einfach verwechselt», sagte der alte Vongole. «Kann schon mal vorkommen, so was. Vor allem bei einem Griechen.» Kichernd klopfte sich Vongole auf die Schenkel.

Sorgfältig rollte er die Karte zusammen, als plötzlich eine riesige Gestalt in der Tür des winzigen, fensterlosen Ladens auftauchte. Es war die Amazone. Sie keuchte.

«Ihr zwei solltet lieber nach Hause kommen. Euer Papa ist verletzt. Schwer verletzt.»

Wir beeilten uns nach Kräften, aber im Gewirr der Gassen rund um den Hafen wimmelte es von Menschen, und so kamen wir nur langsam voran, bis die Amazone uns einfach packte, den einen links, den anderen rechts unter den Arm klemmte und wie ein menschlicher Sturmbock an den Zollgebäuden vorbei den Hügel hinauffegte. Sie trug ihre Arbeitskluft – Leder und ein altmodisches Kettenhemd – und war so gewaltig, daß die Leute auseinanderstoben, ohne daß sie sie zu berühren schien.

Vor der Taverne war ein Menschenauflauf. Oben roch es nach Weihrauch. Aus Papas Zimmer kam ein engelsgleicher kleiner Meßdiener in langem, weißem Hemd mit einem Weihrauchfaß. Hinter ihm tauchte ein besorgt blickender Arzt in einem zerknautschten roten Gewand auf. Die Amazone setzte uns ab.

«Ist er tot?» fragte sie.

«Nein, mein Herr. Ich meine, Madonna», verbesserte sich der Arzt hastig, nachdem er einen zweiten Blick auf sie geworfen hatte. «Aber ich fürchte, es ist nur eine Frage der Zeit. Und von Gottes Willen natürlich. Ich habe getan, was ich konnte. Habe ihn zweimal zur Ader gelassen und . . .»

«Zur Ader gelassen? Obwohl er bereits wie ein abgestochenes Schwein geblutet hat?» donnerte die Amazone. Bartolomeo begann zu weinen. Ich ging hinein. Der Priester korkte gerade sein Ölfläschchen zu. Papa lag ausgestreckt auf dem Bett, die Arme über der Brust gekreuzt. Ich hatte noch nie ein so bleiches Gesicht gesehen. Seine Stirn glänzte ölig.

Hinter mir kamen die Amazone und Bartolomeo herein und dann der kleine Giacomo.

«Papa», sagte der kleine Giacomo, und das schneeweiße Gesicht wandte sich der Piepsstimme zu.

«Es ist einzig und allein meine Schuld», sagte die Amazone.

Da drehte sich das weiße Gesicht in meine Richtung. «Rodrigo Borja», sagte Papa kaum hörbar.

«Wer?» fragte ich. Diesen Namen hatte ich noch nie gehört.

«Rom. Rodrigo Borja hat in Rom Beziehungen. Geh zu ihm. Und nimm den kleinen Giacomo mit.» Dann wandte Papa sein bleiches Gesicht seinem häßlichen Ältesten zu. «Und Bartolomeo natürlich auch», fügte er hinzu.

«Es ist einzig und allein meine Schuld», wiederholte die Amazone. «Wenn ich diesen Kerl nicht aus dem Fenster geworfen hätte, weil er nicht im voraus bezahlen wollte, wie es sich gehört, dann hätten seine Angehörigen euren Papa nicht erstochen.»

«Rom», hauchte Papa. «Schuß und Kette eures Schicksals ...
Rodrigo Borja.» Auf Papas bläuliche Lippen trat roter Schaum, und
mit dem Namen dieses unbekannten Mannes auf den blutigen
Lippen starb er.

Durch einen Tränenschleier betrachtete ich sein Gesicht. Er
blickte mich noch immer an, mit diesen Augen, die nie mehr etwas
sehen würden.

Sanft schloß ihm die Amazone die blicklosen Augen.

«Ich werde euch nach Rom bringen», sagte sie.

«Ist das ein Seehafen?» fragte Bartolomeo.

«Kommt Papa nach, wenn es ihm wieder besser geht?» wollte
der kleine Giacomo wissen.

Fast fünfzig Jahre später, auf meinem eigenen sogenannten Sterbebett im Jahr 1506, ließ ich meinen Sohn Fernando schwören, nichts
über meinen Aufenthalt in Rom zu schreiben. Das ist auch der
Grund, warum Las Casas kein Wort davon erwähnt. Nicht daß
dieser fromme alte Heuchler das sonst getan hätte. Wie hätte er
auch über meine merkwürdige Dienstzeit bei dem Mann berichten
können, der eines Tages den Thron von Sankt Peter besteigen
sollte? Trotzdem müßte eigentlich jedem, der bis hierher gelesen
hat, klar sein, daß die Jahre in Rom für meinen Werdegang ganz
entscheidend waren. Bis dahin nämlich war ich der halbgebildete
Sohn eines verschuldeten Webers und Schankwirts, während ich als
erwachsener Mann vertrauten Umgang mit Leuten wie Luis de
Santangel pflegte, ganz zu schweigen von Ihren Katholischen Majestäten, den Königen von Spanien. Natürlich mußte ich darauf
vorbereitet werden. Und diese Aufgabe erfüllten Rom und Rodrigo Borja.

Von unserer Reise über Land von Genua in die Hauptstadt der
Welt gibt es wenig zu berichten. Wir hatten kein Geld. Papas
antiquierter Webstuhl war wertlos, und als Bartolomeo und ich
den prächtigen Palast der Banca di San Giorgio an der Piazza
Caricamento aufsuchten, erfuhren wir, daß die Taverne nicht Domenico Colombo, sondern von jeher der Bank gehört hatte. Also
machten wir uns lediglich mit unseren Kleidern am Leib und der
Amazone als Begleitung auf den Weg nach Süden.

Sooft wir in eine Stadt kamen – Pistoia, Florenz, Siena, Viterbo, Civitavecchia –, erkundigte sich die Amazone nach der nächsten Schmiede, bat den Schmied um ein Hufeisen und zeigte ihm, was sie damit anstellen konnte. Man wurde schnell handelseinig: Der Schmied verlangte Eintritt und sorgte für Getränke, und die ortsansässigen Kraftprotze versuchten ein Hufeisen geradezubiegen und schafften es nicht. Nachdem die Amazone es ihnen gezeigt hatte, ging der kleine Giacomo mit dem Hut herum. Als wir vier Monate später nach Rom kamen, schleppte die Amazone eine Tasche voller Gulden, Dukaten und Lire mit sich.

Wir wußten nicht recht, wie wir Rodrigo Borja – wer immer das sein mochte – finden sollten. An der belebten Porta del Popolo packte die Amazone einen Mann am Ärmel und riß ihn dabei fast um. «Verzeihung, mein Herr, wissen Sie, wo wir Rodrigo Borja finden können?»

Sie sprach den Namen spanisch aus, und der überrumpelte Passant sagte nur: «Tut mir leid, Madonna, nie von ihm gehört.»

Auf Roms weitläufigen Plätzen und in der neuen Kirche Santa Maria della Pace, wo wir für Domenico Colombos Seelenheil ein paar Kerzen anzündeten, erging es uns auch nicht besser. Entmutigt und mit wunden Füßen setzten wir uns schließlich ans Ufer des Tibers. Wenig später kam ein barfüßiger Klosterbruder mit einem mit Reisigbündeln beladenen Esel vorbei. Es war ein eisiger Winternachmittag, und die Sonne spiegelte sich nur schwach im dreckbraunen Wasser.

Höflich brachte die Amazone ihre Frage vor.

«Seid ihr etwa auch noch spanische Vettern?» fragte der Mönch keineswegs überrascht.

«Dann kennst du ihn also?» rief die Amazone.

«Ob ich ihn kenne? Den kennt doch jeder. Aber jetzt heißt er Rodrigo Borgia. Italienisiert, versteht ihr? Muß da drüben in Spanien ja wirklich eine Sippe von mittelalterlichen Ausmaßen haben, bei diesen unüberschaubaren Mengen von Vettern, denen er rote Hüte und Pfründen verschafft.»

Tatsächlich nahm der barfüßige Klosterbruder damit die Ereignisse voraus. Denn eigentlich packte Rodrigo Borgia den Vatikan mit Spaniern, darunter zahlreichen Vettern, erst voll, nachdem ihn das Konklave zum Papst gewählt hatte, und das geschah im Jahr 1492. Das war vielleicht ein Jahr! Die einst unbezwingbaren Araber wurden aus Granada hinausgeworfen, die zu allen Zeiten vom Unglück verfolgten Juden aus Spanien vertrieben. Und ich segelte von Palos aus mit drei kleinen Schiffen los, um eine neue Welt zu entdecken, die der frischgebackene Papst, der jetzt den Namen Alexander VI. trug, prompt für alle Ewigkeit Spanien zusprach. Aber zum Jahr 1492 kommen wir später.

Ich weiß, was über Rodrigo Borgia geredet wird: daß er, selbst nachdem er Papst geworden war, zu stolz war, um seine unehelichen Kinder als Nichten und Neffen anzuerkennen – stimmt; daß er und sein Sohn Cesare sich in die Wolle kriegten, wer von ihnen als erster Cesares jungfräuliche Schwester Lucrezia aufs Kreuz legen würde – stimmt nicht; daß er Kirchenämter verscherbelte wie fliegende Händer entlang des Pilgerpfades nach Santiago de Compostela ihren Flitterkram – stimmt wieder; daß er es getrieben hat wie ein Karnickel – stimmt nicht; daß er, als er Papst wurde, seiner Mätresse Vanozza, der Mutter von Cesare und Lucrezia, einen braven Ehemann verschaffte und seiner neuen Mätresse, Giulia Farnese, leidlich treu war – stimmt. Was deren Mann, Orsino Orsini, von der Sache hielt, ist nicht überliefert.

Wie viele illustre Führernaturen hatte er eine schlechte Presse. Aber mich hat er immer gut behandelt.

Er liebte Macht, Geld, Frauen, Lucrezia (von ihrer Geburt im Jahr 1480 an), Schönheit und sich selbst – in dieser Reihenfolge. Damit war er der Inbegriff eines Renaissancemenschen.

Jedenfalls führte uns der alte Klosterbruder zum Borgia-Palast in der Nähe des Vatikans. Überwältigt schob die Amazone den Daumen in den Mund. Da gab es Säulen und Pilaster und reliefverzierte Gesimse, Wandgemälde, vergoldete Decken und aus Stein gemeißelte Kamine; es gab Stuck und Arabesken und Böden aus Lucca-Marmor, Teppiche, schwere Vorhänge und Kronleuchter, Springbrunnen, silbernes Eßgeschirr und goldene Gabeln, die man anstelle der Finger benutzte. Es gab Gemächer ohne Ende und Diener ohne Zahl.

Einer von ihnen kündigte uns als die Söhne von Domenico Colombo an.

Borgia, unter seinem purpurnen Gewand füllig geworden, war Kardinal, aber noch kein Priester; er war das Oberhaupt der päpstlichen Kurie und damit nach dem Papst der mächtigste Arbeitgeber von ganz Rom.

Seine Mätresse Vanozza, damals siebzehn Jahre alt, kam herein. Sie trug ein keckes Försterhütchen wie Robin Hood und ein Gewand, das ihre Brüste bis fast zu den Spitzen freigab. «Wer sind denn diese Lumpensammler?» fragte sie mit wunderschöner Stimme.

Nach vier Monaten auf der Straße sahen wir nicht sonderlich gepflegt aus.

«Vettern aus Spanien», entgegnete Borgia.

«Der Ostflügel ist bereits voll mit ‹Vettern› aus Spanien. Lauter Schnorrer. Einer wie der andere.»

«Wir wollen keine Almosen», hörte ich mich sagen. «Wir können sehr wohl arbeiten.» Ich hätte nicht gewußt, was, aber hier in diesem Palast zu stehen weckte irgendwie meinen spanischen Stolz.

«Ist er nicht süß?» sagte Vanozza.

«Wenn wir hier nicht bleiben können, gehen wir zur See», meinte Bartolomeo hoffnungsvoll.

«Nein, nein, ihr bleibt schon», entschied Rodrigo Borgia. «Ich brauche alle Spanier, die ich kriegen kann. Angesichts des Colonna-Clans und der Orsinis, die Mordgesellen anheuern, um mich aus dem Weg zu räumen, und der Sforzas und des Kardinals Della Rovere, der Gift bevorzugt . . .» Borgias dunkle Augen wurden nachdenklich. «Einer von euch soll mal herkommen und das hier probieren.»

Lautlos war ein Diener mit einem Silbertablett erschienen, auf dem eine Karaffe mit Wein und ein goldener Becher standen.

Das war wieder so ein Augenblick, in dem die Geschichte den Atem anhielt. Der kleine Giacomo war zu jung, und Bartolomeo fragte: «Und wieso?»

So trat eben ich vor, nahm den goldenen Becher und trank von dem Wein.

Kardinal Borgia ließ mich nicht aus den Augen. «Mein letzter Vorkoster ist vorgestern plötzlich gestorben», sagte er, möglicherweise als Antwort auf Bartolomeos Frage. «Sag, Cristoforo, möchtest du sein Amt übernehmen?»

Der Daumen der Amazone ploppte aus ihrem Mund, und sie fragte argwöhnisch: «Was muß er zahlen, um es zu kriegen? Wir sind nämlich arm.»

«Nein, nein. *Ich* bezahle *ihn*. Was hältst du von zwanzig Golddukaten im Jahr?» Für den Sohn eines armen Webers war das eine unvorstellbare Summe.

«Und was ist mit dem da?» fragte Vanozza mit einem Blick auf Bartolomeo.

«Vatikanische Bibliothek», entschied Borgia, ohne zu zögern.

Bartolomeo stierte unlustig auf den Boden.

«Zweitausendfünfhundertsiebenundzwanzig Bücher in lateinischer und griechischer Sprache», sagte Borgia.

Bartolomeo hielt die Augen gesenkt.

Borgia probierte es mit: «Siebenhundertsiebenundvierzig Land- und Seekarten von der ganzen bekannten Welt.»

Bartolomeo riß den Kopf hoch. «Wann fang ich an?»

Der sechsjährige Giacomo sollte die Schulbildung erhalten, die seinen älteren Brüdern nicht vergönnt gewesen war.

«Und was können wir für eure große Freundin tun?» fragte Kardinal Rodrigo Borgia.

Doch als wir uns nach Giulia, der Amazone, umdrehten, war sie verschwunden.

KAPITEL 2

Kardinal Rodrigo Borgia wird von seinem Schützling gerettet und umgekehrt

So wie es Bartolomeos Schicksal war, häßlich zu sein, war es das meine, von der Natur begünstigt zu sein. Anstatt das abzustreiten, gebe ich es in aller Bescheidenheit zu. Das hat mich Rodrigo Borgia gelehrt.

Zu jener Zeit waren in Rom ein gefälliges Gesicht und eine anmutige Gestalt für beide Geschlechter gleichermaßen wichtig. Ich trug mein rotes Haar bis auf die Schultern, meine Augen waren von einem kräftigen Blau, und auf meiner römischen Adlernase tummelten sich Sommersprossen. Ich war groß für mein Alter und hatte lange, wohlgeformte Beine, wie Vanozza bemerkte, als sie mir half, mich mit den ganzen Klamotten auszustaffieren, die ihr Liebhaber, Kardinal Borgia, finanziert hatte.

«Du hast lange, wohlgeformte Beine», bemerkte Vanozza.

Mich interessierten eher die Kleidungsstücke. Ich hatte keine Ahnung, was ich damit anfangen sollte. Bis jetzt hatte ich kurze Stiefel, Strümpfe, die an Strumpfbändern hingen, und einen geschürzten Rock getragen. Jetzt jedoch sah ich mich einer verwirrenden Fülle von Utensilien gegenüber. Ich hatte die Wahl zwischen weichen Schnabelschuhen und Schuhen mit Plateausohlen und hohen Absätzen. Die Strümpfe waren eigentlich gar keine Strümpfe, denn die seidenen Beinteile liefen oben zusammen und reichten bis zur Taille. Vorne hatten sie eine sonderbare Vorrichtung, Hosenbeutel genannt, auf die ich gleich noch zurückkommen werde. Darüber kam ein Hemd mit weiten Ärmeln und dann ein

Wams, und auf den Kopf ein Försterhut ähnlich dem, den Vanozza am ersten Tag getragen hatte. Ich zog mich hinter einen Paravent zurück und schlüpfte in eines von zwölf Paaren dieser zusammenlaufenden seidenen Strümpfe. Dann zog ich mir das Hemd über den Kopf, wußte aber nichts mit den herunterhängenden Bändern anzufangen. Bis es mir gelang, den zwischen meinen Beinen baumelnden Hosenbeutel hochzuziehen und seine losen Enden unter den Bund der zusammenlaufenden Strümpfe zu stopfen, rutschten mir die Strümpfe bereits wieder herunter.

«Junge», rief Vanozza, «hast du Schwierigkeiten mit den losen Enden?»

Ich hatte keine Ahnung, was sie meinte, sagte aber: «Ich habe nie Schwierigkeiten mit losen Enden.»

Lachend kam sie hinter den Paravent. Ihre flinken Finger fühlten sich kühl an, als sie meine Hüften berührte. «Dreh dich um.» Ich drehte mich um. «Jetzt die andere Seite.» Ich drehte mich wieder. «Wie alt bist du eigentlich, Junge?» fragte sie. Als sie den Hosenbeutel am Bund befestigte, streifte sie mich zufällig.

«Zwölf. Warum?» fragte ich und spürte, wie ich oben rot wurde und mich unten seltsam regte.

«Nur so», sagte Vanozza.

«Sei kühn!» riet mir Rodrigo Borgia stets. «Sei kühn», pflegte er mich am Morgen zu begrüßen, bevor ich sein Frühstück vorkostete, und kühn erfüllte ich meine Pflicht. Kühnheit war das *sine qua non* der Borgias (hier in Rom lernte ich Latein), und ich bilde mir ein, daß es auf mich abfärbte. Aber er hatte noch mehr gute Ratschläge auf Lager, mehr Theorien. Etwa: Um die Zukunft vorherzusehen, befrage die Vergangenheit. Oder: Alle Menschen sind von Natur aus böse, und der beste Weg zur staatlichen Ordnung ist die Religion. Er sagte auch: Unterwürfigkeit dient nur dem Besiegten. Und: Gewinne deine Feinde für dich oder vernichte sie. Wenn du es nicht schaffst, daß man dich fürchtet *und* liebt, dann laß die Liebe fahren. Sei gewitzt. Aber vor allem, sei kühn.

Diese Worte klingen verdächtig nach Machiavelli, nicht wahr? Aber als der florentinische Philosoph ein paar Jahre nach diesen Ereignissen sein Werk *Il Principe* schrieb, an wen dachte er da wohl?

An Cesare Borgia natürlich. Und auf wessen Schoß hat Cesare Borgia gelernt? Auf dem seines Vaters Rodrigo natürlich.

Als Vorkoster für Rodrigo Borgia entwickelte ich notgedrungen einen gewissen Fatalismus. Einem Vorkoster bleibt gar nichts anderes übrig. Jedesmal, wenn man eine goldene Gabel zum Mund führt, denkt man: ein Bissen, und ich kann tot umfallen, zack, einfach so. Kein aufregendes Leben mehr in Rom, keine Fahrt nach England und in den Norden, kein Admiral des Ozeanischen Meeres, keine vier Reisen in die Neue Welt, kein Heldendasein in Spanien und, soweit ich das beurteilen konnte, womöglich nicht einmal ein Leben nach dem Tod. Hinter dem Geschmack von Muskatnuß oder Zimt, Pfeffer oder Nelken konnte der Geschmack meines eigenen Todes lauern. Anfangs schwitzte ich Blut und Wasser. Aber das Essen an sich war köstlich, und wenn es auf den Tod hinauslaufen sollte – na ja, schließlich lief alles auf den Tod hinaus, Gutes wie Böses, das Geborenwerden eingeschlossen.

Bartolomeo tauchte aus der Vatikanischen Bibliothek nur zu kurzen Stippvisiten auf. Den größten Teil seiner Arbeitszeit verbrachte er mit dem Studium der siebenhundertsiebenundvierzig Seekarten. Es dauerte nicht lange, da fertigte er seine erste eigene an. Einmal zu Weihnachten schenkte ich ihm einen Kompaß. Er schenkte mir eine kleine Uhr, die man sich an einer Silberkette um den Hals hängen konnte und die die Stunden schlug.

Im Jahr darauf begab sich Kardinal Borgia in Angelegenheiten des Vatikans ins Protektorat Ancona. Ich begleitete ihn. Von einer Dame mit blondgebleichtem Haar holte er sich eine kleine Geschlechtskrankheit, die ihn einen Monat außer Gefecht setzte.

Bei seiner Rückkehr nach Rom gab Rodrigo Borgia seine Indisposition offen zu. Und so kam es, daß mich Vanozza erneut nach meinem Alter fragte. «Wie alt bist du jetzt, Junge?» – «Fünfzehn. Warum?» – «Nur so.» Sie hatte mich, den Arm voller Geschenke, in meinem Zimmer im Ostflügel des Palastes aufgesucht. Sie brachte mir zinnoberrote Strumpfhosen (so nannte man diese zusammenlaufenden Strümpfe), ein Sortiment Hemden und Wämser und eine Mütze aus weichem, aufgerauhtem Tuch. Die Angewohnheit, mir beim Ankleiden behilflich zu sein, hatte Vanozza beibehalten.

Und ebenso gewohnheitsmäßig streifte ihre Hand zufällig meinen Hosenbeutel. Und ich errötete oben und regte mich unten. Vanozza hatte immer einen Vorwand für ihre Besuche und Geschenke; diesmal war es mein Geburtstag. «Alles Gute zum Geburtstag, Junge», sagte sie. Dabei hatte ich gar nicht Geburtstag. Vanozza nahm ihren hornförmigen Kopfputz ab. Dann den mit Edelsteinen besetzten Schläfenschmuck. Ihr blondes Haar fiel bis auf die Taille herab. Herausfordernd blickte sie mich an. Ich nahm Zuflucht zu einem Trick, den mir Rodrigo Borgia beigebracht hatte: Ich sah sie ebenso direkt an, schaute aber nicht in ihre Augen, sondern auf die gezupften Augenbrauen. Auf diese Weise konnte ich die Kraftprobe nicht verlieren. Sie senkte den Blick. Als sie sah, daß ich mich wieder einmal vergebens mit meinen Strumpfhosen abmühte, lachte sie: «Du hast immer Schwierigkeiten mit den Enden», sagte sie heiser. Kleidungsstücke flogen durchs Zimmer. Wir ließen uns quer auf mein Himmelbett fallen und sortierten Arme und Beine, sie routiniert und geschickt, ich ziemlich unbeholfen. «Lüg mich an», flüsterte sie mir ins Ohr. Ich wußte nicht recht, was sie von mir erwartete. «Du hattest recht – ich *habe* Geburtstag.» Sie knabberte an meinem Ohr. «Ich meinte, du sollst mir sagen, wie sehr du mich anbetest.» Von unbekannten Gefühlen diktierte Worte in drei oder vier Sprachen kamen über meine Lippen. Eingedenk des Gebots meines Herrn, näherte ich mich kühn seiner Mätresse. «Du erdrückst mich ja, Junge», rief Vanozza. Doch als ich versuchte, mein Gewicht mit den Ellbogen abzufangen, sagte sie: «Nicht aufhören, ich finde es herrlich.» Voller Eifer machte ich meinen Fehler wieder gut. Vanozza erbebte. Irritiert und in der Annahme, wieder etwas falsch gemacht zu haben, wollte ich mich zurückziehen. Doch ihre Hände hielten mich fest umklammert. Sie begann zu stöhnen. Hätte ich doch nur gewußt, was los war. In dem Augenblick ratterte mein kleiner Wecker los, und ihr Stöhnen ging in ein leises Schnurren über, das wie das Lachen einer Katze klang. Zweifellos hatte ich noch eine Menge über die Frauen zu lernen.

Vanozza, die einen anspruchsvollen Kardinal zufriedenstellen konnte, erwies sich als eifrige Lehrerin; dies war nur die erste von vielen Unterrichtsstunden.

Aber es war auch der Anfang vom Ende meines Aufenthaltes in Rom.

Rom befand sich damals in einem desolaten Zustand. Als die Barbaren es tausend Jahre zuvor eingesackt hatten, war es zehnmal so groß gewesen. Jetzt hatte es achtzigtausend Einwohner, weniger als Venedig, Mailand oder Florenz. Diese selben Barbaren hatten die Aquädukte zerstört. Die meisten Römer tranken das Wasser aus dem Tiber, in den sie auch ihren Unrat leiteten. An den flachen Stellen des Flußbettes war die Luft miserabel. Eine solche *mal aria*, wie man sie in Italien nennt, verursacht wiederkehrenden Schüttelfrost und Fieber und führt letzten Endes zum Tod. Die Vatikanstadt war ein kleiner Vorort auf der falschen Seite des Flusses, der sich in den Schatten des abbröckelnden Petersdoms kauerte, als würde er dort Schutz suchen. Die sogenannten vornehmen Familien Roms befestigten die Ruinen der Antike – ein Mausoleum hier, ein Theater oder eine Therme dort. Und sie ließen ihre Besitztümer von gedungenen Meuchelmördern verteidigen.

Rom war eine respektlose Stadt. Des Nachts schlichen sich Leute auf die Piazza Navona zum Standbild des Schneiders Pasquino und verunzierten ihn mit eingeritzten oder aufgemalten bissigen Sprüchen (*graffiti* genannt), mit denen sie sich über dieses oder jenes Adelsgeschlecht, diesen oder jenen Kardinal, diesen oder jenen Papst lustig machten. Einige davon waren ziemlich obskur. So wußte ich nicht, was «Lorenzo Colonna ist ein Schleckermaul» bedeutete, bis mich Vanozza durch Anschauungsunterricht aufklärte.

Können Sie sich vorstellen, daß mein Biograph Las Casas, ein frommer Bischof von der Selig-die-Demütigen-Sorte irgend etwas davon erwähnt? Nein, für Las Casas war Rom der Mittelpunkt der Welt, von dem die Macht ausging und zu dem das Gold zurückfloß, und mein Freund und Mentor Rodrigo Borgia zeugte keine Bastarde, verkaufte keine Pfründen, eignete sich keine Güter verstorbener Kardinäle an und hatte von Gift nicht mehr Ahnung als von Akupunktur.

Es handelt sich hier um eine philosophische Frage. Die Geschichte fließt nicht *in* die Feder des Historikers, sondern sie fließt *aus* ihr, und wer kann folglich schon behaupten, daß ich recht habe und Las Casas unrecht?

Doch trotz aller Mißstände war Rom tatsächlich der Mittelpunkt der Welt. Und an diesem Mittelpunkt der Welt wurden vorzugsweise Leute in hohen Positionen vergiftet, oder vielmehr diejenigen, die Leuten in hohen Positionen dienten, allen voran die Vorkoster.

So traf es auch mich – in Ausübung meiner Pflicht, wie man zunächst glaubte.

Es geschah an einem heißen Sommerabend, als sich Kardinal Borgia und ein paar seiner Freunde im Garten des Palastes versammelt hatten, um die Schaffung von zwölf neuen, überflüssigen Pöstchen im Vatikan zu feiern, die man für insgesamt zwölftausend Golddukaten verscherbelt hatte.

Und so glaubte man damals, daß es sich bei dem Mann, der Kardinal Borgia zu vergiften versucht hatte, um einen enttäuschten Postenjäger handeln müsse. Doch wäre ich gestorben, wäre es der perfekte Mord gewesen.

Die Sonne stand tief im Westen, und im Osten zog der bleiche Mond herauf. Lange Schatten lagen über dem Garten. Die Hitze hielt noch an. Ich stand drei Schritte hinter Rodrigo Borgias Stuhl, flankiert von den Vorkostern all jener Gäste, die so bedeutend oder so mißtrauisch waren, daß sie ihrer Dienste bedurften. Das Ganze ging so vonstatten, daß die Serviermädchen die Speisen zunächst am Tisch herumzeigten, sie dann austeilten und sich schließlich mit den Portionen für die hohen Herrschaften an deren Vorkoster wandten. Ich hatte mein eigenes Besteck, trank aber aus Rodrigo Borgias goldenem Becher.

Die Makkaroni, die in Weißwein gedünstete Seezunge, die am Spieß gebratenen Wachteln, das gefüllte Kaninchen, die Rinderkeule, die diversen Weine, die duftige Sahnetorte – alles landete zunächst bei mir, wurde gekostet und für gut befunden. Wieder eine Mahlzeit geschafft! Allmählich entspannten sich die Vorkoster rechts und links neben mir. Die Serviermädchen brachten eine Platte mit *Dulcia romana*, das sind mit geriebenen Mandeln gefüllte Datteln, die in Salz gewendet und in Honig gekocht werden und für die Kardinal Rodrigo Borgia eine besondere Schwäche hatte.

Ins Gespräch vertieft, streckte er die Hand nach der Platte aus. Mit drei Sätzen stand ich neben ihm und bremste mit warnendem Zeigefinger ein *Dulce romanum* wenige Zentimeter vor seinem Mund ab. Freundlich bat er mich um Verzeihung. Vanozza, die zu seiner Rechten saß, lachte ihr sinnliches Lachen. Er gab ihr das *Dulce*; sie wandte sich um und reichte es an mich weiter. Vorsichtig biß ich hinein und schmeckte Honig, Salz, Dattel und Mandeln. Alles in Ordnung. Ich leckte den Honig von den Fingern. Das Tischgespräch ging weiter. Wieder lachte Vanozza mit zurückgeworfenem Kopf. Ich betrachtete ihren herrlichen Hals und spürte plötzlich Feuer in dem meinen. Jemand hustete. Ich merkte, wie mir das Blut aus dem Kopf wich. Florenz, sagte jemand. Aber nicht ohne die Signoria von Venedig, meinte ein anderer. Versucht mal, das dem Dogen zu sagen, ein dritter. Ich bekam keine Luft mehr. Hinter den Stühlen schwankte ich am Tisch entlang. Ich hörte Rufe. Jetzt hatte das Feuer in meiner Kehle den Magen erreicht. Wie verrückt fuchtelte ich mit den Armen, während die *Dulcia romana* herumgereicht wurden. Am Ende der Tafel schlug ich eine klebrige Dattel aus einer Damenhand. Das Feuer fraß sich durch meine Eingeweide. Und überall am Tisch schwebten zwischen Daumen und Zeigefingern *Dulcia romana*. Zu meiner Beruhigung sah ich sie fallen, bevor ich vornüber fiel.

MEMORANDUM

AN: Rodrigo Kardinal Borgia
VON: Bartolomeo Colombo
BETRIFFT: Gift

Gifte, ob aus Schierling oder Tollkirsche, Eisenhut oder Nieswurz gewonnen, lassen sich in drei Kategorien einteilen.

Erstens: schnell wirkendes Gift. Hat den offensichtlichen Vorzug der Unmittelbarkeit. Das Opfer stirbt häufig, bevor man Hilfe bzw. einen Arzt rufen kann. Der Nachteil ist, daß sich die Symptome beim Vorkoster umgehend zeigen, d. h., es trifft ihn auf der Stelle, so daß das anvisierte Opfer die nötigen Vorsichtsmaßnahmen treffen kann, d. h. das vergiftete Essen oder Getränk nicht essen oder trinken wird. Die Kapazität

Galeazzo Maria Sforza aus Mailand betrachtet schnell wirkende Gifte aus diesem Grund weniger als Werkzeug eines Meuchelmörders denn als taktische Waffe, die dazu dient, dem anvisierten Opfer durch den Tod seines Vorkosters Angst einzujagen und es zu Handlungen zu zwingen, die im Widerspruch zu seinen eigenen Interessen stehen.

Zweitens: mittelschnell wirkendes Gift. Sein Vorteil besteht dem genuesischen Experten Grimaldi zufolge in der sogenannten Trägzeit, d. h. dem Zeitraum, der zwischen der Verabreichung des Giftes und dem Tod des Opfers verstreicht. Dieser Vorteil ist doppelter Natur. (1) Ein nachlässiges Opfer kann durchaus annehmen, daß mit seinem Vorkoster alles zum Besten steht, da dieser keinerlei Symptome aufweist, während er in Wirklichkeit bereits dem Tode geweiht ist. (2) Wenn der Vergifter beim Vergiften anwesend ist, hat er womöglich Zeit, sich zu entfernen, bevor die Parteigänger des Opfers Hand an ihn legen können.

Drittens: langsam wirkendes Gift. Diese Kategorie ist äußerst umstritten; es gibt sogar Ärzte, die bestreiten, daß es überhaupt existiert. Sein Vorteil ist augenfälliger als bei Giften der anderen Kategorien, d. h., wenn Ärzte schon seine Existenz abstreiten, läßt sich auch nicht mit Gewißheit nachweisen, daß das Opfer in der Tat vergiftet wurde; folglich gibt es auch keinen moralischen Imperativ für eine Vendetta. Einig sind sich die Ärzte jedoch darin, daß in einem Fall, in dem ein Vorkoster und sein Arbeitgeber ungefähr zur selben Zeit umkommen, sei es auf spektakuläre Weise oder ganz ohne begleitende Symptome, langsam wirkendes Gift als mögliche Ursache in Betracht gezogen werden muß.

Das Gift, das Eurer Eminenz Vorkoster, Cristoforo Colombo, in offenbar tödlicher Dosierung verabreicht wurde, fällt eindeutig in die erste Kategorie.

(Dieses unvollständige Memorandum, von dem nur die erste Seite unter meine Papiere gelangt war, ist tränenverschmiert.)

In den Wochen, die folgten, sprengten die berühmten und unermeßlich reichen Ärzte aus Rom und Florenz, Venedig und Mailand mit goldenen Sporen auf ihren herrlichen Araberhengsten zum Borgia-Palast. Nach eingehender Untersuchung erklärten sie meinen Fall übereinstimmend für hoffnungslos; vielleicht waren sie auch nur erpicht darauf, mich auseinanderzuschneiden, um die neue Wissenschaft der pathologischen Anatomie voranzutreiben. Aber ich atmete hartnäckig weiter, und mein Herz schlug noch, wenn auch schwach. Man konsultierte Benivienis Standardwerk *De abditis nunnullis ac mirandis morborum et sanationum causis* (Über einige verborgene und wunderbare Fälle von Krankheiten und Heilungen); mehrere Ärzte rieten zu einer Operation; Apotheker stellten Rezepturen von Benivienis wundersamen Heilmitteln zusammen. Mein schwacher Herzschlag wurde unregelmäßig. Benivienis Ratschläge wurden von den *Practica medicinae* des florentinischen Arztes Savonarola (dem Vater des umstrittenen Märtyrers) abgelöst. Ich verlor an Gewicht. Das Fieber blieb. Einige rieten zu Aderlaß, andere zu der neuen und vielversprechenden, zumeist aber tödlichen endenden Kunst der Transfusion. Rodrigo Borgia war so klug, beide Behandlungsmethoden abzulehnen. Die Ärzte stritten sich und wurden noch reicher. Selbst die Apotheker bauten Zimmer an ihre Häuser an oder legten sich Konkubinen zu. Als die ersten kühlen Herbsttage kamen, flößten mir die Ärzte Kraftbrühe ein, aber sogar die schien geradewegs durch mich hindurchzulaufen. Ich wurde immer weniger.

Das einzige, was mir aus dieser Zeit deutlich in Erinnerung geblieben ist, ist ein Schreckenstraum von einem Schiff. Ganz unten im Bauch dieses Schiffes, im stinkenden Bilgenwasser, kauert ein Mann in Ketten. Dieser Mann bin ich. Quietschend öffnet sich eine Luke, und ein stechender Sonnenstrahl durchbohrt die Dunkelheit. Eine heisere, ordinäre Stimme verspottet mich: «Admiral des Scheißozeanischen Meeres willst du sein? Scheißgold soll auf den Bäumen von Scheißhispaniola wachsen?»

Es folgt höhnisches Gelächter. Dann werden schwere, klirrende Metallgegenstände auf das Schiff gebracht. Ob es Waffen sind, mit denen man mich erschlagen will, oder Werkzeuge, mit denen die Eisen gesprengt werden sollen, kann ich nicht sagen, denn an dieser Stelle war der Traum zu Ende.

Der Heilige Stuhl hat für jeden Zweck eine eigene Kongregation, sogar eine, die Nachforschungen anstellt. Sie wird euphemistisch als Congregatio Sacrorum Rituum bezeichnet und kümmert sich vor allem um Möchtegern-Heilige. Diese Kongregation agiert mit der Geschwindigkeit eines Blitzes oder zähflüssigen Sirups. Vorhersagen läßt sich das nie. Franz von Assisi (gestorben 1226) zum Beispiel wurde bereits zwei Jahre nach seinem Tod heiliggesprochen. Jeanne d'Arc hingegen (am 30. Mai 1431 wegen ketzerischen Hochmuts und Transvestitismus auf dem Scheiterhaufen verbrannt), die 1456 für unschuldig erklärt wurde, mußte bis 1920 auf ihre Heiligsprechung warten.

An diese Kongregation nun wandte sich Rodrigo Borgia, um herauszubekommen, wer versucht hatte, ihn zu vergiften. Ihre Agenten befanden sich bereits an Ort und Stelle, und ihre Reichweite war erheblich. Außerdem schuldete Kardinal Piccolomini, das Oberhaupt der Kongregation, Rodrigo Borgia einen Gefallen, wenngleich er ihn nicht mochte. Die Nachforschungen dauerten drei Wochen.

Nachdem man zu der Überzeugung gelangt war, daß derzeit niemand Rodrigo Borgias Tod wünschte (was er etwas enttäuschend fand), und auch die Gästeliste ohne Ergebnis nach einem potentiellen Opfer durchgekämmt worden war, forderte Piccolomini über den Rand seines goldenen Bechers hinweg Rodrigo Borgia beiläufig auf, ihm von seinem Vorkoster zu erzählen.

Am darauffolgenden Sonntag ereignete sich zweierlei, was, wie so vieles auf diesen Seiten, den Lauf der Geschichte veränderte. Zum einen wurde Vanozzas Mann, Domenico d'Arignano, bei der Suche nach wildem Honig von einem Schwarm erboster Bienen zu Tode gestochen.

Zum zweiten begab sich Rodrigo Borgias persönlicher Beichtvater mit fliegender Soutane in den Ostflügel des Palastes, um mir die Letzte Ölung zu geben. Dieser Priester, Salutati mit Namen, war ein extrem fetter und salbungsvoller Sechziger mit starkem Körpergeruch. Vielleicht war das der Grund, warum Rodrigo Borgias Beichten immer so rasch über die Bühne gingen.

Kalter Regen trommelte ans Fenster, als Salutati seinen Singsang anstimmte.

«Hör auf damit», sagte er zwischendurch zu seinem Meßdiener, der das Weihrauchfaß schwenkte und bitterlich weinte. Dann singsangte er weiter.

Der Meßdiener schluchzte, als würde ihm das Herz brechen.

«Du sollst verdammt noch mal damit aufhören! Reiß dich gefälligst zusammen!»

Der Meßdiener gab sich redlich Mühe. Doch als Salutati beim «*In nomine Patris et Filii et Spiritus . . .*» angelangt war, stieß der kleine Kerl den herzzerreißendsten Schluchzer aus, den ich je gehört hatte.

Und ich hörte ihn. Das ist der springende Punkt. Ich hörte ihn ganz deutlich. Dieser Schluchzer, in dem das ganze Elend und Entsetzen der Welt lag, drang irgendwie zu mir durch. Gut möglich, daß er mir das Leben rettete. Blinzelnd machte ich die Augen auf. Trotz des Weihrauchs roch ich Salutati und drehte meinen Kopf auf die andere Seite zu dem schluchzenden, tränenüberströmten Meßdiener.

Salutati setzte zum drittenmal an.

Ich gebot ihm zu schweigen.

«Giacomo», sagte ich und streckte die Arme nach meinem kleinen Bruder aus, «warum bist du wie ein Meßdiener gekleidet?»

«Ich *bin* ein Meßdiener. Ich will Priester werden.»

«Das könnte sich noch ändern», meinte Salutati düster.

«Cristoforo, du lebst ja!» schrie Giacomo. «Du wirst nicht sterben!»

Am nächsten Nachmittag besuchte mich Kardinal Rodrigo Borgia. «Sie behaupten, daß du am Leben bleiben wirst, Christoforo.»

Ich saß im Bett, verspeiste drei Dutzend gekochte Wachteleier und spülte sie mit einem großen Krug Wein hinunter. «Sieht ganz so aus», murmelte ich mit vollem Mund.

«Wie schnell wirst du in der Lage sein zu reisen?»

Da ich vermutete, daß er von meiner Affäre mit Vanozza erfahren hatte, setzte ich mich aufgebracht zur Wehr. «Was soll das heißen? Gestern, als Ihr dachtet, ich würde sterben, habt Ihr mir Euren eigenen Beichtvater geschickt, damit er mir die Letzte Ölung verpaßt. Und jetzt wollt Ihr mich loswerden!»

Er lächelte nur.

«Ist es wegen . . . Vanozza?»

«Ja, aber nicht so, wie du denkst. Vanozza war Bestandteil deiner Erziehung. Ich hege keinen Groll gegen dich.»

«Was ist dann der Grund?»

Doch er meinte lediglich, wir würden darüber reden, sobald ich zu Kräften gekommen sei.

Sobald Borgia Piccolominis Bericht erhalten hatte, suchte er die römische Niederlassung des Bankhauses Centurione auf. Nachdem der Direktor neunzig Minuten lang ohne Punkt und Komma geredet und Borgia mit gespannter Aufmerksamkeit zugehört hatte, kam er zum Schluß:

«Aber Geld ist natürlich ein Argument, und wenn sich die Bruderschaft verpflichtet hat, die Beseitigung Eures Schützlings zu übernehmen, brauchen wir nur Überredungskünste pekuniärer Natur beim Auftraggeber anzuwenden, damit er den Auftrag annullieren läßt. Versteht Ihr das?»

«Domenico d'Arignano», sagte Borgia kopfschüttelnd. «Wer hätte das gedacht?»

«Psychologie, mein lieber Borgia. Sich von einem Kardinal Hörner aufsetzen zu lassen ist fast schon eine Ehre. Sich von des Kardinals unbedeutendem Vorkoster zum Hahnrei machen zu lassen ist entwürdigend. Aber d'Arignano hat seinen Preis. Ich werde ihn eruieren und meine Anwälte die entsprechenden Papiere vorbereiten lassen. Kommt am Montagmorgen wieder.»

Am Sonntag ging es mir plötzlich schlechter, aber Giacomo rettete mich. Und dann erfuhr Borgia, daß Domenico d'Arignano überraschend gestorben war. Gleich am Montagmorgen eilte er zur Bank.

«Die Dinge haben wahrhaftig eine unglückliche Wendung genommen», meinte der Direktor.

«Ich werde direkt an die Bruderschaft zahlen, um den Auftrag rückgängig zu machen.»

«Das geht nicht.»

«Warum denn nicht?»

«Das kann einzig und allein der Auftraggeber. Und der ist gestorben.»

«Aber irgend etwas muß man doch unternehmen können.»

«Tut mir schrecklich leid. Aber ich wasche seit Jahren die Gelder der Bruderschaft und kenne ihre Gepflogenheiten.»

An dieser Stelle muß ich ein paar Worte über die geheime Bruderschaft vom Goldenen Vlies sagen. Entstanden ist sie unter den Kreuzrittern im frühen zwölften Jahrhundert als Gegenbewegung zu Hasan ibn Sabbahs Assassinen-Sekte, die Europa und Asien zwei Jahrhunderte lang terrorisiert hat. Später, als durch internationale Handelsbeziehungen internationale Rivalitäten entstanden, erweiterte die Bruderschaft vom Goldenen Vlies ihren Aktionsradius. Sie führte Morde auf Bestellung aus. Wenn sie einen Auftrag annahm, wurde er absolut zuverlässig ausgeführt, es sei denn, der Auftraggeber zog ihn zurück. Sie genoß einen Ruf, der weder früher noch später seinesgleichen hatte – eine gewisse sizilianische Organisation nicht ausgenommen.

«Was beinhaltet denn dieser Vertrag?» fragte Rodrigo Borgia.

«Daß man wie ein wildes Tier zu Tode gehetzt oder bis in alle Ewigkeit gejagt wird.»

«In Italien?»

«In Italien sowieso. Aber wer weiß, wie weit der Arm der Bruderschaft reicht? Sorgt dafür, daß Euer Schützling Namen, Profession und sogar die Nationalität ändert, und hofft auf das Beste.»

Als ich mich ausreichend erholt hatte, um lange Spaziergänge in den Gärten des Palastes unternehmen zu können, klärte mich Rodriga Borgia über die Situation auf.

Ein kalter Schauder lief mir über den Rücken. «Und meine Brüder?» fragte ich.

«Die sind nicht in Gefahr. Schließlich handelt es sich nicht um eine Vendetta. Aber mach dir eines ganz klar: Sie können jederzeit und überall ohne Vorwarnung zuschlagen. Heute, morgen oder erst nach Jahren, wenn dir schon alle Zähne ausgefallen sind. Das Goldene Vlies gibt nie auf.»

Ein letztes Mal sah ich meine Brüder. Giacomo, in Weiß wie ein Engel, stellte sich auf die Zehenspitzen, legte seine kleine Hand auf meine Stirn und segnete mich.

«Und warum mußt du gehen?» fragte Bartolomeo.

«Wenn ich Italien nicht verlasse, wird man mich töten.»

«Und *wieso?*»

«Es ist besser, wenn ihr das nicht wißt.» Ich mußte schwer schlucken. «Paßt gut aufeinander auf.»

«Das werden wir», versprach Giacomo mit einem unterdrückten Schluchzer.

«Wir werden uns wiedersehen, das weiß ich ganz bestimmt. Irgendwo, irgendwann in einem Seehafen», versicherte mir Bartolomeo.

Giacomo schenkte mir zum Abschied eine Christophorus-Medaille, Bartolomeo eine alte Karte aus der Vatikanischen Bibliothek. Er breitete sie auf seinen Knien aus, um sie mir zu erklären. «England», sagte er verträumt. «Island. Und da ist Grönland. Trittsteine zur Terra incognita.» Sein Finger wanderte zu einem großen weißen Gebiet am linken Rand der Karte.

Dann stattete ich Kardinal Rodrigo Borgia meinen Abschiedsbesuch ab. «Ich habe an meine Bank in Genua geschrieben», erklärte er mir. «Dort wird man wissen, was zu tun ist, wenn du kommst. Und was die Zukunft betrifft, so wird dir das hier gute Dienste leisten.»

Er gab mir einen Brief auf dünnem Pergament, adressiert an den Direktor des Hauses Centurione – wo auch immer.

«Das ist die größte Handelsbank Italiens», erläuterte er, «mit Niederlassungen in ganz Europa. Außerdem ist sie mir verpflichtet. Solltest du je in Schwierigkeiten geraten – aber lies lieber selbst.»

Da stand, beginnend mit einem herrlich verzierten Initial, in eleganter lateinischer Handschrift:

Kardinal Rodrigo Borgia an alle Direktoren, Unterdirektoren und Mitarbeiter des Hauses Centurione in der ganzen Welt: Grüße in Christo. Seine Eminenz ersucht das Haus Centurione, dem Überbringer, Cristóbal Colón, alle erdenkliche Unterstützung zuteil werden zu lassen, ihm behilflich zu sein, ohne Verzögerung oder Behinderung die Ein- und Ausreise in und aus Stadtstaaten und Ländern zu erwirken, ihn vor jeglichem Mißbrauch behördlicher Macht zu schützen und ihm für seine Unternehmungen die pekuniären Ressourcen des Hauses Centurione in angemessenem Umfang zur Verfügung zu stellen.

Der Vorbehalt des «in angemessenem Umfang» sowie Kardinal Borgias schweres Siegel wiesen den Brief als von seiner Hand stammend aus.

«Colón?» fragte ich.

«Dein ursprünglicher Name. Du bist auf hoher See zwischen Valencia und Genua geboren.»

«Dann bin ich eigentlich Spanier?»

Der Kardinal zuckte die Achseln. «Deine Eltern waren Spanier, aber es war ein italienisches Schiff, und deine Kindheit hast du in Genua verbracht. Du bist, was du sein willst. Vollbringe etwas Außerordentliches und überlaß es den Historikern, sich die Köpfe über deine Vorfahren zu zerbrechen.»

Er begleitete mich noch bis zum Fluß. Dort verabschiedeten wir uns.

«Sei kühn», sagte Rodrigo Borgia.

Prospero Porco-Zámpano, einer der acht Vorstände des Hauses Centurione, empfing mich bei meiner Ankunft in Genua in dem prunkvollen Palast an der Piazza Caricamento.

«Mein armer Junge», sagte er. «Auf dem Höhepunkt der italienischen Renaissance zum Auswandern gezwungen zu sein ist ein hartes Schicksal.»

Er warf mir einen Samtbeutel zu, den ich geschickt auffing.

«Unser gemeinsamer Freund in Rom hielt diese florentinischen Gulden für das Beste», meinte er. «Sie werden überall akzeptiert.»

Der Beutel war nicht sonderlich schwer.

Der Vorstand Porco-Zámpano zog eine goldene Kette aus seinem Wams und warf einen Blick auf die daran baumelnde Taschenuhr, während ich die Haarbüschel, die ihm wie kleine Bürsten aus Nase und Ohren sprossen, betrachtete und gespannt abwartete.

«Ihr werdet heute abend mit der Flut auslaufen», entschied Porco-Zámpano. «Was für ein Schiff wünscht Ihr denn?»

«Signore?»

«Kommt darauf an, was Ihr bezahlen wollt. Gibt ja Leute, die eine zweimastige provenzalische Feluke oder eine Hundert-Tonnen-Karavelle bevorzugen. Ich persönlich finde, daß in puncto

Bequemlichkeit nichts über eine Karracke geht. Rund tausend Tonnen, Masten bis in den Himmel, zehn Segel, fünf Decks.»

Wieder konsultierte Porco-Zámpano seine Uhr. «In diesem Fall hättet Ihr Glück, denn die Karracke *Bechalla* läuft heute abend aus. Sie bringt Alaun aus Phokaia und Fässer mit Wein aus der Levante nach England.»

«England?» Ich mußte an Bartolomeos Abschiedsworte und an seine Karte denken.

Porco-Zámpano zückte ein Notizbuch. «Werdet Ihr an Bord sein?»

Ich nickte.

Er kritzelte etwas in sein Notizbuch und wünschte mir eine gute Reise.

Ich war schon halb aus der Tür, als er mich zurückrief. «Ihr habt vergessen, mir den Beutel mit den Gulden zu quittieren. Zählt sie nach.» Und als ich das getan hatte: «Elf, stimmt's?»

Es stimmte.

Porco-Zámpano nickte. «Genau der Preis für die Überfahrt nach England.» Damit schnappte er sich den Samtbeutel und stellte mir mein Schiffsticket aus.

Hungrig und ohne einen Pfennig in der Tasche verließ ich die Piazza Caricamento und ging durch die Via Balbi hinunter in Richtung Hafen. Die Düfte, die aus den zahlreichen Tavernen drangen, machten mich ganz verrückt, so daß ich schon überlegte, ob ich den alten Kartenzeichner Vongole aufsuchen und ihm Bartolomeos Karte verkaufen sollte, um mir etwas zu essen leisten zu können. Als ich vor dem Laden stand und seinen Namen rief, stürzte er auf die Gasse heraus.

«Ich erinnere mich an Euch, junger Mann. Ich vergesse nie ein Gesicht, nein, mein Herr, ich nicht. Ihr seid Bartolomeo Colombos Bruder», sagte er und klopfte sich lachend auf die Schenkel.

Ängstlich blickte ich mich um, doch niemand schien sich für diesen Namen zu interessieren.

«Wie geht es ihm denn?»

«Gut. Gut geht es ihm. Er ist in Rom und arbeitet im Vatikan.»

«Bartolomeo Colombo?» schrie der alte Vongole ungläubig. Wieder schaute ich mich ängstlich um. «In dieser Räuberhöhle?

Sollte lieber zur See fahren, wo die Luft sauber ist, der gute Bartolomeo Colombo.»

Ich verabschiedete mich höflich, aber eilig, und lief auf den Wellenbrecher hinaus. Vom Meer her blies ein kräftiger Wind, und vor dem dunkelnden Himmel tanzten die Masten. Eine Karracke von der Größe eines Palastes lag da vertäut, mit einem Dutzend Geschützluken und Masten so hoch wie Kathedralentürme. Aber sie hieß *Negrona*. Ich suchte den Schuppen des Hafenmeisters auf und fragte nach der *Bechalla*. «Phokaiisches Alaun und levantinischer Wein, oder täusche ich mich?» sagte er mürrisch, während er hingebungsvoll in der Nase bohrte. «Das ist kein Schiff für eine so schwere Ladung.»

«Ich habe eine Passage nach England gebucht.»

«Auf der *Bechalla*?» Eingehend betrachtete er das Zeug an seiner Fingerspitze. «Soll das heißen, daß sie jetzt Passagiere mitnimmt? Und auch noch bis nach England? Ach du lieber Himmel!»

«Ist sie schon eingelaufen?»

«Nein. Sie kommt heute abend, wenn Ihr Pech habt.» Damit wandte er sich dem zweiten Nasenloch zu.

Genua liegt auf lauter Hügeln, die gleich hinter dem Hafen steil ansteigen. In der Hoffnung, die *Bechalla* einlaufen zu sehen, stieg ich zum höchsten Punkt hinauf. Dort oben lag ein Friedhof, dessen Bewohner einen herrlichen Ausblick genossen. Die Toten hinter mir, die lebendige Stadt unter mir, schaute ich hinaus zum Horizont. Nichts. Der Wind blies, in der Ferne brauten sich Wolken zusammen, und langsam brach die Dämmerung herein. Plötzlich wurde der Wind eiskalt. Unbehaglich wandte ich mich zu den weißen Friedhofsmauern um und lief rasch wieder in die Stadt hinunter. In der Via Balbi und auf den großen Plätzen flackerten Öllampen, aber in den Gassen herrschte Dunkelheit. Der Wind frischte auf. In der Ferne zuckten Blitze, und vom Meer herein rollte der Donner. Dann begann es so heftig zu regnen, daß das Wasser vom Kopfsteinpflaster hochspritzte. Hastig suchten die Menschen Unterschlupf. «Da ist er!» schrie jemand, und schon stürzten sich Meuchelmörder der Bruderschaft vom Goldenen Vlies mit blitzenden Schwertern und Dolchen auf mich. Ich hechtete in eine stockfinstere, ungepflasterte Seitengasse und begann zu rennen. Der Boden war aufgeweicht, die Fassaden der Gebäude zu beiden Seiten ragten wie Klippen in die Höhe. Instinktiv trugen mich meine Beine zur Porta dell' Olivella, wo meines Vaters Taverne gewesen war, doch obwohl ich lief, was das Zeug hielt, blieben mir die Mörder dicht auf den Fersen. Trotzdem hoffte ich, sie in dem Gewirr verschlungener Gäßchen rund um die Taverne abhängen zu können. Ich rannte bergab in Richtung Hafen bis zu der winzigen Piazza mit der kleinen Kirche, in der die Dirnen aus der Taverne ihre Beichte ablegten. Das Portal war verschlossen. Ich lief weiter. Hinter mir hörte ich Schreie. Ich stolperte, rutschte aus und schlug, völlig außer Atem, vor einer mit zwei roten Lampen erhellten Haustür zu Boden. Fast hatte es den Anschein, als würde mein Leben in eben der Straße enden, in der ich aufgewachsen war. Verzweifelt rang ich nach Luft und versuchte mich aufzurappeln, doch da stürzten sich auch schon zwei Mordgesellen auf mich und packten mich an den Armen. Ich riß mich los und sprang, Rodrigo Borgias Ratschlag eingedenk, trotz der hoffnungslosen Situation kühn auf die Angreifer los. Der eine stellte mir ein Bein, so daß ich wieder rücklings im Dreck landete. Im diesem Augenblick wurde die Tür aufgerissen. Einer der Kerle holte mit dem Schwert aus, um mir den Kopf abzuschlagen. Doch da trat plötzlich eine mächtige Gestalt in hohen Lederstiefeln und mit einem altmodischen Kettenhemd zwischen uns und die roten Lampen. Der Kerl mit dem Schwert flog über meinen Kopf und klatschte wie eine reife Melone mit einem häßlichen Pflatsch an die gegenüberliegende Hauswand. Ein zweiter wurde dreimal durch die Luft gewirbelt, bevor er mit dem Kopf voran in Richtung Kirche durch den Regen segelte und unterwegs zwei seiner Kameraden aus den Stiefeln schlug. Ein fünfter ergriff entsetzt die Flucht. Der sechste flog wie ein von einem Katapult abgeschossener Stein hinterher. Einzig und allein der siebte entkam; er rannte, als wäre der Teufel hinter ihm her.

Die mächtige Gestalt half mir auf die Beine.

«Geh mit Gott und der Flut, Cristoforo Colombo», sagte Giulia, die Amazone.

Damals wußte ich es noch nicht, aber das war das letzte Mal, daß mich jemand Cristoforo nannte.

Die Tür zwischen den roten Lampen krachte hinter ihr zu. Ich hob den eisernen Klopfer und ließ ihn dreimal, viermal, fünfmal herunterfallen. Niemand öffnete. «Giulia», rief ich. «Giulia, laß mich dir wenigstens danken.» Als die Tür auch weiterhin verschlossen blieb, begriff ich endlich, daß die Amazone zu ihrem alten Leben zurückgekehrt war und sich deshalb schämte.

«Giulia, Bartolomeo wird eines Tages ein berühmter Kartenzeichner.» Nichts rührte sich. «Giulia, der kleine Giacomo wird Priester. Beide denken oft an dich.»

Nochmals ließ ich den Türklopfer fallen. Hörte ich da einen reumütigen Schluchzer? Vielleicht war es nur der Wind.

Es hatte zu regnen aufgehört, und hinter rasenden Wolkenfetzen kam der Vollmond zum Vorschein. Im Hafen lagen acht Karracken vertäut, aber keine davon war die *Bechalla*. Ansonsten gab es noch Dutzende kleiner Schiffe und Kähne. Doch nur die kleinste Feluke, zwanzig Tonnen vielleicht und völlig heruntergekommen, nahm Fracht an Bord. Ich rief den Frachtaufseher. «Ihr wißt nicht zufällig, wo ich die *Bechalla* finden kann, die nach England auslaufen soll?»

Wortlos deutete er auf den Bug der kleinen Feluke. Im Mondlicht las ich: *Bechalla*, Genua.

«Aber die *Bechalla* ist eine Karracke mit tausend Tonnen», sagte ich, «und sie hat Alaun und levantinischen Wein geladen.»

«Das hier ist die einzige *Bechalla* weit und breit», sagte der Frachtaufseher. «Und was den levantinischen Wein betrifft, der kommt direkt aus den Weinbergen von Genua. Die Engländer merken den Unterschied ohnehin nicht.»

Ich sah mir die Feluke genauer an. Zwanzig Tonnen und nicht mehr die Jüngste. Um ehrlich zu sein, uralt. Ein einziger, nicht sonderlich dicker Mast. Der Rumpf war *oberhalb* der Wasserlinie mit Muscheln verkrustet, was bedeutete, daß das Schiff tief im Wasser lag, wenn es Fracht führte. Sehr tief.

Aber ich hatte keine andere Wahl. Als ich dem Mann mein Schiffsticket zeigte, erklärte er es für ungültig, da es auf die Karracke *Bechalla* und nicht auf eine alte Feluke gleichen Namens ausgestellt war. «Dann müßt Ihr die Überfahrt eben abarbeiten», meinte er lakonisch.

Ich seufzte und erwog, mir die Sache noch einmal zu überlegen. Aber da gab es nichts zu überlegen. So ging ich mit meiner ganzen Habe – Bartolomeos Karte und Giacomos Christophorus-Medaille – an Bord. Mit der Flut liefen wir aus.

Das ist eine jener Stellen, an denen meine frühen Biographen außer Rand und Band geraten.

Denken Sie daran, daß diese Seereise meine erste war (wenn man von der, auf der ich geboren wurde, absieht). Bis jetzt hatte ich wenig Ahnung von Schiffen und noch weniger vom Mittelmeer, ganz zu schweigen vom unendlich weiten und unerforschten ozeanischen Meer. Aber haben sich diese miesen Schreiberlinge, die aus meinem Ruhm Kapital zu schlagen suchten, davon abschrecken lassen?

Gerechterweise muß man zugeben, daß die Erfindung des Buchdrucks dieses Problem noch verschärft hat. Denn Johannes Gutenberg aus Mainz, Deutschland, hat den Buchdruck just zu der Zeit erfunden, als ich geboren wurde. Ein Zufall? Klar, aber zum erstenmal überhaupt waren Bücher einem Massenpublikum zugänglich, und damit war für ungebildete Schmierer, denen die Wahrheit weit weniger bedeutete als eine sensationelle Story, der Weg geebnet. Sogar die Entwicklung des Buchdrucks haben sie falsch dargestellt. Gutenberg mag zwar eine primitive Druckerpresse erfunden haben, aber die Stempel für die einzelnen Buchstaben, die Metallmatrizen und die Druckformen, die verhindern, daß die Lettern auf der Seite umherwandern, hat sein Schriftsetzer Peter Schöffer entwickelt. Aber das ist eine andere Geschichte.

Wie nun stellen mich diese sensationslüsternen Schmierer auf meiner ersten Reise dar? Als Piratenkapitän, als Befehlshaber einer bis zu den Mastspitzen bewaffneten Karavelle mit Lateintakelung, mit der es hart am Wind kein anderes Schiff aufnehmen konnte. Und dann lassen diese Schreibtischtäter dieses stolze Schiff vor dem Kap São Vicente von einer kleinen, schlecht bewaffneten Handelsflottille versenken und mich um mein Leben an die portugiesische Küste schwimmen.

Freilich ist das nicht einzig und allein ihre Schuld. Denn einer jener winzigen Zufälle, von denen es in der Geschichte nur so wimmelt, wollte es, daß es damals tatsächlich einen französischen Korsaren namens Colombo gab, der zwischen den spanischen Mittelmeerhäfen und Lissabon auf Kaperfahrt ging.

Aber diesen Colombo hat niemand versenkt. Ganz im Gegenteil.

Was sich zugetragen hatte, war folgendes:

Im Konvoi mit drei anderen Schiffe, allesamt flinke Zweimaster, segelte die *Bechalla* von Genua aus in Richtung Westen. Schwerfällig wie ein Nilpferd schlingerte sie dahin, gefährlich tief im Wasser liegend, so daß die anderen von Zeit zu Zeit die Segel reffen mußten, um ihr nicht davonzufahren.

Den Namen des Kapitäns habe ich nie erfahren. Nennen wir ihn Käpt'n Chaos. Beim leisesten Seegang waren seine Speigatten randvoll. Eine plötzliche Windbö, und sein altes, braunes Vorsegel hing in Fetzen herunter. Oder sehen Sie sich unsere Bewaffnung an. Auf jeder Seite eine einzige Geschützluke, in jeder eine vorsintflutliche Bronzekanone mit einem rissigen, von Tauen zusammengehaltenen Rohr. Eines Tages, als wir uns Gibraltar näherten, befahl mir Käpt'n Chaos, die Kanonenkugeln zu suchen. Ich fand sie tatsächlich – unter mehreren Tonnen phokaiischem Alaun vergraben. Es waren nur vier Stück. «Gewicht», sagte Käpt'n Chaos, «Gewicht ist ein Problem. Eisen ist schwer, und niemand bezahlt uns dafür, daß wir Kanonenkugeln transportieren.» Und erst unsere Verpflegung! Ein Sack Mehl voller Maden, ein paar Zöpfe Knoblauch, ein paar Dutzend austreibende Zwiebeln, ein Schlauch mit Öl, ein anderer mit saurem Wein, ein Topf Honig, ein Sack voll steinhartem Schiffszwieback und etwas Salz. Trinkbares Wasser nur dann, wenn wir einen Hafen anliefen.

Zehn Tage unter diesen Bedingungen, dann passierten wir die Meerenge. Von da aus ging es weiter zum Kap São Vicente, dem südwestlichsten Punkt Europas, von dem aus die Portugiesen unter Prinz Heinrich die berühmtesten Seefahrer ausschickten, um einen Seeweg um Afrika herum nach Indien ausfindig zu machen. Ein gewisser Vasco da Gama sollte damit schließlich Erfolg haben – ganze sechs Jahre nachdem ich erstmals die Indischen Lande erreichte, indem ich in Richtung Westen über das unbekannte Ozeanische Meer segelte.

Während wir ausnahmsweise einmal vor dem Wind segelten, rief der Ausguck der *Bechalla* plötzlich: «Segel voraus!»

Damals lauerten noch nicht in jeder Bucht und jeder Meerenge Piraten, und Algier und Malta kamen noch nicht durch den Wiederverkauf gestohlener Waren, gekaperter Schiffe und gekidnappter Personen zu Reichtümern. Das Segel hätte ohne weiteres einem Handelsschiff gehören können.

Aber es gehörte Guillaume de Casenove, dem französischen Piraten, der sich Colombo nannte.

Schnell wie ein Hai glitt die Karavelle mit dem langen, spitz zulaufenden Bug auf den ungeordneten Konvoi zu und eröffnete das Feuer. Die Kanonenkugeln klatschten gefährlich nah ins Wasser, ohne jedoch eine unserer Feluken zu treffen. Wir verteilten uns. Die *Leghorn Lady* und die *Aguila* gingen auf Backbordkurs Richtung Norden, die *Madre de Dios* machte kehrt und wandte sich nach Süden, und die *Bechalla* hielt träge auf das Kap São Vicente zu, von wo aus uns eine kleine, aber schwerbewaffnete Flotte zu Hilfe kam. Eifrig feuerten wir sie an.

Gerade als uns Colombos Karavelle erreicht hatte, drehten wir zu weit in den Wind, so daß unsere Segel einfielen. Die *Bechalla* schwang breitseits neben das Piratenschiff und blieb ohne Fahrt liegen.

«Steuerbordkanone abfeuern!» brüllte Käpt'n Chaos. Als das alte Bronzegeschütz mit einem schauerlichen Knall explodierte, flog eine Feuergarbe quer über das Deck und entzündete das Schießpulver der Backbordkanone.

Die unglückliche *Bechalla* sank, ohne daß mein Namensvetter Colombo sie auch nur angerührt hatte.

Käpt'n Chaos und die Besatzung sprangen über Bord und schwammen auf die Rettungsflotte zu, die bereits so nahe war, daß Colombo alle Segel setzte und sich aus dem Staub machte.

Da ich nicht schwimmen konnte, klammerte ich mich, Bartolomeos Karte zwischen den Zähnen, verzweifelt an ein Faß. Eine winzige Feluke hielt auf mich zu, und kräftige Hände zogen mich an Bord. Völlig durchnäßt und nach Luft japsend lag ich auf den Planken. Ein paar untersetzte Matrosen flößten mir Brandy ein und verhielten sich freundlich, bis einer von ihnen auf Portugiesisch, das sich damals sehr wenig vom Spanischen unterschied, fragte:

«Woher kommst du?»

«Genua.»

«Und wie heißt du, mein Junge?»

«Colombo.»

Sie begannen zu fluchen und hoben mich über den Schandeckel, um mich wieder ins Wasser zu werfen.

Da ich nie von dem gleichnamigen Piraten gehört hatte, nahm ich natürlich an, daß meine Retter der Bruderschaft vom Goldenen Vlies angehörten. Ich stammelte, daß sie sich verhört haben müßten.

«Also noch mal, wie heißt du, Junge?»

«Colón. Cristóbal Colón. Ich bin ein ganz harmloser Spanier.»

Sie stellten mich wieder auf die Beine.

«Er ist gar nicht Colombo, der Pirat.»

«Nein. Er ist nur ein dummer, kleiner Spanier.»

Eine Stunde später ging ich mit Bartolomeos Karte in Portugal an Land.

KAPITEL 3

Die Fahrt nach Norden
oder
Tristram, Isolde und Bruder Tod

Was die Diskussion um die Frage betrifft, ob die Erde rund oder flach ist, herrscht eine völlig verkehrte Vorstellung. Schulkindern bringt man bei, nur Kolumbus habe gewußt, daß die Erde rund ist. Aber die Wahrheit sieht ganz anders aus. Neun Jahrhunderte vor meiner Zeit segelte ein gewisser Kosmas Indikopleustes von Byzanz aus nach Osten, um durch sein Herunterfallen auf dem Weg nach Indien zu beweisen, daß die Erde eine Scheibe ist. Er scheiterte. Ein paar Jahrhunderte nach mir gründete ein gewisser Wilbur G. Voliva aus Zion City, Illinois, die sogenannte Flat Earth Society – zweifelsohne ein einsamer Rufer in der Wüste.

Im fünfzehnten Jahrhundert wußte jedermann, der eine halbwegs anständige Erziehung genossen hatte, daß die Erde rund ist. Man besaß sogar eine ziemlich genaue Vorstellung davon, welchen Umfang sie hat, nämlich 21 420 Meilen; damit war man nur rund 3500 Meilen von ihrer tatsächlichen Taillenweite entfernt. Nicht schlecht für das fünfzehnte Jahrhundert, was? Und man hatte Karten, die in einhundertachtzig Breitengrade und dreihundertsechzig Meridiane unterteilt waren, so daß jedes Fleckchen, das Gott geschaffen hatte, seine individuellen, unterscheidbaren Koordinaten besaß.

Nun wäre es grundverkehrt, diese gesamten Erkenntnisse der von Heinrich dem Seefahrer am Kap São Vicente in Portugal errichteten Sternwarte zuzuschreiben, wie einige bekannte Historiker das tun. Lassen Sie mich nur ein paar Namen aus der Antike erwähnen – Hipparch, Erasthenes, Ptolemäus – und Sie daran erinnern, daß diese um 150 v. Chr. im ägyptischen Alexandria so ungefähr dasselbe machten wie Prinz Heinrich und sein Adjutant, Kapitän Perestrello, fünfzehnhundert Jahre später am Kap São Vicente.

Als ich dort völlig durchnäßt auftauchte, war der Prinz bereits zehn Jahre tot. Perestrello kam zum Strand heruntergeeilt, um die Schiffbrüchigen zu begrüßen. Mit seinen langen grauen Haaren, die im Wind flogen, einem weitärmligen, flatternden Gewand und dem windgeröteten Gesicht sah er ziemlich ungepflegt aus.

«Also, wenn Prinz Heinrich noch am Leben wäre», meinte er, «würden sich die Piraten nicht mal bis auf hundert Meilen ans Kap São Vicente heranwagen.»

«Das sagst du aber auch *immer*, Papa», piepste ein ungeduldiges Kinderstimmchen.

Hinter Perestrello kam dessen neunjährige Tochter Felipa, so genannt nach Philippa, der britischen Mutter von Prinz Heinrich dem Seefahrer, zum Vorschein. Felipa war ein entzückender kleiner Wildfang. Mit flachen kleinen Kieseln, die sie übers Wasser hüpfen ließ, zielte sie auf das flüchtende Piratenschiff, dessen Segel noch am Horizont zu sehen waren.

«Scheißpiraten!» quietschte sie.

«Aber Felipa!» rief ihr Vater.

Doch sie machte ein so argloses Gesicht, daß ich überzeugt war, sie wußte gar nicht, was sie da sagte.

Man gab uns zu essen und brachte uns in der Nähe des Hafens unter. Eines Tages fragte mich Perestrello: «Was für eine Karte schleppt Ihr denn da immer mit Euch herum? Seid Ihr ein Seefahrer? Wir brauchen hier Seefahrer.»

Ich winkte bescheiden ab. «Leider nicht. Das ist nur ein Andenken an meinen Bruder, der ein wichtiges Amt im Vatikan bekleidet.»

Als ich die Karte vorsichtig ausbreitete, bekam ich einen Schrecken. Das war ganz und gar nicht die Karte, die Bartolomeo mir gegeben hatte!

Oder, um genau zu sein, es war dieselbe Karte, aber noch mehr. Europa und das Ozeanische Meer mit Island und Grönland im

Norden und den Azoren und den Kanarischen Inseln in der Mitte und im Süden waren so, wie ich sie in Erinnerung hatte. Aber weit im Westen, jenseits des Ozeanischen Meeres, wo zuvor ein großer, weißer Fleck, die sogenannte Terra incognita, ein ganzes Viertel der Karte eingenommen hatte, war jetzt deutlich eine Küstenlinie mit Buchten und Landvorsprüngen zu erkennen, die sogar einen Namen hatte.

«Es ist nicht mehr dieselbe Karte», sagte ich verwirrt.

Perestrello blickte mir über die Schulter. «Daran ist das Meerwasser schuld», erklärte er. «Wir haben es hier mit einem Palimpsest zu tun. So etwas entsteht, wenn ein knickriger Schreiber Pergament sparen will und einen alten Text ausbleicht, um darüberzuschreiben. Offenbar gibt es auch unter den Kartenzeichnern Geizkragen.»

«Da drüben war zuvor Terra incognita.»

«Meerwasser löst die Tinte auf, so daß die darunterliegende Karte wieder zum Vorschein kommt», erklärte Perestrello.

An der wieder sichtbar gewordenen Küstenlinie stand: *Groß-Irland*.

«Was für ein Irland?» lachte Perestrello.

Als seefahrerischer Erbe Prinz Heinrichs wußte er, daß Irland eine flohgeplagte Insel westlich von England war, auf der seit dem fünften Jahrhundert religiöse Eiferer hausten.

«Aber Irland liegt doch da drüben», sagte ich und zeigte auf die kleine Insel im Westen Englands.

«Stimmt genau. Und dieses ‹Groß-Irland› ist dort, wo eigentlich Vinland liegen müßte.»

Da stürmte die altkluge kleine Felipa herein und stellte sich zwischen uns an den Kartentisch.

«Felipa, du weißt ganz genau, daß du während der Arbeitszeit nichts im Kartenraum oder sonstwo im Expandierenden Nautischen Zentrum zu suchen hast», schimpfte ihr Vater. Dann wandte er sich an mich. «Ihre Mutter behauptet, ich verziehe sie, weil ich keinen Sohn habe. Und ich fürchte, sie hat recht. Das hier ist kein Ort für ein Mädchen. Aber es geht sowieso bald ab ins Kloster.»

«Dein Hosenbeutel ist größer als der von Papa», stellte Felipa fest.

Perestrello hustete.

Ich verabschiedete mich eilig und ging hinaus in das von Kapitän Perestrello so treffend benannte Expandierende Nautische Zentrum. Hafen, Leuchtturm, Sternwarte, Kartenräume, Matrosenunterkünfte, Läden, Tavernen, Bordell – all das hieß zu Ehren des toten Prinzen Heinrich Prinzenstadt.

Mehr gibt es über meinen ersten Aufenthalt am Kap São Vicente kaum zu berichten. Ich lernte Navigation und Kartenlesen. Ich unternahm ein paar kurze Fahrten zu verschiedenen Mittelmeerhäfen und eine lange auf die Insel Madeira (vielversprechender Wein). Ich bezog eine winzige Fischerkate im Hafenviertel, wurde Kapitän Perestrellos Vertrauter und der Traummann der frühreifen Felipa.

Ihr zwölfter Geburtstag fiel mit einer Mondfinsternis zusammen. Astronomen und Seefahrer aus ganz Europa waren ans Kap São Vicente gekommen, um sie sich anzusehen und Kapitän Perestrellos Ausführungen zu lauschen. Nachdem sich der Mond langsam wieder hinter dem Erdschatten hervorgeschoben hatte, machte ich mich mit brennenden Augen (noch war das Fernrohr nicht erfunden) auf den Heimweg.

Kaum hatte ich die vier Schlösser aufgesperrt und die Tür zu meiner Fischerkate geöffnet, als ich ein Geräusch vernahm. Ich zog mein Schwert, das ich seit meiner Begegnung mit der Bruderschaft des Goldenen Vlieses in Genua Tag und Nacht bei mir trug.

«Wer ist da?»

Schweigen. Dann hörte ich leise Schritte in der Dunkelheit. Als ich einen Satz nach vorn machte, ertönte helles Lachen.

«Felipa, was machst du denn hier?»

«Irgendwo mußte ich ja hin, nachdem das ganze Expandierende Nautische Zentrum für mich tabu ist und jetzt auch noch überall diese vielen fremden Männer herumlaufen.»

Ein Funke blitzte auf, eine Lampe wurde angezündet, und neben dem Tisch stand, mit dem Rücken zu mir und von der Taille aufwärts nackt, Felipa. Sie wirbelte herum. «Ich wette, du hast es gar nicht bemerkt. Schau, wie meine Brüste wachsen! Sie sind schon so groß wie Zitronen, schau her», sagte sie stolz. «Mach doch die Augen auf, zum Kuckuck.» Sie kam näher. «Du darfst sie berühren, wenn du magst.»

Ich wich zurück.

«Ich sagte, du darfst sie berühren.» Trotzig stampfte sie mit den Füßen auf.

«Felipa, du ziehst dich jetzt sofort an und gehst nach Hause», befahl ich streng und wandte mich ab. Da schlang sie von hinten ihre schlanken Arme um mich und drückte ihre knospenden Brüste gegen meinen Rücken.

«Willst du sie denn nicht wenigstens ein kleines bißchen betasten?»

Ich lehnte ab.

Sie drehte eine übermütige Pirouette. «Ha! Lügner! Schau dir doch bloß deinen Hosenbeutel an.»

«Felipa, wenn du nicht augenblicklich verschwindest, setzt es einen Klaps.»

Sie überlegte. «Wirklich? Das würde ein toller Spaß werden.»

An dieser Stelle sollte ich vielleicht erwähnen, daß Felipas Verhalten, wenngleich sehr direkt, durchaus nicht mehr frühreif war. Damals heirateten die Mädchen in Spanien und Portugal häufig mit elf oder zwölf Jahren. Und was voreheliche Verkehr betraf, so war er, auch wenn die Kirche das mißbilligte, nicht die Ausnahme, sondern die Regel; und sollte es auch bleiben, bis meine Mannschaft nach der ersten Reise die Syphilis aus den Indischen Landen einschleppte, die der sexuellen Freiheit einen Dämpfer aufsetzte.

Doch wie dem auch sei – für mich war Felipa ein Kind, wenn auch ein sehr aufregendes, und so flüchtete ich aus meiner Kate und lief am Strand entlang, um meine Hitze zu kühlen. Da kam mir Kapitän Perestrello aus dem Bordell entgegengetorkelt.

«Manchmal ist alles so schwer», jammerte er kläglich.

«Was ist schwer?»

«Alles. Ich habe jahrelang mit einer Lüge gelebt. Wenn ich nicht dem Andenken an Prinz Heinrich unverbrüchlich die Treue halten würde, könnte ich nicht weitermachen.» Versonnen blickte er mich an. «Ich meine, wie kann ich verdammt noch mal predigen, daß die Erde rund ist, wo doch jede Faser meines Ichs darauf besteht, daß sie in Wirklichkeit *so flach ist wie ein Pfannkuchen?*»

Inzwischen hatten wir den Hafen erreicht. Betrübt wanderte sein Blick nach Westen, hinaus aufs weite, unerforschte Meer.

Dann fiel ihm plötzlich etwas ein. «Erinnert Ihr Euch an diese komische Karte? An dieses Groß-Irland? Ich habe ein paar Leute deshalb angeschrieben. Und wißt Ihr was? Sie wollen Eure Karte *kaufen.*»

«Sie ist unverkäuflich.»

«Unter der Bedingung», fuhr Perestrello mit der Sturheit des Betrunkenen fort, «daß Ihr sie persönlich abliefert. Sie wollen tausend Pfund zahlen. Eintausend bar auf die Hand.»

«Sie ist unverkäuflich.» Es klang schon weniger entschieden.

«Sie sieht flach aus, fühlt sich flach an und riecht sogar flach», murmelte Perestrello. «Wie kann sie dann rund sein?» Er begann zu heulen.

Nachdem er sich mit Daumen und Zeigefinger kräftig geschneuzt hatte, nahm das Gespräch eine unerwartete Wendung. «Wie Ihr wißt», sagte Kapitän Perestrello, wobei er jede Silbe sorgfältig betonte, «war die ehemalige Königin Philippa, nach der meine kleine Felipa genannt wurde, die Tochter des John of Gaunt, des vierten Sohnes von Eduard III., seinerseits der Vorfahre mehrerer englischer Könige, ganz zu schweigen von der königlichen Familie von Kastilien, durch die . . .»

Genealogie war noch nie meine starke Seite gewesen. Doch zum Glück konnte Perestrello mit seinen glasigen Augen nicht sehen, wie die meinen ebenfalls glasig wurden, während er weiterleierte.

«. . . wenn Ihr nach England fahrt . . .» hörte ich ihn sagen.

Ich hörte wieder zu. Er klang halbwegs nüchtern und durchaus ernsthaft.

«. . . leider unehelich. Aber der Kerl, der Eure Karte von Groß-Irland haben möchte, ist ein direkter Nachkomme des John of Gaunt. Nennt sich ‹der O'Gaunt›.»

Fernes England, endlich. Fast schon das Ende der erforschten Welt. Ich nickte. Zu sagen wagte ich nichts.

«Ihr segelt als Frachtaufseher auf der *Virgen Rampante.* Und da Felipa nach Frankreich in ein Kloster in Saint-Malo kommt, könnt Ihr sie unterwegs absetzen.»

So entstehen Legenden. Ich habe den ehrfurchteinflößenden Ruf, bei Tag und Nacht, bei schönem wie bei schlechtem Wetter, an Deck auf und ab zu gehen. So steht es in sämtlichen Büchern. Aber weist auch nur einer meiner Biographen darauf hin, daß diese Legende auf meiner Fahrt nach England entstanden ist? Nicht ein einziger. Sie sparen sie allesamt für meine erste Reise über das Ozeanische Meer auf.

Daraus kann ich nur schließen, daß sie nicht wußten, daß sich an Bord der Karracke *Virgen Rampante* mit Kurs auf Saint-Malo (wo sie an Land gehen würde) und schließlich Bristol Felipa Perestrello befand.

«Ich bitte dich, Christóbal», flehte sie mich an, sobald die Küste außer Sicht war. «Es ist auf Jahre hinaus meine letzte Chance. Heilige Mutter Maria, laß mich nicht als Jungfrau ins Kloster gehen!»

Doch ich mußte an die Abschiedsworte ihres Vaters denken und blieb hart. Auf seine konfuse Art hatte Perestrello zu mir gesagt: «Es wird keine sonderlich große Mitgift mehr übrigbleiben, wenn ich erst meine jährlichen Spenden an das Kloster abgeliefert habe. Wenn Felipa eines Tages nach Hause kommt, wird ihre Mitgift . . . verflucht noch mal» – Perestrello rang nach Worten, wobei sein Gesicht vor Anstrengung rot anlief –, «also ihre Mitgift wird sozusagen die Tatsache sein, daß sie eine Dame ist, ich meine, daß sie noch . . . äh . . .»

Ich hatte verstanden.

Anfangs ging ich Tag und Nacht, bei schönem wie bei schlechtem Wetter, an Deck auf und ab, weil ich wußte, daß Felipa in meiner Kajüte unter Deck auf mich wartete. Doch als ihr klar wurde, daß ich sie nicht beehren würde, schüttete sie ihrer *Dueña* trotzdem weiterhin ein Schlafmittel in den Wein und fing damit an, dem Kapitän und einem auserwählten Teil der Mannschaft schöne Augen zu machen. Also ging ich Tag und Nacht, bei schönem wie bei schlechtem Wetter, an Deck auf und ab, weil ich befürchten mußte, daß Felipa sich unter den fünfunddreißig Männern der Mannschaft einen (oder mehrere) aussuchen würde, um sich ihre Jungfräulichkeit rauben zu lassen.

Die Fahrt vom Kap São Vicente über Lissabon nach Saint-Malo in der Bretagne ist alles andere als kurz, und während der ganzen Zeit schlief ich nicht ein einziges Mal. Bald begann die Mannschaft über mich zu reden.

«Er spaziert Tag und Nacht an Deck auf und ab, bei schönem wie bei schlechtem Wetter», flüsterten sie.

«Er schläft überhaupt nie», raunten sie sich zu.

So entstehen Legenden.

Ich bekam Halluzinationen. Weit draußen auf dem Meer sah ich Wälder mit Limonenbäumen, deren herrliche Früchte allesamt von einer kecken rosa Spitze gekrönt waren. Die Symbolik entging mir völlig.

«Legt Euch schlafen, Mann, sonst kippt Ihr noch um und fallt uns über Bord», drängte der Kapitän.

Schon hatte ich ihn in Verdacht. Ich argwöhnte, daß er, wie alle anderen, ein Auge auf Felipas Jungfräulichkeit geworfen hatte. Von da an ließ ich ihn nicht mehr aus den Augen.

Als wir in Saint-Malo anlegten, blitzte mich Felipa böse an. «Das wirst du mir büßen», versprach sie.

Auf der Weiterfahrt der *Virgen Rampante* durch den Ärmelkanal, an der Südküste Englands entlang um Land's End herum und schließlich durch den Bristolkanal hinauf bis zur Mündung des Severn – auch das keine kurze Strecke – schlief ich die ganze Zeit.

Eine Warnung vor den folgenden Seiten. Die Sprache wird vielleicht sogar abgebrühte Leser erschrecken. Aber zu jener Zeit sprachen die Engländer, die von der Welt abgeschnitten auf ihrer Insel hockten und nichts von der Renaissance in Italien und anderswo auf dem Kontinent und der damit verbundenen Hinwendung zu Vornehmheit und Kultur mitbekamen, so, wie sie lebten: ungehobelt.

Dies ist bis zu einem gewissen Grad entschuldbar. Jedermann weiß, wie es nach einem Krieg aussieht, sogar schon nach den vier oder fünf Jahre dauernden Kriegen der Moderne – politische Abenteurer, Verlorene Generationen, Eiserne Vorhänge etc., etc. Aber angenommen, ein Land steht *ohne Unterbrechung hundert Jahre im Krieg und verliert?* Das war Englands Situation am Ende des sogenannten Hundertjährigen Krieges, und ich kam dorthin keine zwanzig Jahre nach der letzten Schlacht bei Castillon und dem Rückzug aus Bordeaux im Jahr 1453, der den Konflikt zugunsten Frankreichs entschieden hatte. Nach einem Jahrhundert, in dem die

Engländer unter Unglück, Armut und Ungewißheit, Jeanne d'Arc, der Pest und schließlich ihrer Niederlage zu leiden gehabt hatten, schwelgten sie in einer Art freudloser Fleischeslust, die sich auch in ihrer Sprache widerspiegelte.

Ich gebe also wörtlich die Unterhaltung wieder – falls man sie überhaupt als solche bezeichnen kann –, die sich am Abend meiner Ankunft in Bristol im *Plank & Anchor* zutrug, wo ich den unehelichen Abkömmling des John of Gaunt anzutreffen hoffte. Ich brauche mich nur gelegentlich des deftigen Vokabulars bedienen, um Sie daran zu erinnern, daß wir uns in England befinden.

Alsdann.

Ort: Das *Plank & Anchor*, eine überfüllte Kneipe unmittelbar an der Stone Bridge, die in Bristol über den Avon führt.

Zeit: Nach Sonnenuntergang.

Personen: Cristóbal Colón, Wirt, Barmädchen, mehrere Masters und Mistresses (im England des fünfzehnten Jahrhunderts sprach man alle Männer und Frauen ungeachtet ihres Standes mit Master und Mistress an) und Tristram, ein Student.

(Es tritt ein Cristóbal Colón, Bartolomeos fest zusammengerollte Karte in der Hand, am Gürtel ein Schwert.)

COLÓN *(in fließendem Englisch, aber mit Akzent)*: Ich bitte um Verzeihung, mein Herr.

ERSTER MASTER: Scheiß drauf, schon in Ordnung, Jack.

COLÓN *(bahnt sich einen Weg durch die Menge bis zum Tresen)*: Entschuldigen Sie, ich suche einen Mann namens O'Gaunt.

BARMÄDCHEN: Dieser Schwanzlutscher!

WIRT: Dieser Arschficker!

ZWEITER MASTER: Dieser Mösenschlecker!

ALLE *(gedämpft murmelnd)*: Dieser Tagedieb!

COLÓN: Er erwartet mich.

BARMÄDCHEN: Soso. Dann hol dir lieber selber einen Humpen, Schätzchen. Dieser Scheißkerl tut's sicher nicht.

WIRT: Sag mir bloß, woher du diesen beschissenen Akzent hast.

ERSTE MISTRESS: Bist du vielleicht gar so ein dreckiger Italiener?

COLÓN *(blickt gehetzt um sich)*: Nein!!!

ALLE *(verhalten murmelnd)*: Diese verfluchten Ausländer!

COLÓN: Ehrlich, ich bin nichts Besonderes. Nur ein spanischer Matrose.

BARMÄDCHEN: So, ein Matrose. Dann treibst du's wohl mit Schiffsjungen, was?

ZWEITE MISTRESS: Wie wär's, wenn du dem Seemann da was von der Pisse gibst, die du als Bier verkaufst, du verknöchertes Arschloch?

WIRT: O'Gaunt, hast du gesagt, du Päderast?

COLÓN: O'Gaunt, ja.

ERSTER MASTER: Dieser irische Schwanz!

DRITTER MASTER: Dieser Großmutterschänder!

ALLE *(verhalten murmelnd)*: Dieser Kindsentführer!

BARMÄDCHEN: Macht einen halben Scheißschilling.

COLÓN: Ich fürchte, ich kenne mich mit Eurem Geld nicht recht aus. *(Streckt ihr eine Handvoll Münzen hin.)*

WIRT *(erleichtert ihn um sämtliche Münzen)*: Er ist verdammt noch mal nicht da. Der O'Gaunt. Und er wird verdammt noch mal nicht kommen.

(Alle lachen.)

TRISTRAM, EIN STUDENT: Gebt dem Matrosen sein Wechselgeld.

WIRT: Was?

ALLE: *Was???*

TRISTRAM, EIN STUDENT: Ich sagte, gebt dem Matrosen sein Wechselgeld.

(Wirt tut es brummend.)

COLÓN *(zum Studenten)*: Danke. *(Zum Wirt gewandt:)* Wann erwartet Ihr ihn denn? *(Setzt seinen Krug ab und verzieht das Gesicht, als würde das Bier wirklich nach Pisse schmecken.)*

BARMÄDCHEN: Wer zum Henker soll das bei diesem Furzknochen schon wissen?

ALLE *(verhalten murmelnd)*: Wird schon nicht so verschlaunt bald sein.

COLÓN: Verschlaunt? Ich fürchte, dieses Wort kenne ich nicht.

BARMÄDCHEN: Nur ein anderer Ausdruck für verfickt, Schätzchen.

ERSTE MISTRESS: Bist du sicher, daß du kein Schnüffler bist?

COLÓN: Nein! Ich meine, ja, ich bin sicher.

TRISTRAM, EIN STUDENT *(nachdenklich)*: Eigentlich ist «‹schlaunt›» ein Euphemismus – wieder mal ein Anzeichen für den Verfall der Gesellschaft.

ALLE: Was?

TRISTRAM, EIN STUDENT: *Schlaunen*, verwandt mit dem mittelniederländischen *slune* – «Beischläferin», bedeutet nichts anderes als «kopulieren». Ursprünglich hieß es «vonstatten gehen», «gedeihen» oder auch «eilen» und enthält somit keinerlei negative Konnotation, während *ficken* «reiben» oder auch «einen Hieb versetzen» heißt. Daher auch *ficke* – «Ohrfeige», vermutlich in Anlehnung an *fycken* – «schlagen». Noch deutlicher zeigt sich dieser Aspekt der Gewalt beim englischen *fuck*, das nicht nur die Bedeutung «heftig schlagen» haben kann, sondern sogar «mit einem bösen Fluch belegen»; etymologisch läßt sich dieses Wort bis zu *peig* und von da aus weiter zu *poikos* zurückverfolgen, die beide etwas unsagbar Böses bedeuten. Soll ich fortfahren?

ALLE: Bloß nicht.

ZWEITE MISTRESS *(versonnen)*: Wenn ich mir vorstelle, daß ich die ganze Zeit nur geschlaunt habe . . .

ERSTE MISTRESS *(zu Colón)*: Denn *wenn* du ein Schnüffler bist, dann läuft da ein Landsmann von dir herum – Jenny, wie heißt dieser dreckige Spitzel gleich wieder?

BARMÄDCHEN: Weiß ich nicht mehr.

ERSTE MISTRESS: Aber natürlich. Giovanni.

BARMÄDCHEN: Genau. Giovanni. Giovanni Sowieso.

ERSTE MISTRESS: Was ich sagen will, Giovanni kennt den O'Gaunt. Sie sind befreundet – falls dieser staupige Stinkstiefel von einem hundsföttischen Hurenbock überhaupt einen Freund hat.

ZWEITE MISTRESS *(nachdenklich)*: Ich habe gehört, die Schnüffler sollen verdammt gut schlaunen, falls es einer auf einen guten Schlaun abgesehen hat.

TRISTRAM, EIN STUDENT *(lachend)*: Der Witz hat aber wirklich schon einen ellenlangen Bart!

ZWEITE MISTRESS *(nach Colóns Hosenbeutel greifend und ihn allem Anschein nach wiegend)*: Na ja . . .
(Colón ergreift die Flucht.)

Der Student Tristram verließ das *Plank & Anchor* mit mir. Wir gingen plaudernd durch den tröpfelnden Regen und blieben eine Weile auf einem Hügel oberhalb des Zusammenflusses von Avon und Frome stehen.

«Ethelred der Unberatene hat im zehnten Jahrhundert genau hier eine Festung errichtet», erzählte Tristram. «Seitdem ist Bristol nach London der zweitwichtigste Hafen von England.»

«Und was ist aus der Festung geworden?» fragte ich. Abgesehen von ein paar zerbröckelten Steinblöcken, über die wir beim Aufstieg gestolpert waren, war der Hügel kahl.

«Ethelred», sagte Tristram, die grazilen Schultern zuckend, «war wie üblich schlecht beraten.»

Tristram war ein schlanker junger Mann, etwa sechzehn Jahre alt, mit langen Beinen. Das linke war in schwarze, das rechte in rote Seide gehüllt. Gegen die Kälte trug er ein dick gefüttertes Wams.

«Ganz schön kalt – dafür, daß es Sommer ist», bemerkte ich.

«Wir haben hier keinen Sommer», erklärte Tristram. Er hatte eine helle Tenorstimme, die ebenso reizvoll war wie alles andere an ihm.

Allmählich beunruhigte mich meine Reaktion. Die Engländer neigen bekanntlich zur Homosexualität, und ich fragte mich bereits, ob das vielleicht ansteckend war.

Er berührte meinen Arm. Ein Schauder lief mir über den Rücken.

«Habt Ihr schon eine Bleibe für die Nacht, Master Cristóbal?»

«Macht Euch keine Sorgen», entgegnete ich rasch. «Ich werde schon etwas finden.»

«Als ausländischer Matrose? Die Gastwirte werden Euch bös übers Ohr hauen.»

Der Regen wurde heftiger. Er schien Tristrams Haut einen verführerischen Duft zu entlocken. «Ich kenne Bristol sehr gut. Ich könnte Euch helfen, den O'Gaunt zu finden.»

Jetzt goß es.

Tristram ergriff meine Hand. «Kommt, Master Cristóbal, Ihr werdet Euch noch den Tod holen.»

Ich wollte ihm meine Hand entziehen, aber er begann zu laufen und riß mich mit sich fort.

Er hatte in Clifton, oberhalb von Bristol, ein Quartier. Naß bis auf die Haut kamen wir dort an. Sobald wir im Haus waren, wickelte Tristram seine langen blonden Haare ums Handgelenk und wrang sie aus. Er warf mir ein Tuch zum Abtrocknen zu, während er ein Feuer im Kamin entfachte. Dann verschwand er durch eine Tür und kam wenig später in einem trockenen Gewand zurück.

Mir gab er auch eines. «Zieht Eure nassen Kleider aus, Master Cristóbal.»

Ich ging in das dunkle Schlafgemach, das von Tristrams Moschusduft erfüllt war. Er machte mich ganz verrückt.

Als ich zurückkam, lag Tristram auf einen Ellbogen gestützt auf einem weißen Fell vor dem flackernden Feuer.

«Wo studiert Ihr denn?» fragte ich hastig.

«In Oxford. Am Queen's College.»

«Oh», sagte ich, fest entschlossen, mein ungehöriges Verlangen mit Konversation zu ersticken.

«Seid so freundlich und bringt den Wein her. Es ist ein recht ordentlicher Madeira.»

Ich holte den Wein und zwei Becher und kniete mich ganz bewußt neben das Fell.

«Kommt her und setzt Euch ans Feuer», schlug Tristram vor.

«Was studiert Ihr denn da am Queen's College?» versuchte ich abzulenken. Aber alles an Tristram hatte meine Begierde geweckt. Ich wollte ihn berühren, ihn umarmen. Zugleich mit diesem Verlangen verspürte ich einen heftigen Abscheu vor mir selbst.

«Metaphysik mit einem Seitenblick auf die Philosophie Platons. Ihr kennt doch sicher Platons Theorie über die Liebe?»

«Nein», sagte ich eilig. Aber natürlich wußte ich, daß Athen zu Zeiten Platons eine Brutstätte der Homosexualität war. Der Kampf in meinem Innern raubte mir fast den Atem.

«Besonders gern mag ich diese Stelle im *Symposion*, an der es heißt, daß Liebende in einem früheren Leben eins waren und so lange suchen müssen, bis sie einander finden und wieder eins werden.»

Beim Einschenken war meine Hand so unruhig, daß ich etwas Wein auf das Fell schüttete.

«Denkt Euch nichts, es ist nur Hermelin«, sagte Tristram und nippte an seinem Madeira. Als er seine herrlichen Lippen öffnete, blitzten dahinter weiße, ebenmäßige Zähne.

Ich kippte meinen Wein hinunter, schenkte mir einen zweiten Becher ein und leerte auch den mit einem Zug. Er sah mich an, ein flüchtiges Lächeln auf den hinreißenden Lippen. Ich brannte vor Begierde; sie überwältigte mich vollkommen. Wenn das mein Schicksal ist, dachte ich, dann sei es.

Ich ließ Bartolomeos Karte fallen, riß mir das Gewand vom Leib und stürzte mich auf Tristram. Inzwischen hatte auch er sich aus seinem Gewand geschält. Auf seinen Lippen spielte ein Mona Lisa-Lächeln (Leonardo da Vinci sollte dieses berühmte Porträt zwischen 1503 und 1506 malen), als er mir seine zarten Arme entgegenstreckte. Verblüfft hielt ich mitten im Sprung inne. Tristrams Brüste waren fest und keck, ihre Taille so schmal, daß ich sie mit beiden Händen umfassen konnte. Dort, wo ihre sanft geschwungenen Hüften in hinreißend lange Beine übergingen, schuf das magische Dreieck aus zartem blondem Haar die vollkommene Verbindung.

«Isolde», sagte sie. «In Wirklichkeit heiße ich Isolde, aber in Oxford sind keine weiblichen Studenten zugelassen, und deshalb . . .»

«Mistress Isolde», sagte ich, während ich den Duft ihres nassen Haares und ihrer makellosen Haut einatmete und tief in ihre meergrünen Augen blickte.

Wir schlaunten.

Tristram (ich nenne sie lieber so, da sie, außer wenn wir allein waren, immer als Tristram, ein Student, auftrat) war ein Findelkind, das in einem Kloster aufgewachsen war. Mit dreizehn lief sie davon. Nachdem sie sich angesehen hatte, was die Gesellschaft den beiden Geschlechtern zu bieten hatte, verkleidete sie sich als junger Mann. Mit vierzehn ging sie nach Oxford, studierte Metaphysik und las das gesamte Werk Platons. Wie sie sich als mittelloses

Findelkind im Queen's College hatte einschreiben können, vergaß sie zu erzählen. Die Sommermonate verbrachte sie in Bristol, wo sie bei einem Alchimisten in die Lehre ging.

Drei Tage und drei Nächte lang waren wir zu köstlich beschäftigt, als daß ich an den O'Gaunt oder den geheimnisvollen Italiener Giovanni auch nur gedacht hätte, aber am vierten Tag fragte ich sie dann doch: «Wißt Ihr wirklich, wo ich diesen O'Gaunt oder den Italiener Giovanni finden kann?»

Wir waren auf dem Weg aus den Hügeln hinunter nach Stone Bridge. Es fiel ein feiner Nieselregen, und dafür, daß wir August hatten, war es kalt. Selbst für November wäre es kalt gewesen.

«Vielleicht gelingt es mir, den O'Gaunt aufzuspüren. Er hat eine Schwäche für mich.»

«Ihn aufzuspüren ist keine Aufgabe für eine Dame», entgegnete ich rasch und voller Eifersucht.

«Ich dachte, Ihr hättet mich darum gebeten.»

«Ich habe Euch gefragt, wie *ich* ihn finden kann. Das ist etwas anderes.»

«Dummkopf. *Ich* habe keine Schwäche für ihn. Zumindest nicht mehr», gab sie zu. «Aber warum wollt Ihr ihn denn unbedingt finden?»

Als ich ihr von Bartolomeos Karte erzählte, fiel mir plötzlich ein, daß ich sie seit unserem ersten Abend nicht mehr gesehen hatte. Wir suchten fieberhaft, bis Tristram sie schließlich unter dem Hermelinfell hervorzog. «Wir sollten sie lieber an einem sicheren Ort aufbewahren», meinte ich.

«Nichts einfacher als das. Magister Norton.»

Ich sah sie verständnislos an.

«Magister Norton, der Alchimist, bei dem ich arbeite. Bei ihm ist sie in Sicherheit. Dabei fällt mir ein, daß ich mich morgen besser bei ihm melden sollte, wenn ich meine Stelle nicht verlieren will. Aber was die Karte betrifft – habt Ihr denn die Absicht, die dem O'Gaunt zu verkaufen?»

Ich wich aus. «Glaubt Ihr an das Schicksal, Isolde?»

«Daß es unser Schicksal war, uns zu begegnen, Master Cristóbal? Ja, daran glaube ich. Oder meint Ihr damit Schicksal im Sinne von Fatum, von Verhängnis?»

Hätten wir damals nur gewußt, daß bald die Zeit kommen sollte, da für uns beide Schicksal und Verhängnis eins waren!

«Ich glaube, daß mein Schicksal auf irgendeine Weise mit dieser Karte verknüpft ist.»

Unsere ergebnislose Suche dauerte vier Tage. Oder vielmehr vier Nächte, denn untertags mußte Tristram ja bei Magister Norton arbeiten. Wir versuchten unser Glück in Kneipen, in denen grölende Betrunkene hockten, und in solchen, in denen die Stille nur durch das Klicken von Damesteinen, Schachfiguren und Backgammon-Würfeln durchbrochen wurde. Einmal verbrachten wir eine Nacht in einem Gasthof in der Nähe der Kirche St. Mary Redcliffe, in dem der O'Gaunt angeblich einmal genächtigt hatte (ohne Tristram, wie ich hoffte). Dort stießen wir auf Kakerlaken, Ratten und Scharen von Flöhen, aber vom O'Gaunt keine Spur.

Auf den Straßen überfiel uns der katastrophale Gestank aus Gerbereien und Schweineställen, behelfsmäßigen Latrinen und ausgekippten Nachttöpfen. Doch noch etwas Bedrohlicheres hing in der Luft: der Geruch der Angst. Bristol konnte sich keine Polizei leisten, und so blühte die Gewalt. Bewaffnete Banden von Militärdienstentlassenen zogen raubend und plündernd durch die Stadt, dem Beispiel des Adels folgend, der die Zeit seit dem Hundertjährigen Krieg eifrig damit verbracht hatte, sich im sogenannten Krieg der Rosen zwischen den Häusern Lancaster und York gegenseitig umzubringen. Es war kaum zwei Jahre her, seit das Haus York den Sieg davongetragen hatte, so daß jetzt der hübsche Eduard IV. auf dem Thron saß. Tristram versuchte mir das alles zu erklären, aber das einzige, was ich mitbekam, war die Tatsache, daß es sich bei dem Haus Lancaster um Abkömmlinge des John of Gaunt handelte, was mich wieder zum O'Gaunt zurückbrachte, dem Gegenstand unserer Suche.

Am fünften Abend erschien Tristram nicht, wie vereinbart, im *Plank & Anchor*. «Hat Tristram eine Nachricht hinterlassen?» fragte ich Jenny, das Barmädchen.

«Wer?»

«Tristram, der Student», sagte ich.

«Nein.»

«Seid Ihr sicher?»

«Hab ich's nicht verdammt noch mal gesagt?»

In dieser Nacht kehrte Tristram nicht in ihr Quartier in Clifton zurück. Am nächsten Tag suchte ich die Straßen der Stadt nach ihr ab. Als sie auch am zweiten Abend nicht auftauchte, war ich ernsthaft besorgt. Gleich am nächsten Morgen suchte ich Magister Norton in seinem Laboratorium auf.

Das Wort, das Tom Norton am besten charakterisiert, ist ‹durchschnittlich›. Er war weder groß noch klein, weder besonders dick noch arg dünn, noch hatte er irgendwelche auffälligen Narben oder sonstige Merkmale. Seine Nase war durchschnittlich, desgleichen sein Mund, sein Blick weder forsch noch unterwürfig.

«Schon schlimm genug, wenn man nach nichts aussieht», sagte er, als hätte er meine Gedanken erraten, «aber wer nimmt schon einen Alchimisten ernst, der Tom Norton heißt? Wen ich Zosimos Rhazes oder Melchior Tetragammaton hieße, wer weiß, wie weit ich es bringen würde. Könnt Ihr sofort anfangen?»

«Ich suche Tristram», entgegnete ich.

«Der ist auf und davon. Studenten, Ferienjobs, was kann man da schon erwarten? Funktioniert doch nie. Ihr seid doch nicht auch so einer, oder?»

Ich verneinte.

«Also, betrachtet Eure Arbeit als eine Art chemische Mystik oder mystische Chemie, dann werden wir gut miteinander auskommen.»

Tom Norton beugte sich über einen Schmelztiegel, in dem eine dickliche, graue Flüssigkeit brodelte, ohne daß ich ein Feuer entdecken konnte. «Das unedelste aller unedlen Metalle ist das Blei», erklärte er. «Geschmolzen natürlich.»

Im Laboratorium stank es nach faulen Eiern. Schlimmer noch, nach Verwesung. Aus dem Schmelztiegel führten Röhren in einen kuppelförmigen Glasbehälter, in dem, wie ich vermutete, die Dämpfe, die da destilliert wurden, aufgefangen wurden.

«Wobei das Ziel natürlich ist, unedles Blei in Gold zu verwandeln. Aber vergeßt diese ganzen geheimen Kräutlein und das andere Zeug, vergeßt Alraune, Wachs, Honig, Wein und Vitriol – dieses Zeug verwenden nur Scharlatane. Nein, mein Junge, alles, was man dazu braucht, ist der Stein der Weisen.» In seiner zitternden Hand hielt er ein enttäuschend kleines Etwas von der Größe und Form eines Taubeneis. Trotzdem zog es meine Augen an wie ein Magnet. Es hatte die Farbe von Safran und glänzte wie geschliffenes Glas. Und es schien von innen heraus zu leuchten.

«Feuer und Leben sind eins», dozierte Tom Norton. «Nehmt zum Beispiel Holz. Wenn man es verbrennt, es also tötet, wird sein Körper zu Asche, und der Rauch und die Flammen, die von ihm aufsteigen, sind die lebendige Seele des Holzes. Jede Substanz auf Gottes Erde ist in einem ganz bestimmten Verhältnis . . .»

«Tristram», setzte ich an, aber er ließ sich nicht beirren.

«. . . aus ein paar Grundbausteinen zusammengesetzt. Diese sind, wie uns die Alten lehrten, Erde, Luft, Feuer und Wasser. Richtig? Falsch! Man muß auf dem laufenden bleiben. Aus den vieren sind drei geworden: Quecksilber, Schwefel und Salz. Schwefel ist die Seele, männlich, Feuer. Salz ist der Körper, weiblich, Erde. Und Quecksilber? Quecksilber ist ein Zwitter, sowohl Luft als auch Wasser. Damit sind die drei Grundstoffe in Wirklichkeit vier oder sogar fünf.»

«Ja, aber habt Ihr Tristram gesehen?»

Ohne auf meine Frage einzugehen, fuhr Tom Norton fort: «Aus dieser Einsicht folgt nun, daß man das eine in ein anderes verwandeln kann, indem man schlicht und einfach das Verhältnis der Elemente, aus denen es besteht, verändert. Hier zum Beispiel der klassische Fall der Verwandlung von Blei in Gold. So, ich glaube, wir sind soweit.»

Tom Norton ließ den Stein der Weisen dreimal um den Schmelztiegel kreisen und murmelte: «Acht Unzen Blei, um eine sechzehnhundertstel Unze reinen Goldes zu gewinnen.»

Während er sprach, zersprang der Schmelztiegel, der darin zerschmolzene Bleiklumpen fiel auf den Labortisch, und aus dem kuppelförmigen Glasbehälter fischte Tom Norton mit einer Pinzette ein winziges, glänzendes Goldstäubchen.

«Das Problem», seufzte er, «ist natürlich die Quantität. Was kann man mit zwei Dritteln eines Goldkörnchens schon anfangen? Aber irgendwann werden wir das Problem der Quantität lösen, davon bin ich überzeugt. Irgendwann», wiederholte er niedergeschlagen. «Und jetzt seid so gut und wischt den Dreck hier auf, ja?»

«Ich mache mir Sorgen um Tristram!» brüllte ich aus Leibeskräften. Im selben Augenblick flog die Tür aus den Angeln, und drei bis zu den Zähnen bewaffnete Kerle stürzten herein.

«Wir machen uns auch Sorgen um sie, Freundchen», sagte der Anführer, «nur werden wir dafür bezahlt. Du kommst mit uns.»

Da Kühnheit angesichts dieser Übermacht fehl am Platz gewesen wäre, ging ich mit, ohne Widerstand zu leisten. Unsanft wurde ich in eine bereitstehende Kutsche geschubst, um die sich Schaulustige versammelt hatten, da diese ungarische Erfindung noch Seltenheitswert besaß. Man warf mir eine Decke über den Kopf und stieß mich auf den Boden, wo ich den drei Kerlen als Fußbank diente. Der Kutscher knallte mit der Peitsche, und schon ging es los, holpernd und schwankend wie in einem kleinen Schiff, das auf den Wogen des Ozeanischen Meeres dahintreibt.

Ich habe nie erfahren, wer die drei waren, noch in wessen Diensten sie standen. Als die Kutsche anhielt, wurde ich über einen Hof und eine Treppe hinunter geführt, wo man mir die Decke abnahm; ich befand mich in einem verliesähnlichen, von Fackeln erhellten Gewölbe, dessen Wände mit grünem Schimmel überzogen waren und vor Feuchtigkeit tropften.

Dort erwartete mich ein vierter Mann mittleren Alters. Er war dürr wie ein Skelett, hatte ein Gesicht wie Pergament und war in ein pechschwarzes Gewand gehüllt.

«Die Interessen, die wir vertreten», begann er mit heiserer Stimme, «gebieten uns, dafür Sorge zu tragen, daß einem gewissen Individuum kein Leid zustößt. Delikat wird die Angelegenheit dadurch, daß sich dieses Individuum nicht mehr im Bereich der Königlichen Gerichtsbarkeit, sondern bei dem streitsüchtigsten Volk aufhält, das je die Erde bevölkert hat: bei den Iren. Unsere Beweggründe sind eher sentimentaler als familiärer Natur, da es sich bei dem fraglichen Individuum um einen Bastard handelt, wobei ich dieses Wort nicht abwertend gebrauche, sondern rein faktisch.

Die Zusammenhänge sind kurz folgende:

John of Gaunt, Herzog von Lancaster und vierter Sohn König Eduards III., hatte nacheinander drei Frauen: Blanche, seine Cousine, Constance, die Erbin der Königreiche von Kastilien und León in Spanien, und schließlich Catherine, die Witwe Swynford. Diese interessieren uns nicht weiter.»

O Gott, dachte ich, nicht schon wieder eine Familiengeschichte!

«Außerdem hatte John of Gaunt eine wechselnde Anzahl fruchtbarer Mätressen, von denen uns nur Margaret interessiert. Margaret gebar ihm Louisa, die einen gewissen Roger Brand ehelichte, mit dem sie zwei Töchter hatte, von denen die ältere einen Iren norwegischer Abstammung heiratete, mit dem sie wiederum . . .»

Die heisere Stimme leierte weiter, und ich mußte unweigerlich an den konfusen alten Kapitän Perestrello denken, der mich mit seiner Genealogie hierher nach England und in dieses Verlies gebracht hatte.

«. . . am Queen's College, Oxford, und nennt sich Tristram», sagte die belegte Stimme. Ich riß die Augen auf.

«Und damit sind wir bei Euch. Ihr habt die Wahl zwischen genau zwei Möglichkeiten. Das hier ist die erste.» Damit breitete er Bartolomeos Karte aus, die diese Schurken aus Tom Nortons Laboratorium mitgenommen haben mußten. «Ihr bringt diese Karte höchstpersönlich nach Galway und überreicht sie dem O'Gaunt als Geschenk . . .»

«Als Geschenk? Er wollte sie doch kaufen. Tausend Pfund bar auf die Hand hat er geboten.»

«. . . im Austausch für die wohlbehaltene Rückkehr von Mistress Isolde, auch bekannt unter dem Namen Tristram, nach England.»

«Sie ist beim O'Gaunt?» schrie ich. «In Irland?»

«Gekidnappt. Als Unterpfand für Eure Karte.»

«Aber warum denn? Ich hätte sie ihm doch verkauft.»

«Für tausend Pfund Sterling, wenn ich mich recht erinnere.»

Die drei Schurken brachen in rauhes Gelächter aus.

«Der O'Gaunt», sagte die raspelnde Stimme, «hat noch nie im Leben hundert Pfund in der Hand gehabt. Er ist ein kleiner Ganove, und das Ganze war nur ein Lockangebot. Ihr seid einem Schwindler auf den Leim gegangen.» Die dürre Gestalt beugte sich zu mir herüber und entrollte ein Pergament.

«Ist dieses Dokument aus dem Vatikan echt?»

«Aber sicher. Natürlich ist es echt.»

«Nun ja, es geht uns ja nichts an, wie Ihr es angestellt habt, es von Kardinal Borgia zu bekommen, Cristóbal.»

Nicht Master Christóbal, wie die Höflichkeit es gebot.

«Wir schlagen vor, daß Ihr Euch bei der Niederlassung der Handelsbank Centurione in Bristol selbst um Eure Überfahrt kümmert, so daß unsere Verbindung nicht publik wird und die Rettung von Mistress Isolde nicht gefährdet.»

Ich überlegte einen Augenblick. «Ihr habt von zwei Möglichkeiten gesprochen. Wie sieht die zweite aus?»

«Die zweite ist sehr viel einfacher. Wenn Ihr Euch weigert, werden wir Euch auf der Stelle töten.»

Knapp eine Stunde später führte mich ein Lakai ins Büro des Direktors des Hauses Centurione. Es war ein recht kleines, spärlich möbliertes Büro.

Als ich eintrat, sprang der Direktor auf. «Euch kenn ich doch!» rief er.

Ich blickte auf die Haarbüschel, die ihm wie kleine Bürsten aus Nase und Ohren sprossen. «Porco-Zámpano!» sagte ich nicht minder überrascht.

Nachdem sich seine anfängliche Begeisterung gelegt hatte, wurde er verdrießlich. «Schluß mit Genua, Schluß mit dem Vorstandsposten im Haus Centurione, Schluß mit der italienischen Renaissance. Irgendwann haben sie mich doch mit der Hand in der Ladenkasse erwischt. Und daß sie mich nicht rausgeworfen haben, verdanke ich nur Kardinal Borgia, der ein Wort für mich eingelegt hat. Also, was kann ich diesmal für Euch tun?»

Ich sagte ihm, daß ich möglichst schnell eine Schiffspassage nach Galway in Irland brauchte.

«Kein Problem. Das Haus Centurione hat eine Handelsflotte auf dem Meer, die von Genua bis hinauf zu den Färöer-Inseln und sogar nach Island segelt. Galway wird regelmäßig angelaufen. Nun, was für ein Schiff darf es denn diesmal sein? Kommt natürlich darauf an, was Ihr bezahlen wollt. Gibt ja Leute, die eine zweimastige provenzalische Feluke oder eine Hundert-Tonnen-Karavelle bevorzugen. Ich persönlich . . .»

«Ich nehme das erstbeste Schiff, und zahlen werde ich keinen roten Heller», unterbrach ich ihn, da ich schon wußte, was kommen würde. «Außerdem schuldet Ihr mir elf Golddukaten, die ich in der hiesigen Währung haben möchte.»

«Ihr habt Euch verändert, junger Mann», seufzte Porco-Zámpano.

Er nicht, aber ich hielt es nicht für nötig, ihm das zu sagen.

Ich segelte auf einer Galeasse von fast tausend Tonnen, die vier Tage später in der Bucht von Galway Anker warf.

Das war Anfang August, und die Heringsflotte brach gerade in Richtung Süden auf; sie bestand aus hundert Coracles oder mehr, jenen merkwürdigen kleinen Booten, deren Holzrippen mit geteertem Segeltuch bespannt sind und die so seeuntüchtig aussehen und doch den heftigsten Sturm besser abreiten als so manches zehnmal so große Handelsschiff. Die Legende berichtet, daß der heilige Brendan im sechsten Jahrhundert in einem solchen Coracle über das Ozeanische Meer nach eben jenem Groß-Irland segelte, das wie durch Zauberkraft auf Bartolomeos Karte erschienen war und mich hierher nach Galway geführt hatte. Aber ich sollte noch erleben, daß es sich bei der Legende des heiligen Brendan um einen typisch irischen Fall von großzügigem Umgang mit Fakten handelte.

Die Legende berichtet außerdem – sind Sie bereit –, daß ich, Christóbal Colón, bevor ich 1492 von der Südküste Spaniens in Richtung Westen über das Ozeanische Meer segelte, hier in Galway mein Flaggschiff *Santa María* verließ und an Land ging, um in der Kirche des heiligen Nikolaus von Myra um eine gute Fahrt nach Amerika zu beten. Ich brauche Ihnen wohl kaum zu sagen, was alles an dieser Legende nicht stimmt!

Seltsam ist es freilich schon, daß ich, nachdem ich hier an Land gegangen war, nach einer Kirche Ausschau hielt und die des heiligen Nikolaus von Myra entdeckte. Dabei war ich alles andere als ein eifriger Kirchgänger, nachdem Kardinal Borgia und die ganze römische Kurie mir nur allzu deutlich gemacht hatten, daß Religion mehr mit Politik als mit Glauben zu tun hat. Wie dem auch sei, ich ging hinein und kniete nieder. Eine übermäßige Sehnsucht nach Tristram bemächtigte sich meiner; plötzlich konnte ich mir nicht mehr vorstellen, ohne sie zu leben, und so betete ich zu Jesus und der heiligen Mutter Maria, sie mögen mir helfen, die Geliebte unversehrt wiederzufinden, auf daß ich sie mitnehmen könnte, wohin auch immer es mich verschlüge.

Als ich ins Freie trat, hatte sich auf dem Platz vor der Kirche eine Menschenmenge versammelt. Ihre Aufmerksamkeit richtete sich auf einen am Boden hockenden, betrunkenen Bettler in dreckigen Lumpen, neben dem hoch aufgerichtet ein Mönch in brauner Franziskanerkutte stand. Der Mönch hatte keine Tonsur; sein blondes Haar fiel offen bis über die Schultern herab. Sein Gesicht, das man durchaus als gut geschnitten hätte bezeichnen können, wäre da nicht ein irres Glitzern in den aquamarinblauen Augen gewesen, kam mir erschreckend bekannt vor, und doch wußte ich, daß ich ihn nie zuvor gesehen hatte.

«Nimm», sagte er auf lateinisch, «ich brauche es nicht.» Sogar seine melodische Stimme klang vertraut.

Der betrunkene Bettler schüttelte den Kopf. Vielleicht verstand er kein Latein, vielleicht wollte er das Angebot, welcher Art es auch sein mochte, nicht annehmen.

«Ich möchte aber, daß du es nimmst», beharrte der Mönch mit den flackernden Augen.

«O je, wirklich und wahrhaftig», keuchte ein zahnloser alter Mann neben mir, «er wird's wieder tun, dieser Bruder Brendan. Schaut bloß weg, Ihr Frauen!»

Natürlich sahen die Frauen hin.

«Er wird sich die Kleider vom Leib reißen, wie jedesmal», prophezeite ein anderer aus der Menge.

«Oh, das will ich auch hoffen», meinte eine anmutige junge Frau erwartungsvoll.

In diesem Augenblick zog der Franziskaner dem Bettler die dreckigen Lumpen samt den darin hausenden Flöhen vom Leib; noch bevor dieser sich seiner Waschbrettrippen, seines Hängebauches, seines welken Gliedes und seiner mageren Beine schämen konnte, riß sich der Mönch mit einem Ruck die Kutte vom Leib und deckte damit den Mann zu. Einen Augenblick lang schwieg die Menge, dann tönten die Ohs und Ahs der Frauen mit den unverblümten Kommentaren der Männer um die Wette. Der Mönch, nun nackt, wie der Herr ihn erschaffen hatte, besaß einen klassisch schönen Männerkörper.

«Er hält sich für den heiligen Franziskus», sagte ein Mann.

«Dabei ist er doch nur der verrückte Einsiedler Bruder Brendan», lachte ein anderer.

«Aber dieser Schwengel, alle Achtung», sagte der erste neidisch.

Ähnlich wie der heilige Franz von Assisi hatte auch Bruder Brendan einen ständigen Begleiter, der sich jetzt mit einer braunen Kutte über dem Arm den Weg durch die Menge bahnte, um Bruder Brendans Blöße zu bedecken. «Eines Tages», verkündete der zweite Franziskaner schnaufend, «wenn er aus seiner Einsiedelei in den Bergen herabsteigt, wird es unmöglich sein, ihn dazu zu bringen, seine Kleider auch nur eine halbe Stunde am Leib zu behalten. Fürwahr, er ist ein Heiliger.»

«Mit dem Körper eines heidnischen Gottes», sagte die anmutige junge Dame schwer atmend.

Die beiden Mönche entfernten sich, und Bruder Brendans Augen glitzerten weniger irre als zuvor. «Zweimal so groß wie eure gewöhnlichen Coracles, und außerdem bekommt sie drei Schichten Teer», erklärte er dem anderen Franziskaner ernsthaft, während die beiden an mir vorbeigingen, «also warum machst du dir Sorgen?»

«Zieh dich bloß warm an», riet ihm der andere mit einem resignierten Seufzer.

Sprach man in diesem Sommer in Galway viel über Bruder Brendan, so sprach man noch mehr über den O'Gaunt.

«Der O'Gaunt ist wieder da», sagten die Männer, und in ihre Zufriedenheit mischte sich ein Hauch Furcht.

«Wo ist er denn?» fragte ich.

«Wieder da, sag ich doch.» Und sie betrachteten mich argwöhnisch.

Ich ließ nicht locker. «Allein?»

«Er ist einfach wieder da», klärten sie mich auf.

Die Iren sind ungeheuer redselig, es sei denn, es paßt Ihnen besser in den Kram, den Mund zu halten.

Galway ist keine große Stadt; in einer Stunde kann man ihre Mauern abschreiten. Ich besorgte mir eine Unterkunft und suchte jede Straße und jede Gasse innerhalb dieser Mauern ab und danach die Umgebung von Lough Corrib im Norden der Stadt bis hinunter zum Shannon im Süden. Doch fand ich keinen Menschen, der zugegeben hätte, den O'Gaunt gesehen zu haben, oder der irgendeine Vermutung geäußert hätte außer der, daß er wieder da war. Dafür hörte ich so viel über ihn, daß es ein dickes Buch füllen würde. Er war der Robin Hood von Irland, der die Engländer in dem ihrer Gerichtsbarkeit unterstehenden Bezirk rings um die Stadt Dublin nach Strich und Faden beklaute und die Beute unter die armen Pachtbauern verteilte. Dann wieder verschwand er monatelang, um in abgelegene Gegenden zu reisen. Und gelegentlich war er dann eben «wieder da».

Jetzt war er wieder da. Und mit ihm diese halbherzige Erwartung, der ich überall begegnete.

Warum? Mit einem Wort, ober besser mit einem Namen: Lynch.

Der Lynch-Clan, der größte in Galway und der mächtigste in ganz Connaught, hatte die Stadt so völlig unter Kontrolle, daß seine Mitglieder jegliche Infragestellung ihrer Überlegenheit als Majestätsbeleidigung auffaßten; und der O'Gaunt stellte in dieser Beziehung natürlich die größte Herausforderung dar.

Padraic Lynch, der junge Hitzkopf des Clans, lebte einzig und allein für die Zeiten, in denen der O'Gaunt wieder da war. Er hatte geschworen, diesen Robin Hood des Englischen Bezirks umzubringen, allerdings nicht ohne ihn zuvor mit einem Messer, das er ausschließlich zu diesem Zweck stets scharf geschliffen bei sich trug, entmannt zu haben. Als der O'Gaunt nämlich wieder einmal da war, hatte er Padraics Frau verführt. Doch bisher hatte Padraic Lynch bei seiner Suche ebensoviel Glück gehabt wie ich.

Als ich eines Nachmittags Mitte September von meinem seltsamen Beobachtungsposten auf dem Rückweg vom Salt Hill, von dem aus man die Aran-Inseln Inisheer, Inishmaan und Inishmore sehen konnte, am Strand entlangging, kam plötzlich ein starker Westwind auf. Er peitschte das Wasser in der Bucht zu brodelnder Gischt auf, riß kleine Boote aus ihrer Vertäuung, so daß sie an den Felsen zerschellten. Getrieben von Hagelkörnern, groß wie Hühnereier, lief ich, gegen die heftigen Böen ankämpfend, auf das Stadttor zu. Am Strand lag, mit Steinen beschwert, ein kleines

Boot, an dem sich ein Mann in einem altmodischen Umhang zu schaffen machte. In der Annahme, diesen Verrückten am Auslaufen hindern zu können, rannte ich auf ihn zu. Doch er hatte das leichte Boot bereits halb ins Wasser gezogen.

«Seid Ihr verrückt, Ihr bringt Euch da draußen bloß um!» schrie ich. Als er sich plötzlich umwandte, erkannte ich Tristram.

Ein qualvoller Ausdruck auf dem geliebten nassen Gesicht, dann sprang sie wortlos in den Kahn. Ich watete hinterher. Doch schon hatte der heulende Westwind das Boot erfaßt und trug es hinaus aufs Meer.

«Isolde», schrie ich.

Aber Tristram tauchte ein Ruder ein (zumindest war sie nicht so töricht, Segel zu setzen), und bald war das Boot nur noch ein kleiner schwarzer Punkt auf der Wasseroberfläche.

Zitternd kehrte ich ans Ufer zurück, wo ich eine Gestalt blitzschnell im dichten Farnkraut verschwinden sah. Ich war zu erschöpft, um ihr nachzujagen, und so erfuhr ich nie, wer es gewesen war.

Am nächsten Morgen hatte sich der Wind gelegt, und die Bucht von Galway lag spiegelglatt unter einem blauen Himmel. Ich mietete ein altes Coracle, das jedoch noch gut genug in Schuß war, um mich die dreißig Meilen über die Bucht zu den Aran-Inseln zu bringen. Das leichte Boot aus geteertem Segeltuch lag flach im Wasser und reagierte so unmittelbar auf jede Bewegung der Pinne, daß ich fast glauben konnte, daß der heilige Brendan vor neunhundert Jahren in einem größeren Boot dieses Typs über das Ozeanische Meer gesegelt war.

Ich hatte Bartolomeos Karte bei mir und war voller Hoffnung. Inishmore, die größte der drei Aran-Inseln, war knapp fünfzehn Meilen lang und an keiner Stelle mehr als drei Meilen breit; Inisheer und Inishmaan waren im Vergleich dazu winzig. Auf allen drei Inseln lebten vereinzelt Fischer und ein paar ärmliche Bauern. Da und dort, oft in eingefallenen prähistorischen Festungsanlagen, hausten ein oder zwei Eremiten. Da würde ich Tristram sicher bald finden.

Ich versuchte mein Glück zuerst in Inishmore, wo ich das kleine Coracle in der Nähe des winzigen Dorfes Kilronan ans Ufer zog und mit Steinen beschwerte. Drei Fischer, die mich beobachtet hatten, verschwanden beinahe lautlos, als ich sie anrief. Ich ging nach Kilronan hinein. Wäre da nicht der blaue Rauch von den Feuerstellen gewesen, hätte man denken können, das Dorf sei verwaist. Ich klopfte an die zehn verschlossenen Türen der zehn armseligen Katen. Dahinter hörte man Scharren wie von riesigen Ratten, aber keine Tür tat sich auf.

Ich folgte Kilronans einziger Straße, die mich leicht bergan aus dem Dorf hinaus führte. Dort lagen überall große Felsbrocken; hinter einem schoß ein Einsiedler hervor, zu erkennen an seinem knorrigen Wanderstab, den ungekämmten weißen Haaren und dem wallenden Bart, der löchrigen Kutte und dem großen hölzernen Büßerkreuz um den Hals. Mit schräg geneigtem Kopf und Nasenflügeln, die wie die eines schnüffelnden Hundes bebten, umkreiste er mich.

«Ihr sucht nicht vielleicht geistigen Beistand?» fragte er hoffnungsvoll.

«Nein, ich suche Tristram.»

Sofort hob er seinen kräftigen Stock schützend quer vor den Leib und rief: «Ich weiß weder etwas von einem Tristram noch von einer Isolde, noch von sonst jemand!» Und er rannte davon.

Ich lief ihm nach. Er kletterte einen steilen Ziegenpfad zu einem eingestürzten Wachturm auf einer Landzunge hinauf, an den nur noch ein Haufen Steine erinnerte. Ich glaubte, er würde versuchen, mich dort abzuhängen, doch statt dessen kletterte er auf den höchsten Felsbrocken und spähte hinaus aufs Meer.

«Hab ich mir's doch gedacht», sagte er. «Da kommen sie.»

Ich stellte mich neben ihn.

«Und genausowenig weiß ich was von einem O'Gaunt», sagte er.

In der Bucht, etwa auf halbem Weg zwischen dem Festland und Inishmore, erkannte ich eine Flotte schwarzer Punkte mit weißen Segeln, die rasch näher kam.

«Wer ist das denn?» fragte ich.

«Die Lynchs. Der halbe verfluchte Clan, und Ihr könnt Euren Kopf wetten, daß Padraic sein Messer frisch gewetzt hat. Nicht daß ich irgendwas darüber weiß», fügte er hastig hinzu. Dann fragte er: «Und woher kommt Ihr?»

«Aus Spanien», sagte ich. «Ich bin nur ein spanischer Matrose.»

«Seid Ihr sicher, daß Ihr nicht doch geistigen Beistand braucht?» Damit schraubte er ein zwanzig Zentimeter langes Stück vom oberen Ende seines Wanderstabes ab, aus dem ein Korken herausragte. Als er ihn herauszog, roch es nach unverdünntem destilliertem Alkohol. «Hübsch, was? Meine eigene Erfindung.»

Inzwischen waren die Boote deutlich näher gekommen.

Er bot mir von dem Zeug an, und ich nahm einen kräftigen Schluck. Flüssiges Feuer rann durch meine Kehle. Ich mußte husten. Wasser trat mir in die Augen.

«So richtig was für Männer», lachte er schadenfroh. «Ihr hättet Tristram sehen sollen, als sie . . . ach Scheiße! Wenn ich mich jetzt bloß nicht verplappert habe.»

«Wo ist sie?»

«Sie schätzen Eindringlinge nicht sonderlich.»

Als ich mein Schwert packte, lenkte er ein.

«Schon gut, laßt Euer Schwert stecken. Sie ist da oben auf dem Dun Aengus.» Damit zeigte er nach Westen, wo sich auf der anderen Seite der Insel so etwas wie eine runde, steinerne Festung gegen den Himmel abzeichnete.

Ich dankte ihm und lief in die angegebene Richtung davon.

«Wartet», rief er mir nach. «Ihr solltet wissen, daß sie beim O'Gaunt ist.»

Ich rannte noch schneller. In einer Viertelstunde brachte ich zwei Meilen felsiges, stetig ansteigendes Gelände hinter mich, bis ich die runde Festung vor mir sah, die sich auf der höchsten Klippe der Insel am äußersten Rand des Ozeanischen Meeres erhob. Ich war über den ersten Verteidigungsring geklettert, dessen mannshohe Steine wie Riesenzähne aus dem Boden ragten, passierte dann ein Tor in der äußeren Mauer und ein zweites in der inneren, als ich einen Schrei hörte.

«Master Cristóbal, nein!»

Zehn Meter über mir, auf einer Laufplanke unter dem Mauerrand, stand Tristram. Mit ihrem Schrei rettete sie mir das Leben, denn was ich für eine runde Festung gehalten hatte, erwies sich als eine nur halbrunde. Die dem Meer zugewandte Hälfte war abgebröckelt, so daß ich direkt in den Abgrund blickte.

Mit flatterndem Umhang und wehenden blonden Haren kam Tristram zu mir heruntergelaufen.

«Ihr seid gekommen», rief sie. «Ihr seid gekommen, Master Cristóbal. Ich habe gebetet, Ihr möget kommen, und ich habe gebetet, Ihr möget nicht kommen, seit . . .»

Sie konnte nichts mehr sagen, bis ich aufhörte, sie zu küssen.

Tränen standen in ihren meergrünen Augen, als sie sich aus meinen Armen löste. «Ihr dürft nicht bleiben.»

«Ich weiß, daß der O'Gaunt Euch als Unterpfand für Bartolomeos Karte festhält», sagte ich. «Habt Ihr auch nur eine Minute lang geglaubt, ich würde mich weigern, sie ihm zu geben? Wo ist er?»

«Ihr begreift nicht.»

Von irgendwo unten hörte man schwach eine Stimme: «Hast du gerufen, Liebling?»

«Nein, es war nur der Wind», rief Tristram zurück. Tränen glänzten auf ihren Wangen, als sie einen goldenen Ring mit zwei Händen, die ein Herz umfaßten, vom Finger zog und ihn mir gab. «Nehmt ihn und geht. Ich werde Euch immer lieben, Master Cristóbal. Nehmt dieses Liebespfand, auf daß Ihr mich nicht vergeßt, und jetzt geht rasch.»

Vom Wind getrieben, trat ich an den Rand der Klippe und sah hinunter. Ein steiler Pfad führte hinab. An einer windgeschützten Stelle lag ein Coracle von eindrucksvoller Größe. Ein blonder Mann in brauner Kutte belud es mit Kisten und irdenen Gefäßen.

«Der O'Gaunt?» fragte ich.

«Ihr wißt nicht, was es damit auf sich hat.»

«Ich weiß nur, daß Padraic Lynch mit zwanzig Coracles voller bewaffneter Männer im Anzug ist und die Südspitze der Insel in einer halben Stunde erreicht haben wird.»

«O Gott!» flüsterte sie entsetzt. «So bald schon?»

«Ich habe ein Coracle auf der anderen Seite der Insel. Noch können wir fliehen.»

«Dann lauft schnell. Ich kann nicht, mein Schicksal erfüllt sich hier.»

«Er hat Euch gar nicht entführt – Ihr seid freiwillig mitgegangen, stimmt's?» Mein Herz war schwer wie Blei.

«Ihr begreift nicht», sagte sie.

Unten begann der Mann in der braunen Kutte mit heller Tenorstimme zu singen. Einen Teil seiner Worte trug der Wind davon.

> Gelobt seist du, Herr, mit allen Wesen, die du geschaffen, der edlen Herrin vor allem, Schwester Sonne, die uns den Tag heraufführt ...
> Gelobt seist du, Herr, durch Bruder Mond und die Sterne ... durch Bruder Wind ...
> Gelobt seist du, Herr, durch Schwester Quelle ... durch Bruder Feuer, schön und ... mächtig als lodernder Brand ... durch unsere Schwester, die Mutter Erde, die gütig und stark uns trägt ...
> Gelobt seist du, Herr ... Pein und Trübsal geduldig ertragen ...

Und als wüßte er es bereits, sang die klare Tenorstimme zum Abschluß:

> Gelobt seist du, Herr, durch unseren Bruder, den lieblichen Tod; ihm kann kein lebender Mensch entrinnen.

Jetzt weinte Tristram hemmungslos. Sie flüchtete sich in meine Arme, und ich drückte sie fest an mich.

«Würdet Ihr ihn denn mitnehmen?» fragte sie.

«Ihr seid es, derentwegen ich gekommen bin, genau wie der O'Gaunt. Entscheidet Euch.»

«Aber begreift Ihr denn nicht? Ich liebe Euch, ich liebe Euch wirklich. So versucht doch zu begreifen. Er ist nicht ganz richtig im Kopf, der arme Kerl. Ich muß mich um ihn kümmern.»

«Entscheidet Euch», sagte ich kalt.

«Ich flehe Euch an, Master Cristóbal, verlangt von mir nichts Unmögliches.»

«Legt Ihr Euch auch zu ihm?» fragte ich mit eisiger Stimme.

«Ich bitte Euch – diese Frage dürft Ihr mir nicht stellen.»

Sie löste sich ein zweites und letztes Mal aus meiner Umarmung. Ich trat an den Rand der Klippe und sah, daß der O'Gaunt den steilen Pfad heraufkam. Er mußte mich ebenfalls gesehen haben, denn er beeilte sich.

Ich zog mein Schwert.

«Nicht! Oh, Master Cristóbal, tut das um Himmels willen nicht, er wird sich nicht verteidigen.»

Ich fühlte mich leer und ausgehöhlt. Ich bin ihr gleichgültig, dachte ich, auch wenn sie etwas anderes sagt. Sie fürchtet nur um ihren Liebhaber, den O'Gaunt.

Als er den Rand der Klippe erreicht hatte, wich ich ungläubig zurück. «Aber – das ist doch Bruder Brendan!»

Während wir uns anstarrten, sagte Tristram tonlos: «Ja, heute. Manchmal hält er sich für den heiligen Brendan. Manchmal für den heiligen Franz von Assisi. John ist ohne mich hilflos. Es ist mein Schicksal, mich um ihn zu kümmern.»

«Aber warum?»

Die schlichte Frage schien sie zu verwirren. «Ich weiß es nicht», sagte sie nach einer Weile. «Es ist eben so.»

«Er ist *nicht* der heilige Brendan, und er ist *nicht* der heilige Franziskus», sagte ich hartnäckig, «er ist schlicht und einfach Bruder Brendan, der in einer Höhle in den Bergen haust, und außerdem gibt es einen echten Franziskanerpater, der sich um ihn kümmert.»

«Bruder Brendan ist nur eine Verkleidung», erklärte Tristram.

«Falsch», korrigierte er sie ungehalten, und jetzt sah ich wieder dieses irre Glitzern in seinen aquamarinblauen Augen. «Falsch, falsch, falsch! *Der O'Gaunt ist meine Verkleidung!*»

«Guter Gott», sagte Tristram leise.

Mir blieb keine Zeit zu entscheiden, wer von den beiden recht hatte, denn im selben Augenblick bogen die ersten von Padraic Lynchs Coracles um die Landspitze. Ich drehte mich um und knallte Bruder Brendan/dem O'Gaunt Bartolomeos fest zusammengerollte Karte in die Hand. «Versucht ihnen zu entkommen, schnell!»

Er hielt die Karte in Händen. Verstört schaute er Tristram an.

Ein letztes Mal wandte sie sich an mich. «Ich muß mit ihm gehen, Master Cristóbal. Ich wünschte, es hätte anders sein können.»

Sie hob den Arm, als wollte sie ihn ausstrecken und mich berühren, ließ ihn jedoch wieder fallen.

Dann gingen sie Hand in Hand den steilen Pfad hinunter.

Sekundenlang stand ich völlig benommen da; Padraic Lynchs Flotte rückte immer näher. Und dann kam mir plötzlich die Erkenntnis.

Ich konnte sie nicht mit ihm gehen, nicht mit ihm leben lassen, weil sie *es nicht wußte.*

Aber was konnte ich tun?

Was immer ich tat, würde falsch sein.

Ich stolperte den steilen Pfad hinunter, ohne mich darum zu kümmern, daß ein Sturz den sicheren Tod bedeutet hätte. Langsam holte ich auf, als Bruder Brendan/der O'Gaunt plötzlich stehenblieb, sich bückte und wieder aufrichtete, sich umwandte und zum Wurf ausholte.

Der Stein traf mich an der Schläfe; ich stürzte in einen Abgrund.

Im goldenen Licht der untergehenden Sonne kam ich wieder zum Bewußtsein. Helle Pünktchen tanzten vor meinen Augen, als ich versuchte, mich auf dem schmalen Klippenpfad aufzurichten. Ich berührte meine Schläfe und spürte blutverkrustetes Haar über einer pochenden Beule. Ich spähte hinaus aufs Meer. Von Padraic Lynchs Flotte keine Spur. Dann schaute ich hinunter.

Was sie bei ihrem Fluchtversuch aufgehalten hat, habe ich nie erfahren. Ich möchte gern glauben, daß Tristram versucht hat, zu der Stelle hinaufzuklettern, an der ich gestürzt war, daß er es aber nicht zugelassen hatte. Das Coracle lag nach wie vor, mit einem Tau an einer Felsnase befestigt, in der Bucht. Langsam ging ich weiter.

Bruder Brendan lag mit dem Gesicht nach unten auf dem Boden; man hatte ihm die braune Kutte vom Leib gerissen, und sein langes blondes Haar schwamm auf der Wasseroberfläche. Behutsam drehte ich ihn um. Das Messer, das Padraic Lynch stets bei sich trug, hatte seine Bestimmung erfüllt. Dann stieg ich in das Coracle zu Tristram. Ihre meergrünen Augen waren geschlossen, als würde sie schlafen, und ihr langes blondes Haar umgab ihren Kopf wie ein Fächer. Ich hob ihren Umhang auf, legte ihn zusammen und bettete ihren Kopf auf das weiche Polster. Sie trug keine sichtbare Wunde, aber ihr Körper war bereits kalt. Dann streifte ich ihr den Ring, den sie mir geschenkt hatte, über den Finger.

Einen Augenblick lang stand ich so da und wußte nicht, was ich tun sollte. Der Wind blies mir heftig ins Gesicht, und die Sonne berührte den Horizont. Plötzlich wußte ich es. Ich ging zu Bruder Brendan zurück, schleifte ihn ins Boot und bettete ihn neben Isolde. Ich drückte ihm die Augen zu, beugte mich über Isolde und küßte sie auf die lächelnden Lippen.

Neben Bruder Brendans Körper hatte ich zuvor Bartolomeos Karte entdeckt. Ich riß sie in kleine Fetzen, die ich zu einem Häufchen auftürmte. In Bruder Brendans Gepäck fand ich, wonach ich suchte: ein Fläschchen Öl und einen Feuerstein.

Ich setzte das einzige Segel und spürte, wie das Boot reagierte. Dann schüttete ich das Öl über die Überreste von Bartolomeos Karte, zündete sie an und machte die Leine los.

Im selben Augenblick drehte das Coracle in den Wind, wie durch ein Wunder füllte sich das Segel, und das Boot glitt aus der schützenden Bucht geradewegs in den Sonnenuntergang. Ich sah eine dünne Rauchfahne, dann noch eine. Geteertes Segeltuch brennt schnell, aber vor dem großen, orangeroten Sonnenrund waren keine Flammen zu erkennen.

Als die Sonne unterging, war auch das Boot verschwunden.

Und Bruder Brendan und Isolde segelten nach Westen – Seite an Seite, einander umarmend wie schlafende Kinder, mit demselben langen blonden Haar, denselben meergrünen Augen, die nun für immer geschlossen waren – wie Bruder und Schwester, die sie in Wirklichkeit gewesen waren.

KAPITEL 4

Welches das kürzeste Kapitel dieses Buches ist, in dem jedoch die längste Zeit verstreicht und der Plan zu dem Großen Abenteuer entsteht

Zu jener Zeit galt noch der Julianische Kalender, und bis zur Einführung seines gregorianischen Nachfolgers sollte es noch mehr als hundert Jahre dauern. Das julianische Kalenderjahr war dreihundertfünfundsechzig und einen viertel Tag lang; das waren, wie die Berater Papst Gregors XIII. feststellten, elf Minuten und zehn Sekunden zuviel. Mit einem Schnitt seiner päpstlichen Autorität zwackte Gregor zehn Tage ab, die der Zeit für alle Ewigkeit verlorengingen, und setzte den Frühlingsanfang auf den 21. März fest. Zuvor waren Tagundnachtgleichen und andere Schlüsseldaten auf der Zeitkarte umhergewandert. Als Julius Caesar den Rubikon überquerte, um über Rom zu herrschen (und uns den Julianischen Kalender zu bescheren), fiel der Frühlingsanfang zum Beispiel auf den 25. März, als Papst Gregor seine päpstliche Beschneidung der Zeitkarte vornahm, hingegen auf den 11. März.

Für ein stärker wissenschaftlich orientiertes Zeitalter als das meine sehe ich die Notwendigkeit einer präzisen Festlegung des Jahres durchaus ein. Aber ich mag den Julianischen Kalender einfach, trotz all seiner kleinen Ungereimtheiten. Denn gerade wegen seiner mangelnden Präzision erfaßt der Julianische Kalender das Wesen der Zeit.

Oder sind Ihnen je zwei Jahre gleich lang vorgekommen?

Nein, es gibt Jahre, die rauschen auf Adlerschwingen vorbei. Und andere schleppen sich mühsam dahin wie eine lahme Schildkröte.

Und wenn man auf die Adlerjahre zurückblickt, sind nicht gerade sie paradoxerweise voll von langen, erfüllten und denkwürdigen Tagen? Während die Schildkrötenjahre in einem Nebel aus ereignis- und bedeutungslosen Tagen verschwimmen.

Gelebte und erinnerte Zeit sind nicht dasselbe.

Und deshalb mag ich den Julianischen Kalender. Er begreift das.

Nach Tristrams Tod verbrachte ich nahezu zehn Jahre im hohen Norden mit dem Versuch, sie zu vergessen, doch wenn ich an diese Jahre zurückdenke, erscheinen sie mir wie der Traum einer einzigen Nacht im ungelebten Leben eines anderen.

Mein sehnlichster Wunsch war unerfüllbar – daß die Zeit rückwärts laufen, daß Tristram am Leben sein möge.

Aber wenngleich ich der Tyrannei der Zeit ebensowenig entrinnen konnte wie irgendein anderer Mensch, so war ich immerhin ein Seemann und konnte von der Zeitkarte verschwinden und in die Freiheit der Geographie flüchten.

Daß ich hier von «Zeitkarte» spreche, ist kein Zufall. Tage, Monate, Jahre – das sind die Koordinaten der Zeit, mit Hilfe deren sich ein Augenblick ebenso genau lokalisieren läßt wie ein Ort durch die Angaben von Längen- und Breitengraden. Diese Flucht aus einer Karte in eine andere rettete meine geistige Gesundheit. Ich zertrümmerte die Fesseln der Zeit mit Hilfe der grenzenlosen Horizonte des Raumes. Anstelle von Tristram – falls je etwas ihren Platz einnehmen konnte – entdeckte ich das Meer, das Ozeanische Meer.

Und ich entdeckte das Große Abenteuer.

So, wie aus der zweidimensionalen Karte eines geschickten Kartographen die Berge steil aufragen, so haben sich einige Erinnerungen aus jener verschwommenen julianischen Dekade, die ich am nördlichen Rand des Ozeanischen Meeres verbrachte, tief in mein Gedächtnis eingegraben.

Wie ich dort hinkam? Durch Porco-Zámpanos Vermittlung heuerte ich als Matrose in der genuesischen Flotte des Handelshauses Centurione an, die regelmäßig zwischen dem Mittelmeer und Island verkehrte. Es waren große Galeassen und Rundschiffe mit wertvoller Fracht – Silber aus der Levante, Kupfer, Gewürze, Baumwolle, Seide und exotische Orangen und Limonen aus dem

Mittelmeerraum. Auf der Rückfahrt hatten sie englische Stoffe – Leinen, Serge, Kersey – und isländische Spezialitäten – Fischbein und gesalzenen Kabeljau – geladen.

Ich wollte, ich könnte behaupten, daß die Idee zu dem Großen Abenteuer wie ein peitschender Westwind auf mich eingestürmt wäre. Aber so war es nicht. Sie kam zögernd und anfangs fast verstohlen. Sie meldete sich eines Tages in Torshavn, der Hauptstadt der Färöer-Inseln, bei einem Gespräch über Trittsteine, während unser Schiff kielgeholt wurde, weil die Fugen mit Werg gedichtet werden mußten. Stellen Sie sich den Hafen auf der Insel Strømø vor, auf halbem Weg zwischen England und Island, von Regenwolken verhangen, die sich, wie an den meisten Tagen des Jahres, über Torshavn entluden. Stellen Sie sich eine felsige, baumlose Landschaft vor. Ich fror, obwohl es, wenn mich meine Erinnerung nicht trügt, Anfang Herbst war. In einer Hafenkneipe traf ich einen Matrosen, einen von Iren abstammenden Isländer wie ziemlich viele dieses robusten Schlages, einen gewissen Harald den Haarer, so genannt wegen seiner unseligen Schuppen und seines Haarausfalls.

«Was führt Euch denn ans nördliche Ende der Welt?» fragte er in einem für mich merkwürdig klingenden Englisch.

«Ach, große Entfernungen machen einem spanischen Matrosen nichts aus», entgegnete ich.

Er bestellte noch zwei Humpen starkes dänisches Bier. «Schon lange hier?» Ich zuckte die Achseln. «Wenigstens könnt Ihr heimfahren, wenn Ihr wollt. Soviel ich weiß, ist Spanien noch da. Im Gegensatz zu Grönland.» Er deutete vage nach Westen. «Das ist weg, einfach verschwunden, ohne eine Spur zu hinterlassen. Genau wie vor ein paar Jahrhunderten Vinland. Da fragt man sich doch, was wohl als nächstes verschwindet.» Ich fragte ihn, was er damit meinte, daß Grönland verschwunden sei. Er tauchte einen Finger in sein Bier und zeichnete Linien auf den Holztisch. «Hier ist Europa. Da unten liegen Spanien und Portugal, da Italien und hier England.» Je weiter nach Norden sein Finger fuhr, um so größer wurde der Maßstab. «Hier liegen die Färöer-Inseln, da Island, und dort sollte eigentlich Grönland sein.» Sein nasser Zeigefinger bohrte sich in den Tisch. «Und nach allem, was ich so höre, gibt es, wenn man der Sonne nach Westen folgt, noch eine oder zwei Inseln, und dann ist man in Asien.»

Auf Asien ging ich damals nicht ein. «Was soll das heißen, daß Grönland da sein *sollte*?»

«Was ich gesagt habe. Sollte. Ist es aber nicht. Und wenn wir nicht einmal mehr Grönland finden können, wie sollen wir dann das finden, was dahinter liegt? Wir haben unseren Trittstein verloren, falls Ihr versteht, was ich meine.»

Ich verstand, was er meinte, wollte aber trotzdem wissen, was mit Grönland passiert war. Aber er konnte es mir auch nicht sagen.

Das nächste Mal meldete sich das Große Abenteuer eines Nachts; wann, kann ich nicht sagen, da ich die Dimension der Zeit zugunsten der Geographie aufgegeben hatte. Es war irgendwann im Spätfrühling, auf dem offenen Meer zwischen Torshavn und Reykjavík, Island. Kein Mond, keine Sterne, ringsum dichter Nebel, und die im Krähennest und vorschiffs postierten Ausgucke schrien sich die Kehlen aus dem Leib, während der Offizier der Wache (das war ich, gerade erst zum Schiffmeister beziehungsweise Ersten Offizier befördert) horchte, ob nicht das verräterische Echo eines Eisbergs auszumachen war.

Der Zweite Offizier gesellte sich zu mir. «Eine teuflische Nacht», meinte er.

«Schon Schlimmeres erlebt», entgegnete ich. In dieser Phase meines Lebens war ich nicht sonderlich gesprächig.

Wir lauschten den heiseren Stimmen der Ausguckposten, die alle paar Sekunden «Berg!» in die Nacht hinaus schrien, vielleicht in dem Glauben, daß ein Ding benennen bedeutet, es zu beherrschen.

«Mein Gott!» sagte der Zweite. «Ein solcher Nebel, und noch dazu zur Zeit der Eisberge, kann einem schon zu denken geben. Die ganzen fünfzehnhundert Tonnen Schiff, wir zwei eingeschlossen, könnten ohne weiteres zu Kleinholz zersplittern, während wir hier stehen und plaudern.»

«Mm-hmm.»

«Und das ist hier oben am nördlichen Rand der Welt das *übliche* Wetter. Schlimmer als irgendwo sonst auf der Welt. Ja, wenn es da unten im Süden auch solche Trittstein-Inseln gäbe wie hier oben im Norden, könnte ein tapferer Skipper auf dem richtigen Schiff vielleicht gar . . .» Er schüttelte den Kopf. «Aber leider gibt's die da nicht.»

«Berg!» rief der Ausguck im Krähennest.

Und «Berg!» echote ein unsichtbarer Eisberg.

«*Eisberg?*» rief der Ausguck, diesmal lauter.

«*Eisberg*», echote der Eisberg, ebenfalls lauter.

Im Nebel läßt sich die Richtung, aus der ein Laut kommt, schwer bestimmen.

«Ja, Sir», sagte der Zweite ruhig, «wir könnten ohne weiteres zu Kleinholz zersplittern, während wir hier stehen und plaudern.»

Ich sagte, er solle den Mund halten, und befahl dem Ausguck am Bug zu rufen, weil ich hoffte, die Quelle des Echos auf diese Weise orten zu können.

«Kein Eisberg?» rief er hoffnungsvoll.

«Kein Eisberg», echote der Eisberg.

«Eisberg!» brüllte der Ausguck im Krähennest, diesmal ohne Fragezeichen in der Stimme, und ich dachte, das ist das Ende. Ich stürzte nach achtern und rief zum Rudergänger hinunter: «Ruder ganz nach Luv!» Aber er hatte «Eisberg» und «Kein Eisberg» gehört und war völlig durcheinander.

«Habt Ihr Luv oder Lee gesagt, Sir?» brüllte er.

Ich ließ mich durch die Luke hinunterfallen und warf mich mit meinem ganzen Gewicht gegen die Pinne; sobald er mithalf, schwenkte das Schiff langsam, und der Bug drehte in den Wind.

Erschreckend deutlich erkennbar, trotz Nebel und Nacht, glitt der Eisberg bedrohlich nahe an Steuerbord vorbei; seine Kälte streifte uns wie die Hand des Todes.

Irgendwann später während dieser julianischen Dekade meines Lebens traf ich Harald den Haarer in Reykjavík wieder. Er überredete mich, an einer Expedition teilzunehmen, deren Ziel es war, Grönland zu suchen.

Die Situation war folgende: Ein knappes Jahrtausend nach Christus kam ein Norweger namens Erich der Rote auf dem Weg nach Island von Kurs ab und entdeckte eine große Insel (oder womöglich eine Halbinsel Asiens), baute sich dort ein Haus, gab ihr den in Anbetracht der Gletscherlandschaft völlig unpassenden Namen «Grünland» und gründete dort eine Siedlung. Sie wuchs und gedieh über mehrere Generationen hinweg auf dem schmalen, bewohnbaren Küstenstreifen, obwohl sie in regelmäßigen Abständen von merkwürdig flachgesichtigen Leuten, die sich Eskimos nannten, überfallen wurde und oft jahrelang von aller Welt abgeschnitten war, nämlich dann, wenn das Ozeanische Meer so stürmisch war oder so viele Eisberge herumschwammen, daß kein Schiffsverkehr zwischen Grönland und Island möglich war. Leider häuften sich diese schlimmen Zeiten, so daß irgendwann jeglicher Kontakt zu Grönland abriß. Grönland war, wie Harald der Haarer es formuliert hatte, verschwunden. Als mein Freund Rodrigo Borgia im Jahr 1492 (wieder dieses Jahr!) Papst wurde, sandten ihm isländische Geistliche die entmutigende Nachricht, daß man achtzig Jahre lang von keiner der sechzehn Kirchen auf Grönland ein Wort gehört habe. Eine Expedition, die von mehr Erfolg gekrönt war als die unsere, machte die Ruinen der grönländischen Langhäuser ausfindig, ohne jedoch einen Hinweis auf das Schicksal ihrer ehemaligen Bewohner zu erhalten; dafür machten die Eskimos einen recht wohlgenährten Eindruck.

Dreimal segelten wir von Island nach Westen. Zweimal trieben uns für die Jahreszeit ungewöhnliche Eisberge zurück, und das dritte Mal lagen wir in einer Flaute, bis unser Proviant fast aufgebraucht war, und dann blies uns der Westwind geradewegs nach Island zurück. Am weitesten nach Westen stießen wir beim zweiten Versuch vor, und eines Nachts, als ich Wache schob, kam mir der Gedanke, daß noch nie ein Mensch aus dem zivilisierten Süden so weit nach Westen auf das Ozeanische Meer vorgedrungen war. So schlich sich der Plan für das Große Abenteuer abermals an und flüsterte mir ins Ohr. Aber noch war ich nicht bereit hinzuhören.

Als wir von unserer dritten Expedition nach Reykjavík zurückkehrten, wurde in der Bucht ein *Sagafest* abgehalten. Es war Sommer, der letzte Sommer meiner julianischen Dekade am nördlichen Rand des Ozeanischen Meeres, und es wurde nicht richtig dunkel in dieser Nacht. Stellen Sie sich folgende Szene vor: Die Dämpfe heißer Quellen, die wie Geistererscheinungen aus Erdspalten aufstiegen, Zwergweiden und verkrüppelte Birken, die die ganze Nacht hindurch fahle Schatten warfen, Kormorane und Taucher, rothalsige Wassertreter und Schneeammern, die im Zwielicht kreischten, und die Saga-Erzähler, die von der Geschichte ihres Volkes sangen, als trüge sie sich hier und jetzt zu, während wir zuhörten, als sei alle Zeit Gegenwart.

Sie sangen von den ersten Wikingern, die nach Island kamen, und davon, wie sie es bereits von barbarischen und fanatischen Menschen aus Irland besiedelt fanden und diesen so lange zusetzten, bis sie flohen – vermutlich zurück nach Connemara. Sie sangen von Erich dem Roten, dem Entdecker Grönlands, und von Erichs Sohn Leif, den man den Glücklichen nannte – Leif, der nach Grönland segeln wollte, vom Kurs abkam und Tage und Wochen nach Westen weitersegelte, bis er auf ein Land stieß, das wirklich und wahrhaftig grün war und das er Vinland nannte. Sie sangen von den Eingeborenen Vinlands, die sie *Skrellings* nannten und die sonderbare Geschichten von glaubenseifrigen Weißen erzählten, die lauthals ihren Gott besangen, während sie in langsamer Prozession hinter Bannern mit großen Kreuzen einhergingen. Dies waren mit Sicherheit die Nachfahren der irischen Eiferer, die aus Island geflohen und wie Leif der Glückliche vom Kurs abgekommen waren.

Das alles übersetzte mir Harald der Haarer, während ich unter der Mitternachtssonne am Meeresufer saß, mir den Bauch mit Hammel und Bier vollschlug und dem Singsang der Saga-Erzähler lauschte. Aber im Grunde war ich gar nicht da, denn ich wanderte mit den Geschichten nach Westen, und da endlich packte mich das Große Abenteuer, und ich wußte, daß es mein Schicksal war.

Ich überlegte: Wenn die Iren in Coracles von der Größe, wie ich sie gesehen hatte, und die Wikinger mit ihren Frachtschiffen, den sogenannten Knarren, über das Ozeanische Meer nach Vinland segeln konnten, und zwar ohne Kompaß und ohne die geringsten geographischen Kenntnisse, was müßten dann erst Seeleute aus dem zivilisierten Süden, ausgerüstet mit Karten und Kompassen, in schnellen, hart am Wind segelnden Karavellen ausrichten können? Angenommen, eine Flotte von Karavellen segelt von den Azoren oder besser noch von den weiter südlich gelegenen Kanarischen Inseln aus nach Westen, und zwar auf dem Breitengrad, auf dem meiner Schätzung nach Zipangu liegen mußte – ohne Eisberge, ohne Nebel, ohne mörderische Kälte . . .

Harald der Haarer rüttelte mich aus meinen Tagträumen auf.

«Was habt Ihr denn?» fragte er beunruhigt, da ich am ganzen Körper zitterte.

Aber statt zu antworten, stand ich auf und ging allein am Strand entlang.

Diese Nacht besiegelte das Ende meiner julianischen Dekade am nördlichen Rand der bekannten Welt. Ich war bereit, auf die Zeitkarte zurückzukehren, auch wenn mir das noch nicht klar war. Noch zweimal segelte ich – als Befehlshaber – auf Centurione-Galeassen von nahezu zweitausend Tonnen von Reykjavík nach Bristol, bevor mir eine längst überfällige Begegnung und ein lange verschollener Brief die Augen öffneten.

Als ich eines Tages in Bristol an Land ging, kam ein neuer Erster die Gangway herauf, etwa so alt und fast so groß wie ich, mit langer Nase und kräftigem Unterkiefer.

«Kapitän Colón?» fragte er.

Als ich nickte, grinste er freudig. «Mein Gott, Mann – ich suche Euch seit Jahren!»

«So», sagte ich gleichgültig.

Er klopfte mir auf die Schulter, als wären wir Brüder, die sich lange nicht gesehen hatten. Als er weitersprach, entdeckte ich Spuren eines italienischen, möglicherweise sogar eines genuesischen Akzents. «Ich habe Euch aus drei Gründen gesucht. Aber laßt uns erst mal ein gutes englisches Bier trinken.»

Jenny war noch immer Barmädchen im *Plank & Anchor.*

«Wie ich sehe, Giovanni, hast du endlich deinen geheimnisvollen Scheißtypen aufgestöbert», sagte sie.

«Er ist der Kapitän von meinem neuen Schiff», sagte Giovanni staunend.

Wir prosteten uns zu.

«Vor Jahren habt Ihr hier und überall in ganz Bristol hinterlassen, daß Ihr mich treffen wollt. Nun gut, hier bin ich. Worum ging es denn?»

Jetzt erinnerte ich mich wieder. Ein italienischer Matrose namens Giovanni, ein Freund des O'Gaunt.

«Um nichts. Es spielt keine Rolle mehr.»

«Gut», meinte er, «aber der Zufall will es, daß diesmal *ich Euch* treffen wollte. Ich bin Genuese», erklärte er. «Mein Name ist Gaboto, Giovanni Gaboto. Aber ich bin dabei, mich mit meiner Familie hier in Bristol niederzulassen, um das vorzubereiten, was ich als mein Großes Unternehmen bezeichne.»

«Euer *was*?» fragte ich beunruhigt.

Er senkte die Stimme. «Ich werde das Ozeanische Meer überqueren und Vinland wiederentdecken, wenn ich den englischen König dazu kriege, dieses Vorhaben zu finanzieren.»

«Da draußen gibt es nichts mehr», sagte ich rasch und machte eine fahrige Geste in Richtung Westen, mit der ich seinen Bierkrug umfegte. «Nichts als ein Haufen Ammenmärchen und so'n Zeug.»

«Scheißtypen», murmelte Jenny, während sie das verschüttete Bier aufwischte.

Gaboto ignorierte meinen Mangel an Begeisterung. «Ich bin auf der Suche nach einem Partner. Einem erfahrenen Seemann, wie Ihr es seid.»

«Tut mir leid. Ich habe Wichtigeres zu tun.»

Gerade als Jenny uns frische Krüge hinstellte, kam ein Junge herein. Er war acht oder neun Jahre alt und steuerte geradewegs auf Gaboto zu. «Papa!» rief er. «Mama sagt, wenn du noch ein einziges Mal zu spät zum Abendessen kommst . . .»

«Komm her, Sebastiano, und trink einen Schluck von Papas Bier.» Dann wandte sich Gaboto an mich. «Seid Ihr sicher, daß man Euch nicht überreden kann? Den Männern, die den Mut haben, das Ozeanische Meer zu überqueren und Vinland wiederzuentdecken, ist ein Platz in der Geschichte sicher.»

«Tut mir leid, Gaboto. Ich habe Wichtigeres zu tun.» Ich zitterte wie in jener Nacht beim *Sagafest*.

«Gaboto, das ist aber kein anständiger englischer Name», meinte Jenny.

«Nein, freilich nicht. Ich werde mich Cabot nennen, John Cabot», sagte Giovanni ungeduldig.

«He, klingt verdammt gut», räumte Jenny ein. «Richtig scheißenglisch.»

«Der dritte Grund, warum ich Euch gesucht habe», sagte Giovanni Gaboto oder John Cabot, «ist dieser Brief.»

Das Papier war zerknittert und voller Fettflecken, die Schrift ausgebleicht. Ich erbrach das Siegel.

Der Brief stammte von Bartolomeo, der sich jetzt Bartolomé Colón nannte. Er kam aus Portugal und trug das Datum des 7. August 1476.

«Welchen Monat haben wir?» fragte ich.

Vater und Sohn Cabot sahen mich mit großen Augen an. «März, du Trottel», sagte Jenny.

«Und welches Jahr?»

Jenny flippte fast aus. «Der Kerl muß meschugge sein.»

«Das Jahr? Welches Jahr haben wir?» schrie ich sie an.

«1479, was denn sonst?»

So stand ich endlich wieder mit beiden Füßen fest auf dem Boden der Zeitkarte, wo ich erfuhr, daß ich inzwischen achtundzwanzig Jahre alt war.

Vor fast drei Jahren hatte Bartolomé aus Lissabon geschrieben:

Mein lieber Bruder Cristóbal,

ich habe gehört, daß Du im Dienste des Handelshauses Centurione in nördlichen Gewässern herumfährst. Ich bin selbst ein bißchen für Kapitän Perestrello gesegelt, und zwar an der afrikanischen Küste entlang nach Süden zur Insel Fernand Póo, 3°30′ nördlich vom Äquator. Ansonsten lebe ich jetzt hier in Lissabon als Kartenzeichner und leiste damit einen kleinen Beitrag zu dem Großen Vorhaben – dem geplanten Versuch der Portugiesen, nach Indien zu gelangen, indem sie die Südspitze Afrikas umsegeln. Nichts würde mich mehr freuen, als wenn du hierher kämest und dich ebenso an meinem Kartengeschäft wie an dem Großen Vorhaben beteiligen würdest, einem Projekt, an dem Seiner Majestät Johann II. sehr viel gelegen ist.

Felipa de Perestrello, mit der verlobt zu sein ich die Ehre habe, sendet dir freundliche Grüße.

Dein dich liebender Bruder
Bartolomé Colón

In meinem Kopf wirbelte alles durcheinander – John Cabot und sein Großes Unternehmen, mein Bruder und das Große Vorhaben des portugiesischen Königs, und ich Grünschnabel mit meinem eigenen Großen Abenteuer.

Davor verblaßte sogar die Neuigkeit von Bartolomé und Felipa. Ich mußte mich beeilen.

«Seid Ihr ganz sicher, daß ich Euch nicht überreden kann?» versuchte es John Cabot abermals.

Ohne darauf zu antworten, stürzte ich aus der Taverne und in Porco-Zámpanos Büro, um mir eine Schiffspassage nach Süden zu beschaffen.

KAPITEL 5

Von der Hochzeit der Verlobten meines Bruders
oder
Die Welt, wie Paolo Toscanelli sie sah

Wäre dies eine ordentlichere Erzählung oder hätte ich ein geordneteres Leben geführt, so hätte ich bei meiner Ankunft in Lissabon Bartolomé und Felipa verheiratet und mit einem krabbelnden Säugling angetroffen. In einer ordentlicheren Erzählung oder in einem geordneteren Leben hätte ich dann wohl auch John Cabots Angebot angenommen. Wer weiß, was dabei herausgekommen wäre, wenn sich der Entdecker der Neuen Welt mit dem Entdecker Nordamerikas zusammengetan hätte?

Aber nein, diese Erzählung verläuft in widersinnigen Windungen, eben weil sie das Leben widerspiegelt. Sehen Sie sich nur an, welchen Platz John Cabot in der Geschichte einnimmt. Er ist ein *echter* Italiener, in Genua geboren und Bürger von Venedig, wenngleich er im Auftrag des englischen Königs Heinrich VII. handelte, als er am Johannistag 1497 in Nordamerika an Land ging. Und hier bin ich, als Sohn frisch konvertierter spanischer Juden auf See geboren, durch Zufall ein Italiener, der fast überall hinfuhr, aber ausschließlich für Spanien auf Entdeckungsreisen ging. Und was schreiben die Historiker? Sie machen aus mir den echten Italiener, einen *paesan'* und nennen den anderen schlicht und einfach John Cabot. Von hundert Leuten weiß vielleicht einer, daß Giovanni Gaboto der echte *paesan'* ist und nicht ich, und daß er lediglich *Nord*amerika entdeckt hat, wo in späteren Zeiten eine italienische Bevölkerung, die fast so umfangreich ist wie die Italiens, mir zu Ehren alljährlich eine Parade abhalten wird.

Hätte ich ein geordneteres Leben geführt, hätte ich einen Blick auf das herrliche Lissabon geworfen, das sich auf seinen Hügeln über das Tejo-Delta erhob, in dem zehnmal zwanzig Schiffe aus ebenso vielen Häfen an ihren Trossen zerrten, und mich, ohne zu zögern, auf Gedeih und Verderb Portugals Großem Vorhaben angeschlossen wie mein Bruder Bartolomé. Vielleicht wäre dann nicht ein gewisser Vasco da Gama, sondern ich es gewesen, der beim Stürmischen Kap, das man damals bereits mit rührendem Seefahreroptimismus in Kap der Guten Hoffnung umbenannt hatte, die Südspitze Afrikas umfahren hätte, um nach Kalikut und zu den sagenhaften Reichtümern des Orients zu gelangen. Aber Vasco da Gama sollte erst ein Jahr nachdem John Cabot an der nordamerikanischen Küste gelandet war, nach Kalikut kommen; und ich hatte noch eher ein Stelldichein mit dem Schicksal.

Ich kann es ebensogut zugeben, warum auch nicht? Während meiner julianischen Dekade am nördlichen Rand des Ozeanischen Meeres habe ich mich mit der Ruhmsucht infiziert.

Der erste zu sein ist nicht nur wichtig, es ist das einzige, was zählt. Jedenfalls glaubte ich das damals. Die Zeit und die Umstände sollten mich Bescheidenheit lehren.

Bartolomé hatte keine Ahnung, daß mich sein drei Jahre alter Brief endlich erreicht hatte und ich kommen würde. An einem sonnigen Morgen im Mai ging ich, den Seesack über die Schulter gehängt, in breitbeinigem Seemannsgang über den weiten Platz unten am Wasser, die sogenannte Praça do Palácio. Zu Ihrer Orientierung: Lissabon, das waren drei Städte in einer – die Unterstadt zwischen Praça do Palácio und Rossío; die Oberstadt, die sich im Nordwesten einen steilen Hang hinaufzieht; und die Alfama, die arabische Altstadt im Nordosten, die auf einem noch steileren Hügel liegt. Zwischen der Praça do Palácio und dem Rossío verläuft die Rua do Ouro.

Ich erkundigte mich nach dem Weg zum Laden des Kartenzeichners Bartolomé Colón. Ich brauchte nur der Rua do Ouro bis zur Rua de San Nicolau folgen und dort links abbiegen. Aber wohin ich auch schaute, gab es etwas zu sehen. Es wimmelte nur so von Matrosen aus aller Welt – Dänen, Norwegern und Flamen, Genuesen und Venezianern, Berbern und unbeholfenen Engländern –, und es war bereits ein Erlebnis, nur die Praça do Palácio zu überqueren, neugierig in die offenen Läden hineinzuschauen, die Gerüche einzuatmen, die Waren zu betasten, wieder in die zivilisierte Welt zurückgekehrt zu sein.

Ich bog in die Rua do Ouro ein, die in Anbetracht der vielen italienischen Geldwechsler und jüdischen Geldverleiher, die es dort gab, ihren Namen zu Recht trug. Ich muß gestehen, daß ich mich beiden überlegen fühlte. Schließlich war der einzige italienische Bankmensch, den ich kannte, Porco-Zámpano. Und was die Juden betraf, so standen sie in dem Ruf, extrem halsstarrige Leute mit einem extremen Familiensinn zu sein; damals hatte ich ja keine Ahnung, daß ich um ein Haar selbst als Jude auf die Welt gekommen wäre. Der Schlag, als ich das erfuhr . . . aber so ungeordnet soll meine Erzählung nun doch nicht verlaufen. Ich werde darüber berichten, wenn es an der Zeit ist.

Auf einem kleinen Platz an der Rua do Ouro wurden Menschen zum Verkauf feilgeboten – Neger natürlich, aber es schockierte mich trotzdem. Ein großer, glänzender Neger stieg nackt auf einen Holzblock, und der Auktionator wies, zum Teil ziemlich derb, auf seine Vorzüge hin. Dann wurde geboten, als handle es sich um einen arabischen Hengst oder ein Möbelstück. Eilig verließ ich den Platz, während zwei junge Mädchen weinend auf den Block kletterten.

Als ich in die Rua de San Nicolau einbog, sah ich endlich über einem Laden neben einem Pfefferhändler das Schild:

B. Colón
ERLESENE LAND- UND SEEKARTEN

Doch zu meiner Enttäuschung waren die Fensterläden zu. An der Tür hing ein Zettel mit der Aufschrift: *Aus erfreulichem Anlaß geschlossen.*

Aus erfreulichem Anlaß? Was konnte das bedeuten?

Ich ging in den Gewürzladen nebenan. Ein grauhaariger Neger in einem langen Rock mit Stehkragen begrüßte mich. «Kann ich Euch behilflich sein?»

«Was soll das heißen, ‹Aus erfreulichem Anlaß geschlossen›?»

Der Gewürzhändler kicherte. «Ihr seid heute schon der fünfte, der mich danach fragt. Der alte Barto, das ist vielleicht ein nervöser Bräutigam. Eigentlich hätte er . . .»

«Bräutigam? Ich dachte, er wäre längst verheiratet und hätte einen krabbelnden Säugling.»

«Er heiratet heute vormittag in der Klosterkapelle des heiligen Jakob.»

«Und wann ist die Hochzeit?»

«Vermutlich in diesem Augenblick.»

«Wo?» schrie ich.

«Hab ich doch gesagt.» Dann erst sah er den Seesack über meiner Schulter. «Ach so, Ihr seid neu in der Stadt.»

«Ich bin sein Bruder», erklärte ich. Er beschrieb mir den Weg, und ich rannte los. Ich lief Stufen hinauf. Und Stufen. Und noch mehr Stufen. Das alte Lissabon, die arabische Burganlage der Alfama, lag auf der höchsten Erhebung über dem Flußdelta, und das Kloster des heiligen Jakob, inzwischen ein vornehmes Internat, befand sich ganz oben.

Trotz des hohen Gewölbes war die Kirche anheimelnd. In den meisten Bänken saßen vornehme junge Damen aus dem feinen Internat, die sich jetzt wie auf Kommando vom Altar abwandten und den tölpelhaften, verschwitzten Matrosen anstarrten, der da hereinstürzte.

Später erfuhr ich, daß der Priester, ein gewisser Pater Jerónimo, gerade an der Stelle in der Zeremonie angelangt war, an der die Frage kam, ob einem der Anwesenden ein Grund bekannt sei, aus dem dieses Paar nicht im heiligen Bund der Ehe vereint werden solle. Doch alles, was ich hörte, war das Geschnatter der vornehmen jungen Damen. Und ich wußte nur, daß die Zeremonie schon fast beendet war und daß ich bei Bartolomés Hochzeit neben meinem Bruder stehen wollte. Und so rief ich, noch immer atemlos, «Wartet! Wartet!», ließ den Seesack fallen und eilte an die Seite meines glücklichen Bruders.

Einen Augenblick lang herrschte verblüfftes Schweigen, dann wurden flüsternd Vermutungen laut:

«Wer ist das denn?»

«Ob er etwas weiß?»

«. . . ein Matrose.»

«Na ja, schließlich ist Felipa einundzwanzig . . .»

«Stille Wasser . . .»

Braut und Bräutigam, sie dicht verschleiert, er sichtlich erschüttert, drehten sich zu mir um. Pater Jerónimo starrte mich ungläubig an. «Wenn Ihr etwas zu sagen habt, dann sagt es», forderte er mich auf.

«Ich bin . . .» stieß ich atemlos hervor.

«Nun?»

«. . . sein . . .»

Felipa taumelte einen Schritt zurück und lüftete ihren Schleier. «Cristóbal!»

Bartolomé fragte: «Cristóbal?»

«Wer zum Teufel – Verzeihung! – ist Cristóbal?» wollte Pater Jerónimo wissen.

Ich wollte erklären, daß ich bei der Hochzeit meines Bruders Bartolomé an seiner Seite stehen wollte, doch bevor es dazu kam, ließ Felipa den Schleier fallen, raffte ihr Gewand hoch, so daß ihre Knöchel zu sehen waren, warf mir einen langen, gequälten Blick zu und rannte, ihre Schleppe samt zwei blumenstreuenden Mädchen wie einen Kometenschweif hinter sich herziehend, durch das Kirchenschiff nach draußen.

Während ich später in Bartolomés Wohnung über dem Laden wartete, suchte er Felipas Mutter auf, die Witwe Doña Isabel Moñiz de Perestrello (Kapitän Perestrello war zwei Jahre zuvor gestorben).

«Sie hat sich geweigert, mich zu empfangen», sagte Barto niedergeschlagen, als er zurückkam.

«Doña Isabel?»

«Nein. Felipa. Aber Doña Isabel war auch nicht gerade freundlich.» Nach einer Weile fragte er mich: «Wieso hast du eigentlich meine Hochzeit verhindert?»

Ich erklärte ihm, daß ich keineswegs die Absicht gehabt hätte, die Hochzeit zu verhindern, sondern daß ich nur an seiner Seite stehen wollte.

Barto schenkte jedem von uns einen Becher Wein ein und ließ sich dann verzagt auf einen Stuhl plumpsen. Zum erstenmal seit langen Jahren betrachtete ich ihn wieder eingehend. Mein Bruder Barto war von kräftiger Statur, wenn auch leicht untersetzt, hatte etwas krumme Beine, einen großen Kopf mit krausen Haaren und diese unseligen Warzen im Gesicht; doch als er jetzt betrübt lächelte, trat seine großzügige Persönlichkeit zutage und ließ einen alles andere vergessen, einschließlich der vertrauten krummen Zähne.

«Ihre Mutter behauptet, daß sie mich nie wieder sehen will.» Barto leerte seinen Becher in einem Zug.

«Sie wird darüber hinwegkommen.»

«Ich hatte den Eindruck, daß es etwas mit dir zu tun hat.»

«Das ist eine lange Geschichte. Der Grund ist wahrscheinlich der, daß sie mich haßt, aber ich bin überzeugt, daß sie wieder zur Vernunft kommt. Schließlich werde ich nicht ihr Mann sein, sondern nur ihr Schwager.»

«Aber warum sollte sie dich hassen?»

Ich redete mich darauf hinaus, daß die Beantwortung dieser Frage viel zuviel Zeit in Anspruch nehmen würde, und wechselte rasch das Thema. «Ich dachte, ihr wäret längst verheiratet und hättet einen krabbelnden Säugling.»

«So war es auch geplant, aber ich war viel auf See, und dann ist der arme alte Perestrello gestorben. Und danach hat Felipa die Hochzeit immer wieder hinausgeschoben. Und jetzt ist das hier passiert. Aber trotz allem bin ich froh, daß wir wieder beisammen sind, Cristóbal.» Das meinte Barto ganz ehrlich.

Jeden Tag machte sich mein Bruder hoffnungsvoll auf den Weg zu Doña Isabel, und jeden Tag kam er nach Hause, ohne etwas erreicht zu haben. Anfangs erklärte ihm Felipas Mutter kühl, ihre Tochter weigere sich, ihn zu empfangen. Dann teilte sie ihm mit, daß Felipa nicht mehr hier sei. Und schließlich erklärte sie ihm, Felipa habe ihre Lehrtätigkeit in der Klosterschule des heiligen Jakob wiederaufgenommen, wo sie die niederen Gelübde abgelegt habe. Noch immer voller Hoffnung, begab sich Barto zum Kloster, aber die Schwester Superior ließ ihn erst gar nicht ein. Und danach weigerte sich auch Doña Isabel, ihn weiterhin zu empfangen.

«Aber *dich* will sie sehen», sagte er.

Ich erbleichte, als ich mir überlegte, welche Lügen Felipa ihrer Mutter über mich erzählt haben mochte.

«Vielleicht möchte sie, daß du zwischen uns vermittelst», meinte Barto mit dem ihm eigenen Optimismus.

Die Mauern, die die Villa Perestrello in der Oberstadt umgaben, waren von jener pittoresken Verfallenheit, die Touristen so lieben. Doña Isabel, in schwarzem Witwenkleid, ließ mich durch das schmiedeeiserne Tor ein, das schief in einer quietschenden Angel hing. Der Patio war so hoch mit Unkraut überwuchert, daß ich ohne Doña Isabel die wurmstichige Eingangstür nur schwerlich gefunden hätte. Drinnen im Haus roch es nach Schimmel und feuchtem Moder. Kein Dienstbote war zu sehen.

«Nehmt Platz, Don Cristóbal», forderte mich die Witwe Doña Isabel auf. Sie hatte ein hartes Gesicht mit einem kleinen, eckigen Mund. «Wie ich sehe, hatte meine Tochter recht. Ihr gleicht Eurem Bruder nicht im mindesten.»

Auf dem gefliesten Fußboden standen fast keine Möbel. Doña Isabel und ich saßen einander gegenüber auf harten Stühlen mit Holzlehnen. Ein schlichter Tisch vervollständigte die Einrichtung.

«Und ich sehe auch, daß Euch die Bescheidenheit der Villa Perestrello überrascht.»

«Nun», sagte ich galant, «es ist offensichtlich, daß Ihr nicht zu diesen Neureichen gehört.»

«Wir haben harte Zeiten durchgemacht. Perestrello, Friede seiner Seele, hat ein paar schlechte Investitionen gemacht.»

Ich ergriff die Gelegenheit beim Schopf. «Barto ist eine gute Partie. Rechtschaffen, zuverlässig, liebevoll. Und fast schon zu großzügig.»

«Perestrello», fuhr sie fort, ohne auf meine lobenden Worte einzugehen, «hat eine Seemannskiste mit seinen Karten und seiner Korrespondenz hinterlassen, die er Felipas zukünftigem Mann zugedacht hat.»

«Ich bin sicher, daß Barto sie zu nutzen weiß.»

Eingedenk dessen, wie schwer es dem guten alten Perestrello gefallen war zu glauben, daß die Erde rund ist, bezweifelte ich, daß die Kiste etwas enthielt, das für irgend jemanden von Wert sein konnte.

«Unter seinen Papieren befinden sich mehrere Briefe und meines Wissens auch ein paar Karten von der Hand des Florentiners Paolo dal Pozzo Toscanelli.»

«Des großen Toscanelli?» entfuhr es mir.

Paolo Toscanelli, Arzt, Humanist, Mathematiker und Astronom, war damals einer der zwei führenden Köpfe auf der Welt; der andere war Regiomontanus (geborener Johannes Müller) aus Nürnberg. Diese beiden Männer waren weit und breit die einzigen Renaissance-Menschen von Weltrang, denn Leonardo da Vinci entfaltete gerade erst seine Schwingen, und Erasmus von Rotterdam war noch keine zwanzig.

«Die Briefe und Karten von Paolo Toscanelli sind sozusagen Felipas Mitgift», sagte die Witwe Doña Isabel nach einer bedeutungsvollen Pause.

«Dann hat Barto noch mehr Glück, als ich dachte.»

«Mein lieber Don Cristóbal, was Frauen betrifft, habt Ihr wirklich keine Ahnung.»

Als ich mit ihr nach oben ging, konnte ich an nichts anderes denken als an das, was jedermann wußte, nämlich daß Toscanelli die Ausdehnung der Erde, der Kontinente und des Ozeanischen Meeres mit unglaublicher Präzision berechnet, seine Ergebnisse bisher aber niemandem enthüllt hatte.

«Felipa ist ein eigensinniges Mädchen. Das war sie schon immer», meinte ihre Mutter.

Und ich dachte: Ich gäbe meinen rechten Arm, wenn ich dafür Toscanellis Karten und Briefe in die (verbleibende) Hand bekäme.

Doña Isabel führte mich in den oberen Salon, in dem Felipa Perestrello auf einer großen Seemannskiste saß, die neben einem Schreibtisch stand. Dieser war ansonsten das einzige Möbelstück in dem großen Raum, dessen Fenster weder Scheiben noch Sonnenblenden hatten. Felipa erhob sich und streckte mir ihre Hand entgegen. Ich beugte mich darüber und küßte die Luft.

«Don Cristóbal», sagte sie.

«Doña Felipa», sagte ich.

Sie trug einen eleganten Kopfputz, der durchaus nicht nach Kloster aussah, und an einem perlenbestickten Gürtel, der ihr grünes Satingewand zusammenhielt, hing nicht nur ein Rosenkranz, sondern auch ein Fächer aus Pfauenfedern. Ihre geschwungenen Augenbrauen waren schwarz nachgezeichnet, die Wangen rot gefärbt und das tiefe Dekolleté weiß gepudert. Aus der kleinen Felipa Perestrello war eine attraktive Frau geworden. Trotzdem wanderten meine Augen immer wieder zu der verschrammten Seemannskiste.

Felipa entging das nicht. «Sie enthält unter anderem die Briefe und Karten des Florentiners Paolo dal Pozzo Toscanelli», erklärte sie.

«Ich weiß. Das weiß ich.» Meine Stimme verriet meine Ungeduld.

«Und in seinem Testament hat mein lieber verstorbener Vater sie demjenigen zugedacht, *der seine Tochter heiratet.*»

Sie betonte jedes einzelne Wort.

«Dann hat Barto doppelt Glück.»

«Das», meinte Doña Isabel, «wäre nur eine zweckdienliche Ehe gewesen.»

Ich versuchte es nochmals: «Barto wird einen wunderbaren Ehemann abgeben.»

«Ich bin nicht lange in Saint-Malo geblieben», wechselte Felipa das Thema.

«Nein?»

«Nein. Ich hatte eine Nervenkrise. Sie mußten mich nach Hause schicken. Ich bin in die Klosterschule des heiligen Jakob gegangen und habe meine Eltern dann auf die Insel Porto Santo begleitet, zu deren Statthalter mein Vater zwei Jahre vor seinem Tod ernannt worden war. Dort führte er seinen Briefwechsel mit Toscanelli zu Ende. Aber das liegt alles in der Kiste.»

«Ich werde es Barto berichten, sobald ich ihn sehe.»

«Ich habe nicht vor, Euren Bruder Barto zu heiraten», sagte Felipa entschieden.

Hätte sie gesagt, daß er abstoßend sei, daß sie ihn nicht heiraten wolle, weil er ihr zu häßlich sei, dann, glaube ich, hätte ich den Mut aufgebracht, aus diesem verfallenen Gemäuer zu fliehen und nie mehr zurückzukehren – und hätte die Seemannskiste, die Briefe, die Karten und Toscanelli zum Teufel geschickt. Aber dazu war sie zu klug.

Statt dessen sagte sie: «Ich werde *Euch* heiraten.»

Über die Zeit, in der ich Felipa den Hof machte, und unsere Heirat weiß mein Sohn Fernando in seiner geschönten Biographie folgendes zu berichten: «Insofern, als er sich höchst ehrenwert betrug und ein Mann von so vornehmem Auftreten und obendrein so tugendhaft war, pflegte Doña Felipa solch vertrauten Umgang und solche Freundschaft mit ihm, daß sie schließlich einwilligte, seine Frau zu werden.» Abgesehen von dem Hinweis darauf, daß Fernando der Wirklichkeit nicht näher kam als spätere Biographen, enthalte ich mich jeglichen Kommentars zu diesen Zeilen. Felipa war nicht seine Mutter. Als er zur Welt kam, war sie längst nicht mehr am Leben. Nein, da hatte Fernando wieder einmal eifrig versucht, einen adäquaten Vater für meinen zweiten Sohn zu erfinden.

Viel später schrieb ein anderer Biograph: «Mein Interesse gilt in erster Linie dem Kolumbus der Tat, dem Entdecker, der den Schlüssel zum Tor der Zukunft in seinen Händen hielt. Seine ‹Psychologie›, seine ‹Beweggründe› und all das übrige überlasse ich gerne anderen.» So umgeht dieser Autor fein säuberlich die Frage, warum ich Felipa ehelichte, nachdem sie meinen Bruder Barto so grausam zurückgewiesen hatte. Aber die «Beweggründe und all das übrige», was hier so nonchalant abgetan wird – das eben machte *mich* aus. Und ich kann nur hoffen, Sie stimmen mit mir darin überein, daß es nicht nur Negatives war.

Bis zum Tag vor unserer Hochzeit, die in aller Stille in einer düsteren kleinen Kirche in der Oberstadt stattfand, gingen Barto und ich sehr korrekt miteinander um und gaben uns große Mühe, Felipa nicht zu erwähnen. Er brachte mir bei, wie man Karten aus der freien Hand zeichnet. Er zeigte mir, wie man sie auf Holzschnitte übertrug, so daß man mit Hilfe von Tinte und Papier in kurzer Zeit Auflagen von fünfhundert oder mehr Karten herstellen konnte. Behutsam erzählte ich ihm von meinem Großen Abenteuer. Er hörte mir schweigend zu. Nach einer Weile sagte er: «König Johanns Großes Vorhaben ist dir um Längen voraus, Cristóbal; außerdem wird es von staatlicher Seite finanziert. Sollte man einen Seeweg um Afrika herum nach Indien finden, kannst du deinen Plan, in Richtung Westen über das Ozeanische Meer zu segeln, vergessen.»

«Deshalb brauche ich ja Toscanellis Briefe und Karten so dringend.»

Näher wagten wir uns im Gespräch nie an seine nicht erfolgte und meine bevorstehende Hochzeit heran.

Er gab mir recht, packte seinen Meißel und bearbeitete damit vehement ein Stück Holz.

Am Tag vor der Hochzeit brachte man mir Kapitän Perestrellos Seemannskiste in Bartos Laden. Sofort trugen wir sie in die Wohnung hinauf. Als wir an der Tür zu meinem Schlafzimmer vorbeigingen, sah Barto mich verwundert an. Er muß angenommen haben, ich würde sie dort einsperren, bis ich aus den Flitterwochen zurückkehrte. Statt dessen ging ich weiter in Bartos Zimmer, in dem ein wildes Durcheinander aus alten Karten, Büchern und Gebrauchsgegenständen von Eingeborenen herrschte, die Barto von seinen Reisen entlang der westafrikanischen Küste mitgebracht hatte.

Als ich die Kiste auf meiner Seite abgesetzt hatte, sagte ich so beiläufig wie möglich: «Du könntest Toscanellis Papiere schon einmal sichten, bis ich zurückkomme.»

«Soll das heißen, daß du sie mir anvertraust?»

Bartos Augen bekamen einen träumerischen Glanz.

Ziemlich lange standen wir schweigend da. Dann sagte mein Bruder: «Darf ich morgen in der Kirche an deiner Seite stehen?» Meine Augen brannten, als ich nickte.

«Wenn man es recht bedenkt», meinte Barto, «tauge ich wohl sowieso eher zum Schwager als zum Ehemann.»

Die Insel Porto Santo, auf der Kapitän Perestrello die letzten zwei Jahre seines Lebens und Felipa und ich unsere Flitterwochen verbrachten, liegt etwa fünfhundert Meilen südwestlich von Lissabon vor der afrikanischen Küste. Sie ist ein kahles, baumloses Fleckchen Erde inmitten rauher Seewinde, mit ein paar felsigen Erhebungen und einem herrlichen Sandstrand an der Südküste. Es gibt Leute, die Porto Santo für eine nahezu unbewohnbare Wüstenei halten, und vielleicht haben sie recht. Aber wir hatten gute Gründe, dorthin zu fahren.

Nach dem plötzlichen Tod ihres Vaters durch einen Schlaganfall war Felipa nach Lissabon zurückgekehrt, um an der Klosterschule des heiligen Jakob zu unterrichten; als ihre trauernde Mutter ihr später nachfolgte, ließ sie den größten Teil der Garderobe ihrer Tochter zurück. Diese Truhen aus Zedernholz abzuholen war einer der Gründe, warum wir nach Porto Santo gefahren waren.

Außerdem erhielt ich von der Lissaboner Niederlassung der Handelsbank Centurione den Auftrag, die Verschiffung von zweihundert Tonnen Zuckerrohr aus dem nahe gelegenen Madeira zu überwachen, und die Bezahlung würde ausreichen, um unsere Flitterwochen zu finanzieren.

Über die ich, wie Ihnen auffallen wird, wenig berichte. Schließlich schickt es sich nicht, sich über Intimitäten zwischen Eheleuten auszulassen. Aber soviel kann ich verraten, ohne die Grenzen des guten Geschmacks zu verletzen: Felipa erfüllte ihre Pflichten als Ehefrau mit lebhafter Begeisterung, wie meine früheren Abenteuer mit ihr hatten vermuten lassen. Und ich kann ohne Übertreibung sagen, daß ich in meine Frau verliebt war.

Wir verbrachten unsere Tage draußen im Freien, gingen bei herrlichem Wetter an der Südküste spazieren und suchten nach Treibholz – ein weiterer Grund für unsere Flitterwochen auf Porto Santo.

Denn was hier angeschwemmt wurde, war nicht das übliche, weißgebleichte Treibholz, das man überall antraf. Weit gefehlt. Es war das geheimnisvolle Holz, das die Strömungen und die Westwinde von Gott weiß woher über das Ozeanische Meer getrieben hatten und dessen bloße Berührung ein Prickeln verursachte. Es gab drei verschiedene Sorten von Treibholz. Außerdem wurden merkwürdige kastanienbraune Bohnen an den Strand gespült (mir zu Ehren wurden sie später *favas de Colom* – Kolumbusbohnen – genannt), die nirgends auf dem iberischen Festland oder in Afrika vorkamen. In den Indischen Landen entdeckte ich sie später auf exotischen Bäumen mit Kaskaden goldener Blüten. Auch zwei Arten von Porto Santo-Treibholz sah ich dort wachsen: leichte, bläuliche Holzstämme mit schwarzen Streifen, und Rohre von solcher Dicke, daß jedes Segment Wein für ein Dutzend Männer fassen konnte. Natürlich waren letztere die bereits von Ptolemäus, dem großen alexandrinischen Geographen und Kartenzeichner der Antike, beschriebenen Bambusrohre.

Doch das Aufregendste überhaupt waren ganz normale Holzstücke, die allerdings mit Werkzeugen bearbeitet worden waren – von fremden, unbekannten Händen, die ich eines Tages um jeden Preis ausfindig machen mußte, selbst wenn es mich das Leben kosten sollte.

An unserem letzten Tag ritten wir auf Maultieren zur Südspitze der Insel, um uns den berühmten Felsenreiter anzusehen – der letzte Grund für unsere Fahrt nach Porto Santo. Der Strand dort ist mit schwarzen Felszacken und -brocken in den seltsamsten Formen und Gestalten übersät, und die Brandung donnert gegen die schwarzen Riffe vor der Küste.

Als wir ankamen, ging soeben die Sonne unter – und da sahen wir ihn, auf seinem Streitroß sitzend, mit heruntergezogenem Visier, die Hand auf dem Schwertknauf; so blickte er für alle Ewigkeit hinaus auf das Ozeanische Meer. Nachdem ich abgestiegen war und Felipa aus dem Sattel geholfen hatte, sank ich vor ihm auf die Knie. Eine tiefe Ergriffenheit und das Bewußtsein eines schicksalhaften Augenblicks bemächtigten sich meiner, und es war mir, als sei Gott in meiner Nähe. Der mächtige schwarze Felsenreiter blickte direkt nach Westen, als würde er auf die untergehende Sonne zureiten, so wie ich eines Tages – dessen war ich sicher – dorthin segeln würde. Felipa mußte das gespürt haben, denn sie blieb schweigend an meiner Seite stehen und legte ihre Hand auf meine Schulter wie der Felsenreiter die seine auf den Schwertknauf.[*]

Einige meiner Biographen bestehen darauf, daß Gott mein Tun gelenkt hat. Ich bin nicht sicher, was sie damit meinen, aber wenn sie auf das Jeanne d'Arc-Syndrom anspielen, muß ich protestieren. Ungeachtet dessen, was Sie anderswo gelesen haben mögen, bin ich kein Mystiker, und ich war nur so fromm wie nötig, um in der Welt voranzukommen. Wenn «von Gott gelenkt» jedoch bedeutet, Gott in seiner Herrrlichkeit zu erkennen, antworte ich mit einem

[*] Dies ist die einzige Fußnote, der Sie begegnen werden, verursacht durch die einzige Ungenauigkeit in diesem Buch. Denn in Wirklichkeit steht der berühmte Felsenreiter auf der Insel Corvo, der westlichsten der neun Azoreninseln, und nicht auf Porto Santo. Aber ich habe mir die dichterische Freiheit gestattet, ihn dorthin zu versetzen.

eingeschränkten Ja. Denn geht man nur einen kleinen Schritt weiter und setzt «Gott» mit «Herrlichkeit» gleich, dann kann man mit Fug und Recht behaupten, daß ich ihm, auf meine Art, als Werkzeug dienen sollte.

Aber genug davon. Solche Grübeleien sind mir peinlich.

Zwei Tage später setzten wir mit Felipas Kisten in einer Feluke nach Madeira über, wo wir wieder an Bord des Centurione-Schiffes gingen. Als wir in Lissabon ankamen, war endlich auch das Geld eingetroffen, das ich während meiner julianischen Dekade in den Gewässern des Nordens verdient hatte. Es war ein kleines Vermögen.

Wieder einmal suchte ich Porco-Zámpano auf, der es inzwischen ziemlich weit gebracht hatte. Er saß hinter einem schweren Nußbaumschreibtisch, der mit grotesken Fratzen verziert war.

«Erlaubt, daß ich Euer Geld für Euch arbeiten lasse, Don Cristóbal», sagte er und schlug mir vor, in Karavellen und Karawanen zu investieren.

«Ihr würdet Euch wundern», erklärte mir Doña Isabel, «wieviel man mit ein paar Goldstücken in der Villa Perestrello reparieren könnte.»

Als ich erfuhr, daß der Gewürzhändler sein Geschäft aufgab, schlug ich Barto vor, den Laden dazuzukaufen und unsere Kartenzeichnerei zu erweitern.

Felipa kündigte mir mit jenem besonderen, solchen Gelegenheiten vorbehaltenen Lächeln an: «In sechs Monaten wirst du Vater», und bat mich inständig, dafür zu sorgen, daß die Renovierungsarbeiten vor der Ankunft des Babys beendet sein würden.

Barto schlug vor: «Warum bitten wir nicht den großen Toscanelli herzukommen? Natürlich auf unsere Kosten.»

Aber Toscanelli war ein alter Mann und nicht mehr in der Lage zu reisen. Er schrieb jedoch, daß er einen Abgesandten schicken würde.

Des großen Florentiners Briefe an den verstorbenen Kapitän Perestrello waren Wunderwerke an Klarheit und Verständlichkeit. Mit ein paar prägnanten Sätzen zerstreute er endgültig Perestrellos Befürchtung, mit einer Lüge in einer Welt zu leben, die in Wirklichkeit flach war. Und was die Umsegelung Afrikas betraf, so schrieb er: «Ihr solltet Euer Interesse darauf richten, einen kürzeren Seeweg nach den Ländern, in denen die Gewürze wachsen, zu finden als den, den Ihr um Afrika herum sucht.» Die Lösung bestünde darin, nach Westen zu segeln, schrieb er in seinem präzisen Latein. Die aufregendste Passage betraf die Feststellung, daß sich der antike Geograph Ptolemäus ebenso irren konnte wie wir alle, etwa indem er die Ausdehnung Asiens nach Osten erbärmlich unterschätzt hatte.

«Lies das hier!» sagte ich triumphierend zu Barto, aber er hatte es bereits gelesen.

Toscanelli glaubte, daß der venezianische Seefahrer Marco Polo, den die Anhänger der ptolemäischen Lehre zu einem Dilettanten und Lügner abstempelten, recht gehabt hatte, was Asien betraf. Toscanelli wies das mit Hilfe seiner berühmtesten Karte nach und gab in seinem letzten Brief an Perestrello zum allererstenmal die Ergebnisse seiner Berechnungen preis.

«Toscanelli behauptet, daß man, wenn man von Lissabon aus direkt nach Westen segelt, nach fünftausend Meilen Quinsay erreicht, die Hauptstadt der chinesischen Provinz Mangi», sagte ich zu Barto.

«Menschenskind!» staunte er, obwohl er die Route auf Toscanellis Karte sicher dutzendemal nachgefahren war.

«Und vielleicht läßt sich der Weg sogar noch abkürzen.» Da ich darüber eigentlich noch gar nicht hatte reden wollen, war es mir ganz recht, daß der Arbeiter, der die Wand zwischen unserem Geschäft und dem Gewürzladen einreißen sollte, just in diesem Augenblick zum Vorschlaghammer griff.

«Was?» schrie Barto über den Lärm hinweg.

«Der Großkhan, der Kaiser von China, residiert in der Nachbarprovinz Cathay!» brüllte ich.

«Lieber Himmel», sagte Barto.

«Allerdings spricht eine Menge für die andere Route», fuhr ich fort. «Man segelt an den legendären Antilleninseln vorbei und gelangt nach nur zweitausend Meilen nach Zipangu, wo die Dächer mit purem Gold gedeckt sind.»

«Wahnsinn.»

«Toscanelli hatte nichts daran auszusetzen, daß Marco Polo dem von Ptolemäus angegebenen östlichsten Punkt Asiens noch rund dreißig Längengrade hinzugefügt hatte», begann ich laut zu denken.

Der Vorschlaghammer krachte.

«Was?» fragte Barto.

«Und wenn wir jemanden überzeugen müßten, etwa Seine Majestät König Johann II., um einen x-beliebigen Namen zu nennen, könnten wir Asien vielleicht noch um ein paar Grade ausdehnen.»

Krachend stürzte die Wand ein und hüllte uns in eine Staubwolke.

«Was?» schrie Barto, dessen krause Haare aussahen wie weiß gepudert.

«Außerdem ist es fraglich, welche Ausdehnung ein Grad wirklich hat. Das weiß kein Mensch mit Bestimmtheit.»

Der Arbeiter, über dessen entblößten Oberkörper der Schweiß herunterrann, gestikulierte mit seinem Vorschlaghammer. «Bleibt die andere Wand da, oder kommt die auch weg?»

«Bleibt!» schrie ich gerade noch rechtzeitig.

In der Villa Perestrello-Colón in der Oberstadt ging es kaum ruhiger zu. Wände wurden eingerissen, Decken mit Stuck verziert, die Böden neu gefliest und das Dach neu gedeckt. Der Garten bekam Obstbäume, Springbrunnen und eine neue Mauer mit einem massiven, bronzebeschlagenen Eichentor. Doña Isabel kümmerte sich um die Inneneinrichtung, ließ ganze Wagenladungen mit Himmelbetten, Nußbaumstühlen, Vitrinen für das neue silberne Eßgeschirr und das venezianische Glas, schwere Tische und gigantische Schränke anfahren. Ich wunderte mich in der Tat, was man mit ein paar Goldstücken alles machen konnte.

Eines Tages ließ mich Porco-Zámpano durch einen Boten zu sich rufen.

«Ihr habt Eurer Konto überzogen», sagte er.

Ich war sprachlos.

«Nur Euer Girokonto, nicht Euer Depositenkonto», tröstete er mich.

Ich war noch immer fassungslos. «Was soll ich tun?»

«Eure Liquidität ist im Augenblick beschränkt. Der größte Teil

Eures Depositenkontos ist in einem Zwanzigstelanteil an einer genuesischen Karavelle angelegt, und außerdem besitzt Ihr drei Kamele in einer Karawane unserer Handelsgesellschaft in Damaskus. Ich würde vorschlagen, daß Ihr den Damen Eures Haushalts den Zugang zu Eurem Geld sperrt.»

Aber wie konnte ich das in Anbetracht von Felipas derzeitigem Zustand und ihrer kindlichen Freude an dem, was sie und ihre Mutter als «geringfügige Veränderungen» am Haus bezeichneten?

«Sie sind fast fertig», versicherte ich Porco-Zámpano.

In diesem April kam unser Sohn Diego zur Welt. Am selben Tag, fast zur selben Stunde, traf Toscanellis Abgesandter in Lissabon ein.

Mich hatte man natürlich nach Hause gerufen, so daß Barto allein im Laden war, als draußen ein exotisch aussehender Reiter sein Pferd festband. Er trug ein grünes Samtwams mit weiten, geschlitzten Ärmeln, unter denen goldschimmernde Seide hervorblitzte. Seine goldenen Strumpfhosen steckten in kurzen, weichen Lederstiefeln. Auf dem Kopf saß schräg ein breitkrempiger Hut. Doch das Auffallendste an ihm war der schwarze, spitz zulaufende Bart.

«Seid Ihr einer der Brüder Colón?» fragte er herablassend.

«Bartolomé Colón, zu Euren Diensten.»

«Cristóbal wäre mir lieber.»

«Der ist zu Hause. Er bekommt ein Baby – das heißt, seine Frau natürlich.»

«Ich bin Martin Behaim aus Nürnberg, ein Schüler von Regiomontanus, dem bedeutendsten Gelehrten der Welt.»

«Lieber Himmel», sagte Barto.

«Ich komme als Abgesandter des Florentiners Paolo dal Pozzo Toscanelli.»

«Mein lieber Schwan!» sagte Barto, und ich möchte nicht wissen, was Behaim von Bartos einzigartigem Vokabular hielt. Jedenfalls hielt er ihm eine detaillierte Spesenrechnung unter die Nase.

Genau in diesem Augenblick tat Diego (so genannt nach meinem jüngeren Bruder, der sich nach wie vor in Rom aufhielt – Diego ist das kastilische Äquivalent zu Giacomo) seinen ersten Schrei.

Als er in vollständigen Sätzen sprach («Schau, Großmama hat schon wieder einen neuen Teppich für den Salon gekauft. Der ist noch größer als die anderen!»), waren wir so weit, daß wir daran denken konnten, der sogenannten Mathematikerkommission Seiner Majestät Johanns II., deren zweiter Vorsitzender Martin Behaim inzwischen war, den von uns ausgearbeiteten Plan vorzulegen.

Da ließ Porco-Zámpano mich plötzlich rufen.

«Haben sie schon wieder zuviel ausgegeben?»

«Ja, aber das ist nicht das Schlimmste. Die Karavelle, an der Ihr beteiligt wart, wurde vor der Westküste Maltas von Piraten versenkt, und die Karawane hätte vor sechzig Tagen in Damaskus eintreffen sollen und wird vermutlich kaum mehr auftauchen. Es tut mir leid, Euch das sagen zu müssen, aber alles in allem habt Ihr – in genuesischer Währung – eintausend Golddukaten Schulden.»

Als ich den beiden Frauen unsere Situation schilderte, reagierten sie ungläubig und entsetzt.

«Wir könnten eine Hypothek auf das Geschäft aufnehmen», schlug Barto vor.

Aber der Laden war die einzige Einnahmequelle, die uns jetzt noch blieb, und auch er warf kaum etwas ab, da wir neue Druckpressen angeschafft und für unsere Eingabe bei der Königlichen Mathematikerkommission ein besonders dickes Papier mit einem Hammer und Amboß darstellenden Wasserzeichen aus Venedig hatten kommen lassen.

«Einer von uns», meinte Barto, «sollte sich wohl besser im Expandierenden Nautischen Zentrum verdingen. Und nachdem du Familie hast . . .» Der Rest des Satzes blieb in der Luft hängen. In Gedanken packte mein Bruder bereits seinen Seesack.

Doch ich wußte recht gut, daß das keine Lösung war. Bartos kartographische Fähigkeiten waren weitaus größer als die meinen, und außerdem konnte er gut mit Menschen umgehen. Ich erklärte ihm das, aber er schüttelte störrisch den Kopf.

So einigten wir uns darauf, das Los entscheiden zu lassen.

Erst jetzt bemerkte ich Martin Behaim, der am Türpfosten lehnte. «Ich könnte mich um das Haus kümmern, während Ihr versucht, wieder auf die Beine zu kommen, alter Junge», sagte er.

«Oh, Martin, das würdet Ihr tun?» fragte Felipa. «Ihr seid wunderbar.»

Martin Behaim, damals Mitte Zwanzig, gehörte zu jenen Männern, die man später als Aufsteiger bezeichnete. Er war von einfacher Herkunft, doch hatten ihm seine eindrucksvollen Empfehlungen (als selbsternannter Schüler das großen Regiomontanus und Abgesandter Toscanellis) sofort eine Berufung in die Königliche Mathematikerkommission eingetragen, wo er sich alsbald einen Namen dadurch machte, daß er Richtlinien für die Bestimmung der geographischen Breite mit Hilfe der meridionalen Höhe der Sonne festsetzte. Im Jahr vor meiner finanziellen Talsohle war Behaim von König Johann für seine Verdienste zum Ritter geschlagen und zum zweiten Vorsitzenden der Mathematikerkommission ernannt worden. Während dieser ganzen Zeit bewohnte er einen der zahlreichen leerstehenden Flügel der Villa Perestrello-Colón.

Er sah eindrucksvoll aus und war immer nach der neuesten Mode gekleidet. Sein schwarzer Spitzbart, zu jener Zeit recht ungewöhnlich, betonte sein schwermütiges (man hätte auch sagen können: wölfisches) Aussehen. Immer ging er gemessenen Schrittes, so als denke er mit den Füßen. Die Männer lehnten ihn eher ab, die Frauen liebten seinen schwarzen Spitzbart und seinen harten deutschen Akzent.

Da seine Pflichten in der Königlichen Mathematikerkommission weniger Zeit in Anspruch nahmen als meine Arbeit, die Herstellung von Karten nämlich, leistete er Felipa häufig Gesellschaft, nahm sie in seiner Kutsche (der einzigen in Lissabon außerhalb der königlichen Remisen) auf Spazierfahrten mit und brachte ihr Dame, Backgammon und – der letzte Schrei – das Kartenspielen bei. Sie waren gute Freunde, und ich war Behaim dankbar, daß er für Felipas Zerstreuung sorgte.

Doña Isabel hielt ihn für das Tollste seit der Erfindung des Lateinersegels.

Als Barto und ich würfelten, wer von uns im Expandierenden Nautischen Zentrum anheuern sollte, fiel das Los auf mich.

Der kleine Diego kletterte auf meinen Schoß und schlang seine Ärmchen um meinen Hals.

«Mußt du wirklich fortgehen, Papa?» fragte er, und als ich nickte, begann er zu weinen.

«Du hast doch noch Onkel Barto zum Spielen.»

«Ja, und Onkel Martin», schniefte er. «Aber das ist nicht dasselbe.»

«Ich helfe dir packen», sagte Felipa. Sie war schon immer praktisch veranlagt gewesen.

Einige Seiten zuvor ging es um Schicksal und Bestimmung, doch manchmal kann ich mich des Gedankens nicht erwehren, daß diese Begriffe nichts anderes bedeuten, als daß sich die Zufälle im Leben in der richtigen Reihenfolge ereignen.

Falls es meine Bestimmung war, das Ozeanische Meer zu überqueren, dann verdankte ich sogar der vor Malta versenkten Karavelle und der verschollenen Karawane eine ganze Menge. War das nun Schicksal oder nur Zufall? War es Schicksal oder nur Zufall, daß mich Doña Isabel durch ihre extravaganten Renovierungsarbeiten in finanzielle Schwierigkeiten gebracht hatte? Daß das Los auf mich gefallen war? Daß sich genau zu diesem Zeitpunkt eine portugiesische Flotte für die alljährliche Reise nach Süden im Hafen versammelte, um São Jorge da Mina, die befestigte Handelsfaktorei an der afrikanischen Goldküste, mit Nachschub zu versorgen? Und daß mir Martin Behaim aus eigennützigen Gründen im letzten Augenblick einen Job als Kapitän einer Karavelle in dieser Flotte verschaffte? War es Schicksal oder nur Zufall, daß mich die Begegnung mit den Heiden in Afrika auf meinen späteren Umgang mit den heidnischen Indianern vorbereitete?

Ende August stachen wir in See, vier Karavellen und eine Nao von eintausend Tonnen, deren Laderaum vollgestopft war mit Glöckchen, farbigen Mützen und bunten Stoffen, Glasperlen, kleinen Spiegeln und allerlei Flitterkram. All das sollte gegen Säcke voll Malaguettapfeffer, Kisten voller Goldstaub und Elefantenstoßzähne eingetauscht werden.

An Deck der Nao waren außerdem zwei Dutzend Pferde untergebracht. Der übliche Tauschkurs war ein gesundes Pferd gegen fünfzig junge Negersklaven.

Über die Fahrt nach Süden gibt es wenig zu berichten. Wir hielten uns dicht an der Küste und warfen jede dritte oder vierte

Nacht Anker vor einem der Außenposten des Expandierenden Nautischen Zentrums, die sich entlang der bauchigen Westküste Afrikas aneinanderreihten.

São Jorge da Mina, eine steinerne Festung, die an der Goldküste ebenso fehl am Platze wirkte wie strohgedeckte Hütten in Lissabon, erhob sich am Ende einer schmalen Bucht. Es war von Mauern, Türmen und einem Graben umgeben und besaß ein Lagerhaus und einen riesigen Marktplatz, zu dem die Eingeborenen untertags Zugang hatten.

Bei einigen dieser Dschungelstämme gab es Titularkönige, die nichts anders taten, als ein hoheitsvolles Gesicht zu machen, und sogenannte «Fetischmänner», die die eigentlichen Aufgaben eines Königs wahrnahmen, obwohl sie mit ihren Rasseln und den tätowierten Gesichtern, den rollenden Augen und unheimlichen Grimassen allesamt aussahen, als seien sie verrückt. Bei einigen Stämmen gab es Medizinmänner, die die Seelen, die sich aus ihren Körpern entfernt hatten, einfingen und gegen Lösegeld wieder zurückgaben – nicht aus Bosheit, sondern um damit ihren Lebensunterhalt zu bestreiten. Es gab einen Stamm namens Pangwe, bei dem der König, der Fetischmann und der Hufschmied eine Art heidnischer Dreieinigkeit bildeten und beinahe wie Götter verehrt wurden. Dann gab es die sogenannen Yoruba-Neger, die einmal im Jahr einem Gott, dessen Namen ich vergessen habe, eine vierzehnjährige Jungfrau opferten. Die Pangwe-Häuptlinge tauschten ihre Yoruba-Kriegsgefangenen, fünfzig zu eins, gegen Pferde ein; die Yoruba machten es umgekehrt. Der Pangwe-König war der Blutsbruder eines Leoparden, der in einem Käfig gehalten wurde. Wenn der Leopard starb, mußte auch der König sterben. An seine Stelle trat dann ein neuer Herrscher, der Blutsbruder einer schwarzen Riesenschlange, eines wilden Ebers oder eines Geiers. Wieder bei einem anderen Stamm bestand die einzige Funktion des Königs im Töten. Zweimal im Jahr wurden die Sünden der Stammesangehörigen zwei menschlichen Sündenböcken aufgeladen, die man an den Füßen durch die johlende Menge ein paar hundert Meter weit an den Strand schleifte, wo der König bereits mit dem Beil in der Hand auf sie wartete.

Wie barbarisch! sagen Sie? Schwärzestes Afrika, um ein geflügeltes Wort zu prägen?

Lassen Sie sich mit Ihrem Urteil Zeit. In Spanien blühte die Inquisition, seit Papst Sixtus vor sechs Jahren seine Bulle verkündet hatte. Aber dazu kommen wir noch.

Im Frühling segelte die Flotte zurück, die Laderäume gefüllt mit Malaguettapfeffer, Stoßzähnen, Goldstaub und Sklaven. Nun war ich so weit im Norden, so weit im Westen und so weit im Süden gewesen wie irgendein Seemann meiner Zeit, und war bereit für das Große Abenteuer.

Nicht vorbereitet war ich, wie sich herausstellte, auf Martin Behaim.

An einem kühlen, regnerischen Maitag warfen wir gegenüber der Praça do Palácio Anker. Sämtliche Kirchenglocken von Lissabon läuteten, während ich mich im Beiboot dem Landungssteg näherte. In der Menschenmenge, die ans Wasser drängte, erkannte ich Barto. Er war der einzige, der sich nicht über die Rückkehr der Flotte zu freuen schien.

Ich ging an Land, und wir umarmten uns.

«Wie geht's der Familie?» fragte ich ihn über den Lärm der Menge hinweg.

«Es ist vorgesehen, daß wir der Königlichen Mathematikerkommission am fünften Tag unseren Plan vorlegen», sagte Barto düster. Im Gegensatz zu allen anderen christlichen Völkern haben bei den Portugiesen die Tage mit Ausnahme von Samstag und Sonntag keine eigenen Bezeichnungen, sondern werden einfach durchnumeriert. Montag ist der zweite Tag, Dienstag der dritte und so weiter. Der fünfte war Donnerstag, also übermorgen.

«Ausgezeichnet», sagte ich.

«Ja. Ich denke schon.»

«Wie geht es Felipa und dem kleinen Diego?»

«Ich habe die Karte schon vorbereitet», fuhr Barto niedergeschlagen fort, «und unsere Argumente kurz dargelegt.»

«Wir haben noch ausreichend Zeit, um Änderungen vorzunehmen», sagte ich. Während der neun langen Monate meiner Abwesenheit von Lissabon hatten sich meine Vorstellungen konkretisiert. «Wir werden Asien noch etwas weiter ausdehnen als Marco Polo und die Längengrade etwas verkürzen.»

Bartos Gesicht hellte sich auf. «An wie viele Meilen hast du denn gedacht?»

«Sprichst du von Asien oder von Längengraden?»

«Von beidem. Aber jetzt erzähl mir erst mal von deiner Reise und von São Jorge da Mina und den Bräuchen der Eingeborenen. Und laß ja keine Einzelheit aus.»

Irgend etwas stimmte da nicht. «Was ist los, Barto?»

Wir waren stehengeblieben. Ich packte Barto am Arm und schwenkte ihn herum, so daß er mich ansehen mußte. «Was ist los? Ist was mit der Familie? Mit dem Laden? Na, sag schon.»

«Zunächst mal, dem kleinen Diego geht es gut», sagte Barto. «Er ist zu Hause bei seiner Erzieherin und kann es kaum erwarten, dich zu sehen. Er hat noch mehr Milchzähne verloren. Sie ist neu, die Erzieherin. Alle anderen Dienstboten auch. Die alten mußten wir alle rauswerfen.»

«Aber warum denn, Barto?»

«Doña Isabel warf sie hinaus, bevor . . .» Barto schüttelte den Kopf und verfiel in Schweigen.

«Bevor was?»

Barto schneuzte sich kräftig. «Erinnerst du dich», begann er langsam, «erinnerst du dich an den Tag vor deiner Hochzeit, als ich sagte, ich tauge ohnehin besser zum Schwager als zum Ehemann?»

«Ja, ich erinnere mich.»

«Nun, ich war doch kein so guter Schwager. Selbst als ich es kommen sah, konnte ich es nicht verhindern. Sie war ja schon immer so hitzig und ungestüm.»

«Was soll das heißen, Barto?»

Er sagte mir, wo ich sie finden würde.

Es war in einem jener Slums am Rande der Stadt hinter dem Rossío: schmale, gewundene, ungepflasterte Gassen, vom Regen aufgeweicht und voller Abfall; ein Loch im Dach anstelle eines Kamins, keine Fenster, die Türen oft nur mit einem Fetzen Stoff verhangen.

Ich erkundigte mich, wo ich Amalia Lopez finden würde; so nannte sie sich jetzt. Ein Achselzucken, ein paar gemurmelte Worte, abweisende Gesichter. Doch endlich sagte eine gebückt gehende alte Frau:

«Malia? Klar. Sie erwartet.»

«Sie erwartet mich?» Ich fragte mich, wie das angehen konnte. Aber die Antwort lag auf der Hand: die Kirchenglocken.

Ich folgte der Wegbeschreibung der Alten. Die Gassen wurden noch schmaler, die Behausungen elender und armseliger.

Ich schob den Vorhang in der Tür beiseite und trat ein.

Drinnen war es finster; nur durch das Kaminloch im Dach sickerte etwas Licht herein. Es stank nach ranzigem Olivenöl und Körperausdünstungen. Etwas Kleines, Pelziges streifte mein Bein und wischte nach draußen.

Als sich meine Augen an die Dunkelheit gewöhnt hatten, sah ich sie, in formloses Schwarz gehüllt, auf einem Haufen verdrecktem Stroh sitzen. Ich rief ihren Namen, aber sie antwortete nicht, noch nahm sie in irgendeiner Form Notiz von mir.

Ihr kräftiges schwarzes Haar hatte allen Glanz verloren. Die Tränensäcke unter ihren Augen waren dunkel und dick angeschwollen. Die tiefen Falten um ihren Mund drückten Bitterkeit und Erschöpfung aus. Sie sah aus wie eine alte Frau, älter als ihre eigene Mutter, Doña Isabel.

Ich rief ihren Namen ein zweites Mal. Mit leerem Blick schaute sie zu mir auf.

«Wo ist deine Mutter?» fragte ich sie. Allmählich schien sie mich wahrzunehmen.

«Porto Santo.» Ihre Stimme klang wie eingerostet.

«Was wirst du tun, wenn es kommt?»

«Ich weiß es nicht. Würdest du mich wieder zurücknehmen?»

Das war eine Frage, die ich nicht beantworten konnte. Ich war gänzlich unvorbereitet auf diese Situation. So rettete ich mich in eine vage Geste.

«Ein Kloster», sagte sie. «Es gibt doch Klöster für sie.»

«Wann denn?» fragte ich.

«In drei Monaten.»

«Du kannst unmöglich hierbleiben. Ich werde etwas für dich suchen.»

«Ich will aber hierbleiben. Zur Buße. Und um niemandem Schande zu machen.»

«Was hast du dem kleinen Diego gesagt?»

«Daß ich mit seiner Großmutter nach Porto Santo fahre.»

«Und warum hast du das nicht getan?»

«Man kennt uns dort. Sie hätte die Schande nicht ertragen.»

Als ich die kleine Entfernung zwischen uns überwand und sie an der Schulter berühren wollte, wich sie unbeholfen zurück.

«Warum mußte er nach Lissabon kommen? Warum mußtest du weggehen?»

«Ich werde immer weggehen. Irgendwohin», entgegnete ich.

«Ja. Ich weiß, daß du das tun wirst.» Mit geballten Fäusten saß sie da, hob ihr Gesicht zum Licht empor, das durch das Loch im Dach drang. Tränen quollen aus ihren geschlossenen Augen. Dann stieß sie einen Klagelaut aus und drehte ihr Gesicht zur Wand.

Ich verließ sie und suchte in diesem abscheulichen Slum einen erbärmlichen Laden auf, um zu veranlassen, daß man Amalia Lopez jeden Tag Milch, Eier und Käse, Brot und Wein in ihr stinkendes Loch brachte. Aber der glatzköpfige Ladeninhaber sagte: «Das wurde bereits in Auftrag gegeben, Euer Ehren.»

«Von wem?»

«Hat seinen Namen nicht genannt, Euer Ehren, ein untersetzter Kerl, häßlich wie die Sünde, aber man sah ihm sofort an, daß er ein gutes Herz hat.»

Langsam überquerte ich den Rossío und ging durch die Rua do Ouro zu unserem Laden, wo Barto auf mich warten würde.

Er schnitt gerade eine verzerrt aussehende Kopie der Toscanelli-Karte in Stücke. Auf dem Tisch stand, in eine halbrunde Metall-klammer mit schwerem Fuß eingespannt, so daß man sie drehen konnte, eine große Holzkugel. Konzentriert legte Barto die Stirn in Falten. Neugierig betrachtete ich seine Kartensegmente, die, lang und spitz zulaufend, die Form schmaler Blätter hatten.

«Was machst du da?»

Barto blickte nicht auf. «Das weiß ich noch nicht genau. Aber ich denke, das nächste Mal kann ich sie in der Mitte zusammenlas-sen.»

Er legte die Schere weg und holte Leimtopf und Pinsel. Dann hieß er mich die Holzkugel festhalten. Behutsam klebte er ein Kartensegment nach dem anderen auf den hölzernen Globus. Erst als der größte Teil Asiens, Europas und ein Teil des Ozeanischen

Meeres auf der Holzkugel klebten, wurde mir klar, was er da machte.

Da war sie nun, Paolo Toscanellis Erde, wie Gott sie vom Himmel herab sehen mochte.

«Nun?» sagte Barto. «Ob das die Königliche Mathematikerkommission beeindrucken wird?»

Meine sprachlose Verblüffung genügte als Antwort.

Somit war es – aufgemerkt, ihr Historiker – Bartolomé Colón und nicht Martin Behaim, der den Globus erfunden hatte.

Stolz ließ Barto den Globus kreiseln. «Hast du sie gesehen?»

«Ja.»

«Und?»

Doch ich schüttelte nur den Kopf, und wir sprachen nicht mehr von ihr, bis es zu spät war.

Als ich an diesem Abend nach Hause kam, saß der kleine Diego auf dem Fußboden im unteren Salon und hörte, sichtlich gelangweilt, der schlampig gekleideten englischen Erzieherin zu, die ihm mit schauerlichem Akzent ein Märchen vorlas.

«Papa! Papa!» Der kleine Diego sprang auf und rannte in meine Arme.

«Ist *das* dein Papa?» fragte die Engländerin skeptisch.

«Papa! Du bist da! Du bist wieder zu Hause!»

Ich bat die Erzieherin, uns allein zu lassen. Nachdem ich Diego geküßt hatte, hielt ich ihn auf Armeslänge und betrachtete ihn: mein kräftig rotes Haar und meine Sommersprossen, Felipas auffallend große, braune Augen, sein eigenes, hinreißend zahnlückiges Lächeln.

«Bleibst du jetzt für immer da, Papa?»

«Wir werden viel Zeit miteinander verbringen.»

Ich schloß ihn fest in die Arme. Er fragte mich nach meiner Reise, klammerte sich an meinen Hals und sog gierig jedes meiner Worte über das schwarze Afrika ein. Bis ich meine Erzählung beendet hatte, erwähnte er Felipa kein einziges Mal.

«Kommt Mama auch nach Hause?» fragte er dann zögernd. «Und Onkel Martin?»

«Wo ist denn dein Onkel Martin?»

«Onkel Barto hat gesagt, er wohnt jetzt im Palast.»

«Fehlt dir denn deine Mutter?»

Mag sein, daß es unfair war, einem kleinen Kind eine solche Frage zu stellen.

«Natürlich. Ich habe Mama sehr lieb», kam es wie aus der Pistole geschossen. Dann runzelte er die Stirn. «Muß Onkel Martin denn auch wieder kommen?»

«Ich bin sicher, daß er gerne im Palast bleibt», sagte ich.

«Gut. Ich mag es nämlich gar nicht, wenn sie immer kämpfen.»

«Kämpfen? Du meinst, sie haben sich angeschrien?»

«Nicht gestritten, Papa. Sie haben gekämpft. Dazu gingen sie immer in Mutters Zimmer. Und dann haben sie gekämpft.»

«Man spioniert anderen Leuten nicht nach, Diego.»

«Aber dazu sind Schlüssellöcher doch da. Das kam sogar in einer Geschichte vor, die mir Miss Lake-Lake vorgelesen hat. Onkel Martin ist größer, und außerdem ist er ein Mann. Deshalb hat er auch meistens gewonnen.»

«Das brauchst du mir nicht zu erzählen, Diego.»

Aber offenbar wollte er unbedingt.

«Onkel Martin hat sie aufs Bett geworfen und ist dann auf ihr herumgehopst, um sie unten zu halten.»

«Das brauchst du mir . . .»

«Aber manchmal ist Mama auch auf ihm herumgehopst, um *ihn* unten zu halten. Mir war es lieber, wenn Mama gewonnen hat.»

«Wahrscheinlich haben sie nur so zum Spaß gekämpft. Wie junge Hunde.»

«Kann schon sein», sagte Diego wenig überzeugt. «Jedenfalls mag ich Onkel Martin nicht mehr.»

Dann sagte er: «Erinnerst du dich noch, als Großmama diesen riesengroßen neuen Teppich bekam? Spielen Männer, die Teppiche bringen, auch wie kleine Hunde?»

«Hat denn Großmama mit einem dieser Männer gespielt?»

«Nein. Nicht sie, sondern Mama. Mit beiden.»

Nachdem ich Diego zu Bett gebracht hatte, ging ich in mein Zimmer, wo ich lange Zeit nur dasaß, in die Dunkelheit starrte und versuchte, an überhaupt nichts zu denken.

Den Rest der Nacht und den folgenden Tag verbrachte ich mit der Überarbeitung von Bartos Entwurf für die Königliche Mathematikerkommission.

Keiner meiner Biographen weiß so recht, was er davon halten soll, daß es mir nicht gelungen ist, Seine Majestät Johann II. und die Kommission von der Stimmigkeit des Großen Abenteuers zu überzeugen. Einige vermuten, ich hätte zuviel an der Welt, wie Toscanelli sie sah, herumgepfuscht. Es gab zwei Möglichkeiten, dem König und der Kommission eine kürzere Wegstrecke unterzujubeln, und ich bediente mich beider.

Da zum einen umstritten war, welche Ausdehnung ein Grad tatsächlich hat, schnippelte ich noch etwas mehr davon ab als der große florentinische Gelehrte der Renaissance. Mit Hilfe von Angaben, die auf arabischen statt auf römischen Meilen beruhten, berechnete ich den Grad am Äquator mit nur fünfundvierzig Seemeilen, was etwa Dreiviertel der tatsächlichen Länge entsprach. Durch Multiplikation mit dreihundertsechzig erhielt ich einen entsprechend kleineren Planeten.

Das zweite war die Spekulation über den prozentualen Anteil der bisher bekannten Welt, die bis in die Antike zu Ptolemäus' Schätzung zurückreichte. Ptolemäus war der Ansicht, daß die bekannte Welt, die sich vom Kap São Vicente in Portugal bis zu einem Punkt in Asien erstreckte, den er (aus unbekannten Gründen) Catigara nannte, fast genau 180 Längengrade beziehungsweise die Hälfte des Erdumfangs bedeckte. Aber ich hatte etwas Besseres vorzuweisen. Ich fügte der erforschten Welt noch 28 Grad für die Entdeckungen des Marco Polo hinzu, dessen Buch ich wohl hundertmal gelesen hatte, und weitere 30 Grad für die angenommene Entfernung von der Küste Cathays bis nach Zipangu. Das pappt man an die 45 Grad an, die Asien bereits von Toscanelli bekommen hatte, *et voilà*. Ich präsentierte dem König und seiner Kommission eine bekannte Welt mit einer Ausdehung von 283 Grad. Und da ich vorhatte, von den Kanarischen Inseln aus nach Westen über das Ozeanische Meer zu segeln, blieb damit nur noch ein kleiner Streifen von 60 Längengraden beziehungsweise 2400 Seemeilen unerforschten Wassers zu überqueren.

Bin ich mit der Manipulation von Toscanellis Karte zu weit gegangen? Nein, denn die Idee, die dahintersteckt, habe ich unangetastet gelassen. Die Menschen wollen ihre eigene Welt gerne größer und bedeutsamer sehen, als sie ist. Das ist eine Frage der

Selbsteinschätzung. Denken Sie nur an die Schwierigkeiten, in die sich der arme Galileo im siebzehnten Jahrhundert bringen sollte, als er hartnäckig darauf bestand, die Sonne anstelle der Erde ins Zentrum des Universums zu stellen.

Außerdem fraß die Kommission Barto und mir aus der Hand, sobald wir die spektakuläre Erdkugel meines Bruders enthüllt hatten. Wie auch hätte sie ihre Wirkung verfehlen können.

Zum erstenmal sahen die hier versammelten Philosophen, Wissenschaftler und Seeleute (und ein Mann der Kirche, der Bischof von Ceuta) die Erde aus der Perspektive Gottes. Bei der Fertigstellung der Kugel hatte Barto sich selbst übertroffen. Er hatte seinen Globus in leuchtenden Farben bemalt – Gold, Silber und das dominierende Aquamarin des Wassers – und mit dem Reigen der Tierkreiszeichen geschmückt. Sogar bevölkert hatte er seine Erdkugel: hier im tiefsten Afrika ein schwarzer Eingeborener, dort im fernen Tatarenreich ein Prinz mit Turban, und auf dem Ozeanischen Meer Schiffe und stilisierte Ungeheuer, die doppelt so realistisch wirkten wie auf einer zweidimensionalen Karte. Sogar Martin Behaim und Seine Majestät Johann II. waren überwältigt.

Nach der Präsentation im Kosmographischen Saal geleitete uns Martin Behaim hinaus in den langgezogenen Warteraum. Jetzt würde er gleich ein paar lobende Worte über unser Vorhaben verlieren und dann in den Saal zurückkehren, um mit seinen Kollegen darüber zu beraten.

Aber er rieb nur seinen schwarzen Spitzbart und sagte zu mir: «Habt Ihr Felipa gesehen?»

«Ja.»

«Ich bestreite alles.»

Nur drei Worte, aber sie wurden mit einer solchen Arroganz ausgesprochen, daß sie einem unverschämten Geständnis gleichkamen.

Ich zwang mich dazu, ihm den Rücken zu kehren und zum Fenster hinauszusehen. Ich hörte, wie er sich langsamen Schrittes entfernte. Dann nahm ich in den reflektierenden Fensterscheiben plötzlich eine Bewegung wahr. Es war Barto, der sich jedoch nicht auf Martin Behaim stürzte, sondern auf mich.

Seit ich im zivilisierten Lissabon lebte, hatte ich das Schwert, das ich seit meiner ersten Begegnung mit der Bruderschaft vom Goldenen Vlies stets bei mir getragen hatte, gegen einen Dolch eingetauscht. Und den wollte Barto mir entreißen. Seine Absicht lag auf der Hand. Martin Behaims unverschämte Worte waren zuviel für meinen Bruder gewesen. Barto liebte Felipa noch immer, unkritisch und aus der Ferne, mit jener besonderen Intensität, mit der man das Unerreichbare liebt.

Martin Behaim hatte diesen Gegenstand seiner reinen Liebe entweiht, und Barto beabsichtigte, ihn dafür zu töten.

Brust an Brust rangen wir schweigend um meinen Dolch, während Martin Behaim ahnungslos bedächtigen Schrittes in den Kosmographischen Saal zurückkehrte. Erst als ich hörte, wie die Saaltür geöffnet und behutsam wieder geschlossen wurde, ließ ich Bartos Handgelenk los und er seinerseits den Dolch.

«Hahnrei!» zischte er wütend. «Er hat dir praktisch ins Gesicht gesagt, was er Felipa angetan hat. Er hat den Tod verdient. Warum hast du mich zurückgehalten?»

Wie hätte ich Barto sagen können, daß Martin Behaim nur das angenommen hatte, was Felipa vielen anbot?

«Sie entscheiden da drin über unser Großes Abenteuer, Barto», sagte ich statt dessen. «Möchtest du denn alles aufs Spiel setzen, wofür wir gearbeitet haben?»

«Und was ist mit Felipas Ehre? Und mit deiner eigenen?» fragte er aufgebracht. «Was für ein Mann bist du bloß?»

«Hör auf zu brüllen», warnte ich ihn. «Sonst hören sie dich noch.»

Trotzdem konnte ich nicht umhin, mich zu fragen, ob Bartos Vorwurf nicht ein Körnchen Wahrheit enthielt. Gab es irgend etwas auf dieser Welt, was mir mehr bedeutete als das Große Abenteuer? Würde es je etwas geben?

Nach diesem Ereignis kühlte unser Verhältnis merklich ab. Zwischen Barto und mir entstand eine Kluft, die weitaus tiefer war als die, die sich nach der geplatzten Hochzeit aufgetan hatte. Mehrere Historiker haben darüber spekuliert, warum Barto nicht mit mir zusammen Portugal verließ und nach Spanien ging, da er doch keine eigene Familie hatte. Dies ist meine Erklärung. Und ich kann ihm beim besten Willen keinen Vorwurf machen.

Drei Stunden berieten Seine Majestät Johann II. und die Königliche Mathematikerkommission; dann ging die Tür auf, und Martin Behaim kam heraus: «Die Königliche Mathematikerkommission, der als zweiter Vorsitzender zu dienen ich die Ehre habe, ist zu einer Entscheidung gelangt bezüglich des Antrages von Christophorus Columbus, im Dienste Seiner Majestät über das Ozeanische Meer nach Westen zu segeln, um den sagenumwobenen Orient zu erreichen, ein Vorhaben, das auch als das Große Abenteuer bezeichnet wird.»

Sein Gesicht war undurchdringlich.

Lassen Sie mich im Vorübergehen darauf hinweisen, daß dies die erste überlieferte Verwendung der lateinischen Form meines Namens war, da sich die Königliche Mathematikerkommission bei ihren Sitzungen dieser Sprache befleißigte.

Barto und ich folgten Martin Behaim in den Kosmographischen Saal und verneigten uns tief vor König Johann, während Behaim an dem langen Tisch den Platz zur Linken Seiner Majestät einnahm. Der König ließ von einem Fetzchen Nagelhaut ab, auf dem er herumgekaut hatte, und wandte sich jetzt seinem linken Daumennagel zu. Am anderen Ende des Tisches stand Bartos Globus.

Niemand forderte uns auf, Platz zu nehmen.

König Johann nickte dem Mann zu seiner Rechten zu. Admiral Dulmo de Terceira, ein Mann in prächtiger Uniform, der kaum älter war als ich, stand auf, räusperte sich und ergriff das Wort.

«Was die Angelegenheit des Antrages von Christophorus Columbus betrifft, in seiner Majestät Diensten über das Ozeanische Meer nach Westen zu segeln, et cetera, et cetera, so ist diese Kommission zu der Entscheidung gelangt, den Antrag abzulehnen.»

Es herrschte kurzes Schweigen. Dann platzte mein Bruder heraus: «Und wieso?»

Jetzt kam Bewegung in die Runde. Papiere wurden auf dem Tisch zusammengeschoben, Köpfe zusammengesteckt, Zungen schnalzten, und es wurde geflüstert. Die linke Wange des Königs zuckte heftig. Martin Behaims triumphierendes Grinsen wurde weitgehend von seinem Bart kaschiert.

Das war eine Frage, die laut Protokoll niemand zu stellen hatte.

Admiral Dulmo de Terceira räusperte sich erneut und wiederholte mit Nachdruck, was er zuvor gesagt hatte.

Langsam ließ ich meinen Blick über die Gesichter am Konferenztisch wandern. Sämtliche Mitglieder der Kommission, mit Ausnahme des Bischofs von Ceuta, der den hier Versammelten als geistlicher Berater diente, wandten die Augen ab. Ich glaubte, Mitgefühl in den Augen des alten Geistlichen zu erkennen, hielt es aber lediglich für christliche Nächstenliebe.

Benommen verneigte ich mich vor dem König und verließ mit Barto den Saal.

Was war während dieser zwei Stunden geschehen, in denen die Königliche Mathematikerkommission über meinen Antrag beraten hatte?

Es sollte Jahre dauern, bis ich bei einer Flasche Valdepeñas vom Bischof von Ceuta die Wahrheit erfuhr. Ceuta, inzwischen achtzig, aber noch sehr rüstig, war zu der Zeit der persönliche Beichtvater von Luis de Santangel, dem konvertierten Juden, der es bis zum Verwalter der königlichen Privatschatulle gebracht hatte.

«Colón, aber natürlich!» begrüßte er mich. «Kastilische Form von Columbus, habe ich recht? Ich wußte doch, daß ich Euch von irgendwoher kenne. Kosmographischer Saal in Lissabon, 1487, wenn ich mich nicht irre.»

«Ja, Euer Ehren», sagte ich und war mir des fadenscheinigen Zustands meiner zusammengeflickten Kleider schmerzlich bewußt, «das ist richtig.»

Und Ceuta sagte: «Warum hat Martin Behaim Euch gehaßt?»

«Behaim hat mich gehaßt?» entgegnete ich fassungslos. «Guter Gott, dabei war doch *ich* der Gehörnte!»

Ceuta, mit den weltlichen Dingen des Lebens durchaus vertraut, sagte: «Sicher. Aber es ist Euch doch wohl klar, mein lieber Christophorus, daß ein Mann wie Martin Behaim den Mann, dem er Hörner aufgesetzt hat, verachten muß.»

Ceuta erinnerte mich daran, daß die Kommission aus acht Wissenschaftlern, Philosophen und Seeleuten und ihm selbst als einzigem Mann der Kirche bestanden hatte. Die Abstimmung stand vier zu vier, Behaim enthielt sich der Stimme.

«Unentschieden hätte bedeutet, daß König Johann die Entscheidung treffen muß», berichtete Ceuta. «Aber dann blieb es doch nicht beim Unentschieden, da Martin Behaim schließlich das Wort ergriff: ‹Mag sein, daß Columbus die Entfernung nach den Indischen Landen absichtlich zu gering veranschlagt hat, aber wer würde das nicht tun, damit sein Vorhaben Anklang findet? Der grundsätzlichen Richtigkeit tut dies keinen Abbruch.›

So rechneten wir alle zuversichtlich damit, daß Behaim seine Hand öffnen und die kleine weiße Kugel zum Vorschein kommen würde, die Zustimmung bedeutete. Aber er fuhr fort:

‹Trotzdem folgt aus der Tatsache, daß dieser Emporkömmling Columbus eine gute Idee erkennt, wenn sie ihm begegnet, nicht notwendigerweise, daß er auch der Mann ist, sie in die Tat umzusetzen.›

Damit öffnete er bedächtig seine Hand und ließ eine schwarze Kugel auf den Tisch rollen.

‹Denn›, so sagte er, ‹es gibt andere Seeleute, *in Portugal heimische Seeleute*, die eher als die Columbus-Brüder dazu befähigt sind, die Herausforderung dieses kühnen Unterfangens anzunehmen.›

Er und Admiral Dulmo de Terceira wechselten einen Blick, worauf der Admiral seine weiße Kugel zurückzog und die schwarze auf den Tisch legte.

‹Und es gibt Ausländer von anderem Schlag, mit denen zu segeln uns eine Ehre wäre›, sagte Dulmo de Terceira.

So kam es», fuhr Ceuta fort, während wir ein paar Meilen vom letzten arabischen Bollwerk Granada entfernt in der Sakristei seiner Kirche in Santafé saßen und unseren Valdepeñas tranken, «daß eine Karavelle ausgerüstet wurde, mit Dulmo de Terceira als Befehlshaber, Behaim als Kapitänleutnant, und mit dem Globus Eures Bruders an Bord, den dieser im Kosmographischen Saal hatte stehenlassen. Sie segelte von Lissabon nach Südwesten zu den Azoren und dann nach Westen auf das Ozeanische Meer hinaus.»

«Und was geschah?» Die Frage war eigentlich überflüssig. Auf dem Breitengrad der Azoren nach Westen zu segeln bedeutete, direkt in die dort herrschenden Winde hineinzufahren.

Aber Ceuta formulierte es anders. Mit einem trockenen Glucksen sagte er: «Keinen Mumm in den Knochen! Alles Hosenscheißer, Dulmo, Behaim, die ganze Bagage! Am vierten Tag gerieten sie in den ersten schlimmen Sturm, machten kehrt und ließen sich vom Wind geradewegs nach Lissabon zurückblasen. Behaim, der sich in

Portugal in Mißkredit gebracht hatte, kehrte zwei Monate später in seine Heimatstadt Nürnberg zurück. Wie Ihr wißt, mitsamt dem Globus Eures Bruders, den er als seine eigene Erfindung ausgab.»

So endete der kaum bekannte portugiesische Versuch, vor 1492 in den sagenhaften Orient zu gelangen, indem man nach Westen segelte.

Am Mittag des letzten vierten Tages im Juni 1487 war ich allein im Laden, als mit hochrotem Gesicht und völlig außer Atem ein kahlköpfiger Mann hereinstürzte. «Ich suche einen untersetzten Kerl, häßlich wie die Sünde, aber man sieht ihm an, daß er ein gutes Herz hat.»

«Das ist mein Bruder. Er ist heute nicht da.»

«Aber sicher. Jetzt erkenne ich Euch, Euer Ehren.»

Er wischte sich mit dem Ärmel übers Gesicht, das ich beim besten Willen nicht einordnen konnte. «Ich heiße Isaac Levi, Euer Ehren. Ich bin der Besitzer des kleinen Ladens in dem Vorstadtviertel, in dem Amalia Lopez wohnt. Ihr wolltet, daß ich ihr jeden Tag Lebensmittel bringe, aber der komische untersetzte Kerl – verzeiht mir, Euer Ehren, ich wollte natürlich sagen, Euer Bruder – hatte mir zu diesem Zweck bereits Geld gegeben. Er hat mir auch aufgetragen, sofort hierher zu kommen, wenn sie in Schwierigkeiten ist. Jetzt ist es soweit – und es ist schlimm.»

Isaac Levi hatte alle Mühe, mit meinen langen Beinen Schritt zu halten. Als wir den Rossío überquerten, sagte er ganz außer Atem: «Hier ist es passiert. Es waren Zigeuner. Haben einen vornehmen Herrn niedergestochen und ihm seine Taschenuhr und sein Geld geraubt. Hier hat alles angefangen, das ganze Geschrei und die Verfolgungsjagd.»

Die schmalen Gassen der heruntergekommenen Vorstadt waren so gut wie ausgestorben, bis wir uns Felipas düsterer Behausung näherten. Dort wimmelte es nur so von zerlumpten Slumbewohnern. Die Leute rannten und drängelten. Man hörte Schreie und Flüche.

«Sie knüpfen sie auf!»

«Sie schleifen und vierteilen sie!»

«Sie ziehen ihnen bei lebendigem Leib die Haut ab!»

Das waren wüste Übertreibungen.

Zwei Verfolger zu Pferd, die die Meute anführten, hatten die flüchtenden Zigeuner in der Gasse, in der Felipa hauste, eingeholt und hielten sie mit ihren Schwertern in Schach, bis das Fußvolk nachkam. Die Zigeuner wurden von der johlenden Menge geprügelt, getreten und schließlich zu Tode gesteinigt.

Ich bahnte mir den Weg zu Felipas Tür, schob den Vorhang beiseite und trat ein. In der Dunkelheit stieß ich mit einem Priester zusammen, der sich soeben anschickte zu gehen. Als sich meine Augen an das schwache Licht gewöhnt hatten, das durch das Kaminloch hereinfiel, sah ich Felipa auf ihrem dreckigen Strohhaufen hocken. Ihr verschwollenes Gesicht glänzte von geweihtem Öl. Zwei alte Frauen knieten neben ihr.

«Komm, meine Liebe, na komm schon», sagte die eine mit krächzender Stimme. «Es ist ein hübsches kleines Mädchen.»

Die Frauen hatten den winzigen Leichnam in die hinterste Ecke des Raumes gelegt.

«Kann ich es sehen?»

«In ein paar Minuten, meine Liebe.»

Da kam einer der beiden Reiter herein. «Tut uns furchtbar leid», sagte er unbeteiligt. «Es war eben einer dieser unglücklichen Zufälle. Sie kam just in dem Augenblick mit ihrer Milchkanne aus der Tür, als wir vorbeigaloppierten. Wenn wir das irgendwie wieder in Ordnung bringen können . . .»

«Raus hier», sagte ich.

«Also hört mal», begann er, bemerkte dann jedoch, daß ich ebenso gut gekleidet war wie er, während die Frau, die er über den Haufen geritten hatte, ein Niemand war. Daraus zog er die falschen Schlüsse. «Na ja, dann scheinen wir Euer Problem ja gelöst zu haben, was?» sagte er und lachte dreckig.

Ich stieß ihn zur Tür hinaus und kniete mich neben Felipa. «Laßt uns allein», sagte ich zu den zwei alten Frauen.

Felipas aufgeplatzte Lippen versuchten zu lächeln, und das Auge, das nicht geschwollen war, füllte sich mit Tränen.

«Du bist zurückgekommen.»

«Ja.»

«Wirst du mich mit nach Hause nehmen?»

«Ja, Felipa. Du kommst mit nach Hause.»

«Du wirst sehen, daß ich dir eine gute Frau sein werde.» Sie streckte eine zerquetschte Hand nach mir aus. Ich berührte sie. Blut schoß zwischen ihren Lippen hervor, und danach konnte sie nicht mehr sprechen.

Ich blieb neben ihr knien, bis es vorbei war.

Mag sein, daß mich die Düsterkeit und die abgestandene Luft benommen machten und daß ich aus diesem Grund in dem Augenblick, in dem sie starb, nicht das stinkende, dreckige Loch sah, sondern eine steil aufragende Klippe und ein einmastiges Schiff, das sich gegen den großen, feuerroten Ball der im Meer versinkenden Sonne abzeichnete.

KAPITEL 6

In dem ich eine Menge über Spanien und die Spanier erfahre und noch mehr über mich selbst

Ein flüchtiger Blick auf eine Landkarte reicht aus, um festzustellen, daß man, wenn man von Lissabon aus nach Süden segelt und sich dann beim Kap São Vicente nach Osten hält, bald über die spanische Grenze kommt. Der erste Hafen ist Huelva, der nächste Palos. Nach einem längeren Streifen öden Sumpflandes kommt dann das Delta des mächtigen Guadalquivir. Folgt man dem Fluß, so gelangt man in die große Stadt Sevilla. Fährt man an der Küste weiter, kommt man nach Cádiz, Spaniens zweitem großen Atlantikhafen.

Huelva und Palos an der Mündung des wenig eindrucksvollen Río Tinto waren damals, im Jahr 1487, völlig bedeutungslos. Sie hatten ruhmreiche Tage erlebt, als Spanien Portugal den Anspruch auf das westafrikanische Gold und Elfenbein und den Sklavenhandel streitig machte. Aber 1481, als König Ferdinand und Königin Isabella zum Heiligen Krieg gegen die Araber in Südspanien rüsteten, konnten sie sich keinen Krieg mit Portugal leisten und gaben demzufolge sämtliche Ansprüche auf den lukrativen Handel mit Afrika auf. Dadurch verstärkte sich Lissabons Machtposition. Huelva und Palos verloren völlig an Bedeutung. Wo einst gewaltige Flotten gen Süden bis fast zum Äquator ausgelaufen waren, fuhren jetzt nur noch ein paar windige alte Fischerkähne des Nachts aufs Meer hinaus, um ihre Netze mit der spärlichen Ausbeute an Seehechten, Sardinen und Makrelen einzuholen.

All das erwähne ich, weil kein Biograph so schreiben darf, als stünde sein Gegenstand irgendwo außerhalb des Flusses der Geschichte, aber genau das haben die meisten meiner Biographen getan. Sie behaupten, ich sei mit dem kleinen Diego und einem Seesack voller Karten, den vier Büchern, die ich stets bei mir trug, Toscanellis Briefen und ein paar Stücken Treibholz aus Porto Santo in Lissabon an Bord gegangen (viele geben übrigens das falsche Jahr an) und habe im erstbesten spanischen Hafen angelegt, der eben zufällig Palos war. Aber das Schiff, auf dem wir uns befanden, fuhr von dort aus weiter nach Sevilla und Cádiz. Warum also ging ich in Palos an Land? Weil mein Geld nicht weiter reichte, werden Ihnen die meisten Biographen weismachen wollen.

Blödsinn! Das Schiff gehörte dem Handelshaus Centurione, so daß ich keinen Pfennig für die Passage bezahlen mußte.

Ich wußte genau, warum ich im ehemals bedeutsamen Palos ausstieg. Daß ich dort umgehend genau die Leute traf, deren Unterstützung ich für das Große Abenteuer benötigte, war auch kein Zufall. Nein, ich war 36 Jahre alt, hatte einen sechsjährigen, mutterlosen Sohn, mein Haar war inzwischen mehr weiß als rot, und als Felipa starb, hatte ich den eisigen Hauch der Sterblichkeit gespürt. In den großen Häfen von Sevilla oder Cádiz wäre ich nur einer unter vielen arbeitslosen Schiffskapitänen gewesen oder ein Kartenzeichner ohne Werkstatt, aber der kleine, von der Geschichte links liegengelassene Hafen Palos brauchte mich. Zumindest hoffte ich das.

Als die Centurione-Feluke vor dem Flußdelta lag und darauf wartete, daß die Flut sie an der Landspitze von La Rábida vorbei flußaufwärts nach Palos tragen würde, fragte ich den kleinen Diego: «Siehst du das schöne Bauwerk ganz da oben auf der Klippe?»

«Es sieht aus wie ein Gefängnis», meinte er.

«Nein, das stimmt nicht. Es ist nur aus solidem, dunklem Stein erbaut. Da oben wohnen freundliche Franziskaner, die eine Schule für Jungen deines Alters unterhalten.»

Aber der kleine Diego hatte recht. Von der Flußmündung aus betrachtet, hatte das Kloster La Rábida etwas von der Düsterkeit einer Besserungsanstalt an sich.

«Bringst du mich denn dahin?» fragte er.

«In die Schule, ja», sagte ich fröhlich.

Er begann zu weinen. «Was habe ich denn angestellt? Ich war doch nicht böse. Ich will nicht dahin!»

Ich umarmte ihn und sagte: «Es ist wirklich schön dort, du wirst schon sehen.»

Von Palos aus stiegen wir die steile, staubige Straße hinauf und erreichten am späten Nachmittag das Kloster. Der Prior hieß uns willkommen. Er hieß Juan Pérez und war früher, als Königin Isabella noch ein junges Mädchen und Prinzessin von Kastilien war, ihr Beichtvater gewesen. Da in Lissabon eine Menge über sein Interesse an der Seefahrt geredet wurde und jedermann wußte, daß ihm das Wohl der arbeitslosen Bürger von Palos und Huelva am Herzen lag, hatte ich ihm geschrieben.

«Das ist also der kleine Diego», sagte er. Inzwischen reichte mir Diego bis zu den Schultern.

Diego blickte ihn finster an. «Ich will nicht hierbleiben.»

Juan Pérez lächelte nur und gab ihm ein Stück Brot und einen Becher kaltes Wasser. «Es ist doch gar nicht so schlecht, wenn man lernt, ein christlicher Gentleman zu sein», meinte er.

Mit vollem Mund sagte Diego: «Papa geht andauernd weg und läßt mich allein.»

«Manchmal müssen die Menschen Dinge tun, die sie nicht gerne tun.»

«Trotzdem will ich nicht hierbleiben.»

«Du wirst sehen, das wird sich bald ändern», prophezeite ich ihm. Aber während der ganzen fünf Jahre, die Diego in La Rábida verbrachte, blieb es dabei.

Nachdem wir uns mit einem Kuß verabschiedet hatten, Diego unter Tränen, ich mit einem Kloß im Hals, fragte mich Juan Pérez: «Wollt Ihr die Nacht über bleiben?»

«Ich danke Euch, Prior, aber wenn ich in Palos erwartet werde, dann nicht.»

«Ihr werdet erwartet. Der Mann heißt Martín Alonso Pinzón. Er wird Euch vielleicht etwas . . . sagen wir, schwierig vorkommen, aber er ist der beste Schiffsmeister der Stadt.»

In dem Augenblick kam Diego wieder hereingelaufen; ein pausbackiger, korpulenter Franziskaner war ihm dicht auf den Fersen.

«Papa, gib mir noch einen Kuß!»

Ich umarmte ihn, und der Kloß in meinem Hals wurde dicker.

«Noch einen», bedrängte mich Diego. Ich küßte ihn auf die Augen und die tränenverschmierten Backen.

Als ich ihn losließ, ging er mit dem dicken Klosterbruder mit, drehte sich aber zögernd noch einmal um. «Bitte stirb nicht auch, Papa.»

Eine Stunde später stand ich am Hafen von Palos und nahm die Karavellen und Karracken in Augenschein, lauter Veteranen des Westafrikahandels, die lustlos in der Strömung schwojten, als wüßten sie, daß ihre Tage auf See vorüber waren. Entlang ihrer Wasserlinie hatte sich eine Muschelkruste gebildet, und sicher waren sie vom Holzwurm zerfressen.

«Muschelkruste, Holzwurm, Fäulnis, Rost – das ist keine Schiffswerft, sondern ein Friedhof!» donnerte eine kräftige Stimme, und als ich mich umdrehte, sah ich zum erstenmal Martín Alonso Pinzón, einen Mann meiner Größe mit einem Bauch wie ein Faß und dürren, knochigen Beinen.

In der Dämmerung standen wir am Tresen einer lauten Hafenkneipe, schaufelten saftige rosa Garnelen in uns hinein und tranken Manzanilla, den trockenen Weißwein der Gegend.

«Das Gesetz untersagt Euch den Handel mit Afrika», sagte ich zu Pinzón. «Venedig und Ragusa haben das östliche Mittelmeer unter Kontrolle, und Genua und Lissabon können, mit etwas Unterstützung von Cádiz und Sevilla, den Norden unter sich aufteilen. Und was bleibt übrig?»

«Ihr sagt es. Nichts bleibt übrig», dröhnte Martín Alonso Pinzón mit seiner Bullenstimme, während er eine fette Garnele köpfte, abschälte und sich in den Rachen warf.

«Vergeßt Ihr nicht etwas? Der Kompaß hat vier Himmelsrichtungen.» Ich deutete auf die offenstehende Tür, die nach Westen zeigte.

«Ja, sicher. Dazu komme ich schon noch. Zu den Azoren und so weiter», sagte Pinzón zuversichtlich, ohne offenbar recht zu wissen, wozu er kommen wollte. Sein kleines, kompaktes Gesicht mit den eng zusammenstehenden Äuglein, der zierlichen Nase, den schmalen, aufgeworfenen Lippen, auf denen stets eine Frage zu schweben schien, wirkten viel zu klein für seinen riesigen Kopf, der auf einem massigen Hals saß.

«Kein Hafen an dieser Küste kann nur durch den Handel mit den Azoren wieder auf die Beine kommen», sagte ich.

«Natürlich nicht», pflichtete mir Pinzón bei. «Das ist in meinen Augen ein Teil des Problems.»

«Ich meinte, weiter westlich», sagte ich langsam. «So weit westlich, daß der Westen zum Osten wird.»

Martín Alonso Pinzón knallte unsere leeren Weinkrüge auf den Tresen und sah mich an. «Und was wollt Ihr dort finden – angenommen, Ihr kommt überhaupt hin?»

«Zipangu. Die Indischen Lande, Cathay.» Seine Augen leuchteten auf wie Leuchtturmfeuer. «Zipangu, ja, davon habe ich gehört. Da gibt es Gold in Hülle und Fülle . . .»

«Wenn ich von hier aus in See stechen würde, hätten Palos und Huelva hundert Jahre lang ein Handelsmonopol.»

«Genau, Mann! Dann wären wir wieder reich.»

Er kippte den Manzanilla wie Wasser hinunter. Auf seinem roten Gesicht stand der Schweiß.

«Und woher wollt Ihr finanzielle Unterstützung bekommen?» fragte er.

«Irgend jemand wird das Ozeanische Meer überqueren», erklärte ich. «Wenn nicht ich jetzt, dann andere später. Und wenn nicht unter spanischer Flagge, dann unter französischer oder englischer. Ich werde mich an die Könige wenden. Sie müssen mich einfach unterstützen.»

«Der König und die Königin, das ist die Lösung», sagte Pinzón und nickte weise. «Genau dazu hätte ich Euch geraten, wenn Ihr nicht selbst darauf gekommen wäret.»

Mit dem Unterarm, der so dick war wie sein magerer Oberschenkel, wischte er sich den Schweiß von der Stirn.

«Und womit würdet Ihr fahren?» fragte er.

«Mit kleinen Schiffen. Schnell und wendig müssen sie sein.»

«Karavellen. Keine großen, sagen wir, fünfundfünfzig Tonnen. Habe ich recht?»

Ich bestätigte ihm, daß er recht hatte.

«Und wie viele Schiffe?»

«Zwei würden es schaffen. Drei wären mir lieber.»

«Genau die Anzahl, die mir vorschwebt. Und wie steht's mit der Takelung?»

«Rahsegel», sagte ich. «Ich würde Rahsegel nehmen.»

Er riß seine kleinen Augen auf, und seine Stimme klang vorwurfsvoll, als er sagte: «Mann, Ihr müßt verrückt sein. Lateinersegel sind die einzige Möglichkeit, wenn Ihr das Ozeanische Meer überqueren wollt. Die Westwinde würden Euer rahgetakeltes Schiff im Handumdrehen verschlingen.»

«Das würden sie», entgegnete ich, «wenn ich so dumm wäre, von hier aus direkt nach Westen zu segeln.»

«Und was ist verdammt noch mal gegen Palos und Huelva einzuwenden, daß es so dumm wäre, von hier aus zu segeln?» polterte er.

«Seid Ihr jemals nach Afrika gesegelt?»

«Einmal. Bis hinunter nach Fernando Póo. Aber was soll die Frage?»

«Was ist passiert, als Ihr den Äquator überquert habt?»

«Was soll verdammt noch mal schon passiert sein? Wir haben unseren Kram gegen Gold und unsere Pferde gegen Menschen eingetauscht.»

«Ich meine den Wind. Er dreht da unten.»

«Na und? Der Wind dreht immer.»

«Die Winde da unten kommen vorwiegend aus dem Osten.»

«Und . . . und Zipangu und was weiß ich liegen im Westen auf der anderen Seite des Ozeanischen Meeres.» Nachdenklich kratzte er an seinen vier Tage alten Koteletten.

«Ich würde nach Süden fahren bis zu den Kanarischen Inseln und von dort aus nach Westen, dann hätte ich die ganze Zeit den Wind im Rücken», sagte ich.

«Dann müßtet Ihr aber anders takeln, Mann», sagte er, da ihm plötzlich ein Licht aufgegangen war. «Rahtakelung. Rahsegel wären die einzige Möglichkeit, wenn Ihr vor dem Wind segelt. Eure lateingetakelten Karavellen wären da keinen Pfifferling wert.»

«Vielleicht würde ich Lateinsegel für den Besan mitnehmen, nur um auf Nummer Sicher zu gehen.»

«Für die Heimfahrt, meint Ihr. Um heimzukommen, braucht Ihr Lateinsegel, und nicht nur am Besan.»

«Nein, brauche ich nicht. Nicht, wenn ich von den Indischen

Landen nach Norden segele und mich von den Westwinden nach Europa zurücktreiben lasse.»

«Es ist doch erstaunlich», meinte er kopfschüttelnd, «daß sich zwei Männer mit derselben Idee beschäftigen, ohne sich je zuvor begegnet zu sein.»

Damit wandte er sich, trotz seines unförmigen Wanstes behende wie eine Katze, um und ging an einen der einfachen Holztische, an dem ein Mann mit einem schwarzen Samthut und einer weißen Pfauenfeder daran über einem Krug Manzanilla saß. Ich sah, wie Pinzón nickte. Der Mann stand auf und folgte ihm an den Tresen. Er war groß und auffallend schlank.

«Ich bin Luis de Cerda», stellte er sich vor, «Herzog von Medinaceli.»

Abgesehen von diesem königlich portugiesischen Nervenbündel waren mir seit meiner Kindheit in Rom keine Herzöge und dergleichen mehr untergekommen, so daß ich einen Augenblick lang unbeholfen schweigend dastand, während Pinzón den Wirt rief, um zu zahlen.

«Gestattet, Don Martín Alonso», sagte der Herzog.

«Noch bin ich nicht so arm, daß ich nicht bezahlen könnte, was ich trinke», entgegnete Pinzón und warf ein paar Kupfermaravedis auf den Tresen. Dann kniff er Medinaceli kräftig in den Arm, so daß dieser leise aufschrie, sagte: «Bis bald, Herzog», und ging hinaus.

Luis de Cerda bemerkte meine hochgezogenen Augenbrauen.

«Was haltet Ihr von ihm?»

Als ich zögerte, meinte er: «Ihr glaubt, daß er versuchen wird, Euch die Schau zu stehlen, stimmt's?»

«Da habt Ihr ganz recht. Ich wollte soeben sagen, er wird versuchen, mir den Wind aus den Segeln zu nehmen, um seine eigenen damit zu füllen.»

Der Herzog lachte. «Trotzdem ist er ein erfahrener Kapitän, und es gibt an der ganzen Küste keinen Matrosen, der mit Euch fahren wird, wenn Martín Alonso Pinzón nicht dafür ist. Und damit er dafür ist, muß er glauben, daß der Plan von ihm stammt. Meint Ihr, Ihr könnt damit leben?»

Medinacelis herzogliches Anwesen lag zwar nordwestlich von Toledo, aber ich wußte, daß ihm auch der größte Teil von Palos und Huelva gehörte. Also sagte ich: «Ich kann mit allem leben, wenn ich die Unterstützung der Könige bekomme.»

«Dann schreibt ihnen einen so überzeugenden Brief wie meinem alten Freund, dem Prior von La Rábida; ich werde ihn persönlich bei Hof überbringen. Und vergeßt nicht den Satz: ‹Wenn nicht Spanien heute, dann Frankreich oder England morgen.› Das ist eine recht hübsche rhetorische Wendung.»

Ich winkte ab.

«Übrigens, woher kommt Ihr eigentlich? Portugiese seid Ihr nicht.»

Irgend etwas mußte ich ja antworten, also sagte ich: «Aus Genua», was in gewisser Weise stimmte. In späteren Jahren sollte diese Antwort dazu beitragen, meine ohnehin verwirrten Biographen noch mehr durcheinanderzubringen.

«Die Könige müßten in etwa einem Monat auf dem Weg nach Málaga, wo der Gran Capitán die Araber belagert, durch Córdoba kommen. Könnt Ihr dort sein?»

«Córdoba oder Málaga, ich werde sein, wo Ihr wünscht.»

«Málaga ist noch in Feindeshand», erklärte er freundlich.

«Dann eben Córdoba.»

Er ließ seinen Blick über mein zerschlissenes Wams, die ausgeblichenen Strumpfhosen und meinen zerlumpten Seesack gleiten.

«Ist da Euer Sonntagsstaat drin?» fragte er lächelnd.

«Nein, nur die vier Bücher, die ich stets bei mir trage, und ein paar Stücke Treibholz.»

«Treibholz?»

«Treibholz.»

Er ließ die Sache auf sich beruhen. «Nun, Ihr müßt Euch ja noch etwa einen Monat gedulden; wenn Ihr also irgend etwas benötigt, braucht Ihr es mir nur zu sagen.»

«Danke, Euer Ehren, ich komme schon zurecht.»

«Dann sorgt dafür, daß ich morgen um diese Zeit Euren Brief in Händen habe. Und laßt mich wissen, wo ich Euch in Córdoba finden kann», sagte der Herzog. Dann empfahl er mich Gott und ging.

Ohne einen Maravedi in der Tasche legte ich die hundertsechzig Meilen nach Córdoba in sechs Tagen zurück, schlief, wo es ging, erbettelte mir Essen und Wein, lief zwei Paar Stiefel durch, von denen eines, wie ich leider zugeben muß, gestohlen war.

Nachdem Peter Schöffer (oder, wenn Sie darauf bestehen, Johann Gutenberg, der in Wirklichkeit übrigens Gensfleisch hieß) in Mainz den Buchdruck erfunden hatte, spie Deutschland Männer über ganz Europa aus, die Verlagshäuser gründeten. Zwei deutsche Drucker eröffneten 1464 in Rom ein Geschäft; 1470 gab es bereits mindestens zwei in Venedig und drei in Paris; Holland kam 1471 an die Reihe, die Schweiz 1473 und Spanien 1476, als drei Brüder mit Namen Waldseemüller eine Druckerei in Córdoba einrichteten.

Es gab die üblichen Proteste, Warnungen und Unkenrufe. Die Handschriftenkopierer beklagten sich bitter darüber, daß die Buchdruckerei sie arbeitslos machen würde; der Adel ereiferte sich darüber, daß durch die Massenproduktion Bücher unters Volk gebracht und damit der Wert ihrer eigenen Bibliotheken erheblich geschmälert würde; Politiker und Geistliche betrachteten jedes Buch mit Ausnahme der Bibel als ein Mittel zur Verbreitung subversiver Ideen, und selbst was die Bibel betraf, hatten manche so ihre Zweifel.

Der einzige der drei Brüder Waldseemüller, den ich je kennenlernte, war Martinus, der jüngste. An dem Tag, an dem ich in Córdoba eintraf, stand er auf einer wackeligen Leiter vor der Druckerei, dem zweiten Laden rechts von der Puerta de Hierro, und überstrich blutrote Wandschmierereien an der Fassade. Er war ein nahezu halsloser Mann um die Dreißig mit glattrasiertem Schädel.

Gerade als er mit dem Tünchen fertig war, kam ein kurzsichtiger kleiner Spanier aus dem Laden.

«Ich kündige», sagte der schielende kleine Spanier. «Ich schaffe es nicht mehr.»

«Wenn du nichts mehr schaffst, dann arbeitest du nicht, also kannst du auch nicht kündigen. Du bist entlassen», erklärte ihm Martinus Waldseemüller mit erdrückender deutscher Logik.

Als der Deutsche, den geschorenen Kopf voller Farbspritzer, von der Leiter herunterstieg, fragte ich: «Braucht Ihr vielleicht jemanden, der sich mit Büchern auskennt?» Als Kapitän und Kartograph würde ich hier im Landesinnern keine Beschäftigung finden, aber wie die meisten Kartenzeichner hatten Barto und ich gelegentlich auch mit Büchern gehandelt.

«Wenn Ihr wollt, von mir aus. Sechzehn Stunden am Tag, in der Werkstatt und in der Stadt.»

«Warum in der Stadt?»

«Ankäufe. Jemand muß die Altkleider sammeln, aus denen das Papier gemacht wird», sagte Martinus Waldseemüller. «Ich zahle acht Maravedis pro Tag. Ja oder nein?»

Acht Maravedis am Tag reichten zum Überleben und für einen Krug Wein am Samstag. Aber ich brauchte für meine Audienz bei den Königlichen Hoheiten eine neue Garderobe.

Da ich wußte, daß Buchvorlagen zum Drucken rar waren, hob ich meinen Seesack mit den vier von Hand kopierten Büchern hoch, die ich stets bei mir trug. «Was zahlt Ihr für die Erlaubnis, diese vier Bände abdrucken zu dürfen?»

«Kommt drauf an», sagte er betont desinteressiert. «Wir verlegen nur Titel mit großem Verkaufspotential.» Dabei klebten seine Augen gierig an meinem Seesack.

«Was habt Ihr denn?» fragte er.

«Zunächst mal *Das Buch des Marco Polo*.»

«Diese alte Schwarte? So was geht heute nicht mehr.»

«Dann die *Naturgeschichte* des Plinius.»

«Hoffnungslos veraltet. Würde sich nicht lohnen.»

«Pierre d'Aillys *Imago Mundi* und die *Historia Rerum Ubique Gestarum* von Aeneas Sylvius. Das ist der Autorenname des verstorbenen Papstes Pius II.», fügte ich schnell hinzu, da ich ihm ansah, daß er nicht viel von meinen Schätzen hielt.

«Pierre d'Ailly ist ein alter Hut, vor allem jetzt, nachdem man Ptolemäus wiederentdeckt hat. Und was den Pius angeht, so hat er den Ptolemäus lediglich plagiiert. Nein», entschied Martinus Waldseemüller, «ich fürchte, das sind alles ziemliche Ladenhüter. Aber da Bücher in Spanien noch eine Novität sind, wird man wohl ein paar davon verkaufen können. Ich verdopple Euren Lohn für die Zeit, die die Herstellung des Drucks in Anspruch nimmt. Einverstanden?»

Ich ging auf seine Bedingungen ein. Und so wurde ich Papierhersteller bei den Gebrüdern Waldseemüller.

Das war harte Arbeit. Man mußte die Altkleider mit einem großen Holzscheit bearbeiten, um die Fasern aufzubrechen, riß sie dann in Stücke und warf sie in einen Trog, brachte sie mit Bleiche zum Sieden, gab hundert Teile Wasser auf einen Teil Papierbrei dazu und schüttete genau die richtige Menge stinkenden Tierleim hinein, um das Papier wasserabstoßend zu machen; danach wurde ein Teil des Wassers mittels eines Schöpfverfahrens, bei dem man sich schier das Rückgrat brach, und der Rest durch Auspressen entfernt, und schließlich schnitt man das nasse Papier wie ein Bäcker seinen Teig und hängte die Bogen zum Trocknen auf.

Da ich jeden Samstag mit einem Maultierkarren die Runde durch Córdoba machte, um alte Kleider aufzukaufen, blieb mir kaum Zeit für mich selbst. So wäre ich auch nie der Mutter meines Sohnes und Biographen Fernando begegnet, hätte nicht Martinus Waldseemüller alle paar Tage in unregelmäßigen Abständen seinen Sonntagsstaat angelegt und wäre für ein paar Stunden verschwunden.

Eines Nachmittags, als er fortgegangen war, betrat eine junge Frau den Laden.

«Ich möchte ein Buch kaufen», sagte sie.

«An welche Art von Buch hattet Ihr denn gedacht?»

Diese naheliegende Frage schien sie zu irritieren. «Einfach ein ganz normales Buch.»

«Soll es denn ein Geschenk für jemanden sein?»

«Nein, nein, es ist für mich selbst.»

«Nun, welche Art von Büchern mögt Ihr denn?»

Diese hilfreich gemeinten Worte führten dazu, daß sie sich verlegen auf die Unterlippe biß. «Ich weiß nicht recht», sagte sie kleinlaut.

So etwas wie Ladenregale gab es damals nicht. Bücher wurden gedruckt, in Ziegenleder gebunden und umgehend von Martinus Waldseemüller hier in Córdoba oder von seinen umherfahrenden Brüdern in anderen Gegenden Spaniens verkauft.

«Ich bin ein Bauernmädchen», sagte sie, «das gerade erst in die Stadt gekommen ist, und ich möchte ein Buch kaufen.»

Sie hatte ein ausgesprochen hübsches Gesicht. Ihre eindeutig iberischen Augen, dunkel und geheimnisvoll, die mutmaßlich maurischen Lippen, voll, rot und sinnlich, die möglicherweise semitische Nase – all das ließ auf eine Vielfalt spanischer Vorfahren schließen. Sie war groß und wohlproportioniert, und ihre Figur erinnerte mich lebhaft an eine Sanduhr.

«Wie wäre es mit Plutarchs *Biographien*?»

«Nehmen sie denn ein glückliches Ende?»

Wie Sie wissen, erzählt Plutarch in den *Bioi Paralleloi* das Leben großer Griechen und Römer von Anfang bis Ende, und das Ende eines Lebens kann man nicht unbedingt als glücklich bezeichnen.

«Ja und nein», sagte ich.

«Oh, ich hatte gehofft, daß es so sein würde – geheimnisvoll!» rief sie begeistert.

«Ein paar von ihnen haben unglückliche Liebesaffären.»

«Und sicher sehr romantische!»

«Einige der Helden sterben sehr jung.»

«Wie herrlich tragisch! Ich nehme es.»

Ich holte ein beschädigtes Exemplar des Plutarch, das Martinus Waldseemüller für den Notfall beiseite gelegt hatte.

Sie betrachtete den verzogenen Buchrücken und meinte: «Ist das ein gutes Buch zum Lesenlernen?»

«Soll das heißen, Ihr könnt nicht lesen? Wozu wollt Ihr dann ein Buch?»

«Um es zu lernen, was denn sonst.»

«So funktioniert das aber nicht», sagte ich freundlich.

«Ihr meint also, ich muß lesen können, bevor ich ein Buch kaufen kann? Das ist nicht fair. Wie kann ich denn lesen lernen, *ohne* ein Buch zu kaufen?»

Ich versuchte, es ihr zu erklären.

«Also, falls es nicht gegen das Gesetz verstößt und falls Euch das Verkaufen nicht zu viel Mühe bereitet, dann nehme ich diesen Pluto trotzdem», sagte sie frostig.

«Plutarch», sagte ich, während sie achtundsechzig angelaufene Kupfermaravedis (das entsprach zwei Silberreales) auf den Tisch zählte. Mit der Begründung, daß das Buch beschädigt sei, schob ich ihr ein Dutzend Münzen zurück. Waldseemüller hätte mich dafür gelyncht.

Sie wandte sich zum Gehen. Auf ihrem pechschwarzen Haar saß

eine türkische Haube, und ihr blaßblaues Kleid wurde von einem Gürtel gehalten, der ihre schmale Taille und ihre Kurven, die mich an windgeblähte Segel erinnerten, noch betonten. Voller Freude über das Buch lief sie aus der Tür und beinahe auch aus meinem Leben. «Wenn Ihr wollt, bringe ich Euch das Lesen bei», rief ich ihr nach.

Beatriz und ich trafen uns jeden Sonntag nach der Messe und jeden zweiten Donnerstagnachmittag in der zu dieser Jahreszeit unbenutzten Olivenpresse ihres Onkels. Beatriz, deren Eltern gestorben waren, als sie noch ein kleines Kind war, hatte beschlossen, der Familie ihres Onkels vorerst nichts von ihrem Leseunterricht zu erzählen.

Meine Unterrichtsmethode war von Anfang an in gewisser Weise handfest. Vergessen Sie nicht, daß ich auf den Knien von Giulia, der Amazone, lesen gelernt hatte. Beatriz mißverstand das zunächst.

«Behaltet Eure Hände bei Euch.»

Ich hatte mich von hinten über sie gebeugt und ihr die Hand geführt, während sie versuchte, mit einem Kohlestift ihren Namen auf das fleckige Produkt meiner mißglückten papierherstellerischen Bemühungen zu malen.

«Verzeiht, aber zu Anfang muß ich Euch helfen. Schaut her.»

Ich zeigte auf die Aneinanderreihung bedeutungsloser Schnörkel.

«Dann bringt mir eben nur das Lesen bei und nicht das Schreiben.»

Aber ich wußte nicht, wie das eine ohne das andere gehen sollte.

In aller Unschuld setzten wir den Unterricht fort. Bald schon tauschten wir kleine Briefchen aus.

Ich: Schreibt vier Wörter nieder, die Dinge bezeichnen.

Sie: kleid türkische haube schuhe

(Bis zu Großbuchstaben und Satzzeichen waren wir noch nicht vorgedrungen.)

Ich: Ich sagte, vier.

Sie (mich anblickend): blaue augen

Ich: Was denkt Ihr jetzt? Seid Ihr glücklich?

Sie: o ja weil ich lesen und schreiben lerne

Ich: Wie ist es möglich, daß Ihr ohne Dueña hierher kommen könnt? Oder versteckt sie sich draußen? Haha.

Sie (legte sich zwei kleine Papierfetzen zurecht für den längsten Satz, den sie bisher geschrieben hatte): erstens bin ich ein bauernmädchen aus dem kleinen bergdorf santa maría trasierra wo man keine dueñas braucht weil jeder

Ich (sie mit meinem Stift unterbrechend): Aber Córdoba ist nicht Santa María Trasierra.

Sie: jeden kennt und zweitens seid ihr ein gebildeter mann und ich vertraue darauf daß ihr die situation nicht ausnützt

Ich: Das ist wohl als Kompliment gedacht, aber es klingt irgendwie beleidigend.

Sie: ich bin noch nicht fertig mein richtiger name erschreckt die männer und wenn es ganz schlimm kommt brauche ich ihn nur auszusprechen und sie bleiben mir vom leib oder laufen sogar weg also brauche ich wirklich keine dueña

Ich: Euer richtiger Name?

Sie: was bedeutet es wenn ihr einen strich unter ein wort macht

Ich: Ich dachte, Beatriz sei Euer richtiger Name.

Sie: enriquez de harana ist nicht mein familienname ich bin eine waise vergeßt das nicht

Ich: Was ist dann Euer Familienname?

Sie: der tut nichts zur sache ihr seid der letzte mensch dem ich ihn sagen würde macht jetzt bitte mit dem unterricht weiter

(Wir fuhren fort.)

Sie: ihr seid traurig heute

Ich: Aber nein.

Sie: warum seid ihr heute traurig

Ich: Der König und die Königin sind durch Córdoba gekommen, ohne Station zu machen, und auch noch mit sechs Monaten Verspätung.

Sie: ihr hättet sie sowieso nicht zu gesicht bekommen

Ich: Es hat keinen Zweck, das jetzt zu erörtern, aber Ihr irrt Euch.

Sie: es tut mir leid ich wollte euch nicht verärgern

Ich: Manchmal komme ich mir vor wie Don Quijote, der gegen Windmühlen kämpft – es ist alles umsonst.

(Natürlich veröffentlichte Cervantes den ersten Teil seines Meisterwerks erst 1605. Folglich konnte ich nicht genau diese Worte hingeschrieben haben. Aber sie erfaßten den Kern der Sache vortrefflich.)

Sie: wenn ihr sagt, ihr wollt eines tages das ozeanische meer überqueren dann glaube ich euch

Ich: Ob Ihr mir glaubt oder nicht, genau das werde ich tun.

Sie: ihr seid immer noch wütend

Ich: Ich?

Sie: wenn ihr mich nicht für zu kühn haltet werde ich etwas tun damit ihr euch besser fühlt

Ich: Ich halte Euch nicht für zu kühn.

(Unterbrechung.)

Sie: ist es jetzt besser

«Mein Gott, Beatriz, ich . . .»

Sie: schreibt bitte vergeßt nicht daß ihr mich unterrichtet

Ich: Ich liebe Eure eindeutig iberischen Augen.

Sie: ich liebe eure weißrot gestreiften haare

Ich: Ich liebe Eure mutmaßlich maurischen Lippen.

Sie: dann schreibt weniger darüber und küßt sie lieber

(Längere Unterbrechung.)

Ich: Es wird nicht beim Küssen bleiben, wenn wir nicht sofort aufhören.

Sie: ich habe euch nie meinen richtigen namen gesagt oder? nicht aufhören!!

(Hier verwendete sie zum erstenmal Satzzeichen – eine gute Gelegenheit, um einen Punkt hinter diese Szene zu setzen.)

Als der Gran Capitán Málaga eingenommen hatte, hißten die Könige auf der arabischen Festung hoch oben über dem Hafen eigenhändig die Zwillingsfahne von Aragón und Kastilien. Danach verließen sie die Stadt, um ihre endlose Rundreise fortzusetzen. Ihr ambulanter Hofstaat gehörte vermutlich zu den wanderlustigsten, die es je gegeben hatte. König Ferdinand und Königin Isabella waren ständig unterwegs, als müßten sie für das Amt, das sie qua Geburtsrecht bekleideten, Wahlpropaganda betreiben. Sie bereisten Valencia, Barcelona, Tarragona und Ferdinands aragonesische

Hauptstadt Zaragoza. Dann besuchten sie Valladolid, Oviédo, León, Burgos und Isabellas kastilische Hauptstadt Toledo. Und während der ganzen Zeit warben sie beim Adel um Unterstützung für die Belagerung der arabischen Zitadelle Granada.

Kein Wunder, daß sie keine Zeit für mein Großes Abenteuer hatten!

Ich versuchte, mich mit diesem Gedanken zu trösten, aber es half alles nichts. Mein einziger wahrer Trost war Beatriz, mit der ich eine kleine Wohnung zwischen der Judería und dem kleinen Platz ein Stück weiter nördlich bezog, der später mir zu Ehren Plaza Colón getauft werden sollte. Auf diese Weise umging ich die ansonsten übliche Zeit des Werbens, in der die Frau behaglich hinter einem vergitterten Fenster sitzt, während der Mann bei jedem Wetter draußen steht und ihr seine Liebe erklärt – ein alter spanischer Brauch, den man auch als Eisenfressen bezeichnet.

Inzwischen war ich für Martinus Waldseemüller unentbehrlich geworden und konnte folglich durchsetzen, daß ich nicht nur am Sonntag und an jedem zweiten Donnerstagnachmittag freihatte, sondern auch montags. Diese ganze freie Zeit verbrachte ich mit Beatriz. Längst hatten wir die kleinen Papierfetzchen abgeschafft und unterhielten uns über ernsthafte Dinge. Abgesehen vom Heiligen Krieg gegen das abtrünnige Granada, war das wichtigste Gesprächsthema in jenen Tagen die Unzucht. Sich da neutral zu verhalten war nicht möglich. Die Konservativen vertraten hartnäckig die von der Kanzel herunter verkündete Ansicht, Unzucht sei eine Todsünde und würde schwer bestraft, etwa mit beschwerlichen Pilgerfahrten zu irgendwelchen Heiligtümern. Die Liberalen glaubten (in Übereinstimmung mit der privaten Ansicht der Geistlichen, von denen sich viele Konkubinen hielten), daß Unzucht eine läßliche Sünde sei, die nicht mehr als ein paar *Ave Maria* oder *Vaterunser* als Buße verdiente.

Der Pfarrer unserer Gemeinde war ein ganz besonderer Heuchler und Eiferer.

«Na, was hat er gesagt?» fragte ich Beatriz, als sie von der Beichte zurückkam.

«Zuerst wollte er alle schmutzigen Einzelheiten hören.»

«Hast du . . .»

«Natürlich nicht. Dann sagte er, bevor er mir die Absolution erteilen könne, müßte ich aufhören, mich mit dir zu treffen.»

«Werdet Ihr . . .»

«Dummkopf! Ich habe ihm meinen richtigen Namen genannt und bekam auf der Stelle die Absolution.»

«Und was ist Euer richtiger Name?»

Sie schüttelte nur den Kopf.

Anfang November ließ sich nicht mehr verheimlichen, daß Beatriz schwanger war.

Ihre Familie fragte an, ob wir zu heiraten gedächten, bevor das Baby kam.

«Was soll ich ihnen sagen?» fragte sie mich.

Das war eine gute Frage, die Anlaß zu der üblichen Abweichung meiner Biographen von den Tatsachen gab. Nehmen Sie nur den Kerl, der meine «Psychologie, Beweggründe und all das übrige» gerne anderen überlassen wollte. Was tut er, sooft sich die Gelegenheit bietet? Er ergründet meine geheimsten Gedanken und präsentiert dann seine beleidigenden Spekulationen nicht als Schlußfolgerungen, sondern als Tatsachen.

Einfach ausgedrückt, er behauptet, ich hätte Beatriz nicht geheiratet, weil sie für mich keine so vorteilhafte Partie gewesen sei wie die Tochter des armen alten Perestrello.

Als Beatriz ihre Frage stellte, beschäftigten mich ganz andere Dinge, denn ich hatte soeben den vierten Brief an den Herzog von Medinaceli abgeschickt. Die ersten drei waren unbeantwortet geblieben, als hätten sich die geheimen Befürchtungen des alten Perestrello, nämlich daß die Erde in Wirklichkeit flach sei, bewahrheitet und Medinaceli wäre einfach über den Rand gefallen.

«Cristóbal, irgend etwas muß ich ihnen sagen.»

Nachdenklich stand ich am Fenster. «Sag ihnen, was du willst», sagte ich gereizt.

Eines Tages Anfang Dezember bat mich Beatriz, pünktlich nach Hause zu kommen, und so öffnete ich um halb neun Uhr die Tür zu unserer kleinen, aber behaglichen Wohnung. Köstliche Knoblauchdüfte empfingen mich.

«Sie kommen in einer halben Stunde.»

«Wer?»

«Abgesandte», sagte sie geheimnisvoll.

Ich überlegte, ob ich zu hoffen wagen sollte, doch da fügte sie rasch hinzu: «Von meiner Familie. Es kommen mein Vetter Diego Enríquez de Harana und der engste Freund und Vertraute der Familie, Dr. Juan Sánchez.» Sie ergriff meine Hand. «Tut mir leid, Cristóbal. Du dachtest, ich spreche von Abgesandten der Könige, nicht wahr?»

Wortlos schüttelte ich den Kopf.

Diego Enríquez de Harana war ein großer, breitschultriger und athletisch gebauter Mann um die Dreißig. Dr. Juan Sánchez, mit angehender Glatze und Lachfältchen in den Augenwinkeln, schob einen gewaltigen, vertrauenerweckenden Bauch vor sich her.

«Ich will mich in dieser Angelegenheit wie ein zivilisierter Mensch verhalten», verkündete Enríquez de Harana bedeutungsvoll.

«Also, Diego, du hast doch versprochen . . .» sagte Juan Sánchez.

«Ihr Vater», fuhr Enríquez de Harana fort, «war . . .»

«Nicht, Diego!» schrie Beatriz. «Nein!»

Dem guten Doktor verschlug es vor Entsetzen die Sprache.

«Ihr Vater war Pedro de Torquemada, und in Spanien gibt es nur eine Familie Torquemada; sie sind Vettern. Und wenn Ihr Euch ihr gegenüber nicht angemessen verhaltet, dann ratet mal, wer das nächste Mal zum Essen kommt?» sagte Diego Enríquez de Harana in seiner zivilisierten Art.

Schon seltsam, wenn ich an diese Nacht zurückdenke. Es sah so aus, als würde ich zu einer, wie man später sagte, Mußheirat gezwungen, dabei stellte sich in der Folgezeit heraus, daß ich in Wirklichkeit Mitglieder für die Colón-Fraktion meiner zukünftigen Schiffsmannschaft gewann, die sich als ausgesprochen wertvolle Verbündete gegen die Pinzón-Fraktion und andere Interessengemeinschaften erweisen sollten.

«Ich kann überhaupt nicht heiraten», sagte ich.

Ich war groß, aber Enríquez de Harana war größer. «Und warum nicht?» fragte er drohend.

«Es wäre meiner Braut gegenüber nicht fair. Ich werde Spanien bald verlassen und bleibe womöglich jahrelang fort.»

Das entsprach durchaus der Wahrheit. Denn entweder würde

ich im Namen der spanischen Könige nach Westen segeln, oder ich würde nach Norden fahren und mein Glück in England bei König Heinrich VII. versuchen, an dessen Hof mein Bruder Barto derzeit vorstellig war.

«Und warum wollt Ihr Spanien verlassen?» fragte Enríquez de Harana, als handle es sich um ein Polizeiverhör.

«Hat Beatriz Euch nicht von dem Großen Abenteuer erzählt?»

Beide Männer schüttelten die Köpfe, und so blieb mir nichts anderes übrig, als meine Karten und das Treibholz hervorzuholen und, angefangen bei meiner julianischen Dekade im Norden, die ganze Geschichte zu erzählen.

«Essen», sagte Beatriz um elf.

«Dann seid Ihr also nie nach Grönland gekommen?» fragte Juan Sánchez, dem dies alles etwas wunderlich vorkam.

«Nein. Es ist noch immer verschwunden.»

«Der Fisch ist kalt, und das Fleisch wird bald zäh sein wie Schuhleder», sagte Beatriz um Mitternacht.

Während ich Enríquez de Harana die Unbrauchbarkeit von Lateinersegeln auseinandersetzte, wurden wir durch Hufgetrappel unterbrochen. Man hörte schwere Tritte und Sporengeklirr, dann heftiges Klopfen an der Tür.

Eine Sekunde lang dachte ich an Beatriz' richtigen Namen und an ihren Vetter Tomás de Torquemada, den spanischen Großinquisitor.

«Colomb!» rief eine Stimme. «Don Cristóbal Colomb!»

«Mein Name ist Colón», sagte ich.

«Auf dieser königlichen Vorladung heißt es ‹Colomb, ein Ausländer›, und mehr weiß ich nicht», sagte der Bote, während ich die Tür so heftig aufriß, daß sie fast aus den Angeln flog.

So erhielt ich als Colomb, ein Ausländer, meine erste Botschaft vom König und der Königin, denen einige Jahre später als Anerkennung für den Heiligen Krieg von keinem Geringeren als meinem alten Freund Kardinal Borgia, inzwischen Papst Alexander VI., der offizielle Titel ‹Die Katholischen Könige› verliehen werden sollte.

Aber in meiner Aufregung eile ich den Ereignissen voraus.

Schwungvoll entrollte der Bote das dünne Pergament, und da stand, beginnend mit einem herrlich verzierten Initial:

Ferdinand und Isabella
von Gottes Gnaden König und Königin
von Kastilien, León, Aragón, Sizilien, etc., etc.,
senden Don Cristóbal Colomb, einem Ausländer,
Unsere gnädigen Grüße.

In der Angelegenheit der indischen Unternehmung
oder des Großen Abenteuers
seid Ihr vor Unser Antlitz befohlen,
wenn der Königliche Hof
um die Weihnachtszeit in Salamanca weilt,
jener schönsten Stadt Unseres ganzen Reiches
und in der Tat der gesamten Christenheit.

(unterzeichnet)   (unterzeichnet)
Ich der König   Ich die Königin
Ferdinand   *Isabella*

Mit zitternder Hand reichte ich Beatriz die Vorladung. Enríquez de Harana und Juan Sánchez hörten erstaunt zu, als sie sie laut vorlas.

«Du hast mir nie gesagt, daß du lesen kannst», sagte ihr Vetter. Dann runzelte er die Stirn. «Woher sollen wir wissen, daß das echt ist?»

Der königliche Bote griff nach seinem Schwertknauf.

«Sagt das noch einmal, Bursche», sagte er aufgebracht.

«Verzeiht, aber der Zeitpunkt ist so unglaublich günstig für Colón, daß es einen wundernimmt.»

Das war die letzte Anspielung auf die Frage der Heirat, zumindest in meiner Gegenwart.

«Und hier, Kerl, ist das königliche Siegel», setzte der Bote hinzu.

Enríquez de Harana murmelte zustimmend. Er bekam einen geistesabwesenden Blick, der mir noch vertraut werden sollte.

«Ich bin selbst zur See gefahren, müßt Ihr wissen», sagte er schließlich. «Nichts Aufregendes, aber ich begreife schnell. Habt Ihr gesehen, wie leicht Beatriz das Lesen gelernt hat? Das liegt in der Familie. Und ich überlegte gerade, ob vielleicht eine Möglichkeit bestünde . . . es sei denn, Ihr seid bereits ausgebucht.»

Juan Sánchez bekam denselben träumerischen Blick und fragte beschwörend: «Ihr braucht nicht zufällig einen Schiffsarzt?»

Wie ich am nächsten Morgen von Córdoba aus nach Norden aufbrach, nachdem ich Beatriz meiner Liebe versichert und ihr versprochen hatte, für unser Kind zu sorgen; wie ich die dreihundert Meilen nach Salamanca teils zu Fuß, teils auf Pferde- und Eselsrücken und in holpernden Bauernkarren zurücklegte; wie ich mehr als einmal überfallen wurde, wobei ich die vier Bücher einbüßte, die ich stets bei mir trug; wie ich um ein Haar erfror, als ich in den Río Frío fiel, der seinen Namen wahrhaft zu Recht trägt; wie ich mich in einem Blizzard verirrte und vor Hunger und Kälte beinahe ums Leben kam; wie ich mehr tot als lebendig die alte Römerbrücke überquerte und meine fieberglänzenden Augen endlich Salamanca erblickten, die schönste Stadt der Christenheit, die nacheinander von Karthagern, Römern und Arabern erobert worden war; wie ich am Weihnachtsabend bei Einbruch der Dunkelheit auf dem Kopfsteinpflaster vor der Universität zusammenbrach und Angehörige der Santa Hermandad, der kastilischen Geheimpolizei, sich um mich kümmerten, sobald sie die Vorladung der Könige sahen – all das läßt sich in unterschiedlichen Quellen nachlesen, ist aber offenbar nicht der richtige Stoff für eine Autobiographie, der es um «Psychologie, Beweggründe und all das übrige» geht.

Ich möchte diese Gelegenheit dazu benutzen, einem gewissen Washington Irving die Meinung zu sagen, einem jungen Diplomaten aus der Neuen Welt, der ein amüsantes Büchlein mit Erzählungen über die Alhambra in Granada geschrieben hat. Eben dieser Washington Irving schrieb auch ein weniger amüsantes Buch mit dem grob irreführenden Titel *The History of the Life and Voyages of Christopher Columbus*, und diese dicke Schwarte möchte ich an dieser Stelle wegen der ungeheuerlichsten ihrer zahllosen Unwahrheiten anprangern.

Stellen Sie sich die Szene in der Universität von Salamanca vor, in der sich unter dem Vorsitz von Hernando de Talavera, dem asketischen Beichtvater der Königin mit seinen auffallend stechenden Augen, eine Kommission aus kirchlichen Würdenträgern, Astronomen, Mathematikern und dergleichen versammelt hatte. Und dann sehen Sie sich den Blödsinn dieses Herrn Irving an. Er schreibt doch allen Ernstes, daß alle diese gelehrten Gestalten glaubten, sie lebten auf einer flachen Erde, und daß es mir, trotz meiner erheblichen rhetorischen Fähigkeiten, ganz zu schweigen von den von Barto noch verbesserten Karten Toscanellis, kaum gelang, mich gegen sie zu behaupten. Dieser Irving stellt die Dinge doch tatsächlich so dar, als hätte ich Bedenken gehabt, die Inquisition könnte mich aufgrund meiner Überzeugung, daß die Erde eine Kugel ist, wegen Ketzerei verurteilen.

Was für ein Schwachsinn!

Die ganze zivilisierte Welt, der Talavera-Ausschuß und der Rat der Suprema und Generalinquisition eingeschlossen, wußte damals selbst, daß die Erde eine Kugel ist.

Die wirklichen Ereignisse sahen so aus:

Pünktlich um zehn Uhr betrat ich den Saal. Um elf Uhr dreißig kam Hernando de Talavera herein und erklärte, die Könige hätten wie üblich den Zeitplan für ihre Reiseroute nicht eingehalten, so daß sie die Anhörung versäumen würden.

Meine Präsentation des Großen Abenteuers, etwas beeinträchtigt durch das Fehlen meiner Bücher und eine noch nicht überstandene Kehlkopfentzündung, verlief alles in allem recht passabel. Meine Treibholzstücke, für alle Anwesenden eine Neuheit, wurden am Tisch herumgereicht und mit den unterschiedlichsten Kommentaren bedacht.

Und dann endlich wurde Paolo Toscanellis Weltkarte in der von Barto abgeänderten Form auf einem spanischen Tisch vor einem königlich spanischen Ausschuß entrollt, und ich erläuterte daran mit krächzender Stimme klar und ausführlich das Große Abenteuer.

Die anschließende Befragung verlief – leider – schlecht. Talavera war ein geschickter Fragensteller.

«Und wie weit, sagtet Ihr, erstreckt sich der Ozean nach Westen?»

«Fünfundzwanzigtausend Meilen, Prior.» Hauptamtlich war Talavera Prior des Klosters El Prado bei Valladolid.

«Der heilige Augustinus hätte eine solche Zahl wohl kaum akzeptiert», konstatierte Talavera.

«Bei allem Respekt für den heiligen Augustinus, aber das war ein Thema, zu dem er sich nie geäußert hat.»

Talavera wechselte die Taktik. «Aber es gibt doch Leute, die behaupten, die Welt sei unendlich, nicht wahr?»

«Eine Kugel, deren genauer Umfang sich berechnen läßt, kann man nicht als ‹unendlich› bezeichnen. Es gibt dreihundertsechzig Längengrade, mit einem Abstand von jeweils etwa fünfundvierzig Meilen am Äquator.»

«Der heilige Augustinus hätte diese Zahl nie akzeptiert.»

Nachdem er merkte, daß er damit nicht ankam, griff er abermals zu einer anderen Strategie. «Wieviel Zeit würde Euer . . . Großes Abenteuer denn beanspruchen?»

«Das hängt davon ab, wie lange ich mich im Osten aufhalte. Auf See wären es ein Monat oder sechs Wochen für den Hinweg und für den Rückweg ebenso lange.»

«Aber wenn der heilige Augustinus recht hat und Ihr Euch irrt, wenn das Ozeanische Meer doch größer ist – wie lange würde es dann dauern?»

«Dann würde es länger dauern. Aber es ist nicht größer. Also dauert es nicht länger. In einem Monat bin ich dort.»

«Und wo genau ist das, *dort*?»

«Entweder Zipangu oder die Küste Indiens, das heißt der Indischen Lande.»

«Soll das heißen, Ihr wißt es nicht einmal genau? Der heilige Augustinus war in seinen Aussagen nie so unpräzise.»

«Der heilige Augustinus hatte auch nie mit Variablen zu tun wie etwa mit unbeständigem Wind oder . . .»

«Habt Ihr in Betracht gezogen, daß es aus zwei Gründen durchaus möglich ist, daß es auf der anderen Hälfte der Erdkugel überhaupt kein Land gibt?»

«Woher stammt dann das Treibholz, das Ihr soeben gesehen habt?»

«Der erste Grund ist der, daß nach Aussagen verschiedener Gelehrter der Antike die Antipoden möglicherweise mit Wasser bedeckt sein könnten. Der zweite ist der, daß der heilige Augustinus dies behauptet. Sagt mir, glaubt Ihr denn im Grunde Eures Herzens nicht auch, daß die Menschen diese anderen Länder, falls es sie gäbe und Gott gewollt hätte, daß wir sie finden, nicht in den vielen Jahrhunderten seit der Schöpfung entdeckt hätten?»

«Das einzige, was ich zu entdecken versuche», entgegnete ich geduldig, «ist ein Seeweg zu Ländern, von deren Existenz wir bereits wissen.»

«Das behauptet Ihr. Aber der heilige Augustinus wußte nichts davon.»

Und so ging es weiter. Wie sehr wünschte ich meine vier Bücher herbei, mit denen ich den zweifelnden Kirchenmann und seine längst verblichenen heiligen Verbündeten hätte widerlegen können. Seneca zum Beispiel, der große Römer spanischer Herkunft, hatte bereits in der Antike prophezeit: «Es wird eine Zeit kommen, da der Ozean seine Geheimnisse preisgibt und ein gewaltiges neues Land enthüllt; eine Zeit, da ein großer Seefahrer neue Welten entdecken und Thule nicht mehr das Ende der Welt sein wird.»

Aber leider konnte ich an diesem Tag keine Autorität auf diesem Gebiet zitieren.

Kurz vor Sonnenuntergang schließlich versammelten sich die Mitglieder des Ausschusses am Ende des langen Konferenztisches. Sie steckten die Köpfe zusammen und flüsterten. Ich mußte niesen. Allmählich wurde es dunkel. Kerzen wurden angezündet. Ich nieste wieder.

Da sagte Talevera: «Ihr werdet in dem im Bau befindlichen Studentenhospiz Quartier beziehen und dort die Ankunft der Könige abwarten.»

Kein Wort über das Große Abenteuer. Aber meine Karten und das Treibholz behielten sie.

«Wann werden sie kommen?»

«Bald.»

Das im Bau befindliche Hospiz entpuppte sich als Baustelle mit ein paar zusammengezimmerten Holzschuppen. In einem davon war ich mit einem halben Dutzend anderer Bittsteller untergebracht, die ebenfalls die Ankunft der Könige erwarteten. Wir schliefen auf dem Boden, bekamen mittags geröstete Brotbrocken und Knoblauchwurst zu essen, abends Wassersuppe und manchmal ein winziges Stück Käse und Rotwein aus La Mancha. Die ersten Vorboten des Frühlings stellten sich ein, und noch immer geisterte Tag für Tag die Frage durchs Hospiz:

«Wann kommen sie?»

Aber niemand wußte es.

Ich schrieb an Barto. Als seine Antwort eintraf, war es bereits Frühling. Er schrieb, er habe die Nase voll von England, König

Heinrich VII. sei ein Zauderer, der sich nie entschließen würde, und er, Barto, wolle sich demnächst auf den Weg nach Frankreich machen, um dort in Fontainebleau am Hofe Karls VIII. sein Glück zu versuchen.

Ich schrieb an Beatriz und erfuhr, daß sie einen Sohn geboren hatte. Abgesehen von seinen neugierigen, strahlendblauen Augen sei er, so schrieb Beatriz, eher ein Torquemada-Enríquez de Harana als ein Colón. Die Taufe werde bis zu meiner Rückkehr aufgeschoben. Schweren Herzens schrieb ich zurück, daß sie unseren Sohn ohne mich taufen lassen solle, da bisher nichts auf die Ankunft Ihrer Majestäten hindeute. «Nennt den Jungen Fernando, vielleicht bringt es Glück», fügte ich hinzu.

Außerdem schrieb ich an Juan Pérez, den Prior von La Rábida, um mich nach dem kleinen Diego zu erkundigen. Zu meiner Überraschung erhielt ich als Antwort einen Brief, den eine unbeholfene Kinderhand geschrieben hatte. Doch als ich die so mühsam zu Papier gebrachten Worte las, wurde mir traurig ums Herz.

«Papa, ich habe Heimweh. Wann bringst Du mich nach Hause, Papa?»

Heimweh? dachte ich. Wonach? Wir hatten kein Zuhause. Siebenunddreißig Jahre war ich alt und konnte meinem Sohn kein Zuhause bieten, und bei der Taufe meines zweiten Sohnes würde ich auch nicht stolz neben dem Taufbecken stehen. War ich der Verwirklichung des Großen Abenteuers, dem ich mein Leben verschrieben hatte, auch nur einen Schritt näher gekommen? Es sah nicht danach aus. War ich nicht genauso verrückt wie der langmähnige, irre dreinblickende Bittsteller im Bett neben mir mit seinen sorgfältig ausgearbeiteten Plänen für ein Luftschiff, von dem aus man riesige Steinbrocken oder gußeiserne Kanonenkugeln auf Granada abwerfen konnte?

«Wann kommen sie?»

Aber wer konnte das schon wissen?

Alle anderen Bittsteller im sogenannten Studentenhospiz hatten Ideen für irgendwelche militärischen Erfindungen. Einer war ein Franzose, der eine neuartige Kanone nach Spanien brachte, die mit Hilfe von Querbalken, die im rechten Winkel zum Feuerrohr oder der Feuertonne verliefen, auf der Lafette befestigt waren, so daß das

Rohr auf das Ziel ausgerichtet werden konnte und die Lafette den Rückstoß abfing. Später bei der Eroberung Granadas sah ich diese Kanone.

Ein anderer war ein gebürtiger Spanier, der irgendwo in einem italienischen Heer gedient und dieses phantastische Verfahren zur Verbesserung von Schießpulver mitgebracht hatte, das sogenannte Körnen, bei dem das Pulver durch Körner unterschiedlicher Größe ersetzt wird, so daß sich beim Transport des Explosivstoffs nicht mehr der Schwefel nach unten absetzt, der Salpeter in der Mitte, und die Holzkohle oben bleibt.

«Wann kommen sie?»

Wer konnte darüber auch nur Vermutungen anstellen?

Auf die Sommerhitze folgten kühle Herbstnächte, und bald schon überzog am Morgen glitzernder Rauhreif die Erde, und wir zitterten vor Kälte in unserem sogenannten Studentenhospiz. Dann fiel der erste Schnee. Wieder nahte Weihnachten, und endlich kam jener herrliche Tag, an dem nach der neuesten Mode gekleidete Hofschranzen und ihre entzückenden Begleiterinnen in der Stadt auftauchten. Zumindest die königliche Vorhut hatte Salamanca erreicht.

Aber noch immer kein König und keine Königin.

«Wann kommen sie?»

Vielleicht nach dem Fall Granadas. Falls Granada überhaupt je fallen würde.

Sie kamen am Weihnachtsabend, genau ein Jahr nachdem ich die alte Römerbrücke überquert hatte.

Ein königlicher Page schlurfte durch den Schnee zum Studentenhospiz. Er schlug die behandschuhten Hände zusammen und stampfte mit den Füßen, um sich aufzuwärmen.

«Ich suche das Studentenhospiz», sagte er.

«Da befindet Ihr euch bereits», klärte man ihn auf.

Ungläubig schaute er sich um. Dann sagte er: «Colomb – die Könige haben mich geschickt, um einen Burschen namens Colomb zu holen.»

Sie saßen auf identischen Thronsesseln in der weitläufigen Halle eines mit Beschlag belegten Herrenhauses.

Ich befahl meinen widerspenstigen Beinen, mich quer durch den Saal zu tragen, kniete vor dem Podest nieder und hörte durch den heftig in meinen Ohren pochenden Puls hindurch, wie der Page meinen Namen verhunzte: «Cristóbal Colomb, ein Ausländer – fünf Minuten.»

Ich machte den Mund auf, um einzuwenden, daß mein Großes, die halbe Erde umspannendes Abenteuer doch sicher mehr als fünf Minuten verdient hätte, aber es kam kein Wort heraus.

Ich hörte den König sagen: «Erhebt Euch», und ich erhob mich.

Ich hörte die Königin sagen: «Kommt näher», und ich kam näher.

Sie schauten auf mich herab.

Ich blickte zu ihnen auf.

Es war allgemein bekannt, daß Ferdinand und Isabella Cousins ersten Grades waren und für die Heirat, die ihre Königreiche vereinte, den päpstlichen Dispens brauchten. Daß diese Verbindung unter genetischem Aspekt eine Dummheit war, sollte sich bei ihrer Tochter, Johanna der Wahnsinnigen, herausstellen; sie zog sich nach zweijähriger Regentschaft von der Welt zurück, lehnte es ab, sich anzukleiden oder sich auch nur zu waschen, besuchte aber täglich das Grab ihres Mannes, Philipp des Schönen von Burgund (der ihr heftig untreu gewesen war); ob aus Trauer oder Schadenfreude – darüber schweigt sich die Geschichtsschreibung aus.

Aufgrund der nahen Verwandtschaft erwartete ich eine Ähnlichkeit zwischen Ferdinand und Isabella, sah mich jedoch getäuscht.

König Ferdinand, in königlichen Wintergewändern und mit leichter Reisekrone auf dem großen Kopf, war ein dunkelhäutiger Mann mit finsteren, stechenden Augen, einem langen Oberkörper und unverhältnismäßig kurz geratenen Beinen. Die Spitzen seiner fellgefütterten Pantoffeln berührten mit knapper Not das Podest.

Königin Isabella, in königlichen Wintergewändern und mit leichter Reisekrone auf dem durchschnittlich großen Kopf, kam mir bestürzend vertraut vor.

Ihr muß es mit mir ähnlich ergangen sein, denn sie konnte den Blick nicht von mir abwenden. «Kommt näher», sagte sie. «Steigt auf das Podest.»

Ich nahm die zwei Stufen und verbeugte mich tief.

Dann starrten wir einander aufs neue an.

König Ferdinand räusperte sich ungeduldig.

Die Königin war von königlichem Wuchs. Ihr kastanienfarbenes Haar hatte einen kupferfarbenen Schimmer. Ihre Nase, eine weiblich zierliche Version eines Falkenschnabels, war ganz entzückend. Sie hatte leuchtendblaue Augen und rosige Wangen. Täuschte ich mich, oder entdeckte ich ein paar versprengte Sommersprossen?

Das rötliche Haar, die blauen Augen, die angedeuteten Sommersprossen auf den rosigen Wangen – all das wurde in Spanien wegen seiner Seltenheit bewundert.

Noch immer starrten wir uns an.

Die Königin lächelte.

Traf die Erkenntnis zuerst sie oder erst mich? Ich möchte gerne glauben, daß es gleichzeitig war.

Königin Isabella sah nicht ihrem Vetter König Ferdinand ähnlich, *sie sah mir ähnlich*. Oder sagen wir, falls dies eine Majestätsbeleidigung sein sollte, ich sah ihr ähnlich. Wir ähnelten uns wie nahe Verwandte, fast wie Bruder und Schwester.

König Ferdinand, der diese zufällige Ähnlichkeit als letzter bemerkte, war wenig angetan. «Woher kommt Ihr, Colomb?» fragte er barsch.

«Aus Genua, Sire.»

Jetzt behauptete ich das schon wieder. Aber es wäre zu kompliziert gewesen zu erklären, daß ich auf hoher See geboren bin.

«Wir gehen davon aus», sagte der König trocken, «daß Ihr Euer Glück bereits in Portugal versucht habt und daß seine Majestät Johann II. es abgelehnt hat, Euer Großes Abenteuer zu unterstützen.»

Bei dem Gedanken an mein Scheitern senkte ich den Kopf.

«Es beliebt uns, Euch zu versichern, daß wir uns zu diesem Zeitpunkt ebenfalls nicht in der Lage sehen, Euer Vorhaben zu unterstützen», sagte der König.

«Und es beliebt uns desgleichen», fügte die Königin hinzu, «Euch zu versichern, daß wir uns nicht in der Lage sehen, es völlig von der Hand zu weisen.»

Warfen sie sich königliche Seitenblicke zu?

«Zuerst kommt Granada», sagte der König mit Nachdruck.

Die Königin stimmte ihm zu, wobei ihre blauen Augen haßerfüllt blitzten. «Alles andere muß zurückstehen, bis der düstere Schatten der Ungläubigen nicht mehr über unser Reich fällt.»

In puncto Religion war die Königin, ansonsten eine großartige und tolerante Frau, erstaunlich engstirnig, wie die umfangreiche jüdische Bevölkerung Spaniens am 30. März 1492 schmerzlich zu spüren bekam.

Der König schnippte mit den Fingern, und ein Lakai brachte eine Mappe mit den von meinem Bruder Barto überarbeiteten Karten Toscanellis. Ich wollte schon fragen, wo mein Treibholz abgeblieben war, hielt aber klugerweise den Mund.

«Habt Ihr die gezeichnet?» fragte der König.

Bescheiden verbeugte ich mich.

«Sie wurden in meiner und meines Bruders kartographischer Werkstatt in Lissabon gezeichnet, in Holz geschnitten und gedruckt», antwortete ich.

«Und wo ist Euer Bruder jetzt?»

«In Frankreich.»

«Er ist nicht zufällig am Hofe dieses Idioten Karl, um französische Gelder für Euer Großes Abenteuer aufzutreiben?»

In seinen kleinen, dunklen Augen blitzte Unmut, in den strahlendblauen der Königin Belustigung.

«Warum sollte er es nicht versuchen?» sagte sie.

«Weil wir noch nicht von unserem königlichen Vorrecht, nein zu sagen, Gebrauch gemacht haben», entgegnete der König.

«Und auch nicht von unserem königlichen Vorrecht, ja zu sagen», meinte die Königin.

Er funkelte mich an; sie lächelte mich an. Dann beugten sie sich über die Karten und beratschlagten flüsternd. Ich begann zaghaft zu hoffen.

«Noch eine Minute!» rief der Page.

Abrupt fragte der König: «Könnt Ihr Karten dieser Güte in größerem Maßstab anfertigen?»

Ich brachte ein entschiedenes, wenn auch verwirrtes Ja zustande.

«Könnt Ihr sie ganz allein und im geheimen auf feindlichem Territorium zeichnen?» Diese Vorstellung schien ihm zu gefallen.

«Dreißig Sekunden!» rief der Page.

«Allerdings mit Santafé als sicherem Hort der Zuflucht», ergänzte die Königin.

Ich brauchte ein paar Sekunden, um zu begreifen, daß sie es
wörtlich meinte und vom Vorposten Santafé ein paar Meilen
westlich von Granada sprach.

«Könnt Ihr sofort anfangen?» fragte der König.

«Zehn Sekunden!» drängte der Page.

Da ich kein zweites Weihnachten im sogenannten Studentenhospiz verbringen wollte, sagte ich: «Ich stehe Euren Majestäten zur
Verfügung.»

So trat ich nicht als Seefahrer, sondern als Spion in den Dienst
der spanischen Könige.

Damit verschwand ich für fast zwei Jahre von der Bildfläche. Ich
meine das ganz wörtlich. Ich hinterließ keine Spur. Die Historiker
sahen mich als Gast im Hause des Herzogs von Medinaceli oder als
Vagabund auf den Straßen Spaniens; einige vermuteten, ich hätte
mich den Truppen angeschlossen, die sich in Santafé für die Belagerung Granadas sammelten; andere mutmaßten, ich hätte diese
Lücke in meiner Biographie beim kleinen Diego im Kloster La
Rábida verbracht. Ich wünschte, es wäre so gewesen!

In jenem Jahrzehnt vor 1492 herrschte eine Atmosphäre des
Mißtrauens. Keiner traute dem anderen, ganz gleich, ob dieser ein
arabischer Bruder, ein Christ oder ein Jude war. Während sich die
Grenzkämpfe zwischen Christen und Arabern zuspitzten, setzte die
eifersüchtige Sultanin Ayesha ihren Mann Abu al Hassan ab und
krönte ihren Sohn Abu Abdallah zum Sultan. Als Abu Abdallah
wenig später bei einem Vorstoß an die christliche Grenze gefangengenommen wurde, ließ man ihn unter der Bedingung frei, daß er
sich den christlichen Streitkräften anschloß und gegen seinen Vater
kämpfte, welcher sich inzwischen in den Bergen bei Málaga Sporen
als Kriegsherr verdient hatte. Abu Abdallahs Onkel az-Zaghral
nutzte diese Gelegenheit, um sich selbst zum Sultan von Granada
krönen zu lassen. So begann ein Bürgerkrieg an drei Fronten, eine
arabische Spezialität. Der Vater al Hassan kam auf dem Schlachtfeld
um, der Sohn Abu Abdallah nahm die Festung Granada ein, brach
seinen Eid, auf seiten der Christen zu kämpfen, und der Onkel

az-Zaghral flüchtete in die Höhlen von Guadix und überfiel von dort aus mit seinen Guerilleros Christen und Juden ebenso wie seine arabischen Brüder.

Da keiner dem anderen traute, erregte ein Bettler keinen sonderlichen Verdacht.

Ich war der dreckigste, verwahrloseste Bettler, der je auf einer andalusischen Straße um Almosen gebeten hat. Ich war stumm – ein ungewohnter Zustand für mich –, denn man hatte mir nach islamischem Gesetz wegen einer Blasphemie die Zunge herausgerissen. Das zumindest erklärte ich jedem, dem ich auf der Straße begegnete, mit beredten Gesten. Ich hatte einen Esel, der noch dreckiger und räudiger war als ich und in dessen Satteltaschen ich den Grund für mein Umherziehen als schäbiger Bettler verwahrte – Kohle und Papier. Ich wanderte überall im Tal von Granada umher, das noch nicht von spanischen Streitkräften besetzt war. Ich kundschaftete jeden Hügel und jeden Maulwurfshaufen aus, jeden Bach und jedes Rinnsal, jedes Dorf und jeden Weiler, jeden Olivenhain und jedes Granatapfelwäldchen (daher der Name Granada); ich machte mich mit der unmittelbaren Umgebung der Stadt vertraut, die, von einer Festung gekrönt, auf einem Berg lag und nahezu uneinnehmbar war. Des Nachts begab ich mich mit den anderen Bettlern in die Stadt, suchte mir irgendwo ein dunkles Eckchen und zeichnete im Mondschein auf, was ich untertags gesehen hatte.

Eines Tages entdeckte ich unterhalb der Nordmauer der Festung einen tiefen Riß im ockerfarbenen Gestein, der stummes Zeugnis von einem früheren Erdbeben ablegte. Mir war klar, daß man auf diesem Weg hineingelangen konnte, und so fertigte ich schnell eine Skizze an.

«He, du da, Bettler!»

Vor mir stand ein narbengesichtiger, bis zu den Zähnen bewaffneter Soldat in der Uniform von Abu Abdallahs Streitkräften.

Ich streckte die Hand um ein Almosen aus und deutete auf meinen stummen Mund.

«Was hast du denn da?»

Inzwischen verstand ich etwas Arabisch, zuckte aber nur stumm die Achseln.

Er riß mir die Zeichnung aus der Hand und betrachtete sie von allen Seiten.

«Was soll das denn sein?»

Ich blieb dabei, die Achseln zu zucken und stumm die Hand auszustrecken.

«Ach so, du bist auch so ein armer Teufel, dem man wegen Gotteslästerung die Zunge herausgerissen hat.» Endlich fiel der Groschen, im wahrsten Sinne des Wortes, denn er ließ eine Kupfermünze in meine ausgestreckte Hand fallen, als er mir das Blatt Papier gab, aus dem er nicht schlau wurde; dann trollte er sich.

Ich lebte allein mit meinem stinkenden Esel. Ich mied die Menschen, was meinen Erfolg als Bettler natürlich schmälerte. Aber Abgeschiedenheit bedeutete Sicherheit. Während sich die Truppen zwischen Santafé und Granada Scharmützel lieferten, hielt ich Bodenerhebungen, Senken, Lichtungen und Gebüsche mit dem Stift fest; ich überlegte mir Marschrouten und geeignete Stellen für die Aufstellung von Kanonen. Im Sommer suchte ich im Schatten der Palmen am Ufer des Darro Schutz vor der Hitze, im Winter hüllte ich mich gegen die Kälte in meinen wollenen Burnus und fror wie alle anderen. Und stets ragte die Festung in den Himmel und dahinter die hohen Gipfel der Sierra Nevada.

Einmal in der Woche überquerte ich die Senke im Südosten der Stadt und wanderte zu den Torres Bermejas, einem ehemaligen arabischen Vorposten, wo ich erwartet wurde.

Mein Kontaktmann war eine Frau, neunzig Jahre alt oder älter, zahnlos und mit tief gefurchtem Gesicht; jemand behauptete, sie sei die Großmutter des Gran Capitán. Sie unterhielt die Soldaten, die Ausgang hatten, mit melancholischen Liedern, die sie mit ihrer erstaunlich klaren und jungen Stimme wie Klagegesänge wieder und wieder wiederholte.

> Wenn ich daran denke,
> daß ich eines Tages sterben muß,
> dann verhülle ich mein Haupt
> und versuche zu schlafen.

Solch abgrundtiefer Fatalismus rührte ihre Zuhörer zu Tränen. Ich gab ihr meine Skizzen, sie sagte mir, von welchem Abschnitt des weiten bergumsäumten Tals ich als nächstes Karten anfertigen sollte.

So verbrachte ich zwei Jahre als Spion. Bald war ich dieses undankbarsten aller Gewerbe überdrüssig und lebte in ständiger Angst. Meine Rettung war das nicht enden wollende Umherziehen. Ich wanderte hinauf ins Vorgebirge der Sierra, wieder hinunter in eine Schlucht, auf steilen Pfaden in die ausgetrockneten Berge im Süden, wo ich gelegentlich die Glocken einer weit entfernten Maultierkarawane hörte oder einen einsamen Hirten auf seinen Stab gestützt Wache bei seinen Schafen halten sah.

«Was tust du denn hier?»

Es war nur ein bis zu den Zähnen bewaffneter Soldat in der Uniform von Abu Abdallahs Streitkräften, weiter nichts.

«Ich schaue nur diesem einsamen Hirten zu, der auf seinen Stab gestützt Wache bei seinen Schafen hält.»

Zu spät entdeckte ich die Narben auf dem Gesicht des Soldaten.

Er blickte mich finster und voller Grimm an und rief: «Jetzt redest du ja! Warst du nicht mal einer von diesen armen Teufeln, dem man wegen Gotteslästerung die Zunge herausgerissen hat?»

Ich stand ihm ganz allein gegenüber, denn mein stinkender Esel war in meinem zweiten Winter als Bettler an der Kälte eingegangen.

Während er sein Schwert zog, überlegte ich fieberhaft.

«Allah», erklärte ich, «ist voller Gnade.»

«Das ist er», pflichtete mir der Soldat bei, während er das Schwert hob, «und du tätest gut daran, auf der Stelle um eine Scheibe von dieser Gnade zu beten.»

«Sie ist mir bereits zuteil geworden», entgegnete ich gelassen. «Allah hat mir seine Gnade erwiesen, indem er mir meine Zunge wiedergegeben hat.»

«Mein Gott! Wirklich?» Der narbengesichtige Soldat fiel auf die Knie und warf sich zu Boden, mit dem Kopf nach Osten, versteht sich.

Ich stahl mich davon – nach Westen, versteht sich. Dann beschleunigte ich meine Schritte.

Aber irgend etwas an meiner Geschichte hatte ihn wohl nicht ganz zufriedengestellt, oder vielleicht war er auch kein echter Gläubiger. Wie dem auch sei, er nahm die Verfolgung auf, und ich flüchtete in Richtung auf die nächstgelegene christliche Siedlung, zu den Torres Bermejas.

Dort waren zwar keine christlichen Soldaten, die Ausgang hatten, aber die alte Frau sang mit ihrer erstaunlich klaren Stimme voll abgrundtiefem Fatalismus:

> Wenn ich daran denke,
> daß ich eines Tages sterben muß,
> dann verhülle ich mein Haupt
> und versuche zu schlafen.

«Versteckt mich! Schnell! Ich bin enttarnt!»

Aber schon kam der narbengesichtige Soldat mit vollem Tempo auf uns zugerannt.

Die alte Frau, deren Klagegesänge noch von den Hügeln ringsum widerhallten, zog ruhig einen Dolch aus ihrem faltenreichen Tuch und drehte ihn mit einer flinken Bewegung so, daß der Soldat sich selbst durchbohrte. Dann stemmte sie einen abgewetzten Stiefel gegen seinen Brustkorb und zog mit einem für eine so zerbrechliche alte Frau erstaunlich kräftigen Tritt die Klinge aus dem Toten.

«Der erste in dieser Woche», sagte sie schlicht und stieß die Klinge in die ockerfarbene Erde, um sie zu säubern. «Ich habe eine Nachricht für dich – sie brauchen dich in Santafé. Der entscheidende Angriff steht bevor.»

Das war Ende November 1491.

KAPITEL 7

1492

Am 2. Januar 1492, nach zwei Jahren des einsamen Umherwan-
derns noch nicht wieder an das Zusammensein mit Menschen gewöhnt, stand ich etwas abseits auf dem östlichen Festungswall von
Santafé und beobachtete einen Blitz, eine plötzlich aufsteigende
schwarze Rauchwolke und Sekunden später das Aufspritzen ockerfarbenen Gesteins, während ein Teil der Festungsmauer von Granada in sich zusammenfiel.

Abgesehen von sporadischen Artilleriefeuern im Dezember und
gelegentlichen Ausfällen arabischer Reitertrupps, erwies sich der
von der alten Frau angekündigte entscheidende Angriff als überflüssig.

Das geheime Schlupfloch ins Innere Granadas, jener tiefe Riß im
Fels, den ich an der Nordseite der Festung entdeckt hatte, war der
Schlüssel zu einem nahezu unblutigen Sieg. Oder vielmehr für eine
nahezu unblutige Kapitulation. Denn da die Christen den Felsspalt
bewachten, konnten die Araber nachts nicht hinausschlüpfen, um
Lebensmittelnachschub für die belagerte Stadt zu beschaffen, die
eher vom drohenden Gespenst des Hungertodes als durch Kano-
nenfeuer in die Knie gezwungen wurde.

Während der letzten Salven löste sich aus einer Gruppe von
Höflingen, die sich knapp fünfzig Meter von mir entfernt um den
König und die Königin geschart hatten, ein Mann von eindrucks-
vollem Umfang in prächtiger Rüstung und kam sporenklirrend auf
mich zu.

«Ihr seid Colomb, nicht wahr?» sagte er. «Wollte mal den Mann kennenlernen, der Granada ans Messer geliefert hat. So bezeichnen Euch die Könige inzwischen, wißt Ihr das?»

«Das war doch gar nichts», winkte ich bescheiden ab.

Bei näherer Betrachtung vermittelte das Gesicht des korpulenten Mannes den Eindruck gebändigter Macht, wenn man von seinen wulstigen, sinnlichen Lippen absah, die ständig in Bewegung waren, als würden sie ungeduldig auf die Erfindung der Zigarre warten.

«Mein Name ist übrigens Colón», sagte ich.

«Klar. Colomb. Jeder weiß, wer Ihr seid. Ich bin Luis de Santangel, Verwalter der königlichen Privatschatulle und einer der zwei oder drei reichsten Männer Spaniens.»

«Ich heiße Colón: C-O-L-O-Akzent-N.»

«Ja, genau wie ich . . . *was* habt Ihr gesagt?» Luis de Santangel schlug sich mit der flachen Hand an die Stirn. «*Colón!* Aber natürlich, die roten Haare. Eure Mutter Susanna hatte auch rote Haare. Ihr seht ihr sehr ähnlich. Euer Vater hieß Domingo. Und Ihr hattet einen Bruder – Bartolomé.»

«Wer seid Ihr?»

«Sagte ich doch. Ich bin Luis de Santangel, Verwalter der königlichen Privatschatulle und einer der zwei oder drei reichsten Männer Spaniens.»

Aber er wußte recht gut, daß ich etwas anderes meinte. Während wir dem Bombardement zusahen, begann er zu erzählen.

Kanonengetöse unterbrach seinen Bericht, schwarzer Rauch überschattete die Jahre, rötliches Gestein spritzte von den Mauern Granadas hoch wie Blut – jüdisches Blut, das in meinen Adern floß.

«Dann . . . dann bin ich also ein Jude», stieß ich hervor.

«Redet keinen Unsinn, natürlich seid Ihr keiner. Nicht mehr als ich. Ihr seid ein Neuchrist, und die sind viel besser als die andere Sorte.»

Mit vierzig Jahren bewohnte ich plötzlich den Körper eines Fremden.

«Das haben mir meine Eltern nie gesagt», sagte ich.

«War auch richtig so. Warum die Dinge komplizieren? Meine haben auch nichts gesagt. Nicht daß das nötig gewesen wäre, schließlich lag es auf der Hand. Sie kamen um, als ich neun Jahre alt war.»

«Meint Ihr den Seder in dem Jahr, in dem ich geboren wurde?»

«Den Seder und alles andere. Sie haben mit einer Lüge gelebt. Bis man sie umgebracht hat.»

Ich fragte ihn, was schiefgelaufen war, wobei ich deutlich meine Ressentiments gegen ihn und meine jüdischen Vorfahren spürte.

«Der letzte Seder? Aber ja, natürlich erinnere ich mich», sagte Luis de Santangel. «Ich erinnere mich gut. Ich war damals der Jüngste.»

Fanfaren erschallten, und Reiter in blitzenden Rüstungen sprengten mit wehenden Standarten durch den schwarzen Rauch, der über das Schlachtfeld dahinzog.

«Wer hat eigentlich Eure Familie und die anderen verraten?» fragte ich Luis de Santangel. Da es hier nicht nur um seine, sondern auch um meine Vergangenheit ging, glaubte ich ein Recht zu haben, es zu erfahren.

Er schaute mir geradewegs in die Augen und sagte: «An irgendeinem Punkt muß ein Mann den Grundstein für seine Karriere legen.» Verbissen kaute er auf seiner imaginären Zigarre herum. «Schließlich waren sie durch und durch Ketzer. Und bedenkt, jetzt, wo die Ungläubigen da drüben gestürzt sind und die Inquisition unter Torquemada in Schwung kommt, werden die Könige endlich Zeit haben, sich auch um weniger gravierende Fälle von Ketzerei zu kümmern. Es wird schlimmer werden als je zuvor.» Unsicher blickte er sich um. «Ich meine, besser.»

«Sie . . . in gewisser Hinsicht haben sie mehr mit den Arabern da drüben gemeinsam.»

«Wer denn?»

«Die Juden. Ich bin auch Jude von Geburt.»

«Nein, seid Ihr nicht. Eure Eltern waren bereits bekehrt.»

«Denn die Araber und die Juden», nahm ich meinen theologischen Disput mit mir selbst wieder auf, «glauben an *einen* Gott – Allah, Jehova oder wie immer sie ihn nennen. Und sie behaupten, wir würden an *drei* glauben – den Vater, den Sohn und den Heiligen Geist.»

«Alles Aspekte des *einen* Gottes, mein Freund», sagte Luis de

Santangel weltläufig. Dann runzelte er die Stirn. «Aber die Jung-frau ist *doch* ein Problem, nicht wahr?»

«Was bin ich dann?» Eine rein rhetorische Frage.

«Hört, es tut mir leid, daß ich davon angefangen habe.»

«*Warum* bin ich?» Eine Frage, die so existentiell war wie der helle, schreckliche Klagegesang der uralten Frau.

Der Versuch, eine Antwort darauf zu finden, sollte mein ganzes Leben in Anspruch nehmen.

«Könnt Ihr nicht vergessen, daß ich das Thema angeschnitten habe?» fragte Luis de Santangel in dem Augenblick, in dem sich auf dem Schlachtfeld lautes Geschrei erhob, da jemand auf den Befesti-gungsanlagen Granadas inmitten des aufwirbelnden Staubes eine weiße Fahne gehißt hatte.

Die gepanzerten Ritter auf ihren Schlachtrössern machten kehrt und schlossen auf, um den König und die Königin zu begrüßen.

«Wir halten Einzug», flüsterte Santangel bedeutungsvoll. Und so geschah es. Voran der König und die Königin, er auf einem mächtigen Schlachtroß, sie auf ihrem Zelter, der korpulente Luis de Santangel unmittelbar dahinter im zweiten Glied auf einem noch kolossaleren Schlachtroß als der König, und ich ganz hinten im Gefolge derer, die auf Maultieren ritten.

Zur Mittagsstunde wurde auf dem höchsten Turm der Alham-bra ein gewaltiges silbernes Kruzifix aufgestellt, während der König und die Königin dem Herrn und Seiner Mutter dafür dankten, daß das letzte Bollwerk der Ungläubigen in Spanien nach acht Jahrhunderten der Belagerung durch die Araber gefal-len war.

Zusammen mit dem gesamten Hofstaat wurde ich in der Fe-stung einquartiert. Eine außergewöhnliche Ehre. Doch als ich die dicken Steinmauern und die schießschartengroßen Fenster von innen sah, kam ich mir vor wie in einem Gefängnis.

Ein paar Wochen später empfingen mich die Könige in einem bescheidenen Audienzsaal, auf dessen Galerie früher blinde Musi-kanten für ihren Sultan gespielt hatten.

Der König wirkte verdrossen, so als wäre mit dem Fall Granadas etwas aus seinem Leben verschwunden.

Die Königin, deren Gesicht vor Erregung über den Sieg glühte, strahlte von innen heraus wie eine Frau, die gut und gründlich beschlafen worden war.

«Zum Geschäft», sagte der König, doch bevor er fortfahren konnte, rief eine unsichtbare Stimme: «Zwei Minuten, Sires!»

«So wenig?» sagte die Königin. Ihre leidenschaftlichen blauen Augen wanderten ruhelos über mein Gesicht. Ich errötete. Die Königin, ebenfalls errötend, lehnte sich in ihrem improvisierten Thronsessel zurück, während der König auf dem seinen nach vorn rutschte, so daß seine königlichen Zehenspitzen den Boden berührten. «Der Talavera-Ausschuß hat erhebliche Vorbehalte gegenüber Eurem Großen Abenteuer.»

«Und selbst wenn diese nicht bestünden», fügte die Königin hinzu, «müßtet Ihr einsehen, daß uns in unmittelbarer Zukunft andere Angelegenheiten, die für das Königreich von Bedeutung sind . . .»

«Von *wirklicher* Bedeutung», betonte der König.

«. . . beschäftigen werden: die Verwaltung Granadas, die Judenfrage und dergleichen.»

«Der Talavera-Ausschuß», sagte der König, «hat einen Bericht über Euer Großes Abenteuer angefertigt» – er tippte vielsagend mit den Zehenspitzen auf den Boden –, «den Euch der Page beim Hinausgehen aushändigen wird.»

«Nicht daß wir nicht dankbar wären für alles, was Ihr getan habt», versicherte mir die Königin.

«Wir werden einen entsprechenden Orden prägen lassen», erklärte der König. «Aber natürlich werdet Ihr ihn nie tragen.»

«Bei Rincón de la Victoria gibt es ein kleines Gut», sagte die Königin, «das wir Euch gerne übereignen wollen.»

«Der ehemalige Besitz judaisierender Marranos, die die Aufmerksamkeit der Inquisition auf sich gezogen haben», erläuterte der König.

«Damit verbunden ist ein bescheidener Titel, Prócer von Rincón de la Victoria», sagte die Königin. «Er steht im Rang über einem Hidalgo.»

«Aber unter einem Herzog», ergänzte der König.

Ein eigener Besitz, selbst wenn er von rückfälligen Neuchristen konfisziert worden war, ein Adelstitel, der auf meinen Sohn Diego übergehen würde, das Ende eines aussichtslosen Abenteuers, dem ich schon zu lange nachjagte – fast geriet ich in Versuchung.

Aber ich verneigte mich steif und sagte: «Ich danke Euren Majestäten, aber ich werde mit meinem Großen Abenteuer an den französischen Hof gehen, wo mein Bruder derzeit vorstellig ist.»

Und dann beging ich eine echte Majestätsbeleidigung. Ohne abzuwarten, bis man mich verabschiedete, machte ich auf dem Absatz kehrt und verließ den Audienzsaal.

Ich hörte, wie Königin Isabella nach Luft schnappte, aber niemand hielt mich auf.

Noch am selben Abend erzählte mir Luis de Santangel, was sich in der Zeit abspielte, die ich benötigte, um meinen Seesack zu holen und auf meinem Maulesel durch die Puerta de la Explanada aus Granada hinaus und in Richtung Westen die zehn Meilen bis zur Pinienbrücke zu reiten, die über den Genil führt.

Santangel hatte von dem Großen Abenteuer erst nach unserer Begegnung auf den Befestigungsanlagen von Santafé erfahren, als König Ferdinand ihn um eine Schätzung der Kosten gebeten hatte. Santangel hatte zwei Millionen Maravedis veranschlagt, ohne zu wissen, um wessen Großes Abenteuer es sich handelte. Das erfuhr er von dem Pagen, der mir die offizielle Version der vom Talavera-Ausschuß vorgebrachten Einwände übergab. Ich riß das Papier mitten entzwei und warf es ihm vor die Füße.

Santangel berief umgehend eine außerordentliche Versammlung der einflußreichsten Neuchristen bei Hofe ein, von denen es eine ganze Menge gab. Während er wütend auf seiner imaginären Zigarre herumkaute, erläuterte er die Situation. «Jetzt, nachdem Granada gefallen ist, wird sich die Inquisition auf jeden Neuchristen stürzen, der auch nur einen schiefen Blick auf ein Kruzifix wirft, falls Ihr wißt, was ich meine.»

Sie wußten, was er meinte.

«Aber angenommen, dieser Kerl findet seine Indischen Lande, dann würden doch die heidnischen Indianer zum Christentum bekehrt, nicht wahr? Und ist das nicht der Zweck all dieser Expeditionen? Betrachten wir doch bloß die Kanarischen Inseln oder die Schwarzen in Westafrika.»

«Wir brauchen nicht noch mehr Christen», meinte einer von Santangels einflußreichen Kollegen.

«Da irrt Ihr Euch», entgegnete Santangel. «Und ich will Euch auch sagen, warum: Colón ist nämlich einer von uns. Und das bringt unschätzbare Vorteile für alle Neuchristen mit sich.»

«Nun ja», meinten die versammelten Herren unentschlossen.

«Ich bin noch nicht fertig. Ihr alle habt Söhne und Enkel. Einige davon sind ziemliche Hitzköpfe, habe ich recht?» Er blickte in die Runde. «Wieviel werden sie sich von einem fanatischen Ketzerjäger wie Torquemada gefallen lassen, bevor sie in die Luft gehen? Begreift Ihr jetzt?»

Um sicherzugehen, daß sie begriffen, wurde er noch deutlicher.

«Angenommen, dieser Colón überquert das Ozeanische Meer und findet sein Festland, seine Inseln, was auch immer; dann wird man Leute brauchen, die diese Länder weiter erforschen und sie unter Umständen sogar kolonialisieren. Die Kanarischen Inseln haben wir bereits kolonialisiert, stimmt's? Könnt Ihr Euch eine bessere Lösung vorstellen, um Eure hitzköpfigen Söhne und Enkel vor Schwierigkeiten zu bewahren und sie gleichzeitig ihren christlichen Eifer unter Beweis stellen zu lassen?»

Das konnten sie nicht.

«Chinillo hat recht», sagten sie. Unter sich nannten sie Santangel stets bei seinem alten Nachnamen.

«Wir lassen uns eine einmalige Gelegenheit entgehen», fuhr er fort, «wenn wir nicht auf der Stelle einen Delegierten da hineinschicken, um den Königen klarzumachen, was Sache ist. Also, wer soll gehen?»

Die Wahl fiel einstimmig auf ihn. Er spielte den Überraschten und eilte in den Audienzsaal.

Zunächst sagte der König griesgrämig: «Colón? Dieser unerträgliche Ausländer? Es sind noch keine vier Stunden vergangen, seit er sich einer massiven Majestätsbeleidigung schuldig gemacht hat.»

Die Königin, noch immer strahlend, fügte hinzu: «Die wir natürlich großmütig verziehen haben.»

Der König schnaubte, bedeutete jedoch Luis de Santangel fortzufahren.

«Angenommen, wir unternehmen nichts und lassen ihn nach Frankreich ziehen», sagte Santangel, «und angenommen – nur einmal angenommen –, König Karl entschließt sich, ihm Unterstützung zu gewähren. Was wird es diesen französischen Dandy schon kosten? Ein paar Millionen Maravedis. Und was passiert, wenn dieser Colón wirklich in Indien oder Zipangu oder sonstwo landet? Jedermann weiß, daß die Dächer von Zipangu mit purem Gold gedeckt sind und in Indien selbst die ärmsten Bauern Smaragde und Rubine tragen. Was also passiert, wenn Frankreich diese Länder entdeckt und wir nicht? Ich will es Euch sagen: Frankreich wird die reichste Nation der christlichen Welt werden, mehr nicht. Und Spanien? Mit Spanien wird es bergab gehen, Eure Majestäten. Die Welt wird uns vergessen. Spanien wird tiefste Provinz werden, zwar recht romantisch und malerisch, aber außer Zigeunern und Stierkämpfen und pittoresken Burgruinen wird es dann nichts mehr geben. Was haben wir denn zu verlieren, Eure Majestäten? Zwei Millionen Maravedis – ein Pappenstiel!»

Angesichts der Unentschlossenheit der Könige spielte Santangel seinen letzten Trumpf aus. «Ich glaube so fest an diesen Colón, daß ich, falls Eure Majestäten ihn nicht unterstützen wollen, wahrscheinlich selbst versuchen werde, das Geld aufzubringen. Dann könnte er natürlich nicht unter königlicher Flagge segeln, sondern es wäre ein ganz privates Unternehmen.»

König Ferdinand warf Königin Isabella einen unsicheren Blick zu.

Noch strahlender als zuvor sagte sie: «Da Don Luis so überzeugt ist, meine ich, wir sollten das Große Abenteuer unterstützen. Hat er uns in finanziellen Dingen je einen schlechten Rat gegeben?»

Offenbar nicht, denn der König sagte: «Also gut, also gut, laßt den Kerl zurückholen, aber erwartet von mir nicht, daß ich dasitze und mir sein hämisches Gegrinse anschaue.»

Der königliche Bote holte mich an der Pinienbrücke ein und brachte mich zu Santangel zurück.

«Sie haben es sich anders überlegt», sagte er. «Ihr fahrt.»

Meine Reaktion war für ihn ebenso verblüffend wie für mich selbst. Ich sank auf die Knie, bekreuzigte mich und dankte Gott.

Luis de Santangel war sichtlich angetan. «Ihr seid ein guter Neuchrist. Viel besser als die alten. Habe ich es nicht gesagt?»

Ich stand auf und begab mich in den Audienzsaal.

«Wartet! Laßt Euch auf keine besonderen Bedingungen ein. Ich werde Eure Interessen vertreten.»

«Aber ich will doch nichts weiter als die Unterstützung der Könige für mein Großes Abenteuer.»

«Lächerlich. Zunächst mal wollt Ihr einen wohlklingenden, erblichen Titel: Admiral des . . . wie heißt es doch gleich?»

«Ozeanisches Meer.»

«Genau. Admiral des Ozeanischen Meeres. Und Ihr wollt eine prozentuale Beteiligung.»

«Woran denn?»

«Keine Ahnung. Aber verkauft Euch nicht zu billig, das schadet nur Eurem Image. Sagen wir zehn Prozent. Und Ihr wollt zum Vizekönig und Generalgouverneur ernannt werden.»

«Will ich das?»

«Und ob Ihr das wollt. Über alle Inseln und alles Festland, das Ihr auf dem Weg nach Indien oder wo immer Ihr hinfahrt, entdeckt. Von wo aus werdet Ihr segeln?»

«Palos.»

«Dann muß ich mich mit Medinaceli in Verbindung setzen. Hört zu, mein Junge, ich werde dafür sorgen, daß Ihr einen Vorschuß von ein paar hundert Reales bekommt. Nehmt Euch doch ein paar Wochen Urlaub, den habt Ihr Euch wirklich verdient. Ich kümmere mich inzwischen um Eure Interessen. Werdet Ihr denn nach Cathay fahren?» fragte er.

«Wenn ich es finde, schon.»

«Dann braucht Ihr eine Empfehlung an den Großkhan.»

Er machte sich Notizen, während ich den Audienzsaal betrat.

Ich kniete vor der Königin nieder. Sie sah hinreißend aus in ihrem hermelinbesetzten Gewand aus Goldbrokat, das unterhalb der schmalen Taille aufsprang und einen leuchtendroten Streifen ihres samtenen Unterkleides enthüllte. Sie trug Ohrgehänge aus Perlen und um den herrlichen Hals eine einreihige Perlenkette. Ihr Haar wurde von einem goldenen Chignon gehalten. Zu meiner Überraschung stellte ich fest, daß wir, nachdem der Page verschwunden war, allein waren.

Noch erleuchtete der strahlende Glanz des Sieges ihr Gesicht, so daß sie wie eine Jeanne d'Arc aussah. Nein, nicht wie diese keusche Jungfrau. Bis jetzt habe ich gezögert, es auszusprechen, aber diese Seiten werden erst veröffentlicht, nachdem wir alle längst tot sind, was also schadet es? Die Königin sah sexuell erregt aus.

Wie lange gespanntes Schweigen herrschte und wir einander nur ansahen, weiß ich nicht. Endlich richtete sie das Wort an mich.

«Was hofft Ihr da draußen zu entdecken?»

«Alle Wunder des sagenumwobenen Orients, Eure Majestät.»

«Habt Ihr keine Angst zu fahren, wohin noch kein Mensch gefahren ist?» Sie streckte die Hand aus, ließ sie jedoch wieder sinken.

«Manchmal ist es klug, Angst zu haben, Eure Majestät.»

«Medinaceli meint, einen kühneren Seefahrer als Euch habe die Welt noch nicht erlebt. Wie ist das möglich, Don Cristóbal, wo Ihr doch eine solche Unschuld ausstrahlt?»

«Unschuld? Nein, meine Unschuld habe ich in Irland verloren – es kommt mir vor, als sei das schon hundert Jahre her.»

Der Saal hatte keine Fenster. Wir redeten in einem von Fackeln erhellten Traum, in dem Schatten flackerten, zeitlos und körperlos wie die Stuckarabesken, die sich an den Wänden entlangrankten.

«Und doch wirkt Ihr noch recht jung, Don Cristóbal. Wie alt seid Ihr?»

Ich sagte es ihr.

«Trotz der weißen Strähnen in Eurem Haar hätte ich Euch jünger geschätzt.»

Sie selbst mußte etwa so alt sein wie ich, da sie, als sie im Jahr '69 König Ferdinand heiratete, noch keine zwanzig war. Doch mit ihrer grazilen Gestalt, den strahlendblauen Augen und dem sanften Lächeln sah sie aus, als wäre sie eben erst zur Frau erblüht. Und das sagte ich ihr – freilich durch die Blume.

«Ihr seht mich nicht mit den Augen, Don Cristóbal. Aber es ist lieb von Euch, mich an Eurem Traum teilhaben zu lassen.» Ihr Lächeln wurde versonnen. «Werdet Ihr oft an zu Hause denken, wenn Ihr auf der anderen Seite der Welt seid?»

«Ich habe kein Zuhause, Eure Majestät.»

«Kein Zuhause? Dann habt Ihr also nie geheiratet?»

«Meine Frau ist gestorben.»

«Das tut mir aufrichtig leid.»

«Das war vor langer Zeit. In einem anderen Land.»

«Manchmal frage ich mich, wie es wäre, ein . . . nun ja, nicht unbedingt bürgerlich zu sein, aber . . . ein freier Mensch, so wie Ihr. Aber das ist wohl auch nur ein Traum.»

Sie schwieg eine Zeitlang, während sich auf ihrem Gesicht widerstreitende Gefühle spiegelten.

«Dann habt Ihr also niemanden?»

«Ich habe zwei Söhne.»

«Und sind sie schon alt genug, um zu begreifen, wohin Ihr fahrt?»

«Der eine wohl schon.»

«Wenn Ihr weit draußen auf dem Ozeanischen Meer seid, weiter als je ein Mann vorgedrungen ist, Don Cristóbal, dann denkt an Eure Königin – denn sie wird an Euch denken.»

Die Schatten der Fackeln flackerten geheimnisvoll wie im Halbdunkel verborgene Zuschauer.

Die Königin erhob sich. Sie trug keine Krone. Sie berührte das Chignon in ihrem Nacken, und das lange rötliche Haar fiel schimmernd auf ihre Hüften herab. Dann streckte sie mir ihre Hand entgegen.

Aber vielleicht hatte sie recht, und ich träumte nur.

So wie es damals um das Postwesen bestellt war, konnte ich mich nicht darauf verlassen, daß die Briefe, die ich kurz nach meiner Ankunft im Kloster La Rábida schrieb, ihre Empfänger je erreichen würden. Ich schrieb Barto an den Hof Karls VIII. in Fontainebleau und bat ihn, alles liegen und stehen zu lassen und nach Palos zu kommen. Ich begann einen Brief an Kardinal Rodrigo Borgia in Rom und fragte an, ob sich mein jüngerer Bruder Giacomo an einem nicht näher erläuterten, aber für die spanischen Könige wichtigen Unternehmen beteiligen könnte. Erst da wurde mir klar, daß der kleine Giacomo inzwischen vierunddreißig Jahre alt war, so daß ich den Brief statt dessen an ihn selbst richtete. Und dann schrieb ich nach Córdoba an Beatriz, um ihr unsere Ankunft mitzuteilen.

Wir verließen La Rábida, ohne in Palos Station zu machen, um

Martín Alonso Pinzón aufzusuchen. Es stimmte zwar, daß ich Pinzón brauchte, wenn ich meine Mannschaft wie vereinbart aus Palos und den umliegenden Dörfern rekrutieren wollte, aber es war besser, wenn Medinaceli das mit ihm regelte. Je länger wir ihn aus dem Spiel ließen, um so weniger Zeit würde ihm bleiben, mein Großes Abenteuer als das seine auszugeben.

Als wir am Osttor der Judería von Córdoba vorbeikamen, hörten wir lautes Jammern und Wehklagen. Ich brachte unseren Maulesel zum Stehen.

«Sind wir zu Hause?» fragte der kleine Diego. Sein Gesicht glühte vor Aufregung. Er hatte die leuchtendroten Haare und die Sommersprossen seines Vaters und war für seine knapp elf Jahre ziemlich groß.

«Fast», entgegnete ich. «Es ist nur ein paar Minuten von hier.»

«Werde ich meine neue Mutter mögen?» fragte er wohl zum hundertstenmal.

«Du wirst sie lieben. Und sie wird dich lieben.»

Er blickte sich um. «Gehört das alles zu Córdoba?» fragte er und meinte damit das traurige Gejammer, das aus dem Getto drang.

«Ja, das ist ein Teil von Córdoba. Die Judería. Das Viertel, in dem die Juden wohnen.»

«Die Juden?» sagte der kleine Diego nachdenklich. «Sie haben irgendwas Schlimmes getan, so daß die Leute sie hassen, nicht wahr?»

In diesem Augenblick trat ein alter Mann aus dem Schatten des Tores in die Sonne. An der Schulter trug er das runde, rote Abzeichen, das für die Juden Vorschrift war, wenn sie das Getto verlassen wollten.

«Aber sicher!» sprudelte Diego los. «Jetzt weiß ich es wieder. Sie haben Christus umgebracht!»

Der alte Mann blickte auf. «Wenn Ihr Euren Kindern solche Lügen erzählt, ist es kein Wunder, daß der König und die Königin uns aus Spanien vertreiben.»

Das hörte ich zum erstenmal. Ich war zu perplex, um darauf zu antworten.

Die magere, gelbe Hand des alten Mannes deutete nach hinten auf das Getto. «Geht doch und schaut Euch um. Das tun jetzt viele

Christen. Da könnt Ihr ein hübsches Haus mit Patio für ein Butterbrot kriegen.»

«Königin Isabella vertreibt die Juden?» fragte ich fassungslos.

«König oder Königin, wo liegt da der Unterschied? Ich weiß nur eines: Laß dich taufen oder verschwinde bis Ende Juli aus dem Land. Laß den größten Teil deines Geldes zurück, dein ganzes Silber und Gold. Laß deinen Besitz zurück, oder verkaufe ihn zu einem Schleuderpreis.»

«So etwas würde *sie* doch nie tun», sagte ich wenig überzeugend. Was für einen Trost hatte ich ihm anzubieten?

«Und ich will Euch noch etwas sagen, nämlich den wahren Grund, warum sie uns hinauswerfen. Die Kirche hat Angst, daß wir Eure neuchristlichen Kinder mit den Bräuchen ihrer Vorfahren anstecken, das ist der Grund. Die Kirche hat kein Vertrauen zu ihrem eigenen Glauben, und deshalb hat sie Angst vor dem unseren. Also raus mit uns.»

Damit ging er seiner Wege.

«Warum nehmen ihm der König und die Königin sein Haus weg?» fragte Diego.

«Das ist schwer zu erklären.»

«Ich hoffe nur, daß sie uns unser Haus nicht wegnehmen.»

«Das werden sie nicht tun.»

Ich straffte die Zügel, und das Muli trottete weiter.

«Und wenn es mir nicht gefällt?»

«Es wird dir gefallen.»

«Und was ist, wenn meine neue Mutter mich nicht mag?»

«Diego, mach dir deshalb keine Sorgen.»

«Wie ist denn mein kleiner Bruder?»

«Ehrlich gesagt, ich weiß es nicht.»

Unzählige Male waren wir diese Fragen durchgegangen.

«Wie alt ist er?»

«Drei.»

«Er ist ja noch ein Baby. Fernando – habt ihr ihn nach dem König genannt?»

«Ja.»

«Dem König, der dem alten Mann sein Haus weggenommen hat?»

«Da sind wir», sagte ich erleichtert.

Ich lenkte das Muli in eine schmale, gepflasterte Gasse in der Nähe des Platzes, der eines Tages Plaza Colón heißen würde, und in den versteckten Patio, an dessen leuchtendweißen Mauern ein Meer von Geranien hing. Die Fenster waren mit schmiedeeisernen Gittern versehen, und Kanarienvögel sangen in ihren Käfigen. Die zweite Tür auf der linken Seite stand offen. Das war unsere.

Jetzt, wo wir endlich da waren, beschäftigten Diego andere Dinge. «Was machen wir mit Benjamin?»

Benjamin war das Muli.

«Verkaufen. Hier brauchen wir ihn nicht.»

«Oh.»

Ich schnallte die Satteltaschen ab. Diego sah Beatriz als erster.

«Ist sie das?» fragte er. «Ist das meine neue Mutter?»

Ich drehte mich um. Beatriz kam aus der Tür gelaufen. Ihre eindeutig iberischen Augen verrieten Überraschung.

«Cristóbal!» rief sie. Fast war es ein Schrei.

Sie rannte auf mich zu und warf sich in meine Arme. Ich küßte sie auf die vollen, roten, mutmaßlich maurischen Lippen.

«Warum hast du nicht geschrieben, daß du kommst?» fragte Beatriz.

«Ich habe geschrieben.»

«Der Brief ist nicht angekommen.»

Diego zupfte mich am Ärmel, aber da wandte sich Beatriz schon mit einem mütterlichen Lächeln dem Jungen zu, der sich scheu an Benjamin drückte.

«Und du bist sicher mein Sohn Diego», sagte sie. Da sie genau wußte, daß eine erstickende Umarmung und ein kräftiger Kuß ihn nur eingeschüchtert hätten, beugte sie sich zu ihm hinunter und berührte seine Wange leicht mit den Lippen. «Hat dir schon mal jemand gesagt, wie sehr du» – hier versagte ihr die Stimme – «deinem Vater gleichst?»

Diego glühte vor Stolz. «Wenn ich groß bin, werde ich auch Admiral des Ozeanischen Meeres.»

Beatriz warf mir einen kurzen Blick aus weit aufgerissenen Augen zu, und auf ihren Lippen las ich die stumme Frage: Du fährst also? Sobald ich nickte, wandte sie sich wieder Diego zu, der erklärte:

«Papa sagt, er ist erbich.»

«Was? Ach so, erblich. Was ist erblich?»

«Der Titel», erklärte Diego geduldig, «Admiral des Ozeanischen Meeres.»

«Bist du schon mal auf dem Meer gewesen?» fragte Beatriz.

«Aber klar», sagte Diego lässig. «Ich habe mein ganzes Leben lang am Meer gewohnt.»

«Du mußt mir erzählen, wie das ist, Diego.»

«Also, von meinem Fenster in La Rábida aus . . .» Er war in seinem Element, erklärte ihr aus seiner Sicht das Meer, die unbeständigen Winde, die Brandung, erzählte von den gelegentlich bei Ebbe auslaufenden Schiffen, den am Himmel stehenden Möwen, die je nach Laune des Betrachters kreischten oder lachten. Während ich mich um die Satteltaschen kümmerte, gingen die zwei Hand in Hand durch die Tür zwischen den Geranientöpfen.

1492 war das Jahr, in dem ich zu einer Legende zu Lebzeiten und, in aller Bescheidenheit, für alle Zeiten wurde. Von dem Augenblick an, in dem ich den Fuß über den Schandeckel der Karracke *Santa María* setzte, war jeder meiner Schritte für die Ewigkeit.

Ich habe mir oft überlegt, was aus einem Menschen wird, wenn ihn die Legende einholt. Wird er notgedrungen zum Sklaven dieser Legende, zum Gefangenen dieses Mythos, dem von da an jegliches Privatleben verwehrt bleibt? Diese Gefahr besteht mit Sicherheit, aber Legende hin oder her, diese letzten Wochen mit meiner vereinten Familie will ich für mich behalten; sie waren mehr oder minder das letzte, was ich an Privatleben hatte, denn die wenigen Augenblicke, die ich später der Geschichte, dieser gestrengen Lehrmeisterin, abluchsen konnte, waren knapp bemessen.

So fordere ich Sie auf, diese Episode meines Lebens so zu sehen (oder vielmehr nicht zu sehen), wie Lope de Vega, dieses Weltwunder mit seinen achtzehnhundert Stücken, sie rund hundertdreißig Jahre später beschrieben haben könnte. Er schrieb über Rodrigo, den letzten westgotischen König Spaniens, und über El Cid, warum also nicht über mich. Oder wenn nicht Lope de Vega, dann sein englischer Zeitgenosse William Shakespeare, der, wenn er in Spanien ebenso frohgemut nach Stoffen gegraben hätte wie sonst nahezu überall, durchaus ein Drama mit dem Titel *Columbus* hätte geschrieben haben können.

Ein Stück also. Der Vorhang senkt sich über dem verträumten Patio; wenige Wochen später hebt er sich in der kühlen Morgendämmerung vor derselben Kulisse. Noch glitzert Tau auf den Pflastersteinen. Beatriz steht zwischen den Geranientöpfen in der Tür, auf dem Arm den wohlgenährten Fernando und neben sich den kleinen Diego, der ihre Hand fest umklammert hält. Drei Mulis mit vollgestopften Satteltaschen warten geduldig; eines davon ist Benjamin, den ich nun doch nicht verkauft habe. Auf dem zweiten Muli sitzt, vertraueneinflößend in seiner Leibesfülle, ein Mann mittleren Alters mit einer auf natürlichem Wege zustande gekommenen Tonsur. Ruhig und gelassen betrachtet er die Abschiedsszene. Der große Mann auf dem dritten Muli wirkt mißtrauisch, so als würde er damit rechnen, daß im letzten Augenblick noch etwas schiefgeht.

Als ich mich auf Benjamins Rücken schwinge, kommt Diego angerannt. Ich beuge mich hinunter und wuschle ihm durchs Haar. Seine Augen glitzern verdächtig. Lope de Vega und Shakespeare würden ihn vielleicht sagen lassen: «Wenn ich doch nur schon groß genug wäre, um mitzukommen.» Freilich nicht im Konditional.

«Paß auf deine Mutter und deinen kleinen Bruder auf.»

«Das verspreche ich dir.»

Fernando ruft: «Papa! Papa!», und ich werfe ihm eine Kußhand zu. Beatriz setzt ihn ab und eilt auf mich zu, Fernando trippelt hinterher. Ich beuge mich hinunter, und als ich die Tränen in ihren Augen sehe, steige ich ab. Sie umarmt mich stürmisch.

«Sei der beste Admiral der Weltgeschichte», würden meine Autoren sie vielleicht sagen lassen, und diesmal hätten sie so unrecht nicht. «Tu alles, was man von einem Admiral des Ozeanischen Meeres erwarten darf, und noch mehr, aber dann komm wieder zurück. Komm zu uns zurück.»

«Das werde ich», versichere ich ihr und steige wieder auf. Fernando schaut seine Mutter an und beginnt zu weinen.

Obwohl ich Beatriz liebe, wende ich mich von ihren tränengefüllten Augen, die jeden Augenblick überzufließen drohen, ab und reite meinen beiden Begleitern voran aus dem Patio hinaus auf die Straße, die nach Süden führt.

Wieder fällt der Vorhang und hebt sich dann über dem rotgesichtigen Notar von Palos, der fünf Tage später den auf der Plaza San Gorge versammelten Einwohnern der Stadt die königliche Botschaft vorliest, die uns dorthin vorausgeeilt ist.

«Ferdinand und Isabella, von Gottes Gnaden König und Königin von Kastilien, León, Aragón, Sizilien, et cetera, et cetera, senden dem Bürgermeister der Stadt Palos und allen übrigen Einwohnern Unsere gnädigen Grüße.»

Da königliche Grüße im Hinterland Spaniens Seltenheitswert besitzen, nimmt die Bevölkerung sie mit fröhlichem Geschrei und Beifall auf, bis der Notar jenen Teil der Botschaft verliest, in dem es darum geht, daß die Hafenstadt Palos in den letzten zwei Jahren die Zahlung von Steuern verabsäumt hat.

Gemurmel erhebt sich, und ein paar Leute wenden sich angewidert ab.

«Wartet!» brüllt Martín Alonso Pinzón auf seine ungehobelte Art. «Wartet, ihr Dummköpfe, gleich kommt es besser!»

Es kommt schlimmer. Palos wird dazu verpflichtet, fährt der Notar fort, der Krone in Ableistung besagter ausstehender Steuern zwei vollständig ausgerüstete Karavellen für ein Jahr zur Verfügung zu stellen.

Die Menge macht ihrem Ärger Luft. Wütende Gesichter wenden sich mir, Dr. Juan Sánchez und Enríquez de Harana zu. Der Herzog von Medinaceli reitet auf seinem weißen Zelter auf uns zu, wendet und postiert sich neben uns. Er erhebt seine hochherrschaftliche Hand, gebietet der Menge Schweigen und verschafft so Martín Alonso Pinzóns donnernder Stimme Gehör: «Ich sage euch doch, es kommt besser!»

Diesmal stimmt es. Vorübergehend.

Ein drittes Schiff soll regulär gekauft und die Mannschaft vorrangig aus erfahrenen Seeleuten aus der Gegend rekrutiert werden, wobei die Krone ihre Heuer bis zum Ende der Entdeckungsreise nach Westen . . .

«Nach Westen?»

«Was gibt's denn da draußen im Westen?»

. . . unter dem Kommando von Cristóbal Colón, einem Ausländer, Admiral des Ozeanischen Meeres, garantiert.

«Was für ein Admiral?»

«Ozeanisches Meer, hat er gesagt. Ich hab's genau gehört.»

«Gütiger Scheißhimmel, wer ist denn dieser Sohn Neptuns?» Der dickwanstige Pinzón deutet auf mich. Plötzlich fühle ich mich allein und verletzbar. Da drückt mir Medinaceli mit Schwung eine Fahnenstange in die Hand, so daß sich die Fahne entrollt. Ich hebe sie hoch, der Wind fährt hinein, und über meinem Kopf weht das königliche Banner des vereinten Spanien, oben auf weißem Grund die goldene Burg und der purpurne Löwe von Kastilien und Léon, und darunter die roten und gelben Streifen Aragóns.

Diese Flagge, die da stolz im Wind weht, bringt die Meute zum Schweigen, bis eine Stimme (von links) fragt: «Für wie viele gibt's denn Arbeit?»

Ich stehe in den Steigbügeln und erkläre: «Es gibt Arbeit und Lohn für die ganze Stadt, bis die Flotte zum Auslaufen bereit ist.»

Die Szene verlagert sich zur Flußmündung; die Menge folgt Medinaceli, Pinzón und mir, als wären wir ein Rattenfängertrio aus Hameln. Auf einen Prospekt gemalt sieht man die in Beschlag genommenen Karavellen draußen vor Anker liegen. Sie heißen *Santa Clara* und *Santana*. Zumindest sind das ihre offiziellen Namen. Aber spanische Schiffe bekommen stets Kosenamen, und für die Mannschaft sind das die eigentlichen.

COLÓN: Wie werden sie denn genannt?

PINZÓN: Die *Santa Clara* da links, die etwas kleinere, wird *Niña* genannt. Die andere heißt *Pinta*.

COLÓN (*verärgert, als er sieht, daß an* Niñas *Fockmast und Großmast die großen Spieren für die Rahsegel fehlen*): Die *Niña* hat Lateintakelung.

PINZÓN (*lautstark und hartnäckig*): Natürlich hat sie Lateintakelung. Was zum Teufel habt Ihr denn erwartet? O ja, ich habe ausgiebig über Eure hübschen Theorien über Rahtakelung nachgedacht, aber ich kenne mich mit Lateinersegeln aus, ich bin Lateinersegel gesegelt, und Lateinersegel funktionieren.

Wir werden es folgendermaßen machen: Ich habe das Kommando über die *Pinta*, und mein jüngerer Bruder, Vicente Yáñez, befehligt die *Niña*. Da ich der erfahrenere Seemann bin, bin ich bereit, Eure rahgetakelte Dummheit bis zu den Kanarischen Inseln mitzumachen, um den Beweis für meine Behauptung zu erbringen. Vicente Yáñez fährt Lateinersegel. Und wenn Ihr dann mit eigenen Augen seht, um wieviel besser er dran ist, werde ich die *Pinta* auf Lateinersegel umtakeln, bevor wir in unerforschte Gewässer vordringen.

(Colón schaut zu Medinaceli hinüber, der andeutungsweise nickt.)

COLÓN *(nach kurzem, bedeutungsvollem Schweigen beiseite)*: Die Pinzóns sind die führende Seemannsfamilie von Palos, so daß der Herzog sicher etwas dagegen hätte, wenn ich sie vergraule, bevor wir unsere Mannschaft beisammen haben. Außerdem wird sich bei der Teststrecke schon herausstellen, daß sich Pinzón geirrt hat. Nur daß er bereits jetzt Ansprüche auf die Führung des Unternehmens anmeldet, kann ich nicht ... *(Wendet sich den anderen zu.)* Ihr irrt Euch, Pinzón. Euer Bruder wird mit der *Niña* die Kanarischen Inseln nach Euch erreichen und in weitaus schlechterem Zustand. Aber ich lasse mich gerne auf Euren Vorschlag ein.

MEDINACELI: Also einverstanden. Und wie steht es mit dem anderen Schiff? *(Zeigt nach draußen, wo hinter der* Niña *und der* Pinta *zwei größere breitrumpfige Schiffe liegen.)* Die Nao da drüben ist vierzig Jahre alt, aber noch immer gut in Schuß; sie wurde in Barcelona gebaut. Und die Karracke *Santa María* wurde vor zehn Jahren in Galicien gebaut. Sie haben beide etwa hundert Tonnen. Ihr habt die Wahl, Admiral.

PINZÓN *(dogmatisch)*: Die *Santa María* ist das bessere Schiff.

COLÓN *(beiseite)*: Eigentlich sollte ich ja hinausrudern und sie mir genauer ansehen, aber ich will Pinzón nicht noch mehr reizen. *(Zu Pinzón:)* Ich nehme die *Santa María*.

An dieser Stelle muß ich kurz etwas zu den Schiffsnamen sagen und über die Widersprüchlichkeit der Legende, die bereits damals ihren Anfang nahm. Man hätte die Schiffe meiner Flotte entweder als *Santa Clara, Santana* und *Santa María* bezeichnen können, also mit ihren offiziellen, religiösen Namen, oder mit ihren Kosenamen *Niña, Pinta* und *Gallega*. Warum dann das weltberühmte Durcheinander von *Niña, Pinta* und *Santa María*? Geben Sie dieses eine Mal nicht den Historikern die Schuld, sondern mir. Ich selbst habe nämlich damit angefangen, und zwar in meinem *Tagebuch von der Ersten Reise und der Entdeckung der Indischen Lande* (das leider verlorengegangen ist und nur noch in einer ungenauen Abschrift meines Biographen Las Casas vorliegt). Warum ich das getan habe? Der Grund ist ganz einfach: Die Karavellen *Niña* und *Pinta* ließen sich herrlich segeln, aber wenn es je eine träge, übellaunige, schwerfällige, mastlastige Seekuh von Schiff gegeben hat, die keinen Kosenamen verdient, dann die *Santa María*. Also sprach ich von ihr stets hochoffiziell, und die Historiker haben dies von mir übernommen.

An dieser Stelle würden Lope de Vega oder Shakespeare Zimmerleute aufmarschieren lassen, die die aufgeworfenen Decksplanken durch neue ersetzen, Küfer, die neue Fässer bereifen, Segelmacher und Kalfaterer, die ihre Mixturen aus Waltran und Pinienharz oder Pech und Talg zusammenbrauen. Sie würden die Männer bei der Arbeit murren lassen, was es doch für eine Dummheit sei, zwei Karavellen und eine Karracke für eine Reise nach Nirgendwo auf Vordermann zu bringen; denn Seeleute sind ein konservatives Volk, und sie müssen, einmal abgesehen von ihrem tief verwurzelten Aberglauben, etwas mit eigenen Augen gesehen oder erlebt haben, bevor sie es glauben.

Als ich also auf die Männer von Palos zugehe, die in Grüppchen beisammenstehen und auf Arbeit warten, wenden alle mit Ausnahme der drei Brüder Pinzón und einigen ihrer Verwandten, die sich bereits haben anheuern lassen, die Augen ab oder drehen mir sogar den Rücken zu.

Ich möchte Anfang August auslaufen, bevor die Nordwinde, die uns nach Süden zu den Kanarischen Inseln treiben sollen, in heftige Herbststürme umschlagen. Aber schon rücken die letzten Julitage unaufhaltsam näher.

«Warum sind Seeleute denn nur so mißtrauisch?» frage ich Martín Alonso Pinzón entmutigt. «Sie weigern sich zu glauben, daß es jenseits des Ozeanischen Meeres irgend etwas anderes gibt als Wasser. Wie können wir sie bloß überzeugen?»

«Genau das habe ich mich auch schon gefragt», sagt Pinzón, und just in diesem Augenblick kommt der Herzog von Medinaceli wie ein Deus ex machina aus einem Drama des großen Griechen Euripides in Begleitung eines uralten Kerls mit Holzbein auf den Platz; über dessen einem Auge sitzt verwegen eine schwarze Mütze, über dem anderen eine schwarze Augenklappe.

«Wo ist er? Wo ist dieser Admiral Wie-heißt-er-gleich-wieder?» plärrt dieser alte Seebär, und sobald er mich erspäht hat, kommt er tänzelnd angehoppelt. «Du Hurensohn!» plärrt er und gestikuliert wild mit den Fäusten. «Du bist der glücklichste Hurensohn, den es je auf Erden gegeben hat! Ich war schon fast dort, und jetzt bin ich zu verdammt alt, um es noch mal zu versuchen, aber du fährst.»

«Das ist Vásquez de la Frontera», sagt jemand.

«Der? Ich dachte, der sei schon seit Jahren tot», sagt ein anderer.

«He, Opa», schreit ein dritter, «hast du noch was von deinem Kraut aus der Sargassosee?»

Lachend stoßen sich die Männer gegenseitig in die Rippen, aber ihre Augen verraten doch einen gewissen Respekt.

«Der Herzog hier», schreit Vásquez de la Frontera, der mindestens achtzig sein muß, «meint, daß ihr alle zu schwach auf der Brust und zu waschlappig seid, um Euch vom Admiral anwerben zu lassen. Aber ich sage Euch, ihr Dummköpfe, daß ihr die Chance, die es in hundert Menschenleben nur einmal gibt, sausen laßt! Ich würde meinen rechten Arm drangeben *und* das eine Bein, das ich noch habe, wenn ich noch jung genug wäre, um mitzufahren. Denn einmal war ich schon fast da, und das wißt ihr auch alle.»

Vorausgesetzt, daß sie die Geschichte des alten Vásquez glauben, die hier jedes Kind kennt. Vásquez, der aus dem nahe gelegenen Dorf Moguer stammt, war damals im Jahr '52 bei einer Entdeckungsreise nach Westen als Zweiter Offizier auf einer Karavelle von Prinz Heinrich dem Seefahrer. «Von der Azoreninsel Faial aus sind wir nach Südwesten gesegelt», erzählt er jetzt, während er auf seine komisch tänzelnde Art von Gruppe zu Gruppe hüpft und sein eines Auge wehmütig in die Vergangenheit richtet, «und ihr alle wißt, daß wir die Sargassosee erreicht haben, weil ich dieses Krautzeug mitgebracht habe, um es zu beweisen, und dann sind wir nach Norden gesegelt und haben Corvo entdeckt, die westlichste Azoreninsel mittendrin im Ozeanischen Meer, und von dort fuhren wir nach Westen und Norden, um O'Brasil zu suchen – die Iren nennen sie die Goldinsel, und sie verschwindet, sobald man sie am Horizont ausgemacht hat –, und eines Morges konnte ich das Land riechen, und es roch wie alle Düfte Arabiens. Landvögel, so gefleckte Dinger, kamen angeflogen, um uns in Augenschein zu nehmen, und ich schwöre bei Gott, daß die Flecken auf ihrem Gefieder aus Goldstaub waren. Eine Tagesstrecke von O'Brasil entfernt – das weiß ich so sicher, wie ich hier inmitten einer Horde erbärmlicher Landratten stehe, die Angst haben, sich ihre zarten Füßchen naßzumachen –, und was passierte? Es schmerzt mich noch heute, darüber zu reden. Wir sind umgekehrt. Umgekehrt, weil die Mannschaft das große Muffensausen vor dem Ende der Welt bekam, das *ihr* schon habt, bevor ihr überhaupt an Bord geht. Aber ihr müßt es tun. *Ihr müßt es tun.*

Wollt ihr einfach so dastehen und zugeben, daß dieser Admiral Wie-heißt-er-gleich-wieder, ein Ausländer, mehr Mumm in den Knochen hat als unsere guten alten Jungs? Wollt ihr ewige Schande über Palos bringen?»

Schweiß tropft dem alten Vásquez von der Stirn, als er mit funkelnden Augen in die Runde blickt. Niemand rührt sich. Verächtlich spuckt er einen riesigen Schleimklumpen aus.

Und dann treten in der sengenden Hitze, die über dem Platz lastet, drei Männer aus Vásquez' Dorf nach vorn, die Füße durch den Staub schleifend wie Kampfstiere, die es Überwindung kostet anzugreifen. Es sind die drei Brüder Niño: Juan, Peralonso und Francisco. Juan Niño, der Eigentümer der requirierten Karavelle *Niña*, der unter dem Kommando von Vicente Yáñez Pinzón an Bord seines eigenen Schiffes als Schiffsmeister und Erster Offizier segeln wird. Peralonso Niño, ein erfahrener Zweiter Offizier, der mir an Bord der übellaunigen Karracke *Santa María* noch gute Dienste leisten wird. Der junge Francisco Niño, noch keine siebzehn Jahre alt, der als Schiffsjunge oder Leichtmatrose auf der *Pinta* segeln soll.

Damit ist das Eis gebrochen.

Bis zum 1. August sind achtundachtzig Mann – Offiziere und die Mannschaft – für die drei Schiffe beisammen; dazu kommt noch ein Passagier: Rodrigo Sánchez de Segovia, Aufsichtsbeamter der Krone, der beauftragt ist, die Ausgabe jedes einzelnen Kupfermaravedis zu überwachen und dafür zu sorgen, daß die Krone ihren Anteil von neunzig Prozent an sämtlichen Gold- oder Edelsteinfunden erhält. Denn zehn Prozent stehen mir zu, außerdem werde ich Gouverneur allen Festlands und sämtlicher Inseln, die wir auf dem Weg in die Indischen Lande oder wohin auch immer entdecken. Der König und die Königin haben mir Empfehlungsschreiben mit auf den Weg gegeben, die ich dem Großkhan von Cathay und irgendwelchen anderen drei namentlich nicht genannten Potentaten, denen ich womöglich begegne, vorlegen kann. Mein Agent Luis de Santangel hat also keine leeren Versprechungen gemacht.

Ein anderer Luis stößt am Vorabend unserer Abreise unerwartet zu uns. Es ist Barto, denke ich im ersten Augenblick, als ein Mann auf einem Esel zum Hafen heruntergetrottet kommt, es ist mein Bruder Barto, der in letzter Minute gekommen ist, um mitzusegeln. Dieser junge Mann Anfang Zwanzig ist zart gebaut wie ein Mädchen. Als er von seinem Esel herunterrutscht, bricht das arme Tier auf der Stelle zusammen, als hätte es seinen Lebenszweck erfüllt. Vielleicht ist dem auch so.

Der junge Mann trägt einen Filzhut mit hochgeschlagener Krempe, an dem eine traurig geknickte Feder hängt. In seinem betrübten, staubbedeckten Gesicht blitzen grüne Augen.

«Sind das die Schiffe?» fragt er mich. Ich sage, es käme darauf an, welche Schiffe er meint.

«Die jüdischen Schiffe. Aber angeblich sollen es doch zwölf sein. Wir haben unseren letzten Maravedi dafür hergegeben – tausend Leute, lauter Juden aus Kastilien und Katalonien.»

Ich schüttle den Kopf, begreife gar nichts.

«Ist das hier denn nicht Huelva?»

«Das liegt westlich von hier. Am anderen Flußarm», erkläre ich ihm.

Er schließt die grünen Augen. «Schöner Mist, Luis», sagt er zu sich selbst, «du hast es wieder mal geschafft.»

«Wo liegt denn das Problem?»

«Die Könige haben die Frist nur bis morgen verlängert. Jeder nicht konvertierte Jude, der sich dann noch in Spanien aufhält, wird umgebracht. Ist es weit bis Huelva?»

«Mit dem Boot nicht.»

«Und was sind das für Schiffe?»

«Die haben die Könige für eine Entdeckungsreise gechartert», erkläre ich ihm. Zum erstenmal spreche ich diese Worte aus. Damit erscheint mir alles plötzlich sehr viel wirklicher.

«Und wohin?»

Er macht nicht nur einfach Konversation. Das kann man an dem lebhaften Interesse in seinen jungen grünen Augen sehen.

«Richtung Westen über das Ozeanische Meer.»

«Menschenskind!» schreit er und klatscht in die Hände. «Braucht Eure Flotte vielleicht einen Dolmetscher? Ich spreche Hebräisch und Arabisch und Aramäisch – und, haha, sogar etwas Spanisch.»

Bisher war ich gar nicht auf diesen Gedanken gekommen. Aber der Vorschlag ist verlockend. Dieser junge Mann könnte sich in den Indischen Landen, in Zipangu und Cathay, auf unentdeckten, aber bewohnten Inseln und Teilen des Festlands als enorme Hilfe erweisen. Doch ich muß ablehnen.

«Tut mir leid, ich fürchte, nein.»

«Kann ich vielleicht mal Euren Kapitän sprechen?»

«Ich bin der Admiral.»

«Oh, der Admiral. Oh, ich verstehe», sagt er enttäuscht. «Und warum geht es nicht?»

«Selbst wenn ich wollte, könnte ich Euch nicht mitnehmen. Das hier ist eine christliche Expedition», sage ich mit Nachdruck. Trotzdem tut er mir leid.

Er blickt zu Boden, dann hellt sich sein Gesicht auf. «Im Grunde genommen bin ich ja ein Freidenker. Ich meine, es ist Zufall, daß ich als Jude geboren wurde. Ihr wißt sicher, wie das ist.»

Ich muß zugeben, daß ich weiß, wie das ist.

«Ich meine, ich hätte ebensogut als Christ oder Moslem auf die Welt kommen können. Es ist reiner Zufall, genau wie der Ort, an dem man geboren wird. Daß Ihr zum Beispiel Spanier seid.»

«Bin ich nicht.»

«Seid Ihr nicht?»

«Na ja, nicht offiziell. Aber das ist eine lange Geschichte.»

«Dann wißt Ihr ja, wie es ist, ein Außenseiter zu sein.»

«Sagt was auf Arabisch», fordere ich ihn auf, und er rattert flüssig in dieser gutturalen Sprache los.

«Was heißt das?» Obwohl mein recht dürftiges Arabisch eingerostet ist, habe ich ihn verstanden.

«Das heißt, wenn Ihr einen Geistlichen auftreiben könnt, der mich tauft, dann denke ich, daß ich bereit wäre zu konvertieren.»

Pater Juan Pérez war aus La Rábida gekommen, um meinen Offizieren und den Mannschaften die heilige Kommunion auszuteilen. Gemeinsam machen wir uns auf die Suche nach ihm und stöbern ihn schließlich – ganz im Widerspruch zu dem asketischen Eindruck, den er vermittelt – in der Taverne auf, in der meine erste Begegnung mit Pinzón und dem Herzog stattgefunden hat. Eine halbe Stunde später wird Luis de Torres im Flutwasser getauft.

Am nächsten Morgen um vier Uhr sind wir alle an Bord. Wenig später ruft der Zweite Offizier der *Santa María*, Peralonso Niño aus Moguer: «Die Tide kentert.» Und mit ruhiger Stimme sage ich *Santa Marías* galicischem Eigentümer und Schiffsmeister, Juan de la Cosa, er soll flußabwärts segeln. Die Anker werden gelichtet, die Ruder sind bemannt, um den Schiffen Fahrt zu geben. Schlaff hängen die Segel über dem ruhigen Fluß. Noch eine halbe Stunde bis Sonnenaufgang. Ich höre das Knarzen und Ächzen der Riemen, sehe die schmalen Ruderblätter übers Wasser gleiten. Das Festland weicht zurück. Barto ist nicht gekommen. Und dann ist Palos nur noch ein verschwommener Fleck. Im Licht der Morgendämmerung ragt La Rábida auf seiner Klippe in den Himmel. Die Mönche begrüßen den anbrechenden Tag mit ihrem Gesang, und die Männer an Deck lauschen mit mir den klaren Stimmen und fallen auf die Knie, um zu beten. Luis de Torres kniet sich spontan neben mich. Er bekreuzigt sich. Es ist ein bewegender Augenblick. Dann, als der andere von Huelva kommende Flußarm in den unseren einmündet, hängen die Segel schon weniger schlaff. Vor uns kommt eine zusammengewürfelte Flotte kleiner Schiffe in Sicht, von denen viele gefährlich tief im Wasser liegen. Der Klang von Flöten und Tamburinen dringt zu uns herüber. Eine helle Männerstimme singt eine eindringliche, traurige Melodie.

Luis de Torres stürzt ans Schanzkleid. Ich lege ihm die Hand auf die Schulter. Er zittert am ganzen Körper.

«Sie hoffen, es bis nach Italien zu schaffen», sagt er. «Italien wird einige von ihnen aufnehmen, nicht wahr?» Ich schweige. «Nicht wahr?» wiederholt er leise.

Dann lassen wir die Flotte der jüdischen Exilanten hinter uns, und Luis de Torres wendet das Gesicht entschlossen nach vorn.

Langsam gleiten zu beiden Seiten spärlich mit windgezausten Pinien bestandene Sanddünen vorbei. Der anbrechende Tag ist freundlich, aber bewölkt. Plötzlich füllen sich die Segel der *Santa María* mit einer Meeresbrise.

Es ist acht Uhr morgens am Freitag, dem 3. August 1492.

KAPITEL 8

1492
(Fortsetzung)

Der früheste schriftlich fixierte Reisebericht, der mir bekannt ist, ist die *Odyssee*. Sie berichtet von der langen Irrfahrt des Odysseus, die ihn nach dem Trojanischen Krieg auf dem Heimweg nach Ithaka durch Homers Phantasiewelt führt. Der zweitfrüheste ist die biblische Geschichte von der Arche Noah. Um zu entscheiden, in welcher Form ich über meine erste Entdeckungsreise berichten sollte, habe ich mir diese frühen Reiseberichte angesehen. Beachten Sie, daß derjenige, der Gottes Worte über Noahs Reise aufzeichnete, keine Ahnung von der Schiffahrt hatte. Wurde die Arche mit Hilfe von Segeln oder mit Rudern vorwärts bewegt? Wir erfahren es nicht. Er war auch kein sonderlich guter Geograph. Wie weit war es von Östlich-von-Eden bis zum Berg Ararat? Wieder keine Auskunft. Die auf dem Schiff versammelte Gesellschaft kennen wir: Noah, seine drei Söhne und deren Frauen; dazu jede Menge Tiere. Zusammen verbrachten sie hundertfünfzig Tage in der Arche, die vierzig Tage und Nächte, in denen es regnete, nicht mitgerechnet. Aber wer immer Gottes Sekretär gewesen sein mochte, «Psychologie, Beweggründe und all das übrige» interessierten ihn offenbar nicht. Gab es Unstimmigkeiten zwischen Menschen und Tieren, vielleicht eine Meuterei? Gingen ihnen die Lebensmittel aus? Wurde vielleicht die eine oder andere unglückliche Spezies geschlachtet, um die anderen am Leben zu erhalten? Kein Wort darüber. Wenn Sie mich fragen, ich finde, Noahs Reise wird ziemlich lückenhaft erzählt.

Homer packt jede Menge Zufälle und Lokalkolorit in seine *Odyssee*, aber auch er war kein Seemann. Nur ein einziges Mal erfährt der Leser etwas über die Atmosphäre auf dem Schiff, nämlich als sich Odysseus, nachdem er der Mannschaft die Ohren mit Wachs zugestopft hat, an den Mast binden läßt, um dem unwiderstehlich verlockenden Gesang der Sirenen lauschen zu können. Ansonsten hüpft Odysseus von Insel zu Insel und begegnet dort zahlreichen Gefahren. Von den Gefahren auf See erfahren wir mit Ausnahme von Scylla und Charybdis nichts.

Aber Homer wußte ebensogut wie Gottes anonymer Sekretär, wie man um solche Höhepunkte herum eine Geschichte konstruiert, und genau das ist auch meine Absicht. Sie werden also alles andere als ein sorgfältig geführtes Logbuch vorfinden. Für Seefahrtfreaks, die unbedingt Wert darauf legen, empfehle ich (mit Vorbehalt) Las Casas' Abschrift meines *Tagebuchs von der Ersten Reise und der Entdeckung der Indischen Lande*. Aber Sie werden Mühe haben, es irgendwo aufzutreiben. Im Gegensatz zu dem Buch, das Sie in Händen halten, ist es vergriffen.

Vom Meer zwischen Palos und den Kanarischen Inseln vor der Westküste Afrikas existieren genaue Karten. Barto und ich haben selbst viele derartige Karten auf schöne, große Schafshäute gedruckt. Acht Tage, vielleicht neun oder auch zehn, und man erreicht Las Palmas. Ein guter achterlicher Wind bringt die *Santa María* in sechs Tagen hin, und wir segeln weiter zu der kleineren Insel Gomera mit ihren vorzüglich geschützten Ankerplätzen, wo die Karavellen zu uns stoßen sollen.

Ich habe die Absicht, die Flotte getrennt segeln zu lassen, an sich ein Zeichen mangelnder Seemannskunst. Aber Martín Alonso Pinzón braucht eine Lektion, und nicht nur die, daß Rahtakelung besser ist als Lateintakelung. Er muß lernen, wer der Admiral ist.

Drei Nächte nach der Abfahrt von Palos fällt die lateingetakelte *Niña* unter dem Kommando von Vicente Yáñez Pinzón weit zurück. Als wir im Feuerkasten, der über dem Heck hängt, ein Signalfeuer anzünden, reagiert nur Martín Alonso von der *Pinta*. Genau wie ich vorausgesehen habe.

Aber zwei Nächte später verlieren wir auch die *Pinta*.

Am zweiten Morgen, an dem wir im Hafen von Gomera vor

Anker liegen, klärt mich Rodrigo Sánchez de Segovia, der feiste, penible königliche Aufseher, über die überzogenen Kosten auf. «Die Artillerie war sehr viel teurer als geplant», sagt er. «Ungleich teurer. Warum braucht Ihr eigentlich *zwei* Arten von Kanonen?»

Ich erkläre ihm, daß die kleinen Hinterladerdrehbassen, die sogenannten Falkonetts, kleine Eisenteile zur Abwehr von Entermannschaften verschießen, während die größeren, auf Lafettenwagen montierten Lombarden eiserne Kanonenkugeln abfeuern.

«Und die kleinen Waffen?» fragt Rodrigo Sánchez und schreibt etwas ins Ladungsverzeichnis. «Musketen *und* Armbrüste?»

Geduldig erkläre ich ihm, daß Musketen aufgrund ihres Lärms und Rauchs eher psychologische Waffen sind, während ich mich, was die Zielsicherheit angeht, lieber auf die bewährten Armbrüste verlasse.

Wieder schreibt er in seiner krakeligen Handschrift, die so schlecht zu entziffern ist, als wäre sie ein Geheimcode, etwas in seine Liste.

«Nun zum Proviant», sagt er und schüttelt seinen kostenbewußten Kopf. «Salzfleisch *und* Trockenfleisch, Sardinen *und* Anchovis, ganz zu schweigen vom Käse aus La Mancha. Oliven. Bohnen, Kichererbsen *und* Linsen. Öl, Essig. Mandeln, Sirup *und* Honig. Mein Gott, Mann! Und erst die Brotvorräte – Schiffszwieback, gesalzenes Mehl *und* diese Unmengen von Weizen. Dabei haben wir nicht einmal einen Koch an Bord, ganz zu schweigen von einem Bäcker.»

«Der Weizen ist dazu da, um Mehl zu mahlen. Das Mehl wird mit Wasser gemischt, ausgerollt und in der Asche des Feuerkastens gebacken – das ist kinderleicht. Und schon hat man frisches Brot.»

«Drei Sorten Wein», konstatiert Rodrigo Sánchez stirnrunzelnd und fragt: «Steht hier ‹Fischfanggerät›?» Die Haken und Schnüre, die wir zum Fischen brauchen, liefern ihm den Übergang zu den Materialvorräten. «Bauholz, zusammensetzbare Fässer ... Pech, Talg ...»

Ich höre nicht mehr hin, bis er zur Mannschaft kommt. «Neunzig Männer, Ihr eingeschlossen ...»

«Und Ihr», kann ich mir nicht verkneifen.

«. . . und eine monatliche Heuerliste in Höhe von 250 180 Maravedis. Zweitausend im Monat für Schiffsmeister und Zweite Offiziere, das ist ungeheuerlich. Zweiundzwanzig Kupfermaravedis pro Tag für einen gewöhnlichen Matrosen! Und was den Proviant betrifft . . .» fährt er unglücklich fort, aber ich falle ihm ins Wort.

«Um sicherzugehen, haben wir Proviant für ein ganzes Jahr auf See.»

«Segel voraus!» erschallt ein Ruf vom Achterdeck. Er kommt von Peralonso Niño, dem wachhabenden Offizier. Bevor ich zu ihm gehen kann, erhebt Rodrigo Sánchez einen mahnenden Zeigefinger und sagt: «Ich muß darauf bestehen, daß Ihr in Zukunft etatmäßige Besonnenheit walten laßt.»

«Es kommen keine Ausgaben mehr hinzu», erkläre ich ihm ungeduldig und schwinge mich die Leiter hinauf.

Bei der Karavelle, deren Segel am Horizont auftaucht, handelt es sich nicht um die *Pinta*, sondern um die *Niña* mit ihrem riesigen dreieckigen Großsegel.

Enríquez de Harana klettert unmittelbar hinter mir die Leiter herauf. «Pinzón führt nichts Gutes im Schilde, das kann ich Euch sagen», meint er. «Ich möchte bloß wissen, was die *Pinta* aufhält.»

Peralonso Niño sieht mit seinen schwarzen Bartstoppeln noch grimmiger aus als sonst. «Die *Niña* kann sie unmöglich überholt haben, es sein denn, die *Pinta* ist in Schwierigkeiten geraten», erklärt Peralonso besorgt. Francisco, der jüngste der drei Brüder Niño, segelt als Schiffsjunge an Bord der überfälligen *Pinta*.

Chachu, der Bootsmann der *Santa María*, lungert ungeniert auf dem Hauptdeck herum, um ja nichts zu verpassen. Er ist ein untersetzter Kerl mit zu kurz geratenen Beinen, aber seine Arme sind lang und unglaublich kräftig. Sein Gesicht mit den nur selten blinzelnden Krötenaugen gehört in die Kategorie derer, die kleine Kinder, furchtsame Jungfrauen und scheue Haustiere in Angst und Schrecken versetzen. Er und seine aus neun Basken und Galiciern bestehende Clique aus dem Norden sind an Bord der *Santa María* bei deren verschuldetem Eigentümer, dem Schiffsmeister Juan de la Cosa, geblieben.

«Dieser Käpt'n Pinzón aus dem Süden, kein großer Seemann,

was?» Chachus krötenhaftes Gesicht ist von der unversöhnlichen Feindseligkeit geprägt, mit der er allem und jedem begegnet. «Wird schon kommen, irgendwann. Vielleicht nächsten Monat, was?»

Chachu liegt gar nicht so falsch. Es dauert zwei Wochen, bis die *Pinta* schlingernd und unfähig, den Kurs zu halten, in den Hafen von Gomera eintrudelt.

Auf meinen Befehl hin wird das Beiboot der *Santa María* ins Wasser gelassen. Eine halbe Stunde später klettere ich in Begleitung von Enríquez de Harana, dem Profos der Flotte, über die Strickleiter auf das Hauptdeck der *Pinta*. Die Mannschaft beobachtet uns schweigend. Martín Alonso Pinzón hat es nicht sonderlich eilig. Als er schließlich erscheint, tritt er ziemlich forsch auf.

«Was hat Euch so lange aufgehalten?» möchte ich wissen.

Der faßbäuchige Pinzón bleibt völlig ungerührt. «Kommt nach achtern, dann werde ich es Euch zeigen.»

Als wir ihm folgen, höre ich das Quietschen und Knarzen der hölzernen Pumpe. Das Bilgenwasser der *Pinta* riecht faulig.

«Wenn Ihr mit einem kaputten Ruder vor schwerer See hergelaufen wäret, hättet Ihr auch Wasser übergenommen», bemerkt Martín Alonso kühl, als wir aufs Achterdeck hinaufklettern und von dort aus hinunter aufs Ruderdeck. «Schaut mal da hinaus.»

Ich beuge mich weit nach Backbord hinaus, so daß Kopf und Schultern parallel zur riesigen eichenen Ruderpinne liegen.

«Das erste Anzeichen von schlechtem Wetter, und schon springt das Ding aus seiner Verankerung», sagt Martín Alonso verächtlich. Ich beuge mich weiter hinaus. Die eichene Ruderpinne ist mit einem dicken Hanfseil festgezurrt. Der oberste Eisenbolzen, der einzige über der Wasserlinie, um den sich das Steuerruder dreht, steht verbogen vom Achtersteven ab.

«Wie ist das passiert?» frage ich. Sofort ist mir klar, daß wir Las Palmas ansteuern müssen, den einzigen Hafen der Kanarischen Inseln, in dem es einen Schmied gibt, der in der Lage ist, diesen Schaden zu beheben.

Martín Alonsos Kopf erscheint auf der anderen Seite der Ruderpinne. «Wir laufen vor einer schweren See her, als plötzlich eine Bö von achtern in Eure quadratischen Segel fährt und das Heck einfach aus dem Wasser hebt wie einen aufgescheuchten Wal.» Seine Stimme klingt herablassend. «Ihr braucht Euch keine allzu großen Vorwürfe zu machen. Besser, es stellt sich jetzt bei der Probefahrt heraus als auf halbem Weg über das Ozeanische Meer.»

Harana hat bisher geschwiegen. Während Pinzón und ich uns anschauen, beugt er sich entlang der Ruderpinne so weit hinaus, daß nur noch seine baumelnden Beine, das Hinterteil und die die Schiffswand umklammernden Hände zu sehen sind. Seine Stimme klingt gedämpft. «Haltet mich an den Beinen fest, ja?»

Schon lassen seine Hände los, und ich packe ihn an den Fußgelenken und halte ihn fest. Als nach einer Weile seine Hände wieder in der Luke auftauchen, ziehe ich ihn herein. Auf dem schmalen Ruderdeck ist kaum Platz für uns drei. Langsam dreht er sich um. Er sagt nichts, sondern sieht Martín Alonso einfach nur an, mit diesem typisch mißtrauischen, finsteren Harana-Blick, dem die Verachtung anzumerken ist.

«Ihr hättet Euer eigenes Schiff versenken können», sagt Harana mit tödlich sanfter Stimme. «Die ganze Mannschaft hätte untergehen können, von Eurer eigenen, wertlosen Person ganz zu schweigen.»

Die Ungeheuerlichkeit dieses Vorwurfs läßt Martín Alonso an das Schott zurückweichen. «Runter von meinem Schiff, du waschlappiges Muttersöhnchen von einer verlogenen Landratte!»

Haranas Stimme bleibt sanft. «Kann sein, daß ich kein Seemann bin, Kapitän, aber wenn ich Spuren von einer Brechstange sehe, erkenne ich sie.»

Martín Alonsos eng zusammenstehende Augen quellen aus dem Kopf. Seine Hand umschließt ein feststehendes Messer. Ich bin überzeugt, daß er Harana jeden Augenblick angreifen wird. Aber statt dessen wendet er sich an mich.

«Wollt Ihr einfach dastehen und mit ansehen, wie dieser Kerl mit einem Eurer Kapitäne redet?»

«Als Profos der Flotte», entgegne ich, pedantischer als beabsichtigt, «spricht er in meinem Namen.»

Und dann merke ich, daß ich den richtigen Ton angeschlagen habe. Martín Alonso läßt die Hand sinken, und Harana fährt im Vertrauen auf meine Unterstützung fort:

«Wir werden alle befragen, die am Tage des . . . des Unfalls in die Nähe des Ruderdecks gekommen sind.»

«Ganz wie Ihr wollt», sagt Pinzón bewundernswert großspurig. «Ich werde den Bootsmann veranlassen, auf der Stelle die Backbordwache zusammenzupfeifen, und dann werdet Ihr schon sehen, wie lächerlich . . .»

«Wir fangen mit der Steuerbordwache an, Kapitän.»

«Mit meinem Bruder? Was soll das heißen? Wollt Ihr die ganze Familie Pinzón in Verdacht bringen?» Paco Pinzón ist in seiner Funktion als Schiffsmeister der *Pinta* der Offizier der Steuerbordwache.

«Das soll heißen, Kapitän, daß vielleicht jemand hier an Bord gesehen hat, Kapitän, oder gehört hat, Kapitän, daß jemand anderes das Steuerruder aus seiner Verankerung gehebelt hat. Oder diesem Jemand sogar geholfen hat. Wer immer es gewesen sein mag, Kapitän.»

Unversehens klettert Harana hinauf aufs Achterdeck und tritt ans Schanzkleid. Das Beiboot der *Santa María* ist ein paar Längen von der *Pinta* abgetrieben. «Bringt sie längsseits, Jungs», ruft Harana. «Wir sind hier fertig.» Ich folge Pinzón die Leiter hinauf. Harana erklärt ihm: «Wir werden an Bord der *Santa María* sofort mit der Befragung der Steuerbordwache beginnen. Die ersten können gleich mit dem Admiral und mir mitkommen.»

Als Martín Alonso merkt, daß Harana nicht lange fackelt, murmelt er etwas.

«Was?» schreit Harana. «Sprecht lauter, Mann!»

Langsam stößt Martín Alonso die Luft aus und scheint dabei auf halben Umfang zusammenzuschrumpfen. Seine Stimme ist nur noch ein leises Krächzen. «Ich mußte es tun, versteht Ihr das nicht? Wie hätte ich Euch, nachdem die *Niña* zurückgefallen ist, denn sonst dazu bringen können, auf Lateintakelung umzurüsten?»

«Aber genau das ist der springende Punkt», sage ich. «Sie *ist* zurückgefallen. Ihr habt Euch also geirrt, was *Niñas* Takelung betrifft.»

«Nein, habe ich nicht.»

Sprachlos schauen Harana und ich uns an.

«Ich habe getan, was ich tun mußte», sagt Martín Alonso. «Ich weiß, daß ich mich nicht irre. Es war zum Besten des Unternehmens.»

«Zum Besten . . .» setze ich an.

«Weil Rahtakelung gefährlich ist!» schreit Martín Alonso, ohne sich darum zu kümmern, wer ihn hört. «Ich weiß, daß sie gefährlich ist. Ich weiß es einfach!»

Da begreife ich – soweit ich ihn überhaupt je begreifen konnte –, daß dieser Mann nicht einfach bösartig ist, sondern daß er ein Motiv hat. Wie so viele Seeleute würde Martín Alonso Pinzón jederzeit in ein von Haien wimmelndes Wasser springen, um einen Schiffskameraden zu retten, doch vor dem, was er nicht versteht, hat er panische Angst.

«Wenn ich halbwegs vernünftig wäre, würde ich Euch mit Schimpf und Schande davonjagen, sobald wir nach Las Palmas kommen», erkläre ich ihm.

«Was spricht dagegen, das gleich auf der Stelle zu tun?» meint Harana.

Martín Alonso verlegt sich aufs Bitten. Die Schande würde ihn umbringen, sagt er, und das glaube ich ihm. Das ist eben der spanische Stolz.

Aber was soll ich tun? Von den sechs ranghöchsten Offizieren, ich selbst eingeschlossen, sind die Hälfte Pinzóns. Ich kann sie unmöglich alle an Land setzen.

Und vom Stolz und der Angst vor allem Unbekannten einmal abgesehen, ist Martín Alonso ein erfahrener Seemann. Daß er die *Pinta* mit einem defekten Steuerruder in den Hafen gebracht hat, ist der beste Beweis dafür.

«Könnt Ihr es bis nach Las Palmas schaffen, ohne ins Schlepptau genommen zu werden?»

Mit gesenktem Blick nickt er.

«Wir bringen Spieren am Fockmast und an den großen Masten der *Niña* an und schneiden die Lateinersegel quadratisch zu, während Ihr Euch neue Eisenteile für das Steuerruder schmieden laßt», sage ich zu ihm.

«Rahtakelung für die *Niña*, neue Drehbolzen und Zapfen für die *Pinta*», sagt er und forscht in meinem Gesicht nach einem Hinweis. Als er keinen entdeckt, fragt er zögernd: «Und?»

«Und nichts. Die Angelegenheit ist damit erledigt.»

Seine Lippen kräuseln sich zu einem Lächeln. «Ihr sollt es nicht bereuen, Admiral.»

Das ist das erste Mal, daß er mich so nennt.

Auf halbem Weg zurück zur *Santa María* sage ich zu Harana: «Ihr habt gute Augen. Ich habe keinerlei Spuren von einem Brecheisen entdeckt.»

Mißtrauisch fragt er mich: «Wirklich nicht?»

«Nein.»

Und dann lächelt er. «Das wundert mich nicht. Ich nämlich auch nicht.»

Die Flotte hat zwischen Gomera und der größeren Insel Teneriffa Anker geworfen. Las Palmas liegt weit achteraus, die *Niña* ist rahgetakelt, die *Pinta* hat neue Eisenteile für ihr Steuerruder bekommen. Es ist die Nacht vom 7. auf den 8. September.

Die Kompaßrose schimmert im Licht der kupfernen Hängelampe über dem Kompaßhaus. Ich gehe in die Hocke, peile im Mondlicht über die Kompaßrose hinweg zuerst Gomera, dann Teneriffa an. Mit Hilfe von Lineal und Stechzirkel greife ich den Punkt, der der genauen Position unserer Flotte entspricht, auf Bartos Kopie einer Toscanelli-Karte des Ozeanischen Meeres ab. Ich bin froh, daß die Backbordwache an der Reihe ist und ich diesen Augenblick gemeinsam mit Peralonso Niño erlebe und nicht mit dem finsteren Schiffsmeister Juan de la Cosa.

«Also?» frage ich. Aber eigentlich ist es gar keine Frage.

Peralonso antwortet verhalten: «Warum nicht? Es kommt Wind auf.»

«Sagt Chachu, daß wir Fock und Großsegel setzen. Keine Bonnets. Und gebt den Karavellen das vereinbarte Signal.»

Bald schon schrillt Chachus Pfeife, Befehle werden gerufen, man hört das Klatschen von nackten Füßen auf dem Deck der *Santa María*, das Rasseln der Ankerkette und jenes für die Ohren eines Seemanns unvergleichlich schöne, harte Knattern des Segeltuchs, das sich prall mit Wind füllt. Peralonso betrachtet die Bugwelle, die sich silbern im Mondlicht kräuselt, als könnte er noch immer nicht glauben, daß wir Fahrt aufgenommen haben.

«Kurs Südwest, bis Gomera klar achteraus liegt», sage ich zu ihm.

Unmittelbar vor Sonnenaufgang dreht der Wind nach Nordosten. Ich höre, wie Peralonso die Steuerbordhalsen an Bord bringen läßt, und einen Augenblick später schießen die Leinen durch die Blöcke. Die *Santa María* hat bei dem achterlichen Wind ihre optimale Segellage erreicht.

Wir lassen Gomera und dann die kleine Insel Ferro, die westlichste der Kanarischen Inseln, hinter uns. Bei Sonnenaufgang segeln wir mit gleichmäßigem, raumem Wind direkt nach Westen, wohin von Anbeginn der Zeiten noch kein Schiff gefahren ist.

Ich bezweifle, daß es in irgendeiner Sprache Worte gibt, um diese ersten zehn Tage auf dem unerforschten Ozeanischen Meer zu beschreiben. Bei anhaltendem Nordostwind reitet die *Santa María* heiter auf den Wellenkämmen einer achterlichen See dahin, so daß wir das Gefühl haben, wir könnten jederzeit unsichtbare Flügel ausbreiten und davonfliegen. Das Meer ist so tintenblau, daß ich davon überzeugt bin, der Dichter Homer kann nicht blind gewesen sein, wenn er schreibt, es habe die Farbe von dunklem Wein. Die Luft ist mild und köstlich wie an einem Apriltag in Andalusien. In unserem Rücken türmen sich Schönwetterwolken und ziehen träge über uns hinweg in die Richtung, in die wir segeln, als wollten sie uns den Weg weisen. Wie zwei Klammern flankieren die *Niña* und die *Pinta* unser Kielwasser. Jeden Morgen werden die Decks mit eimerweise Meerwasser geschrubbt, und jeden Mittag stecke ich, feierlich wie ein afrikanischer Medizinmann, der seinen Zauber zelebriert, einen Stab ins Zentrum der Kompaßrose; und sobald sein Schatten auf die Lilie fällt, die den Norden kennzeichnet, gleiche ich die Schiffszeit der Mittagszeit des neuen Tages im Westen an.

Alle vier Stunden ruft ein Schiffsjunge die neue Wache aus. Das Wetter ist so beständig und die Nächte so mild, daß wir allesamt an Deck schlafen. Als die neue Wache antritt, bringt sogar Juan de la Cosa, der düstere galicische Offizier, fast ein Lächeln zustande, und es entschlüpft ihm beinahe ein freundliches Wort, als er das Kommando von Peralonso Niño übernimmt. Der Wind bläst während dieser zehn Tage so gleichmäßig, daß Kurs und Ziel dieselbe Richtung haben: Westen – dieses strahlende Zauberwort.

Ich stehe an Deck, mitten zwischen dem hoch aufragenden Großmast und dem nur knapp ein Drittel so hohen, außerhalb der Wasserlinie befindlichen Besanmast, und sehe zu, wie die Männer beide Bonnets am Unterliek des Großsegels anreihen, als Schiffsmeister Juan de la Cosa den Befehl zum Heißen weiterer Segel gibt. Als er mir einen vorsichtigen Blick zuwirft, so als erwarte er, daß ich seinen Befehl rückgängig mache, frage ich mich, wie ein Mensch so bar jeglicher Lebensfreude sein kann. Ich lächele ihn an und wünsche ihm einen wunderschönen Tag.

Auf meinen Rundgängen sehe ich den guten Schiffsarzt, Juan Sánchez aus Córdoba, auf dem Rand eines Lukendeckels sitzen und voller Mitgefühl einen Blick in den Mund eines ängstlichen Schiffsjungen werfen, wobei er äußerst behutsam den zu Klagen Anlaß gebenden Backenzahn befühlt. Und da drüben kommt mein alter Freund Enríquez de Harana, der Profos der Flotte. Ich steige auf das Vorderkastell hinauf. Am Feuerkasten steht Chachu, der baskische Bootsmann, und schaut zwei Schiffsjungen bei der Zubereitung der Mittagsmahlzeit zu – der einzigen warmen Mahlzeit am Tag. Seine Feindseligkeit beschränkt sich in den ersten zehn Tagen auf unheilvolle Blicke und den einen oder anderen deftigen Ausruf. Aber die jungen Matrosen werden nervös, sobald er nur in ihre Nähe kommt.

«Einen besonders schönen guten Morgen, Bootsmann», sage ich fröhlich.

Chachu brummt etwas, was sich nach «Admiral» anhört, wirft nochmals einen aufmerksamen Blick auf die offene Kochstelle – die «Topfinsel», wie sie allgemein genannt wird – und stakt dann nach achtern zur Leiter. Ich richte ein paar freundliche Worte an die Hilfsköche und kehre aufs Hauptdeck zurück.

Am Großmast haben sich mehrere Schiffsjungen um Cristóbal Quintero versammelt, den dreißigjährigen ehemaligen Besitzer der *Pinta*, der als einfacher Matrose auf der *Santa María* segelt. Er hat sich in Windeseile einen Ruf als Experte in Sachen Sexualität erworben.

«Und die englischen Mädchen haben sogar zwei», erklärt er

gerade, wobei sein unschuldiges Kindergesicht den Worten, die bei den Schiffsjungen ungläubiges Erstaunen hervorrufen, Glaubwürdigkeit verleiht.

«*Zwei?*»

«Na klar.»

«Aber wo denn?» bestürmen ihn die Schiffsjungen.

«An der üblichen Stelle, ihr Grünschnäbel», sagt Cristóbal Quintero mit Unschuldsmiene. «Nur ist, weil sie nebeneinander liegen, das magische Dreieck eher ein Quadrat, falls ihr versteht, was ich meine. Wenn ihr allerdings eure schottischen Mädchen genauer betrachtet, könnt ihr euch wahrhaftig auf einen Schock gefaßt machen, weil . . .» Quintero ist in seinem Element.

Mir ergeht es nicht anders. Ich beabsichtige, zwecks Erledigung eines unumgänglichen Geschäfts dem sogenannten Gärtchen auf dem Achterdeck einen Besuch abzustatten. Aber das kleine, über die Backbordwand hinaushängende Sitzgestell ist bereits von seinem nahezu permanenten Benutzer, dem Schiffsmeister Juan de la Cosa, okkupiert. Mit rot angelaufenem Gesicht starrt er finster und konzentriert vor sich hin, so als wäre er mit der Lösung eines schwierigen navigatorischen Problems beschäftigt. Die Schiffsjungen auf dem Hauptdeck werfen verstohlene Blicke in seine Richtung. Nicht selten schließen sie Wetten ab, wie lange Cosa auf dem Thron sitzenbleibt und mit welchem Ergebnis. Außerdem warten sie nur darauf, daß die *Santa María* mit ihrem viel zu hohen Großmast vielleicht ein paar Grade mehr als sonst nach Backbord krängt, während der sauertöpfische Cosa im Gärtchen hockt. Dann nämlich würde die untere Hälfte des Galiciers in den Genuß einer unverhofften Wasserspülung kommen. Heute passiert nichts dergleichen. Cosa sitzt noch immer da und denkt noch immer angestrengt über navigatorische Probleme nach, als ich das Achterkastell betrete.

Peralonso Niño sieht Pedro Terreros, meinem persönlichen Steward, dabei zu, wie er den Tisch für die Achterwache deckt. Peralonso ist, seinem Umfang entsprechend, der Müllschlucker auf der *Santa María* und der einzige Mann an Bord, dem das flachsige, gepökelte Schweinefleisch, unsere Hauptnahrung, wirklich zu schmecken scheint. «Es ist eine Frage des Sieges des Geistes über die

Materie», versichert er mir. «Während ihr anderen heute eure Schweinemägen hinunterwürgt, delektiere ich mich an gut abgehangenem, mit Rosinen und Pinienkernen in Rotwein gedünstetem Rebhuhn. Mit ein bißchen Phantasie ist das ganz einfach.»

Jeden Abend zündet der jüngste Schiffsjunge der neuen Wache kurz nach Sonnenuntergang die Kompaßlampe an, geht damit nach achtern und singt: «Gott gebe uns eine gute Nacht und gute Fahrt; dem Schiff, dem Herrn Kapitän, dem Schiffsführer und allen Schiffsgefährten. Amen.» Und dann betet die gesamte Mannschaft ein feierliches Vaterunser.

Manchmal wache ich im ersten Morgenlicht vom Gesang einer hellen Tenorstimme auf –

> Gelobt seist du, Herr, mit allen Wesen, die du geschaffen, der
> edlen Herrin vor allem, Schwester Sonne, die uns den Tag
> heraufführt . . .
> Gelobt seist du, Herr, durch Bruder Mond und die Sterne . . .
> durch Bruder Wind . . .

– und mein Herz schlägt heftig, denn für einen Augenblick fühle ich mich um ein Menschenalter nach Galway zurückversetzt und sehe Tristrams liebes, unbeschreiblich schönes Gesicht vor mir. Dann klopft Pedro Terreros an meine Kabinentür, bringt mir mein Frühstück, bestehend aus Sardinen, einer Zwiebel, Schiffszwieback und Wein, und ich bin wieder an Bord der *Santa María*.

Aber die schmerzliche Erinnerung, die diese helle, den Tag begrüßende Tenorstimme in mir wachruft, macht mich grübeln und lenkt meine Gedanken zuweilen in eine Richtung, die man besser nicht einschlagen sollte – daß alles Zufall ist, daß der Wille des Menschen eine Illusion ist, daß Gott nicht existiert. Doch dann taucht vielleicht eine Herde Delphine auf, schwimmt mit uns um die Wette und leistet uns eine Weile Gesellschaft, oder zwei Seevögel lassen sich auf einer Rahe nieder, um sich auszuruhen, bevor sie erneut ihre Flügel entfalten, über uns kreisen und wie silberne Pfeile in den Himmel davonschießen, der beinahe so tiefblau ist wie das Meer, und dann weiß ich nicht nur, daß Gott existiert, sondern daß er überall ist.

Luis de Torres, der in letzter Minute hinzugekommene Dolmetscher, ist der einzige, mit dem ich nachts bei einem Becher Wein gelegentlich über solche Dinge rede.

Nach Ansicht von Peralonso Niño, dem ein Blick auf die Bugwelle genügt, um die Geschwindigkeit eines Schiffes abzuschätzen, legen wir in diesen ersten zehn Tagen 1165 Seemeilen zurück. Meine eigenen Streckenangaben sind, das kann ich ebensogut gleich zugeben, sowohl größer als auch kleiner. Die kleineren stellen, wie jedes Schulkind lernt, ein notwendiges Täuschungsmanöver gegenüber der Mannschaft dar. Denn diese wird unweigerlich Angst bekommen, daß wir weiter hinausgesegelt sind, als Gott dem Menschen vorherbestimmt hat. Meine anderen Angaben sind schwieriger zu erklären. Habe ich diese übertriebenen Schätzungen – bisweilen fast zweihundert Meilen an einem Tag – in meinem Reisetagebuch festgehalten, um die Königlichen Hoheiten zu beeindrucken, die meine Aufzeichnungen lesen werden? Das zumindest glaubt Peralonso, der als einziger das Geheimnis meiner doppelten Buchführung kennt. Aber das stimmt nicht. Nein, die Wahrheit ist vielmehr, daß ich es so eilig habe, den Osten zu erreichen, daß sich die Bugwelle für mich schneller bewegt als für Peralonso, und ich rede mir ein, daß meine persönlichen Zahlen die richtigen sind.

Die Mannschaft eines Schiffes ist, stärker vielleicht als jede andere Gruppe von Menschen, plötzlichen Stimmungsumschwüngen ausgesetzt. So müssen wir den zehn Tage andauernden phantastischen Ritt über die Wellenkämme bei vollkommenem Segelwetter damit bezahlen, daß wir innerhalb einer einzigen Wachperiode in das düstere Wellental der Sargassosee stürzen.

Als ich am Morgen des 16. September aufwache, spüre ich instinktiv, daß etwas nicht in Ordnung ist, ohne zu wissen, was es sein könnte. Und dann wird mir klar, daß es die Stille ist, das Schweigen der Menschen – kein Melodiefetzen, kein Ruf, kein Schritt, so als wäre ich als einziger an Bord der *Santa María* übriggeblieben.

Ich ziehe mein Hemd über, stoße mit dem Kopf heftig gegen den niedrigen Türsturz und trete barfuß aufs Achterkastell hinaus.

Ein verängstigter Schiffsjunge wirft unter Juan de la Cosas Anleitung die Lotleine. Die Mannschaft steht am Schanzkleid und schaut zu. Jetzt sehe ich den Grund für diese unnatürliche Stille. Dicke Klumpen ledrigen Unkrauts treiben vorbei, dunkelgrün und manchmal gelb.

«Welcher Lotstand?» unterbricht Juan de la Cosa das drückende Schweigen.

Der Junge holt die Hanfleine ein. Sie ist mit Pflanzen behangen. «Keiner, Sir. Sie hat sich ganz abgespult, ohne auf Grund zu stoßen.»

«Du hast hier zweihundert Faden Leine, mein Junge», schimpft Cosa, nimmt dem Schiffsjungen die Leine aus der Hand und wirft sie selbst aus.

Aber auch er kann den Grund nicht ausloten.

«Zuviel Segel», sagt er, und sein Doppelkinn wabbelt, als er den Kopf schüttelt. «Wir haben zuviel Leine durch die Fahrt verloren. Chachu!» ruft er.

Sogleich gibt der Bootsmann den Schiffsjungen Anweisung, die Segelfläche durch das Entfernen der Bonnets vom Großsegel zu verkleinern; dadurch verringert sich unsere Geschwindigkeit drastisch. Ich bin alles andere als begeistert von dieser Maßnahme. Rings um mich sehe ich lauter beklommene Gesichter, und ich weiß, je früher wir die Sargassosee hinter uns lassen, desto besser für uns. Denn wenn der alte Vásquez de la Frontera recht gehabt hat, stellt das Pflanzenzeug lediglich eine Bedrohung für die Moral der Mannschaft dar.

Aber das Kommando auf einem Schiff ist eine delikate Angelegenheit.

Sie haben bestimmt bemerkt, daß ich nicht Offizier einer Wache bin; Juan de la Cosa, der Schiffsmeister beziehungsweise Erste Offizier, und Peralonso Niño, der Zweite Offizier, wechseln sich bei den vierstündigen Wachen ab. Als Offizier der Steuerbordwache, die jetzt an der Reihe ist, ist es Cosas gutes Recht, das Bergen einzelner Segel anzuordnen. Als Kapitän kann ich, wenn ich will, diesen wie auch jeden anderen Befehl rückgängig machen. Aber Cosa, Teileigner der *Santa María*, hat mit Sicherheit ein Gespür für jeden Balken und jede Planke, für alle Eigenheiten des Schiffes, und das wissen die Männer. Außerdem: Setze ich mich einmal über seine Autorität hinweg, untergrabe ich sie für alle Zeiten. Die Folge davon wäre nicht nur, daß *er* mir das verübelt, sondern auch, daß die Mannschaft zu uns beiden kein Vertrauen mehr hätte.

Also halte ich den Mund und sehe zu, wie Cosa das Senkblei erneut hinabläßt. «Dieses ganze Grünzeug muß bedeuten, daß der Grund felsig ist», sagt er, hartnäckig an seiner Befürchtung festhaltend.

Peralonso Niño taucht neben mir auf. Als Offizier der anderen Wache, kann er tun, was mir verwehrt ist. Und so sagt er: «Sicher, normalerweise schon. Aber ist nicht der alte Vásquez mitten durch die Sargassosee gesegelt und wieder herausgekommen?»

«Und ich behaupte, daß da drunten Fels ist», brüllt Cosa. «Fels, der uns womöglich die Schiffsböden aufreißt!»

Peralonso mit dem grimmigen Gesicht äußert den sanftesten Protest, der sich denken läßt. «Nur ein bißchen Gemüse, Schiffsmeister. Harmlos wie ein Erdbeerfeld.»

Vier Tage später ist aus Peralonsos «bißchen Gemüse» eine grüngelbe Matte geworden, die sich in alle Richtungen bis zum Horizont erstreckt. Die Flotte bewegt sich kaum noch. Wir machen so wenig Fahrt, die Brise ist so leicht, daß wir uns von Schiff zu Schiff durch Rufen verständigen können. Alle drei Brüder Pinzón wollen kreuzen, um wieder aufs offene Meer zu gelangen. Juan de la Cosa beharrt darauf, langsam in Richtung Westen weiterzufahren und ständig zu loten. Peralonso Niño und sein Bruder Juan, Schiffsmeister auf der *Niña*, stimmen mit mir überein: Das Pflanzenzeug stellt lediglich eine Bedrohung für die Moral der Mannschaft dar.

In dem Bewußtsein, zu lange abgewartet zu haben, rufe ich Chachu herbei. «Setzt alle Segel, die wir haben – das Großsegel mit den beiden Bonnets, Focksegel, Sprietsegel, Besansegel, Marssegel, alles.»

Peralonso lächelt grimmig. «Was haltet Ihr davon, das Bootssegel am Poopdeck anzuschlagen?» meint er, und auch das wird gemacht. Die *Santa María* kommt richtig in Fahrt.

«Kein Mensch kann bei dieser Geschwindigkeit die Lotleine auswerfen», beschwert sich Juan de la Cosa.

«Verstaut das Lot, Schiffsmeister», sage ich zu ihm. «Ihr werdet es nicht brauchen.»

Seine finsteren Augen und die herabgezogenen Mundwinkel werfen mir schon jetzt das bevorstehende Unheil vor.

Am sechsten Tag unserer Fahrt nach Westen durch die Sargassosee schreit der Ausguck: «Blaues Wasser» – und tatsächlich, da liegt es, glitzernd wie Stahl, vor uns im Sonnenlicht. Die Grünzeugmatte zerreißt zu Grünzeugklumpen, die Klumpen lösen sich auf, und bald liegt vor uns nur noch offenes Meer.

Ich höre Chachu flüstern: «Dieser verdammte Ausländer, diesmal hat er Glück gehabt.»

Aber nach der Sargassosee bedeutet jeder Wetterwechsel Ärger. Wenn der Wind abflaut, brummen die Männer, daß wir in der Flaute dümpeln werden, bis wir verhungern. Dreht die Brise nach Westen, so daß wir hart am Wind bestenfalls einen Westnordwest-Kurs halten können, werden düstere Prophezeiungen laut, daß wir Zipangu und die Indischen Lande ganz verfehlen werden. Selbst wenn der in diesen Breiten vorherrschende Passat weht, wird gemunkelt. Ein genau achterlicher Wind belebt die Erinnerung daran, wie sich das Steuerruder der *Pinta* angeblich losgerissen hat. Und eine perfekte Backstagsbrise schürt die schwelende Angst, daß wir weiter hinaussegeln, als in Gottes Absicht lag, und daß wir nie mehr zurückkehren werden.

Meuterei!

Was für ein bedrohliches Wort – und was für ein erregendes!

Geben Sie es zu, meistens hat man doch Sympathie mit den Meuterern – anständigen und rechtschaffenen Männern, während der Kapitän, gegen den sie sich erheben, ein Tyrann ist.

Als Beispiel nenne ich Ihnen Captain Bligh von der H.M.S. *Bounty*, einen denkbar grausamen Befehlshaber, der einen Unschuldigen am Mast festbinden und auspeitschen ließ, und seinen ausgesprochen vernünftigen Gegenspieler Fletcher Christian.

Oder Captain Queeg von der U.S.S. *Caine* – gibt es da überhaupt eine Frage? In diesem Fall befindet sich die unselige Mannschaft ganz konkret in Gefahr, weil Queeg nicht nur feige und inkompetent ist, sondern, wie sich zu aller Entsetzen herausstellt, geisteskrank.

Wer also könnte den Meuterern einen Vorwurf machen?

In der Tat kann man sich nur fragen, warum sich die Crew der *Pequod* nicht gegen den monomanen Kapitän Ahab erhebt, der von dem Gedanken besessen ist, hinter die «sinnlosen Pappmasken des Sichtbaren» zu schauen, die die Realität verbergen, selbst wenn das bedeuten sollte, daß er sein Schiff, seine Mannschaft und sich selbst dem monströsen weißen Wal Moby Dick opfern müßte. Aber hier stellt sich die Frage: Ist Moby Dick die Inkarnation des Bösen oder Ahab?

Und wie steht es mit mir? Bin ich weniger monoman als Ahab? Ist nicht der sagenumwobene Orient mein weißer Wal? Gibt es etwas, was ich nicht opfern würde, um dorthin zu gelangen?

Aber ich bin kein Despot, kein grausamer Mensch und schon gar kein Sadist.

Und genau deshalb bin ich noch schlimmer als Ahab, weil ich meine Mannschaft mit einem wohlfeilen Lächeln auf den Lippen und freundlichen Worten irreführe. Die wirklichen Bösewichter tragen ihre eigenen Pappmasken, um das Böse zu kaschieren.

Ich versuche nur, in jeder Beziehung fair zu sein.

Aber zurück zur *Santa María*. Ich bin überzeugt, daß Chachu derjenige ist, der als erster auf den Gedanken kommt, daß die Beseitigung des Admirals des Ozeanischen Meeres der beste Weg wäre, um dem armen Kerl die phantastische Illusion zu rauben, die Fahrt nach Westen würde ihn in den Osten führen, und gleichzeitig alle anderen von diesem Ausländer zu befreien, der sie geradewegs in ihr nasses Grab führt. Nackte Füße, die eilig über die Planken tappen, des Nachts womöglich, wenn der Admiral den Stand des Polarsterns mit der Kompaßrose vergleicht, ein leises Platschen, das in der schäumenden Bugwelle untergeht, und – auf in heimische Gefilde, Männer, wo alle Frauen schön und alle Männer tapfer sind!

Ein Gespräch auf dem Achterdeck an einem Nachmittag Anfang Oktober:

JUAN DE LA COSA: Es gibt Gerede bei der Mannschaft . . .

COLÓN: Ich weiß, was sie sagen.

COSA: Daß wir bereits weiter gesegelt sind, als der Admiral die Entfernung bis nach Zipangu geschätzt hat.

COLÓN: Meine Zahlen waren optimistisch.

COSA: Die Männer sind's nicht. Sie wollen umkehren.

COLÓN: Mit oder ohne den Admiral, sehe ich das richtig?

COSA: Nun ja. Ich habe so was gehört.

Wir segeln hart an einem Nordwestwind. Plötzlich beginnt das Großsegel zu flattern, und der Rudergänger luvt sofort an. Wir krängen heftig. Cosa stolpert. Ich packe ihn. Die Decksplanken rutschen mir unter den Füßen weg. Er klammert sich an mich, und ich spüre an der Rückseite der Oberschenkel das Schanzkleid. Cosas Gesicht, unmittelbar vor dem meinen, ist rot wie beim Gärtchendüngen. Energisch schiebe ich ihn weg. Er gerät aus dem Gleichgewicht – oder tut zumindest so – und sinkt auf ein Knie.

Chachu sieht vom Hauptdeck aus unbeteiligt zu.

Fast schon vier Wochen, ohne daß Land in Sicht ist. Die Männer sind verdrossen. Wegen jeder Kleinigkeit kommt es zum Streit: ein Marlspieker, der nicht da liegt, wo er hingehört, ein Platz im Windschatten einer Luke in einer windigen Nacht, ein Schiffsjunge, der die Sanduhr ein paar Sekunden zu spät umdreht. Chachus Feindseligkeit nimmt zu, seine Clique aus dem Norden steckt heimlich die Köpfe zusammen. Gespräche werden abrupt abgebrochen, wenn ich meine Runden drehe. Ich spüre Blicke in meinem Nacken.

Harana gibt mir den Rat: «Bleibt auf dem Achterdeck, Admiral.»

Dr. Sánchez setzt sein wirkungsvollstes Krankenbettlächeln auf: «Schließlich wird ein Schiff doch von dort aus gesegelt, oder?»

«Ein Schiff wird von der Mannschaft gesegelt», erkläre ich den beiden und steige hinunter aufs Hauptdeck.

Von diesem Augenblick an richten es Harana, Sánchez und mein persönlicher Steward Pedro Terreros so ein, daß immer einer in meiner Nähe ist, und Peralonso Niño erfindet alle möglichen Ausreden, um während der Steuerbordwache an Deck zu kommen.

Die Situation verschlimmert sich noch, als Martín Alonso Pinzón eines Abends signalisiert, daß er Land gesichtet hat. Die Lombarden der *Pinta* spucken Rauch und Flammen, während der Ruf

«Land! Land!» von allen drei Schiffen aufgegriffen wird. Im verblassenden Tageslicht machen die Männer Freudensprünge und umarmen sich, überzeugt, daß im Südwesten Land liegt, der ferne Kegel eines Berges, von Schnee gekrönt. Ich sehe nur Wolken, die sich hoch am Horizont auftürmen.

Trotzdem bleibt uns gar nichts anderes übrig, als unseren Kurs zu ändern und die ganze Nacht dem nicht existierenden Berg im Südwesten nachzujagen.

Am Morgen ist keinerlei Land in Sicht, weder gebirgiges noch schneegekröntes, noch sonst eines; dafür ist der Himmel gleichmäßig gelb, und das bedeutet Wind.

Nachdem wir wieder den direkten Kurs nach Westen aufgenommen haben, bläst er genau von achtern. Mit gespreizten Beinen das Schlingern des Decks ausgleichend, schätzt Peralonso Niño unsere Geschwindigkeit auf über sieben Knoten.

«Ein Wind für die Indischen Lande!» ruft er, als der Bug eintaucht und beim Auftauchen gewaltige Wasserfächer aufspritzen läßt. Auch ich juble – bis ich die Gesichter der Mannschaft sehe. Es kommt mir vor, als hätte Juan de la Cosa alle mit seinem finsteren Pessimismus angesteckt. Für sie bedeutet das Heulen des Windes in der Takelage, das Schäumen der Bugwelle, die starke Krümmung des Großmastes der *Santa María* nur eines, nämlich daß mit jeder Minute, die verstreicht, die ohnehin abwegige Möglichkeit, jemals in die Heimat zurückzukehren, nur noch in weitere Ferne rückt.

Der Wind legt sich nicht bis zur Morgendämmerung des 9. Oktober. Ich stehe an Deck und sehe den neuen Tag heraufziehen. Das Meer ist glatt und noch nachtschwarz, und als die Dunkelheit Homers rosenfingriger Morgenröte weicht, kommt ein kleiner Vogel angeflattert, läßt sich auf der Heckreling nieder und beginnt zu zwitschern. Seine Federn sind von einem hellen, irisierenden Grün. Peralonso Niño, der soeben die Kompaßlampe gelöscht hat, bemerkt den Vogel ebenfalls. «Ein Landvogel», sagt er leise, fast an seinen eigenen Worten zweifelnd. «Das ist ein Landvogel.» Seine Zähne unter dem struppigen Bart blitzen. Seine Stimme zittert.

Der Vogel fliegt, leuchtendweißes Gefieder an der Unterseite des Flügels enthüllend, auf und gesellt sich zu drei anderen in der Luft. Wir sehen ihnen nach, wie sie nach Westen fliegen. Mit ihrem schillernd grünen Gefieder ähneln sie keinem Vogel, den wir je gesehen haben.

Meine Augen brennen, wahrscheinlich vom Salzwasser.

Plötzlich richtet sich Peralonso Niño auf. Er schaut über meine Schulter. Als ich mich umdrehe, sehe ich geschäftiges Treiben an Bord der *Pinta*, die etwa eine Meile an Steuerbord auf demselben Kurs fährt wie wir. Bald ist das Sprietsegel gehißt, und der Besanbaum schwingt nach Backbord. Bei ihrer jetzigen Geschwindigkeit hat die *Pinta* die *Santa María* in einer Stunde eingeholt.

Ich stehe mit Peralonso auf dem Vordeck, als die schnellere Karavelle unter vollem Zeug quer vor unserem Bug vorbeirauscht.

«Dieser Idiot», sagt Peralonso. «Was hat er bloß vor?»

Die *Pinta* zischt so dicht vorbei, daß ich Martín Alonso Pinzóns Gesicht deutlich erkennen kann. Mit trichterförmig an den Mund gelegten Händen brüllt er über die rauschende Bugwelle hinweg: «. . . wünschen eine Kapitänsversammlung.»

Die *Pinta* zeigt uns ihr Heck und jagt auf die Niña zu, die sich eine halbe Meile entfernt an Backbord befindet. Bis Mittag werden wir beide Kapitäne Pinzón an Bord haben. Ich kann mir nur einen Grund für eine Kapitänsversammlung vorstellen.

Peralonso fragt: «Was werdet Ihr tun?»

Ich muß an meine erste Begegnung mit Martín Alonso Pinzón in der Hafenkneipe von Palos denken und an die grobschlächtige Art, mit der er die Krabben in sich hineingeschaufelt und den Wein hinuntergekippt hat.

«Ich werde sie abfüttern», sage ich und rufe meinen Steward Pedro Terreros. «Was für ein Festessen könntet Ihr denn für drei Leute auftischen?» frage ich ihn.

«Gesalzenes Schweinefleisch, getrocknetes Rindfleisch, Sardinen oder Anchovis», leiert Pedro grinsend herunter.

«Ich meine es ernst, mein Junge.»

«Wenn das so ist, gehe ich fischen.»

Und das tut er. Ich kehre in meine vollgestopfte Kajüte zurück, die einzige Einzelkajüte an Bord, und werfe mit zusammengekniffenen Augen einen Blick in den kleinen Spiegel über meinem Waschtisch. Ein bartüberwuchertes Gesicht mit sonnenverbrannter, sich schälender Stirn und strohigen rot-weiß gestreiften Haaren blickt mir entgegen. In dem Bestreben, mehr wie ein Admiral auszusehen, greife ich zur Schere und stutze meinen Bart, bis er etwa die Form eines Spatens hat. Dann schlüpfe ich in meine zweite Garnitur Kleider, die, da sie häufig in Meerwasser gewaschen wurden, ebenso gemein jucken wie die, die ich ausgezogen habe.

Ich kehre gerade rechtzeitig an Deck zurück, um die Boote der *Niña* und der *Pinta* auf uns zukommen zu sehen. Plötzlich stößt Pedro Terreros auf dem Achterdeck einen Schrei aus und beginnt seine Angelschnur einzuholen. Ohne seinen Fang abzuwarten, begebe ich mich wieder ins Achterkastell und klopfe an die Tür der Gemeinschaftskajüte, die sich Schiffsmeister, Zweiter Offizier, Aufsichtsbeamter, Dolmetscher, Schiffsarzt und Profos teilen. Ich wecke Harana.

«Die Pinzóns kommen an Bord.»

«So?» Geballtes Mißtrauen.

«Habt Ihr diese Berichte?» frage ich. Harana nickt. «Ich werde sie brauchen.»

Über uns ertönen Rufe. Wieder an Deck, sehe ich, wie die Schiffsjungen von der *Pinta* ihr Boot mit den Rudern von der *Santa María* abhalten, während polternd die Jakobsleiter hinuntergeworfen wird. Aber die allgemeine Aufregung gilt Pedro Terreros, der einen Zwanzigpfünder mit silbrig-roten Schuppen und Flossen an Bord gehievt hat.

Martín Alonso klettert an Bord. Sein Haar ist stumpf, der Bart ungekämmt, die Kleidung unordentlich. Er hat die Fäuste herausfordernd in die Hüften gestemmt und streckt seinen fetten Wanst heraus, während er mich mit seinen Schweinsäuglein fixiert. Ganz bewußt wende ich mich Pedro Terreros und seinem Fisch zu. «Wirklich eine Schönheit, Pedro», sage ich. «Für das Vordeck mit meinen besten Empfehlungen.» Diese Worte werden mit Freudengeschrei aufgenommen. «Und bitte laßt Wein, Schiffszwieback und Sardinen in meine Kajüte bringen.»

Zwanzig Minuten später erklärt Vicente Yáñez Pinzón, eine jüngere Ausgabe seines Bruders, während er seinen Weinbecher nachfüllt: «Jetzt reicht's. Dieses Scheißmeer ist nicht zu überwinden.»

Martín Alonso nickt. Wie sein Bruder hat er weder Sardinen

noch Schiffszwieback angerührt, sich aber tapfer an meinen Wein gehalten. Er sagt: «Vicente hat recht. Es geht nicht gegen Euch, Mann. Wir haben alle denselben Fehler gemacht.»

«Es ist kein Fehler.»

«Findet Euch doch damit ab», bedrängt mich Vicente Yáñez. «Wir haben uns damit abgefunden. Tragt es lieber wie ein Mann.»

«Es ist doch keine Schande», meint sein Bruder.

«Es ist kein Land voraus, sonst hätten wir es inzwischen verdammt noch mal gefunden», sagt Vicente Yañez – eine Feststellung bar jeder Logik.

«Es war schon so schlimm, daß ich Luftspiegelungen gesehen habe», sagt sein Bruder. «Als ob ich . . .» Er sucht nach dem richtigen Wort.

«. . . besessen wäre», kommt ihm Vicente Yáñez zu Hilfe.

Beide schauen mich an. Besessen. Sie glauben im Ernst, daß ich das bin. Und wären sie nicht auch Narren, einem Mann zu folgen, der von einem Traum geblendet ist? Haben sie denn so unrecht – selbst für den Fall, daß ich recht haben sollte?

«Aber jetzt nicht mehr», sagt Martín Alonso. «Es gibt kein Festland, keine Insel. Es gibt kein Cathay oder Zipangu oder sonst was da draußen. Nur das unendliche Ozeanische Meer.»

Ich möchte Argumente anführen, aber was für einen Zweck hätte das?

«Wir kehren um», sagt Vicente Yáñez. «Auf der Stelle.»

«Noch heute», sagt Martín Alonso.

«Und Eure Mannschaften?» frage ich sie.

«Die meisten Männer sind schon unter meinem oder seinem Kommando gesegelt», sagt Vicente Yáñez mit Blick auf seinen Bruder. «Wenn es also hart auf hart geht, solltet Ihr Euch lieber darauf gefaßt machen, daß unsere Leute hinter uns stehen.»

«Ja, zum Teufel», echot Martín Alonso. «Wenn ich heute nicht diese Kapitänsversammlung einberufen hätte, hätte meine Mannschaft . . .»

«Genug», unterbricht ihn Vicente Yáñez. Und dann redet er beschwörend auf mich ein: «Mann, wir bitten Euch doch nur, den Kopf zu benützen, den Gott Euch gegeben hat. Ihr könntet diese Flotte – Eure Flotte – als Held in den Hafen von Palos zurückführen. Wir wären alle Helden. Wir sind über die Sargassosee hinaus so weit nach Westen vorgedrungen wie vor uns noch kein Schiff, nicht wahr? Darauf können wir ganz schön stolz sein, Mann. Nur die Theorie war falsch: Es gibt keinen Weg über den Westen nach Osten. Wir haben es versucht. Können Menschen mehr tun? Wenn ein ehrenwerter Versuch fehlschlägt, bedeutet das doch nicht gleich das Ende der Welt.»

Ich frage mich, ob dem nicht doch so ist – für mich zumindest.

«Nicht daß wir die Absicht hätten, Druck auf Euch auszuüben.»

«Ihr könnt jederzeit weitersegeln», sagt Martín Alonso großzügig. «Und weiter und immer weiter», fügt Vicente Yáñez mit einem spöttischen Lachen hinzu.

An dieser Stelle möchte ich eines klarstellen: Ich selbst habe nie – niemals – von «Weitersegeln» gesprochen. Das Wort, das ich ganz bewußt verwende, ist *adelante* – vorwärts.

«Die *Santa María* wird vorwärts segeln», erkläre ich.

«Dann segelt mit Gott», sagt Vicente Yáñez, ganz und gar nicht wohlwollend.

«Aber ohne uns.» Martín Alonso erhebt sich zum Zeichen dafür, daß die Versammlung beendet ist.

Eine derartige Unverschämtheit geht zu weit. «Hinsetzen!» brülle ich.

Verblüfft gehorcht Martín Alonso.

«Mag sein, daß Zweifel bestehen, wer auf der *Niña* und der *Pinta* das Kommando hat», sage ich kalt, «aber an Bord der *Santa María* herrscht da Klarheit.»

Draußen höre ich Schritte, und dann klopft es leise an die Tür.

«Herein!» brülle ich, noch immer ungehalten.

Harana steckt den Kopf in die Kajüte, die für vier große Männer zu klein ist; mit eingezogenem Kopf bleibt er unter der Tür stehen. Ich sage zu Vicente Yáñez: «Hinaus mit Euch.»

Er sieht mich fassungslos an.

«Raus!» Mein Daumen weist zur Tür. Fragend schaut er seinen Bruder an, der zuckt die Achseln. Vicente Yáñez zwängt sich an Harana vorbei. Auf mein Kopfnicken hin schließt der Profos der Flotte die Tür und setzt sich, mehrere Bogen Papier schwenkend, auf den soeben frei gewordenen dreibeinigen Hocker.

«Laßt Kapitän Pinzón einen Blick auf den Bericht werfen, Profos», sage ich.

Harana hält seine Papiere fest. «Auf welchen denn, Admiral? Euer Befehl war nicht eindeutig, also habe ich beide mitgebracht.»

Harana hat zwei völlig unterschiedliche Berichte über den Zwischenfall mit dem abgebrochenen Ruder der *Pinta* verfaßt. Der erste hält sich an Martín Alonso Pinzóns Behauptung, nämlich daß ein rauher Wind das Steuerruder außer Funktion gesetzt hat, und beschreibt anschließend die Geschicklichkeit, mit der er die *Pinta* unter extrem schwierigen, wenn nicht gar unmöglichen Bedingungen zu den Kanarischen Inseln gebracht hat. Der zweite urteilt ihn als einen Kapitän ab, der sein eigenes Schiff sabotiert hat. Beide sind bereits vom Profos der Flotte unterzeichnet und brauchen nur noch von mir gegengezeichnet zu werden.

«So, wie die Dinge liegen, sollten wir ihn eigentlich beide lesen lassen», schlage ich vor.

Martín Alonso beginnt mit dem Lobgesang. Seine gespitzten Lippen bewegen sich beim Lesen. Er nickt und lächelt. Dann wendet er sich dem zweiten, kürzeren Bericht zu. Ich sehe, wie er zusehends bleicher wird.

«Ihr habt die Wahl zwischen zwei Möglichkeiten», sage ich freundlich. «Ihr könnt entweder gegen meinen Befehl umkehren. Wenn Ihr das tut, wird die *Santa María* mit Euch nach Spanien segeln – und ich werde Ihren Majestäten diesen zweiten Bericht aushändigen.»

«Ihr könnt unmöglich beweisen, daß es auf diese Weise passiert ist.»

«Da wäre ich nicht so sicher», sagt Harana geheimnisvoll. «Außerdem würde bereits der Verdacht genügen, um Euch zu ruinieren. Ihr würdet nie wieder ein Kommando bekommen.»

Bevor Martín Alonso antworten kann, wendet sich Harana an mich. Er schaut so grimmig drein, daß sich schwerlich mit Sicherheit sagen läßt, auf wessen Seite er steht. «Ich glaube, Ihr habt soeben gesagt: ‹Ihr könnt *gegen meinen Befehl* umkehren.› Nur fürs Protokoll, Admiral, würde es Euch etwas ausmachen, diesen Befehl zu formulieren?»

Also sage ich: «Kapitän Pínzon, ich habe Euch und Euren Bruder angehört, und die Antwort lautet: nein. Diese Flotte wird ihre Fahrt fortsetzen, und Ihr werdet mit ihr segeln.»

Harana sieht Pinzón erwartungsvoll an. «Also?»

Ein hartnäckiges Kopfschütteln. «Wir kehren um.» Aber Martín Alonsos Stimme klingt gedämpft.

«Gegen den ausdrücklichen Befehl des Admirals?»

«Käpt'n», schnurrt Harana, «es gibt ein Wort für das, was Ihr und Eure Brüder da macht. Würde es Euch etwas ausmachen, es auszusprechen?»

Schweißperlen treten auf Martín Alonsos Stirn. Er wischt sie mit dem Ärmel weg. «Es handelt sich um eine Meinungsverschiedenheit», sagt er. «Eine belanglose Meinungsverschiedenheit zwischen uns und dem Admiral.»

Harana betrachtet ihn skeptisch.

«Insubordination?» schlägt Martín Alonso hoffnungsvoll vor. «Ein geringfügiger Fall von Insubordination, das ist doch sicher das Wort, das Ihr sucht. Aber wir sind doch allesamt vernünftige Menschen, und im Eifer des Gefechts gibt es unweigerlich mal einen winzigen Anflug eines leisen Hauchs von Insubordination.»

Haranas Stimme haut ihn beinahe vom Hocker. *«Meuterei!»*

Das Wort steht in der abgestandenen Luft der Kajüte.

«Meuterei?» echot Martín Alonso und reißt seine winzigen Äuglein ungläubig auf. «Oh, ich verstehe schon, wie es dazu kommt, daß man den Fehler begehen könnte, es so zu nennen, aber . . .»

«Man würde es Meuterei nennen, weil es Meuterei ist», sagt Harana.

Schweißperlen rollen über Martín Alonsos Gesicht.

«Sprecht es aus, Käpt'n.»

Aber Martín Alonso preßt die Lippen fest aufeinander.

«Gewöhnt Euch an den Klang dieses Wortes, denn wenn Ihr nach Spanien zurückfahrt, werdet Ihr es bis an Euer Lebensende hören.»

Martín Alonso sackt in sich zusammen; sein zusammengeschrumpftes Gesicht verbirgt er hinter einer gewaltigen Pranke.

Auf den sonderbaren Landvogel von heute morgen vertrauend, setze ich alles auf eine Karte und sage: «Wir sind allesamt vernünftige Menschen, wie Ihr soeben festgestellt habt. Ich bin bereit, Euch diesen zweiten Bericht zerreißen zu lassen, wenn Ihr mir dafür noch drei Tage zugesteht.» Ich weiß, daß ich nicht mehr herausschlagen kann, ganz gleich, auf welches Versprechen sich Martín Alonso in diesem Augenblick einläßt.

«Drei?» sagt er. «Nur drei Tage?»

«Wenn wir nach drei Tagen kein Land gesichtet haben, gebe ich der Flotte den Befehl zur Heimfahrt. Und wir vergessen, was heute vorgefallen ist.»

«Keine Meinungsverschiedenheit oder ein leiser Anflug von Insubordination oder . . . einfach so?»

«Wir haben eine Kapitänsversammlung abgehalten, wir haben beschlossen, uns noch drei Tage zu geben. Das ist alles.»

Martín Alonso greift nach dem Weinkrug und schüttet seinen Inhalt hinunter. Dann reißt er, den Blick auf Harana gerichtet, den inkriminierenden Bericht mittendurch und die Hälften nochmals mitten entzwei und knüllt die Fetzen in seiner Faust zu einer Kugel zusammen. Diese betrachtet er, als enthielte sie eine Wahrheit in neuer Gestalt. Dann wirft er sie dem Profos verächtlich hin. «Drei Tage», sagt er, und ein Grinsen, zögernd zunächst, breitet sich auf seinem Gesicht aus. «Ich werde höchstpersönlich an der Ruderpinne der *Pinta* stehen, wenn wir umkehren, Admiral.»

Die *Santa María* schießt empor, schlingert, fällt krachend herunter. Meine Kajüte schwankt wie diese ungarische Erfindung, die Kutsche. Ich versuche aufzustehen. In der Dunkelheit vor Sonnenaufgang werde ich aus meiner Koje geschleudert und knalle gegen das Schott an der Tür. Das Schiff ächzt wie ein geprügeltes Tier, wenn es in die sich auftürmenden Wogenwände eintaucht. Ich rapple mich auf. Schaffe es bis zur Tür. Ich stoße sie auf, der Wind reißt sie mir aus der Hand. Ich stolpere und gelange nur auf allen vieren hinaus an Deck.

Der Großmast biegt sich wie ein gespannter Bogen. Die Kompaßlaterne ist ausgegangen, aber es ist hell genug, um zu erkennen, daß das Achterdeck verlassen ist. Ich werfe einen Blick hinunter aufs Ruderdeck, da rollt die *Santa María* nach Backbord, ein Wasserschwall ergießt sich über das Deck und spült mich ans Schanzkleid. Der Großmast knarzt und ächzt so bedrohlich, daß man es sogar über den heulenden Sturm hinweg hört. Ich krieche zurück zum Rand des Ruderdecks.

«Könnt Ihr sie halten?» brülle ich hinunter.

Die Stimme, die antwortet, gehört keinem Seemann, sondern dem jungen Pedro Terreros. «Nicht mehr lange, fürchte ich, Sir!»

Der viel zu hohe Großmast fegt über den grimmigen Himmel und biegt sich noch weiter durch. Angstvoll warte ich auf das ohrenbetäubende Bersten, mit dem ein Mast im Ernstfall bricht. Die *Santa María* scheint aus dem Wasser zu springen, fällt dann mit einem durch Mark und Bein gehenden dumpfen Knall zurück, als wäre sie auf ein Riff aufgelaufen. Tonnen grünen Wassers überfluten das Deck. Ich taumle nach Steuerbord, ringe nach Luft, pruste. Ich frage mich, ob Pedro Terreros unten auf dem Ruderdeck ertrunken ist, ob die Ruderpinne womöglich unbemannt ist. Da sehe ich eine Gestalt auf den Block zustolpern, der die Schot zum diesseitigen Schothorn des Großsegels führt. Die *Santa María* schüttelt sich wie ein nasser Hund.

«Kappt die Schoten!» brülle ich.

Das ist unsere einzige Hoffnung. Wenn wir das Großsegel losschneiden, können wir den Mast noch retten. Und das Schiff.

Aber die Gestalt bewegt sich nicht mehr.

Erst taumelnd, dann auf Händen und Füßen, erreiche ich sie und erkenne Peralonso Niño. Er versucht, sich aufzurichten, sinkt wieder zu Boden.

Abgesehen von uns beiden ist das Deck leergefegt.

Einen entsetzlichen Augenblick lang sehe ich unmittelbar hinter uns eine sich auftürmende Wasserwand. Sie stürzt krachend hernieder, und Poop und Achterkastell verschwinden. Ich halte Peralonso fest, bis der Bug aus dem Wasser schießt. Auf Ellbogen und Knien hangle ich mich am Schanzkleid entlang zum Mitteldeck, in der Hand mein feststehendes Messer. Die dicke Hanfleine zwischen dem bauchigen Großsegel und dem Block ist so straff gespannt, daß ich sie mit einem einzigen Hieb durchhauen kann. Die Schot schnalzt an meinem Gesicht vorbei. Das riesige Segel flattert und knattert wie eine Musketensalve. Hier an Steuerbord fliegt das Segel frei. Nicht so an Backbord. Die *Santa María* beginnt sich querab zum Wind zu drehen. Schon krängt sie beängstigend. Ich schleppe mich nach Backbord und stelle zu meinem Entsetzen fest, daß ich das Messer verloren habe. Aus und vorbei, denke ich. Jetzt kannst du nichts mehr tun, nur noch das Ende abwarten. Aber dann ist die Backbordschot los, und das Großsegel bauscht sich und knallt knatternd gegen den nicht mehr unter Spannung stehenden Mast, fliegt über die riesige Großrah hinweg, flattert im Wind, reißt. Ich sehe Peralonso am Backbordblock, den Kopf eingezogen, das Messer in der Hand.

Irgendwie kämpfe ich mich zur Achterdeckleiter zurück. Obwohl nur noch ein paar nutzlose Segelfetzen an den Spieren hängen, treibt der Sturm die *Santa María* gnadenlos vor sich her. Ich bin sicher, daß der junge Pedro Terreros der Ruderpinne inzwischen nicht mehr Herr wird. Falls er überhaupt noch am Leben ist.

Halb springe, halb falle ich hinunter aufs Ruderdeck.

Pedro Terreros hängt über der Pinne. Obwohl kaum noch bei Bewußtsein, versucht er mich abzuwehren, als ich ihn von der Ruderstange wegziehe. Durch die Ruderpforte strömt das Wasser schneller herein, als es durch die Speigatten entweichen kann. Es reicht mir bis zu den Oberschenkeln. In der Hoffnung, daß mir Peralonso gefolgt ist, rufe ich ihn. Pedro Terreros ertrinkt, wenn man ihn nicht stützt; sobald ich ihn loslasse und mich mit meinem ganzen Gewicht gegen die Ruderpinne werfe, sackt er zusammen.

«Geht auf Raumschotskurs!» brülle ich.

«Dann kentern wir!» protestiert Peralonso.

«Und wenn wir bei dieser Geschwindigkeit vorm Wind bleiben, laufen wir voll.»

Ich versuche, Pedro Terreros die Leiter hinaufzuwuchten, schaffe es aber nicht. Peralonso stemmt sich gegen die Ruderpinne. Die *Santa María* legt sich nach Backbord, als Peralonso sie langsam drei oder vier Strich aus dem Wind dreht. Er hält sie in so steiler Schräglage, daß die Gefahr besteht, daß sie sich auf die Seite legt, aber das Wasser im Ruderdeck beginnt abzufließen. Ich lehne Pedro Terreros an die Leiter. Fieberhaft stecke ich Leinen an den Treibanker und lasse ihn aus der Ruderpforte gleiten, um unsere Geschwindigkeit zu drosseln. Dann helfe ich Peralonso an der Pinne. Gegen den Druck von Meer und Wind kommen wir noch einmal mit dem Ruder auf und zurren es mit dem restlichen

Tauwerk fest. Die *Santa María* erbebt, aber wir laufen ohne Segel wieder vor dem Wind. Das Ruderdeck läuft kniehoch voll Wasser, aber nicht höher.

Lange Zeit später merke ich, daß sich der Wind gelegt hat.

Die *Niña* und die *Pinta* kreuzen mit kurzen Schlägen, während an Bord der *Santa María* die Großrah niedergeholt und das Reservegroßsegel angeschlagen wird. Es ist früher Nachmittag, und der Sturmwind aus Nordost, den man eines Tages als Passatwind bezeichnen wird, ist zu einer steifen Brise abgeflaut.

Alle Mann sind an Deck, denn alle werden gebraucht, um die Großrah wieder zu fieren. Diese Arbeit wird normalerweise von einem schneidigen, unflätigen Shanty begleitet. Aber diesmal herrscht bedrückendes Schweigen, als Brassen, Fallen, Bauchgordings, Buliens, Geitaue, Haltetaue und Schoten am neuen Segel angeschlagen werden; alle Hände verrichten ihre Arbeit, aber die Gesichter sind allesamt ebenso verschlossen wie das von Schiffsmeister Juan de la Cosa.

Vom vorderen Rand des Achterdecks aus beobachtet der Schiffsmeister die Szene unter sich. Das blendendweiße neue Segel kräuselt sich in der frischen Brise. Der Bootsmann Chachu kommt nach achtern.

«Das Miststück ist überall angeschlagen», sagt er.

Die Männer starren allesamt schweigend auf das Achterdeck.

Cosa nickt. Er sagt zum Bootsmann: «Entlaßt die Backbordwache.»

Ich hole tief Luft. «Habt Ihr nicht etwas vergessen?» Der Wind trägt meine Worte fort.

Juan de la Cosa verschränkt die Arme über der Brust. Langsam schüttelt er den Kopf, sein kummervolles Gesicht ist verschlossen. «Nein, Sir.»

Leise sage ich zu ihm: «Wir wollen doch die Großrah heißen, Schiffsmeister.»

Schweigend blickt er nach unten. Unter uns brummt Chachu etwas auf baskisch.

Etwas lauter sage ich: «Die Rah muß geheißt werden, Schiffsmeister, und dazu braucht Ihr alle Mann.»

Meine Stimme ist bis zum Hauptdeck gedrungen. Die Männer

werden unruhig, schauen in alle Richtungen, nur nicht auf das Fall, das sich wie eine dicke Schlange auf den Planken ringelt. Juan de la Cosa wirft Chachu nervöse Blicke zu. Nachdem der Bootsmann beinahe unmerklich genickt hat, wendet er sich an mich. «Die Männer wollen nicht mehr», sagt er.

Ich schaue an ihm vorbei in Chachus feindseliges Gesicht.

«Ich wünsche, daß Ihr Chachu den Befehl gebt, die Großrah zu heißen», sage ich langsam.

«Die Männer haben die Nase voll vom Westen», entgegnet Cosa. «Sie werden die Großrah nicht heißen, um nach Westen zu segeln. Der Westen kann ihnen gestohlen bleiben.»

Das ist eine lange Rede für den Schiffsmeister, die längste, die ich je aus seinem Mund gehört habe.

Noch habe ich keinen ausdrücklichen Befehl gegeben. Noch hat er keinen ausdrücklich verweigert. Wie so viele Männer, die mit ihrer eigenen Unzulänglichkeit leben müssen, hängt Juan de la Cosa sein Mäntelchen nach dem Wind. Er muß sich erst noch offen zur Meuterei bekennen. Die Meuterei, falls es dazu kommt, ist Chachus Werk − seines und das seiner neunköpfigen Clique aus dem Norden, die den Großteil der Steuerbordwache stellt.

«Chachu!» brülle ich.

Seine Augen wandern zu mir herauf, ohne zu blinzeln.

Ich bin drauf und dran, ihm und nicht dem Schiffsmeister den ausdrücklichen Befehl zu geben, die Großrah zu heißen. Doch dann fällt mir etwas Besseres ein.

«Laßt ein Faß Wein heraufholen», sage ich. «Es steht harte Arbeit bevor.»

Chachu senkt den Blick. Daß ich die Kraftprobe vermieden oder zumindest aufgeschoben habe, enttäuscht ihn. Sobald das Faß an Deck ist, reißt Chachu selbst den Spundzapfen heraus und schenkt den Wein aus. Neben dem vierschrötigen, kräftig gebauten Bootsmann steht Peralonso Niño, der ganz zufällig einen Beleg-nagel in der Hand hält. Gelassen sehe ich etwa zwanzig Minuten lang zu und lasse die Männer trinken, bis die Sanduhr umgedreht wird und Peralonso Juan de la Cosa als Wachoffizier ablöst. «Zwei-ter Offizier», rufe ich, und Peralonso eilt zum Fuß der Achterdeck-leiter. «Laßt uns jetzt das Großsegel heißen.»

Abgesehen von einer hochschnellenden Augenbraue bleibt sein Desperadogesicht unbewegt. Seine Haltung ist bewundernswert, denn er kennt die Stimmung unter der Mannschaft ebensogut wie ich. Aber lässig sagt er: «Aye Sir» und gibt den Befehl.

Die Mannschaft – jeder einzelne Mann – reagiert darauf mit einer eingehenden Betrachtung der Decksplanken, als hielte sie Ausschau nach verräterischen Holzwurmhäufchen.

Es wird mir erschreckend klar, daß ich nicht nur Chachu und seine Clique aus dem Norden gegen mich habe, nicht nur die Steuerbordwache, was schon schlimm genug wäre. Nein, es ist die totale Katastrophe. Chachu hat die gesamte Mannschaft auf seiner Seite.

Hier stehe ich, Admiral des weiten Ozeanischen Meeres, das mich umgibt, auf meinem Flaggschiff – ganz allein.

Aber Moment mal – nicht ganz allein. Der erste Mann, der nach dem Fall greift, ist Luis de Torres, der Dolmetscher. Bald folgen der Schiffsarzt und der Profos der Flotte seinem Beispiel. Was ich dann sehe, kann nur ein Geist sein. Rodrigo de Segovia, der Aufsichtsbeamte der Krone, hat sich seit unserer ersten Stunde auf dem Ozeanischen Meer nicht an Deck blicken lassen – außer um auf schnellstem Weg ans Schanzkleid zu rennen. Der arme Segovia stirbt jeden Tag ein halbes Dutzend abscheuliche Tode durch Seekrankheit. Sein Gesicht ist eingefallen, die Kleider schlottern ihm an Haut und Knochen, die von der vor kurzem noch so wuchtigen Gestalt übriggeblieben sind. Aber jetzt ist er da, um sich hinter Profos Harana zu stellen und mit seinen zwei schwachen Händen das Fall zu ergreifen. Das ist um so ungewöhnlicher, als ein spanischer Gentleman normalerweise grundsätzlich nie Hand anlegt. Und erst recht kein Admiral des Ozeanischen Meeres.

Nach einem kurzen Augenblick des Zögerns stelle ich mich hinter Segovia. Ich habe keine Ahnung, wie die Mannschaft reagieren wird. Zum erstenmal wird mir schmerzlich bewußt, daß ich wirklich ein Ausländer bin, der ihre Reaktion so wenig abschätzen kann, wie wenn er nicht einmal ihre Sprache spräche.

«Wir heißen die Großrah, Zweiter Offizier», sage ich gelassen in die absolute Stille hinein.

Peralonso Niño nickt. Er stemmt seine Füße gegen die Planken, ergreift die dicke Hanfleine. Es passiert nichts, außer daß sich das durch den Block am Masttopp laufende Fall strafft. Die gewaltige Spiere, an der das neue Segel angeschlagen ist, bewegt sich nicht vom Deck.

«Hol auf!» ruft Peralonso, und wieder legen wir uns ins Zeug.

Pedro Terreros tritt hinter uns, um unsere hoffnungslosen Bemühungen mit seinen schwachen Kräften zu unterstützen.

«Singt uns lieber ein Shanty», schlage ich vor, denn die helle Tenorstimme, die ich manchmal des Morgens höre, gehört Terreros. «Schmutzig wie die Sünde?» fragt er. Alle Matrosen kennen mehrere von der Sorte, und Pedro ist ein Meister im Improvisieren.

«Nein, lieber etwas Inspirierendes.»

Auf mein Kopfnicken hin ruft Peralonso: «Hol auf!», und der junge Steward fängt an zu singen.

Das funktioniert so, daß der Vorsänger eine Zeile allein singt, während sich die Mannschaft bückt, um die entsprechende Arbeit auszuführen; dann singt sie im Chor die zweite Hälfte der Zeile, während sie wieder in ihre Ausgangsstellung zurückkehrt; sodann singt der Vorsänger die nächste halbe Zeile, während die Mannschaft wieder aufholt, und so weiter.

> O Gott *(singt Pedro)*, hilf uns,
> hilf uns *(singen die Männer der Achterwache)*,
> die wir *(Pedro)* deine Diener sind.
> Deine Diener sind *(wir)*.
> Wir wollen – dir dienen,
> den Glauben – zu bewahren . . .

An dieser Stelle schließen sich zwei oder drei Mitglieder der Backbordwache den Händen an, die kraftlos am Fall zerren.

> . . . den Glauben – der Christen.
> Richte deinen Zorn – auf die Heiden,

Ein paar Männer mehr singen mit, ein paar mehr treten hinzu, um am Fall zu holen; Luis de Torres steht bereit, um es bei Bedarf um das Spill zu legen.

> im Irrtum befangen – und die sarazenischen
> Araber und Mauren – die ungläubigen Hunde!

«Die ungläubigen Hunde!» singt die gesamte Backbordwache, und alle holen jetzt mit ganzer Kraft am Fall. Die Rah beginnt sich zu bewegen. Sie hebt sich eine Handbreit, dann einen Fuß hoch vom Deck.

> O Sankt Peter – Mann unter Männern!
> O Sankt Paul – seine rechte Hand!

Aus der Traube von Männern um das Weinfaß tritt unsicher ein Schiffsjunge hervor. Bald schließen sich drei, dann vier Matrosen der Steuerbordwache an.

> Mögt ihr bei Gott – für uns beten,

Die gesamte Steuerbordwache läuft jetzt zum Fall.

> betet für uns – Männer der See!

Mit jeder Zeile steigt die Großrah ein Stück höher.

> O Osten – wo die Sonne aufgeht.
> O Westen – wo sie glühend versinkt!

Höher, immer höher, steigt die gewaltige Spiere. Das Segel entfaltet sich, der Wind fährt hinein.

> Nach Westen wir ziehen *(improvisiert Pedro)* – mit Gottes Hilfe!
> Nach Westen wir ziehen – mit Gottes Liebe . . .

Als Pedro Terreros' helle Tenorstimme zum drittenmal «Nach Westen wir ziehen» emporschmettert, ist auch die Großrah oben, das Segel füllt sich mit Wind, und die *Santa María* segelt nach Westen.

Hätten wir die gesamten drei Tage Aufschub benötigt, die ich den Brüdern Pinzón abgerungen hatte, so glaube ich, wäre mir die Hybris dieses ganzen Unternehmens letzten Endes klargeworden. Denn werden nicht sogar Menschen, die es weit bringen, von Zweifeln geplagt? Ist nicht das Selbstbewußtsein nur eine weitere Pappmaske, hinter der die schrecklichen Fragen lauern, die kein Mensch zu stellen wagt?

Was ist, wenn ich mich irre? Was ist, wenn ich mich mein ganzes Leben lang geirrt habe?

Was ist, wenn Barto sich geirrt hat, wenn sich der große Toscanelli geirrt hat, ja sogar der legendäre Ptolemäus? Was ist, wenn sich Peralonso Niños Vertrauen und das des jungen Pedro als absolut ungerechtfertigt erweist? Was ist, wenn sich das Ozeanische Meer, wie einige glauben (und durchaus nicht nur ungebildete Bauernlümmel, wage ich zu behaupten), wirklich endlos weit erstreckt? Oder was ist, wenn die schlimmsten Befürchtungen des armen alten Kapitän Perestrello nichts anderes waren als die schreckliche Wahrheit – nämlich, daß die Erde tatsächlich eine Scheibe ist, über deren Rand die Schiffe eines draufgängerischen Traumtänzers unweigerlich abstürzen müssen? Zum Glück bleibt mir keine Zeit, solchen Gedanken nachzuhängen, und wenn mir an diesem letzten Tag flüchtige Zweifel kommen, dann gehen sie auf das Konto meiner Müdigkeit.

Den ganzen Donnerstag, den 11. Oktober, über schwirren Schwärme fremdartiger Landvögel über unseren Köpfen, und die Männer fischen alles mögliche aus dem Wasser, was auf die Nähe von Land schließen läßt: eine abgebrochene Latte, einen Stock, der aussieht wie ein Schäferstab, einen grünen Zweig, an dem noch eine einzelne rosafarbene Blüte hängt. Das Wasser nimmt sogar einen neuen Geruch an, jenen für die Küste typischen Geruch nach Salz, Jod und verwesenden Schalentieren, den Landratten irrtümlich für den Geruch des Meeres halten.

Um fünf Uhr dreißig geht die Sonne unter, und die Wache, die soeben abgelöst wurde – Juan de la Cosas Steuerbordwache –, reiht sich am vorderen Schanzkleid auf und späht nach Westen, um einen ersten Blick auf Land zu erhaschen. Aber außer einem purpurnen Himmel und Wasser ist nichts zu sehen. Als das Tageslicht dahinschwindet, plädiert Peralonso Niño dafür, bis zum Morgen beizudrehen. Untiefen, Felsen – wer weiß, was uns, im Mondlicht unsichtbar, erwartet?

Doch kühn sage ich zu ihm: «Wir segeln vorwärts.»

«Die ganze Nacht?»

«*Adelante*», sage ich und lasse zwei Männer im Mastkorb und zwei am Bug als Ausguck postieren.

Juan de la Cosa möchte die Fahrt verlangsamen. «Wir fahren zu viele Segel», sagt er düster.

Statt einer Antwort greife ich Peralonsos frühere Idee auf und lasse noch zusätzlich das Bootssegel am Poopdeck anschlagen.

An die Pinne schicke ich meinen besten Rudergänger, Cristóbal Quintero, den kindergesichtigen Erzähler schweinischer Geschichten.

Die *Santa María* segelt mit raumem Wind, die Brise frischt auf, bis sie nahezu Sturmstärke erreicht hat. «Wir machen neun Knoten», sagt Peralonso nervös.

Die *Pinta* und die *Niña*, nach wie vor flinker, gehen in Führung.

Inzwischen ist es zwei Stunden nach Mitternacht an jenem Tag, der auf spanisch einst ‹El Día de la Raza› und auf englisch ‹Columbus Day› heißen wird, am 12. Oktober also. Der Mond, ein abnehmender Vollmond, steht hoch über dem Heck und strahlt wie ein Scheinwerfer das vor uns liegende Meer an. Deneb, einer der hellsten Fixsterne, hängt am westlichen Horizont. Das Mondlicht verwandelt die vollen Segel der *Pinta* und der *Niña* in silberne Schwingen und beleuchtet das gewaltige Kreuz auf dem Großsegel der *Santa María*.

Unser Bug taucht in eine gischtende See und schnellt silbersprühend wieder heraus, und in diesem Augenblick schießt ein greller, orangefarbener Blitz aus der *Pinta*, und übers Wasser donnern Kanonenschüsse.

Land in Sicht!

Plötzlich scheint die *Pinta* im Wasser stillzustehen. In Windeseile holen wir sie, die für den Admiral des Ozeanischen Meeres beigedreht hat, ein.

Vor uns im Mondlicht liegt die gedrungene Silhouette einer silbrigen Klippe.

«Na so was, bei Gott!» brüllt Martín Alonso Pinzón von der *Pinta* herüber, und aus allen Kehlen auf der *Santa María* erhebt sich lautes Freudengeschrei. Auf der *Niña* röhren die Lombarden. Peralonso Niño brüllt mir ins Ohr: «Nicht mehr als sechs Meilen, schätze ich.»

Ich antworte oder versuche es zumindest. Zunächst kommt kein Ton aus meiner Kehle. Dann sage ich zu ihm: «Bergt die Segel, Zweiter Offizier. Wir lassen nur das Großsegel stehen. Sagt den Karavellen Bescheid.»

Jetzt ist Peralonso derjenige, der es nicht mehr erwarten kann, während ich eher vorsichtig bin.

«Heißt das, daß wir nicht anlegen?»

Es wäre tollkühn, bei Nacht auf eine Leeküste zuzuhalten, aber Peralonso ist im Augenblick nicht in der Lage zu denken.

«Wir kreuzen bis zum Tageslicht hin und her», sage ich.

«Aber Admiral! Da ist Land! Wir haben das Ozeanische Meer überquert! Das da drüben ist Land!»

Ich sage nichts, warte nur ab. Dann breitet sich ein jungenhaftes Grinsen auf seinem Desperadogesicht aus, und er schüttelt den Kopf über seine Unbesonnenheit. «Ich brasse das Großsegel.»

«Recht so, Zweiter Offizier.»

Ich blicke vorwärts, wo uns, silbern im Mondlicht, Land erwartet.

KAPITEL 9

1492
(Ende)

Wir pullen gleichmäßig zur Küste, zehn Männer in den Beibooten der Karavellen, ein rundes Dutzend in dem der *Santa María*. Ausnahmsweise sehen sogar die schlampigen Brüder Pinzón vorzeigbar aus. Sie haben sich die Bärte getrimmt, das Haar über den eng zusammenstehenden Augen glatt gekämmt und neue Kleider hervorgeholt, die fast als Uniformen durchgehen könnten – saubere weiße Hemden, schwarze Samtwämser, schwarze Beinkleider. Ruderer, Musketiere und Armbrustschützen tragen frisch gewaschene, von der Sonne gebleichte Hemden und Kniehosen. Als wir uns der Küste nähern, stehe ich am Bug und entrolle die Fahne von Kastilien und León, das goldene Schloß und den purpurnen Löwen, und die roten und gelben Streifen von Aragón.

Hinter uns ankern die *Santa María*, die *Niña* und die *Pinta* in einer Bucht, geschützt durch Riffe aus porösen, rosafarbenen Korallen, wie sie kein Europäer je zu Gesicht bekommen hat. Vor uns liegt wie eine glitzernde Sichel ein weißer Sandstrand, und dahinter erhebt sich eine Wand grünen Dschungels. Die Brandung hier auf der Westseite der Insel ist sanft.

Als wir auf das blitzende Ufer zugleiten, habe ich das intensive, aber doch traumhafte Gefühl, schon einmal im Bug dieses Schiffes gestanden zu haben, und gleichzeitig kommt es mir paradoxerweise so vor, als sei heute der erste Schöpfungstag.

«Hoch die Riemen!» ruft Peralonso Niño, und achtzehn Ruder schnellen gleichzeitig gen Himmel. Ein Windstoß kräuselt die königliche Standarte; ich spüre, wie sie an der Stange zerrt. Im selben Augenblick schürfen die drei Beiboote auf Grund. Ich hebe einen nackten Fuß über die Bootswand.

Aber Moment mal – das ist ein historischer Augenblick.

Bin ich darauf vorbereitet? Als ich meinen Fuß auf festen Boden setze, sage ich da etwas für die Ewigkeit, etwas der Situation angemessen Tiefschürfendes? Sage ich vielleicht, während ich das königliche Banner in den Sand pflanze: «Ein kleiner Schritt für einen Christen, ein großer Sprung für die Christenheit», und bin somit Neil Armstrong um fast fünfhundert Jahre voraus?

Nein, weder erlebt eine halbe Milliarde Fernsehzuschauer auf der ganzen Welt diesen Augenblick hautnah mit, noch hat eine Zeitschrift für eine horrende Summe die Exklusivrechte an meinen Abenteuern erworben, noch ein Verleger eine noch größere Summe für das (sogenannte) *Kolumbus-Tagebuch* geboten.

So gebe ich auch keine unsterblichen Weisheiten von mir.

Vielmehr sage ich, Peralonso Niño mit leichtem Unbehagen in die Rippen stoßend: «Da drüben im Gebüsch ist jemand.»

Wir bleiben alle wie angewurzelt stehen und suchen mit den Augen das Blattwerk ab – sonnengesprenkelt, geheimnisvoll, fremdartig. Wieder eine blitzschnelle Bewegung, und plötzlich treten sie aus dem Dickicht hervor.

«Armbrustschützen nach vorn!» befiehlt Martín Alonso, aber ich hebe eine Hand und schüttle den Kopf.

Diese Eingeborenen des Indischen Archipels sind nur zu zehnt und abgesehen von kleinen, harmlos aussehenden Speeren mit Fischzähnen als Spitzen nicht nur unbewaffnet, sondern auch nackt. Sie sind weder dunkelhäutig (wie man Aristoteles zufolge hätte erwarten können, da wir uns mehr oder minder auf demselben Breitengrad wie die Westküste Afrikas befinden) noch bleich wie Europäer. Nein, ihre Hautfarbe hat eine undefinierbare Schattierung dazwischen, fast wie Bronze. Sie sind groß und wohlproportioniert, tragen das grobe (aber nicht afrikanisch gekräuselte) Haar lang wie einen Pferdeschweif und haben sehr gerade, stramme Beine. Sie betrachten unsere vor Anker liegenden Schiffe mit den hohen Masten, unsere Boote am Strand, uns selbst, die wir unsere ersten Schritte über den blendendweißen (und an den Fußsohlen brennenden) Sand tun; ihre ganze Welt, ihr gesamtes Weltbild verändert sich mit einem Schlag endgültig – und unschuldig und mit naiver Begeisterung lächeln sie uns an.

Einem Impuls folgend, sinke ich auf die Knie und danke Gott dafür, daß er uns wohlbehalten hierher geführt hat, über die unendliche Weite des Ozeanischen Meeres, und rechts und links von mir knien die Männer nieder; dann erhebe ich mich, ziehe feierlich mein Schwert und richte es in bester Schauspielermanier gen Himmel, während ich die königliche Standarte aufpflanze und im Namen der Königreiche von Kastilien, León und Aragón, im Namen von Königin Isabella und König Ferdinand, im Namen von Spanien, im Namen der Christenheit von dieser Insel Besitz ergreife. Voll Dankbarkeit gebe ich ihr den Namen «Insel des Heiligen Erlösers» – San Salvador.

Die Indianer – wie sonst könnte ich die Eingeborenen dieses Indischen Archipels nennen? – kommen näher, um dieser geheimnisvollen Zeremonie zuzusehen.

Einige Männer verharren betend auf den Knien. Vicente Yáñez Pinzón, der sich weder erhebt noch betet, macht eine sonderbare Verrenkung in meine Richtung und entschuldigt sich demütig dafür, daß er dem Admiral des Ozeanischen Meeres, ganz zu schweigen vom Vizekönig der Indischen Lande, der ich jetzt bin, nicht sein volles Vertrauen geschenkt hat.

Einer nach dem anderen kommt an, um mich um Verzeihung zu bitten. Nur Juan de la Cosa und Chachu stehen schweigend dabei und sehen zu.

«Befiehl uns, Vizekönig!» ruft Profos Harana voller Leidenschaft aus, während er gleichzeitig mißtrauische Blicke auf die näherkommenden Indianer wirft, die uns inzwischen so eng umringt haben, daß Martín Alonso sich erneut an seine Armbrustschützen wendet und ich ihm wieder ein Nein signalisieren muß.

Der mutigste der bronzehäutigen Eingeborenen kommt auf mich zu, berührt lächelnd meinen linken Ärmel und befühlt behutsam den weichen Samt. Offensichtlich hat er noch nie zuvor einen Mann in Kleidern gesehen.

Ich rufe den Dolmetscher Luis de Torres herbei.

«Fragt ihn nach dem Namen dieses Ortes und nach dem seinen», sage ich. Torres gibt sich zuversichtlich, als er meiner Aufforderung auf Lateinisch nachkommt.

Der Indianer antwortet unverständliches, aber recht melodisch klingendes Zeug.

Schon weniger zuversichtlich versucht Torres es mit Hebräisch.

Der Indianer antwortet gleichermaßen unverständlich.

Torres, sichtlich beunruhigt, versucht es mit Ladino, Aramäisch und Spanisch.

Ohne Erfolg.

Er holt tief Luft und versucht es mit Arabisch, der Mutter aller Sprachen.

Und der Indianer, der, wie mir erst jetzt klar wird, nicht älter als vierzehn Jahre sein kann, wirft den Kopf in den Nacken und lacht.

Wir interpretieren das als Zeichen, daß er verstanden hat, aber seine Antwort ist abermals unverständlich, wenn auch recht melodisch.

Der sanfte, grünäugige, mädchenhaft zierliche Luis de Torres ist der Verzweiflung nahe. Er muß das Gefühl haben, unter Vorspiegelung falscher Tatsachen mitgefahren zu sein.

Er versucht es mit einer Art Zeichensprache, deutet mit dem Finger auf seine Brust und sagt: «Torres.»

Der Indianer, freundlich grinsend, deutet auf seine eigene Brust. «Torres.»

Luis de Torres seufzt und startet einen neuen Versuch. Er breitet die Arme weit aus, so daß sie Küste und Dschungel umfassen. Dann bückt er sich, hebt eine Handvoll Sand auf, läßt ihn durch die Finger rieseln, breitet dann erneut die Arme aus, während auf seinem ausdrucksvollen Gesicht eine stumme Frage steht.

Der Indianer hüpft vor Aufregung. «Guanahani!» ruft er. Dann klopft er gegen seine Brust und wiederholt: «Guanahani!» Er berührt einen seiner Kameraden und sagt abermals: «Guanahani.»

Luis de Torres begreift allmählich. «Sie nennen diese Insel Guanahani, und sich selbst bezeichnen sie ebenso – als Guanahani.»

«Fragt ihn, in welcher Richtung Zipangu liegt», sagt Martín Alonso. «Fragt ihn, wo das Gold ist.»

«Eins nach dem anderen», bremse ich ihn mit vizeköniglichem Lächeln und schicke zwei Männer zum Beiboot der *Santa María* zurück, um eine Kiste mit allem möglichen Kleinkram holen zu lassen, der sich bei den Pangwe-Negern in Westafrika als so begehrt erwiesen hat. Die Guanahani brechen in staunende Ohs und Ahs aus, als Pedro Terreros wie ein Magier rote Wollmützen, Messingringe, Schnüre mit leuchtenden Glasperlen und kleine runde Falkenglöckchen hervorzaubert.

Ihre Vorliebe gilt eindeutig den Glöckchen. Bald erfüllt ihr Gebimmel, vermischt mit indianischem Lachen, die Luft.

Wieder schicke ich etliche Männer zum Boot zurück, diesmal, um leere eichene Wasserfässer holen zu lassen. Luis de Torres versucht mit allen Mitteln der Gebärdensprache, Durst und Trinken zu signalisieren. Der Wortführer der Guanahani klatscht in die Hände, lacht, macht ein paar Sprünge und schnattert den anderen etwas zu, worauf diese sogleich die Fässer auf ihre Schultern heben.

So beladen marschieren die Indianer (oder die Archipelbewohner, wenn Sie das vorziehen) los. Profos Harana schaut ihnen mißtrauisch nach, und ich weiß genau, daß Martín Alonso gleich wieder seine Armbrustschützen rufen wird.

«Wir gehen mit», sage ich, um ihm zuvorzukommen, und teile eine Wache ein, die bei den Booten bleiben soll.

Mit uns im Schlepptau gleiten die zehn Archipelbewohner mit unseren Fässern lautlos durch die dunklen Schatten des Dschungels (Vogelschreie, merkwürdige, leise, undefinierbare Knirschlaute, Piepsen und Zirpen, Knacken und leises Brummen − alles etwas beunruhigend) bis zu einer Quelle, wo man uns nicht gestattet, auch nur einen Finger zu rühren. Die Indianer schöpfen Süßwasser, das sie uns aus einer Kalebasse kosten lassen; dann lehnen wir Spanier uns an die dicken rotbraunen Stämme uns unbekannter Bäume, lauschen entspannt der natürlichen Hintergrundmusik des Dschungels und sehen den Indianern zu, wie sie bester Laune *unsere Arbeit für uns tun.*

Damit ist der erste Schritt getan, der zu ihrer Versklavung führen wird.

«Man braucht bloß mit den Fingern zu schnippen, und schon hat man dienstbare Geister», meint Vicente Yáñez erstaunt.

«Man braucht ihnen bloß eine Handvoll Glasperlen oder Glöck-

chen zu geben, dann muß man nie wieder einen Finger rühren»,
stimmt sein Bruder zu.

«Natürlich muß man sie zuerst taufen», sagt Luis de Torres.

«Nur wenn sie uns zum Gold führen», droht Martín Alonso.

Klingt ziemlich ausbeuterisch, finden Sie nicht?

Lassen Sie mich folgendes zu meiner Verteidigung vorbringen:
Die Vorstellung von einer größeren Menschlichkeit bei den primitiven Völkern, die noch nicht von der Zivilisation – also von *uns* –
korrumpiert sind, existiert seit langem. Aber wie gerechtfertigt ist
dieser Mythos vom «edlen Wilden»? Woher kommt er überhaupt?
Die früheste mir bekannte Version stammt von dem Italiener Pietro
Martire d'Anghiera (Petrus Martyr Anglerius), der behauptet,
Vespucci, Magellan und ich hätten von edlen unzivilisierten Völkern berichtet. Soll der grobklotzige Opportunist und Namensgeber Vespucci für sich selbst sprechen. Aber der arme Magellan
wird (von der Hand edler Wilder) sterben, bevor er Petrus Martyr
widersprechen kann. Was mich betrifft, so kann ich nur sagen, daß
ich diesem Mann nie begegnet bin. Als nächstes kommt der Engländer John Dryden, der 1670 in seinem Buch *The Conquest of
Granada (Die Eroberung Granadas)* den Begriff «edler Wilder» geprägt hat. Aber wer sind bei ihm die edlen Wilden? Die Araber? Wir
Christen? Das ist mir nie klargeworden. Und schließlich ist da noch
der Franzose Jean-Jacques Rousseau, der 1755 in seinem *Discours sur
l'origine et les fondements de l'inégalité parmi les hommes (Abhandlung
über den Ursprung und die Gründe der Ungleichheit unter den Menschen)*
eine Lanze für den edlen Wilden gebrochen hat. Aber Rousseau hat
in Italien, Frankreich und in der Schweiz gelebt. Wo hat er je einen
Wilden, ob edel oder nicht, zu Gesicht bekommen?

Ich für meinen Teil lebe da in einer weitaus unkomplizierteren
Zeit; ich kann die Indianer nur so sehen, wie ich sie erlebe. Und das
heißt: primitiv, abergläubisch, heidnisch, neugierig, freundlich und
darauf bedacht, sich gefällig zu erweisen. Eine ausgewogene Mischung von Charakterzügen, die in ihrer Summe jedoch keine edle
Unzivilisiertheit ergeben. Wir haben kein irdisches Paradies zerstört. Wie denn auch? Wir haben nie eines vorgefunden.

Mit dieser Anmerkung möchte ich durchaus keine ethnische
Gruppe verleumden.

Auch war nicht ich persönlich dafür verantwortlich, daß sich dieses beklagenswerte Verhältnis zwischen den als Herren auftretenden weißen Christen und den unterdrückten bronzehäutigen Archipelbewohnern entwickelt hat, wie Las Casas und einige andere behaupten. Es stimmt nicht, daß ich ein halbes Dutzend Indianer als Gefangene an Bord der *Santa María* habe bringen lassen. Der Sprecher der Guanahani und seine fünf Kameraden, die an Bord kamen, um uns während unserer knapp neunwöchigen Fahrt von Insel zu Insel als Führer und Dolmetscher zu dienen, taten dies freiwillig und mit Begeisterung. Und zur Belohnung sollten sie mit nach Spanien fahren dürfen, dort getauft werden und in den Genuß der unschätzbaren Vorzüge der spanischen Kultur des fünfzehnten Jahrhunderts gelangen. Hört sich das nach Ausbeutung an?

«Wo ist das Gold? Fragt ihn, ja? Wo ist das Gold?» fordert Martín Alonso Luis de Torres ungeduldig auf, als wir mit den gefüllten Wasserfässern zu den Booten zurückkehren.

Beim zweitenmal ist mein vizekönigliches Lächeln etwas forciert. «Alles zu seiner Zeit», sage ich zu Pinzón, dessen Gesichtsausdruck mir ganz und gar nicht gefällt – er hat etwas Verkniffenes an sich, etwas Gemeines. Goldfieber, falls ich es je erlebt habe.

Der Sprecher der Guanahani, der in Kürze den Namen Yego Clone tragen wird, redet auf seine Landsleute ein, die die Fässer in die drei Boote laden. Dann blickt er zu der Bucht hinüber, in der die *Santa María* und die zwei Karavellen vor Anker liegen, und wendet sich an Torres.

Während sich die beiden wie Taubstumme mit Gesten verständigen, packt Martín Alonso den jungen Indianer am Ellbogen, reißt ihn herum und fährt ihn an: «Wo ist das Gold, du verdammter Heide?»

Eindeutig Goldfieber. Es hat ihn schlimm erwischt.

Die anderen Guanahani bleiben wie angewurzelt stehen, ohne einen Ton zu sagen. Sogar ihre Glöckchen schweigen.

«Laßt ihn los», befehle ich Pinzón, erlebe aber rasch, daß Worte allein gegen akutes Goldfieber nichts ausrichten können.

Also packe ich ihn am Arm, genauso wie er den Guanahani.

Einen Augenblick lang stehen alle wie erstarrt da.

Dann läßt Pinzón den Archipelbewohner los und bedroht mich

mit einem feststehenden Messer. Ich sehe Profos Harana vorschnellen, und einen Augenblick später liegt Martín Alonso ausgestreckt
im Sand; Harana steht, den Fuß auf dem Messer, über ihm.

Langsam rappelt sich Martín Alonso auf. In seinem Gesicht steht
Verblüffung. Und eine blutige Nase.

Der zukünftige Yego Clone sieht erst ihn an, dann Harana,
Torres und schließlich mich.

Vertan ist die Chance, es weiterhin mit freundlichen, hilfsberei-
ten Indianern zu tun zu haben, denke ich. Martín Alonso hat sie
verspielt.

Geräuschvoll zieht er die Luft und damit sein Faß von Bauch ein
und erklärt mit denkbar kleinlauter Stimme der am Strand versammelten Gesellschaft: «Ich weiß nicht, was über mich gekommen
ist.»

Die Antwort kommt unisono wie aus der Pistole geschossen:
«Goldfieber.»

Ich wende mich an den jungen Guanahani. Wie kann ich den
Schaden bloß wieder gutmachen?

Der Junge fällt vor mir auf ein Knie, streckt die Hand aus, senkt
den Kopf. Sofort tun alle anderen Guanahani es ihm gleich.

Lieber Himmel, denke ich, ich will für diese Leute doch nicht
der liebe Gott sein. Ganz im Gegenteil – ich will ihnen den einen,
wahren Gott bringen.

Ich sage zu Luis de Torres: «Ich will für diese Leute nicht der liebe
Gott sein. Erklärt ihnen, daß ich nur der Admiral des Ozeanischen
Meeres und der Vizekönig und Gouverneur der darin befindlichen
Inseln und des Festlandes bin.»

Als sich die Guanahani erheben, folgt eine komplizierte Unterhaltung in Zeichensprache zwischen Torres und dem Wortführer
der Eingeborenen, die damit endet, daß letzterer ein unsichtbares
Baby in den Armen wiegt und dazu traurig den Kopf schüttelt. «Ich
glaube, er möchte uns mitteilen, daß er eine Waise ist», sagt Luis.
Dann sieht mich der Junge hoffnungsvoll an, wiederholt die wie-
gende Bewegung, diesmal jedoch deutlich positiv gestimmt. Während der ganzen Zeit bimmeln die Glöckchen, die er sich um den
Bauch gebunden hat.

«Ich glaube», meint Luis, «er möchte gern Euer Sohn sein.»

Eine Adoption, ob realistisch oder nicht, ist blinder Bewunderung bei weitem vorzuziehen.

«Sagt ihm», erwidere ich vorsichtig, «daß ich nichts dagegen habe, für ihn eine Vater-*Figur* zu sein.»

Wieder gestikuliert Luis de Torres, und der junge Archipelbewohner beginnt zu lachen, klatscht in die Hände und springt auf und ab, das typische Anzeichen dafür, daß er aufgeregt ist.

«Wie soll Euer Sohn denn heißen?» fragt mich Torres augenzwinkernd.

«Nun», murmelte ich vor mich hin, «mein älterer Sohn heißt Diego, und . . .»

«Diego Colón», sagt Torres ungeduldig.

Der junge Guanahani klopft mit dem Finger auf seine Brust und sagt: «Yego Clone?»

«Diego Colón», bestätigt Torres.

«Yego Clone?» sagt mein neuer und vermutlich temporärer Sohn.

Eine Stunde später befindet er sich mit fünf seiner Kameraden an Bord der *Santa María*; alle sind freiwillig mitgekommen, nachdem Luis de Torres ihnen versichert hat, daß es dort einen nahezu unerschöpflichen Vorrat an *tin-que tin-que* gibt, wie sie die Glöckchen nennen.

Die üblichen Mißverständnisse treten auf. Yego Clone steuert sofort auf das aufgerollte Großsegel zu, untersucht es, breitet dann die Arme aus und schlägt damit wie mit Vogelflügeln. Dann deutet er mit fragendem Blick zum Himmel. Sind wir von dort oben gekommen? Ich zeige nach Osten. Hartnäckig zeigt Yego gen Himmel. Inzwischen schlagen auch die fünf anderen Archipelbewohner eifrig mit den Armen. Ob es uns gefällt oder nicht, wir kommen vom Himmel.

Unglücklicherweise bringt der Himmel einige gefährliche Gegenstände hervor, Schwerter etwa. Nachdem Profos Harana in aller Unschuld die Geschmeidigkeit erstklassigen Toledostahls demonstriert hat, packt einer der Archipelbewohner das Schwert – an der Klinge. Der Indianer heult auf, Blut quillt aus seiner Hand, und Doktor Sánchez verarztet seinen ersten Archipel-Patienten.

Sein erster christlicher Patient auf den Bahamas (diesen Namen nämlich wird der Archipel, zu dem San Salvador gehört, eines Tages erhalten) ist Cristóbal Quintero, das Kindergesicht mit der Vorliebe für anzügliche Geschichten. Sein Fall ist weitaus komplizierter, von den fatalen Folgen ganz zu schweigen.

Quintero kehrt von einem achtundvierzigstündigen Landausflug zurück und kann es kaum erwarten zu berichten, obwohl er sichtlich erschöpft ist. Rasch hat sich der übliche Kreis von Zuhörern um den Großmast versammelt.

«Hat jemand von euch es schon mal in einer Hängematte getan?» fragt Quintero.

«Was denn?» fragt einer der jüngsten Zuhörer, wird jedoch sofort niedergebrüllt. Bei Cristóbal Quintero gibt es grundsätzlich nur eine Antwort.

«Was zum Kuckuck ist denn eine Hängematte?» fragt einer.

«Also», erklärt Quintero, «wenn man sich eine Kreuzung zwischen einem ganz gewöhnlichen Bett und einem ganz gewöhnlichen Fischernetz vorstellt und das Ergebnis zwischen zwei Pfosten oder Bäumen oder was weiß ich aufhängt, dann hat man in etwa eine Hängematte.»

«Und wofür ist die gut?»

«Habe ich das nicht gesagt? Unter anderem zum Schlafen», sagt Quintero.

Alle warten darauf, daß er fortfährt. Und er enttäuscht sie nicht. «Sie schwingt», sagt er.

«Schwingt?»

«Schwingt. Bei der leisesten Bewegung der Person, die drinliegt. Es in einer Hängematte zu tun erfordert enormes Geschick. Denn wo das meiste Gewicht ist, hängt sie durch, und dadurch gehen die Seiten hoch und schließen einen ein wie in einem Fischernetz. Ich», sagt Quintero grinsend, «war zwei Tage und Nächte in einer Hängematte gefangen.»

«Gefangen?»

«Na ja, schon möglich, daß ich hätte fliehen können, aber ich hatte gar nicht das Bedürfnis. Sie wollten es nämlich alle ausprobieren – oder vielmehr: mich ausprobieren.»

«*Wer* wollte dich ausprobieren?» fragt eine wißbegierige junge Stimme.

«Die heiratsfähigen Mädchen von Guanahani.»

«Und haben sie es getan?»

«Und ob!» sagt der kindergesichtige Quintero und rollt die Augen, während er sich in leidenschaftlichen (wenn auch phantasievollen) Detailschilderungen ergeht.

Etwa drei Wochen später, als die Flotte durch die gefährlichen Riffe der später so genannten Kolumbus-Bank nach Süden segelt, ergeht er sich in klinischen Details. Diesen Teil der Geschichte erfahre ich von Doktor Sánchez: «Ich fürchte, wir haben eine unbekannte Krankheit an Bord. Etwas Ähnliches ist mir noch nie untergekommen.»

«Wer ist der Patient?»

«Der Leichtmatrose Quintero.»

Ich muß zugeben, mein erster Gedanke gilt dem Schiff. Quintero ist unser bester Rudergänger. «Und wie krank ist er?»

«Nun ja, Fieber hat er nicht. Aber die Sache gefällt mir nicht.» Er beschreibt mir die harte, rote Schwellung am Penis des armen Quintero. «Außerdem hat der arme Kerl jede Menge Knötchen in der Leiste.»

«Und die Prognose?»

Aber Doktor Sánchez zuckt nur die Achseln.

Als wir uns ein paar Tage später der riesigen Insel Kuba nähern (wo wir den Großkhan von Cathay anzutreffen hoffen), teilt mir Doktor Sánchez mit, daß Quinteros Papeln inzwischen zu Geschwüren mit verhärteter Basis erodiert sind, die allerdings keine Schmerzen verursachen.

«Aber wenn sie nicht weh tun, wo liegt dann das Problem?»

«Wenn man sie abkratzt, sondern sie eine farblose Flüssigkeit ab. Außerdem beklagt sich der Patient in letzter Zeit über eine ganze Reihe möglicherweise psychosomatischer Symptome, darunter Abgespanntheit, Kopfweh, Übelkeit und einen steifen Hals. Was mich beunruhigt, ist diese Flüssigkeitsabsonderung. Es ist gut möglich, daß wir es mit einer ansteckenden Krankheit zu tun haben.»

Noch später, wenige Tage vor den unseligen Ereignissen des Heiligabend, bekommt Quintero blaßrosa Schorf an Handflächen, Fußsohlen und den Innenseiten der Arme und Beine, die jedoch wieder abklingen, so daß Doktor Sánchez meint: «Ich habe allen

Grund zu der Hoffnung, daß die Krankheit endlich überstanden ist.»

Was für eine nichtige Hoffnung, wie jedem sofort klar wird, der den schrecklichen Verlauf der Syphilis kennt!

«Gut möglich», spekuliert Doktor Sánchez, «daß es nur eine allergische Reaktion auf ein ungewohntes Nahrungsmittel war – Maniokbrot, Yamswurzel, Mais oder Kürbis. Aber da Quintero Verkehr mit einer Reihe von Archipel-Frauen hatte, werde ich den Verdacht nicht los, daß die Krankheit vielleicht doch ansteckend ist und auf diesem Weg übertragen wird. Aber was soll's. Es geht ihm von Tag zu Tag besser, kein Grund also zur Sorge.»

Kein Grund zur Sorge . . .

Haben wir die Schuld auf uns geladen, die Syphilis nach Europa eingeschleppt zu haben? Dieser Gedanke verfolgt mich noch immer.

Denn wenn es so war, war Cristóbal Quintero genau der Mann, der für die größtmögliche Verbreitung sorgte.

Ich wünschte, ich könnte denen recht geben, die der Syphilis einen europäischen, möglicherweise französischen Ursprung zuschreiben. Es ist nachgewiesen, daß eine Prostituierte in Dijon, die im Juli 1463 von einem zurückgewiesenen Freier vor Gericht gezerrt wurde, zu ihrer Verteidigung vorbrachte, sie habe ihn zu seinem eigenen Besten weggeschickt, da sie an *le gros mal* litte, was sich ziemlich schrecklich anhört, ansonsten aber nicht näher beschrieben wird. Etwa dreißig Jahre später jagten die Behörden von Paris jeden aus der Stadt, der an *la grosse vérole* litt, was ebenfalls nicht genauer beschrieben wird. Etwa um dieselbe Zeit marschierte ein französisches Heer in Neapel ein, zog wieder ab und hinterließ oder holte sich eine mit Pusteln einhergehende Krankheit, die man, je nach Perspektive, als *il morbo gallico* oder als *le mal de Naples* bezeichnete. Seit dem Jahr 1500 hat sich in ganz Europa mit Ausnahme von Frankreich der Ausdruck «französische Krankheit» (lateinisch: *malum francicum*) als allgemein übliche Bezeichnung für die Syphilis eingebürgert.

Aber die Franzosen marschierten erst 1495 in Neapel ein – so daß der kindergesichtige Quintero reichlich Zeit gehabt hätte, die Krankheit in den Seehäfen Südeuropas zu verbreiten.

Le gros mal, la grosse vérole, il morbo gallico (malum francicum), le mal de Naples – dieses linguistische Tohuwabohu sorgt dafür, daß der Ursprung der Syphilis im ungewissen bleiben wird. Ein ähnliches linguistisches Durcheinander ist dafür verantwortlich, daß Luis de Torres in die Irre geschickt wird, sprich: in das gebirgige Landesinnere von Kuba, wo er in meinem Namen dem Großkhan von Cathay die Empfehlungsschreiben, mit denen mich Ihre Katholischen Majestäten in Granada ausgestattet hatten, überreichen soll.

Elf Tage lang ankert die Flotte in der Mündung eines mächtigen Flusses an der Nordküste Kubas und reitet einen Sturm ab. Bald kommen aus dem größten Dorf, auf das wir bisher gestoßen sind, Boote in Scharen zu unseren Schiffen herausgepaddelt, die die Eingeborenen Kanus nennen (vergleichbar den westafrikanischen Einbäumen, aber seetüchtiger und mit kleinen Rudern, die an Backschaufeln erinnern). Yego Clone überzeugt diese Indianer von unseren friedlichen Absichten, und so dauert es nicht lange, bis wir rote Wollmützen, Glasperlen und Glöckchen gegen Lebensmittel und Hängematten eintauschen.

Luis de Torres stellt unsere Standardfrage wie üblich auf Lateinisch, Hebräisch, Ladino, Aramäisch, Spanisch und Arabisch. Wie weit entfernt und in welcher Richtung liegt erstens die Insel Zipangu, wo die Dächer mit purem Gold gedeckt sind, und zweitens die Stadt des Himmels, Quinsay genannt, wo der Großkhan von Cathay residiert?

Sobald ich den *Gran Can* erwähne, werden die Indianer ganz aufgeregt, beginnen auf den Decksplanken zu stampfen und bimmeln mit ihren neuerworbenen Glöckchen.

«Cubanacan!» rufen sie. «Cubanacan! Cubanacan!»

«Eine indianische Verballhornung des Titels des chinesischen Herrschers», interpretiere ich voller Begeisterung und schicke eine Delegation, angeführt von einem prachtvoll gekleideten Luis de Torres, mit zwanzig eingeborenen Führern und Trägern ins Landesinnere, um dem Großkhan mein Empfehlungsschreiben überbringen zu lassen. Dazu einen 1485 geprägten Excelente aus massivem Gold, dessen Avers die stilisierten Bildnisse von Ferdinand und Isabella in gekröntem Profil zieren.

Voller Spannung erwarten wir die Rückkehr der Delegation. Bis jetzt war das Gold immer unmittelbar jenseits des Horizonts auf der nächsten Insel – aber Kuba ist alles andere als ein winziges, versprengtes Fleckchen in der unendlichen Weite des Ozeans. Es ist unserer Schätzung nach so groß wie England. Könnte es sich wirklich um Cathay handeln? Nach zwei Tagen kommen mir Zweifel. Marco Polo schrieb nirgends, daß Cathay eine Insel ist. Nach vier Tagen gewinnt der Optimismus die Oberhand. Vielleicht, so rede ich mir ein, hat er einen bedeutungslosen Damm überquert.

«Torres müßte längst wieder zurück sein», findet Martín Alonso. «Überhaupt, was wissen wir eigentlich über diesen Kerl? Es ist ihm durchaus zuzutrauen, daß er sich mit dem ganzen Gold aus dem Staub macht.»

«Und in einem Kanu nach Spanien zurückpaddelt?» sagt Profos Harana trocken.

Nach sechs Tagen kehrt die Delegation zurück, ohne Gold, dafür aber heftig qualmend.

Doktor Sánchez wirft mir einen beunruhigten Blick zu. Offenbar befürchtet er, daß sich die Männer im Landesinneren irgendeine ansteckende Krankheit geholt haben, noch schlimmer vielleicht als die Pusteln des armen Quintero. Aber der Qualm riecht ausgesprochen angenehm, und weder Torres noch einer seiner Begleiter scheinen im mindesten darunter zu leiden.

Bei näherem Hinsehen stellen wir fest, daß zwei der Träger Feuerbrände tragen, während die anderen kleine, grünbraune Rollen in der Hand halten, die offenbar aus fest zusammengerollten Blättern bestehen. Steckt man das eine Ende einer solchen Rolle in ein Nasenloch und zieht die Luft ein, dann glüht das andere Ende auf, und aus dem Mund quillt Rauch.

Luis de Torres bläst mir eine Rauchwolke ins Gesicht, so daß meine Augen zu brennen anfangen.

«*Tobacco*», erklärt Luis und fügt dann etwas herablassend hinzu: «Reine Gewöhnungssache.»

«Was ist mit Quinsay?» frage ich. «Cathay? Dem Großkhan?»

Aber er schüttelt nur den Kopf. «Nur wieder eines der üblichen indianischen Dörfer mit palmwedelgedeckten Hütten und entgegenkommenden Mädchen», sagt er ungeheuer blasiert, während er uns beide in Rauch hüllt.

«Was ist mit dem Gold?» fragt Martín Alonso stockend.

«Tut mir leid. Nur die üblichen winzigen Nasenstifte und Ohrringe, weiter nichts. Aber hier ist ein Kerl» – Luis deutet mit seinem glimmenden *tobacco* auf einen Eingeborenen –, «den der Kazike, also der Häuptling, mitgeschickt hat, damit er dem Admiral von der östlich von hier gelegenen großen Insel berichtet, auf der es Gold in Hülle und Fülle gibt.»

«Wo?» stößt Martín Alonso heiser hervor. «Wo ist das Gold?»

Als Yego Clone den Mann aus dem Landesinneren befragt, wird sein bronzefarbenes Gesicht bleich.

«Was ist denn los?» frage ich.

«Wo ist das Gold?» fleht Martín Alonso kraftlos.

Yego, sichtlich wenig begeistert von dem, was er erfahren hat, beginnt aufgeregt zu gestikulieren.

«Offenbar haben früher Arawak-Indianer auf dieser großen Insel gewohnt», übersetzt Luis. «Aber irgend etwas stimmt nicht, nur weiß ich nicht genau, was.»

Wie es scheint, macht der Eingeborene aus dem Landesinneren das Zeichen für Essen, sieht dabei aber verängstigt aus. Yego nickt recht niedergeschlagen.

«Es hat etwas mit ihrem Speisezettel zu tun», sagt Luis.

«So?» Peralonso Niño spitzt die Ohren.

Das Gestikulieren geht weiter.

«Dieser Mann hier glaubt, daß die Arawaken von einem kriegerischen Stamm vertrieben worden sind, den sogenannten Kariben, die sich ernähren von . . . also ich bin nicht sicher, was er mir da mitteilen will.»

Inzwischen sind wir von einer ganzen Schar Arawaken umringt, die alle drauflosplappern und Luis de Torres mit aufgeregten Gebärden bestürmen.

«Vielleicht hat es etwas mit Gift zu tun?» überlegt dieser laut, macht Eßbewegungen und beginnt dann zu torkeln.

Mit gellender Stimme schreit Yego «Kariben!», packt Luis' Arm und beißt so kräftig hinein, daß seine Zähne einen Abdruck hinterlassen.

«Kariben», wiederholen die Arawaken betrübt nickend.

Torres reibt sich den Arm. «Ich glaube», sagt er, «die bevorzugte Diät dieser Kariben besteht aus Menschenfleisch.»

Alle sind entsetzt, wie es sich gehört – alle mit Ausnahme des goldgeilen Martín Alonso. «Wo genau liegt diese Insel?» möchte er wissen.

Bei Sonnenaufgang erwache ich von einem erstickten Schrei. Als ich aus meiner Kajüte stürze, sehe ich Chachu, den baskischen Bootsmann, auf dem Vorderkastell stehen.

«Da fährt er dahin, dieser Blödmann Pinzón», frohlockt er.

Von der aufgehenden Sonne hell erleuchtet, segelt die *Pinta*, bereits eine halbe Meile von der Flußmündung entfernt, hart am Wind nach Osten.

Ich gebe Befehl, eine Lombarde in Stellung zu bringen und abzufeuern.

Die *Pinta* fährt weiter nach Osten.

«Was ist, wenn dieser Idiot Pinzón vor Euch Gold findet?» lacht Chachu.

Vicente Yáñez klettert mit ernster Miene an Bord, gefolgt von einem triefend nassen Francisco Niño, den das Boot der *Niña* aus dem Wasser gefischt hat. «Ich weiß nicht, was ich sagen soll», sagt Vicente Yáñez. «Mein Bruder ist nicht mehr er selbst.»

Mitfühlend klopfe ich ihm auf die Schulter. «Das macht das Goldfieber.»

Wir verbringen noch ein paar Tage an der Nordküste Kubas, sammeln jede Menge Exemplare von Pflanzen und Fischen und pressen sie beziehungsweise salzen sie ein.

Sooft ich in die Nähe von Pedro Terreros' Papagei komme (einer jener großen gelbgrünen Vögel, den er am ersten Tag in kubanischen Gewässern für eine Handvoll bunter Bänder erstanden hat), krächzt dieser: «Goldfieber! Goldfieber! Goldfieber!»

Wer kann Martín Alonso wirklich einen Vorwurf machen? Er weiß ebensogut wie ich, daß, gleich was wir sonst noch finden, Gold für das Große Abenteuer von entscheidender Bedeutung ist. Gold allein – Gold in großen Mengen – wird die Könige dazu bringen, eine zweite, größere Expedition auszuschicken.

Mit mir als Befehlshaber natürlich. Ich bin der Admiral des

Ozeanischen Meeres, vom Vizekönig und Gouverneur auf Lebenszeit ganz zu schweigen.

Manchmal träume ich davon, ein vizekönigliches Leben in einem riesigen Fürstenpalast mitten in einem riesigen Königreich zu führen. Das wäre durchaus denkbar. In Cathay und Zipangu gibt es Gold in Hülle und Fülle. Marco Polo hat das behauptet, und er ist dort gewesen.

Aber wo genau sind *wir*?

Wie kann ich Vizekönig und Gouverneur von irgendeinem Fleckchen Erde sein, wenn ich es nicht einmal auf der Karte lokalisieren kann?

Ich wollte Zipangu mit seinen goldenen Dächern finden und Cathay mit seinem Großkhan. Doch als wir in jener zweiten Dezemberwoche 1492 in der Mündung eines kubanischen Flusses vor Anker lagen – die Wochen der Erkundung der Bahamas lagen hinter uns –, beschlich mich insgeheim der Verdacht, daß sich zwischen Europa und dem sagenhaften Orient bislang unbekannte Inseln und möglicherweise sogar ein Festland oder zwei aus dem Ozeanischen Meer erheben, und daß wir auf die gestoßen waren. Denn erstens waren die Arawak-Indianer, die wie in der Steinzeit leben, garantiert nie mit dem zivilisierten Zipangu oder dem kultivierten Cathay in Berührung gekommen. Zweitens hat Marco Polo garantiert keine Kanus wie die der Archipelbewohner gesehen und sie als topplastige chinesische Dschunken mit Segeln beschrieben. Und drittens weiß sogar ich, daß der Erdumfang größer ist als in der von mir angestellten Berechnung, hinter der die Absicht steckte, das Große Abenteuer machbar erscheinen zu lassen.

Was aber, wenn dies hier wirklich eine neue Welt ist?

Eine Woche nachdem Martín Alonso desertiert ist, steuern wir auf die große, ursprünglich von den Arawaken bewohnte Insel im Osten zu, und ich hoffe inständig, das Karibische Meer (wie es später heißen wird) möge sich als das chinesische erweisen und die gebirgige Insel, die vor uns auftaucht, als das goldene Zipangu.

Yego Clone und seine Kameraden bleiben unter Deck; sie haben panische Angst.

Ein paar Tage später bei Sonnenuntergang. Aus Kanus, die die *Niña* und das Flaggschiff umringen, schwärmen aufgeregte Indianer schreiend und krachschlagend an Bord. Andere schwimmen zu unserem Ankerplatz heraus, so daß ihre farbenprächtige Bemalung völlig verschmiert ist, als sie aus dem Wasser auftauchen, und die grünen und gelben Federn auf ihren Köpfen schlaff herunterhängen. Voller Besitzerstolz führen Yego Clone und seine Kameraden, deren Angst mit einem Schlag verflogen ist, ihre haitianischen Arawak-Vettern auf der *Santa María* herum. Nicht einer kommt ohne ein Geschenk an Bord. Bald stapeln sich an Deck Yamswurzeln und Kürbisse, Maiskolben, unglasierte Tongefäße in drei unhandlichen Größen, Papageien, Hängematten, Baumwollballen, primitives Angelzeug, frische Fische, große, grünlich-braune Tabakblätter und *Goldklumpen*, die das Auge blenden und das Herz erfreuen — ja, alles lächelt, Augen werden wäßrig, Stimmen zittern, Köpfe wackeln begeistert, ja, Yego Clone grinst angesichts unserer Freude, Luis de Torres' fragende Gebärden enthüllen, daß im Süden ein riesiges Festland liegt, Caniba genannt, wo Gold geschürft wird, aber *nein!*, dorthin wagen die Arawaken nicht vorzudringen, weil Caniba die Heimat der Menschenfleisch essenden Kariben ist.

Wie heißt dieses riesige Festland?

Caniba. *Can*iba. Wie in Gran Can.

Wenn diese primitiven Inselbewohner am Rande des Großkhan-Reiches leben, könnte es dann nicht sein, daß ihre Angst vor den überlegenen Waffen seiner Soldaten phantastische Geschichten von Menschenfressern gebiert?

Ich sitze in meiner Kajüte unter dem Achterkastell, zusammen mit Luis de Torres und dem großartigen Guacanagarí, dem Kaziken oder Häuptling des ganzen nordwestlichen Haiti. Über unseren Köpfen schreien und lachen seine Leute und bimmeln mit ihren Falkenglöckchen. Dieser Guacanagarí ist beeindruckend groß, muskulös gebaut, steht auf dem Gipfel seiner jungen Manneskraft und bringt es fertig, Würde auszustrahlen, obwohl er nur mit einem breiten goldenen Armreif, ein paar ockerfarbenen Klecksen auf der Haut und einer Feder im Haar bekleidet ist. Mit diplomatisch überspieltem Widerwillen kostet er von dem gepökelten

Schweinefleisch, das Pedro Terreros ihm anbietet. Morgen, darauf besteht er, müssen wir den Abend als seine Gäste an Land verbringen.

Bisher sind wir keinem Eingeborenen begegnet, der die Gebärdensprache so gut beherrscht wie Guacanagarí. Nicht nur seine Hände, seine gesamte Körpersprache ist so ausdrucksvoll, daß man fast das Gefühl hat, er spräche spanisch. Und gescheit ist er außerdem. Als ich ihm eine Kartenskizze zeige, die ich von der Nordküste Kubas angefertigt habe, betrachtet er sie eine Weile irritiert. Dann sieht man seine dunklen Augen aufblitzen, während er die Küstenlinie entlangfährt und «Kuba!» sagt. Rasch skizziere ich mit Kohle auf der Tischplatte die ungefähre Küstenlinie Haitis, soweit wir ihr bisher gefolgt sind. Sein langer Finger fährt sie nach und bleibt zielsicher an der großen, traumhaft schönen Bucht stehen (breiter Sandstrand, mit Palmwedeln gedeckte Bootshütten, leuchtendgrünes Guineagras, hohe Königspalmen), in der wir Anker geworfen haben. Ich sage ihm weder, daß sein Haiti in Hispaniola (auf lateinisch: Spanische Insel) umbenannt worden ist, noch daß ich die Insel gleich bei meiner Ankunft hier in der Moskitobucht, die ich leider nur allzu treffend so getauft habe, im Namen Ihrer Katholischen Majestäten in Besitz genommen habe.

Guacanagarí greift nach der Kohle und verlängert die Küstenlinie von Haiti (oder Hispaniola) nach Osten, setzt ab, zeichnet dann vier kleine, stilisierte Sonnen. Zunächst weiß ich nichts damit anzufangen. Dann begreife ich, daß jede Sonne eine Tagesfahrt mit dem Kanu symbolisiert.

An den Rand der Karte, unterhalb der Küstenlinie (das entspricht einem Weg von vier Tagen auf dem Wasser nach Osten und einem beachtlichen Marsch nach Süden ins Landesinnere) zeichnet Guacanagarí ein anderes Symbol, nämlich Pfeil und Bogen. Da die einzigen arawakanischen Waffen, die wir bisher gesehen haben, kleine Speere mit Fischknochenspitzen sind, symbolisieren Pfeil und Bogen sehr wahrscheinlich eine Hochburg der Kariben. Yegos Angst war also nicht unbegründet.

Dann beginnt Guacanagarí zu gestikulieren. Er berührt seinen goldenen Armreif, schraffiert dann mit der Kohle einen Küstenstreifen zwischen der Moskitobucht und einer anderen Bucht, dessen Länge etwa ein Viertel des Weges von hier zum Hauptquartier der Kariben ausmacht. Wieder berührt Guacanagarí seinen goldenen Armreif und zeichnet dann eine Linie landeinwärts. Für den Fall, daß wir dümmer sein sollten, als wir aussehen, berührt er Armreif und Karte noch mehrere Male und zeichnet dann einen winzigen Kreis ein, der den Armreif symbolisiert. Das muß Gold bedeuten, möglicherweise eine Mine wie São Jorge in Westafrika. «Cibao», sagt er und zeigt auf den winzigen Kreis auf der Karte.

«Was?» Luis de Torres' Augenbrauen schnellen in die Höhe.

Ich bin ebenso aufgeregt. Also gut, sage ich mir, es hat sich herausgestellt, daß Cubanacan und El Gran Can nichts miteinander zu tun haben – ein linguistischer Zufall. Vielleicht gilt das für Caniba und Gran Can ebenso. Aber bei Cibao und Zipangu muß es sich mit Sicherheit um denselben Ort handeln.

Als die aufgehende Sonne die zusammengerollten Segel mit einem Hauch Gold überzieht, geleite ich den Kaziken vom Achterkastell herunter. Chachus Bootsmannspfeife und Yegos Stimme bahnen uns den Weg durch das Gewühl der nackten Indianer, die sich noch immer an Bord aufhalten. An der Leiter steht Juan de la Cosa mit düsterer, verbitterter Miene.

Guacanagarí versteift sich. «Nimm dich vor dem da in acht», warnt mich eine Geste. Und seine Körpersprache sagt: «Er ist dir nicht wohlgesinnt.»

Am Schandeckel stehend, hebt er einen Arm und schwingt ihn in großem Bogen von Horizont zu Horizont, dann klopft er mir auf die Schulter: Bis heute abend, mein Freund.

Auf ein Zeichen von Peralonso Niño hin wird er über das Schanzkleid gehoben und in sein königliches Kanu hinabgelassen. Während es rasch auf den Strand zugleitet, donnern auf ein zweites Signal hin die Lombarden der *Santa María*, und Flammen schlagen aus ihren Mündungen. Unsere Gäste reagieren zwar verblüfft, nicht aber erschrocken – ein Beweis für ihre Ehrfurcht vor uns und gleichzeitig für ihr Vertrauen in unsere guten Absichten. Da wir vom Himmel gekommen sind, ist es doch nur logisch, daß wir Donner mitbringen.

In dieser Nacht wird ihr Vertrauen in unsere guten Absichten auf eine harte Probe gestellt.

Geben Sie von mir aus dem Klima die Schuld und der Tatsache, daß die Arawaken sich ihm vernünftigerweise anpassen. Bei dem Fest, das der Kazike uns zu Ehren auf dem weißen, sichelförmigen Sandstrand gibt, sind nicht nur die Männer, sondern auch die anmutigen jungen Frauen von Guacanagarís Hofstaat ausschließlich mit fröhlichen roten Farbmustern bekleidet. Während sie so unter uns wandeln, mit uns essen, uns anlächeln und sich mit Hilfe von Gebärden mit uns verständigen, nimmt die Natur ihren unvermeidlichen Lauf. Pärchen um Pärchen zieht sich in das lichte Wäldchen hinter der Strandsichel zurück.

Zunächst wirft das keine Probleme auf. Die Arawaken haben eine großzügige Einstellung zur Sexualität; hier von Promiskuität zu sprechen wäre freilich übertrieben.

Verheiratete Frauen tragen an einem schmalen Band um die Hüften vorn und hinten winzig kleine Stofflappen, so daß man sie von ihren unverheirateten Schwestern unterscheiden kann. Diese Minischürzen bedecken ihre Scham mehr oder weniger, außer wenn sie von einer leichten Brise – die an der Nordküste Haitis fast ununterbrochen weht – weggeblasen werden. Ihr Zweck ist auch eher symbolischer Natur; mit Prüderie hat das nichts zu tun. Die sexuelle Freiheit endet für die Arawaken-Frau (nicht hingegen für den Arawaken-Mann – auch hier diese doppelte Moral) im Ehebett, und die Minischürzen signalisieren Monogamie.

Ich kann mich nicht erinnern, daß Guacanagarí oder einer seiner Stammesbrüder uns das damals erklärt hätte, ein bedauerliches Versäumnis, da sich der siebzehnjährige Francisco Niño mit seinem unschuldigen Gesicht und dem Körper eines griechischen Gottes zufällig mit einer heißblütigen jungen Schönheit einläßt, die ausgerechnet mit dem häßlichsten Unter-Kaziken in Guacanagarís Gefolge verheiratet ist.

Daß es Ärger gibt, bekomme ich erst mit, als zwei Indianer mittleren Alters mit finsteren Mienen eine hübsche, aber weinende junge Frau mit derangierter Minischürze vor Guacanagarí schleifen und sie zwischen ihm und dem großen Freudenfeuer in den Sand stoßen. Bald erscheinen, mit Speeren bewaffnet, vier weitere Indianer mit grimmigen Gesichtern. Zwischen ihnen geht mit hoch erhobenem Kopf und nacktem Götterkörper Francisco Niño. Auch er wird zwischen den Kaziken und das Freudenfeuer geführt. Die weinende Frau blickt zu ihm auf; schüchtern schenkt er ihr ein betrübtes Lächeln.

«Was ist denn los?» fragt Franciscos Bruder Peralonso und legt widerwillig seine erst halb abgenagte Ente aus der Hand.

Einer von Franciscos Begleitern ist ein Kerl mit dreifachem Doppelkinn und einem talgigen Wanst. Wie sich herausstellt, ist er nicht nur der Ehemann der weinenden Frau, sondern, seinem goldenen Armreif nach zu urteilen, ein Mann von höherem Rang. Ehrerbietig und gleichzeitig wütend redet er auf unseren Gastgeber ein.

Guacanagarí erläutert mir die Situation mit Gebärden.

Ich signalisiere ihm: «Was können wir tun?»

An diesem Punkt wird die Unterhaltung in Zeichensprache kompliziert, und Luis de Torres hilft beim Übersetzen. «Um sein Gesicht zu wahren, muß der Mann seine Frau vor aller Augen verprügeln.»

«Und der junge Francisco?»

Luis versichert mir, daß für ihn keine Bestrafung vorgesehen ist – wieder diese doppelte Moral, aber eine glückliche Wendung für unseren griechischen Gott.

Peralonso nimmt seinen Angriff auf die halb verspeiste Ente wieder auf.

Inzwischen haben die Indianer einen Kreis gebildet, um mit anzusehen, wie der fette Unter-Kazike sein Gesicht wiedergewinnt. Die Frau tut mir leid.

Es herrscht absolutes Schweigen, als sie, jetzt ohne zu weinen, vor ihrem Mann niederkniet, wie es der Brauch offenbar vorschreibt. Ihre Augen sind geschlossen, ein angedeutetes Lächeln kräuselt ihre Mundwinkel, und sie scheint den fetten Mann, der sich jetzt mit einer geschmeidigen Holzgerte über ihr aufgepflanzt hat, gar nicht wahrzunehmen. Mit einem Grunzlaut erhebt er sich auf Zehenspitzen und läßt die Gerte mit der ganzen Wucht seines fetten Armes herniedersausen. Ihre Augen bleiben geschlossen, der

Anflug von Lächeln verschwindet nicht von ihren Lippen; den einzigen Hinweis auf den Hieb liefert der lange, rote Striemen auf ihrem Rücken. Der fette Mann grunzt wieder, stellt sich erneut auf Zehenspitzen, hebt abermals die Gerte.

Da rammt ihn ein Sturmbock in Gestalt von Francisco Niño und stößt ihn krachend zu Boden.

Wieder herrscht absolute Stille. Bronzefarbene Hände greifen nach Speeren, helle europäische Hände nach feststehenden Messern.

Guacanagarí steht in seiner majestätischen Größe da, hebt einen königlichen Arm, spricht mit königlicher Stimme. Bronzefarbene Hände halten inne.

Zwischen dem Kaziken und Luis de Torres beginnt eine komplizierte Unterhaltung in Zeichensprache.

«Es sieht schlecht aus», sagt Luis.

«Wie schlecht?»

«Nach haitianischem Gesetz hat die beleidigte Partei das Recht, eine angemessene Strafe für den Kontrahenten zu bestimmen.»

Als unser griechischer Gott das hört, sagt er auf seine charmant stotternde Art: «Ich ha-habe getan, was ich tun mußte, Admiral. Ich w-würde es wieder tun. Wenn ich ein paar Peitschenhiebe oder s-sonst was verdient habe, so bin ich bereit, zum Wohl der Expedition indianisches Recht über mich ergehen zu lassen.»

Inzwischen hat sich der Unter-Kazike mühsam wieder aufgerappelt. Während er sich Blut vom Mund wischt und ein paar Zähne ausspuckt, umkreist er Francisco Niño und betrachtet ihn eingehend von allen Seiten. Dann redet er ziemlich lange. Die Frau schreit auf. Guacanagarí blickt königlich unglücklich drein.

«Er will ihm die Augen ausstechen», erläutert Luis Guacanagarís Gebärden, «ihm die Zunge herausschneiden, seine Männlichkeit abschnippeln und ihn dann töten.»

Peralonso seufzt, schleudert seinen halb aufgegessenen Hummer beiseite und erhebt sich auf ein Knie, um Francisco jederzeit zu Hilfe eilen zu können.

«Nehmt ein paar Männer und bringt Euren Bruder aufs Schiff zurück», sage ich zu ihm.

Auf ein Wort von Peralonso hin hechten zehn Matrosen gleichzeitig mit gezogenen Messern in Angriffsstellung – eine Bewegung, die wie choreographiert wirkt. Von dieser anmutigen Eskorte geleitet, wird Francisco eilig zum Boot der *Niña* zurückgebracht, während der fette Hahnrei tobt und wie ein Verrückter auf und ab hüpft.

Wir anderen ziehen uns geschlossen ans Wasser zurück. Hinter uns gleitet das Boot der *Niña* mit schnellen Ruderschlägen über die Bucht. Vor uns stehen Guacanagarís Krieger, eine mehrere hundert Mann starke Phalanx, mit wurfbereiten Speeren.

Binnen Sekunden wird die Situation außer Kontrolle geraten, regelrechte Rassenunruhen werden ausbrechen, die allerersten in den Indischen Landen und meines Wissens die ersten überhaupt.

Aber Guacanagarí schreitet gelassen durch die Reihen seiner Krieger – Speere senken sich, als er vorübergeht – und kommt gemessenen Schrittes auf uns zu. Dieser nackte Indianer hat mindestens so viel Majestätisches an sich wie Ferdinand von Spanien und ungleich mehr als dieses portugiesische Nervenbündel von einer Erhabenen Majestät.

«Was mein Bruder vorhatte, war nicht richtig», signalisiert der große Kazike.

«Dein Bruder?»

Unglücklicherweise ist der fette Hahnrei tatsächlich sein Bruder.

«Trotzdem, so schreibt es unser Gesetz vor», erklärt Guacanagarí. «Du hättest es zulassen sollen. Was ist ein Leben verglichen mit dem, was du geopfert hast, um dieses Leben zu retten?»

Meine Gebärden- und Körpersprache reicht nicht für eine Entgegnung auf diese moralische Frage aus.

«Wenn das nächste Mal Unstimmigkeiten zwischen unseren Völkern auftreten», prophezeit der große Kazike mit verblüffend deutlichen Gebärden, «und nach dem heutigen Abend wird das, wie ich meinen Bruder kenne, unweigerlich der Fall sein, dann kann es sein, daß du und ich nicht da sind, um ihnen Einhalt zu gebieten.»

Eine wahrhaft prophetische Gebärdenrede, die eine Tragödie vorwegnimmt . . .

Am 24. Dezember kreuzen wir den ganzen Tag lang langsam längs der Küste auf. Jede Landzunge und jeder schmale Einlaß, jeder Strand und jede Bucht stimmen mit Guacanagarís auf die Tischplatte skizzierter Karte überein – eine beinahe perfekte Seekarte, der freilich eine entscheidende Dimension fehlt: Guacanagarí hat weder Kenntnis von noch Interesse an den seichten Stellen im Küstenbereich, an den Untiefen, den nur knapp mit Wasser bedeckten Korallenriffen, die einen Schiffsboden im Nu aufreißen können. Schließlich gleiten seine Kanus über die Oberfläche dahin. Aber die *Niña* hat einen Tiefgang von sechs Fuß, die *Santa María* von mehr als sieben. So bleibt uns nichts anderes übrig, als häufig das Boot der *Niña* zum Loten vorzuschicken.

Mehrere Wachen lösen einander ab, die Sonne geht unter, ein Viertelmond weist uns den Weg. Wellen kräuseln sich im Mondlicht silbrig über unsichtbaren Riffen, tödlich, aber wunderschön. Die Sicht ist kein Problem. Bitte beachten Sie das. *Die Sicht ist kein Problem.*

Alle Mann an Bord des Flaggschiffs, der Zweite Offizier Niño, dessen Wache zu Ende geht, und Admiral Colón, der den größten Teil des Tages auf dem Achterdeck auf und ab marschiert ist, nicht ausgenommen, sind nach zwei durchfeierten Nächten erschöpft.

Zeit für die Wachablösung. Fünf oder sechs verschlafene Gestalten tauchen aus dem Ruderdeck auf, wo sie gepennt haben. Weitere klettern aus ihren Hängematten. «Ihr solltet auch etwas schlafen», drängt mich Peralonso, als Juan de la Cosa, gähnend wie ein Nilpferd, zu uns stößt.

Kapitän, Schiffsmeister und Zweiter Offizier besprechen sich kurz.

«Geschwindigkeit?» frage ich.

«Drei Knoten, wenn überhaupt», sagt Peralonso.

So gut wie kein Wind, keine Leeküste, um die man sich sorgen müßte; vor uns im Mondlicht hängen schlaff die Segel der *Niña*. Eine ruhige Wache steht bevor.

«Was mich betrifft, ich könnte auch noch Schlaf gebrauchen», sagt Juan de la Cosa mit einem weiteren nilpferdmäßigen Gähnen.

«In vier Stunden», entgegnet Peralonso, «werdet Ihr ihn Euch verdient haben.»

Wieder sehe ich, etwa einen Lombardenschuß weit an Steuerbord, das silbrige Glitzern einer Grundsee, die sich an unsichtbaren Korallenriffen bricht.

Plötzlich geht mir auf, daß heute Heiligabend ist.

«Es ist Heiligabend!» platzt Peralonso heraus.

Schweigend gedenken wir der Geburt des Erlösers. Der helle Stern Deneb, der noch hoch über dem Horizont steht, könnte fast der Stern von Bethlehem sein.

«Morgen feiern wir», sage ich.

Peralonso grinst. «Ganz zufällig ist es mir gestern abend in dem Durcheinander am Strand gelungen, ein paar von diesen Hummern zu retten.»

Von Juan de la Cosa kommt ein gleichgültiges Brummen, ob wegen der Hummern oder wegen Weihnachten, weiß ich nicht. Wenig später wünscht Peralonso eine gute Nacht und ist auch schon verschwunden. Ich versuche mit Cosa noch etwas Konversation zu machen, aber wie üblich versickert das Gespräch nach ein paar Minuten.

Es ist noch eine Stunde bis Mitternacht, bis zu unserem ersten Weihnachten auf dieser Seite des Ozeanischen Meeres. «Ich gehe nach unten», sage ich zum Schiffsmeister. «Ruft mich um Mitternacht, ja?»

Später, viel zu spät, um etwas am schrecklichen Verlauf der Ereignisse zu ändern, trägt Profos Harana die Bruchstücke des Todeskampfes der *Santa María* zusammen.

Auszüge aus der am Weihnachtstag an Bord des Flaggschiffs *Niña* durchgeführten Untersuchung:

(Aussage von Juan de la Cosa, Schiffsmeister, *Santa María*)

COSA: Ich bin auch hundemüde, aber ich kann mich nicht in eine private Luxuskajüte zurückziehen wie der Admiral. *Ich* muß an Deck bleiben, aber das bedeutet nicht, daß ich auf den Beinen bleiben muß. Also gehe ich hinauf aufs Poopdeck und setze mich mit dem Rücken zur Bordwand hin. Von da aus kann ich die *Niña* ausgezeichnet sehen. Und der Schiffsjunge an der Sanduhr kann mir den Kompaß ablesen und meine Befehle an den Rudergänger weitergeben.

HARANA: Seid Ihr die ganze Zeit, bis zum Zeitpunkt der Havarie, auf dem Poopdeck gewesen und habt dort gesessen?

COSA: Ja, und niemand kann sagen, ich hätte das nicht tun dürfen. Kein Mensch kann behaupten, ich könnte das Schiff nicht von dort aus befehligen. Kein Mensch.

HARANA: Wie lange dauerte es, bis Ihr eingeschlafen seid?

COSA: *Das ist eine verdammte Lüge!* Ich habe die Augen überhaupt nicht zugemacht. Ja, vielleicht eine Minute lang, um mir meine Sehschärfe für die Nacht zu bewahren. Aber ich habe *nicht eine Sekunde* geschlafen.

(Aussage von José María Durán, Rudergänger, Steuerbordwache, *Santa María*)

DURÁN: . . . nachdem Meister Cosa hinaufgegangen ist, um sein Nickerchen zu machen.

HARANA: Hat der Schiffsmeister geschlafen?

DURÁN: Ich denke schon. Das jedenfalls sagt der Junge – der Schiffsjunge Ruíz, der das Stundenglas bedient hat. Ich weiß nur, daß Cosa dem Jungen einen Befehl gegeben hat, und dann haben wir nichts mehr von ihm gehört.

HARANA: Und wie lautete dieser Befehl?

DURÁN: Er soll mich auf Kurs halten, immer hinter der *Niña* her, und ihn nicht stören, es sei denn, der Wind dreht.

HARANA: Und das ist alles, was Ihr gehört habt? Habt Ihr denn gesehen, daß Cosa geschlafen hat?

DURÁN: Mann, seit wann fahrt Ihr eigentlich zur See? Ich bin Rudergänger, ich sehe *überhaupt nichts*! Ein Fleckchen Himmel und ein Stück Segel oben durch die Luke, und achtern ein Fleckchen Meer durch die Ruderpforte. Und damit hat sich's.

HARANA: Ihr habt also das Schiff einzig und allein nach den Anweisungen eines kaum fünfzehnjährigen Jungen gesteuert?

DURÁN *(zuckt die Achseln)*: Besser ein wacher Junge als ein schlafender Offizier, Sir.

HARANA: Also, bevor das Schiff auf Grund lief, habt Ihr da irgendwelche Anzeichen dafür bemerkt, daß etwas nicht stimmte?

DURÁN: Ich?? Ich war zu der Zeit gar nicht an der Pinne, Sir. Ich mußte mich um ein Leck kümmern. Und statt jemanden aufzuwecken, habe ich den Jungen geholt, damit er meinen Platz einnimmt. Freilich war es nicht seine Schuld, was passiert ist. Aber der arme Kerl – es muß schrecklich für ihn sein.

(Aussage von Ricardo Ruíz, Schiffsjunge, Steuerbordwache, *Santa María*)

RUÍZ: Der Schiffsmeister? Nun ja, Sir, er saß gewissermaßen vornübergekippt da. Und er hat nicht geantwortet, als ich ihn ansprach.

HARANA: War denn überhaupt irgend jemand auf diesem ganzen verfluchten Schiff wach?

RUÍZ: Das weiß ich wirklich nicht, Sir. Der Ausguck vorschiffs, das war einer aus Chachus Clique. Von dem habe ich nichts gehört. Den Ausguck im Krähennest habe ich allerdings gehört – der hat da oben geschnarcht. Aber fairerweise muß man sagen, daß die *Santa María* wirklich wie eine Wiege hin und her. . .

HARANA: Ja, ja. Dann warst also nur du da, um den Rudergänger zu dirigieren. Hattest du nicht den Eindruck, daß Cosa dir damit eine ziemlich große Verantwortung übertrug?

RUÍZ *(ernsthaft)*: Ich kann das, Sir, ich war der Beste im Navigationsunterricht. Ich hatte überhaupt keine Angst, ehrlich. *(Pause.)* Da noch nicht.

HARANA: Nein? Wann dann?

RUÍZ: Nachdem der Rudergänger Durán mir die Pinne übergab.

HARANA: Weil du nicht gewohnt warst, damit umzugehen?

RUÍZ: Nein, Sir. Das war es nicht. Ich kann ganz gut damit umgehen. Angst bekam ich erst, als mir klar wurde, daß er nicht zurückkommt.

HARANA: *Was???*

RUÍZ *(hastig)*: Ihr nehmt mich doch vor ihm Schutz, Sir, nicht wahr? Wißt Ihr, er hat mir gedroht. Sobald ich die Pinne in die Hand nahm, befahl er mir dranzubleiben. Ich dachte, er wollte nur eine kurze Pause machen. Auch noch, als er mich nach dem Stern fragte.

HARANA: Nach welchem Stern?

RUÍZ: Dem Polarstern. Er wollte wissen, ob ich ihn sehen kann. Ich konnte ihn sehen. Er sagte, ich soll mich an ihm orientieren und auf Kurs bleiben, bis er zurückkommt. Aber dann . . . dann ist er nicht mehr . . .

HARANA: Und wie lange dauerte es dann noch, bis die *Santa María* auf Grund lief?

RUÍZ *(ziemlich lange Pause)*: Es kam mir stundenlang vor. Aber ich weiß, daß es nur Minuten gewesen sein können, weil ich gerade überlegte, warum er mir keine Antwort gibt und ob er sich vielleicht zum Schlafen verzogen hat oder sonst was, als es passierte.

HARANA: Als wir auf das Riff stießen?

RUÍZ: Stießen? O nein, Sir, wir sind nicht darauf *gestoßen*. Das weiß ich, weil sich die Pinne plötzlich nicht mehr bewegen ließ. Wir sind einfach auf dieses Riff *hinaufgerutscht*. Und oben hängengeblieben.

(Aussage von Esteban Bueno, Handloter im Boot der *Niña*)

HARANA: Dann waren es also nie weniger als acht Fuß?

BUENO: Schon eher neun. Wir haben das Senkblei so schnell ausgeworfen, wie es heraufkam, zu beiden Seiten des Bootes. Trotz seines Tiefgangs hätte das Flaggschiff noch gut einen Fuß Spielraum gehabt. *Wenn* es das Riff an derselben Stelle überquert hätte wie die *Niña*.

(Weitere Aussage von Juan de la Cosa, Schiffsmeister, *Santa María*)

HARANA: Habt Ihr gespürt, wie das Schiff auf Grund gelaufen ist?

COSA: Nein. War nichts zu spüren. Aber ich habe gehört, wie die Dünung über das Riff hinwegrollte und sich ringsum brach – und da wußte ich, was los war.

HARANA: Und was habt Ihr unternommen?

COSA: Ich habe an die Tür des Admirals gedonnert. Er kam ganz verschlafen aus seiner Kajüte. Ich sagte ihm, daß wir auf Grund gelaufen sind.

HARANA: Hat er das nicht selbst gemerkt?

COSA: Na ja, ich möchte ihm ja nichts Übles nachsagen, und ich weiß, daß er Freunde bei Hof hat, aber Admiral Colón ist kein Seemann, zumindest nicht in meinen Augen.

HARANA: Was veranlaßt Euch zu dieser Einschätzung?

COSA: Alles mögliche. Zum Beispiel, daß er das Schiff so schnell verloren gibt. Schaut sich einmal kurz um, hört, wie sich die Dünung bricht, und sagt: «Das war's, Schiffsmeister, fahrt mit dem Boot zur *Niña* hinüber und sagt Bescheid, sie sollen uns helfen, unsere Leute von Bord zu holen.» Dabei sind wir doch nur auf eine Korallenbank aufgelaufen und nicht einmal sehr hart! *Ich* hätte sie wieder herunterbekommen, ich kenne die *Santa María* wie ein Mann seine Frau. Aber was soll's? Jetzt ist sie erledigt.

(Aussage von Vicente Yáñez Pinzón, Kapitän, *Niña*)

PINZÓN: Das erste Anzeichen, daß es Schwierigkeiten gab? Das Lombardensignal natürlich. Das Flaggschiff feuert in schneller Folge drei Schuß ab. Das heißt, wie Ihr sicher wißt, «Schiff in Not».

HARANA: Gab es irgendeinen anderen Hinweis?

PINZÓN: Der Junge im Mastkorb. Er ruft von oben herunter, daß die *Santa María* festsitzt und sich rundherum das Wasser bricht. Das kann nur bedeuten, daß sie auf dem Riff festhängt, über das wir gerade gefahren sind.

HARANA: Sonst noch was?

PINZÓN: Na ja, also da war noch etwas, etwas . . . Verdächtiges.

HARANA *(beugt sich plötzlich lächelnd nach vorn)*: Verdächtig?

PINZÓN: Jedenfalls war es unlogisch. Zuerst signalisieren sie «Schiff in Not», dann schicken sie ihr Boot mit dem Hilferuf los, daß sie das Schiff verlassen müssen.

HARANA: Könnte sich die Situation nicht verschlimmert haben?

PINZÓN: Warum haben sie dann nicht noch ein Lombardensignal abgefeuert? Nicht daß das nötig gewesen wäre. Ich war schon unterwegs, um zu helfen. Aber angenommen, sie mußten ihr Boot schicken, hätten sie dann nicht die jüngsten Männer geschickt? Ich weiß, daß es auf der *Santa María* böses Blut gibt, aber in einer Notsituation – ich meine, wie konnte der Admiral seinen Ersten Offizier, seinen Bootsmann Chachu und dessen ganze Clique losschicken? Das waren doch die, die das Schiff am besten kannten.

HARANA: Aber kein Kapitän, der noch alle seine Sinne beisammen hat . . .

PINZÓN: Das sind Eure Worte, nicht meine.

HARANA: Wollt Ihr damit andeuten . . .?

PINZÓN: Halt, ich doch nicht! Er ist der vernünftigste Ausländer, der mir je begegnet ist, dieser Admiral. Es war Juan de la Cosa, der das angedeutet hat. Dabei wäre, um das Flaggschiff vom Riff zu holen, das einfachste und vernünftigste gewesen, es achteraus zu verholen.

HARANA: Verholen? Ich bin kein Seemann. Ist das das übliche Verfahren?

PINZÓN: Klar, das würde jeder versuchen. Deshalb war es ja auch Unsinn, das Boot hier herüber zur *Niña* zu schicken. Das Schiff wird ständig höher auf das Riff hinaufgespült, selbst bei ruhigem Seegang. Wenn man es nicht in der ersten halben Stunde herunterbekommt, bleibt es da oben aufgespießt. Und genauso war es.

HARANA: Vielleicht hoffte der Admiral, beides gleichzeitig tun zu können − Euch zu benachrichtigen und zu versuchen, die *Santa María* zu verholen?

PINZÓN: Scheiße! Ihr habt wirklich keine Ahnung von Tuten und Blasen. Verholen ist eine ganz unkomplizierte Angelegenheit, aber man braucht dazu zweierlei: Man braucht einen Anker, und *man braucht ein Boot.*

(Aussage von Rafael Relámpago, Kanonier, *Santa María*)

HARANA: Wie bald, nachdem das Schiff auf Grund gelaufen war, hat Euch der Admiral den Befehl gegeben, Eure Lombarde abzufeuern?

RELÁMPAGO: Erstaunlicher Mann, dieser Admiral. Ich meine, ich schlafe − außer Dienst, wie Ihr am Dienstplan sehen könnt −, und als ich aufwache, höre ich die Dünung und Geschrei und Gerenne, und bevor ich noch fragen kann, was los ist, ist der Admiral auch schon da und sagt, ich soll schnell drei Schuß abfeuern. Das bedeutet «Schiff in Not». In der Zeit, die ich

brauche, um aus meiner Hängematte zu klettern und mir die
Augen zu reiben, hat der Admiral die Situation schon erfaßt.
Habt Ihr je eine von diesen Hängematten ausprobiert? Be-
quem, ohne Frage, aber wenn man . . .

(Aussage von Cristóbal Colón, Admiral des Ozeanischen Mee-
res, Generalkapitän der Flotte, Kapitän der *Santa María*)
COLÓN: Bitte befragt mich wie jeden x-beliebigen Matrosen hier an
Bord. *(Seufzt.)* Ich meine, an Bord des Ex-Flaggschiffs da drüben.
HARANA *(mitfühlend)*: Ihr seid müde, was, Admiral?
COLÓN: Todmüde. Eine halbe Stunde Schlaf in drei Nächten.
HARANA: Und als das Schiff auf Grund lief, wart Ihr da auch
todmüde?
COLÓN: Das war die halbe Stunde Schlaf, die ich hatte. In diesem
Umfang gebe ich mir also selbst die Schuld.
HARANA: Nachdem die *Santa María* auf das Riff geglitten war
und Schiffsmeister Cosa in Eure Kajüte kam . . .
COLÓN: So? Kam er?
HARANA: Kam er nicht?
COLÓN: Ich wachte davon auf, daß sich das Schiff so ungewohnt
anfühlte. Davon und vom Geräusch der sich brechenden
Dünung. Ich stürzte hinaus. Cosa war auf dem Poopdeck; er
stand gerade auf.
HARANA: Wollt Ihr damit sagen, daß er im Dienst geschlafen hat?
COLÓN: Das habe ich nicht gesagt. Ich sagte, er stand gerade auf.
HARANA: Hat er etwas gesagt?
COLÓN: Nicht daß ich wüßte. Ich sagte, er solle mitkommen,
damit wir uns einen ersten Überblick über die Lage verschaf-
fen. Wir drehten schnell eine Runde ums Schiff. Die Männer
schrien sich Fragen zu. Die Dünung schäumte auf allen Seiten. Mit jeder Welle stieg die *Santa María*, und jedesmal,
wenn sie herabfiel, spürte ich, wie die Decksbeplankung unter
meinen nackten Füßen erbebte.
HARANA: Ja, das habe ich auch gespürt.
COLÓN: Bei jedem Aufschlagen bohrte das scharfe Korallenriff
Löcher in den Schiffsboden. Also wußte ich, daß wir uns
beeilen mußten.

HARANA: Was habt Ihr unternommen?

COLÓN: Dreierlei. Zuerst den Kanonier aufgeweckt, damit er der *Niña* ein Signal gibt. Zweitens, mich darum gekümmert, daß wir den Schaden unter Kontrolle bekommen. Aber Peralonso Niño hatte bereits die Lenzpumpen in Gang setzen lassen und untersuchte den Schiffsrumpf auf Risse hin. Also konnte ich mich um die Hauptsache kümmern, und die war natürlich, das Schiff zu verholen.

HARANA: Nun zu diesem Vorgang des Verholens. Ohne Fachjargon, wie funktioniert das?

COLÓN: Das ist kein Geheimnis. Wenn ein Wagen im Dreck steckenbleibt, befestigt man ein Seil an der Achse und zieht ihn heraus. Ein Schiff, das mit der Nase auf einem Riff hängt, muß man mit dem Heck voraus herunterholen. Der Unterschied ist der, daß man auf See das zusätzliche Problem der Zugkraft hat. Die Lösung dafür ist ein Warpanker, eine Art Enterhaken mit einer langen Trosse. Das Ende der Trosse befestigt man an Bord, den Anker fährt man mit dem Boot hinaus in tieferes Wasser und wirft ihn dort aus. Wenn man dann die Trosse vom Schiff aus mit dem Spill wieder einholt, zieht es das Schiff – vorausgesetzt, der Anker hält – nach hinten weg.

HARANA: Hmm. Ist das ein kompliziertes Manöver?

COLÓN: Das Erklären dauert länger als das ganze Manöver.

HARANA: Verstehe. Ihr habt also Schiffsmeister Cosa den Befehl gegeben . . .

COLÓN: Versucht nicht, mich zu beeinflußen, ja? Ich habe zu Cosa gesagt, er soll das Boot einholen – es wurde zu dem Zeitpunkt geschleppt, falls Ihr Euch erinnert –, den Warpanker an Bord nehmen und ihn nach achtern ausbringen.

HARANA: Habt Ihr abgewartet, bis Ihr gesehen habt, daß er den Befehl ausführt?

COLÓN: Natürlich nicht. Sein Teil der Aufgabe war der einfachste. Ich ging zu Peralonso, um ihm zu sagen, er solle sich bereithalten, um die Ankertrosse entgegenzunehmen und sie an der Ankerwinde zu belegen.

HARANA: Während Cosa den Anker vermeintlich nach achtern ausbrachte?

COLÓN: Genau.

HARANA: Und?

COLÓN: Er befindet sich noch an Bord des Wracks, nicht wahr?

(Aussage von Peralonso Niño, Pilot *Santa María*)

HARANA: Was meint Ihr mit «bemerkenswert»?

NIÑO: Der Mann war überall gleichzeitig. Ich bin auf dem Ruderdeck und warte auf die Ankertrosse, da ist er neben mir. Und eine Minute zuvor war er im Laderaum und hatte das Umladen von . . .

HARANA: Kommen wir zurück zum Ruderdeck, wenn Ihr nichts dagegen habt. Ihr habt auf die Ankertrosse gewartet, sagt Ihr.

NIÑO: Mit Cristóbal Quintero und einigen seiner jungen Kumpel, ganz richtig. Aber nachdem einige Zeit verstrichen war, war mir klar, daß keine Trosse durch diese Ruderpforte kommen würde.

HARANA: Ihr habt nicht direkt gesehen, daß Cosa ohne den Warpanker verschwunden ist, oder?

NIÑO: Wäre ich dann so dumm gewesen, auf die Trosse zu warten?

HARANA: Was habt Ihr dann gemacht?

NIÑO: Der Admiral kam gerade zurück, um zu fragen, was denn mit der Ankertrosse los sei. Wir stürzten beide an Deck und hielten nach dem Boot Ausschau. Aber es war nicht achteraus. Es befand sich mit einem halben Dutzend Männern auf halbem Weg zur *Niña*. So war es keine allzu große Überraschung, als wir feststellten, daß sich Anker und Trosse noch an ihrem Platz am Schanzkleid befanden.

HARANA: Cosa hatte also gar nicht die Absicht, den Anker mitzunehmen?

NIÑO: Er hat ihn nicht mitgenommen. Über seine Absichten befragt Ihr ihn besser selbst.

(Weitere Aussage von Vicente Yáñez Pinzón, Kapitän, *Niña*)

HARANA: Was habt Ihr dann unternommen?

PINZÓN: Mein eigenes Boot war bis dahin zurück. Ich habe

meinen Schiffsmeister, meinen Bootsmann und meine besten Leute zum Flaggschiff hinübergeschickt. Dann habe ich die Niña so nahe wie möglich herangebracht.

HARANA: Was habt Ihr mit Cosa und seiner Clique gemacht?

PINZÓN: Ich habe sie ebenfalls zur *Santa María* zurückgeschickt. War das falsch?

HARANA *(milde)*: Ich gebe keine Antworten. Ich stelle nur Fragen.

PINZÓN: Ja, klar. Sagen wir mal so: An Cosas Geschichte war eindeutig was faul. Ganz gleich, in welchem Zustand sich der Admiral befand, der Schiffsmeister hatte kein Recht, das Schiff in einer Notsituation zu verlassen.

HARANA: Auch nicht, wenn der Admiral ... geistig verwirrt war?

PINZÓN: Dann erst recht nicht. Man kann einen Vorgesetzten notfalls seines Kommandos entheben, um ein Schiff zu retten.

HARANA: Ihr habt also Cosa und seine Freunde zur *Santa María* zurückbeordert. Habt Ihr gesehen, ob sie auch wirklich zurückgekehrt sind?

PINZÓN: Das spielte jetzt keine Rolle mehr. Es war so oder so zu spät, um das Flaggschiff vom Riff herunterzuholen. Es dauerte nicht mehr lange, da wurde die ganze Mannschaft auf die *Niña* gebracht. Bis ich hinüberkam, hatten alle Mann mit Ausnahme des Admirals und dieses Indianers, der sich als sein Sohn aufspielt, die *Santa María* verlassen.

(Aussage von Cristóbal Quintero, Leichtmatrose, *Santa María*)

HARANA: Wie lange, schätzt du, hast du auf dem Ruderdeck gewartet?

QUINTERO: Wenn sich die Dinge überstürzen, ist es schwer, die Zeit abzuschätzen. Genauso wie beim Sex, falls Ihr wißt, was ich meine.

HARANA: Hmm. War der Admiral während dieser Zeit bei euch?

QUINTERO: Teils, teils. Er war oben und unten, vorn und hinten, keine zwei Minuten an derselben Stelle. Er selbst oder der Zweite Offizier Niño muß wohl festgestellt haben, daß der Anker noch an Bord ist, denn er schickte mich in den Laderaum hinunter, um nachzusehen, was die Pumpe macht. Sie macht gar nichts. Wir nehmen mehr Wasser über, als wir lenzen können. Es reicht mir schon bis zu den Oberschenkeln. Ich gehe wieder rauf, um dem Admiral Bescheid zu sagen, aber natürlich muß ich ihn erst suchen.

HARANA: Und wo findest du ihn?

QUINTERO: Am Großmast, mit dem Schiffszimmermann, dem alten Serrín. Serrín hat ein paar Äxte, und ich bin ein kräftiger Kerl. Also sagt er, ich soll mal helfen.

HARANA: Wobei?

QUINTERO: Den Großmast umlegen.

(Aussage von Pablo Gomez, auch der alte Serrín genannt, Schiffszimmermann, *Santa María*)

HARANA: Wann hat der Admiral Befehl gegeben, den Großmast zu kappen?

SERRÍN *(mit hinters Ohr gehaltener Hand)*: Was?

HARANA: Wann der Admiral Befehl gegeben hat, den Großmast zu kappen.

SERRÍN: Wann? Wie soll ich wissen, wann das war? Es ist spät, alle rennen wie ein Haufen aufgescheuchter Hühner durcheinander, wir sitzen schon mehr als eine Stunde auf dem Riff. Wann? Was ist das für eine blöde Frage?

HARANA: Dann war also mindestens eine Stunde vergangen, seit das Schiff auf Grund gelaufen war?

SERRÍN: Habe ich das nicht gerade gesagt? Seid Ihr taub?

HARANA: Was hat dieser Befehl für Euch bedeutet?

SERRÍN: Na, was wohl? Daß der Admiral den Großmast umlegen wollte.

HARANA: Und warum?

SERRÍN: Wart Ihr eigentlich schon mal auf See, Jungchen?

HARANA: Beantwortet meine Frage.

SERRÍN: Man haut den Großmast um, um das Schiff leichter zu machen. Er ist der schwerste Teil des Schiffs, vom Kiel mal abgesehen, und den *(er lacht)* würde man ja wohl kaum absäbeln, selbst wenn man könnte, oder?

HARANA: Um das Schiff also leichter zu machen. Warum?

SERRÍN: Warum? Warum? Weil der Großmast wie ein Hammer ist; haut das Schiff jedesmal, wenn die Dünung es hebt und wieder fallen läßt, aufs Riff. Warum? Schneidet man ihn ab, dann ist die Gefahr geringer, daß die Fugen aufreißen, Jungchen.

HARANA: Bestand unmittelbare Gefahr . . . also, ich meine . . .

SERRÍN: Darauf könnt Ihr Euren Kopf wetten, daß Gefahr bestand. Hätte der Admiral sonst wohl befohlen, den Großmast zu kappen?

HARANA: Warum hat der Admiral eine ganze Stunde gewartet, bis er diesen Befehl gab?

SERRÍN: Das Schiff fängt erst dann an, richtig aufzuschlagen, wenn es sich querab zum Riff legt und die Wellen auf die Breitseite treffen – und das ist etwa eine Stunde nach dem Aufsitzen.

HARANA: Dann sind wir uns über die Zeit also einig?

SERRÍN: Mindestens eine Stunde. Da fragt man sich doch . . . *(Zögert.)*

HARANA: Wenn Ihr etwas zu sagen habt, dann laßt hören.

SERRÍN: Nun ja, ich möchte nicht respektlos sein, aber ich fahre seit vierzig Jahren zur See. Und da frage ich mich natürlich, warum diese Stunde nicht besser genutzt wurde. Der Admiral hätte das Schiff sofort, nachdem wir aufgesessen sind, achteraus verholen können. Wäre überhaupt kein Problem gewesen. Und hätte das Schiff gerettet.

HARANA: Ihr habt also den Großmast gekappt?

SERRÍN: Haben wir. Ich und dieser schweinische Geschichtenerzähler Cristóbal Quintero. Ist nicht mehr derselbe in letzter Zeit, dieser Quintero, aber ich kann Euch sagen, der hat vielleicht die Axt geschwungen!

HARANA: Und was geschah dann mit dem Mast?

SERRÍN: Sein Gewicht zieht ihn über Bord und nimmt gleich noch ein Stück von der Backbordwand mit. Und haut uns einen Schwall Wasser direkt aufs Deck.

HARANA: Danke. Das ist alles.

SERRÍN: Was?

(Aussage von Juan Urtaín, auch Chachu genannt, Bootsmann, *Santa María*)

HARANA: Gibt es vielleicht irgend etwas, wozu Ihr Euch äußern wollt?

(Chachu stiert mürrisch und ohne zu blinzeln vor sich hin.)

(Weitere Aussage von Juan de la Cosa, Schiffsmeister, *Santa María*)

HARANA *(blickt von seinem Protokoll auf)*: War da noch etwas?

COSA *(sichtlich nervös)*: Ich . . . ich wollte nur noch etwas sagen.

HARANA: Ja?

COSA: Die *Santa María* war mein Schiff. Begreift Ihr das? *Mein* Schiff! Meines.

(Harana nickt mitfühlend.)

COSA: Ich bin auf ihr gefahren, bevor dieser Emporkömmling von Admiral auch nur einen Fuß auf spanischen Boden gesetzt hat. Habe mich vom Schiffsjungen hochgearbeitet, habe jeden Drecksjob an Bord gemacht. Aber ich hatte diesen Traum. Eines Tages würde sie mir gehören. Könnt Ihr Euch vorstellen, wie lange ich geknausert und gespart habe? Und dann endlich gehörte sie zu einem Drittel mir, und *ich* war der Kapitän. Ich, Juan de la Cosa! Glaubt Ihr, ich hätte nach allem, was wir gemeinsam durchgemacht haben, versucht, sie zerschellen zu lassen? *(Macht eine Pause, während der er seine herabhängende Wamme befingert.)* Aber ich glaube, es gibt einfach Männer, die unter einem schlechten Stern geboren sind. Seit die *Santa María* mir gehört, herrscht in der Handelsschifffahrt Flaute. Ich kann nicht nach Galicien zurückkehren, sonst kassiert die Bank mein Schiff. Ich bekomme keine Fracht. Als also dieses verrückte Unternehmen daherkommt, geht es mir so dreckig, daß ich mich anheuern lasse. Woher soll ich denn wissen, daß das von allem, was ich mitgemacht habe, das Allerschlimmste ist? Seit fünf Monaten muß ich jetzt zusehen, wie er auf meinem Schiff die Entscheidungen trifft, sich auf meinem Achterdeck als Befehlshaber aufspielt, in meiner Kajüte haust. Ins Gesicht tut er mir immer freundlich, und hinter meinem Rücken lacht er über mich, das weiß ich ganz genau! Weil er Glück gehabt hat und ich nicht. Weil er der Admiral des Ozeanischen Meeres ist und ich ein Versager bin. Weil er unsterblich sein wird, und wenn Juan de la Cosa stirbt, schert sich kein Mensch darum. Das denkt er doch. Und ich weiß auch, was er jetzt denkt, was er in seinen Eingeweiden spürt, nachdem sein Flaggschiff aufgespießt auf einem Riff hängt.

HARANA: Ist das der Grund, warum Ihr seinem Befehl nicht gehorcht habt?

COSA *(großspurig)*: Das ist der Grund, warum ich ihm nicht gesagt habe, daß man das Flaggschiff retten kann, indem man einen Anker nach achtern ausbringt und das Schiff verholt. Was jeder anständige Seemann natürlich gewußt hätte. Jetzt trägt er die Nase nicht mehr so hoch oben, Eurer Admiral, nicht wahr?

«Ich benötige kein Geständnis von ihm», sagt Harana zu mir. «Die Tatsachen sprechen eindeutig gegen ihn.»

Es ist Spätnachmittag am ersten Weihnachtstag. Wir gehen einen langen Sandstrand entlang. An einem Ende liegt ein kleines indianisches Dorf, am anderen ein hoher Gebirgszug, der sich über einen Mangrovensumpf erhebt. Die *Niña* ankert in der Bucht. Weiter draußen sieht man das Wrack der *Santa María*; es sitzt noch immer auf dem Korallenriff. Ich betrachte unsere Fußabdrücke im festen, nassen Sand.

«Laßt es gut sein», sage ich. «Die Sache ist erledigt.»

«Ihr meint, wir sollen ihn einfach laufen lassen? Aber er hat sein eigenes Schiff zerstört, um Euch eins auszuwischen! Etwas Ungeheuerlicheres, etwas Tückischeres hätte er nicht tun können. Ich habe wirklich noch nie einen derart verbitterten Mann erlebt.»

Ich widerspreche dem nicht, sage aber: «Laßt es gut sein, ja? Er tut mir leid. Er hat eine solch panische Angst vor Mißerfolgen, daß er sie erst recht auf sich zieht.»

(An dieser Stelle in Klammern ein kurzer Blick in die Zukunft. Juan de la Cosa verschwindet hiermit, von einer kurzen Erwähnung abgesehen, von diesen Seiten, taucht aber in der Geschichte der Neuen Welt noch einmal auf. Im November 1509 segelt er als

Zweiter Offizier mit Kapitän Ojeda [einem säbelrasselnden Neu-rotiker, dessen Bekanntschaft Sie leider gleich machen werden] im Auftrag der Könige, um jene Küste zu kolonisieren, die eines Tages nach mir Kolumbien genannt werden wird. Ob an dem, was geschieht, Ojeda oder Cosa die Schuld trifft, darüber schweigen sich die Historiker aus; aber angesichts ihrer beider Charaktere kann es der eine wie der andere gewesen sein. Wie dem auch sei, kurz nach der Landung werden Ojeda und seine Mannschaft von Kariben überfallen. Ojeda kann dank seiner bullenhaften Konstitu-tion fliehen, aber Juan de la Cosa bekommt einen Pfeil mit vergif-teter Spitze in den Rücken und stirbt. Dadurch verzögert sich die Kolonialisierung von Kolumbien um ein paar Jahre.)

Als ich jetzt mit Harana an dem langen Strand auf Haiti entlang-gehe, kann ich auf die Ereignisse zurückblicken, ohne mit der Wimper zu zucken. Ich bin nicht mehr derselbe Mensch wie heute morgen. Ich sehe mich wieder allein in der schmutziggrauen Däm-merung am Kompaß der *Santa María* stehen und denken: So also sieht das Ende aus. Am Weihnachtstag an einem Barriereriff ge-strandet, vor einer auf keiner Karte verzeichneten Bucht einer auf keiner Karte verzeichneten Insel irgendwo in der ungeheuren Weite des Ozeanischen Meeres. Es ist aus, Schluß, vorbei.

Ich wandere am Schanzkleid entlang zum Bugspriet, dann wie-der zurück zum Mitteldeck. Das Boot der *Niña* ist zurückgekom-men, und Vicente Yáñez klettert selbst die Leiter herauf.

«Admiral, Ihr solltet jetzt lieber mitkommen. Hier gibt es doch nichts mehr zu tun, oder?» Er spricht mit mir wie mit einem Kind.

Und wenn ich nun Vicente Yáñez ins Boot der *Niña* folge und mich von ihm zur Karavelle bringen lasse? Die vollzählige Besat-zung der *Niña* besteht aus zweiundzwanzig Männern. Die *Santa María* hat vierzig. Kann die *Niña*, mit Leuten vollgestopft wie ein Faß mit eingesalzenem Fisch, nach Spanien zurücksegeln? Und wenn sie es kann, was dann?

«Admiral?»

Ich winke ab. Ich stehe mitschiffs, berühre den Stumpf des Großmastes. Es riecht nach Holz, fast als wäre der riesige Stamm erst gestern gefällt worden. Der Himmel ist heller geworden, aber in meiner Seele herrscht tiefste Nacht.

«Niemand kann beurteilen, wie lange sie auf dem Korallenriff aufgespießt bleibt», warnt mich Vicente Yáñez. «Sie kann jederzeit ohne Vorwarnung auseinanderbrechen, Admiral. Ihr solltet jetzt lieber mitkommen.»

Aber ich winke ein zweites Mal ab.

Es ist durchaus nicht so, daß ich sterben möchte. Ich habe nur das Bedürfnis, aus dem Fluß der Ereignisse herauszutreten, sie aus einiger Entfernung zu betrachten. Vom Standpunkt eines Unbeteiligten aus. Soll ein anderer die Entscheidungen treffen. Ich bin am Ende meiner Weisheit.

Ich überlege, wie es wohl ist zu ertrinken. Manche Leute behaupten, es sei eine friedliche Art, diese Welt zu verlassen. Nicht daß ich sterben möchte, betone ich nochmals. Ich möchte mich nur einfach ausklinken. Nur für kurze Zeit.

Plötzlich habe ich das unheimliche Gefühl, daß jemand hinter mir steht. Ich fahre herum – und sehe Yego Clone, der unschlüssig aus meiner Kajüte unter dem Achterkastell auftaucht. Halb schüchtern, halb entschlossen kommt er daher, meinen Seesack und ein in eine Hängematte eingerolltes unförmiges Bündel hinter sich herschleifend. Offenbar hat er alle meine Habseligkeiten zusammengepackt.

«Was tust du denn da, Junge?» frage ich ihn erbost. «Ist dir nicht klar, daß du hättest zurückbleiben können und womöglich ertrunken wärest?»

Inzwischen versteht Yego etwas Spanisch, auch wenn er noch nie ein Wort gesprochen hat.

Er macht ein paar so komplizierte Gebärden, daß ich Luis de Torres zum Übersetzen gebraucht hätte. Ich versuche erst gar nicht, darauf zu antworten. Yegos Gesicht nimmt einen Ausdruck intensiver, fast qualvoller Konzentration an. Und dann spricht er zum erstenmal Worte, richtige Worte.

«Bitte . . . ja», sagt er.

«Bitte, wir . . . weggehen Schiff», sagt er. «Ja, bitte.»

«Du, ich, bitte weggehen Schiff . . . jetzt . . . Vater», sagt er und packt mich so fest am Handgelenk, daß es weh tut.

Unwillkürlich erwidere ich den Druck. Mit einemmal ist meine dumpfe Benommenheit verschwunden. Yego wartet auf mich, er verläßt sich auf mich. Und mit ihm rund sechzig Männer.

Mit Yego an meiner Seite gehe ich zur Leiter, die ins Boot der *Niña* hinunterführt.

Yegos Falkenglöckchen, die bis jetzt geschwiegen haben, bimmeln freudig.

Achtundvierzig Stunden nach meinem weihnachtlichen Spaziergang mit Profos Harana herrscht an dem langen gewundenen Sandstrand reges Treiben. Die *Niña* liegt tief in der Bucht vor Anker. Die arme *Santa María* sitzt noch immer aufgespießt auf dem Riff; ihre Decksbeplankung wurde zum größten Teil entfernt. Jetzt ist problemlos an die gesamte an Bord verstaute Fracht heranzukommen. Aber das war nicht der einzige Grund, warum das Deck vorsichtig abmontiert wurde.

Am Strand türmen die Männer die ganze Schiffsladung zu Stapeln auf. Rodrigo de Segovia, der Aufsichtsbeamte der Krone, wetzt hin und her, um jede Kanuladung, die vom Wrack kommt, zu notieren.

«Ihr werdet doch keine Planke und keinen Nagel ungenutzt lassen, oder?» fragt er.

«Wir werden für alles eine Verwendung finden», verspreche ich ihm, und er lächelt – ein zufriedener Mann, bis er ein Weinfaß inspiziert.

«Wasser!» meckert er. «Da ist Salzwasser hineingekommen. Du liebe Zeit, der Wein ist total versaut.»

Die Inhalte anderer Fässer und Kisten werden zum Trocknen ausgebreitet. Man sollte nicht denken, daß eine Karracke, noch dazu eine relativ kleine, so viel Fleisch und Fisch, geräuchert, getrocknet und eingesalzen, fassen kann, so viele Yamswurzeln und Kürbisse von den Inseln, so viel Bauholz, so viele Kegs Nägel, so viel Segeltuch, so viel Tauwerk, und so weiter, und so weiter.

Dabei haben wir gerade erst angefangen. Den ganzen Tag lang paddeln Guacanagarís Kanus hin und her, schaffen noch mehr Kisten und Fässer, Ballen und Gefäße herbei, die sich unter Rodrigo de Segovias penibler Aufsicht zu einem ständig wachsenden Berg an Vorräten auftürmen.

Noch mehr Kanus treffen ein, mit Kürbissen und Yamswurzeln

und Maiskolben – Geschenke für die Götter, die Schiffbruch erlitten haben. Oder für die Männer vom Himmel.

Oder einfach nur für die Männer. Denn angesichts der Katastrophe betrachten die Arawaken uns jetzt mit etwas anderen Augen. Unsere göttlichen Attribute haben wir weitgehend eingebüßt.

Als Guacanagarí mit seinem königlichen Hofstaat am Strand erscheint, wird noch deutlicher, daß die Rollen jetzt vertauscht sind. Denn jetzt sind es nicht die Spanier, die großzügig venezianische Glasperlen, rote Mützen und Falkenglöckchen an die bettelnden Wilden verteilen. Ganz im Gegenteil. Jetzt teilen Guacanagarís Gefolgsleute aus ... Aber lassen Sie sich das von meiner Mannschaft erzählen:

«Goldklümpchen!»

«Goldene Armreifen!»

«Kleine Goldtiere!»

«Gib her! Die goldene Eidechse gehört mir!»

«Nimm deine schmutzigen Pfoten da weg!»

«Eine Schildkröte aus purem Gold!»

«Mein Gott, das ist ja ein Messer – ein goldenes Messer!»

«Das gehört mir!»

«Wenn du nicht sofort deine dreckigen Flossen da wegnimmst, dann ...»

Immer wieder wird der Admiral gebeten, den Schiedsrichter zu spielen; er tut es etwas ungeduldig, da er vollauf damit beschäftigt ist, die große goldene Maske mit den traurigen Augen zu bewundern, die Guacanagarí ihm persönlich zum Geschenk gemacht hat.

Dieser große Häuptling hat Mitleid mit uns und beschert uns wie eine wohlwollende Gottheit jetzt genau das, wonach wir so lange gesucht haben.

Daß unsere Not so groß nicht ist, kann er natürlich nicht wissen, weil er am vorgestrigen Tag nicht am Strand war, als ich mitten im Gehen plötzlich innehielt, meinen Blick nachdenklich von dem indianischen Dorf zum Wrack auf dem Riff und wieder zurück wandern ließ und plötzlich lächelte.

«Profos», sagte ich zu Harana, «ich möchte, daß Ihr Luis de Torres und ein paar fähige Männer mitnehmt und Guacanagarí mit allen Kanus, die er auftreiben kann, hierher holt.» Und Harana ging, ohne mit einem Wort nach dem Grund zu fragen. Angesichts der ungeheuren Vorräte am Strand stürmen erneut vizekönigliche Visionen auf mich ein. Eine Kolonie jenseits des Ozeanischen Meeres, ich als Gouverneur der Indischen Lande, Männer, die aus Spanien herüberströmen, Gold, das zurückströmt, heilkräftiger Rhabarber, dieses chinesische Allheilmittel, und die verschiedensten wertvollen Gewürze. (Ich muß zugeben, daß ich die Möglichkeiten des Tabaks damals noch nicht ausreichend gewürdigt habe. Luis de Santangel, jener unermüdliche Raucher unsichtbarer Zigarren, wird mir die Augen öffnen.)

Die von mir geplante vizekönigliche Kolonie sollte auf meiner nächsten Reise gegründet werden. Mehr Schiffe, mehr Männer, mehr Vorräte. Außerdem Pferde. Im nächsten Jahr oder im Jahr danach.

Aber da wir jetzt nur eine winzige Karavelle haben, um uns alle über das Ozeanische Meer zurückzubefördern . . .

Die Lösung liegt so offen auf der Hand, daß ich mich frage, warum ich nicht schon Seiten zuvor darauf gekommen bin. Verzweiflung lähmt die Vorstellungskraft, behindert den Fluß unserer kreativen Säfte.

Gleich eine Kolonie gründen.

Nur, wer wäre so dumm, hier auf der falschen Seite des Ozeanischen Meeres zurückzubleiben, während wir anderen an Bord der *Niña* nach Hause segeln? Was wäre eine Garantie dafür, daß wir oder sonst jemand irgendwann zurückkommt?

Gold. G-o-l-d. GOLD.

Wenn wir Guacanagarís Geschenke mit zurücknehmen, um die Könige vom unermeßlichen Reichtum dieser Indischen Lande zu überzeugen, wenn sich das herumspricht, dann wird sich jeder Spanier mit Abenteuerlust im Leib (und/oder Goldfieber im Herzen) darum reißen, an der nächsten Reise teilnehmen zu dürfen. Als ich den anderen meinen Vorschlag unterbreite, kann nicht die Rede davon sein, daß irgend jemand dazu gezwungen wird hierzubleiben. Fast alle bis zum letzten Mann wollen ihre Erstlingsrechte geltend machen, bevor ganz Spanien versessen darauf ist, die Indischen Lande zu kolonisieren. Das Problem besteht eher darin, eine komplette Mannschaft für die Heimfahrt nach Europa zusammenzustellen. Aber auch dafür gibt es genug Anreize, auf die ich freilich erst hinweisen muß. Ein Mann, der die Kunde von der wichtigsten Reise in der Geschichte nach Hause bringt, kann über Nacht Berühmtheit erlangen.

Trotzdem ist es unumgänglich, daß bestimmte Leute dableiben, ebenso wie andere unbedingt heimfahren müssen.

Ich möchte den handfesten, loyalen Peralonso Niño mit an Bord haben und diesen hervorragenden Rudergänger Cristóbal Quintero, auch wenn er rekonvaleszent ist. Desgleichen Pedro Terreros, der nicht mehr lange Steward bleiben wird. Und natürlich Yego Clone und seine fünf freiwillig mitkommenden Kameraden.

Yego möchte nach Spanien. Er redet von nichts anderem. Und ich bin davon überzeugt, daß das Erlebnis zu sehen, wie ein halbes Dutzend nackte Wilde getauft werden, Ihre Katholischen Majestäten in ihrer christlichen Pflicht bestärken wird, die Indischen Lande zu kolonisieren und deren heidnische Bewohner zu dem einen wahren Glauben zu führen.

Also, wer bleibt da?

Es wird wohl das beste sein, entscheiden Harana und ich einmütig, Juan de la Cosa von Chachu und seiner Clique zu trennen. Da Cosa darum bittet, an Bord der *Niña* nach Hause fahren zu dürfen, werde ich notfalls darauf bestehen, daß Chachu & Co. auf Hispaniola zurückbleiben. Aber natürlich kommt es gar nicht dazu. Als Chachu erfährt, daß er und seine Kumpane bleiben sollen, sehe ich ihn zum ersten und einzigen Mal blinzeln. Ja, er bedankt sich sogar bei mir.

«Die muß man im Auge behalten, diese Bande», sagt Profos Harana. «Wir wollen bei den Indianern nicht gleich unter falschen Vorzeichen anfangen.»

«Ich könnte Cosa hierlassen und statt dessen die anderen mitnehmen.»

Haranas Gesichtsausdruck wird hart. «Ich will Juan de la Cosa nicht hier bei mir haben.»

«Heißt das, Ihr wollt freiwillig bleiben?»

«Als Profos werde ich hier doch wohl gebraucht, oder?»

Als Doktor Sánchez das hört, leuchtet sein warmes, vertrauenerweckendes Lächeln auf. «Seid Ihr nicht auch der Meinung, daß ein unerprobtes Häufchen von Kolonisten medizinischen Beistand benötigt? Setzt mich auf die Liste derer, die bleiben.»

Luis de Torres scharrt mit den nackten Füßen im Sand. «Ich weiß, daß ich kein großartiger Dolmetscher bin, aber wahrscheinlich bin ich in dieser Gegend der beste. Also sollte ich besser auch dableiben.» Er scharrt noch intensiver. «Kann ich Euch einen Augenblick sprechen, Admiral? Unter vier Augen?»

Ich entferne mich mit ihm ein Stück weit von den anderen.

«Es geht um meine Eltern», sagt er. «Könntet Ihr ihnen eine Nachricht zukommen lassen? Sie wissen nicht einmal, ob ich noch am Leben bin.»

«Sie leben also in Spanien? Ich dachte immer, sie sind mit all den anderen Juden ins Exil gegangen.»

«Nein, sie sind Conversos, Neuchristen. Sie sind der Meinung, daß ich Spanien mit den letzten Exilanten von Huelva aus verlassen habe. Sie haben keine Ahnung, was aus mir geworden ist.»

Dann nennt er mir die Adresse in Tarragona, unter der ich sie finden kann.

«Schreibt ihnen doch ein paar Zeilen», schlage ich vor.

Irgendwann später gibt er mir einen Brief, den er auf die Rückseite einer alten Karte von den Kanarischen Inseln geschrieben hat. Ich möchte zu gerne wissen, ob ich ihn überbracht hätte, wenn ich geahnt hätte, daß mich diese schlichte Gefälligkeit für den Rest meiner Tage in zwei Hälften spalten würde – in Kolumbus, die legendäre Gestalt, und Colón, den allzu menschlichen Mann.

Nach Plänen des alten Serrín entsteht vor unseren Augen eine Siedlung. Aus den Bordplanken und Hölzern der *Santa María* werden eine Palisade und ein Wachturm. Als Guacanagarí das sieht, blickt er mich fragend an. Noch eindringlicher fragen seine Augen, als die Lombarden und Falkonetten des Flaggschiffs in das umzäunte Gelände gebracht und dort aufgestellt werden. Und als ein Dutzend Armbrüste und ebenso viele Musketen folgen, wirkt er ernsthaft besorgt. Ich mache das Kariben-Zeichen, lege einen unsichtbaren Pfeil an und spanne einen unsichtbaren Bogen. Guacanagarí nickt; er ist beruhigt. Waffen zum Schutz gegen angreifende Kariben sind eine vernünftige Vorsichtsmaßnahme.

Wir sehen zu, wie seine Männer, allesamt eifrige Arbeiter, auf dem Gelände der neuen Siedlung umherschwärmen. Innerhalb der Palisade errichten sie, ohne sich um Serríns Pläne für drei Hütten zu kümmern, in Windeseile vier ihrer großen, mit Palmwedeln gedeckten, zugigen Eingeborenenhütten. Nach und nach verschwinden die Kisten und Fässer vom Strand in dem aus Holzplanken errichteten Lagerhaus. Der Besanmast der *Santa María* wird zum Fahnenmast, und mit einer kurzen Zeremonie hissen wir ihre Flagge.

«Einen Namen – die Niederlassung braucht einen Namen», meint Doktor Sánchez.

Verschiedene Vorschläge werden gemacht, von denen keiner Anklang findet, bis Luis de Torres sagt: «Wir könnten sie doch Navidad – Weihnachten – nennen, nachdem die Ereignisse des Weihnachtstages ihre Gründung erst möglich gemacht haben.»

«Erforderlich, meint Ihr», widerspricht finster Juan de la Cosa, aber alle anderen sind von Luis' Vorschlag angetan. Die Siedlung soll *Villa de la Navidad* heißen – Weihnachtsstadt.

Am Tag vor der Abfahrt der *Niña* versammeln sich Hunderte von Indianern und die vierzig Einwohner von Navidad am Strand, um uns nachzuwinken.

Guacanagarís Leute haben Unmengen von Kassavabrot gebacken, das sich noch länger hält als Schiffszwieback und, wie sich herausstellt, bei den Maden keinen Anklang findet. Guacanagarí hält eine Ansprache auf Arawakanisch, die niemand zu übersetzen versucht. Ich halte eine auf Spanisch, die für die Indianer gleichermaßen unverständlich ist. Aber es ist der Geist, der zählt, der deutlich spürbare gute Wille, der zwischen unseren Völkern herrscht.

Als wir uns zum letztenmal sehen, sagt Profos Harana zu mir: «Ich mache mir Sorgen wegen der Verbrüderung. Habt Ihr bemerkt, wie viele Eingeborenenfrauen sich bereits in der Siedlung befinden?»

«Na und? Das ist doch vollkommen normal.»

«Wegen der Basken mache ich mir Sorgen. Sie mögen sie nicht. Sie behaupten, sie seien ausgesprochen ungehobelt und unfreundlich und keineswegs liebenswert.»

«Die indianischen Frauen?» frage ich erstaunt.

«Nein. Die Basken. Die Frauen wollen nichts von ihnen wissen. Aber Ihr glaubt doch wohl nicht, daß sich die Basken damit abfinden, oder?»

Ich beruhige ihn mit ein paar Worten. In Gedanken habe ich das Ozeanische Meer bereits überquert. Ich fahre, hoch aufgerichtet auf dem Achterdeck stehend, in den Hafen von Palos ein; eine Hand umklammert lässig eine Want, die andere winkt der jubelnden Menge zu, die das Flußufer säumt. Und an meiner Seite ein wild hopsender Yego Clone, mit scharlachroter Strumpfhose, einer Feder im Haar und wie verrückt bimmelnden Falkenglöckchen.

Das mag erklären, warum ich die Befürchtungen des Profos auf die leichte Schulter nehme.

Wir haben noch eine letzte Überraschung für Guacanagarí und seine Indianer. Sie haben den Donner unserer Kanonen gehört, aber ihren Blitz haben sie noch nicht gesehen. Innerhalb der Palisade hat Kanonier Relámpago, einer unserer Kolonisten, bereits drei Lombarden geladen. Auf mein Zeichen hin schießen Flammengarben aus der Palisade, ein berstender Knall, ein scharfes Zischen über den Köpfen, das Guacanagarí irritiert und seine Leute erschreckt – und dann erbebt das Wrack der *Santa María* auf dem Riff. Relámpago schickt noch zwei eiserne Kanonenkugeln auf den Weg, die die Überreste der *Santa María* zu Treibholz zerfetzen.

Guacanagarí begleitet mich zum Boot der *Niña* und gibt mir mit Gebärden zu verstehen: «Komm bald zurück, mein Bruder.»

So hat er mich noch nie genannt.

Wir stellen uns alle an Steuerbord auf und sehen zu, wie Navidad immer kleiner wird, bis es schließlich verschwunden ist.

Wir sind allein auf dem Meer.

Nein, nicht ganz. Ein einzelnes Kanu, dessen zwanzig Paddler sich mit gekrümmten Rücken ins Zeug legen und in dessen Bug heftig gestikulierend Guacanagarí steht, schießt heran und überholt uns.

KAPITEL 10

Wie ich im Triumph nach Spanien zurückkehre und beim Rat der Suprema und Generalinquisition zu Gast bin

Als die *Niña* langsam flußaufwärts auf den Hafen von Palos zugleitet, stehe ich auf dem Achterdeck, mit einer Hand lässig eine Want umklammernd, mit der anderen der jubelnden Menge zuwinkend, die das Flußufer säumt. Ich fahre Yego Clone durchs Haar, schlage ihm beinahe seine Papageienfeder herunter, weil er in genau dem Augenblick aufgeregt zu hüpfen anfängt, so daß seine Falkenglöckchen wie verrückt bimmeln.

«Spanien!» schreit er.

Sein Glück wäre vollkommen gewesen, hätte er nicht aus Gründen des Anstands notgedrungen ein Paar scharlachfarbene Strumpfhosen tragen müssen.

Aber Moment mal — was ist mit dem Kanu, das die *Niña* in rasender Fahrt überholt hat, weil Guacanagarí eine dringende Botschaft für uns hatte? Was ist mit der Heimfahrt über das Ozeanische Meer? Was mit dem Sturm, der die zwei Karavellen bei den Azoren trennte, beide um ein Haar versenkte und die *Pinta* dazu zwang, bei Vigo an der Nordküste Spaniens Land anzulaufen, und die *Niña*, dem eigentlichen Ziel nur unwesentlich näher, den Hafen von Lissabon anzusteuern?

Pinta? Habe ich *Pinta* geschrieben?

Das muß doch ein Irrtum sein.

Durchaus nicht.

Wie Guacanagarí uns die Nachricht überbrachte, ein paar arawakanische Fischer hätten die *Pinta* zwei Tagesfahrten entfernt an der Küste gesichtet; wie ich wieder mit Martín Alonso Pinzón vereint wurde und ihm verzieh; wie wir offen über das Thema Gold sprachen («Habt Ihr welches gefunden?» Pause. «Ja. Und Ihr?» Pause. «Ja. Viel?» Pause. «Ein bißchen.» Pause. «Ich auch.»); wie wir nach Norden segelten, um in den Bereich der Westwinde zu gelangen, die uns nach Spanien zurückblasen würden; wie von dem Augenblick an, als uns jener Sturm trennte, Vicente Yáñez alles Erdenkliche unternahm, um die Geschwindigkeit der *Niña* zu drosseln, auf daß sein Bruder als erster mit den Neuigkeiten zu Hause einträfe; wie der Sturm uns mit zerfetzten Segeln in den Hafen von Lissabon trieb und welch unglaubliches Glück wir hatten, es überhaupt zu schaffen; wie Seine Erhabene Majestät, König Johann, Kunde davon erhielt, daß ich im Dienste seiner Erzrivalen, des Königs und der Königin von Spanien, das Ozeanische Meer überquert hatte, und wie er versuchte, mich für Portugal zu ködern; wie die *Niña* am 13. März 1493 mit neuen Segeln bei einem frischen Nordnordwest von Lissabon mit Kurs auf Palos auslief – all das ist festgehalten in Las Casas' gelegentlich durchaus präzisen Auszügen aus meinem Reisetagebuch, in Fernandos überschwenglicher Biographie und anderswo. Doch in meinem Bewußtsein hat meine erste Reise mit der Zerstörung der *Santa María* und der Gründung der ersten Niederlassung in der Neuen Welt geendet. Der Rest war im Vergleich dazu belanglos.

Auch kann ich mich nicht des Gedankens erwehren, daß eine Biographie ein unzulängliches Medium ist, um das berauschende Gefühl jener Tage zu vermitteln, als wir nach Spanien zurückkehrten als lebender Beweis dafür, daß man nach Westen segeln konnte, um den sagenumwobenen Osten zu erreichen – oder zumindest die Indischen Lande oder wo immer wir gewesen waren.

Nicht daß ich das Fehlen von Tageszeitungen mit ihren hastig gefüllten Spalten seichter und rührseliger Berichte bedauert hätte. Aber ein Nachrichtenmagazin wäre mir sehr gelegen gekommen. Eine solche Publikation – die freilich nicht wöchentlich erschien – gab es im Jahr 1493 tatsächlich. Das war die großartige *Nürnberger Chronik*. Doch selbst ihre Ausgabe vom 12. Juli enthielt keinen Bericht über unsere Reise. Warum dieses Versäumnis? Ich kann nur eine Vermutung äußern. Die treibende Kraft hinter der *Chronik*, der Welt führender Kopf Regiomontanus, war kein junger Mann mehr und mußte sich wohl in zunehmendem Maß auf die Unterstützung seines besten Schülers verlassen; und das war kein anderer als Martin Behaim.

Kurz nach unserer Ankunft schrieb ich einen langen, inhaltsreichen Brief an Luis de Santangel, der von einem königlichen Boten eilends an den derzeit in Barcelona weilenden ambulanten Königshof gebracht wurde, wo er Ende März, vier Wochen vor mir, eintraf. Dieser Brief wurde ins Lateinische übersetzt und einen Monat später in Rom als achtseitige Broschüre gedruckt – ein internationaler Bestseller, der in der Ewigen Stadt drei Auflagen erlebte und in Paris ein halbes Dutzend. Ein gewisser Giuliani Dati aus Florenz brachte diesen Brief, der Santangel vom Erfolg unseres Unternehmens in Kenntnis setzte, gar in achtundsechzig Strophen reichlich blumiger und phantasievoller Verse, was möglicherweise einem anderen Florentiner, jenem grobklotzigen Opportunisten Amerigo Vespucci nämlich, Zugang zu jenem Teil der Erde verschaffte, der später nach ihm benannt wurde.

Hätte es damals bereits so etwas wie Tageszeitungen oder Nachrichtenmagazine gegeben, hätte mein Porträt mit Sicherheit auf der Titelseite der nächsten Ausgabe geprangt. Und was hätte man da gesehen? Einen hochgewachsenen, breitschultrigen Mann, dessen ehemals rotes Haar inzwischen vollkommen weiß geworden war und das jugendliche Aussehen seines frischrasierten sommersprossigen, fast faltenfreien Gesichts Lügen strafte. Blaue Augen, die ferne Länder gesehen hatten, eine stolze Nase, ein beherrschter Mund, über den unvermittelt ein fast kindlich freudiges Lächeln huschen konnte.

Hätte die Titelgeschichte nicht vielleicht so beginnen können:

In den Hafen des verschlafenen Küstenstädtchens Palos im Süden des Landes trudelte eines Nachmittags in der vergangenen Woche die *Niña* ein, eine vom Sturm arg mitgenommene Karavelle von etwa fünfzig Tonnen. Damit fand das größte Reiseunternehmen in der Geschichte Spaniens und womöglich der Menschheit überhaupt ein erfolgreiches Ende. Denn die Besatzung der *Niña* ist über die jungfräulichen Wasser des Ozeanischen Meeres bis zum Ende der Welt *(siehe Karte)* gesegelt und wieder zurückgekehrt.

Auf einer Ebene stellte dieses Unternehmen die Krönung jenes Werkes dar, das der verstorbene große Prinz Heinrich der Seefahrer vor fünfzig Jahren von Portugal aus in Angriff nahm. Doch auf einer tieferliegenden Ebene hat es sich die in den Spaniern schlummernde Sehnsucht nach nationalem Ruhm zunutze gemacht, einen Ruhm, den die Vertreibung sämtlicher hierzulande lebender 200000 Juden nach dem Fall Granadas im vergangenen Jahr völlig zunichte gemacht hatte. Wie tief diese Empfindungen in der Tat reichen, läßt sich an den überschwenglichen Emotionen ermessen, die den unerschrockenen Seeleuten entgegenschlugen, als sie am Wochenende ihren Triumphzug von Palos zum derzeit in Barcelona residierenden Königshof antraten.

Als erster von dieser unerschrockenen Crew ist der weißhaarige, jugendlich wirkende Admiral des Ozeanischen Meeres und Vizekönig der Indischen Lande zu nennen, Cristóbal Colón, 42, einer der besten Seefahrer, den die Welt je hervorgebracht hat (auch wenn es Leute gibt, die das bestreiten).

Zweifellos hat Colón, ein Mann, der so unweigerlich zu Kontroversen herausfordert, wie ein Magnet Eisen anzieht, seine Kritiker. Nach den Worten des frühzeitig gealterten, bettlägrigen Martín Alonso Pinzón, Kapitän der *Pinta*, des Schwesterschiffs der *Niña*, ist er «ein ziemlicher Angeber. Es ist allerhöchste Zeit für ein bißchen Bescheidenheit», meint Pinzón. Aber Colón, der in dem Bewußtsein lebt, vom Schicksal auserkoren zu sein, widerspricht dem. «Auf der einen Seite gibt es Colón, die lebende Legende, und auf der anderen den Menschen Colón. Dafür kann ich nichts. Wir sind zwei ganz verschiedene Personen.»

«Menschen, die zu Lebzeiten zur Legende werden», erläutert Pater Juan Pérez, der Prior des nahegelegenen Klosters La Rábida und einer der ersten, die Colóns Pläne unterstützten, «leben, moralisch gesprochen, in einer hohen Einkommensklasse. Bescheidenheit ist da Mangelware.»

Doch des Admirals persönlicher Steward, Pedro Terreros, 17,

blickt mit zusammengekniffenen Augen zu der Karavelle hinüber, die draußen in der Sonne vor Anker liegt, und erinnert
sich daran, wie alles angefangen hat. «Er kam mit dem Hut in der
Hand hierher nach Palos. Er konnte niemanden dazu bewegen
mitzufahren. Er mußte uns nachgerade beknien», erinnert sich
Terreros. «Also ich weiß nicht, wenn das keine Bescheidenheit
ist.»

Die Begeisterung des Volkes jedenfalls war grenzenlos: Bewaffnete Vorreiter führten den Zug an; ungeheure Menschenmassen strömten herbei und jubelten, wenn die Indianer ohne
Veranlassung wilde Gebärdenreden improvisierten; der Mob an
der Puerta de Hierro hielt den Admiral an der Stadtmauer fest,
so daß sich das Wiedersehen mit seiner Familie um Stunden
verzögerte.

Was für ein Mensch ist er, dieser Admiral des Ozeanischen
Meeres und Vizekönig der Indischen Lande?

Mit der für ihn charakteristischen Energie absolvierte der
Entdecker ein rasantes Non-Stop-Programm, in dessen Verlauf
er zunächst einmal seinen alten Freund und Fürsprecher, den
Prior von La Rábida, besuchte, für die Seefahrergemeinde von
Huelva ein Seminar über die im Ozeanischen Meer entdeckten
Gebiete abhielt, dem steinalten Seebären Vásquez de la Frontera
eine Handvoll Sargassokraut als Souvenir überreichte, einer
Versammlung skeptischer Geographen und Kleriker an der
Universität von Córdoba in passablem Latein und nahezu ak-
zentfreiem Spanisch von seinen Abenteuern berichtete und im
Rahmen einer hinter verschlossenen Türen stattfindenden Be-
sprechung der italienischen Handelsbank Centurione dringend
riet, bei der Krone Investitionen für zukünftige transozeanische
Reisen zu tätigen.

Dazu der neue Direktor der Centurione-Niederlassung in
Sevilla, Prospero Porco-Zámpano: «Ich kenne Cristoforo, ich
meine Cristóbal, seit er als junger Bursche im Dienst eines
Angehörigen der päpstlichen Kurie stand. Ich habe schon immer
gewußt, daß er es weit bringen wird.»

Cristóbal Colón wurde vor zweiundvierzig Jahren auf hoher
See als Sohn spanischer Eltern geboren, bei denen es sich zuver-

lässigen Quellen zufolge um nach Genua emigrierende Neuchristen handelte. Seit dieser Zeit hat er sich auf dem trockenen Land nie ganz heimisch gefühlt . . .

In diesem langatmigen Stil geht es drei Seiten weiter. Aber ich denke, es ist an der Zeit, der Horde von Bewunderern an der Puerta de Hierro von Córdoba zu entschlüpfen, um endlich Wiedersehen mit der Familie zu feiern.

Erst bei Einbruch der Nacht gelang es mir loszukommen. Ich rannte das ganze Stück bis zu dem versteckten Patio auf halbem Weg zwischen der früheren Judería und dem Platz, der später den Namen Plaza Colón bekommen sollte. In der Dämmerung waren die Geranientöpfe vor den weißgetünchten Wänden gerade noch zu erkennen. Hinter den eisenvergitterten Fenstern hießen mich glimmende Lampen und flackernde Kerzen willkommen.

«Da kommt er!» schrie jemand, und ein hoch aufgeschossener, schlaksiger Junge rannte über die Pflastersteine stürmisch in meine Arme, so daß mir der Seesack von der Schulter fiel. «Papa! Papa! Du bist es wirklich!» rief er, packte meinen Seesack und hob ihn fast schon mit der Kraft eines Mannes hoch.

«Du bist es wirklich, du bist es wirklich, du bist es wirklich!» quäkte der Papagei, der in einem über der anderen Schulter hängenden Käfig hockte, ein Geschenk für Diego und Fernando.

Diego wich zurück, der Seesack plumpste abermals zu Boden. «Wer ist . . . ich meine, was ist denn *das*?»

«Ein Papagei, mein Sohn», sagte ich. «Das ist ein echter Papagei von der Insel Kuba, oder war es Hispaniola?»

Das anfängliche Unbehagen, als ich wieder in meine Vaterrolle schlüpfte, hielt nicht lange an. Ich bückte mich nach dem Seesack. Diego ebenfalls. Unsere Köpfe krachten zusammen. Einer fing an zu lachen, und bald lagen wir uns in den Armen und lachten beide so schallend, daß uns die Tränen übers Gesicht kollerten.

Vielleicht bedurfte es deshalb mehrerer weiblicher Räusperer, bevor ich Beatriz und den pummeligen kleinen Fernando an ihrer Seite wahrnahm. «Bekommen wir zwei nicht auch einen Kuß?»

«Küß alle zwei, alle zwei, alle zwei!» quäkte der Papagei, der zuvor Cristóbal Quintero gehört hatte.

Wenig später saßen wir um den runden Eßtisch. Wir fühlten uns alle etwas unbehaglich.

«Du bist wirklich gewachsen», sagte ich zu Diego.

Dasselbe galt für Beatriz. Ihre Sanduhr-Figur war um fünfzehn oder zwanzig Minuten umfangreicher geworden. Sie sagte: «Du bist später gekommen, als wir erwartet hatten, Liebster. Der Braten wird zäh sein wie Schuhleder.» Das war das erste Déjà-vu-Erlebnis – deutlich, aber vergleichsweise harmlos.

Der Braten war, wie angekündigt, zäh wie Schuhleder.

«Aber was soll's», sagte Beatriz mit ihrer zwitschernden Stimme, ein unvergessenes, geheimnisvolles Blitzen in den dunklen, eindeutig iberischen Augen. «Das eigentliche *pièce de résistance* ist sowieso das Dessert. Es ist derzeit groß in Mode, ein altes römisches Rezept.»

Schieres Entsetzen packte mich, als sie mit einer Platte pappiger, honigtriefender Dinger zurückkehrte. Im Nu aßen alle, schleckten sich die Finger ab, griffen erneut zu. Ich starrte noch immer auf das glänzende, bernsteinfarbene Ding auf meinem Teller, während sich Beatriz genußvoll das vierte – oder war es das fünfte? – in den Mund schob. «Schmecken sie nicht himmlisch? Man füllt Datteln mit geriebenen Mandeln, rollt sie dann in Salz und kocht sie in Honig. Ich bin ganz verrückt nach süßen Sachen und . . . Aber du ißt ja gar nicht.»

«Ich bin allergisch gegen Gift – ich meine, Honig», sagte ich und wandte meine Augen von dem *Dulce romanum* ab, das tückisch mitten auf meinem Teller lauerte.

«Kein Mensch ist gegen Honig allergisch. Versuch es, es schmeckt dir bestimmt ausgezeichnet.»

«Ich meine, üppiges Essen. Ich bin einfach nicht mehr an üppiges Essen – an richtiges Essen – gewöhnt.»

Beatriz' denkbar semitische, stolze Nase rötete sich leicht, ein Indiz dafür, daß sie beleidigt war. Ihre Zunge schoß aus dem Mund, um Honig von den vollen, roten, mutmaßlich maurischen Lippen zu lecken.

«Ist irgendwas? Was ist denn?» fragte Diego.

«Er mag meine *Dulcia romana* nicht», entgegnete Beatriz mit einem Kopfschütteln, das ihre inzwischen dicklichen, rosigen, möglicherweise westgotischen Wangen erzittern ließ. «Aber kümmere dich nicht darum. Dein Vater ist nach seiner Reise sicher müde.»

Danach herrschte langes Schweigen.

«Na ja, wenigstens sind wir alle wieder beisammen», sagte Beatriz schließlich bemüht. Sie stopfte sich das nächste *Dulce romanum* in den Mund. Da es mir unmöglich war, jene Nacht im Borgia-Garten zu vergessen, kostete es mich große Mühe, ihr das Ding nicht aus der Hand zu schlagen.

In dem Augenblick tat es einen Donnerschlag, und ein frühlingshafter Platzregen rauschte hernieder.

«Mein Seesack!» schrie ich und lief nach draußen, wo Diego und ich ihn liegengelassen hatten.

So ließ sich meine Rückkehr an.

Aber es kam noch schlimmer.

Es gibt eine moderne spanische Redensart, die besagt: «Insgeheim lieben alle Männer fette Frauen, süßen Wein und die Musik von Tschaikowsky.» Zu Tschaikowsky kann ich nichts sagen, aber süßen Wein habe ich nie gemocht. Und was fette Frauen betraf – nun ja, richtig fett war Beatriz eigentlich nicht. Aber was sie an Weite zugelegt hatte, stand in so krassem Gegensatz zu den geschmeidigen, hochbrüstigen indianischen Mädchen, die sich mit derart dreister Unbekümmertheit unter uns bewegt hatten, daß ich mir in jener Nacht, als die *Dulcia romana* schließlich von den intimen Freuden des ehelichen Bettes abgelöst wurden, unwillkürlich eine Parade bronzehäutiger Arawaken-Mädchen vorstellte, die jeweils nur eine einzige Feder im Haar trugen, während ich meine kissenförmige Beatriz liebte.

Am Morgen sagte sie: «Ich kann es gar nicht erwarten, meinen Vetter Enríquez de Harana zu sehen. Und auch diesen netten Dr. Sánchez. Wollen wir sie zum Lunch einladen?»

«Sie sind nicht hier», sagte ich.

«Oh? Sind sie noch nicht in Córdoba? Sind sie denn nicht mit dir aus Palos gekommen?»

«Nein.»

«Aber wo sind sie dann?» fragte Beatriz mit einem argwöhnischen Unterton, der mich an den ihres Vetters Enríquez de Harana erinnerte.

Sofort reagierte ich defensiv. «Ich war gezwungen, sie in den Indischen Landen zurückzulassen», sagte ich.

Es so zu formulieren war natürlich ein Fehler. Ich hätte sagen sollen: «Sie haben sich dazu entschlossen, in den Indischen Landen zu bleiben», was ohnehin eher der Wahrheit entsprach. Aber leider ist «Ich war gezwungen» und so weiter ein wörtliches Zitat.

Ihre rosigen, möglicherweise westgotischen Wangen wurden bleich.

«Sie sind tot.»

«Nein, nein, es geht ihnen gut! Es geht ihnen beiden gut. Ich mußte nur einfach die halbe Expedition zurücklassen.»

«Du *mußtest* sie auf der anderen Seite des Ozeanischen Meeres zurücklassen, wer weiß wie viele tausend Meilen von hier?»

Ich versuchte es ihr zu erklären.

«Unter all diesen heidnischen Wilden?»

«Der König dieser heidnischen Wilden ist ein so feiner Mensch wie jeder x-beliebige Christ.»

«So? Würdest du das auch vor der Inquisition behaupten?»

Jetzt standen wir Aug' in Auge. Es ließ sich nicht ignorieren, daß Beatriz' Vetter Tomás de Torquemada war, der spanische Großinquisitor. Ich spürte, wie mir alles Blut aus den Wangen wich.

«Tut mir leid», sagte sie. «Ich habe es nicht so gemeint. Werden sie denn mit einem späteren Schiff zurückkommen?»

«Es gibt kein späteres Schiff. Sie sitzen da fest bis zu unserer nächsten Reise.»

«Dann hast du sie also doch dort ausgesetzt! Wie konntest du nur, Cristóbal?»

«Ist dir noch nie der Gedanke gekommen, daß sie vielleicht dableiben wollten? Daß sie sich freiwillig dazu bereit erklärt haben?»

«Soll das heißen, sie wollten unter diesen nackten Wilden bleiben – mein armer Vetter Enríquez de Harana in der Blüte seiner Manneskraft, und im Umkreis von tausend Meilen keine anständige Christenfrau für einen normalen gesellschaftlichen Umgang –, anstatt nach Hause zu kommen?»

Dieses syntaktische Durcheinander weckte meine Sehnsucht nach Navidad.

«Es war töricht von mir», sagte Beatriz mit einem busenblähenden Seufzer, «zu hoffen, daß ich dich nicht verlieren würde an . . . das alles.»

Das alles – wie bedeutungsschwanger doch diese beiden Wörtchen waren! Sie beinhalteten Beatriz' betroffene Erkenntnis, daß wir unsere gemeinsame Basis eingebüßt hatten, daß sie die zur Legende gewordene Gestalt, die der Vater ihres Sohnes war, nie mehr verstehen würde; sie deuteten, unbewußt vielleicht, auf eine Zukunft hin, in der wir uns nur selten sehen würden; sie spiegelten sogar ihr intuitives Wissen wider, daß ich eines nicht mehr fernen Tages würde erkennen müssen, daß das provinzielle Córdoba nicht der richtige Ort und Beatriz, das Bauernmädchen aus Santa María de Trasierra, nicht die geeignete Person war, meine Söhne aufzuziehen, wenn sie statt dessen in den Genuß aller Vorzüge einer höfischen Erziehung kommen konnten.

«Es war ihre Pflicht dazubleiben», beharrte ich.

Da sie weder ein weiteres Argument für ihren Standpunkt vorbringen noch den meinen entkräften konnte, zog sie sich auf eine konkrete Ebene zurück, auf der sie sich sicher fühlte.

«Was möchtest du zum Frühstück?» fragte sie.

Es war ein üppiges Frühstück.

Ich blieb zwei Tage. Es regnete ohne Unterlaß, eine unbarmherzige Regenwand, die einen einschloß wie Gefängnisgitter. Die winzige Wohnung, die ich behaglich in Erinnerung hatte, war eine Zelle. Einer stieß gegen den anderen, mit Ausnahme des kleinen Fernando, der einem ständig zwischen die Beine geriet. Die Unterhaltung erschöpfte sich im Wesentlichen in «Oh, entschuldige», «Tut mir leid», «Schau dir bloß diesen Regen an» und einem einmaligen tapferen «Es tut so gut, dich wieder zu Hause zu haben» von Beatriz, das sich beinahe wie ein kläglicher Hilferuf anhörte.

Verstehen Sie mich nicht falsch. Wir waren einander liebevoll zugetan. Wir hatten gemeinsame glückliche Erinnerungen. Sentimentalität, sofern man sie nicht übertreibt, ist ein starkes Band, nicht aber ein Aphrodisiakum. Hatte ich Beatriz hinter mir gelassen? So etwas passiert.

Einmal stellte sie mit erstaunlichem Scharfblick fest: «Jetzt, wo du das Ozeanische Meer überquert und alle diese Inseln und was weiß ich entdeckt hast, ist mir klar, daß ich nicht mehr in der Lage sein werde, dein Leben mit dir zu teilen oder dich auch nur zu begreifen . . .»

Ich setzte pro forma zum Widerspruch an, doch sie fuhr fort: «. . . aber manchmal kann ich nicht umhin, mich zu fragen, ob du dich überhaupt selbst begreifst.»

Auch wenn sie nicht den Begriff «Midlife Crisis» verwendete, der damals noch nicht en vogue war, war klar, was sie damit meinte.

Im Regen eingesperrt schrieb ich an meinen Bruder Barto in Fontainebleau und bat ihn dringend, so bald wie möglich nach Spanien zurückzukehren, um sich meiner zweiten Expedition anzuschließen und sich rechtzeitig ein Amt in der Kolonialverwaltung zu sichern. Mehr oder minder denselben Brief schrieb ich an meinen Bruder Giacomo in Rom, den ich zum letztenmal als kleinen Jungen gesehen hatte, wobei ich in einem Postskriptum hinzufügte, falls er inzwischen die Priesterweihe empfangen haben sollte, wäre das nur um so besser, da in den Indischen Landen ein großer Bedarf an Geistlichen bestünde, um die heidnischen Eingeborenen zu bekehren.

Fernando, gerade vier Jahre alt, langweilte sich. Der Regen langweilte ihn, sein Spielzeug langweilte ihn, der verstockt schweigende Papagei langweilte ihn. «Was tust du da, Papa?» fragte er.

«Ich schreibe.»

Ich hatte gerade einen überzeugend klingenden Satz für das Postskriptum an Giacomo zurechtgedrechselt, der mir ein zufriedenes Lächeln entlockte.

«Macht Schreiben denn Spaß?»

«Manchmal schon», sagte ich.

«Ich glaube, wenn ich groß bin, werde ich Schriftsteller.»

Am dritten Morgen tauchte Peralonso Niño in unserem versteckten Patio auf. Ein Grinsen hellte sein grimmiges Desperadogesicht auf. «Ein Brief für Euch, Admiral.»

Die Burg und der sprungbereite Löwe auf dem Siegel verrieten mir den Absender; eilig brach ich das Siegel auf. Meine Augen

überflogen die prachtvolle Handschrift und die blumigen Begrü-
ßungsformeln des königlichen Schreibers; und angesichts folgender Worte ergriff mich helle Freude:

Mit großem Vergnügen haben wir Kenntnis genommen davon,
daß Gott Eure Unternehmung mit Erfolg gesegnet und Euch in
allem gut geleitet hat, was Ihr begonnen habt, wodurch Ihm
wohlgedient ist und Uns auch, da Unser Reich großen Zuwachs
erhalten. Es möge Gott wohlgefallen, daß Wir Euch für die
Seiner Ehre geleisteten Dienste mit Gnaden belohnen, denn es ist
Unser Wille, daß Ihr das Werk, das Ihr mit Gottes Hilfe begonnen habt, fortführt und ausbaut.

Und so wünschen Wir, daß Ihr Euch unverzüglich zu Uns
begebt, damit wir Euch beizeiten mit allem versehen können,
was Ihr braucht für Eure Rückkehr nach den Ländern, die Ihr
entdeckt habt.

Gegeben zu Barcelona, am 30. Tag des März 1493

Ich der König   Ich die Königin

Auf Befehl des Königs und der Königin
(Fernando Alvarez, Schreiber)

Wahnsinnig ist der richtige Ausdruck dafür, wie ich mich fühlte.
Ich küßte Beatriz, küßte Diego, hob den kleinen Fernando hoch
und küßte ihn, umarmte Peralonso Niño.

«Gute Nachrichten?» fragte Peralonso.

«Wir müssen sofort nach Barcelona.»

Ich reichte Beatriz den Brief. Sie begann zu weinen.

«Du hast gewußt, daß ich früher oder später gehen muß.»

«Das ist es nicht.» Sie wischte sich die Tränen ab. «Ich mußte nur
gerade an etwas denken. Erinnerst du dich noch, wie du mir das
Lesen beibrachtest und wir uns gegenseitig Papierfetzchen mit
kurzen Botschaften zuschoben? Erinnerst du dich noch, wie du so
traurig warst, weil du nichts vom König und der Königin hörtest,
daß ich zuließ . . .»

«Die Kinder», warnte ich sie, aber in Wirklichkeit dachte ich, aus
Egoismus vielleicht, daß das sehnsüchtige «Erinnerst du dich noch»

einer Frau einem einfühlsamen Mann anzeigt, daß es an der Zeit ist
zu gehen.

Entsprechend erleichtert packte ich denn auch meinen noch
feuchten Seesack und ging, nachdem ich einen tränenreichen Abschied über mich hatte ergehen lassen, mit Peralonso in den Regen
hinaus.

Paraden sind eine feine Sache, vor allem, wenn man selbst die
Hauptattraktion darstellt.

Vorneweg marschierte die halbe Kompanie der Milizsoldaten
der Santa Hermandad. Das war Pater Juan Pérez' Idee gewesen,
und sie erwies sich als brillant, da die Menschenmassen, die uns von
Stadt zu Stadt folgten, die Reihen unserer bescheidenen Prozession
derart vermehrten, daß man sie irrtümlicherweise für einen Pilger-
zug nach Santiago de Compostela oder einen ziemlich verspäteten
Kreuzzug hätte halten können. Diese Gefolgschaft stellte einen
improvisierten Jahrmarkt auf die Beine, mit Glücksspielen, Wahr-
sagern, ein oder zwei Zauberern, Gauklern und Zigeunern, deren
traurige, zu Herzen gehende Weisen damals die Herzen der Spanier
zu erobern begannen, Akrobaten, Mimen, Pferdehändlern, Imbiß-
verkäufern, Groupies und Taschendieben.

Im Anschluß an die Milizsoldaten kamen zwei Herolde und der
Stadtschreier von Palos, dann zwei oder drei Karren voller exoti-
scher Souvenirs von «den Indien» – Goldklumpen, so groß wie
Taubeneier, goldene Masken und Schmuck, mit polierten Fisch-
gräten kunstvoll durchzogene Wandbehänge, Speere mit Fisch-
beinspitzen, ein gefährlich aussehender Bogen mit einem Köcher
voller Pfeile (den einer von Guacanagarís Kriegern einem Kariben
gestohlen hatte), ein kleines Kanu, mehrere Hängematten, Käfige
mit Papageien, einige Stücke Hartholz, ein Kästchen mit unterschiedlichen Exemplaren auf dem Archipel vorkommender
Schmetterlinge, große Mengen von Tabakblättern, und so weiter,
und so weiter.

Als nächste im Zug, geschmückt mit goldenen Halsketten,
Ohrringen und dem einen oder anderen Nasenstift, die Gesichter
sorgfältig mit roter Farbe bemalt, die Beine und Geschlechtsteile in
ungewohnte, scheuernde Strumpfhosen und Hosenbeutel ge-

zwängt, gingen Yego Clone und seine fünf indianischen Stammesbrüder.

Und schießlich kamen die drei Brüder Niño aus Moguer und
ich auf prachtvollen Pferden auf dem Ehrenplatz dahergeritten,
gefolgt von der Nachhut der Miliz.

Während der zwei Tage, die ich bei Beatriz und den Kindern
verbracht hatte, hatten die Gebrüder Niño bei einem Schneider in
Córdoba in aller Eile eine Art Admiralsuniform für mich anfertigen lassen. Und so dürfen Sie sich den Admiral des Ozeanischen
Meeres auf dem Rücken seines weißen Araberhengstes vorstellen:
schräg über einem Auge sitzendes schwarzes Samtbarett mit Papa-
geien- anstelle von Straußenfedern; schwarze, mit Goldbrokat ver-
zierte Reisepelerine; weiche eierschalenfarbene Lederhandschuhe,
die zweimal am Tag gewechselt wurden; ein Wams aus golddurch-
wirktem Stoff; schwarze Stiefel aus feinstem Leder; im Gürtel ein
Dolch mit edelsteinbesetztem Griff, obwohl ich zu jener Zeit nur
wenig Angst vor der Bruderschaft vom Goldenen Vlies hatte.

Drei Wochen brauchte diese Kavalkade, um die knapp sechs-
hundert Meilen von Córdoba bis Barcelona zurückzulegen, über
Bergpässe und durch Landstriche, in denen sich das frische Grün des
Sommerweizens und der silbriggrüne Schimmer der windgekräu-
selten Olivenbäume eindrucksvoll von der windverblasenen, rost-
roten spanischen Erde abhoben.

Stets waren Groupies, zumeist kräftige junge Bauernmädchen,
zur Hand, um uns die Nächte, in denen wir auf offenem Feld
kampierten, zu vertreiben. Sie zeigten große Ehrfurcht vor mir,
dem Admiral, und hatten es auch nur darauf abgesehen, meine
Hand zu berühren oder ein Stück Stoff von meiner Kleidung zu
ergattern. (Autogramme waren nicht gefragt, da keines der Mädchen lesen konnte.) Die Indianer waren tabu, auch wenn es deshalb
Gemurre gab. Am begehrtesten bei den Groupies war Francisco
Niño, der jedoch eingedenk seines Mißgeschicks mit Guacanagarís
Schwägerin mädchenscheu war und sich nach Möglichkeit in den
hintersten Winkeln des Lagers verkroch. Nicht so Cristóbal Quintero, der infizierte Erzähler schweinischer Geschichten. Es gab
keine Nacht, in der er nicht ein Groupie oder zwei beglückt hätte.
Oder auch drei.

Eines Nachts, als wir in der Nähe von Balestero kampierten, hörte ich zum erstenmal einen alten Zigeuner den authentischen *cante jondo* singen. Versorgt mit gutem Wein aus Valdepeñas, sang er mit seiner klagenden Stimme zu unserer Unterhaltung bis zum Morgengrauen Melodien von unsäglicher Traurigkeit und Schönheit, während zwei seiner Kollegen geschickt unsere Taschen ausräumten.

Das am meisten zu Herzen gehende Lied berichtete von Petenera, einer schönen Jüdin, die ihre Taufe zur Neuchristin nicht anerkannte, und einem Altchristen, der seine Liebe zu ihr mit dem Leben bezahlte. Der Zigeuner behauptete, dieses Lied beruhe auf Ereignissen, die sich vor fünfzig Jahren irgendwo im Norden zugetragen hätten, doch obgleich ich wußte, daß es nur eine gut erfundene Geschichte war, erweckte die Kraft der Musik sie zum Leben.

Wer nannte dich Petenera?
Dein schöner Name ist eine Lüge.
Dein Name sollte sein: Verderben,
denn die Männer lieben dich, um zu sterben.

Wenn du Begräbnisglocken hörst,
frag nicht, für wen sie läuten.
Dein Mitgefühl muß dir sagen,
daß dieser Tod auf deiner Seele lastet.

Petenera! Warum wühlte mich diese Melodie so auf wie die Erinnerung an noch nicht gelebte Ereignisse? Unterwegs ertappte ich mich häufig dabei, daß ich den Refrain vor mich hin sang –

Wohin gehst du, liebliche Jüdin,
zu so später Stunde und gerüstet zu töten?

– und mir vorstellte, wie sie aussehen mochte, diese schönste aller Verführerinnen, bis ich mir ins Gedächtnis rief, daß es nur ein Lied war und sie für jeden Mann so aussehen würde wie die Sehnsucht seines Herzens und seine eigene innere Hölle.

Als wir uns eines Tages frühmorgens bei der großen Stadt Valencia der Mittelmeerküste näherten, rechneten wir damit, daß die Menschenmengen größer sein würden denn je.

Sie waren es – aber sie nahmen keinerlei Notiz von uns. Ich stand vor einem Rätsel.

«Wir haben nicht den ganzen Weg hierher gemacht, um uns ignorieren zu lassen», sagte Juan Niño und drückte damit seine Verwunderung besser aus als ich.

Ich versuchte, die Bauern zu befragen, die verschlafen aus den Orangenhainen neben der Landstraße kamen und der Stadt zustrebten, aber sie blieben erst gar nicht stehen, um mir zu antworten, so eilig hatten sie es, rechtzeitig da zu sein – zu was eigentlich?

Unsere Kavalkade war schon so nahe an der Stadt, daß es keine Möglichkeit mehr gab, Valencia zu umgehen, ohne kehrtzumachen und gegen den Strom zu schwimmen. Also ließen wir uns von den Leuten aus der Umgebung in das graue steinerne Herz Valencias spülen. In den schmalen Straßen herrschte ein solches Gedränge, daß wir absteigen und unsere Pferde am Zügel führen mußten.

Sämtliche Kirchenglocken der Stadt läuteten.

«Es muß ein lokaler Festtag sein», vermutete Peralonso.

Auf jedem noch so winzigen Platz boten Erfrischungsstände unter buntgestreiften Zeltplanen gekühlte Grasmandelmilch und gegrillte Knoblauchwurst feil.

«Über dem offenen Feuer gegrillt», sagte ein Wurstverkäufer, der hinter seinem Rost schwitzte. «Paßt ausgezeichnet, nicht wahr? Das macht drei Maravedis, Service und Vergnügungssteuer inbegriffen.» Damit streckte er mir eine Wurst auf einem Holzspieß entgegen.

«Ist heute irgendein Feiertag?» fragte ich. Die Wurst schmeckte köstlich.

Der Wurstverkäufer warf mir einen mitleidigen Blick zu und wandte sich dem nächsten Kunden zu.

Die Menge schob uns auf einen riesigen Platz. Auf seiner Stirnseite hatte man zwei hölzerne Podeste aufgebaut; auf dem einen türmten sich Holzscheite und Reisig, über den anderen war ein Baldachin aus gelbem Tuch gespannt. Bevor wir die Lage peilen konnten, kam, seinen Fettwanst vor sich herschiebend, ein feister Dominikanerpater in weißer Kutte winkend und rufend auf uns zu.

«Admiral! Ein Glück, daß wir Euch rechtzeitig gefunden haben! Wir wußten zwar, daß Ihr so um diese Zeit durch Valencia kommen würdet, aber wir hatten Euch schon fast aufgegeben. Dachten schon, wir würden ohne Euch anfangen müssen.»

In diesem Augenblick zwängte sich ein verwahrloster Kerl durch die Menge, der Broschüren feilbot, die, wie ich aufgrund meiner Waldseemüller-Vergangenheit feststellte, auf gutes Leinenpapier gedruckt waren. «Programme!» schrie er. «Holt euch eure Programme! Ohne Programm könnt ihr die Verurteilten ja nicht unterscheiden. Programme! Nur einen halben Sueldo. Holt sie euch, solange der Vorrat reicht.»

«Wir bezahlen nichts, du Bauer», sagte der Dominikaner und tat's auch nicht. Ich bekam ebenfalls ein Programm, und dann verschwand der verwahrloste Kerl eilends in der Menge.

«Betrachtet Euch und Eure Männer als unsere Gäste», sagte der dickwanstige Dominikaner. «Wir haben Euch einen exzellenten Platz in der ersten Reihe reserviert.»

Nachdem wir unsere Pferde, Karren und die Indianer in der Obhut der Milizsoldaten gelassen hatten, näherten wir uns den erhöhten Podesten. Auf dem kleineren befand sich, von dem gelben Baldachin überschattet, ein wackeliges Gestell mit mehreren zumeist besetzten Bankreihen. Das größere war, wie sich beim Näherkommen herausstellte, überhaupt kein Podest, sondern ein aus Holz und Spänen aufgeschichteter Haufen.

Was jetzt folgt, ist ziemlich häßlich, aber ich werde nichts beschönigen.

Nachdem man uns auf unsere Plätze auf der Haupttribüne geleitet hatte, fand ich mich in der ersten Reihe, eingezwängt zwischen einem fetten jungen Benediktiner mit verzücktem Lächeln und einem knochigen alten Dominikaner mit den gehetzten Augen eines Asketen oder Wahnsinnigen.

«Ihr habt die großartige Parade verpaßt», sagte er mit seiner dünnen, heiseren Flüsterstimme.

«Aber Ihr kommt noch rechtzeitig zum Autodafé», sagte der verzückte Benediktiner mit sonorer Stimme. «Ich heiße Buil, und der gute Dominikaner zu Eurer Rechten ist – aber das brauche ich Euch wohl kaum zu sagen – Großinquisitor Tomás de Torquemada.»

Interessiert drehte ich mich nach rechts. Das also war Beatriz' berühmter Vetter. «Ich bin ein guter Freund von Beatriz Enríquez de Harana», sagte ich beiläufig.

«Nie von ihr gehört», entgegnete er krächzend.

«Sie ist eine Cousine von Euch.»

«So?» erwiderte er gleichgültig und wandte seine Aufmerksamkeit seinem Nachbarn zur Rechten zu.

Pater Buil erklärte mir den Ablauf des Programms, oder versuchte es zumindest. «Aber wißt Ihr, in Wirklichkeit ist es gar nicht möglich, den Verlauf der Ereignisse genau vorherzusagen, weil alle Verurteilten, die auf dem Weg zum Scheiterhaufen, das heißt zum Verbrennungsplatz da drüben, ein reumütiges Bekenntnis ablegen, in letzter Minute eine Strafmilderung erhalten. Es freut mich, sagen zu können, daß die übliche Rate der Schuldumwandlungen mehr als neunzig Prozent beträgt.»

«Was passiert, wenn ein Urteil umgewandelt wird?»

«Dann wird der Betreffende nicht lebend auf dem Scheiterhaufen verbrannt.»

Ich nickte. Seine Worte beruhigten mich etwas. In geselligem Schweigen beobachteten wir die Massen, die auf den riesigen Platz drängten.

Pater Buils Gesicht war rosig, die Hände ebenfalls. Sogar seine Tonsur war rosig. Er hatte etwas merkwürdig Kindliches an sich, als hätte er, da er sehr früh schon in den Orden eintrat, nie erwachsen zu werden brauchen. So etwas gibt es auch bei Akademikern.

Dem Programm zufolge sollten vierzehn Männer und elf Frauen wegen unterschiedlicher Häresien bei lebendigem Leib verbrannt werden. Die häufigste war offenbar das Judaisieren.

«Es sind noch zwanzig weitere mit dem Zusatz ‹in effigie› aufgeführt», sagte ich.

«Das sind die Ketzer, die geflohen sind. Folglich müssen ihre Ebenbilder verbrannt werden. Wir haben keine andere Wahl», meinte Pater Buil mit einem sachlichen Lächeln. «Ansonsten kann ihr Besitz nicht rechtmäßig beschlagnahmt werden.»

«Das hier», sagte ich mit Blick auf das Programm, «muß ein Druckfehler sein. Da steht, daß nicht nur fünfundzwanzig lebende Menschen, sondern auch fünfundzwanzig tote auf dem Scheiterhaufen verbrannt werden sollen.»

«Ich weiß, daß das unsere Gäste von außerhalb immer irritiert», sagte Pater Buil in seiner unerschöpflich fröhlichen Art. «Aber tote Ketzer müssen doch auch verbrannt werden, oder? Ansonsten kann ihr Besitz nicht rechtmäßig beschlagnahmt werden.»

«Wie werden denn tote Ketzer verbrannt?»

«Genau wie lebendige.»

«Aber was ist, wenn sie schon . . . hm . . . längere Zeit tot sind?»

«Das ist oft der Fall. Ihr werdet sehen.»

Ich sah.

Aber zunächst kam eine Prozession prächtig gekleideter Vertreter des hiesigen Tribunals des Rates der Suprema und Generalinquisition, kurz Suprema genannt, gefolgt von den Würdenträgern der Stadt.

«Oh, *diese* Beatriz de Harana», sagte Tomás de Torquemada unvermittelt, während er sich erhob, um den Gruß der vorbeiziehenden Prozession entgegenzunehmen.

Ich lächelte hoffnungsvoll.

«Eine Hure, das ist sie doch?» Damit wandte er, da er ohnehin keine Antwort erwartete, seine asketischen (oder irren) Augen wieder den Vorbeidefilierenden zu.

Als nächstes kamen jetzt mehrere Grüppchen bußfertiger Männer und Frauen, alle gleichermaßen von der Taille aufwärts unbekleidet bis auf Pappschilder, auf denen ihre geringfügigen Ketzereien aufgelistet waren.

«Diese Beschämung tut ihnen in geistiger Hinsicht gut», sagte Pater Buil. «Außerdem soll sie angeblich ihr Schmerzzentrum abtöten, so daß sie das Auspeitschen kaum mehr spüren.»

Das Auspeitschen, bei dem viel Blut floß, fand zwischen der Haupttribüne und dem Verbrennungsplatz statt. Da die Anzahl der Bußfertigen sehr groß war und es nur einen Pfosten zum Anbinden gab, nahm das beträchtliche Zeit in Anspruch. Schreie, vor allem von denen, die noch nicht an der Reihe waren, begleiteten die Prozedur. Zwei Drittel der Frauen und etwas über die Hälfte der

Männer kollabierten, bevor sie die vorgeschriebene Anzahl Hiebe erhalten hatten. Sie wurden weiter ausgepeitscht.

«Jetzt spüren sie überhaupt nichts mehr», sagte Pater Buil verzückt lächelnd.

Nach einem Drittel der Zeit rutschte ich unbehaglich auf der Bank hin und her. Pater Buil hielt das irrtümlich für rein physisches Unbehagen. Er lachte. «Wir werden fast den ganzen Tag hier verbringen. Manchmal ist ein gepolstertes Hinterteil wie das meine da schon von Nutzen», meinte er.

Nach mehreren Stunden schaffte man die Ausgepeitschten unter Hinterlassung einer Blutspur weg, und anstelle des Pfahls wurde ein Baldachin aufgestellt. Ein Priester setzte zu einer Predigt an. Diese ging beinahe von Anfang an im Gebrüll der Menge unter, da in diesem Augenblick die ersten zum Scheiterhaufen Verurteilten auf den Platz getragen wurden. Wie sich herausstellte, waren es aus Pappe hergestellte lebensgroße Abbilder jener Ketzer, die sich durch Flucht in Sicherheit gebracht hatten. Angetan waren sie mit einer hohen gelben Mitra und einem gelben Gewand, das mit einem roten Blitz und einem stilisierten, eine Mistgabel schwingenden Teufel bemalt war.

«Es hat einige Zeit gedauert, bis wir uns auf dieses Design geeinigt hatten», sagte Pater Buil. «Um ehrlich zu sein, ich finde den Teufel ein bißchen vulgär, aber der Masse gefällt so was.»

Inzwischen zog die zweite Gruppe von Verurteilten auf den Platz. Sie kamen auf Maultierkarren, in Kästen, die wie aufrecht stehende Särge aussahen, und sie stanken. Fliegen umschwärmten sie. Auch sie trugen eine gelbe Mitra auf ihren angefaulten Köpfen, und gelbe Gewänder bedeckten ihre teilweise von Würmern zerfressenen Körper.

«... für die begangene Entweihung in der ewigen Hölle brennen. In aller Öffentlichkeit den Heiligen Glauben anzunehmen, während man insgeheim einen anderen praktiziert ...»

Die Toten wurden aus ihren Kästen geholt und, wie vor ihnen die Pappfiguren, an Pfosten gebunden, die inmitten der Scheiterhaufen gegenüber der Haupttribüne standen.

«Die meisten von denen sind judaisierende Neuchristen», erklärte Pater Buil.

«Ist das eine weitverbreitete Häresie unter den Toten?»

«Steht jedesmal ganz oben auf der Liste. Manche Leute glauben, unser eigentlicher Fehler bestand darin, daß wir ihnen und ihren Vätern oder Großvätern überhaupt gestattet haben zu konvertieren. Sagtet Ihr ‹unter den Toten›?»

«Ich glaube, mich daran zu erinnern», sagte ich.

«Gewisse Arten von Humor schätzen wir hier nicht sonderlich», meinte Pater Buil verzückt lächelnd.

In dem Augenblick wehte eine leichte Brise vom Verbrennungsplatz herüber, so daß der Gestank der Ketzer in unsere Richtung trieb.

Tomás de Torquemada straffte seine knochigen Schultern und blähte die Hühnerbrust auf, so daß sich seine Lungen mit dem Gestank füllten. Dann schloß er die Augen und seufzte.

Pater Buil tupfte sich die Nase mit einem parfümierten Taschentuch. «Sandelholz wirkt am besten», klärte er mich auf.

«. . . denn wenn einer von Euch Individuen kennt, die ihre Hände vor dem Gebet waschen oder regelmäßig am Freitagabend baden oder ihre Kinder segnen, ohne das Kreuzzeichen zu machen . . .» ging die Predigt weiter.

Jetzt zogen die lebenden Verurteilten auf den Platz.

«. . . oder die irgend etwas gegen die Heilige Katholische Kirche gesagt oder getan haben oder am Freitag in Schmortöpfen über kleiner Flamme das Mahl für den Samstag bereiten, oder die am Freitagabend frische Mundtücher auf den Tisch legen oder sauberes Leinen auf die Betten, oder die kein Schweinefleisch und keine Schnecken und keine Kaninchen und keine Fische ohne Schuppen essen . . .»

Die lebenden Verurteilten hatten den halben Weg zum Verbrennungsplatz zurückgelegt; begleitet wurden sie von jeweils zwei Bekennern, die sie dazu bewegen sollten, in letzter Minute zu widerrufen, was sie, wie mir Pater Buil erklärte, davor bewahren konnte, bei lebendigem Leib verbrannt zu werden.

«. . . die die Auferstehung und die Himmelfahrt des Gottessohnes leugnen oder sich dazu bekennen, daß das Leben nur eine kurze Spanne zwischen Geburt und Tod ist, und somit die Hoffnung des Himmels und die Schrecken der Hölle leugnen, die ihren Kindern am siebten Tag nach der Geburt einen Namen geben, sei es aus dem Alten oder aus dem Neuen Testament, und die Knaben unter ihnen beschneiden, oder irgend jemand, Mann oder Frau, der beschlagnahmtes Geld, Möbel, Gold, Silber, Perlen oder andere Edelsteine in seinen Besitz gebracht hat – ich sage, wenn einer von euch Individuen kennt, die sich dieser oder einer der unendlich vielen anderen Häresien schuldig gemacht haben, darunter auch Hurerei, Hexerei, Bigamie, Lesen der Messe oder Hören der Beichte, ohne Priester zu sein, Behinderung von oder Einmischung in das rechtmäßige und unabhängige Vorgehen des Rates der Suprema und Generalinquisition, et cetera, et cetera – wenn einer unter euch ist, der Kenntnis von solchen Ketzern hat, die nicht selbst vortreten, der wird exkommuniziert, mit dem Kirchenbann belegt, abgesondert und nach einer angemessenen Frist, in der man ihn der Folter unterzieht und sein Geständnis aufnimmt, zum Verbrennungsplatz geführt werden . . .»

«O schaut nur, gütiger Himmel, das wird heute ein recht erfolgreicher Tag», jubelte da der strahlende Pater Buil. «Achtet darauf, daß sie jetzt in zwei Gruppen geteilt werden.»

Mit «sie» meinte er die fünfundzwanzig lebenden Verurteilten. Zwei von ihnen wurden abgesondert, ein junger Mann und eine uralte Frau.

«Großartig!» rief Pater Buil. «Dreiundzwanzig Verdammte haben ihren Häresien abgeschworen und werden nicht lebend auf dem Scheiterhaufen verbrannt.»

Ich empfand Mitleid mit dem jungen Mann und der uralten Frau, aber immerhin war es tröstlich zu wissen, daß dreiundzwanzig der Verurteilten verschont werden würden.

Inzwischen war die Predigt beendet, und geschäftige Hände entfernten den Baldachin. An seiner Stelle stellten sie einen Pfosten auf, neben dem sich ein stämmiger Kerl, vermutlich ein Auspeitscher, aufpflanzte. Inzwischen wurden der junge Mann und die alte Frau, die ihren Ketzereien nicht abgeschworen hatten, zum Verbrennungsplatz geführt und an zwei der vielen Pfosten gebunden.

Diejenigen, deren Urteil umgewandelt werden sollte, stellten sich der Reihe nach auf.

Die Menge kreischte wie wahnsinnig, als der neue Auspeitscher aus den Falten seines Gewandes nicht etwa das Hanfseil zog, das ich erwartet hatte, sondern ein kurzes, an zwei Griffen befestigtes Stück Draht.

«Das sieht ja wie eine Garrotte aus», sagte ich.

«Das kommt daher», lächelte jungenhaft der rosafarbene Pater Buil, «daß es eine Garrotte *ist*.»

Die erste Person, deren Urteil umgewandelt werden sollte, wurde am Pfosten festgebunden. Der stämmige Mann mit der Garrotte stellte sich hinter ihr auf.

Mich beschlich ein eindeutig ungutes Gefühl.

«Ihr habt doch gesagt, die Urteile würden umgewandelt.»

«Das ist bereits geschehen, mein Freund. Diejenigen, die widerrufen haben, werden nicht lebend auf dem Scheiterhaufen verbrannt.»

Die an den Pfahl gebundene Frau zuckte heftig zusammen, als sich die Garrotte um ihren Hals legte. Dann überkreuzte der Henker die Handgriffe hinter dem Pfosten und drehte sie einmal, dann ein zweites Mal, ein drittes Mal. Bei jedem Mal zuckte die Frau krampfartig zusammen, ihre Augen traten aus den Höhlen, die Zunge quoll aus dem Mund. Ein Mann, den ich für einen Arzt hielt, schlurfte zu ihr hin, horchte aufmerksam an der Brust unter dem gelben Gewand und nickte. Der Körper der Frau wurde losgeschnitten und von zwei Helfern zum Verbrennungsplatz geschleift, wo er erneut an einen Pfahl gebunden wurde.

«Sie werden», erklärte Pater Buil ganz ernsthaft, als der zweite Ketzer, der abgeschworen hatte, zum Garrottieren festgebunden wurde, «*tot* auf dem Scheiterhaufen verbrannt.»

Bis um fünf Uhr nachmittags hatte man ein Dutzend von denen, die widerrufen hatten, garrottiert.

Mit der Nummer dreizehn schließlich begannen die ganzen Schwierigkeiten.

Es handelte sich um ein junges Mädchen, ein hübsches kleines Ding mit rotblondem Haar. Ich sah im Programmheft nach. Es war eine gewisse Susanna Olivares, vierzehn Jahre alt, die, wie das Programm erläuterte, «schon zweimal wegen Blasphemie verurteilt und begnadigt worden war und sich erneut dieser Sünde schuldig gemacht hatte».

«Sie hat den Priester beschimpft, der ihrem verstorbenen Vater die Beichte abgenommen und die zuständigen Stellen pflichtgemäß darüber informiert hat, daß der Mann heimlich judaisierte. Es macht mich richtig glücklich, daß sie widerrufen hat!»

Als sich der Draht um Susanna Olivares' Hals legte, schoß ihr zusammengesackter Körper in die Höhe. Dann konnte man sehen, wie die beiden abseits stehenden Bekenner, die sie auf den Platz begleitet hatten, zu streiten begannen. Einer lief zum Henker hinüber und redete aufgeregt auf ihn ein. Inzwischen drehte dieser die Handgriffe bereits zum zweitenmal. Drei Umdrehungen genügten normalerweise, um einen Menschen zu töten. Angewidert entfernte der Henker die Garrotte von Susanna Olivares' Hals. Sie sackte wieder in sich zusammen. Der Arzt horchte an ihrer Brust. Er nickte und hielt ihr ein Fläschchen unter die Nase. Ihre Augenlider zuckten. Die Menge brüllte wie die Brandung, die sich an einer Felsküste bricht.

«Sieht fast so aus», sagte Pater Buil, diesmal ohne zu lächeln, «als hätte Susanna Olivares nicht zufriedenstellend widerrufen und würde doch lebendig auf dem Scheiterhaufen verbrannt.»

Als die Schergen sie zum Verbrennungsplatz schleiften und sie dort an einen Pfahl banden, schrie plötzlich eine vertraute Stimme ein paar Reihen hinter uns: «Aufhören!»

«Na, so was», sagte Tomás de Torquemada.

«Aufhören! S–Sofort aufhören!»

«Wieder einen erwischt», sagte Torquemada.

Fast lächelte er.

Die Stimme schrie: «Das arme M–Mädchen hat doch schon einen T–Tod erlitten. Wollt ihr sie z–zweimal sterben lassen?»

Die Stimme gehörte unserem griechischen Gott Francisco Niño.

«Es funktioniert immer. Jedesmal», sagte Tomás de Torquemada.

Ich sah ihn an.

«Einen heimlichen Ketzer bloßzustellen», erklärte er. «Vor allem, wenn das Opfer, oder vielmehr die Schuldige, jung und nicht ohne Reize ist.»

Ein Dutzend Milizsoldaten der Santa Hermandad stürzten auf die Haupttribüne. Ich sah Peralonso Niño, der ein paar Reihen hinter Pater Buil saß, aufspringen. Ich erhob mich ebenfalls. Über uns geriet alles in Bewegung, Schritte polterten, dann krachte es.

Die ganze wackelige Konstruktion geriet ins Wanken.

Menschen schrien.

Der Baldachin kam als erstes herunter und hüllte uns alle in grelles Gelb ein. Dann brach alles zusammen, die Bänke, die Zuschauer, alles.

In dem allgemeinen Durcheinander verschwanden Francisco Niño und die Milizsoldaten der Santa Hermandad.

Die eigentliche Verbrennung wurde bis Sonnenuntergang verschoben. Die Flammen der Verbrennungsstätte leuchteten mit der untergehenden Sonne um die Wette, während das zuverlässig tosende Gebrüll der Menge die Schreie der uralten Frau, die eine erstaunlich durchdringende Stimme hatte, weitgehend übertönte.

«Schaut Euch bloß diese Flammen an», sagte Pater Buil, der sie lächelnd mit Kennermiene betrachtete.

Es ließ sich nicht leugnen, daß es ein grandioses Feuer war.

Kurz nach Einbruch der Dunkelheit fielen Scheiterhaufen, lebende, tote und Papp-Häretiker zu schwelender Asche zusammen.

«Welchselbige», sagte Pater Buil, «gleichmäßig über Land und Meer ausgestreut wird.»

Sobald es nach dem Ende der Zeremonien der Anstand zuließ, fragte ich ihn nach Francisco Niño.

«O je, war das einer von Euren Leuten?»

«Einer der drei Brüder Niño aus Moguer, die eine entscheidende Rolle bei der Überquerung des Ozeanischen Meeres und der Entdeckung der Indischen Lande zum Ruhme Gottes gespielt haben», klärte ich ihn auf.

«O je, so ein Pech», wiederholte er. «Ihr müßt nämlich wissen, daß es als ziemlich schwerwiegende Ketzerei gilt, das rechtmäßige und unabhängige Walten des Rates der Suprema und Generalinquisition zu stören oder zu behindern. Manche betrachten es als die gravierendste Häresie überhaupt.»

«Ich zum Beispiel, um nur einen zu nennen», sagte Tomás de Torquemada mit seiner kratzigen Flüsterstimme.

«Das Leben», meinte Pater Buil betrübt lächelnd, «ist voll von solch kleinen unvorhergesehenen Ereignissen.»

Peralonso blickte so grimmig wie üblich, als er mit seiner sanften Stimme fragte: «Wird man ihn foltern?»

«Eure Einstellung gefällt mir nicht», sagte Tomás de Torquemada.

Mit einem Wort: Vom Großinquisitor war keine Hilfe zu erwarten. Und im Anschluß an seine vorangegangene Reaktion auf das Thema Beatriz hielt ich es nicht für diplomatisch, erneut auf diese Beziehung zu sprechen zu kommen.

«Was sollen wir tun?» fragte mich Peralonso.

Sein Bruder Juan kam zu uns herüber. «Ich bin genauso gegen Ketzer wie jeder andere, aber schließlich ist es mein kleiner Bruder, den sie da irgendwo in einem Verlies festhalten.»

Ich versicherte den beiden, daß wir uns noch am selben Abend auf den Weg nach Barcelona machen und den König und die Königin bitten würden, Fürsprache einzulegen.

Mit diesen Worten machte ich mir den Rat der Suprema und Generalinquisition zum Feind auf Lebenszeit.

KAPITEL 11

Wie ich zwar in einem Disput zwischen dem Papst und Ihren Katholischen Majestäten vermittle, meine erste schicksalhafte Begegnung mit der schönen Petenera jedoch ungleich problematischer verläuft

«Nein», sagte die Königin. «Definitiv nein.»

Ich hatte ihr soeben von der Misere des armen Francisco Niño berichtet.

«Wir legen grundsätzlich nie Fürsprache bei der Suprema ein», erläuterte sie. «In ihrem Zuständigkeitsbereich ist sie die ... die absolut höchste Instanz.»

Ich gab nicht auf, schilderte ihr Francisco Niños erklecklichen Beitrag zu unserem Verständnis indianischer Sitten.

Ferdinand beugte sich auf seinem Thron nach vorn, seine dunklen Augen blitzten. «Also, ist er nun bei der schönen jungen Frau des Kazikenbruders zum Zuge gekommen oder nicht?»

Ich hatte mich in meinem Bericht sehr behutsam geäußert.

«Das», sagte die Königin naserümpfend, «steht hier wohl kaum zur Debatte.»

Umsonst hielt ich Ausschau nach jener Isabella, die ich in Granada in einem kurzen, vertraulichen Traum erlebt hatte. Ich mußte an ihr Gesicht denken, das im strahlenden Glanz des Sieges (oder war es Leidenschaft?) geglüht hatte, an das herrliche rote Haar, das ihr schimmernd bis auf die Hüften herabfiel, an die Hand, die sie mir entgegenstreckte.

Diese holde königliche Dame gab es nicht mehr. An ihrer Stelle saß da eine rundum gestärkte, gouvernantenhaft wirkende Frau mittleren Alters.

Eine derart drastische Veränderung war unvorstellbar – und

unvermeidlich. In Granada hatte ich die zielstrebige Monarchin als strahlende Siegerin erlebt. Jetzt war der Heilige Krieg, der die ihr innewohnende Leidenschaft aufgezehrt hatte, gewonnen. Nachdem es keine ungläubigen Araber mehr zu besiegen gab, sah sie sich der äußeren Feinde beraubt. War es da nicht völlig logisch, wenn auch beklagenswert, daß sie als nächstes die unglücklichen Juden aus dem Land verjagte? Und daß sie dann ihre aufgestaute Energie gegen die Ketzerei richtete, also quasi einen Kreuzzug – das kirchliche Pendant zu einem Krieg – im eigenen Land veranstaltete, mit einem Wort: die Inquisition?

Alle Anzeichen deuteten darauf hin, daß der König und die Königin die Rollen vertauscht hatten. Wo ich einstmals auf Isabellas Unterstützung rechnen konnte, hatte ich jetzt das Gefühl, eher in Ferdinand einen Verbündeten zu finden. Auf dem Rand seines Thronsessels sitzend, fragte er mich: «Sind sie denn irgendwie . . . anders?»

«Wer, Sire?»

«Die indianischen Mädchen. Sind sie Euch im . . . hm . . . gesellschaftlichen Umgang denn sehr anders vorgekommen?»

In Geschichtsbüchern können Sie nachlesen, was für ein Weiberheld König Ferdinand war.

Die Königin sah ihn mißbilligend an.

Da erhob sich Lärm im Vorzimmer. Eine Tür knallte. Erboste Stimmen wurden laut.

«Wer sind diese ungehobelten Kerle im Vorzimmer?» wollte die Königin wissen.

Ich ergriff die Gelegenheit beim Schopf. «Das sind zwei» – ich dehnte die Zahl absichtlich betrübt in die Länge – «der drei Brüder Niño aus Moguer, die eine so entscheidende Rolle bei der Überquerung des Ozeanischen Meeres und der Entdeckung der Indischen Lande zum Ruhme Gottes gespielt haben, Majestät.»

«Von nun an», entgegnete die Königin, «wollen wir Eure Reise ohne Erwähnung der Brüder Niño erörtern.»

In den Augen der Königin blitzte königlicher Zorn, aber der König war so klug, das Gespräch in eine andere Richtung zu lenken. «Als Ihr mehrere Wochen lang von der Bildfläche verschwunden wart und Euch in Portugal aufhieltet, hat dieser Königliche Einfaltspinsel Johann Euch da zu überreden versucht, in seine Dienste zu treten?»

«Das, Sire, ist sehr milde ausgedrückt», sagte ich, packte meine zweite Chance beim Schopf und machte meine Sache diesmal besser.

Unser hypothetisches Nachrichtenmagazin hätte es vielleicht so formuliert:

Letzten Endes, so darf man vermuten, wurde die Entscheidung des Monarchen sicherlich mehr als durch andere Faktoren durch die Befürchtung forciert, es könnte König Johann in Lissabon doch noch gelingen, den Admiral dazu zu überreden, seine nächste Entdeckungsreise unter portugiesischer Flagge anzutreten . . .

Wie aus Insider-Kreisen verlautet, kann auf Colóns spezielle Forderungen offenbar eingegangen werden, sofern es gelingt, den daraus resultierenden Kompromiß so zu formulieren, daß er dem Großinquisitor einen triftigen Grund liefert, ihn zu akzeptieren, ohne dabei das Gesicht zu verlieren . . .

Eineinhalb Stunden später hatten wir einen solchen Grund gefunden.

«Wir können dem Großinquisitor nahelegen», meinte König Ferdinand, «daß wir zwar unsererseits die Schuld dieses Francisco Niño anerkennen, er jedoch seinerseits die entscheidende Rolle anerkennen muß, die die *drei* Brüder Niño bei der Überquerung des Ozeanischen Meeres und der Entdeckung der Indischen Lande zum Ruhme Gottes gespielt haben.»

«Aber nur unter der Bedingung», sagte Königin Isabella, «daß der Hauptzweck unserer zweiten Expedition . . .»

«Der zweite Hauptzweck nach dem Gold natürlich», unterbrach König Ferdinand.

«. . . die Bekehrung und Taufe der heidnischen Indianer ist», fuhr sie fort. «Denn glaubt uns, wir kennen Tomás de Torquemada.»

Ich glaubte ihnen – oder vielmehr ihr. Denn infolge der ambulanten Hofhaltung hatte die Königin eine Reihe von Beichtvätern gehabt, angefangen von dem Humanisten Pater Juan Pérez über den kleinkarierten Hernando de Talavera bis hin zu dem asketisch (oder irre) blickenden Torquemada.

«Ihr müßt verstehen», sagte die Königin, «wieviel Pater Tomás daran liegt, die Indianer zu bekehren – denn wie kann er sie wegen Ketzerei verurteilen, wenn sie nicht zuerst gute Christen geworden sind?»

Das Herz rutschte mir in die Hosen. Sollte das bedeuten, daß Torquemada mit mir in die Indischen Lande zurückkehren würde?

«Dieser jüngste der Brüder Niño», sagte der König, «soll in Anerkennung seines hervorragenden Beitrags zu unserem Verständnis der indianischen Sitten . . .»

«Besagten Beitrags, der die Bekehrung zum Heiligen Glauben erleichtern wird», ergänzte die Königin.

«. . . eine Urteilsumwandlung erhalten.»

«Habt Ihr ‹Umwandlung› gesagt, Sire?»

Wir einigten uns auf eine königliche Begnadigung.

«Pater Buil wird glücklich sein», sagte der König.

«Es wäre ihm arg gewesen, seine neuen Verpflichtungen in einer gespannten Atmosphäre zu übernehmen.»

«Wenn er als oberster Missionar mit Euch segelt, wird er dies reinen Gewissens, frohen Herzens und offenen Sinnes tun», versicherte mir der König.

Dann änderte die Königin, indem sie sich nach vorn beugte, so daß einen peinigenden Augenblick lang ihr königlicher Busenansatz zu sehen war, abrupt ihr Verhalten und wechselte ebenso abrupt das Thema. «Das heißt», sagte sie vertraulich, «vorausgesetzt, Ihr segelt überhaupt noch einmal.»

«Gibt es Probleme, Majestät?» fragte ich.

«Wir haben gewisse Schwierigkeiten mit dem neuen Papst», sagte der König.

«Ich wußte nicht einmal, daß es überhaupt einen neuen Papst gibt.»

«Der arme alte Innozenz starb, kurz nachdem Ihr zu Eurem Großen Abenteuer aufgebrochen seid», sagte die Königin. «Wie man hört, soll sich der neue Papst, der damals natürlich noch Kardinal war, am Totenbett des armen alten Innozenz mit Kardinal Della Rovere in die Haare gekriegt haben. Angeblich haben sie sich einen regelrechten Faustkampf geliefert. Kann man sich so etwas vorstellen! Prügeln sich um den päpstlichen Thron, noch bevor Innozenz die Augen zugemacht hat?»

«Typisch für einen neuen Papst», sagte der König, «der uns in den Indischen Landen eben jene Rechte verweigern will, die der ansonsten recht anständige Innozenz Johann von Portugal in Westafrika zugestanden hat – nämlich das Monopol auf die Kolonien, auf alles Gold und so weiter.»

«Es war dieser ansonsten heiligmäßige Papst Sixtus, Innozenz' Vorgänger, der König Johann das Monopol auf Afrika zugestanden hat, mein Lieber», berichtigte die Königin.

«Wer auch immer. Dieser neue Kerl weigert sich jedenfalls, uns ein *quid pro quo* zu geben.»

«*Quid pro quo* bedeutet etwas ganz anderes, mein Lieber», korrigierte ihn die Königin.

«Was auch immer. Dieser undankbare Kerl wird es uns auf alle Fälle nicht geben.»

Ich konnte nicht umhin, das königliche Benehmen der beiden mit dem des Kaziken Guacanagarí zu vergleichen. Aber vielleicht war der ja nicht verheiratet.

«Machen wir uns doch nichts vor», sagte der König. «Jetzt, da er Papst ist, betrachtet er sich mehr als Römer denn als Spanier.»

Ich spitzte die Ohren. «Er ist Spanier?»

«Ja, Alexander VI. ist von Geburt Spanier», sagte der König.

«Er ist nicht zufällig der ehemalige Kardinal Borgia?» fragte ich triumphierend.

«Just dieser», seufzte die Königin.

«Wir kannten uns mal.»

«So?» antwortete der König, ohne wirklich hinzuhören.

«Tatsache ist, daß ich jahrelang sein Schützling war.»

«Wirklich?» sagte die Königin.

Keinen von beiden schien das sonderlich zu interessieren.

«Er hat mir einmal das Leben gerettet.»

«So?» – «Wirklich?» Diesmal mit mehr Nachdruck.

«Und *ich* habe *ihm* einmal das Leben gerettet.» Überheblich, aber cool.

Aufgeregt tuschelten sie miteinander.

Sie ließen einen gepolsterten Schemel bringen.

«Setzt Euch zu uns, Admiral», sagte die Königin und klopfte dabei auf die Sitzfläche.

«Ihr dürft Euren Hut aufsetzen, Vizekönig», sagte der König.

Das war eine noch größere Ehre, als sich in ihrer Gegenwart setzen zu dürfen.

Meine alte Freudschaft mit dem neuen Papst ist einer jener glücklichen Zufälle, von denen es in der Geschichte nur so wimmelt. Anders ausgedrückt: Es sind mehr oder weniger die guten alten Beziehungen, die die Geschichte vorantreiben, plus oder minus ein paar zusätzliche Faktoren wie Klima, Mineralvorkommen, Naturkatastrophen, Bevölkerungsexplosionen, Hungersnöte und Kriege. Ein freundschaftlicher Briefwechsel zwischen Rodrigo Borgia und mir würde den Königen genau zu dem verhelfen, was sie sich wünschten – ein echtes Monopol auf das Ozeanische Meer. Es würde noch ein Jahrhundert dauern, bis dank Martin Luther und seinen fünfundneunzig Thesen und Heinrich VIII. mit seinen sechs Frauen der geopolitische Einfluß des Papstes und die Herrschaft Spaniens über die Neue Welt gemeinsam den Bach hinuntergehen sollten.

Mein Brief wurde losgeschickt, aber da eine päpstliche Antwort mindestens zwei Wochen auf sich warten lassen würde, wurde ich unruhig.

Eines Morgens fiel mir plötzlich ein, daß ich in meinem Bestreben, nach jener bedauerlichen Ketzerverbrennung möglichst schnell nach Barcelona zu gelangen, durch Tarragona geritten war, ohne den Brief von Luis de Torres bei seinen Eltern abzuliefern. Jetzt hatte ich Zeit, das nachzuholen, da es sich um einen gemütlichen Zweitageritt handelte.

Ich stellte mein Pferd in einem Stall vor der Stadtmauer unter und ging am nächsten Morgen, nachdem ich mich gründlich ausgeschlafen hatte, zu Fuß in die Stadt. Ich betrat sie durch das Tor bei den Ruinen des römischen Amphitheaters und bewunderte die gigantischen Steinblöcke der antiken Kyklopenmauer.

Bei der angegebenen Adresse fand ich nur noch das Gerippe eines Hauses vor, ohne Türen, ohne Fensterläden, ohne Fenster, Schornsteine und Dachziegel. Sogar die kleine Toilette auf der

Rückseite war aufgebrochen worden. Zwei stämmige Männer mit nackten Oberkörpern schleppten schwitzend eine große Anrichte durch den gähnenden Vordereingang. Auf einer Seite des Eingangs klebte das übliche Schild mit der Aufschrift: *Auf Anordnung der Suprema beschlagnahmt*. Wie üblich hatte sich eine Meute Schaulustiger versammelt.

«Ist dies das Haus der Familie Torres?»

«War», sagte einer der Männer, die die Anrichte schleppten.

«Früher mal», sagte der andere.

Vorsichtig luden sie die Anrichte auf einen großen, mit Möbelstücken vollgepackten Karren, der von zwei Maultieren gezogen wurde.

«Ihr wißt nicht zufällig, wo die Leute hin sind?»

«Wir haben lediglich die Räumungskonzession der Suprema, Freundchen», sagte der eine.

«Und die möchten wir gerne behalten», sagte der andere.

«Unser Interesse an den Ketzern ist also gleich Null», erklärte der erste.

Sie gingen ins Haus, und ich folgte. Kurz darauf schleppten sie einen eichenen Refektoriumstisch hinaus, an dem auf jeder Längsseite zehn Leute Platz gehabt hätten.

Ich hörte, wie der Maultierkarren davonratterte und die Menge sich verlief, und dann drang aus einem angrenzenden Raum plötzlich ein leises Klirren an mein Ohr, das ich nicht deuten konnte. Es folgte ein behutsames Kratzen, wieder Klirren, dann anhaltendes Kratzen.

Sie hockte mit dem Rücken zum Türstock am Boden und legte soeben ein Messer neben einem Häufchen Mörtel ab. Mit beiden Händen hob sie eine Bodenfliese hoch und legte sie neben das Messer. Mit einem unterdrückten Triumphschrei sprang sie auf. Sie war bis zu den Fesseln in Schwarz gekleidet, und ein schwarzer Schal bedeckte ihren Kopf. Ich kam näher, um festzustellen, was für einen Schatz sie entdeckt hatte.

Sie fuhr herum.

«Wer zum Teufel seid Ihr? Was wollt Ihr hier?»

In den staubgesprenkelten dünnen Sonnenstrahlen, die durch das Loch in der Wand, das einst ein Fenster gewesen war, hereindrangen, erkannte ich den mattsilbernen Glanz eines angelaufenen siebenarmigen Leuchters in ihrer Hand.

Im ersten Augenblick brachte ich kein Wort heraus, und es war nicht etwa die verbotene Menora, die mir die Sprache verschlug.

Ihr Haar, das unter dem Schal hervorsprang, glänzte dunkel wie das schwärzeste Schwarz an der Unterseite eines Rabenflügels. Ihre Augen, die zornig blitzten, hatten das Smaragdgrün einer tiefen korallenumgürteten Lagune, wenn kein Lüftchen das Wasser kräuselt und die Sonne senkrecht steht. Ihre Lippen waren von jenem matten Karmesinrot einer bei den Arawaken sehr beliebten exotischen Blume, die, wie ich später erfuhr, nur im Bergland zwischen dem Meer und Cibao wächst.

Schließlich sagte ich: «Habt keine Angst, ich bin ein Freund von Luis de Torres.»

Ihr Lächeln enthüllte Zähne von einem Weiß wie die Perlen, die ich einige Jahre später in den Perlenfischereien am Paria-Golf an der Küste Südamerikas finden sollte, einem Ort, den ich – möglicherweise unbewußt in Erinnerung an jenes Lächeln – «Irdisches Paradies» taufte.

«Ihr seid ein Freund von Luis? Wirklich? Wißt Ihr, wo er sich aufhält? Ist er mit heiler Haut davongekommen?»

Ihre Stimme, aus der aller Zorn gewichen war, klang wie Silber, Gold und Edelsteine.

Kurz: Ich sah sie, hörte sie sprechen und verliebte mich in sie.

«Das Ding, das Ihr da in der Hand habt, könnte Euch in Schwierigkeiten bringen», sagte ich.

«Kümmert Euch um Eure eigenen Angelegenheiten», entgegnete sie kühl.

«Erzählt mir von Luis», sagte sie herzlich.

«Er hat mir einen Brief für seine Eltern mitgegeben.»

«Die sind tot.»

Sie sagte das so nüchtern, als wären sie vor langer Zeit gestorben. Aber Luis hatte sie noch am Leben gewähnt.

«Das tut mir leid», sagte ich. «Das habe ich nicht gewußt.»

«Habt Ihr sie gekannt?»

«Nein.»

«Warum sagt Ihr dann, daß es Euch leid tut? Niemand hat Euch um Euer Mitgefühl gebeten.»

«Es tut mir leid für Luis», sagte ich. «Er glaubt, daß sie noch am Leben sind.»

«Natürlich glaubt er das. Sie wurden ja auch erst letzte Woche in Valencia auf dem Scheiterhaufen verbrannt – zusammen mit meiner Großmutter und meiner kleinen Cousine.»

«Valencia? Da war ich doch», entfuhr es mir.

«So, Ihr wart also da? Dann sagt mir, wie kommt es, daß normale Menschen – zumindest seht Ihr ganz normal aus – tatsächlich Vergnügen dabei empfinden zuzusehen, wie andere Menschen ausgepeitscht und stranguliert und . . .»

«Ich?» sagte ich. «Ich war nur als Gast der Suprema dort.»

Jetzt sahen ihre Augen aus wie smaragdgrünes Gletschereis.

«Ich kam bei meinem Triumphzug durch Spanien auf dem Weg zur königlichen Audienz in Barcelona zufällig durch Valencia, und die Suprema lud mich ein, auf der Haupttribüne zu sitzen, die zusammengekracht ist . . .»

«Seid Ihr dann dieser Colomb?»

«Nicht Colomb, Colón – mit L-O-Akzent-N.»

«In Tarragona habt Ihr Euch ja nicht sonderlich beliebt gemacht. Man hatte Euch zu Ehren alle möglichen Feierlichkeiten geplant, aber dann stellte sich heraus, daß Ihr mitten in der Nacht durch die Stadt gezogen seid.»

Sie schien das lustig zu finden. Fast lächelte sie wieder.

Dann biß sie sich auf die Unterlippe. «Gebt mir den Brief und geht. Ich möchte nicht, daß mich jemand so sieht, verdammt noch mal.»

«Trauer ist nichts, dessen man sich schämen müßte.»

Sie blickte zu dem Loch hinaus, das einst ein Fenster gewesen war.

«Sie sind alle tot, die ganze Familie mit Ausnahme von Luis und mir. Und er ist nur am Leben, weil er so vernünftig war, das Land zu verlassen, anstatt zu konvertieren. Was mich betrifft . . . wieso seid Ihr überhaupt befreundet? Wo seid Ihr ihm begegnet? Hat er Spanien denn nicht verlassen?»

«Er hat Spanien verlassen», sagte ich und gab ihr den Brief, den

Luis auf die Rückseite einer alten Karte von den Kanarischen Inseln geschrieben hatte.

Sie betrachtete die Karte und sagte: «Er ist auf die Kanarischen Inseln gefahren? Die liegen irgendwo da draußen am Rande des Ozeanischen Meeres. Da gibt es keine Bücher, niemanden, der dieselben geistigen Interessen hätte wie Luis. Das ist kein Ort für meinen kleinen Bruder.»

Daß sie älter war als Luis, überraschte mich. Aber schließlich war er höchstens zwanzig. Sie jedenfalls konnte nicht sehr viel älter sein.

Sie brach das Siegel und begann zu lesen. Offenbar war es ein kurzer Brief. Sie knüllte ihn zusammen und warf ihn mir ins Gesicht.

«Er ist konvertiert. Er ist ein Marrano, wie der Rest der Familie. Und Ihr habt ihn dazu überredet!»

«Sonst hätte er nicht mit uns fahren können.»

«Er sollte ein Talmudgelehrter werden. Und jetzt habt Ihr ihn auf der anderen Seite des Ozeanischen Meeres in einer geistigen Wüste ausgesetzt. Das ist das Schlimmste, was man einem Menschen wie Luis antun kann. Ihr ... Ihr seid schlimmer als die Inquisition!»

Nach Beatriz' Ausbruch, als sie erfuhr, daß ihr Vetter Harana und Doktor Sánchez in Navidad zurückgeblieben waren, hätte ich auf eine solche Reaktion gefaßt sein müssen.

«An einem Ort, der Navidad heißt!» tobte sie.

«Er hatte diesen Namen selbst vorgeschlagen.»

«Noch schlimmer. Das kommt von Eurer Gehirnwäsche.»

«Was ist denn gegen Navidad einzuwenden? Ich dachte, Ihr seid selbst eine Neuchristin.»

«Würde ich sonst hier stehen?»

«Ich sollte seinen Eltern sagen, daß er glücklich ist», sagte ich versuchsweise.

«Warum hat er das dann nicht in seinem Brief geschrieben? Er schreibt nur, daß er wichtige Aufgaben erfüllt.»

«Er ist der offizielle Dolmetscher der Niederlassung.»

«So? Und für wen dolmetscht er?» Diese Information schien sie milder zu stimmen.

«Er vermittelt zwischen den Kolonisten und den Eingeborenen.»

«Den Eingeborenen? Soviel ich gehört habe, können die weder lesen noch schreiben, kopulieren die ganze Zeit, fressen sich gegenseitig auf, tragen keine Kleider, haben keine Kultur, keinen Gott . . .»

«Wir werden ihnen den Glauben bringen. Bei meiner nächsten Reise kommt ein Missionar mit, ein gewisser Pater Buil, der . . .»

«Buil!» schrie sie. «Pater Bernardo Buil?»

Ich sagte, seinen Taufnamen wüßte ich nicht.

«Lächelt die ganze Zeit?»

«Das ist er», bestätigte ich.

«Und wenn dieser Buil mit Euch nach Navidad fährt, um die Eingeborenen zu bekehren, dann wird er einen Dolmetscher brauchen, habe ich recht? Und dieser Dolmetscher wird Luis sein, nicht wahr?»

«Nun ja, sicher.»

«Wie würde es *Euch* denn gefallen, für den Mann zu dolmetschen, der mit Ausnahme Eurer Schwester Eure ganze Familie in den Tod geschickt hat, und der einzige Grund, warum ich noch am Leben bin, ist . . . raus mit Euch! Verschwindet und laßt mich in Frieden! Geht und krepiert irgendwo!»

Da ich wußte, wann ich unerwünscht war, ging ich langsam zur Tür und trat ins Freie. Es war ein sonniger Tag, die Luft war mild. Eine freundliche Umgebung. Ich trottete zurück zum Stadttor bei den Ruinen des römischen Amphitheaters. Meine Stiefel schlurften durch den Staub. Ich schloß die Augen und sah ihr Gesicht. Ich öffnete sie und sah es immer noch, nun, da es die Wirklichkeit überlagerte, doppelt wirklich. Noch immer hatte ich ihre Stimme im Ohr, zornig, vorwurfsvoll. Ich wußte nicht einmal ihren Namen. Am Stadttor machte ich kehrt, ging zurück, drehte wieder um. Eine derartige Unentschlossenheit paßte so gar nicht zu mir, zumindest nicht, seit ich zu einer Legende zu Lebzeiten geworden war. Aber genau das ist der springende Punkt. Denn in diesem Augenblick lebte ich in einer Zeit, die ich dieser Legende abgeluchst hatte, und war nichts weiter als ein Mann wie jeder andere, und frisch und hoffnungslos verliebt. Ich lief zurück. In dem leeren Haus war alles ruhig. Im Erdgeschoß war sie nirgends zu finden. Ich ging nach oben. Nichts in der großen Halle, nichts in den ersten beiden Zimmern. In einem dritten lag auf dem nackten Fußboden der große Stoffbeutel, der die Menora enthielt. Zuerst sah ich sie gar nicht. Sie kniete am Ofen, beugte sich hinein. Ich hörte ein Klopfen, dann das Schaben eines Ziegels auf einem anderen. Sie tauchte wieder auf, erhob sich.

«Ich weiß nicht einmal Euren Namen», sagte ich.

Sie ließ einen kleinen Beutel fallen und stieß einen Angstschrei aus. Hastig bückte sie sich. Ein paar kleine Gegenstände rollten über die Bodenfliesen.

Ich kniete mich neben sie auf den Boden, um ihr die kleinen rollenden Dinger suchen zu helfen. Drei davon fand ich – drei große und vollkommen gleiche Perlen.

Bruchstücke aus der Inquisitionspredigt in Valencia fielen mir ein: . . . *irgend jemand, Mann oder Frau, der beschlagnahmtes Geld, Möbel, Gold, Silber, Perlen oder andere Edelsteine in seinen Besitz gebracht hat . . .*

«Gebt her!» schrie sie.

Ich gab ihr die Perlen. Gleichzeitig standen wir auf. «Ihr manövriert Euch in dieselben Schwierigkeiten, die Eure Familie auf den Scheiterhaufen gebracht haben», warnte ich sie, und es klang gleichgültig und gefühllos, was meiner Absicht völlig widersprach. Plötzlich brannten meine Augen. Sie hatte mich mit aller Kraft ins Gesicht geschlagen und holte zum nächsten Schlag aus. Ich packte sie bei den Handgelenken, und wir begannen zu ringen, Brust an Brust. Sie war groß für eine Frau, geschmeidig und alles andere als schwach. Plötzlich hielt sie das Messer, mit dem sie zuvor die Bodenplatte im Erdgeschoß gelockert hatte, in der linken Hand. Wahrscheinlich ist sie Linkshänderin, dachte ich idiotischerweise. Wir rangen um das Messer. Die Szene war wie ein Echo aus ferner Vergangenheit, aber meine Erinnerung ließ mich im Stich. Ich entwand ihr das Messer, so daß es klirrend zu Boden fiel, hielt sie aber noch immer fest. Unsere Gesichter kamen einander näher, unsere Lippen berührten sich. Die ihren waren Nektar, Honig und Ambrosia. Einen Augenblick lang versteifte sie sich in meinen Armen, dann schlang sie ihre Arme um meinen Hals, und ihr Mund öffnete sich unter meinem drängenden Kuß – oder bildete ich mir das nur ein? Ich bin nicht sicher, denn in dem Augenblick rief eine Männerstimme:

«Petenera? Bist du da?»

Vielleicht öffnete sie den Mund nur aus Überraschung.

Von mir jedenfalls kann man das behaupten. «Ihr heißt Petenera?»

Wie denn auch sonst?

«Beeilt Euch», sagte sie und warf das kleine Säckchen in den großen Stoffbeutel. «Bringt das nach Barcelona zu Luis de Santangel. Er ist der Verwalter . . .»

«Ich weiß, wer er ist.»

«Petenera?» rief die Männerstimme. «Bist du oben?»

«Nehmt den Hinterausgang, durch die Halle und dann nach unten», flüsterte sie. «Santangel, Barcelona. Kann ich Euch vertrauen?»

«Allemal.»

«Ich hasse Euch noch immer für das, was Ihr meinem Bruder angetan habt. Ich hätte Euch umgebracht, wenn es mir gelungen wäre. Das wißt Ihr doch?»

«Warum vertraut Ihr mir dann die . . .»

«Luis hat geschrieben, daß Ihr ein Ehrenmann seid. Und jetzt geht, schnell.»

«Petenera», sagte ich.

«Was ist?»

«Ich wollte es nur aussprechen.»

«Ich werde Euch hassen, solange ich lebe.»

Ich ging. Der Stoffbeutel war schwer.

Luis de Santangel stand in seinem Privatbüro im Flügel des Königlichen Palastes (einstmals der Palast der Grafen von Barcelona), der für den Verwalter der königlichen Privatschatulle reserviert war, an einem Tisch und rollte bedächtig mehrere Tabakblätter zu einer Rolle zusammen. Er strich mit der Zuge über das Deckblatt und sagte:

«Ich weiß nicht, warum das nicht funktionieren sollte.»

Grauhaarig und fettleibig, aber nach wie vor mit dem selbstbewußten Auftreten eines mächtigen Mannes, betrachtete Luis de Santangel seine Erfindung. «Was haltet Ihr davon?»

Santangels dunkle Augen glänzten vor Vorfreude, da er ahnte, daß die Zeiten, in denen seine fleischigen, sinnlichen Lippen auf einer unsichtbaren Zigarre herumkauten, ein Ende hatten.

«Ich habe diese Dinger nur ein- oder zweimal gesehen», sagte ich.

«Durch die Nase, was? Sie ziehen den Rauch durch die Nase ein, nicht wahr.»

«Soweit ich mich erinnere, schon.»

«Wilde. Gefällt mir irgendwie nicht.»

Es war ein sonniger Nachmittag, doch er hatte eine Kerze angezündet. Nachdem er behutsam erst ein Ende des Tabakzylinders abgebissen hatte, hielt er das andere über die Flamme. Er drehte den Zylinder, legte die Stirn in Falten, hielt dann das abgebissene Ende an seine Nase, runzelte wieder die Stirn, nahm es zwischen die Lippen und sog daran. Das andere Ende der Tabakrolle begann zu glimmen. Langsam verzog sich Luis de Santangels rundes, in ein Mehrfachkinn auslaufendes Gesicht zu einem genußvollen Lächeln.

«Eure indianischen Freunde haben es verkehrt herum gemacht.» Wieder sog er den Tabakrauch durch den Mund ein und seufzte voller Zufriedenheit.

«Was könnt Ihr mir über Petenera de Torres sagen?» fragte ich ihn.

Luis de Santangel begann zu husten. Aus Mund und Nase stieß er dicke Rauchwolken aus. Er hustete nochmals, klopfte sich an die Brust, spuckte mehr Rauch. Dann trat er der Reihe nach an alle sechs Fenster seines Zimmers und schloß sie. Er ging zur Tür und verriegelte sie. Dann zog er den Riegel zurück und öffnete sie nochmals, hielt nach beiden Seiten Ausschau, bevor er sie wieder schloß und verriegelte. Mit der einen brennenden Kerze zündete er ein Dutzend weitere an.

Nachdem er seine Tabakrolle wieder an einer Flamme angezündet hatte, wandte er sich, Rauch aus den Nasenlöchern ausstoßend, mir zu.

«Petenera de Torres?» sagte er gleichgültig. «Den Namen habe ich schon mal gehört. Warum?»

Ich berichtete ihm von unserer Begegnung, während er die erste

Zigarre rauchte, die je in Spanien oder anderswo in Europa geraucht wurde.

«Verstehe», sagte er. «Und Ihr habt die Gegenstände aus dem beschlagnahmten Torres-Besitz?»

Ich zeigte ihm die Menora, das Säckchen mit den Perlen und das halbe Dutzend randvoll mit Golddukaten gefüllter Säckchen, die sich ebenfalls in dem Stoffbeutel befanden.

«Ihr habt das alles nie gesehen», warnte er mich.

«Nein. Ich verstehe.»

Aber das stimmte nicht. Was hatte Santangel mit ihr zu tun?

«Sie ist ein tolles Mädchen, nicht wahr?» sagte er.

«Falls», sagte ich gleichgültig, «man Haare mag, die so dunkel sind wie das schwärzeste Schwarz an der Unterseite eines Rabenflügels und Augen vom Smaragdgrün einer tiefen korallenumgürteten Lagune, wenn kein Lüftchen das Wasser kräuselt und die Sonne senkrecht steht, und Lippen . . .»

«Ihr solltet lieber morgen früh noch einmal herkommen», sagte Luis de Santangel entschieden.

«Ist sie in Sicherheit? Ich meine, wer war dieser Kerl . . .»

«Morgen früh, mein Freund.»

In dieser Nacht berief Luis de Santangel (wie er mir später erzählte) eine außerordentliche Versammlung seiner Verbündeten am ambulanten Königshof ein, der Neuchristlichen Samariter.

«Der Admiral des Ozeanischen Meeres», erklärte er ihnen, «hat sich in unseren Blauen Pimpernell verliebt.»

«Was?» schrien sie. «Wie ist das möglich?»

Vielleicht werden Sie sich dieselbe Frage stellen. Ein Blauer Pimpernell im Spanien des späten fünfzehnten Jahrhunderts? Aber es war nicht der Scarlet Pimpernel, der (es war doch ein Er, oder?) zur Zeit der Französischen Revolution französische Adelige vor der Guillotine rettete – zumindest, wenn man dem 1905 erschienenen Roman der Baroneß Orczy Glauben schenken darf. Diese spätere literarische Verwendung des Pimpernell muß mehr als ein Zufall sein. Ich jedenfalls bin zu dem Schluß gelangt, daß das geheime Netzwerk, an dessen Spitze die verwegene Schönheit Petenera de Torres stand, über die Jahrhunderte hinweg nicht ganz in Vergessenheit geraten ist, und daß die Bestseller-Baroneß einen guten Stoff erkannte, wenn ihr einer begegnete.

Aber wie dem auch sei, Santangel berichtete seinen Verbündeten, wie das passieren konnte.

Der kaltblütigste Samariter beantragte meine vorzeitige Entlassung. Zum Glück war er auch der dümmste und wurde sofort ausgezischt. Alle fingen gleichzeitig an zu reden.

«Haltet den Mund und überlaßt mir die Sache», sagte Luis de Santangel.

Wie üblich hielten sie den Mund und überließen ihm die Sache.

«Wir hatten doch vor, diesen Admiral des Ozeanischen Meeres früher oder später in unsere Pläne mit einzubeziehen, stimmt's?» sagte er.

«Chinillo hat recht», pflichteten ihm alle bei, wie üblich bei ihren geheimen Treffen unter Verwendung seines ursprünglichen Familiennamens.

«Eigentlich ist er ein ziemlich netter Kerl», sagte Santangel. «Und was die Religion betrifft, so besteht kein Grund zur Sorge. In dieser Hinsicht ist er völlig durcheinander.»

«Wie ist das möglich?» – ihre rhetorische Floskel, die Santangel signalisierte, daß sie zuhörten.

«Bis vor einem Jahr wußte er nicht einmal, daß er ein Neuchrist ist.»

«Dann ist er also in dem Glauben aufgewachsen, ein Altchrist zu sein?»

«Ja.»

«Dann können wir ihm keinesfalls trauen», meinten ein paar der Männer.

«Ihr irrt Euch, und ich will Euch auch sagen, warum», sagte Santangel. «Nicht nur, weil er in den Blauen Pimpernell verliebt ist. Viel wichtiger ist – und das könnt ihr nicht wissen –, daß er unter dem Dach unseres Landsmanns Rodrigo Borgia, jetzt Seine Heiligkeit Alexander VI., aufgewachsen ist.»

«Wie ich schon sagte», wiederholte der Dumme, «entlaßt ihn vorzeitig.» Wieder zischten die anderen und fragten: «Wie ist das möglich?»

«Papst oder nicht Papst, Borgia ist ein Freidenker, wie ihr alle wißt. Was also die Religion betrifft, wird der Admiral vermutlich für den Rest seines Lebens durcheinander bleiben. Außerdem verfüge ich über Möglichkeiten, ihn unlösbar in unser kleines Projekt zu verstricken, ohne ihn mit den Einzelheiten zu behelligen.»

«Wieviel wollt Ihr ihm sagen?»

«Vorerst nur, was ich ihm sagen muß.»

«Chinillo hat absolut recht», sagten sie – die übliche Floskel, wenn es galt, eine Sitzung zu vertagen.

Als ich Santangel am nächsten Tag aufsuchte, zündete er sich eine frische Zigarre an, eine schlankere, spitzer zulaufende, elegantere.

«Hört zu, mein Junge», sagte er, «erinnert Ihr Euch noch, daß ich die Könige dazu brachte, Euch zehn Prozent des Ertrages von allem in den Indischen Landen gefundenen Gold und allen Gewürzen zu überlassen? Nun, sie wissen das, was Ihr bisher erreicht habt, so sehr zu schätzen, daß ich sie wahrscheinlich auf zwölfeinhalb Prozent hinaufdrücken kann. Sagt selbst, kümmere ich mich nicht wirklich um Eure Belange?»

Ich erklärte ihm, zehn Prozent seien ein großzügiger Anteil und es wäre mir nie in den Sinn gekommen, eine Erhöhung zu fordern.

«Gut. Wenn das so ist, habt Ihr doch sicher nichts dagegen, wenn die zusätzlichen zweieinhalb Prozent in einen Fonds für bedürftige Abenteurer fließen, oder?»

«Bedürftige Abenteurer?» wiederholte ich.

«Nun, der Fonds dient in erster Linie dazu, sie aufzuspüren, bevor sie *allzu* bedürftig sind. Wie ich Euch wohl kaum zu erzählen brauche» – mit zarter, aber unmißverständlicher Betonung auf dem Pronomen der zweiten Person –, «gibt es in Spanien bereits seit mehreren Generationen *alte* Neuchristen und *neue* Neuchristen, die zum Teil unmittelbar von dem Exodus im vergangenen Jahr getauft wurden. Und während sich einige Familien großartig an den neuen Glauben anpassen, bringen andere, sogar alte Neuchristen, gelegentlich . . . schwarze Schafe hervor. Wir versuchen nun, diese für Ärger prädestinierten jungen Hitzköpfe aufzustöbern, bevor sie mit der Inquisition in Konflikt geraten.»

«Wir? Wer ist ‹wir›?» fragte ich scharf, beinahe wie Harana.

«Petenera de Torres gehört zu den treibenden Kräften unserer Organisation. Man könnte fast sagen, sie ist ihr Anführer.»

«Wo ist sie?» schrie ich fast. «Wie kann ich sie finden? Wer war dieser Kerl, der . . .»

«Sie will Euch nicht sehen», sagte Santangel traurig und paffte an seiner Zigarre.

«Sie will nicht?»

«Tut mir leid. Wie könnt Ihr vergessen, daß Ihr Gast der Suprema wart, als ihre ganze Familie tot *und* lebendig auf dem Scheiterhaufen verbrannt wurde?»

«Lebendig? O mein Gott. Heißt das, daß diese alte Frau und der junge Mann, der . . .»

«Die alte Frau war Petenera de Torres, ihre Großmutter, deren Namen sie trägt. Und das junge Mädchen, das halb garrottiert und dann wiederbelebt wurde, um bei lebendigem Leib verbrannt zu werden, war ihre Cousine Susanna Olivares.»

Sein Zigarrenrauch trieb mir Wasser in die Augen. «Warum wurden sie alle umgebracht?»

«Wer weiß? Haben zu oft gebadet, kein Schweinefleisch gegessen, beim Beten den Kopf geneigt, vorgehabt, beim Sterben ihre Gesichter zur Wand zu drehen. Es gibt Dutzende von Gründen, aber sie laufen im allgemeinen auf eines hinaus: Informanten erhalten eine Belohnung, einen Anteil am beschlagnahmten Eigentum der Denunzierten – und die Familie Torres war alles andere als arm. Die Suprema besitzt Reichtümer, von denen selbst Könige nur träumen können. Und ich, der ich einer der zwei oder drei reichsten Männer Spaniens bin – verglichen mit Tomás de Torquemada bin ich ein armer Schlucker.»

Er hatte noch mehr über seine bedürftigen Abenteurer zu berichten, aber es war kaum nötig, mich zu überzeugen. Wenn Petenera für diese Sache eintrat, konnte ich dann weniger tun?

«Und wie stöbert ihr sie auf?» fragte ich.

«Über Hitzköpfe wird geredet. Wir hören so einiges. Die Suprema ebenfalls. Es kommt eben darauf an, wer zuerst hört.»

«Und wenn Ihr das seid?»

«Dann versuchen wir, ihnen ein gesundes Ventil für ihre überschüssigen Energien zu verschaffen. Ich wette», sagte Luis de Santangel durch eine blaue Dunstwolke, «daß Ihr von Freiwilligen bestürmt werdet, die unbedingt mit Euch in die Indischen Lande zurücksegeln wollen.»

Ich gab zu, daß dem so war.

«Also macht Euch darauf gefaßt, von ein paar mehr bestürmt zu werden. Wir werden Euch wissen lassen, wer sie sind.» Damit stand er auf. «Wir können also auf Euch zählen?»

Als ich nickte, klopfte er mir auf den Rücken und begleitete mich an die Tür. Eine Umarmung von Mann zu Mann, und dann war ich draußen.

Erst später wurde mir klar, daß er keine einzige meiner Fragen nach Petenera beantwortet hatte.

Yego Clones großer Tag kam an einem Sonntagmorgen Anfang Juni, ein paar Wochen bevor wir unsere Rückfahrt in die Indischen Lande antraten.

Prachtvoll sah er aus in seinem strahlendweißen, an Ärmelaufschlägen und V-Ausschnitt mit gold-schwarzer Stickerei verzierten Satinwams. Seine Strumpfhosen waren aus weißer italienischer Seide, und er trug goldbestickte Schuhe aus weißem Ziegenleder. Des Königs persönlicher Barbier hatte seine üppige schwarze Haarmähne vorteilhaft zurechtgestutzt, so daß sie gerade noch die Ohren bedeckte.

«Wie sehe ich aus?» fragte er mich wohl zum zehntenmal an diesem Morgen. Er sprach ein einfaches, aber melodisches Spanisch – in Anlehnung an die arawakanische Sprache, die viele Vokale hat und sehr musikalisch ist.

«Wie eine Braut», erklärte ich ihm.

«Mach mich nicht lustig. Wie sehe ich aus?»

«Zu allem bereit», sagte ich. Alles, das bedeutete zunächst einmal das Bischöfliche Palais an der Plaça de Sant Jaume gegenüber dem Rathaus von Barcelona.

«Ihr seid früh dran», sagte der Bischof.

«Der Junge war ungeduldig, Euer Gnaden.»

Seine Gnaden strahlte Yego an. «Und wie soll der junge Mann heißen?»

«Yego Clone!» platzte Yego heraus.

Seine Gnaden runzelte die Stirn. «Vielleicht solltest du mir das lieber buchstabieren.»

«Ich noch nicht buchstabieren kann», gab Yego zu. «Vielleicht nächstes Jahr.»

Ich buchstabierte den Namen.

«Da muß ein Irrtum vorliegen», sagte Seine Gnaden. «Yego ist mit Sicherheit kein Heiligenname, und auf einen heidnischen Namen kann der junge Mann schlecht getauft werden. So etwas gehört sich einfach nicht.»

«Es ist eine leichte Abwandlung von Diego», erklärte ich.

«Kein Heiliger hat je seinen Namen leicht abwandeln lassen», sagte Seine Gnaden.

«Dann nenn mich Yego», sagte Yego fröhlich nickend.

«Aber ich habe dir doch soeben erklärt, daß das nicht geht.»

«Er meint Diego», sagte ich. «Er spricht es nur so aus.»

Seine Gnaden dachte nach und begriff.

«Wenn ich recht verstehe, seid Ihr der Vater, Admiral?»

«Ja, ich werde ihn rechtskräftig adoptieren.»

«Und die Mutter?»

«Seine leiblichen Eltern sind tot.»

Seine Gnaden gab den üblichen Satz von Gottes geheimnisvoll verschlungenen Wegen von sich.

«Wie sehe ich aus?» fragte Yego Seine Gnaden, wobei er eine weiß-gold-schwarz glitzernde Pirouette drehte.

«Nun, ich denke, du bist sehr passend gekleidet, junger Mann. Ja, in der Tat.»

«König gibt mir die Kleider.»

Der König und die Königin würden für Yego Pate stehen.

«Euer Gnaden mag Anzug?»

«Ja, ich habe dir bereits erklärt, daß es ein sehr schöner, passender Anzug ist.»

«Ich tausche nachher mit Euer Gnaden, vielleicht gegen großes Kruzifix mit blutendem Jesus?»

Seine Gnaden war sichtlich schockiert.

Yego zupfte an den eng ums Handgelenk anliegenden Ärmeln, dann unbefangen an seinem dezenten, aber noch enger sitzenden Hosenbeutel. «Anzug wunderschön. Aber unbequem.»

«In den Indischen Landen», erläuterte ich hastig, «ist es üblich, zu tauschen anstatt zu bezahlen. Das ist nicht respektlos gemeint.»

Seine Gnaden versprach Yego ein Kruzifix als Geschenk.

Eine halbe Stunde später kniete Yego vor dem Taufbecken in der Kathedrale, flankiert vom König und der Königin auf der einen und von mir auf der anderen Seite, während sämtliche Würdenträger des ambulanten Hofstaates von den Kirchenbänken aus zusahen. Auch Pater Buil war anwesend und strahlte engelsgleich aus seinem Chorstuhl neben der Kanzel.

Jeder der in der riesigen Kathedrale Versammelten konnte, glaube ich, die ehrfurchtgebietende Verantwortung einer noch nicht geschriebenen Geschichte spüren. Denn Yego, der erste Indianer, der in die Glaubensgemeinschaft aufgenommen wurde, symbolisierte sein ganzes Volk, und es war, als knieten Generationen ungeborener Indianer an seiner Seite und harrten der Berührung mit dem geweihten Wasser.

In dem kunstvoll geschnitzten und bemalten Chorstuhl neben Pater Buil saß Tomás de Torquemada. In diesem bedeutungsvollen Augenblick nicht minder ein Symbol als Yego, saß er ganz im Schatten, während alles andere im sonnendurchfluteten Kirchenschiff in helles Licht getaucht war. Nur seine asketischen (oder irren) Augen brannten vor übernatürlichem Feuer. Ein leichtes, doch unmißverständliches Schaudern der Vorahnung für jene noch ungeborenen Menschenmassen überlief mich, unmittelbar bevor Seine Gnaden eine Hand in das Weihwasser tauchte.

Und dann wurde Yego als erster Indianer getauft.

Mag sein, daß Tomás de Torquemada aus der schattigen Tiefe seines Chorstuhles beinahe lächelte.

Noch kein Jahr war es her, daß ich in dem verschlafenen Städtchen Palos Segel gesetzt hatte, mit neunzig Männern, drei kleinen Schiffen und einem Traum – ein Admiral, der sein Ozeanisches Meer erst noch erobern mußte, mit Rechten und Privilegien, die nicht einmal das Pergament wert waren, auf dem sie geschrieben standen. Inzwischen waren mein hochtrabender Titel durch meine erste Reise gerechtfertigt und meine Rechte und Privilegien durch den König und die Königin bestätigt. Inzwischen hatte Luis de Santangel, wie versprochen, meinen Anteil auf ein Achtel des Nettogewinns hochgeschraubt. Inzwischen hatte der Papst, dank meiner, seine berühmte Bulle verkündet, die König Ferdinand und Königin Isabella das heißbegehrte Monopol zusprach. Jetzt würde ich ein zweites Mal nach den Indischen Landen segeln, diesmal von Cádiz aus als Generalkapitän mit dem Kommando über siebzehn Schiffe; meine Admiralitätswürde war unumstritten und erstreckte sich vom Ende der Kanarischen Inseln bis Kuba und Hispaniola und darüber hinaus so weit, wie ich das königliche Banner tragen würde. Was meinen vizeköniglichen Traum anging, so würde er Wirklichkeit werden, sobald diese eindrucksvolle Flottille die rund tausend Kolonisten, allesamt begeisterte Freiwillige, unter ihnen mehr als zweihundert Caballeros, in Navidad abgesetzt hätte, auf daß sie die winzige, aus den Überresten der *Santa María* erbaute Siedlung in eine echte Kolonie verwandeln – mit Rathaus, Gericht, Straßen, ein oder zwei Plätzen, Kirche, Vizeköniglichem Palast (oder zumindest Gouverneurssitz), Pferden, Hunden, Schweinen, Schafen, Saatgetreide, Zuckerrohr, Rebstöcken – mit einem Wort: mit allem, was Navidad zu einem Teil Spaniens machen würde – bis auf spanische Frauen; die würden noch warten müssen, bis sich die Kolonie bewährt hatte.

Da saß ich nun in einem Büro der Hafenmeisterei von Cádiz gleich neben dem Leuchtturm, in einer von des Königs persönlichem Schneider entworfenen Sommeruniform, weiß wie Yego Clones Taufanzug und schwer vor lauter Goldtressen, an einem Tisch vor dem Fenster, um unter den Kolonisten und Besatzungsmitgliedern die endgültige Auswahl zu treffen. Von diesen Entscheidungen würde der Erfolg des zweiten Teils des Großen Abenteuers abhängen. Trotzdem ging ich die ganze Angelegenheit ziemlich locker an.

Niño, Francisco, geboren 1475 in Moguer. Leichtmatrose, erste Reise.
«Nun, Francisco. Schön, Euch wieder hier zu haben.»
«Sch-schön, wieder hier zu sein, Sir.» Immer noch dieses leichte, charmante Stottern.
«Schön, Euch überhaupt woanders als auf dem Rost zu sehen.»
«Wie ich höre, habe ich Euch d-dafür zu danken, Admiral.»
«Keine Ursache, mein Junge, keine Ursache.»

«Ihr habt diesmal nicht zufällig einen P-Platz für mich auf dem Flaggschiff?»

«Wo sind denn Eure Brüder?»

«Juan kommt noch.» Und dann fast verschämt: «Peralonso k-kann nicht.»

Ich stieß mich vom Tisch ab. Kein Peralonso? «Und warum nicht?» donnerte ich.

«Er hat geheiratet, Admiral. Er ist damit beschäftigt, eine Familie zu gründen.»

Nachdem ich das verdaut hatte, sagte ich im selben Tonfall: «Ich habe an Bord des Flaggschiffs keinen Platz für einen Leichtmatrosen mit Euren Fähigkeiten.»

«Nun ja, klar, ist schon gut, ich hatte nur gehofft . . .»

«Aber die *Niña* braucht einen Schiffsmeister.»

«Ich? Als Schiffsmeister?»

Ich nickte. Unser griechischer Gott kam voran in der Welt. Desgleichen ein noch jüngerer Veteran der ersten Reise.

Terreros, Pedro, geboren 1476 in Palos. Steward, erste Reise.

«Schön, Euch zu sehen, Pedro. Erzählt mir bloß nicht, Ihr hättet die Nase noch nicht voll von uns.»

«Es geht einem in Fleisch und Blut über.» Dann ein breites Grinsen. «Wie ich höre, habe ich diesmal eine richtige Admirals-Suite tipptopp sauberzuhalten.»

Das neue Flaggschiff, das auf den Spitznamen *Mariagalante* hörte, war beinahe dreimal so groß wie die arme *Santa María*, hatte jedoch ironischerweise denselben offiziellen religiösen Namen. Auf spanischen Gewässern wimmelte es nur so von *Santa Marías*. Diese hatte, wie Pedro Terreros offenbar wußte, eine meinem Rang entsprechende große Suite für den Generalkapitän.

«Da habt Ihr falsch gehört», erklärte ich ihm, ohne eine Miene zu verziehen.

«Ihr meint, sie ist gar nicht so groß?»

«Ich meine, sie ist so groß, daß man fünf Leute dafür braucht. Und die sind bereits angeheuert.»

Betroffen sah er mich an.

Ich weiß nicht, was ihm in diesem Augenblick durch den Kopf ging, aber ich mußte an einen schweren Sturm denken, an das verlassene Ruder der *Santa María* und an einen unerfahrenen Steward, der aufs Ruderdeck hinuntersprang, um die Pinne zu packen und unser aller Leben zu retten.

«Ich habe einen Platz auf der *Niña* für Euch, wenn Ihr wollt.»

Die forsche kleine *Niña* war der Liebling sämtlicher Veteranen. «Erzählt mir bloß nicht, daß Juan Niño Flausen im Kopf hat und sich einbildet, er bräuchte in dieser Badewanne einen Steward», sagte Pedro Terreros, ohne sich Mühe zu geben, seine Enttäuschung zu verbergen.

«Nein. Aber er braucht einen Bootsmann.»

Pedro Terreros' verletzter Gesichtsausdruck wich einem kecken Grinsen. «Dann bin ich sein Mann.»

Ojeda, Alonso, geboren 1465 in Sevilla. Königliche Empfehlung für das Kommando einer Karavelle.

Vor mir stand ein in allen Farben leuchtender, geckenhafter Zwerggockel, kostbar gekleidet in ein umwerfendes karmesinrotes Wams mit Ärmelschlitzen, die die weiß-goldene Pracht seines üppig bestickten Seidenhemdes mit topmodischem eckigem Kragen enthüllten. Seine kurzen, muskulösen Beine steckten in einer bunt schillernden Strumpfhose, das linke in einem kleinen weiß-roten Rhombenmuster, das rechte in merkwürdigen roten und goldenen Streifen, die überhaupt kein Muster ergaben. Sein gewölbter Hosenbeutel aus goldbestickter Seide enthielt eindeutig mehr als sein Geschlechtsteil.

«Ihr blendet einen ja, Ojeda», sagte ich und kniff die Augen zu.

Seine eigenen Augen wirkten hart und rücksichtslos. «Ich bin kein großer Mann wie Ihr, Admiral. Ich falle in einer Menge nicht auf, wenn ich mich nicht herausputze.»

«Und was könnt Ihr sonst noch?»

«Schiffe segeln, Kriege führen, mich gegen jeden anderen Mann behaupten und jede Frau befriedigen. Ich bin ein extrovertierter Mensch. Als Junge habe ich mal einen kleinen Hochseilakt in mehr als zweihundert Fuß Höhe auf der Giralda in Sevilla vollführt, nur weil mich wochenlang niemand beachtet hatte. Außerdem war zufällig die Königin da.»

«Ihr sollt das Kommando über eine Karavelle erhalten», erklärte ich ihm mit unverhohlenem Mangel an Begeisterung, der jedoch unbemerkt vom Panzer seines Selbstbewußtseins abprallte.

«Gibt es denn keine Unterabteilungen der Flotte?» fragte er. «Sagen wir, ein Geschwader oder ein halbes Dutzend Schiffe?»

Ich teilte ihm seine Karavelle zu, machte mir eine Notiz, ihm einen erfahrenen Schiffsmeister an die Seite zu geben, und wünschte ihm viel Glück.

Mannschaft und Kolonisten beliefen sich auf beinahe vierzehnhundert Leute, und ich versuchte, mit jedem einzelnen zu reden – soweit ich nicht gerade alle Hände voll mit der Ausrüstung und dem Proviant für siebzehn Schiffe und dem Herbeischaffen von Zuchttieren und Gerätschaften für die größte kolonisatorische Unternehmung in der Weltgeschichte zu tun hatte. Namen und Gesichter wirbelten in meinem Kopf durcheinander. Da gab es Basken und Galicier, aber Gott sei Dank keinen Juan de la Cosa. Da gab es Männer aus Palos und Huelva, aber kein Mitglied der weitläufigen Familie Pinzón. Da gab es Männer von der Küste und aus dem Landesinneren, Männer, die das Meer noch nie gesehen hatten. Da gab es zu Pater Buils missionarischer Unterstützung zwei Franziskaner aus dem fernen Burgund. Da gab es Ponce de León, der als Leichtmatrose auf der *Mariagalante* anheuerte, und den Hauptmann Mosén Pedro Margarit, Ihrer Majestät bevorzugten Kavallerieoffizier, der unsere Truppe von zwanzig Kavalleristen anführen und unsere Streitkräfte befehligen sollte. Da gab es Pedro de las Casas, dessen Sohn sich später in seinem Bericht über mein Leben solche Freiheiten herausnehmen sollte. Da gab es Melchior Maldonado, jenen Mann mit dem klangvollen Namen.

Viele von denen, die sich bewarben, waren so überstürzt nach Cádiz geeilt, daß wir keine Unterlagen über sie hatten.

«Name und Geburtsort?» fragte ich. Gegen Ende des letzten Tages der Aufnahmegespräche verschwamm mir alles vor Augen.

Die Stimme war so leise, daß das Geschrei der Dockarbeiter, die die *Mariagalante* beluden, den Namen verschluckte. Aber ich hörte den Mann sagen, er sei Genuese, und so schaute ich interessiert auf. Wo immer Schiffe auslaufen, sind genuesische Seeleute willkommen.

Vor mir stand ein Schrank von einem Kerl in brauner Mönchskutte. Eine Tonsur hatte er allerdings nicht. Aus dem Gesicht mit der langen Nase blickten die Augen eines erstaunten Kindes.

«Alter?»

«Sechsunddreißig», antwortete er. Er sprach spanisch mit einem Akzent.

Sechsunddreißig ist alt für einen Leichtmatrosen, dachte ich. Vielleicht hatte er den Dienstgrad eines Schiffsmeisters oder Zweiten Offiziers. Korpulent genug, um einem Respekt einzuflößen, war er jedenfalls.

«Erfahrung?» fragte ich.

«Null», sagte er fröhlich.

Allmählich fragte ich mich, wie er bis hierher vorgedrungen war. Wer eindeutig nicht in Frage kam, wurde normalerweise gleich ausgesondert.

«Überhaupt keine?»

«Der Weg hierher war meine allererste Seereise», sagte er mit sanfter, sonorer Stimme, diesmal auf italienisch.

«Wie kommt Ihr bloß auf die Idee», fragte ich ziemlich barsch, «daß wir Euch gebrauchen können?»

«Die Männer aus meiner Familie sind hervorragende Seeleute», erklärte er mir mit derselben herzlichen Fröhlichkeit.

Ich war verschwitzt, müde, gereizt und drauf und dran, ihn hinauszuwerfen, als er fragte: «Habt Ihr noch dieses Amulett des heiligen Christophorus?»

Ich sah ihn verständnislos an. «Welches Amulett?» Dabei trug ich schon immer, wie mir schien, eines an einem dünnen Kettchen um den Hals.

«Das, das ich Euch gegeben habe, als Ihr Rom verlassen habt.»

Etwa zehn Sekunden lang saß ich noch da, dann brüllte ich: *«Giacomo! Der kleine Giacomo!»* und stieß meinen Hocker um und fast auch noch den Tisch, als ich aufsprang, um meinen kleinen Bruder zu umarmen, der die Umarmung auf seine sanfte Art erwiderte und mir dabei beinahe alle Rippen zerquetschte.

Hier noch eine kurze Anmerkung zu den Namen: Giacomo heißt auf spanisch Diego, und um Verwechslungen zu vermeiden, werde ich meinen jüngeren Bruder von jetzt an den Großen Diego nennen. Denn auf diesen Seiten wimmelt es nur so von Diegos – mein Sohn, der Kleine Diego, mein Adoptivsohn Yego, Diego Enríquez de Harana, dessen Taufnamen ich gleich nachdem ich ihn vorgestellt habe, unter den Tisch habe fallen lassen. Außerdem, fürchte ich, gibt auch zu viele Martins: Martin Behaim, Martinus Waldseemüller, Martín Alonzo Pinzón. Und Alonzos ebenfalls, wenn ich es mir recht überlege. Denn wer ist der frisch verheiratete Peralonso Niño anderes als Alonzo Niño? Und gerade haben wir diesen verwegenen Fatzken Alonzo Ojeda kennengelernt. Dann gibt es noch zwei Fernandos, zwei Isabellas, zwei Rodrigos und, meiner letzten Zählung zufolge, fünf Johns oder Juans oder Johanns. Des weiteren dreierlei Luis – mein herzoglicher Freund Medinaceli, mein gewaltiger und gewaltig reicher Freund-bei-Hofe Santangel und mein gelehrter junger Freund Torres, an dessen Schwester ich ein für allemal mein Herz verloren habe.

Diese Namen dieser Leute habe nicht ich mir ausgedacht, also seien Sie nachsichtig mit mir. Ich werde nach Möglichkeit versuchen, Unklarheiten zu vermeiden.

Da sich Juan Niño zufällig im selben Gebäude aufhielt, bat ich ihn, sich die letzten paar Bewerber anzusehen, während ich mich mit dem Großen Diego in eine Kneipe zurückzog. Hatten wir uns wirklich ein Vierteljahrhundert lang nicht gesehen? Das war der größte Teil unseres Lebens. Das meine war so erfüllt gewesen, daß ich nicht wußte, wo ich mit dem Erzählen beginnen sollte, und es folglich erst gar nicht versuchte. Über das Leben des Großen Diego hingegen gab es nicht viel zu berichten.

«O nein, nein. Die Ordensgelübde habe ich nicht abgelegt. Warum, weiß ich auch nicht genau. Fühlte mich wohl nicht so richtig berufen.»

«Eine Zeitlang wollte ich Kartenzeichner werden wie du und Bartoloméo, aber Rom ist voll von Kartenzeichnern.»

«Rom verlassen? Natürlich habe ich das erwogen, aber bevor ich deinen Brief bekam, wäre es so ein Aufwand gewesen.»

«Nein, geheiratet habe ich nicht. Eine Familie bedeutet schreckliche Verantwortung, habe ich mir immer vorgestellt.»

«Na ja, dies und das. Alle möglichen Jobs für Seine Heiligkeit. Zu tun gab es immer was.»

Ich hatte den Eindruck, daß der Große Diego irgendeine Perspektive brauchte, einen sanften Tritt von seinem älteren Bruder. Ich würde ihm keine speziellen Pflichten übertragen, sondern ihn als inoffiziellen Gehilfen des Admirals des Ozeanischen Meeres und Vizekönig der Indischen Lande mitnehmen und auf diese Weise feststellen, aus welchem Holz er geschnitzt war.

Bis zum Herbstbeginn waren die Mannschaften vollzählig und alle Posten in der Kolonie vergeben – Zimmerleute und Steinmetze, Wagenmacher, Schiffsbauer, Faßbinder und Schmiede, Weber, Schneider, Schuster, Bäcker, zwei Tierärzte, mehrere Ärzte, Schreiber, Goldwäscher und Hunderte von einfachen, redlichen Bauern. Die Mannschaften exerzierten täglich in der Takelage ihrer neuen Schiffe, und täglich paradierte unsere Kavallerie schneidig am Ufer entlang und zog die Schaulustigen an.

Am Tag bevor wir in See stachen, war die Parade die reinste Travestie. Über Nacht waren aus feurigen Arabern kreuzlahme Mähren geworden, die längst in die Leimfabrik gehörten, so schwerfällig und kurzatmig, daß sie zum Takt der Trommeln und dem Pfeifen der Flöten nur mühsam und furzend an den Kais entlang rutschten und stolperten.

In meiner Wut zitierte ich den Kavallerieoffizier Mosén Pedro Margarit herbei.

«Der Admiral möchte mich sprechen?»

«Was zum Teufel ist mit Euren Pferden passiert?»

«Wir haben sie verkauft, alter Junge.» Im Vertrauen auf die königliche Gunst ließ er sein Pferdegebiß blitzen.

«*Was* habt Ihr getan?»

«Sie verkauft. Diese Araber sind empfindlich. Man braucht sie bloß schräg anzuschauen, schon siechen sie dahin. Wir gehen davon aus, daß diese alten Gäule eine bessere Chance haben, die Reise zu überleben.»

«Die Tatsache, daß Ihr einen anständigen Profit herausgeschlagen habt, hat natürlich nichts damit zu tun.»

«Es ging uns einzig und allein um die Gewißheit, in den Indischen Landen brauchbare Pferde zu haben, Admiral.»

«Raus mit Euch.»

Sogleich stand an seinem Platz ein dreizehnjähriger Junge mit vorstehenden Zähnen.

«Admiral Colón?»

Ich nickte unwirsch.

«Ich komme vom Handelshaus Centurione. Der Direktor möchte Euch sprechen, Admiral, Sir. Es ist ganz ungeheuer lebenswichtig.»

«Für ihn oder für mich?» knurrte ich.

«Das weiß ich leider nicht, Admiral, Euer Exzellenz.»

«Seit wann gibt es denn überhaupt eine Niederlassung der Centurione in Cádiz?»

«Wir etablieren uns gerade, Admiral, Eure Lordschaft, was auch der Grund dafür ist, warum der Direktor nicht persönlich kommen konnte.» Dadurch ermutigt, daß ich ihn nicht wieder anknurrte, grinste der Junge. «Außerdem ist er ein Fossil.»

«Es handelt sich nicht zufällig um einen Kerl namens Porco-Zámpano?»

«Zufällig schon.»

«Warum hast du das nicht gleich gesagt?»

Meine Biographen stimmen allesamt darin überein, daß ich am Tag der Abreise an einer geringfügigen Unpäßlichkeit litt, aber ob ich mich auf dem Achterdeck oder in der Generalkapitänssuite befand, als wir Anker lichteten, ist umstritten. Lassen Sie mich das hier und jetzt klarstellen. Ich stand auf dem Achterdeck, umklammerte eine Want und spähte in der für mich charakteristischen Pose mit Adlerblick gen Westen. Bei näherem Hinsehen hätte man feststellen können, daß meine Fingerknöchel weiß waren und meine Adleraugen ausgesprochen glasig blickten. Der Grund wird gleich klarwerden.

In der brandneuen Niederlassung des Handelshauses Centurione in Cádiz saß Porco-Zámpano in einem riesigen Büro voller Kisten und Kasten. Der Junge hatte recht; er war alt geworden. Sein Haar war strähnig weiß, seine Augen trieften, die Haarbüschel aus Ohren und Nasenlöchern sprossen wilder denn je.

«Nun, junger Mann», sagte er und betrachtete meine goldbetreßte Uniform, «für einen Mann, der als Junge gezwungen war, Rom auf dem Höhepunkt der italienischen Renaissance zu verlassen, habt Ihr Eure Sache ganz gut gemacht.»

Er zog die goldene Kette aus seinem Wams und warf einen Blick auf seine Taschenuhr.

«Läuft mir davon», beschwerte er sich. «Geht am Tag eine halbe

Stunde vor. Manchmal noch mehr. Für einen alten Mann vergeht die Zeit wie im Flug. Aber ich will Euch nicht lange aufhalten.» Er seufzte. «Kaum habe ich den Laden in Sevilla zum Laufen gebracht, versetzt mich Centurione hierher. Was soll eigentlich dieses Gerede, daß Cádiz bald der reichste Hafen der Welt sein wird?»

«Das ist unvermeidlich», versicherte ich ihm.

«Centurione läßt sich doch wirklich keine Gelegenheit entgehen.» Abermals konsultierte er seine Taschenuhr und machte Anstalten aufzustehen. «Also, schönen Dank, daß Ihr hereingeschaut habt, Admiral. Es war schön, Euch wiederzusehen.»

«Soll das heißen, daß das alles war?» fragte ich verblüfft.

Er setzte sich wieder hin. «Entschuldigt. Werde allmählich zu alt für diese Art von Arbeit. Beinahe hätte ich es vergessen. Ihr werdet um Dreiviertel sechs in der Calle Sacramento Nummer siebzehn erwartet.»

«Von wem?»

Eines alten Mannes Achselzucken, eines alten Mannes mürrischer Ton: «Fragt mich nicht, mir sagt doch keiner mehr was. Die Nachricht kam vom Stammhaus in Barcelona. Ihr solltet Euch lieber beeilen. Und viel Glück, alter Freund», sagte Porco-Zámpano. «Ich bezweifele, daß wir uns jemals wiedersehen.»

Zunächst dachte ich, er hätte mir die falsche Adresse genannt. Nummer siebzehn war ein abgesacktes, verfallenes Gebäude im maurischen Stil, das der Straße eine kahle Fassade zukehrte. Als ich an die zurückgesetzte Tür klopfte, bekam ich keine Antwort.

«Ist jemand zu Hause?» rief ich.

Noch immer keine Antwort.

Ich wandte mich zum Gehen. Schwarze Wolken trieben vom Atlantik herein, es war ein düsterer Nachmittag. Der erste kalte Herbstwind fegte durch die schmale, verlassene Straße. Hinter mir ging quietschend die Tür auf. Ich zögerte einen Augenblick, dann trat ich beherzt ins Haus.

Noch immer niemand. Aber wer hatte die Tür geöffnet?

Hinter der Eingangsdiele lag ein großes, unmöbliertes Zimmer, dessen einziges dichtverhangenes Fenster auf den geschlossenen Innenhof hinausging. Im Licht zweier Wandleuchter konnte ich erkennen, daß der Boden mit kniehohen Stapeln von Perserteppichen bedeckt war.

«Ihr kommt spät», sagte sie.

Draußen ging der erste Regenguß nieder. Der Wind blies heftig. Wir trafen uns auf Armeslänge neben den aufgestapelten Perserteppichen.

Ihr langes, üppiges Haar war schwarz wie der Raum zwischen den Sternen in einer klaren Nacht auf See.

«Von einem gemeinsamen Freund weiß ich», sagte sie, «daß Ihr gewisse . . . Bewerber für Eure Kolonie akzeptiert habt. Ich bin Euch sehr dankbar.»

«Keine Urs. . .»

«Aber bildet Euch bloß nichts ein. Ich hasse Euch nach wie vor. Nach dem, was Ihr meinem Bruder angetan habt, würde ich nicht einmal mit Euch reden, wenn ich Euch nicht etwas für ihn nach Navidad mitzugeben hätte.»

Die Eichenkiste war klein, aber schwer. «Bücher?»

«Er muß seine geistigen Interessen wachhalten.»

«Verstehe.» Ich wuchtete die Kiste auf die Schulter und wartete ab. «Also», sagte ich unschlüssig und lenkte, da sie keine Antwort gab, meine Schritte zur Tür.

Als ich sie öffnete, schlugen mir heulender Wind und peitschender Regen entgegen. Die Kerzen an der Wand flackerten.

«Wartet, ich habe eine Botschaft für Luis», rief sie. Ich setzte die Kiste neben der Tür ab. Wieder standen wir auf Armeslänge neben den aufgestapelten Perserteppichen.

«Für Euren Bruder Luis», fragte ich, «oder für Luis, den . . .»

«Für meinen Bruder. Sagt ihm, er darf seine geistigen Interessen nicht vernachlässigen.»

Ich wies sie darauf hin, daß sie das bereits gesagt hatte.

Mit Ausnahme des Sturmes, der draußen heulte, war es still.

Dann sagte sie: «Dieser Teil der Botschaft ist nicht für meinen Bruder», überbrückte mit einem einzigen, behenden Schritt die Armeslänge, die uns trennte, und küßte mich heftig.

Nie zuvor hat mich eine Frau so geküßt.

Schließlich trat sie zurück, so daß wir erneut auf Armeslänge neben den Teppichstapeln standen.

«Wie ich vermutet habe», sagte sie. «Ihr seid ein sehr sinnlicher Mann, Colón.»

Nie zuvor hatte mich eine Frau nur bei meinem Nachnamen genannt.

«Aber bildet Euch ja nichts ein. Ich hasse Euch nach wie vor. Und eigentlich seid es auch gar nicht Ihr, der so anziehend ist. Ruhm ist ein ungeheures Aphrodisiakum.»

Im Kerzenlicht hatten ihre Augen jenes tiefe Smaragdgrün, das John Cabot sehen würde, wenn seine Schiffe im Juni 1497 den Golfstrom überquerten.

«Wie Ihr sicher längst wißt», fügte sie hinzu.

Es hatte zu regnen aufgehört. Die Luft, die wir atmeten, knisterte vor Spannung. Als ich den Mund aufmachte, war meine Stimme belegt.

«Es hat zu regnen aufgehört», sagte ich.

Im Kerzenlicht waren ihre Lippen einen sinnlichen Halbton dunkler als zartrosa.

«Nachdem Ihr», sagte sie sarkastisch, «auf Eurem Triumphzug zu dieser königlichen Audienz in Barcelona sicher jede Menge Groupies gehabt habt.»

«Eigentlich nicht, nein. Ich . . .»

«Ich habe noch nie mit einer Legende geschlafen», schnurrte sie und überbrückte wieder mit einem behenden Schritt die Armeslänge zwischen uns.

Wieder erfuhr ich die Heftigkeit ihres Kusses. Ihre scharfen Zähne knabberten an meinen Lippen.

Schließlich trat sie zurück, so daß wir ein letztes Mal auf Armeslänge neben diesen aufgestapelten Perserteppichen standen.

Inzwischen war ich scharf wie ein Zuchtbulle, aber da ich wußte, daß sie mich haßte, zögerte ich; ich hatte keine Lust, zu weit vorzupreschen und mich zurückweisen zu lassen. Schließlich sagte ich zu ihr: «Also, ich habe morgen wirklich einen langen Tag vor mir, und deshalb . . .»

Blitzschnell änderte sie die Marschrichtung. «Es hat wirklich zu regnen aufgehört.»

«Ja, nicht wahr?»

«Und Ihr müßt, wie Ihr angedeutet habt, zu Eurem Dasein als Legende zurückkehren.»

Hatte ich eine derartige Andeutung gemacht? Ich bezweifelte es. Sie spielte «schwer zu kriegen».

«Ich habe es nicht eilig», sagte ich etwas offensiver.

«Müßt Ihr nicht morgen früh mit der Flut auslaufen?»

Schwer zu kriegen, kein Zweifel. Bis jetzt war ihr Verhalten verblüffend unkonventionell gewesen. Aber dieses Spielchen beherrschte ich auch.

«Es ist noch viel Zeit bis zum Morgen», sagte ich.

Flüchtig fuhr sie mit der Zungenspitze über ihre Lippen.

Ich ging zum Angriff über. «Ihr seid berüchtigt, wißt Ihr das?»

«Ich?» Dann geringschätzig: «Ach, diese Geschichte mit dem Blauen Pimpernell.»

«Frauen mit einem schlechten Ruf wirken auf Männer erregend», sagte ich.

«Aber es ist das bestgehütete Geheimnis Spaniens. Praktisch niemand weiß, daß ich der Blaue Pimpernell bin.»

«Ich weiß es», sagte ich vieldeutig. «Und das macht Euch so aufregend.»

Wir machten beide einen halben Schritt, um die Armeslänge zwischen uns zu überbrücken. Ich weiß nicht mit Sicherheit, wer von uns die Balance verlor und dafür sorgte, daß wir auf den Stapel von Perserteppichen fielen. Nach einer Weile machte ich mich los und stand auf, um die Kerzen zu löschen. Als sie sah, was ich vorhatte, sagte sie: «Ich habe etwas gegen Dunkelheit.»

Ich ging zu ihr zurück.

«Was auch geschieht», sagte sie, «bildet Euch bloß nichts ein. Ich hasse Euch nach wie vor. Es ist nur Eure Berühmtheit, die . . .»

«Petenera», sagte ich, «würdet Ihr wohl so nett sein zu versuchen, das vorübergehend bleiben zu lassen? Ein Mann möchte um seiner selbst willen geschätzt werden.»

Ich küßte sie heftig.

Sie legte sich auf den Stapel von Perserteppichen.

Einige Zeit später wachte ich mit einer Gänsehaut auf. Es war kalt. Ich ließ meine Hände wandern, bis sie aufwachte, und machte ein paar von den Dingen, die sie zuvor erregt hatten.

«Ich hasse Euch nach wie vor», brummte sie dicht an meinem Mund.

Inzwischen war ich über ihr. Aber sie sagte: «O nein, so nicht. Es geht auch anders.»

Ich fragte sie, was sie damit meinte.

Sie küßte mich heftig. «Tut nicht so, als wüßtet Ihr das nicht. Das ist nur eure verlogene doppelte Moral.»

«Meine was?»

«Ach, nicht Eure persönliche. Die der ganzen männlichen Hälfte der menschlichen Spezies.»

Jetzt war sie über mir.

Einige Zeit später muß sie mit einer Gänsehaut aufgewacht sein. Es war noch kälter. Sie ließ ihre Finger wandern, bis ich aufwachte, und machte ein paar von den Dingen, die mich zuvor erregt hatten.

«Ich bin vierzig Jahre alt», sagte ich.

«Das ändert nichts», erklärte sie mir. «Ich hasse Euch nach wie vor.»

«Ich meine, ich kann nicht die ganze Nacht so weitermachen.»

Wir küßten uns heftig, und ich stellte fest, daß ich mich geirrt hatte.

Einige Zeit später wachten wir beide mit einer Gänsehaut auf. Inzwischen war es eiskalt hier drinnen, und eigentlich hatte ich sowieso nicht geschlafen. Ich hatte nachgedacht.

«Ich habe nachgedacht», sagte ich nachdenklich. «Haltet Ihr Unzucht für eine schwere oder nur für eine läßliche Sünde?»

Sie überlegte, während wir einander in die Arme nahmen. «Ist doch egal», sagte sie. «Genießt es.»

Einige Zeit später . . .

Hier greife ich wohl besser auf die Ellipse oder die beliebten drei Pünktchen zurück, die ich mir für besondere Effekte vorzubehalten versuche. Aber schließlich mußte ich ein Schiff erwischen.

. . .

Sie war verschwunden, als ich aufwachte und feststellte, daß ich mit einem Schaffell zugedeckt war. Rasch zog ich mich an und taumelte zur Tür, wo ich beinahe über die Eichenkiste stolperte. Ich hob sie auf, eilte nach draußen und durch eine blutunterlaufene Morgendämmerung in Richtung Hafen.

KAPITEL 12

Die sonderbare Geschichte vom Kannibalen, der nicht sterben wollte, das tragische Schicksal von Navidad und anderes mehr, was zum Verständnis der Indianer beiträgt

Am Morgen des 25. September 1493 stach die große Flotte von Cádiz aus in See und nahm Kurs Richtung Westen auf die Indischen Lande. Abgesehen von einem vierstündigen heftigen Gewitter verlief die Überfahrt ereignislos – behaupten jedenfalls die Biographen. Vielleicht haben sie recht. Ich kann mich nicht erinnern. Meine Gedanken waren anderswo.

Ich erinnere mich nicht an die pompöse Szene im Hafen – nicht daran, daß die Kanonen der Festung von Cádiz und sämtlicher in der Bucht liegenden Kriegsschiffe Salutböller abschossen, als sich die Segel in der leichten Brise entfalteten und dabei große grüne Kreuze enthüllten, die sich deutlich vom blitzendweißen Segeltuch abhoben, nicht an die stolzen Farben Spaniens, die an jedem Flaggenstock wehten, nicht an die bunten Wimpel, die wie Girlanden ringsum an jedem Schanzkleid hingen – ich erinnere mich an nichts.

Nicht einmal an mein eigenes Wappen, das zu führen mir König und Königin gerade erst gestattet hatten und das auf dem Mitteldeck jedes einzelnen Schiffes prangte – ein Wappen, auf dessen vier Feldern die goldene Burg von Kastilien auf grünem Grund, der purpurne, zum Sprung bereite Löwe von León (grüne Zunge, weißer Hintergrund), silbern glänzende Inseln auf einem azurblauen Meer und fünf goldene Anker auf königsblauem Grund zu sehen waren – nein, warum auch sollte mir das im Gedächtnis haftengeblieben sein?

Deutlich allerdings erinnere ich mich an einen letzten kurzen Blick auf Beatriz und die zwei Jungen, die inmitten der wogenden Menschenmenge am Kai stehen, während das weiße Cádiz langsam davongleitet; ihr Onkel Harana hatte sie aus Córdoba hierher gebracht, damit sie sich von mir verabschieden könnten – aber wo war ich in der vergangenen Nacht, als sie in Cádiz ankamen, um mich zu überraschen?

Doch dieses plötzliche Schuldgefühl ist wie weggewischt, als ich am Rand der Menge, auf zwei kastanienfarbenen Zeltern, einen Mann und eine Frau erspähe. Er sitzt mit der Nonchalance eines kastilischen Adeligen aufrecht im Sattel und kommt mir trotz des Federhuts, der sein Gesicht überschattet, irgendwie bekannt vor. Sie ist barhäuptig – und selbst auf diese Entfernung so atemberaubend, daß ein Blick die Zeit zurückspult und die Nacht mit ihr in aller Intensität zurückbringt.

Wer ist bloß dieser arrogante Kastilier an ihrer Seite? Warum steht er da, Schenkel an Schenkel mit ihr, um der auslaufenden Flotte nachzusehen? Und sie, deutet sie ein Winken zum Abschied an, als sie sich vorbeugt, um ihr lebhaftes Pferd zu besänftigen?

In dem Augenblick umklammere ich besagte Want und richte meine Augen entschlossen nach Westen – und gebe damit der Legende Nahrung.

«Seht Euch bloß den Admiral an. Sein eigenes Wappen auf jedem Schiff, einundzwanzig Salutschüsse, Hunderte von Fanfaren, venezianische Galeeren, die uns bis zur Mündung des Hafens begleiten – aber er ist in Gedanken bereits draußen auf seinem Ozeanischen Meer.»

«Was hat er bloß in dieser Eichenkiste?» fragen sie, als ich damit unter das Achterkastell hinuntersteige. Meine fünf persönlichen Bediensteten warten an der Tür der Generalkapitänssuite.

«Geht nach oben und werft einen letzten Blick auf das Land», fordere ich sie auf, und später wird einer sagen:

«Der Admiral wollte uns loswerden. Also handelt es sich sicher um geheime Karten, auf denen eine kürzere Route in die Indischen Lande verzeichnet ist. Er hat sich den ganzen Morgen in seiner Suite eingeschlossen und sie studiert.»

Nichts dergleichen.

Ich verstaue die Kiste und gehe ins Bett, oder beabsichtige es zumindest.

Doch da sehe ich auf meiner Koje, beschienen von einem Sonnenstrahl, der durch das Bullauge dringt, eine einzelne kleine Blume. Es ist – fragen Sie mich nicht, wie sie dahingelangt ist – ein makelloser blauer Pimpernell.

Die Überfahrt nach Westen ist so unwirklich wie ein halbvergessener Traum. Ich versuche, ein Schiffstagebuch zu führen wie auf meiner ersten Reise, aber es klappt nicht. Die Nacht ist Peteneras Haar, das Meer ihre Augen, der Sonnenuntergang der ozeanische Kuß ihrer Lippen. Sie lächelt mich aus dem weißen Schaum der Bugwelle an.

«Was summt der Admiral da bloß ständig vor sich hin?»

«Klingt wie eine Zigeunermelodie, oder?»

«Glaubst du, daß er Zigeunerblut in den Adern hat?»

Wieder die Legende, ganz gleich, was ich tue.

Historiker müssen sich auf die nackten Tatsachen beschränken. Die große Flotte erreichte die Kanarische Insel Gomera am 7. Oktober, ließ am 13. Ferro, die westlichste Insel, hinter sich und überquerte das Ozeanische Meer mit den Passatwinden im Rücken in der unglaublich kurzen Zeit von einundzwanzig Tagen, bis sie am 3. November, einem Sonntag, Land in Gestalt einer Insel sichtete, die ich Dominica taufte.

Ausschmückungen müssen notfalls von anderen geliefert werden.

Ich treffe Yego Clone, der sich in der Generalkapitänssuite versteckt hat, nackt und nur angetan mit dem großen hölzernen Kruzifix, das ihm der Bischof von Barcelona geschenkt hat.

«Du bist jetzt ein Christ und folglich ein vernünftiges menschliches Wesen», versuche ich ihm klarzumachen, «kein abergläubischer Wilder.»

Sein sonst bronzefarbenes Gesicht ist bleich, und mit störrisch über der nackten bronzenen Brust gekreuzten Armen sagt er: «Ich nicht gehe diese Insel. Sie essen Menschen.»

Die Flotte liegt in einer kleinen Bucht an der Südspitze einer Insel vor Anker, der ich zu Ehren eines berühmten Heiligtums in

Westspanien soeben den Namen Santa María de Guadalupe gegeben habe. Ich schicke ein paar Kundschafter an Land, die nach frischem Wasser suchen sollen.

«Yego», sage ich geduldig, «das sind doch nur Altweibergeschichten.»

«Alte Weiber? Alte Weiber nicht essen Menschen. Kariben essen Menschen.»

«Eine Altweibergeschichte ist eine Geschichte, die von unwissenden, ängstlichen Frauen erzählt wird und die keine oder nur wenig Wahrheit enthält», führe ich aus. «Deine sogenannten Kannibalen sind in Wirklichkeit Soldaten irgendeiner höher entwickelten Zivilisation, etwa aus dem Heer des Großkhans von Cathay, meinst du nicht auch?»

Yego schüttelt den Kopf.

«Insel ist Kerkeria», erklärt er. «Farm auf Insel.»

«Was ist denn so schrecklich an einer Farm?»

Statt einer Antwort macht er überraschend das Zeichen für Geschlechtsverkehr. Dabei ist Yego in dieser Beziehung ausgesprochen prüde.

«Was soll das heißen?»

«Fette Farm für Jungen. Für Mädchen . . .» Von seinen Gedanken überwältigt, verstummt er.

«Ich habe dir befohlen, an Land zu gehen», sage ich, nachdem alle Überredungsversuche fehlgeschlagen sind. Es bleibt mir keine andere Wahl, da die Kundschafter ihn als Dolmetscher brauchen. «Weißt du, was passiert, wenn du dich weigerst, meinem Befehl zu gehorchen?»

Ich bin nicht sicher, ob ich es selbst weiß, denn als mein Adoptivsohn genießt Yego einen besonderen Status; doch er nickt betrübt.

«Also?»

«Ich bleibe hier.»

«Hör zu», sage ich. Plötzlich habe ich eine Idee. «Ich gehe mit den Kundschaftern an Land. Mir vertraust du doch, oder?»

«Sie essen Menschen», sagt Yego stur.

«Du bleibst die ganze Zeit an meiner Seite.»

Ob das nun gut ist oder nicht, Yego hat ungeheures Vertrauen zu mir. «Du versprichst, Admiral und Vater?»

Eine Stunde später wird das Boot der *Mariagalante* auf weißen Korallensand gezogen; ein weiteres halbes Dutzend Boote wartet vor der Küste, während wir auf Erkundung gehen. Im Inneren der Insel erhebt sich ein Vulkankegel, dessen Gipfel in den Wolken verschwindet. Aus ihnen stürzt ein Wasserfall herab – das Wahrzeichen der Insel.

Bei seinem Anblick haben sich Yegos vier getaufte Stammesbrüder (der fünfte, der Sohn eines niederen Kaziken, ist auf eigenen Wunsch beim ambulanten Hofstaat geblieben) in den Kielraum verzogen.

Sämtliche Kundschafter tragen ein Schwert und entweder eine Muskete, eine Lanze oder eine Armbrust. Ich bestimme vier Männer, zwei Veteranen der ersten Reise und zwei Neulinge, die beim Boot bleiben sollen.

«Ich auch bleibe?» sagt Yego erfreut, der noch immer auf einer Ruderbank hockt und nervös sein Kruzifix befingert.

«Yego», sage ich, «alles wartet», und niedergeschlagen klettert er aus dem Boot.

Ein letztes Mal murmelt er: «Sie essen Menschen.»

Wir gehen an einem Mangrovensumpf vorbei und dann auf einem Trampelpfad durch dichten Dschungel landeinwärts. Die üblichen Geräusche – Vogelschreie, merkwürdige, leise, undefinierbare Knirschlaute, Piepsen und Zirpen, Knacken und leises Brummen – machen die Neulinge etwas nervös, während sie uns Veteranen der ersten Reise das Gefühl geben, hier zu Hause zu sein. Dieses Gefühl erweist sich als trügerisch.

Der Trampelpfad führt auf eine große Lichtung am Fuß des Berges, ein kleines Stück östlich vom Wasserfall.

Auf den ersten Blick sieht das Dorf wie ein ganz gewöhnliches indianisches Dorf aus – mit Palmwedeln gedeckte Hütten, eine größere Behausung für den Kaziken, Gärten mit Yamswurzeln und Mais. Aber dahinter erhebt sich eine mannshohe Palisade aus dicht nebeneinander stehenden, spitz zulaufenden Pfählen, und dahinter ertönen Schreie und Weinen.

«Farm», sagt Yego. Ist es Angst, die da in seinen dunklen, ausdrucksvollen Augen blitzt?

Wir kommen an ein Tor in der Palisade, das mit einem einfachen

Holzriegel gesichert ist. Flankiert von Lanzenträgern, schiebe ich den Riegel zurück und ziehe das Tor auf.

Im selben Augenblick weichen nackte Kinder voller Entsetzen vom Zaun zurück. Ein paar Mädchen, kaum älter als zehn Jahre, befinden sich in unterschiedlichen Stadien der Schwangerschaft. Einige halten Säuglinge auf dem Arm. Die Jungen sind allesamt fett, schwabbelig fett, haben Brüstchen, dicke, hüpfende Popos und Hängebäuche, die bis über ihre Geschlechtsteile hängen, so daß wir erst später erfahren, daß man sie kastriert hat. Yego spricht mit ihnen, aber sie sind so verschreckt, daß ihre Antworten zunächst unzusammenhängend bleiben. Mit Nachdruck wiederholt Yego seine Fragen.

«Kariben sehen Schiffe, verstecken im Sumpf», teilt er mir mit.

Wir dringen weiter in die sogenannte Farm vor. In einem überdachten Gebäude gegenüber dem Tor befinden sich Pferche voller Babies.

Jetzt ist die Angst in Yegos Augen unmißverständlich. Er möchte sie mir mitteilen und ringt nach Worten. «Junges Fleisch. Kariben mögen junges Fleisch», stößt er schließlich hervor.

Die grausige Bedeutung dieser Worte läßt mich zum erstenmal vermuten, daß Yego möglicherweise vielleicht doch weiß, wovon er spricht.

Zwei der fetten Jungen reden aufgeregt auf ihn ein.

«Sie wollen bitte auf Schiff nach Haiti», übersetzt er. «Wenn bleiben in Farm, Jungen sterben.»

«Was geschieht mit den Mädchen?»

Trotz seiner bronzefarbenen Haut wird Yego rot. «Kariben mit ihnen machen mehr junges Fleisch.»

In diesem Augenblick stürzt Mosén Pedro Margarit fassungslos mit herunterhängendem Unterkiefer herein.

«Jesus Christus, Admiral, das müßt Ihr Euch mit eigenen Augen ansehen.»

Ich folge ihm, Yego bleibt mir auf den Fersen. Von der Hütte des Kaziken bläst der Wind den Rauch eines Holzfeuers und den unverwechselbaren Geruch von gebratenem Fleisch herüber. Hinter dem Haus entdecken wir über einer Grube mit glühender Kohle von gegabelten Stöcken gehaltene Spieße mit Fleischstücken, die die flüchtenden Kariben offenbar zurückgelassen haben.

Ich bin überzeugt, daß sich das menschliche Bewußtsein in solchen Augenblicken dadurch schützt, daß es die Eindrücke sortiert, Einzelheiten registriert, Vergleiche anstellt, das Unfaßbare mit Metaphern abwehrt, also alles mögliche veranstaltet, um nur die Emotionen zu verdrängen und Zeit zu gewinnen.

So überraschte ich mich, ohne noch etwas zu empfinden, bei dem Gedanken, wie sehr doch ein fein säuberlich abgetrennter Kinderschenkel einem Schinken gleicht, wie sehr ein knusprig gebratener, saftschwitzender Kinderarm einer Lammkeule, wie sehr ein menschlicher Säugling einem Spanferkel, dessen winzige Beinchen zusammengebunden sind . . .

Der Schrei des hageren Mosén Pedro Margarit durchbricht das Schweigen.

«Sie . . . essen . . . sich *gegenseitig* auf!»

Inzwischen steht ein halbes Dutzend Männer fassungslos um den grauenhaften Grill.

«Das müssen Tiere sein», sagt Mosén Pedro zögernd.

Wir anderen bleiben stumm.

«Man sieht doch, daß sie Tiere sind, oder?» fragt er. Dann entschlossen: «Tiere. Sie sehen bloß zufällig wie Menschen aus. Sie denken nicht wie wir. Sie fühlen nicht wie wir. Wahrscheinlich empfinden sie nicht einmal Schmerzen oder . . . oder sonst irgendwas.»

Unter heftigem Kopfschütteln wendet er sich an Yego.

«Spürst du was, Junge? Wenn ich dich schlage, tut es dir dann weh?» Das Schlimmste daran ist, daß er jetzt lächelt. Ein krankes Lächeln, aber trotzdem.

Yego hat ihn nicht gehört. Er kann seine Augen nicht von dem brutzelnden Menschenfleisch abwenden.

«Wenn ich dich schneide, spürst du dann das Eindringen der Klinge?»

Keine Antwort.

«Hast du schon mal einen anderen Indianer gegessen?» Mosén Pedros Stimme klingt völlig vernünftig, aber seine Augen glitzern wie die eines Verrückten.

Jetzt erst sieht Yego ihn an; in aller Ruhe zieht Mosén Pedro sein Schwert und holt zu einem Hieb aus, der darauf angelegt ist, meinem Sohn den Kopf abzuschlagen. Ich versetze dem verrückt gewordenen Spanier einen Stoß, so daß er das Gleichgewicht verliert. Er stolpert und geht zu Boden, das Schwert fliegt ihm aus der Hand; und dann verliere ich selbst die Beherrschung. Ich trete ihn einmal, zweimal, ein drittes Mal. Er krümmt sich zusammen, zieht die Beine an, legt die Arme schützend über den Kopf, und plötzlich wende ich mich ab, taumle zehn Schritte um die Ecke des Kazikenhauses und erbreche mein Frühstück.

Als ich zurückkomme, helfen zwei Männer dem benommenen Mosén Pedro auf die Beine. Jemand bringt Wasser. Mosén Pedro trinkt aus einer Kalebasse. Ein häßlicher blauer Fleck zieht sich über seine rechte Gesichtshälfte.

Wir sehen uns an.

Ich möchte mich entschuldigen, aber wie könnte ich das? Ob hysterisch oder nicht, er hat versucht, Yego zu töten.

«Alles in Ordnung?» frage ich.

«Ja, Sir. Natürlich, Sir.»

«Laßt alle Kinder zum Strand hinunterbringen.» Daß ich ihm diesen Auftrag erteile, zeigt ihm hoffentlich, daß ich ihm nach wie vor vertraue. Alles andere wäre unfair gewesen, denn habe ich mich nicht selbst wie ein isländischer Berserker benommen?

«Ja, Sir. Sofort, Sir.» Seine Stimme klingt monoton.

«Und dann laßt diesen abscheulichen Menschenvieh-Pferch niederbrennen.»

«Ja, Sir. Verstehe, Sir. Betrachtet den Auftrag als erledigt.» Damit marschiert Mosén Pedro Margarit steifbeinig davon.

Mit gesenktem Kopf fällt Yego vor mir auf die Knie.

«Steh auf, Junge. Steh auf», sage ich barsch. «Sag diesen Kindern, wir bringen sie nach Haiti.»

Wenig später werden die Kinder in die anderen sechs Boote verfrachtet und auf die *Mariagalante* gebracht. Die Bootsbesatzung bleibt inzwischen an Land.

Aus dem Augenwinkel nehme ich eine Bewegung im Mangrovensumpf wahr, doch als ich mich umdrehe, sehe ich nur das dichte Gewirr von Luftwurzeln.

Obwohl die Boote nahezu eine Stunde ausbleiben, halten sich unsere Beobachter versteckt.

Alonso Ojeda, dieser prächtig herausgeputzte Zwerggockel, der die Karavelle *Colina* befehligt, kommt als erster ans Ufer zurück. «Wo sind sie?» fragt er. «Haben sie sich nicht sehen lassen?» Er meint die Kariben und ist ganz versessen auf einen Kampf. Doch wie es scheint, soll er enttäuscht werden, denn bald schon kommen die anderen Boote, um uns zu holen.

Wir sind etwa hundert Meter vom Ufer entfernt, als ein einzelnes großes Kanu um eine Landzunge jenseits des Mangrovensumpfes biegt. Daß seine Insassen schlagartig zu paddeln aufhören, ist eindeutig ein Indiz dafür, daß nicht nur unsere Boote, sondern auch die weiter draußen liegenden riesigen Schiffe eine absolute Überraschung für sie darstellen. Sofort machen sie kehrt und halten auf die Küste zu.

Desgleichen Alonso Ojeda. Wenig später sehe ich Flammengarben und schwarze Rauchwölkchen, gefolgt vom Krachen der Musketen.

Die Kariben, die nicht daran denken, vor diesen Schreckschüssen die Flucht zu ergreifen, lassen einen Pfeilregen auf Ojeda los und wenden sich abrupt seewärts, um ihm die Stirn zu bieten. Schilde erheben sich am Schandeckel des Bootes – freilich erst, nachdem ein einzelner, langgezogener Schmerzensschrei über das Wasser gellt.

Am Bug steht, die Wand aus Schilden mißachtend, der herausgeputzte Alonso Ojeda mit eindrucksvoll hochgerecktem Arm und schwingt sein Schwert. Er dreht sich um, brüllt seinen Männern etwas zu, fletscht dabei grinsend die Zähne. Als die Riemen eingezogen werden und sein schweres Boot in die Breitseite des Kanus kracht, tut er einen Satz rückwärts.

Das Kanu zerbirst in zwei Teile, Indianer fliegen in alle Richtungen. Die meisten schwimmen an Land. Einige jedoch steuern mit wildem Geheul, das einem das Blut in den Adern gerinnen läßt, auf Ojedas Boot zu. Die wenigen, die nicht mit Armbrustbolzen oder Musketenkugeln loszuwerden sind, klammern sich so eisern an die Schiffswand, daß Ojedas Männer ihnen die Finger abhacken müssen, bevor sie, Blutspuren durch das blaue Wasser ziehend, davontreiben.

«Da versucht einer, an Bord zu klettern!» brüllt Mosén Pedro.

Sobald Yego zwei bronzefarbene Hände am Schandeckel sieht, stößt er einen gellenden Arawakenfluch aus, packt das nächstbeste Schwert und fuchtelt so wild damit herum, daß er für uns eine größere Gefahr darstellt als für den Kariben.

Drei Männer sind nötig, um Yego zu bremsen. Dann hieven wir den Kariben an Bord. In seinem Bauch steckt der Schaft eines Armbrustbolzens; er wirft sich auf dem Boden des Bootes herum wie ein Fisch.

Ojeda ruft zu uns herüber: «Wir haben einen Verwundeten.»

Der verwundete Mann ist ein baskischer Leichtmatrose namens Echeverría, den ein Pfeil nur eben geritzt hat. Aber sein Gesicht ist zu einem Ballon aufgedunsen, die Zunge so dick geschwollen, daß sie aus dem Mund quillt, und seine Hände sind zu doppelter Größe aufgelaufen. Wir lassen ihn zu uns an Bord bringen, denn der Schiffsarzt der *Mariagalante*, Maestro Alvarez Chanca, hat infolge einer Reise nach Fernando Póo Erfahrung mit afrikanischen Giften.

Während Echeverría herübergeschafft wird, packt der tödlich verwundete Karibe, den man so gut wie vergessen hat, mit beiden Händen den Schaft des Armbrustbolzens und reißt ihn sich aus dem Leib. Blut schießt aus der Wunde, und dann quillt ein widerliches Knäuel dampfenden Gedärms heraus. Vergebens versucht der Karibe, es wieder hineinzustopfen.

Auf der *Mariagalante* hat Dr. Chanca inzwischen die Schramme des Basken Echeverría aufgeschnitten und läßt die Wunde ausbluten. Chanca ist ein handfester Kerl um die Vierzig.

«Man kriegt nie das ganze Gift raus», erklärt er mir.

«Was passiert mit ihm?»

«Er wird sterben. Langsam.»

Er sagt dies in Echeverrías Hörweite.

Seine hervorquellenden Augen starren Dr. Chanca an. «Ich möchte einen Priester», sagt er mühsam mit geschwollener Zunge.

Chanca zuckt die Achseln. «Noch genug Zeit. Ich sage Euch Bescheid, wenn es soweit ist.»

Und damit geht er und richtet sein medizinisches Augenmerk auf den Kariben, den man inzwischen, an Händen und Füßen gebunden, in einem Ladenetz an Bord gehievt hat. Anstatt die

Wunde zu untersuchen, bringt Chanca ein paar Minuten damit zu, den Indianer durchzuchecken; er knufft ihn hier, betastet ihn dort, streicht mit den Fingern an einem Arm entlang, spreizt mit einem Stäbchen seinen Mund auf, um sich die Zähne anzusehen. Sofort beißt der Karibe das Stäbchen entzwei.

«Gesunde Spezies», konstatiert Chanca. «Ganz erstaunlich.»

«Wird er durchkommen?»

«Mein Gott, nein. Bei dieser Wunde müßte er längst tot sein.»

In diesem Augenblick stößt der Karibe einen tiefen, ächzenden Laut aus, seine Augen quellen hervor, und mit einem Sirren wie von reißendem Taft sprengt er unversehens den Strick, mit dem seine muskuslösen Arme gefesselt waren. Ebenso plötzlich springt er, für uns völlig unfaßbar, auf die noch immer gefesselten Beine, wirft Chanca einen durchdringenden Blick zu, spuckt ihn an, hält mit einer Hand die Schlingen seines heraushängenden Gedärms fest, hoppelt ans Schanzkleid und springt ins Meer.

Sobald sein Kopf an der Wasseroberfläche auftaucht, beginnt er mit nur einem Arm aufs Ufer zuzuschwimmen.

Die Mannschaft drängt sich ans Schanzkleid, und Musketenkugeln und Armbrustbolzen lassen kleine Wasserfontänen aufspritzen. Er schwimmt weiter. Salve um Salve schlägt rings um ihn ins Wasser. Es muß ihn ein dutzendmal getroffen haben, zwanzigmal. Er schwimmt weiter. Bald ist er außer Reichweite der Musketen. Ein Falkonett wird donnernd und rauchend abgefeuert. Inzwischen hat er beinahe das Ufer erreicht. Er steuert, noch immer qualvoll langsam schwimmend, auf den Mangrovensumpf zu. Dann schleppt er sich an Land, während ein zweites Falkonett aufbrüllt und einen Vorhang aus Luftwurzeln wegfegt. Auf den gefesselten Füßen hüpfend, vornübergebeugt, die Hände auf den Leib gepreßt, verschwindet er im Sumpf.

Ich berichte hier lediglich, was ich gesehen habe. Er hätte hundertfach tot sein müssen. Vielleicht ist er irgendwo zwischen diesen verschlungenen Wurzeln gestorben. Aber ich glaube es nicht.

Ahnungsvolle Befürchtungen beschleichen mich. Wenn wir uns die Indianer zu Feinden machen – und so wie es aussieht, geschieht das unweigerlich –, brauchen wir mehr als Waffen, um mit ihnen fertig zu werden.

Ein Gespräch, das ich aufschnappe, während noch der Geruch von Schießpulver in der Luft liegt:

HAUPTMANN MOSÉN PEDRO MARGARIT: Und ich sage Euch, das sind keine Menschen. So einfach ist das.

DR. CHANCA: Es war ein Mensch, den ich da untersucht habe.

MOSÉN PEDRO: Aber mein lieber Doktor, Ihr habt doch selbst gesehen, wie diese Kreatur weitergeschwommen ist. Sie wußte nicht einmal, daß sie tot ist. Angeblich sind Tiere ja so – sie spüren es gar nicht, wenn ihr Körper stirbt.

PATER BUIL: Genau. Weil Tiere keine Seelen haben.

DR. CHANCA *(ohne auf diesen Einwurf einzugehen)*: Möchtet Ihr denn sterben, Hauptmann?

MOSÉN PEDRO: Ich? Natürlich nicht. Warum sollte ich?

DR. CHANCA: Dieser Indianer wollte auch nicht sterben, und er hat verdammt alles getan, um es zu verhindern.

PATER BUIL: Verdammt, ja, das werden sie sein – bis wir sie bekehrt haben.

MOSÉN PEDRO: Reine Zeitverschwendung, bei diesen Barbaren auf Seelenfang zu gehen.

Yego steht auf dem schwankenden Achterdeck, während der Offizier der Wache mit Kreide eine grobe Karte skizziert. Die gefürchtete Insel Kerkeria (oder Santa María de Guadalupe) stellt den Ausgangspunkt dar, von dem aus die Kreide zügig nach Nordwesten und dann nach Westen fährt, dabei mehrere kleine Inseln und eine größere zeichnet, bis sie schließlich bei den Umrissen von Hispaniola angelangt ist und Navidad mit einem X an der Nordküste markiert.

«Wie weit?» frage ich. Jetzt, wo ich weiß, wo wir uns befinden, kann ich es kaum erwarten, nach Navidad zurückzukehren, um zu sehen, wie es unserer kleinen Siedlung ergangen ist.

Yego überlegt und sagt: «Acht Tage.»

Dazu muß man wissen, daß diese Zeitangabe typisch spanisch ist. Acht Tage sind eine Woche (beide Enden mitgezählt), um genau zu sein, aber Spanier sind nicht genau, und Yego denkt zunehmend mehr wie ein Spanier. «Acht Tage» sind eine flexible Zeitspanne, ähnlich wie «bald» oder «morgen». Ich schließe daraus: zehn Tage, möglicherweise zwölf.

Das erscheint mir ein günstiger Zeitraum, um meinen Bruder, den Großen Diego, als Wachoffizier anzulernen, denn die See ist ruhig, und wir haben einen gleichmäßig raumen Wind. Ideale Voraussetzungen also.

Da steht nun der Große Diego, dieser dickwanstige, bläßliche, sanfte Mann mit dem gütigen Lächeln, in seiner Mönchskutte vor dem Kompaßhaus auf dem Achterdeck der *Mariagalante*, schaut von der Sonne geblendet mit zusammengekniffenen Augen auf den Kompaß und ruft zum Rudergänger hinunter:

«Einen halben Strich nach links!»

«Nach links?» ruft der Rudergänger zurück.

«Backbord», helfe ich nach. «Einen halben Strich nach Backbord.»

«Einen halben Strich nach Backbord!» brüllt der Große Diego wie ein Profi.

«Ändern wir den Kurs?» kommt die irritierte Frage aus der Ruderanlage.

Der Große Diego schaut mich an. Ich schaue auf den Kompaß.

«Er meint», rufe ich hinunter, «einen halben Strich nach *Steuerbord*.»

«Ach ja, klar, Steuerbord natürlich», sagt der Große Diego.

Etwa eine Stunde später gibt es ein kleines Problem mit dem Sprietsegel, und ich gehe zum Bug, um eine Meinungsverschiedenheit zwischen dem Bootsmann und dem Segelmacher zu schlichten. Es dauert nicht lange, aber als ich aus der Segellast auftauche, bietet sich mir im gleißenden Sonnenlicht ein Anblick, als würden sich zwei Kriegsflotten bekämpfen. Siebzehn Schiffe auf ebenso vielen unterschiedlichen Kursen, wild rauchende Signalfeuer, die *Mariagalante* heftig krängend, das Ruder ganz in Lee, um der *Colina* auszuweichen, die als letzten Ausweg in den Wind schießt, um nicht den Bug der *San Juan* zu rammen. Ich stürze nach achtern, an den Pferdeverschlägen vorbei, wo Mosén Pedros Pferde unruhig stampfen und wiehern.

Der Große Diego ruft mit gewohnt sanfter Stimme aufs Ruderdeck hinunter: «Nein, ich fürchte, ich habe doch Ruder *nach Luv* gemeint. Tut mir leid.»

Am Rand der Ruderluke tauchen zwei muskulöse Arme auf, dazwischen ein struppiger Kopf. Der Rudergänger hat die Pinne festgezurrt, um kurz aufzutauchen und Diego zu fragen: «Wollt Ihr mich als Idioten hinstellen?»

Dann sieht er das Chaos ringsum. «Guter Gott!» brüllt er und verschwindet nach unten.

«Ich übernehme», sage ich zu meinem Bruder; ich muß mir Mühe geben, nicht zu schreien.

Im abendlichen Zwielicht des 27. November geht die große Flotte vor jener Bucht vor Anker, in der am Heiligabend vor genau elf Monaten die *Santa María* auf ein Riff aufgelaufen ist. Nichts ist von dem Wrack mehr übrig. Ich sage zum verantwortlichen Kanonier der *Mariagalante*: «Feuert einen Kanonenschuß ab, damit sie wissen, daß wir da sind.»

Zum Großen Diego sage ich: «Luis de Torres wird dir gefallen, er hat eine großzügige Art, die Dinge zu betrachten.»

Zu Dr. Chanca sage ich: «Ihr werdet eine Menge von Doktor Sánchez lernen. Er hat fast ein Jahr Zeit gehabt, um sich mit den medizinischen Problemen hierzulande zu beschäftigen.»

Zu Mosén Pedro Margarit sage ich voller Hoffnung: «Wartet ab, bis Ihr den Kaziken Guacanagarí kennenlernt. Falls Ihr noch immer Zweifel haben solltet, daß die Indianer Menschen sind, wird er sie beseitigen.»

Zu Pater Buil sage ich: «Wartet ab, bis Ihr mit eigenen Augen seht, wie sanftmütig und unkriegerisch die Arawaken sind – als hätte die Erbsünde sie verschont.»

Lächelnd widerspricht Buil: «Die Erbsünde hat seit Adam und Eva niemanden verschont. Etwas anderes zu behaupten ist Ketzerei. Und was die unkriegerische Natur der Indianer betrifft, so brauche ich Euch wohl nur an die traurige Zeremonie zu erinnern, bei der vor drei Tagen jeder von uns seine entsprechende Rolle spielte.»

Gemeint war die Wasserbestattung des Leichtmatrosen Echeverría, der schließlich den Folgen des vergifteten Karibenpfeils erlegen war. Pater Buil empfahl seine Seele Gott, und ich empfahl ihn der Geschichte als den ersten Spanier, der in den Indischen Landen gestorben ist. Wäre das doch bloß wahr gewesen!

«Die Arawaken und die Kariben sind so unterschiedlich wie Tag und Nacht», erkläre ich Pater Buil. «Sie sind seit Urzeiten verfeindet.»

«Aber wenn sie Feinde haben» – Buil setzt ein nüchternes Lächeln auf –, «wie könnt Ihr dann behaupten, daß sie kein kriegerisches Volk sind?»

«Nun ja, wie dem auch sei, Ihr werdet schon sehen, wie bereitwillig sie sich bekehren lassen. Seht Euch doch nur Yego an.»

«Mir wäre sehr viel wohler, wenn sich Euer ‹Sohn› in christlicher Manier kleiden würde, statt mit nichts als einem Kruzifix am Leib herumzurennen.»

«Bei seinem Volk ist es üblich, nichts anzuhaben.»

«Haben die Frauen denn auch nichts an?»

«Doch, aber wenn Ihr erst seht, wie nahezu kindlich . . .»

«Wie außerordentlich interessant», lächelt Pater Buil.

Allmählich bin ich etwas erstaunt und beunruhigt darüber, daß uns kein Kanonenschuß aus Navidad antwortet. In den Tropen fällt die Nacht wie ein Vorhang hernieder, und ich habe nicht die Absicht, die Flotte oder auch nur ein paar Schiffe dadurch aufs Spiel zu setzen, daß ich vor Tagesanbruch zwischen den Riffen hindurchfahre.

«Noch einen», sage ich zum Kanonier.

Kaum hat sich der schwarze Rauch verzogen, als der Ausguck schreit: «Da kommt ein Boot!»

Bald sehen auch wir das große Kanu, das auf die Flotte zusteuert. Es rast mit der hereinbrechenden Nacht um die Wette; als es näher kommt, ist nur noch das Schimmern der eintauchenden Paddel zu sehen; ein Schrei tönt übers Wasser.

«Admiral! Admiral!»

Das ist eines der wenigen spanischen Wörter, die Guacanagarís Leute kennen.

Wir entzünden das Signalfeuer der *Mariagalante*, um das Boot zum Flaggschiff zu dirigieren.

«Admiral! Admiral!»

Eine Leiter wird hinuntergelassen. Yego tritt neben mich.

«Sag ihnen, sie sollen an Bord kommen.»

Das tut er, aber die Indianer rufen nur: «Admiral! Admiral!»

Jemand bringt eine Fackel. Ich stehe in ihrem Schein an der Schiffswand, so daß sie mein Gesicht erkennen können.

Minuten später stehen sechs nackte Indianer an Deck, angeführt ausgerechnet von Guacanagarís fettem Bruder Guarionex, dem Francisco Niño beim letztenmal Hörner aufgesetzt hat.

Zwei Indianer treten vor, jeder mit einer goldenen Maske in Händen.

«Große von Guacanagarí», sagt Yego. «Kleine, viel schöner, von Guarionex», übersetzt er.

Ich bedanke mich für die Geschenke und lasse eine Truhe mit Falkenglöckchen öffnen. Bald setzt allgemeines Gebimmel ein. Ich lasse Wein bringen. Die Indianer, an Alkohol nicht gewöhnt, werden gesprächig.

«Frag Guarionex nach der Niederlassung», sage ich zu Yego. «Ich möchte wissen, was dort los ist.»

Es folgt ein schneller Wortwechsel auf arawakanisch. Guarionex stellt seinen Weinbecher ab und trinkt keinen Schluck mehr.

«Kampf», sagt Yego. «Viel schlimmer Kampf.»

«Wer? Gegen wen haben sie gekämpft? Haben sie Verluste erlitten? Warum sieht man nirgends ein Licht in der Niederlassung?»

Fragen und Antworten auf arawakanisch. Dann sagt Yego: «Viele Männer krank. Guacanagarí verletzt, wenn versucht» – Yego sucht nach dem passenden Wort – «beschützen.»

«Wovor?» schreie ich.

Guarionex' Antwort hört sich nach «Caniba» an.

«Frag ihn, wie viele Männer verwundet worden sind», sage ich in höchstem Maße beunruhigt.

Die übersetzte Antwort: «Keine.»

«Aber er hat doch gerade gesagt . . .»

Langes Hin und Her auf arawakanisch. «Aber viele sterben von Gelber Krankheit.»

«Wie viele?» brülle ich.

Der fette Guarionex ist sich da nicht sicher.

Eine halbe Stunde später ist er noch unsicherer. Eine Stunde später weigert er sich, weitere Fragen zu beantworten.

In Windeseile macht die Nachricht von einem Kampf und vom

Ausbruch einer möglicherweise tödlichen Krankheit in der Niederlassung auf dem Schiff die Runde.

«Könnt Ihr denn nicht die Wahrheit aus diesem fetten Freak rauskriegen?» höre ich die vertraute Stimme von Mosén Pedro Margarit. «Ihr werdet doch wohl in der Lage sein, aus einem nackten Wilden ein paar Fakten herauszuquetschen.»

Um Mosén Pedro von der Szene zu entfernen, befehle ich allen, mich mit Yego und dem Unterkaziken allein zu lassen. Das letzte, was ich jetzt gebrauchen kann, ist eine Konfrontation.

«Sag Guarionex, daß wir bei Sonnenaufgang an Land gehen, Yego», sage ich, sobald wir allein sind. «Dann werden wir die Wahrheit erfahren, wie immer sie aussehen mag. Folglich täte er besser daran, sie uns gleich zu sagen.»

Yego erklärt ihm das.

Langes Schweigen, dann spricht Guarionex.

Ein noch längeres Schweigen, dann spricht Yego. «Alle tot», sagt er mit erstickter Stimme. «Er sagt, alle tot.»

«Er lügt!» brülle ich. «Das ist gelogen!»

Traurig schüttelt Yego den Kopf. «Caonabó», sagt er. «Viel mächtiger Kazike. Guacanagarí und er, sie sind . . .» Yego sucht nach dem richtigen Wort.

«Feinde? Rivalen?»

Yego nickt. «Ja, Rivalen.»

Ich schaue Guarionex an. «Sie können doch nicht alle tot sein», sage ich.

Aber Yego wiederholt seine Worte: «Alle tot.»

Während im ersten Morgengrauen das Boot zu Wasser gelassen wird, überdenke ich die Zusammensetzung des Landungstrupps. Ich will keinen Mosén Pedro dabei haben, der so felsenfest davon überzeugt ist, daß die Indianer Untermenschen sind, und keinen Pater Buil, der so rasch verdammt, was er nicht begreift. Aber ich brauche bewaffnete Männer und einen Offizier, auf den ich mich verlassen kann, falls es zum Kampf kommt. Also gebe ich der *Colina* ein Signal. Unter der Voraussetzung, daß ich seine draufgängerische Art unter Kontrolle halten kann, ist dieser gespreizte Gockel Alonso Ojeda genau der richtige Mann.

Außerdem brauche ich einen nüchternen, intelligenten Begleiter, der, ganz gleich, was wir vorfinden, nicht zu vorschnellen Schlußfolgerungen neigt. Mein Blick wandert zum Großen Diego, und ich wünsche mir, Barto wäre hier; dann entscheide ich mich für Dr. Chanca.

Als sich das Boot der *Mariagalante* und Guarionex' Kanu der Küste nähern, bleibt es in Navidad ruhig wie in einem Mangrovensumpf; die Siedlung ist ebenso verwaist wie das indianische Dorf am anderen Ende des Strandes. Der Staketenzaun ist unbeschädigt, und der Besanmast der *Santa María*, an dem allerdings keine Fahne weht, hebt sich deutlich gegen den heller werdenden Himmel ab. Doch dort, wo der Wachturm aufragen sollte, steht nur noch ein rauher Stumpf.

Innerhalb der Palisade ist Navidad fast bis auf den Erdboden niedergebrannt. Die Hütten, nach dem Vorbild der Eingeborenen erbaut, sind völlig zerstört, der schroffe Stumpf des Wachturms rußgeschwärzt. Dort, wo das Lagerhaus gestanden hat, stochern wir in Kies und Asche herum. Ein paar halbverkohlte Bretter sind noch da. Hier liegen zerborstene Weinfässer, dort etwas, was aussieht wie ein Teil eines primitiven hölzernen Pflugs. Alonso Ojeda entdeckt ein paar Nägel, einer meiner Männer ein verrußtes Kruzifix an einer Kette. Guarionex bleibt zurück, ohne uns aus den Augen zu lassen.

Dr. Chanca entdeckt die Leichen.

Zwei von ihnen liegen am Fuß des Wachturms, zum Teil von herabgestürzten Balken verdeckt. Die Knochen sind beinahe blankgenagt. Maden wimmeln auf festklebenden Kleiderfetzen. Ein Hanfseil, fast durchgebrannt, hält die Arme des einen zusammengekrümmten Toten noch immer hinter dem Rücken gefesselt. Der andere liegt, im Knien umgestürzt, mit ausgebreiteten Armen da.

Dr. Chanca berührt den einen verkohlten Schädel mit der Stiefelspitze. «Man kann deutlich erkennen», sagt er ganz sachlich, «wo der Schädel eingeschlagen wurde.» Er tippt den anderen Schädel an, an dem noch ein jämmerlicher Rest Haare hängt. «Hier dasselbe. Zu Tode geprügelt.»

Ich empfinde nichts von jenem betäubenden Entsetzen, das mich zehn Tage zuvor auf der Insel Guadalupe überfallen hat. Dafür habe ich keine Zeit. Ich blicke auf die toten Männer, aber im Geiste sehe ich auch Guacanagarí, dessen Zeichenbotschaft am Tag unserer Abreise so unmißverständlich war wie gesprochene Worte: *Komm bald zurück, mein Bruder.* Ungerührt sage ich zu Yego: «Frag Guarionex, ob es noch mehr Leichen gibt.»

Aber mein Adoptivsohn weint, und so dauert es eine Weile, bis er in der Lage ist zu sprechen. Guarionex führt uns daraufhin hinter den Staketenzaun. Dort liegen weitere neun Leichen, einige noch mit auf dem Rücken gefesselten Händen, alle mit eingeschlagenem Schädel.

Am Strand entlang gehen wir zu dem verlassenen Arawakendorf; schnaufend versucht Guarionex, mit uns Schritt zu halten. In der Hütte des Häuptlings finden wir ein paar Wämser, rote Mützen und einen bunten maurischen Seidenschal. Am Boden neben seinem Tragesessel liegt der Warpanker der *Santa María.* Wie er hierher gelangt ist und warum, werde ich nie erfahren.

Plötzlich redet Guarionex drauflos.

«Er sagt», übersetzt Yego, «Caonabó tötet Dorfmänner, Freunde von Spaniern.»

Durch mein trübsinniges Nicken ermutigt, fährt Guarionex fort.

«Er sagt, Guacanagarí kann nicht rechtzeitig kommen.»

Wieder nicke ich; Guarionex spuckt einen wütenden Wortschwall aus.

«Er sagt» – an dieser Stelle reißt Yego die Augen auf –, «jeder Spanier im Fort vier oder fünf Frauen nimmt für Sklaven, viele verheiratete Frauen, sehr schlecht für Volk von Guacanagarí.»

«Aber vor einer Minute hat er doch gesagt, daß dieser Caonabó sie umgebracht hat.»

Guarionex weicht zurück vor dem, was er in meinem Gesicht liest. Schützend hebt er seine plumpen Hände und murmelt etwas.

«Einer nimmt Frau von Guarionex», sagt Yego.

Ich betrachte den fetten, schwitzenden Unterkaziken, muß an die junge Arawakenschönheit denken, die sich mit Francisco Niño ins Unterholz verkrochen hat, und weiß, daß ich von Guarionex die Wahrheit nicht erfahren werde.

«Wo ist Euer Bruder?» frage ich ihn.

Der große Kazike, sagt er, befände sich derzeit in einem Dorf etwa zwölf Meilen von den Überresten von Navidad entfernt. Ferdinand und Isabella sind offenbar nicht die einzigen, die eine ambulante Hofhaltung pflegen.

Eine Stunde später bin ich wieder an Bord der *Mariagalante*. Die Kapitäne werden zusammengerufen, die Boote zu Wasser gelassen. Als die Sonne senkrecht steht, zieht das erste europäische Heer, das man je in den Indischen Landen gesehen hat, zu Pfeifenmusik und Trommelschlag, die die vertrauten Dschungelgeräusche übertönen, von der Küste landeinwärts. In Zweierreihen marschieren zweihundert schwerbewaffnete Männer auf dem indianischen Trampelpfad nach Westen, um Guacanagarí aufzuspüren.

Der große Kazike liegt stöhnend in seiner Hängematte in der einzigen größeren Hütte des armseligen kleinen Dorfes, ein Bein abgespreizt und vom Knöchel bis zur Leiste mit einer gewaltigen Bandage umwickelt.

Obwohl in seiner Körpersprache behindert, ist Guacanagarí nach wie vor ein hervorragender Gebärdenredner.

«Ich wurde verwundet», bedeutet er uns, «als ich Navidad vor den wilden Horden Caonabós beschützte.»

Ohne große Hoffnung lasse ich ihn durch Yego fragen, ob es Überlebende gegeben hat.

«Alle Eure Leute sind von Caonabó auf barbarische Weise umgebracht worden», entgegnet Guacanagarí. «Es tut mir leid.»

Es ist Spätnachmittag, und die untergehende Sonne scheint in die Hütte des Kaziken.

«Hat er gesagt, wann unsere Männer umgekommen sind?» fragt mich Dr. Chanca.

«Nein. Warum?»

«Das ist Wochen her, das zumindest weiß ich. Aber diese Bandage da um sein Bein ist so sauber, daß sie keinen Tag alt sein kann. Ob seine Medizinmänner wirklich soviel Wert auf Hygiene legen?»

Darauf gebe ich keine Antwort, schiebe Dr. Chanca aber näher an die Hängematte heran und erkläre Guacanagarí: «Dieser Mann ist der berühmteste Arzt des gesamten Christenreiches.»

«Ich habe hier viele, viele Ärzte», signalisiert Guacanagarí eilig.

«Er hat angeboten, sich deine Wunde anzusehen und sie mit mächtiger spanischer Medizin zu heilen.»

«Ich vertraue meinen vielen, vielen Ärzten.»

Dr. Chanca schnüffelt. «Und ich rieche viel, viel Unrat.»

Yego will übersetzen, aber ich gebiete ihm mit einem Blick Einhalt.

Dr. Chanca nähert sich der Hängematte.

«Beugt das Knie.»

Guacanagarí kann nicht.

«Bewegt Eure Zehen.»

Guacanagarí bewegt die Zehen.

«Genau wie ich befürchtet habe», sagt Dr. Chanca kopfschüttelnd. «Wir sollten lieber einen Blick unter diese Bandage werfen», beharrt er. Der Kazike sieht keine Möglichkeit, es ihm zu verwehren.

Schlinge um Schlinge wird die strahlendweiße Bandage abgewickelt, bis Guacanagarís muskulöses Bein nackt vor uns liegt.

Dr. Chanca untersucht es eingehend. «Nicht ein Kratzer.»

Guacanagarí verzieht das Gesicht. «Die Kniescheibe ist gebrochen», signalisiert er.

Dr. Chanca sieht mich an. Ich nicke. Mit beiden Händen packt Chanca die kräftige Wade unterhalb des Knies und beugt Guacanagarís Bein mit einem Ruck.

Zu stolz, um diese Farce aufrechtzuerhalten, erhebt sich der Kazike aus seiner Hängematte. «Es sieht fast so aus», bedeutet er uns, geschickt einen reuigen Eindruck vermittelnd, «als verfügte ich über ganz unerhörte regenerative Kräfte.»

Eine Zeitlang sagt oder signalisiert niemand etwas.

«Es erschien mir das einfachste, eine Verletzung vorzuschützen», signalisiert Guacanagarí schließlich.

«Sag mir, was wirklich passiert ist», entgegne ich. Meine Stimme klingt hart.

Mit dem Sonnenuntergang ist ein leichter Wind aufgekommen. Fackeln werden gebracht und in den Boden gesteckt. Guacanagarí steht ungerührt da.

«Für jedes Schiff, das wir letztes Jahr hatten», erkläre ich ihm, «sind jetzt sechs da. Für jeden Mann im letzten Jahr zwanzig. Wir haben furchterregende Tiere mitgebracht, die mit uns in den Kampf ziehen, riesige vierfüßige Kreaturen, die um ein Vielfaches so groß sind wie Menschen. Wir haben Hunde, die töten, hundert Kanonen wie die eine, die mein Flaggschiff vom Riff heruntergeblasen hat, und tausend Musketen. Ich möchte die Wahrheit hören, und zwar auf der Stelle.»

Auf Guacanagarís bronzenem Gesicht spiegelt sich Betrübtheit. «Und wirst du mir glauben, was ich dir sage, mein Bruder?»

«Du tätest gut daran, das zu hoffen. Denn wenn ich dir nicht glaube, so stehen da draußen Soldaten, die dir das Leben nehmen werden.»

Guacanagarí ignoriert diese Drohung. «Wenn du mir nicht glaubst . . .»

«Warum sollte ich? Dein fetter Bruder Guarionex lügt, sooft er den Mund aufmacht, und du wurdest in einem Kampf verwundet, der nie stattgefunden hat.»

«. . . würdest du dann deinem eigenen Dolmetscher glauben?»

Diese Frage überrascht mich. «Yego Clone? Ich verstehe nicht recht.»

«Dem Dolmetscher, der in Navidad umgekommen ist.»

Er meint Luis de Torres, und erst jetzt trifft mich die grausame Wahrheit von Navidad wie ein Keulenschlag. Peteneras Bruder ist tot. Alle sind tot.

Auf ein Zeichen Guacanagarís hin bringt einer seiner Gefolgsleute ein flaches Holzkästchen. Darin befinden sich die verkohlten Überreste von etwas Rechteckigem, das wohl einmal ein Buch gewesen ist.

«Christliche Fingerzeichensprache», signalisiert Guacanagarí. «Fingerzeichensprache» ist seine Umschreibung für Schrift. «Gefunden bei der Leiche des grünäugigen Dolmetschers.»

Ich nehme das verkohlte Buch aus dem Kästchen. Der lederne Deckel blättert ab und zerkrümelt in meinen Händen. Das Papier ist vergilbt, an den Rändern schwarz verkohlt, die Tinte braun wie eingetrocknetes Blut. Hie und da sind Wörter oder ganze Abschnitte aus Luis de Torres' Tagebuch unleserlich geworden.

Ich nehme eine Fackel und gehe hinaus. Männer scharen sich um mich, aber ich bahne mir, ohne Fragen zu beantworten, den Weg bis zum Rand des armseligen kleinen Dorfes. Dort hocke ich mich nieder und beuge mich schützend über die Seiten, fast in derselben Haltung wie das Skelett, das wir am Fuß des Wachturms von La Navidad gefunden haben.

Ob das Peteneras Bruder war?

Aus dem Tagebuch von Luis de Torres

... endlich zu erfahren, daß es hier auf Hispaniola (oder Haiti, wie die Indianer diese riesige Insel nennen) keine Kannibalen gibt. Rückblickend kommt einem unser Irrtum beinahe komisch vor. Scheint, als würde ein Kazike namens Caonabó das Hochland beherrschen. Angeblich hat er karibische (das heißt, kannib-alische) Vorfahren, daher der Name. Doch obwohl ... und im Gegensatz zu Guacanagarís weniger kriegerischen Leuten Pfeile mit vergifteten Spitzen haben, sind sie trotzdem Arawaken, so daß das Risiko gering ist, daß wir im Kochtopf enden. Dennoch gibt einem der Name dieses Häuptlings zu denken. Wenn mystische Schriften wie das *Sefer Jezira* recht haben – und in dieser Beziehung bin ich weniger skeptisch als Petenera –, ist im Namen eines Dinges oder einer Person deren Wesen enthalten. Somit hat der Kazike mit Namen Caonabó etwas von der Unzivilisiertheit von Kannibalen (wenn auch Gott sei dank nicht ihre Eßgewohnheiten). Das *Sefer Jezira* geht noch weiter, indem es behauptet, ein Ding beziehungsweise eine Person und sein oder ihr Name seien *ein und dasselbe*.

Hier in der Wildnis ergeht es mir wie Petenera: Ich bin fasziniert von den unleugbaren Parallelen zwischen dem verbotenen Wissen – Schwarzer Magie, der *Clavicula Salomonis*, der Kabbala, den Lehren von Gnostikern wie Simon Magus – einerseits und der anerkannten jüdischen und christlichen Lehrmeinung andererseits. So schreibe ich diese etwas verworrenen Gedanken kurz nieder, um sie ihr eines Tages mitzuteilen, auch wenn sie nichts bei den Aufzeichnungen zu suchen haben, die eigentlich ein Protokoll von den täglichen Ereignissen in Navidad sein sollten. Ich sehe schon, daß für die Veröffentlichung eine bereinigte Version erforderlich ist – es sei denn, ich möchte es statt mit den Indianern mit der Inquisition zu tun bekommen.

Wie dem auch sei, im Grunde kennen wir diesen Kaziken Caonabó nicht . . .

(Hier endet die Eintragung an einem verkohlten Blattrand und bleibt unleserlich, bis es heißt:)

. . . mußte wohl passieren, aber es ist trotzdem ein Schock. Harana ist unschlüssig, was er dagegen unternehmen soll, aber von jetzt an wird er mißtrau . . . Chachu tut . . .

. . . öglich, das erste Mal (wie lange her einem das vorkommt!) zu vergessen, als einer von uns Hand an die willige Frau des fetten Guarionex gelegt hat . . . Vorwurf zu machen. Doch da Chachu für die Frauen wohl kaum ein Gottesgeschenk ist, ist die Wahrscheinlichkeit in diesem Fall . . . im Grunde vergewaltigt, aber trotzdem hat Guarionex seine Frau zu Tode geprügelt, während Chachu lediglich . . .

. . .

4. Mai. Ich glaube, Chachu ist geisteskrank . . . er der einzige wäre, könnten wir damit fertig werden. Aber so schwer es auch zu akzeptieren ist, inzwischen hat er genau die Hälfte unserer Leute, zwanzig angeblich zivilisierte Christen, dazu gebracht, zwischen hier und dem Hochland Amok zu laufen. Sie reißen sich die Ernte unter den Nagel, vergewaltigen die Frauen, und wenn sie auf Widerstand stoßen, verwüsten sie ganze Dörfer. Harana vermutet, daß das Kassavabrot etwas enthält, das diese Männer in abscheuliche Ungeheuer verwandelt, aber Dr. Sánchez sagt, daß das unmöglich ist. Trotzdem, das Brot ist wirklich eigenartig. Wie es hergestellt wird, meine ich. Eine Wurzel (Maniok genannt) wird auf einem Brett, in das Steinsplitter eingelassen sind, zerrieben. Die auf diese Weise gewonnene Flüssigkeit ist das tödliche Gift, in das Caonabós Krieger ihre Pfeilspitzen tauchen. Aber der fasrige Rückstand wird zerstampft . . . Hauptbestandteil der Ernährung der Arawaken.

. . . Entscheidungskampf. Ich stimme mit dem Profos dahingehend überein, daß er nicht zu vermeiden war. Zu dumm, daß wir Chachu und seine Bande zwar aus der Siedlung hinauswerfen, nicht aber ganz von der Insel verjagen konnten . . . nach Westen in Guacanagarís Herrschaftsgebiet, und sich so wüst aufführte, daß selbst unser loyaler Verbündeter . . .

. . . erster direkter Kontakt. Caonabó könnte ebensogut ein Karibe sein! (Nein, Schluß damit, dieser Caonabó ißt kein Menschenfleisch, aber er ist ein harter Brocken.) Die ersten ernsthaften Schwierigkeiten . . .

. . .

16. Juli. Heute . . . winselt, wieder ins Fort kommen zu dürfen. Da nur noch vier übrig sind, denke ich, daß sich Harana erweichen läßt, obwohl Chachu . . . sonst werden Caonabós Krieger sie entweder umbringen oder sie endgültig in Guacanagarís Territorium treiben. Der große Kazike hat uns heute hier aufgesucht und gedroht . . .

Als ob das noch nicht reichte, müssen wir uns auch noch mit einer merkwürdigen Krankheit herumschlagen. Dr. Sánchez weiß nicht, was er davon halten soll. Fieber, Hämorrhoiden, Erbrechen von schwarzem Zeug – pfui Teufel! Vier Männer sind bereits daran gestorben, darunter der arme Relámpago, unser einziger erfahrener Kanonier. Dr. Sánchez klammert sich an die sogenannte Überlebensquote. Zwei von dreien, sagt er. Aber die bleiben entsetzlich schwach, und ihre Haut und das Weiß ihrer Augen sind ekelhaft gelb.

. . . her oder später. Dr. Sánchez und ich sind die einzigen Ausnahmen. Selbst Harana ist im vergangenen Monat der Versuchung erlegen (und es ist eine Versuchung), weil er sich einbildete, er würde sein Gesicht als Befehlshaber verlieren, wenn er sich keinen persönlichen Harem zulegt. Somit hat jetzt sogar der Profos fünf Indianerinnen, die um ihn herumscharwenzeln und die Hängematte mit ihm teilen . . . Zustand des Zölibats . . . weit gefehlt, aber zu meiner Selbstachtung gehört auch die feste Überzeugung vom Wert jedes anderen menschlichen Wesens, auch dem einer Frau. Das ist sicherlich Peteneras Einfluß, denn falls sie mir je etwas eingebleut hat, dann dies, daß die Frau dieselbe Entscheidungsfreiheit haben sollte wie . . .

(Ab hier ist das Tagebuch des armen Luis so verkohlt, daß nur noch vereinzelte Fragmente zu entziffern sind.)

. . . ffen plötzlich Patrouillen nicht nur von Caonabós, sondern auch von Guacanagarís Kriegern an, die ebenfalls dazu übergegangen sind, Pfeil und Bogen zu benützen . . . leider unvermeidbar . . . Fortschritt genannt.

. . . guten Absichten Guacanagarís. Aber manchmal glaube ich, das Problem besteht zu einem Teil darin, daß wir uns auf einem Territorium befinden, das sich die beiden Kaziken gegenseitig streitig machen, und daß Guacanagarí es sich nicht leisten kann, Schwäche zu zeigen vor . . .

. . . glaube, selbst dafür ist es zu spät. Wenn doch bloß der Admiral da wäre!

3. September. Chachu ist tot! Er . . .

. . . zehn von uns übrig, und es ist nicht etwa der fette, polternde Guarionex, um den wir uns Sorgen machen müssen, sondern Caonabó. Aber anscheinend ist Chachu . . . mit mehreren Frauen, die er gefangengenommen hat, auf dem Rückweg von einem Dorf im Hochland . . . Hinterhalt geraten. Im Kampf . . . von Caonabós besten Kriegern, aber ein halbes Dutzend unserer . . . sämtliche Frauen . . .

. . . seinem Namen gerecht. Ich fürchte um unser Leben.

12. Oktober. Heute vor einem Jahr sind wir hier an Land gegangen. Wenn nicht ein Wunder geschieht, ist dies wahrscheinlich der letzte Eintrag. Und ich rechne nicht mit einem Wunder. Aber sicher wird die Gottheit, welchen Namens auch immer . . . sogar mehr Schuld als Caonabó. Während ich diese Worte niederschreibe, sind noch sechs von uns übrig, und wie viele hundert von Caonabós Kriegern stehen draußen vor der Palisade und lechzen nach unserem Blut?

Solltet Ihr je diese Worte zu Gesicht bekommen, Admiral, dann glaubt mir, daß ein paar von uns Eurer Vision von einer Kolonie, die Spaniens ganzer Stolz sein würde, bis zum Ende treu geblieben sind, aber . . . Gold und Frauen interessiert, nicht an der Kolonisierung. Eben jene Eigenschaften, die einen guten Seemann ausmachen . . .

Petenera (wie unwahrscheinlich, geliebte Schwester, daß Du diese Zeilen je lesen wirst!), ich wünschte, Du wüßtest, daß ich dem Tod, von dem mich noch Augenblicke trennen können, eher mit Neugier als mit Schrecken entgegensehe. Denn wenn die beiden religiösen Traditionen, denen ich verhaftet bin, recht haben, dann ist das Leben nichts weiter als eine Vorbereitung auf etwas, das wir nur vage begreifen können, so wie wir das Böse in der Welt, das trotz Gottes Liebe existiert, nur vage begreifen können; während wenn Du recht behältst, liebe Schwester, dann wird alles bald nichts weiter sein als ein ewiger Schlaf. In wenigen Augenblicken werde ich es wissen. Wenn ich mich freilich irre und Du recht hast, dann werde ich es natürlich nicht wissen, oder?

... Harana ...

... Empfehle meine Seele dem ...

Lange Zeit sitze ich bewegungslos da, nur meine Hände zittern. Luis de Torres' Worte haben die Ereignisse so wirklich werden lassen, daß ich sie buchstäblich vor Augen sehe.

Jemand anderes freilich wird sie nicht sehen. Denn das Tagebuch, zweifellos ein wertvolles historisches Dokument, ist gleichzeitig tödlich wie ein vergifteter Karibenpfeil. Die von Luis de Torres eingestandenen Häresien spielen keine Rolle mehr – er ist außer Reichweite der Inquisition –, aber seine beiläufige Erwähnung Peteneras in diesem Kontext kann seine Schwester auf den Scheiterhaufen bringen.

Also überlasse ich, da ich das Leben meiner Geliebten höher veranschlage als meine Verpflichtung gegenüber der Geschichte, das Tagebuch dem nächstbesten Herdfeuer.

In diesem Augenblick kommen Dr. Chanca und sein guter Freund Bernal de Pisa, der Rechnungsführer der Flotte, um nach mir zu sehen.

«Alles in Ordnung, Admiral?» fragt Dr. Chanca. «Wir haben uns schon Sorgen gemacht.»

«Was verbrennt Ihr denn da?» fragt Bernal, der die affektierte Stimme und die Haltung eines modernen, an den Schreibtisch gefesselten Durchschnittsbuchhalters hat.

«Das persönliche Tagebuch des armen Luis de Torres. Er wollte nicht, daß es ihn überlebt.»

«Warum hat er es dann nicht selbst vernichtet?» fragt Bernal.

«Er hat es offenbar versucht», entgegne ich. «Es war ziemlich angekohlt.»

«Aber warum hat er es dann überhaupt geschrieben, wenn er wollte, daß es vernichtet wird?» fragt Bernal hartnäckig.

«Um seinem Herzen Luft zu machen», mutmaße ich. «Bittet den Doktor, Euch das Phänomen der Katharsis zu erklären und die therapeutische Wirkung eines . . .»

«Und was war daran so persönlich», möchte Bernal, der sich von psychologischen Argumenten keineswegs ablenken läßt, gerne wissen, «daß er seine Vernichtung wünschte?»

An dieser Stelle mischt sich Dr. Chanca ein. «Wenn der Admiral dem Wunsch des toten Tagebuchschreibers nachgekommen ist, kann er diese Frage logischerweise nicht beantworten.»

«Ich kann zumindest soviel verraten», sage ich behutsam, «daß der Ruf einiger tapferer Männer, die in Navidad unter tragischen Umständen ums Leben gekommen sind, durch das Tagebuch ruiniert worden wäre.»

«Da habt Ihr es, Bernal», sagt Dr. Chanca auf seine nüchterne Art. «Seht Ihr, wie einfach die Sache ist?»

Aber Bernal rechnet schon wieder seine Zahlenkolonnen zusammen. «Nun, Admiral, wenn dieser Häuptling Guaca-sowieso Euer Freund ist, was Ihr bestätigt habt, wie können wir dann, bei allem schuldigen Respekt, sicher sein, daß Ihr das Tagebuch nicht vernichtet habt, weil es ihn belastet?»

Dies wird zu einem Refrain, mit dem ich leben muß, wie sich am nächsten Tag herausstellt. Aber zunächst suche ich Guacanagarí auf.

«Hat die Fingerzeichensprache Euren Verdacht gegen mich ausgeräumt?» signalisiert er.

Da erst wird mir klar, daß er gar nicht wissen konnte, daß dies der Fall sein würde, da er ja nicht lesen kann. Er vertraut schlicht und einfach auf seine Unschuld.

«Ja und nein. Es besteht kein Zweifel, daß Caonabó und seine Krieger die Kolonisten umgebracht haben», sage ich. «Aber nur du weißt, ob du versucht hast, das Gemetzel zu verhindern, wie Guarionex behauptet hat, oder ob es dir ganz recht war, daß Caonabó für dich die Dreckarbeit erledigt?»

Guacanagarí wendet sich von mir ab und spricht leise mit Yego; dann neigt er den Kopf. Die unverständlichen Worte – vielleicht auch die Körpersprache des Kaziken – sind schlicht, beredt und traurig.

Hörbar schockiert sagt Yego: «Großer Kazike möchte, du dein Messer nehmen und ihn töten.»

Ich bin zu entsetzt, um darauf zu antworten.

«Er möchte, du ihn jetzt töten, wenn nicht glauben, er gleich unschuldig an Nein-Tun und Ja-Tun.»

Es dauert eine Weile, bis ich dahinterkomme, daß mein Sohn und Dolmetscher damit die Sünden sowohl des Handelns als auch des Unterlassens meint.

Guacanagarí verlangt von mir, sein Richter und – möglicherweise – Henker zu sein.

Das kann ich nicht. Und vermutlich weiß er das.

Zum erstenmal mache ich die Erfahrung, daß das Amt eines Vizekönigs und Gouverneurs ungleich komplizierter ist als das eines Admirals des Ozeanischen Meeres.

Diese Erkenntnis verstärkt sich am folgenden Tag in der Generalkapitänssuite an Bord der *Mariagalante*, wo ich zur Mittagsstunde die ranghöchsten Kapitäne, den Großen Diego und einen lächelnd darauf beharrenden Pater Buil um mich versammelt habe.

Es dauert keine halbe Stunde, bis Mosén Pedro Margarit den Refrain wiederholt, mit dem zu leben ich mich wohl oder übel abfinden muß: «Woher sollen wir, bei allem Respekt, wissen, Admiral, daß Ihr das Tagebuch nicht nur verbrannt habt, um Guacanagarí reinzuwaschen?»

Zustimmendes Gemurmel erhebt sich rund um den Tisch.

Nur Melchior Maldonado, der Mann mit dem klangvollen Namen, sagt dröhnend: «Mir genügt das Wort des Admirals des Ozeanischen Meeres.»

«Ihr verkennt den springenden Punkt, Freund Melchior», sagt Mosén Pedro höflich. «Das Wort des Admirals zweifele auch ich nicht an. Aber bei einem Vizekönig, der glaubt, Zugeständnisse machen zu müssen, um mit den Indianern in Frieden zu leben, bin ich mir nicht ganz so sicher.»

Wieder Gemurmel. Sie betrachten den mit meinem zweifachen Amt verbundenen Konflikt bereits als selbstverständlich.

Der Große Diego sagt auf seine sanfte Art: «Nun, ich denke, wir haben alle Meinungen gehört. Jetzt wollen wir darüber abstimmen, ja?»

Mit offenem Mund starre ich meinen Bruder an.

Wie kommt er denn bloß auf diese Idee?

Aber es ist zu spät. Schließlich ist er inoffiziell mein Stellvertreter.

Zum Glück fällt die Abstimmung hoffnungslos gespalten aus.

Kapitän Torres (keine Verwandtschaft): «Legt diesen Guacanagarí in Ketten, bis wir die Wahrheit herausgefunden haben.»

Kapitän Maldonado: «Ich neige dazu, mich in jeder Beziehung den Vorschlägen des Admirals anzuschließen.»

Hauptmann Margarit: «Schneidet dem Kaziken Nase und Ohren ab wie einem gemeinen Dieb, als abschreckendes Beispiel für die anderen Kaffern.»

Das Abschneiden von Nasen und Ohren ist ein zum Glück aussterbender spanischer Brauch, der aus der arabischen Rechtsprechung stammt.

«Da man weiß», führt Mosén Pedro aus, «daß sie keinen Schmerz empfinden, wäre es schließlich nur eine kosmetische Strafe.»

Rosig und lächelnd, zwinkernde Äuglein in seinem Engelsgesicht, sagt Pater Buil: «Falls sie wirklich nur kosmetischer Natur ist, dann genügt sie nicht. Wenn wir tatsächlich die Absicht haben, ein Exempel zu statuieren, wäre es das Lehrreichste, den Kaziken auf dem Scheiterhaufen zu verbrennen. Ich darf vielleicht darauf hinweisen, daß ein solches Vorgehen nicht nur für die Heiden exemplarisch wäre.»

Es werden noch einige andere Vorschläge gemacht, wie man mit Guacanagarí verfahren sollte; dann ist wieder der Große Diego an der Reihe. «Ich schließe mich dem an, was Kapitän Maldonado gesagt hat. Damit haben wir zwei Stimmen für den Vorschlag, den Kaziken laufenzulassen, und jeweils eine für verschiedene andere Alternativen. Also, denke ich, werden wir ihn laufenlassen.»

An dieser Stelle stoße ich mich vom Tisch ab und erhebe mich. Alle Augen sind auf mich gerichtet. Es gilt, in unserer im Entstehen begriffenen Kolonie zum erstenmal nach europäischer Manier Recht zu sprechen.

«Sämtliche Stimmen», sage ich entschieden, «sind lediglich Empfehlungen, denn dies hier, meine Herren, ist keine Bruderschaft oder Gilde – jeder Mann eine Stimme –, sondern (in Bälde) eine Kronkolonie, deren Vizekönig ich bin. Mein Urteil – meines, Gentlemen, für das ich allein die Verantwortung trage – lautet, daß der Kazike Guacanagarí kein Unrecht getan hat und ein vertrauenswürdiger Nachbar bleiben wird.»

Damit entlasse ich kurz und bündig die Kapitäne und Pater Buil.

Überheblich und arrogant, finden Sie? Die Hybris der griechischen Tragödie, verpflanzt auf eine karibische Insel? Der Hochmut, der allemal vor dem Fall kommt? Mag sein. Aber was für eine andere Wahl hätte ich gehabt?

Eine Legende zu Lebzeiten zu sein bringt eine gewisse Verantwortlichkeit mit sich, nicht zuletzt gegenüber jener harten Lehrmeisterin, der Geschichte.

«Das hat ihnen nicht gefallen», seufzt der Große Diego.

«Nur weil du diese hirnrissige Idee mit der Abstimmung aufs Tapet gebracht hast. Bist du ein Freimaurer oder was?»

«Um Himmels willen, nein!» schreit der Große Diego entsetzt. «Aber ich habe einige Zeit in Borgias Angelegenheiten in der schweizerischen Eidgenossenschaft verbracht. Und da habe ich ein bißchen Demokratie gelernt.»

«Vergiß, was immer du gelernt hast.»

«Alles?»

«Alles.»

Wie sich herausstellen wird, nimmt Diego mich beim Wort.

KAPITEL 13

Wie ich nach diversen Katastrophen
ein ebenso unerwartetes
wie erschütterndes Wiedersehen erlebe

So häufig meine Biographen auch zerstritten sind, in einem Punkt herrscht Einigkeit: Als Admiral des Ozeanischen Meeres mag ich vielleicht Weltklasse gewesen sein, zum Vizekönig oder Gouverneur fehlte mir einfach das Zeug.

Aber fragt man sie, warum, dann kriegen sie sich wie üblich in die Haare.

Schauen Sie sich nur meinen prominentesten Biographen des zwanzigsten Jahrhunderts aus der Alten Welt an, einen spanischen Gelehrten, der in einer Zeit politischer Unruhen aus seinem Land flüchtete und als Ehrenwerter Fellow im Exeter College in Oxford endete. Wie erklärt er meine Unzulänglichkeit als Vizekönig und Gouverneur?

Sind Sie bereit? Er lastet sie meinen jüdischen Vorfahren an.

Die er, da er keinen Luis de Santangel hat, der es ihm bestätigen könnte, dann nachzuweisen versucht.

Sein Hauptargument ist folgendes: Wenn man seine Heimat verläßt, um von Land zu Land zu ziehen, und sich zu Hause fühlt, wohin immer es einen verschlägt, dann ist man wahrscheinlich Jude. *Ergo:* Colón hatte jüdisches Blut in den Adern. Nun, ich behaupte ja nicht, daß das nicht stimmt. Aber was ist mit diesem freiwillig ins Exil gegangenen Ehrenwerten Fellow? Schließlich hat er seine spanische Heimat verlassen und sich in England ausgesprochen zu Hause gefühlt. Das beweist doch wohl kaum, daß *er* jüdische Vorfahren hatte, oder doch? Verwechselt dieser Ehrenwerte Fellow nicht vielleicht Juden mit Zigeunern? Klar bin ich umhergezogen. Hätte ich denn an dem Schicksal, das mich seit meiner julianischen Dekade am nördlichen Ende der Welt umhertrieb, etwas ändern können? Aber ich habe mich nicht etwa überall zu Hause gefühlt, ich habe mich *nirgends* zu Hause gefühlt. Ich bin der ewige Außenseiter. Vielleicht erklärt das, warum ich (wie Sie noch sehen werden) ganz versessen auf diese Kolonien war.

Ich will mich um diese Frage der jüdischen Herkunft nicht drücken. Ich weiß, daß ich mich früher oder später damit auseinandersetzen muß.

Mein prominentester Biograph des zwanzigsten Jahrhunderts aus der Neuen Welt allerdings (übrigens selbst ein Admiral) streitet meine jüdische Herkunft rundweg ab – soweit ich feststellen kann deshalb, weil der Ehrenwerte Fellow sie so hochspielt. Statt dessen lastet dieser Admiral, ein Geschichtsprofessor an der Universität Harvard, meine unbestreitbare Unzulänglichkeit als Vizekönig und Gouverneur der Tatsache an, daß ich, genau wie er, ein Seemann war, der eher das Zeug dazu hatte, mit einem Schiff auf stürmischer See fertig zu werden als mit einer Kolonie auf dem Trockenen. Das verrät uns vielleicht einiges über diesen anderen Admiral, aber nicht viel über mich, was nicht weiter verwunderlich ist, nachdem wir ihm bereits zuvor begegnet sind und wissen, daß ihn «Psychologie, Beweggründe und all das übrige» nicht interessieren.

Es ist irgendwie geschmacklos, mit ansehen zu müssen, wie sich meine Biographen über meinen Triumph – ja, und über meine Mißgeschicke – zanken wie Erben um ein anfechtbares Testament. Aber jetzt ist ein günstiger Zeitpunkt, um dieses Thema abzuhaken, denn derzeit kreuzt meine aus siebzehn Schiffen bestehende Flotte entlang der Nordküste Haitis langsam nach Osten in den Bereich der Passatwinde auf, wobei sie von Glück sagen kann, wenn sie nur fünfzigmal am Tag auf den anderen Bug gehen muß und dabei eine Strecke von vielleicht zwei oder drei Meilen zurücklegt.

Vererbung, behauptet der Ehrenwerte Fellow. Jüdische Ahnen.

Umwelt, beharrt der andere Admiral. Das Leben auf See.

Unternehmen sie auch nur den Versuch, diese darwinistische Meinungsverschiedenheit beizulegen? Nichts da. Sie sind zu sehr damit beschäftigt, sich gegenseitig herunterzuputzen.

Nein, da schreibe ich doch lieber gleich selbst über mich. Ich kenne mich selbst am besten. Und wenn ich gelegentlich von den Gepflogenheiten einer Autobiographie abweiche, dann nur, um die eine oder andere Behauptung zurechtzurücken.

Inzwischen wirft die große Flotte endlich dort Anker, wo hoffentlich eine dauerhafte Kolonie entstehen wird. Es ist kein idealer Fleck, aber er liegt genau nördlich von Cibao (das sehr wohl Zipangu mit seinen goldenen Dächern, Straßen, Mauern und Kanälen sein könnte).

Wir haben den 2. Januar 1494, und ich wünschte, ich könnte behaupten, daß wir an diesem neuen Ort mit der ganzen Hoffnung, die ein neues Jahr mit sich bringt, an Land gehen.

Aber die Männer sind vom vierwöchigen Segelschiften erschöpft, ein paar liegen bereits mit der Gelben Krankheit (die der Ehrenwerte Fellow als Grippe abtut!) darnieder, unser Viehbestand leidet, und von allen Seiten bedrängen mich Stimmen, irgendwo, ganz gleich wo, endgültig vor Anker zu gehen.

Sobald wir an Land sind, werden einige von Enthusiasmus ergriffen. «Genau an dieser Stelle errichte ich die erste Kirche auf dieser Seite des Ozeanischen Meeres», lächelt Pater Buil und meldet seinen und Gottes Anspruch auf einen kleinen Hügel eine Viertelmeile landeinwärts an.

Ich habe eine Überraschung für ihn. An Bord der *Gallega* befindet sich, in ihre zahlreichen Bestandteile zerlegt, eine kleine Kirche, ein Geschenk von Königin Isabella. Dieses Fertiggebäude wird der erste und einzige feste Bau auf Isabela – unsere Niederlassung wird nach der Königin benannt – sein.

Auch Dr. Chanca sucht sich ein Fleckchen aus. «Ein guter Platz für meine Klinik», sagt er. «Er hat reichlich Sonne und liegt hoch genug, um nicht in der Regenzeit von diesem Fluß da drüben überschwemmt zu werden.»

In Wirklichkeit erweist sich «dieser Fluß da drüben» als zu träge, um uns mit unbedenklichem Trinkwasser zu versorgen; das finden wir erst eine Meile weiter südwestlich in einem aus dem Hochland im Landesinneren herabstürzenden Bach. Aber was ist schon eine Meile, wenn das goldene Cibao nur drei oder vier Tagesmärsche weit landeinwärts liegt?

Schon stelle ich mir saubere, weißgetünchte kleine andalusische Hütte vor, eine Plaza mit Kopfsteinpflaster vor der Fertigkirche, eine Straße mit Läden, ein paar kleine Gehöfte am Rand der Stadt, um die herum spanisches Vieh grast und spanischer Weizen, Gurken, Weinstöcke und dergleichen ihre zarten grünen Triebe neugierig in die Sonne der Indischen Lande strecken, während aus den Minen von Cibao Gold ins Lagerhaus fließt.

Und wie sieht die Realität aus?

Leisten Sie mir Gesellschaft an einem Februarmorgen, an dem ich meine Moskitostiche aufkratze, während ich heimlich aus meiner aus Zweigen geflochtenen Hütte schleiche (und mir, wie jeden Morgen, fest vornehme, daß wir Steine für ein anständiges Gouverneursgebäude brechen werden, sobald wir besser organisiert sind und Dr. Chanca die Gelbe Krankheit unter Kontrolle hat), um mich unbemerkt zu der doppelt großen, aus Zweigen geflochtenen Hütte zu stehlen, die Dr. Chanca als Klinik dient.

Denn ein Mensch mit heftigen Zahnschmerzen ist nicht obendrein noch scharf auf die bohrenden Fragen des einzig greifbaren geistlichen Beistandes.

Aber lächelnd erscheint Pater Buil vor der Tür seiner Fertigkirche.

«Guten Morgen, Vizekönig», grüßt mich der engelsgleiche Benediktiner. «Was für einen herrlichen Tag uns Gott doch geschenkt hat, um sein Werk zu verrichten. Natürlich jeder seiner gottgewollten Bestimmung entsprechend. Ihr werdet doch heute die Herren von ihrer harten Arbeit entbinden, nicht wahr?»

Die Beschwerde des lächelnden Pater Buil (und nicht nur seine) bezieht sich auf die Tatsache, daß ich unseren Caballeros, die freiwillig mitgekommen sind, so beschwerliche Aufgaben zugewiesen habe, wie den Boden zu pflügen, Abflußgräben zu ziehen und für das Trinkwasser einen Kanal zum Fluß zu graben.

«Pater», murmle ich, undeutlich wegen meines geschwollenen Kiefers, «ich sehe einfach nicht, wie das gehen sollte. Zu viele unserer einfachen Siedler liegen mit der Gelben Krankheit darnieder.»

«Wenn es der Absicht des Herrn entsprochen hätte, daß Caballeros wie Lasttiere arbeiten, hätte er sie nicht zu Caballeros gemacht, meint Ihr nicht?»

Statt einer Antwort presse ich die Hand auf die Backe und kneife vor Schmerz die Augen zu. Das ist kein Theater.

«Nun, denkt darüber nach, während Euch der Doktor Euren Zahn ausrupft», rät mir Pater Buil.

Abgesehen von diesem Anliegen möchte ich Dr. Chanca wegen der Liste mit dringend erforderlichem Nachschub konsultieren, die heute nach Spanien abgeht.

Draußen im Hafen treffen zwölf Schiffe unter Kapitän Antonio de Torres Vorbereitungen zum Auslaufen nach Cádiz. Diese Schiffe und ihre Mannschaften sind jetzt für unsere Zwecke, nämlich Gold zu suchen, entbehrlich, nachdem die erste Expedition nach Cibao, angeführt von dem draufgängerischen Alonso Ojeda, nicht mehr als ein paar Goldklümpchen zurückbrachte – Geschenke des Kaziken Mayrení. Allmählich beschleichen mich erhebliche Zweifel, daß Cibao Zipangu ist. Aber wenigstens haben Mayrenís Indianer, Caonabós Verbündete, Ojeda ganz friedlich empfangen; jetzt ist Ojeda wieder im Hochland, um ein Fort zu errichten.

In seiner Klinikhütte sagt Dr. Chanca: «Setzt Euch auf den Schemel hier vor dem Fensterloch, da ist es hell.» Außer in der Kirche gibt es nirgends Glasfenster. Ich setze mich hin und mache mich auf das Schlimmste gefaßt. «Aufmachen.»

Ich mache den Mund auf.

«Das Zahnfleisch ist nicht nur geschwollen, es ist feuerrot.» Er berührt meine Backe. «Und Ihr habt Fieber, wißt Ihr das?»

«Verliere ich den Zahn?»

«Aber natürlich. Wenn ein Zahn kaputt ist, reißt man ihn raus. Weiter aufmachen.» Er drückt mit dem Finger. Ich unterdrücke einen Schrei. Etwas spritzt durch meinen Mund. «Ganz schön viel Eiter habt Ihr da drin», meint er und drückt wieder. Diesmal fahre ich von meinem Schemel hoch.

«Ausspucken und hinsetzen», sagt er.

Ich spucke auf den Boden und setze mich auf den Schemel.

«Wie steht's mit unserer Liste für den Nachschub?» frage ich rasch, während er in seinen Instrumenten wühlt, die auf mich zumindest heute morgen den Eindruck machen, als gehörten sie in ein Inquisitionsverlies.

«Kein Problem, falls die Krone einwilligt.»

«Und wenn nicht?» Es hört sich zu meiner eigenen Überraschung streitsüchtig an.

«Auch kein Problem», sagt Chanca. «Wenn nicht, sind wir in sechs Monaten oder so ohnehin alle tot, und Tote haben keine Probleme, oder? Weit aufmachen.»

«Seid Ihr sicher, daß wir nichts vergessen haben?» frage ich statt dessen.

Dr. Chanca wedelt mit seiner Extraktionszange. «Ich wüßte nicht, was. Wir haben darum gebeten, daß man uns umgehend drei oder vier Karavellen schickt mit (a) Wein, Öl, Zucker, Melasse, Essig, Weizen und Salzfleisch für die allgemeine Verpflegung; (b) Honig, Reis, Rosinen, Käse und Mandeln für die Rekonvaleszenten; und (c) Arzneimittel für die Kranken, darunter sämtliche mir bekannten Kräuter zur Regulierung der Körpersäfte und Quecksilber, um diese pestartige Geschlechtskrankheit zu bekämpfen, die noch schlimmer ist als das, was die antiken Götter über den respektlosen Schäfer Syphilis oder die Götter des Alten Testaments über Hiob verhängt haben. Wieviel Gold bringt übrigens Torres nach Spanien zurück?»

«Mit knapper Not den Gegenwert von dreißigtausend Dukaten, schätze ich, und um soviel zusammenzubekommen, mußten wir alle unter Druck setzen, die einen Indianer auch nur kannten, und ein paar verdächtig aussehende Hütten auseinandernehmen.»

«Deckt kaum ein Zehntel unseres Bedarfs.»

«Deshalb schicke ich ja auch einen Großteil der Mannschaft nach Hause. Damit verschwinden sie von der königlichen Heuerliste.»

«Stimmt. Vielleicht wird dadurch ja auch eine Meuterei vermieden», meint Dr. Chanca. «Aber jetzt aufmachen. Ich sagte, *aufmachen*. Es tut nicht annähernd so weh, wie Ihr glaubt.»

Ich füge mich in das Unvermeidliche, reiße den Mund weit auf und schließe die Augen.

Sekundenlang verspüre ich höllische Schmerzen. Ich springe von meinem Schemel auf. Blut rinnt mir aus dem Mund.

«Na, hat nicht so weh getan, wie Ihr dachtet, was?» fragt Dr. Chanca. «Nein, das kann man wohl behaupten», antwortet er statt meiner. «Es hat *weher* getan, als Ihr dachtet.»

Nachdem er mir einen Wattetupfer in das klaffende Loch im

Mund gesteckt hat, zeigt er mir ein Ding, das durchlöchert ist wie ein wurmstichiges Möbelstück.

«Ein fauler Zahn», erklärt Dr. Chanca, «kann ein gefährliches Ungleichgewicht der Körpersäfte verursachen – meistens nimmt die Galle auf Kosten des Phlegmas zu –, das zu Erkältung, Fieber und dergleichen führt. Habt Ihr Euch in letzter Zeit gallig gefühlt?»

«Ich weiß nicht, wie das ist, wenn man sich gallig fühlt.»

«Man ist ungeduldig, gereizt, fährt bei jeder Lappalie gleich aus der Haut.»

«Ungeduldig? Ich?»

«Nehmt Euch doch heute frei, ja?»

«Ich soll mir freinehmen? Was ist denn mit Euch los? Für so was habe ich keine Zeit», murmle ich undeutlich, da mein Kiefer noch dicker geschwollen ist als zuvor.

«Die Galle», nickt Dr. Chanca.

«Quatsch!» entgegne ich.

«Also gut, dann tretet wenigstens ein bißchen kürzer.»

«Unmöglich, das wißt Ihr genau», werfe ich ihm vor.

In dem Augenblick packt mich ein heftiger Schüttelfrost.

«Behauptet bloß nicht, ich hätte Euch nicht gewarnt.»

Etwas ruhiger sage ich: «Ich habe tausend Dinge zu erledigen.»

«Es ist Euer Begräbnis.»

Vielleicht hat er doch recht mit der Galligkeit. So ringe ich mir im Weggehen ein konversationelles «Was macht das Fischen?» ab.

«Keine Ahnung. Neuerdings fährt Bernal für meinen Geschmack zu früh hinaus. Ich schlafe lieber eine Stunde länger.»

Bernal de Pisa, der Aufsichtsbeamte der Krone, ist ein Spanier italienischer Herkunft. Von seinem winzigen Einbaumkanu aus (Preis: zwei Falkenglöckchen) hatte er täglich bei Tagesanbruch die Leine nach Schnappbarschen, Makrelen oder Barschen ausgeworfen; doch da die Ovationen seiner Begleiter angeblich die Fische verscheuchten, gewöhnte er sich an, in den frühen Morgenstunden hinauszupaddeln, mit einer Laterne am Heck, um seine Beute anzulocken.

Als ich aus der Klinikhütte in das Sonnenlicht von Isabelas zukünftiger Plaza hinaustrete, lungern dort Männer herum, lehnen an der Kirchenwand, unterhalten sich, rauchen Zigarren, machen anzügliche Bemerkungen über eine Indianerin, die anmutig und ohne sie eines Blickes zu würdigen vorbeigeht, und tun auf diese geschäftige Art, die später das Straßenleben in Lateinamerika charakterisieren wird, nichts.

«Diese Männer sollten eigentlich arbeiten», sage ich zu dem Erstbesten, der mir über den Weg läuft. Es ist zufällig der massige Juan Niño. Er ist der Kommissar von Isabela, und da er wie eine Ein-Mann-Inquisition aussieht, genügt normalerweise seine bloße Anwesenheit, um Ärger im Keim zu ersticken. Aber er weiß nicht, was er gegen diesen wilden Streik der zweihundert Caballeros von Isabela unternehmen soll. Er steht einfach da und schaut. Fehlt bloß noch eine glimmende Tabakrolle im Gesicht, dann könnte er einer von ihnen sein.

Mosén Pedro Margarit steht mit Pater Buil vor der Kirchentür. Der große, hohlwangige Kavallerieoffizier verschränkt die Arme über der Brust.

«Das war's», teilt er mir bedeutungsvoll mit.

«So?» entgegne ich, fest entschlossen, meine Galligkeit zu beherrschen.

«Wir haben zwei Forderungen. Erstens, von jetzt an tun wir nur noch die Arbeit von Gentlemen. Das bedeutet, wir marschieren bei Paraden mit und kämpfen zu Pferd.»

«Ihr habt Euch bereit erklärt, gelegentlich ein Turnier zu veranstalten», erinnert Pater Buil ihn lächelnd.

«Bei besonderen Gelegenheiten», schränkt Mosén Pedro ein. «Und zweitens: Wir Caballeros fordern ordentliches spanisches Essen.»

In diesem subtropischen Klima ist unser gesamtes Salzfleisch verfault, und die Maden im Schiffszwieback gedeihen in der haitianischen Wärme prächtig. Selbst unser eiserner Vorrat an Kichererbsen und Linsen ist verschimmelt. Eine Diät aus Kassavabrot und Yamswurzeln, hinuntergespült mit dem dünnen, sauren Gesöff, das profitgierige Weinhändler in Cádiz der Flotte verkauft haben, reicht kaum aus, um Leib und Seele zusammenzuhalten. Zudem behauptet Dr. Chanca, daß dadurch die Abwehrkräfte des Körpers geschwächt würden.

Mosén Pedro kratzt an seinen Moskitostichen; die Moskitos

machen keinen Unterschied zwischen Caballeros und dem gemeinen Volk.

«Das wäre nicht fair», sage ich. «Wir haben nicht einmal genug für die Rekonvaleszenten.»

«Was hat das denn mit Fairneß zu tun?» fragt er erstaunt.

Ich schlage einen Kompromiß vor. «Ich entbinde Euch Caballeros an jedem zweiten Tag vom Pflügen und Gräbengraben, vorausgesetzt, daß Ihr an diesen Tagen fischen geht.»

Organisierter Fischfang wäre ein entscheidender Schritt auf dem Weg zur Lösung unseres Nahrungsproblems.

«Fischen», sagt Mosén Pedro, «ist keine Arbeit für Gentlemen.»

«Was ist denn dann eine Arbeit für Gentlemen?» frage ich.

«Alles, was mit Pferden zu tun hat.»

«Ihr striegelt ja nicht einmal Eure eigenen Gäule», entgegne ich.

«Das ist etwas anderes. Gentlemen striegeln keine Pferde.»

Noch immer entschlossen, meine Galligkeit unter Kontrolle zu halten, schlage ich einen anderen Kompromiß vor. «Nehmt Euch den heutigen Morgen frei. Wahrscheinlich braucht Ihr einfach eine Pause. Wir werden einen Arbeitsplan mit regelmäßigen freien Tagen ausarbeiten.»

Mosén Pedro lacht schallend. «Natürlich nehmen wir uns den heutigen Morgen frei, alter Junge. Ganz zu schweigen vom Nachmittag und morgen früh und . . .»

Das gibt den Ausschlag. «Verhaftet diesen Mann», sage ich gallig, worauf Juan Niño in der plötzlichen Stille, die auf dem Platz herrscht, auf Ihrer Majestät bevorzugten Kavallerieoffizier zugeht. Es gibt einen sekundenlangen Kampf, als Mosén Pedro nach dem Schwert greift, aber Juan Niño packt ihn mit bewährtem Abführgriff und führt den gebeugt schlurfenden Kavallerieoffizier von der Plaza zum noch jungfräulichen Gefängnis.

«Ihr anderen geht zurück an die Arbeit!» befehle ich.

Niemand rührt sich. Zigarrenrauch schwebt träge himmelwärts. Ich höre diverse Male «Verdammter Ausländer».

«Es gibt keine Lebensmittelzuteilung, bevor Ihr nicht zurück an die Arbeit geht», warne ich sie.

Drei Tage lang beziehen die Caballeros in aller Frühe Posten zwischen Pater Buils Kirche und Dr. Chancas Klinik und lungern dort den ganzen Tag herum. Am vierten Tag vor Tagesanbruch betrete ich die düstere Fertigkirche, um geistige Führung zu erbitten, in diesen Tagen so ziemlich meine letzte Zuflucht. Ich knie nieder und fange an, Gott ein paar heikle Fragen zu stellen, als Pater Buil durch den Seiteneingang hereinkommt.

«Was macht Ihr denn hier, Vizekönig?» fragt er, *ohne* zu lächeln.

«Ich bete um geistige Führung», sage ich schlicht.

«Nun, das ist wohl eine Angelegenheit zwischen Euch und Gott. Aber ich persönlich halte das, was Ihr da macht, für abscheulich. Und deshalb belege ich Euch mit einem Interdikt. Ab sofort seid Ihr vom Gottesdienst ausgeschlossen, bis die Caballeros etwas zu essen bekommen.»

«Aber . . .» sage ich.

«Sobald sie ihre Lebensmittelzuteilungen erhalten, hebe ich das Interdikt auf.»

«Die bekommen sie, sobald sie wieder an die Arbeit gehen.»

Eine ausweglose Situation.

«Ihr könnt von einem Mann Gottes nicht erwarten, daß er tatenlos zusieht, wie Ihr Eure Verfügungsgewalt über die Lebensmittelvorräte dazu benutzt, den absoluten Gehorsam aller Siedler, gleich welchen Ranges, zu erzwingen», sagt Pater Buil.

«Das vielleicht nicht», sage ich, zum Gegenangriff übergehend, «aber wie kommt es, daß dieser selbe Mann Gottes in den zwei Monaten, seit wir hier sind, nicht einen einzigen Indianer bekehrt hat?» Vorwurfsvoll blicke ich auf den provisorischen Taufstein.

«Grundgütiger Himmel!» ruft Pater Buil mit einem breiten, besorgten Lächeln aus. «Sie sind noch zu wollüstig, deshalb. Das Problem ist der Sex, Vizekönig. Wenn die jungen Mädchen doch nur eine angemessene Stellung akzeptieren würden, aber nein – Ihr wäret erstaunt über die akrobatischen Variationen des schlichten Fortpflanzungsaktes, zu denen diese indianischen Teenager fähig sind. Sie lehnen nicht nur die Missionarsstellung ab, Himmel, nein, sie bestehen auch noch darauf, in nacktem Zustand Unzucht zu treiben.»

«Das ist nicht überraschend. Sie haben doch nie etwas an.»

Pater Buil denkt kurz nach. «Ich rede vom Mann. Warum bestehen diese indianischen Mädchen immer darauf, daß ihr Partner seine Kutte ablegt?»

Drückendes Schweigen.

«Sagtet Ihr ‹Kutte›?» frage ich.

Pater Buil lächelt und lächelt. Dann sagt er: «Es könnte Pater Ramón Pane gewesen sein oder einer von diesen zweien aus Burgund.» Dabei wissen wir beide, daß Pane mehr oder minder wie ein Einsiedler lebt und die zwei burgundischen Mönche ein Liebespaar sind. «Es könnte Euer geistlich gekleideter Bruder gewesen sein», schlägt Pater Buil vor. Aber ich bin überzeugt, daß der Große Diego noch Jungfrau ist.

«Ich werde das Interdikt aufheben», lächelt Pater Buil, «wenn Ihr bei den erforderlichen Nachforschungen, die die Mission hier anstellt, Schweigen bewahrt.»

Ich bin einverstanden. Mit einem solchen Kompromiß können Kirche und Staat leben.

Am fünften Morgen des Streiks prophezeit Dr. Chanca: «Wenn Ihr keine Lebensmittel herausrückt, werden sie alle an der Gelben Krankheit erkranken.»

Aber ich bleibe stur und sperre jeden Morgen persönlich das Lagerhaus zur Verteilung der Tagesrationen für die Kolonie auf.

Inzwischen erfreue ich mich selbst nicht unbedingt bester Gesundheit. Ich nehme ab, meine Gelenke schmerzen bei der leisesten meteorologischen Provokation, selbst eine warme Brise genügt schon, um mir einen Kälteschauer einzujagen, und meine blutunterlaufenen Augen sind ständig gereizt, weil ich offenbar keine Tränenflüssigkeit mehr produziere. Dr. Chanca habe ich nichts von alledem gesagt, weil ich Angst habe, daß er mir noch einen Zahn zieht.

«Ihr seht beschissen aus, Vizekönig», erklärt er mir in seiner direkten Art.

«Ich muß irgendwas Unrechtes gegessen haben.»

«Ihr seht, mit Verlaub, beschissen aus, Vizekönig», höre ich ein zweites Mal, diesmal aus dem Munde von Pedro Terreros, meinem ehemaligen Steward auf der *Santa María* und dem jetzigen Bootsmann der *Niña*. Im Gegensatz zu unseren faulen Caballeros arbeitet Pedro nicht nur untertags, sondern schiebt auch noch nachts freiwillig Wache.

«Mir fehlt nichts», versichere ich ihm.

«Könnte ich Euch mal unter vier Augen sprechen, Sir?»

Wir gehen zu meinem aus Zweigen geflochtenen Gouverneurs-palast.

«Ihr seht wirklich krank aus, Sir», sagt Pedro mitfühlend.

«Ich habe Euch doch gesagt, daß mir nichts fehlt!»

Drinnen sage ich unwirsch: «Also, was gibt's?» Ich gehe zu dem Eimer in der Ecke und schöpfe mit den Händen Wasser, um meinen brennenden Augen Linderung zu verschaffen.

«Wenn man nachts auf Wache ist, bemerkt man so einiges», beginnt Pedro, wobei er mich anstarrt.

«Habt Ihr noch nie einen Mann gesehen, der sich die Augen auswäscht?»

«Tut mir leid, Sir.»

«Also, weshalb wolltet Ihr mich sprechen?»

Er sieht mich an, voller Enttäuschung. Dies ist nicht der Admiral, den er gekannt und vielleicht sogar verehrt hat.

«Tut mir leid», sage ich verdrossen. «Ich fühle mich seit einiger Zeit wirklich etwas angekratzt. Aber jetzt setzt Euch hin und erzählt mir, was Ihr auf dem Herzen habt.»

«Das da», sagt Pedro, während er eine lederne Schutzhülle her-vorzieht, wie die Zweiten Offiziere sie zum Aufbewahren ihrer Seekarten haben. «Und gefunden habe ich sie folgendermaßen», erklärt er. «Jedesmal, wenn ich vor Sonnenuntergang auf Wache bin, beobachte ich dasselbe – dieses Licht auf Bernal de Pisas Kanu. Und sooft ich es sehe, bewegt es sich zur dritten Boje im Kanal hinaus.»

«Vielleicht ist das eine gute Stelle zum Fischen.» Ich kann mir nicht vorstellen, daß dieser Bernal de Pisa seine Hände bei irgend-einer Schufterei im Spiel hat.

«Dann sollte man doch annehmen, daß er sich eine Weile dort aufhält, oder? Aber er läuft die Boje nur kurz an und paddelt dann weiter. Also bin ich gestern nacht, nachdem er sein Kanu an Land gezogen hatte, hinausgeschwommen, um mich umzusehen. In der Boje war eine Art Fach mit einem festschließenden Deckel. Und darin habe ich diese Kartentasche gefunden.»

Ich mache sie auf. Drinnen befinden sich ein paar Bogen Schreibpapier, wie Buchhalter es benutzen. Ich werfe einen flüchtigen Blick darauf, reibe mir die Augen und reiche Pedro die Blätter. «Seid so nett und lest es mir laut vor.»

«Ich?»

«Damit Ihr notfalls bezeugen könnt, daß Ihr es gelesen habt, bevor ich die Möglichkeit hatte, etwas daran zu ändern», improvisiere ich. Ich gehe zum Eimer in der Ecke, um mir Wasser in die brennenden Augen zu spritzen.

Während Pedro vorliest, wird seine Stimme zusehends ungehalten.

Bei den Papieren, abgefaßt in der trockenen, farblosen Sprache eines Buchhalters, handelt es sich um eine detaillierte Anklageschrift gegen mich.

«Punkt eins: Während eines Streits zwischen einem Heiden und Hauptmann Margarit ergriff der Vizekönig nicht nur des ersteren Partei, sondern schlug letzteren und trat ihn mit dem Fuß, während er am Boden lag.

Punkt zwei: Obwohl hinlänglich bewiesen war, daß der indianische Kazike Guacanagarí die Ermordung der Siedler von Navidad stillschweigend hingenommen hatte, weigerte sich der Vizekönig, ihn zu bestrafen.

Punkt drei: Als die zweihundert überarbeiteten Caballeros von Isabela eine geringfügige Umverteilung jener Arbeitslast, von der die ganze Niederlassung profitiert, forderten, enthielt ihnen der Vizekönig ihre Lebensmittelrationen vor.

Punkt vier: Bei der Suche nach angeblich veruntreutem Gold hat der Vizekönig alle zivilisierten Vorstellungen von Privatsphäre und persönlicher Ehre verletzt . . .»

Ich habe genug gehört und stürze nach draußen, um Bernal zu suchen. Eine Viertelstunde später stehen wir im Gerichtsgebäude, einer aus Zweigen geflochtenen Hütte von dreifacher Größe, an deren Rückseite sich das Gefängnis befindet. Dort stößt Juan Niño zu uns.

«Lest das», sage ich zu ihm. Rasch überfliegt er das Bojen-Dossier.

Auf seiner Stirn bildet sich eine Zornesfalte, als er Bernal am Hemd packt, ihn mit einem Ruck zu sich heranzieht und brüllt: «Wer hat Euch dazu angestiftet, Euch miese Ratte?»

Bernal steht nur da, an einer riesigen Niño-Faust zappelnd, während Juan ihn mit journalistischen Fragen bombardiert: Wer? Was? Wann? Wo? Wie? Warum?

Aus dem Gefängnis auf der Rückseite dringt Mosén Pedros unverschämte Stimme: «Ihr braucht darauf keine Antwort zu geben.»

Und Bernal hält sich daran.

Ob Juan Niño auf gewisse, damals in Spanien übliche Befragungsmethoden zurückgegriffen hätte, ist ungewiß, denn just in diesem Augenblick stürzt mit weit aufgerissenen Augen, einen Schweißfilm auf der bronzenen Haut und heftig keuchend, Yego herein.

Sobald wir ungestört reden können: «Admiral und Vater, ich laufe ganzen Weg von Paß Hidalgo, dich warnen . . .»

«Komm da rüber ans Fenster, Yego, und sprich leise», sage ich. «Hier sind überall Feinde.»

Der Hidalgo-Paß ist ein hoher Gebirgspaß südlich von Isabela; er liegt auf einem Viertel des Weges zum Fort Santo Tomás, dem Stützpunkt am Rande Cibaos, das Alonso Ojeda mit seiner Garnison von achtzehn Männern errichtet hat.

«Also, was ist los?»

«Ich halte Ohr auf Boden, Admiral und Vater.»

Yegos Dienste als Dolmetscher sind jetzt, wo die Spanier ein paar Brocken von den Arawaken aufgeschnappt haben und umgekehrt, weniger nötig. Aber bei Guacanagarís Leuten steht er hoch im Kurs und darf sich frei bewegen, da er ihnen als einer der Ihren von Spanien und vom Himmel erzählen kann.

«Kazike Coanabó plant großen Überraschungsangriff auf Fort.»

«Wann?»

«Bald.»

«Wie bald?»

«Acht Tage», mutmaßt Yego. Das gefällt mir gar nicht. Acht Tage sind (falls Sie sich erinnern) eine flexible Zeitspanne, die sich bei seltenen Gelegenheiten auch verkürzen kann.

«Steckt Bernal in die Zelle dahinten», weise ich Juan Niño an.

«Zu diesem Margarit?»

«Nein. Laßt Margarit frei. Wir werden ihn brauchen.»

Aus der Zelle kommt ein wütendes: «Das ist offensichtlich, alter Junge, nicht wahr?»

An diesem Abend beratschlage ich mit Dr. Chanca. «Nun, sind sie fit für den Militärdienst?»

«Gesund wie Pferde, alle miteinander.»

«Aber sie sind seit fast einer Woche im Hungerstreik.»

«Ihr meint, Ihr habt ihnen ihre Rationen gestrichen.»

«Wie auch immer.»

«Offenbar haben sie durchaus Sympathisanten. Eine Art Ramadan-Situation.»

Diese Anspielung auf den Islam begreife ich nicht. «Eine was?»

«Sie haben untertags gefastet und sich nachts die Bäuche vollgeschlagen.»

«Dann können wir sofort losmarschieren?»

Dr. Chanca hebt seine Augenbrauen. «Soll das heißen, daß Ihr selbst geht?»

«Ihr glaubt doch nicht im Ernst, daß ich nach dieser Geschichte Hauptmann Margarit ein Kommando übertragen kann, oder?»

«Wenn Ihr Margarit nicht traut, dann schickt doch Euren Bruder.»

«Den Großen Diego? Der kann nicht mal reiten. Ich gehe selbst, Doktor. Ich habe keine andere Wahl.»

«Ihr habt abgenommen, wißt Ihr das? Was fehlt Euch sonst noch?»

Widerwillig nenne ich ein paar Symptome – schmerzende Gelenke, Schüttelfrost, keine Tränenflüssigkeit.

«Hört zu, mein Freund. Mit der Gelben Krankheit kenne ich mich mehr oder weniger aus, auch wenn Ruhe und gesunde Kost das einzige sind, womit ich sie bekämpfen kann. Selbst bei der Syphilis erzielen wir manchmal ganz gute Erfolge mit lokaler Anwendung von Quecksilber. Aber bei dem Syndrom, das Ihr da habt, stehe ich vor einem Rätsel. Schüttelfrost, arthritische Schmerzen, ein galliges Temperament, wunde Augen . . .»

«Trockene Augen», korrigiere ich ihn. «Ich habe keine Tränenflüssigkeit.»

«Noch etwas?»

«Na ja, der Rücken tut mir weh.»

«Wo denn?»

«Hier. Ganz da unten.»

«Verstehe. Noch etwas?»

Meine sonderbare Krankheit hat noch ein paar weitere, äußerst peinliche Aspekte, die man im fünfzehnten Jahrhundert selbst seinem Leibarzt wohl kaum verraten hätte, zumindest nicht, wenn man als Vizekönig ernst genommen werden wollte.

«Überhaupt nichts!» schreie ich. «Wie kommt Ihr überhaupt auf die verrückte Idee, daß sonst noch irgendwas mit mir los ist?»

«Ich bin der Ansicht», sagt Dr. Chanca, «daß Ihr absolute Ruhe braucht.»

«Und ich bin der Ansicht», entgegne ich, «daß Ihr mal Euren Kopf untersuchen lassen solltet.» Ich hatte nicht die Absicht gehabt, das zu sagen. Es rutschte mir einfach heraus. So was passiert zur Zeit häufig, warum, weiß ich nicht. Etwas sachlicher sage ich: «Ich habe eine militärische Operation zu leiten. Und die kann nicht warten, während ich Urlaub nehme.»

«Es ist Euer Begräbnis», konstatiert Dr. Chanca nüchtern.

Während Mosén Pedro Margarit sein Vierhundert-Mann-Heer zusammenzieht (die Hälfte davon machen die inzwischen nicht mehr streikenden Caballeros aus) und während die Flöten und Trommeln unserer Militärkapelle mit einem aus Süden anrollenden Gewitter um die Wette schmettern und donnern, unterhalte ich mich mit dem Großen Diego.

«Du bist für alles hier verantwortlich», sage ich zu ihm. «Aber ich habe ein Gremium bestimmt, das dich berät. Es sind verläßliche Männer, also höre auf ihren Rat.»

Der dickwanstige, bläßliche, sanfte Große Diego in seinem braunen Mönchsgewand nickt feierlich. «Ich werde meine Sache gut machen, du wirst es schon sehen.»

«Das weiß ich, Brüderchen.» Ich klopfe ihm auf die mollige Schulter.

Einige Leser werden sich vielleicht fragen, warum ich das Schicksal der bedrängten Kolonie in die Hände eines Menschen lege, dem es derart an Führerqualitäten fehlt. Alles, was ich dazu sagen kann, ist folgendes: Meine Vorfahren sind Spanier, Italiener und Juden. Familiensolidarität wird in Spanien ebenso groß geschrieben wie in Italien, und bei den Juden sogar noch größer. Trotz seiner Unzulänglichkeiten ist der Große Diego mein eigenes Fleisch und Blut. Ich kann ihm vertrauen. Nicht unbedingt darauf, daß er genau das Richtige tut, aber zumindest darauf, daß er mir nicht in den Rücken fällt.

So erläutere ich ihm einige der vordringlichsten Probleme und meine Vorstellungen davon, wie er sie handhaben sollte.

Er macht sich Notizen, dann blickt er erschrocken auf. «Sag mal, wie lange wirst du überhaupt weg sein?»

«Ich ziehe immerhin in einen Kampf», erinnere ich ihn.

Ich erinnere ihn auch an meinen Plan für die Kannibalen.

«Was? Welchen Plan?»

In weiter Ferne zuckt ein Blitz. Donner rollt in den Bergen südlich von Isabela.

«Ich habe Antonio de Torres einen Brief an die Könige in dieser Sache mitgegeben», erkläre ich meinem Bruder. «Er enthält im Kern folgende Überlegung: Menschen, die Menschen essen, sind nicht normal; es muß sich um einen erworbenen Geschmack handeln, und das bedeutet, daß man ihn, wie jede Perversion, abgewöhnen kann. Also . . .»

Der nächste Blitz erleuchtet den ganzen Himmel.

«Also hier ist mein Plan – oder vielleicht mein Traum. Wir müssen versuchen, Enklaven zu machen . . .» Während ich diese Worte sage, dröhnt ganz nahe ein gewaltiger Donnerschlag. Der Große Diego blickt von seinen Notizen auf, als wollte er etwas fragen, scheint es sich dann aber anders zu überlegen und kritzelt mit affenartiger Geschwindigkeit weiter.

«Zu gegebener Zeit», sage ich, «werden wir uns ein paar Schiffsladungen karibischer Gefangener schnappen, darunter möglichst ein paar Kaziken und Unterkaziken, und sie zur Umerziehung und Bekehrung nach Spanien schicken. Anschließend machen wir hier Enklaven, in denen sie ihren Leuten beibringen, getreue Untertanen der Krone mit ganz normalen Eßgewohnheiten zu werden. Wahrscheinlich können wir auch Hunderte von Arawaken retten, wenn wir nur ein paar Kariben nach Spanien schicken», sage ich, häufig von Donnerschlägen unterbrochen.

Wieder blickt der Große Diego auf, als wollte er etwas fragen, und wieder überlegt er es sich anders.

Draußen schmettern Trompeten.

«Also», sage ich mißmutig. Ich hasse Abschiede.

Trotzdem umarmen wir uns, ausgesprochen brüderlich.

«Du wirst ja wohl wissen, was du tust», sagt der Große Diego, als er mir nach draußen folgt.

Meine Abschiedsworte lauten: «Sei kühn.»

Bevor meine eigene Rolle bei dieser Militärexpedition abrupt ein Ende findet, erlebe ich mit Genugtuung die Reaktion von Caonabós Leuten auf berittene Krieger; die Qualität unserer Gäule spielt dabei keine Rolle.

Wir haben den Hidalgo-Paß überquert und steigen in das weite grüne Tal im Inneren Hispaniolas hinab, wo riesige Ebenholz- und Mahagonibäume unseren Weg überschatten und Schwärme von Papageien uns mit ihrem Gekreisch begrüßen. Das erste Dorf, das wir erreichen – ein paar zusammengewürfelte, mit Palmwedeln gedeckte Hütten an einem Flußlauf –, wirkt verlassen. Aber plötzlich dringen aus dem hohen Riedgras am Ufer jaulende, gellende, heulende Schreie, die einem das Blut in den Adern gerinnen lassen können. Wir erhaschen sogar einen kurzen Blick auf Caonabós arawakanische Krieger, die ganz ähnlich aussehen wie die Kariben. Wüste Kohlestriche entstellen ihre Gesichter, das lange Haar ist am Hinterkopf mit Papageienfedern festgesteckt, und bewaffnet sind sie mit Bogen und Pfeilen, die vermutlich in Maniokessenz getaucht wurden.

Nur ein paar dieser Pfeile werden abgeschossen, treffen zum Glück aber niemanden. Denn genau im richtigen Augenblick, als wäre das Teil unseres Schlachtplans, beginnt Mosén Pedros Mähre zu wiehern und sich aufzubäumen. Mit weit aufgerissenen Augen und bebenden Nüstern wiehert der für die Leimfabrik reife Gaul ein zweites Mal, während der sein Schwert über dem Kopf schwingende Mosén Pedro, der sich verzweifelt auf dem Rücken des wild ausschlagenden Gauls zu halten versucht, das Vieh in eine Art seitlichen Trab zum riedgrasgesäumten Ufer hin zwingt.

Das ist einfach zuviel für Caonabós Krieger; sie fürchten um ihr Leben und flüchten spritzend über den Fluß.

Mißverstehen Sie das nicht als Feigheit. Ich meine, wenn Sie noch nie im Leben ein Pferd gesehen hätten, wie würden Sie dann reagieren, wenn ein schwertschwingender, zweiköpfiger, sechsbeiniger Zentaur im Seitwärtsgalopp auf Sie zukommt?

Nachdem Mosén Pedro seine Mähre besänftigt hat und triumphierend an die Spitze des Zuges zurückgekehrt ist, stellt man fest, daß ich zusammengesunken im Sattel sitze, mit totenbleichem Gesicht und röchelndem Atem. Zunächst vermutet man einen vergifteten Pfeil. Aber nachdem man mich auf den Boden gelegt hat, atme ich weiter; keine Spur von einer Wunde.

«Das ist die Gelbe Krankheit», lautet Mosén Pedros Fehldiagnose.

Ein anderer vermutet eine neue, noch ansteckendere Form der Syphilis.

Verständlich. Woher können sie auch wissen, daß ich selbst in puncto Krankheit ein Außenseiter bin? Mein absonderliches Syndrom stellt nicht nur meine Biographen, sondern, in größerem Rahmen, die medizinische Wissenschaft des nächsten halben Jahrtausends vor ein Rätsel.

Wie dem auch sei, die unmittelbare Folge ist, daß mich acht Männer auf einer Tragbahre nach Isabela zurückbringen, wo ich achtundvierzig Stunden nach unserem Aufbruch bewußtlos und fieberglühend eintreffe.

Dr. Chanca schüttelt den Kopf und reiht mich am unteren Ende seiner Überlebensskala ein. In den Wochen, die folgen, weicht der Große Diego nicht von meiner Seite. Wäre ich beide Male bei Bewußtsein gewesen, hätte mich die Situation ohne weiteres daran erinnern können, wie man mich damals in Rom vergiftet und aufgegeben hatte.

Der Große Diego, in seiner schlichten Art bislang Gott und der Familie treu ergeben, läßt ersteren sausen – zumindest in Gestalt des lächelnden Pater Buil, den er nicht in meine Nähe läßt. Buil bezichtigt ihn des Abfalls vom Glauben.

Was meine Krankheit betrifft, so sind meine Biographen wieder mal in zwei Lager – Gicht und Arthritis – gespalten; aber das ist lediglich ein semantisches Problem, denn das spanische Wort *gota* bedeutet beides. Dabei hatten meine höllischen Schmerzen mit keinem von beidem zu tun. Oder haben Sie jemals gehört, daß man von Gicht oder Arthritis Stigmata bekommt? Richtige Wundmale wie Christus?

Aber die kommen erst später. Während ich jetzt im Koma liege, träume ich von dem unscheinbaren, durchschnittlichen Tom Norton aus Bristol, falls Sie sich an ihn erinnern.

Ich sehe ihn, über einen Schmelztiegel gebeugt, in dem eine dickliche, undefinierbar graue Flüssigkeit heftig vor sich hinbrodelt, ohne daß sie erhitzt wird. «Das unedelste aller unedlen Metalle ist das Blei», erklärt er mir. Aus dem Schmelztiegel in diesem übelriechenden Traumlaboratorium führen Röhren in einen kuppelförmigen Glasbehälter, in dem die destillierten Dämpfe aufgefangen werden. «Wobei das Ziel natürlich ist», sagt Tom Norton, «Blei in Gold zu verwandeln.»

An dieser Stelle schreie ich *«Gold!»*, und wie mir der Große Diego später berichtet, drückt man dem sterbenden Vizekönig einen Goldklumpen in die Hand.

«Alles, was man dazu braucht», sagt Tom Norton, «ist der Stein der Weisen.» In seiner zitternden Hand hält er ein enttäuschend kleines Etwas von der Form und Größe eines Taubeneis. Vielleicht ist das das Goldklümpchen, das man mir gebracht hat, das größte, das aufzutreiben war. So nähren sich Wirklichkeit und Traum gegenseitig.

«Jede Substanz auf Gottes Erde ist in einem ganz bestimmten Verhältnis aus ein paar Grundbausteinen zusammengesetzt», sagt Tom Norten. «Diese sind, wie uns die Alten lehrten, Erde, Luft, Feuer und Wasser. Richtig? Falsch! Aus den vieren sind drei geworden: Quecksilber, Schwefel und Salz.»

Das Wort «Syphilis» entschlüpft mir, ein deutliches Indiz dafür, daß ich mich selbst im Delirium um das Schicksal der Kolonie sorge.

«Aus dieser Einsicht folgt», fährt Tom Norton fort, «daß man das eine in ein anderes verwandeln kann, indem man schlicht und einfach die Proportionen verändert. So, ich glaube, wir sind soweit.»

Tom Norton läßt den Stein der Weisen dreimal um den Schmelztiegel kreisen. Dieser zerspringt, der darin zerschmolzene Bleiklumpen fällt auf den Labortisch, und aus dem kuppelförmigen Glasbehälter fischt Tom Norton mit einer Pinzette ein winziges, glänzendes Goldstäubchen. «Das Problem», seufzte er, «ist natürlich die Quantität. Was kann man mit zwei Dritteln eines Goldkörnchens schon anfangen? Aber irgendwann werden wir das Problem der Quantität lösen, davon bin ich überzeugt. Irgendwann.»

Sofort mache ich mich an die Lösung des Problems (ziemlich schlau für einen, der träumt) und verwandle die zwei Drittel eines Goldkörnchens im Handumdrehen in dreißigtausend Dukaten, die zwar Tom Norton in Ekstase versetzt hätten, in Wirklichkeit aber, wie Dr. Chanca festgestellt hatte, nicht einmal für ein Zehntel des dringend erforderlichen Nachschubs ausreichten, den wir aus Spanien angefordert hatten.

«Das Problem ist natürlich die Quantität», sage ich, ziemlich deutlich, wie ich glaube.

«Er versucht, etwas zu sagen!»

Hände schütteln mich ziemlich grob.

«Wir machen uns Sorgen», sagt eine Traumstimme.

«Du mußt mit uns kommen», sagt eine wirkliche Stimme.

Ich hebe ein flatterndes Augenlid. Der Große Diego und Yego Clone beugen sich über mich.

«Wir müssen mehr Gold finden», entgegne ich.

«Sie bringen sie um!» sagt der Große Diego. Er ist dem Heulen nahe.

«Auf Plaza», sagt Yego Clone.

«Mehr Gold», sage ich hartnäckig.

Sie schleudern mir noch mehr Worte entgegen. Sie setzen mich auf. Der Große Diego heult.

Sie stellen mich auf die nackten Füße. Sie ziehen mich an. Behutsam lassen sie mich los. Ich schwanke.

«Ich sage Euch, ich muß einfach mehr Gold finden», sage ich.

«Sie bringen sie *ohne Grund* um», schreit der Große Diego. «Wegen ein paar Falkenglöckchen!»

Man hält mir einen Becher Wein an die Lippen. Das hilft.

«Wer bringt wen um?» bringe ich heraus.

Sie stützen mich. Ich stolpere, sobald sie abermals versuchen, mich loszulassen. Wir stehen unter der Tür meiner aus Zweigen geflochtenen Hütte. Sie haben mich in meine vizekönigliche Uniform gesteckt, die besonderen Gelegenheiten vorbehalten ist, wie etwa meinem Erscheinen vor dem Großkhan von Cathay. Mit Hut und allem Drum und Dran.

Die Sonne scheint zu grell, aber die leichte Brise jagt mir wenigstens keinen Schüttelfrost ein. Das ist ermutigend. Ich höre Schreie von der Plaza, ein abscheuliches Geräusch, das ich aus irgendeinem Grund mit Valencia in Verbindung bringe. «Laßt mich los», sage ich. Wachsam bleiben sie an meiner Seite. Ich setze mich in Marsch. Nicht unbedingt im Marschtempo.

«Beeil dich, Admiral und Vater», drängt Yego.

Alles hat sich auf der Plaza zusammengerottet. Die ganze Kolonie muß anwesend sein, denke ich. Da meine Gouverneurshütte etwas erhöht liegt, kann ich über den Mob hinweg die Stelle sehen, an der ein Indianer mit auf dem Rücken gefesselten Händen am Boden kniet, den Kopf auf einem Baumstumpf. Über ihm steht drohend ein kräftig aussehender Kerl mit nacktem Oberkörper, in der Hand ein Beil, dessen Schneide im Sonnenlicht blinkt. Daneben stehen zwei weitere Indianer, ebenfalls gefesselt. Man hat ihnen eine letzte Zigarre angezündet, die ihnen ein mitfühlender Mensch in regelmäßigen Abständen an die Nase hält.

Mit Ausnahme von Mosén Pedros Stimme sinkt die Dezibelstärke in der Menge schlagartig auf Null, als sie meiner ansichtig wird. Ihrer Majestät bevorzugter Kavallerieoffizier verliest das Todesurteil. Ich stelle fest, daß Nasen und Ohren aller drei gefesselten Indianer auf jene häßliche, von den ehemaligen arabischen Herren Spaniens übernommene Art gestutzt sind.

«. . . für schuldig befunden, zwei Hemden, vier rote Wollmützen und sechs Falkenglöckchen gestohlen zu haben. Die Strafe für ein solch geringfügiges Vergehen ist der Tod durch Enthauptung. Scharfrichter, tut Eure Pflicht!»

«Halt!»

Das bin ich, und es ist, alles in allem betrachtet, ein ziemlich gelungener Ausruf.

Vizeköniglich gekleidet und unsicheren Schrittes trete ich in den Kreis hagerer, bleicher Gesichter. Diese Überlebenden der Gelben Krankheit wirken so entmutigt, so niedergeschlagen, daß Mosén

Pedro vielleicht glaubt, eine schöne, blutige Hinrichtung sei genau das Aufputschmittel, das sie brauchen.

Aber es bleibt mir wenig Zeit für derlei Gedanken, denn der Scharfrichter hat das Beil bereits erhoben und ist drauf und dran, das Urteil zu vollstrecken.

«Nehmt das Beil herunter», sage ich gedämpft, um ihn nicht zu erschrecken und seine gebündelte Nerven- und Muskelkraft zu einer irreversiblen Bewegung zu veranlassen.

Der Große Diego ergänzt umsichtig: «Da hinüber auf die Seite.»

Nachdem der Scharfrichter uns beiden gehorcht hat, verkünde ich: «Diese Männer sind auf Geheiß des Vizekönigs begnadigt.»

Ich will erst gar nicht versuchen, den unversöhnlichen Haß im Gesicht Ihrer Majestät liebsten Kavallerieoffiziers zu beschreiben.

«Da draußen im Dschungel», sagt er, «bin ich das Gesetz.»

Anstatt diese zweifelhafte Behauptung in Frage zu stellen, erinnere ich ihn: «Ihr seid nicht draußen im Dschungel», während ich gleichzeitig denke: Aber bald.

«Dort wurde das Verbrechen aber begangen», entgegnet Mosén Pedro.

«Glaubt Ihr denn, so ein läppischer Diebstahl rechtfertigt ein Todesurteil?»

«Als abschreckendes Beispiel schon. Außerdem weiß man doch, daß sie sowieso nichts spüren. Wahrscheinlich sind sie sich, genau wie Dreizehenfaultiere oder Raupen, ihrer eigenen Existenz nicht einmal bewußt.»

«Lieber Himmel, nein», mischt sich der lächelnde Pater Buil ein, der zu uns getreten ist, «das würde ja implizieren, daß Dreizehenfaultiere, Raupen und Indianer Seelen haben.»

«Wenn die Indianer keine Seelen haben, wie könnt Ihr dann hoffen, sie in die Heilige Mutter Kirche einzugliedern», frage ich ihn.

«Ich habe Gott im Gebet oft um Erleuchtung in diesem Punkt angefleht», gibt Pater Buil zu. «Vielleicht werden ihnen ja bei der Bekehrung Seelen verliehen.»

Inzwischen hat Yego den drei verurteilten, noch immer gefesselten Indianern versichert, daß man ihnen die Köpfe nicht abschlagen wird.

«Binde sie los», sage ich zu ihm. Ich möchte, daß Yego ein Teil des Verdienstes zufällt.

Aber dann bin doch ich es, vor dem sich die drei Indianer verneigen, ja beinahe in den Staub werfen. Verlegen berühre ich einen dunkel glänzenden Schopf nach dem anderen. Diese Geste erinnert ganz unbeabsichtigt an einen Segen ohne das Kreuzzeichen, den Richtlinien der Suprema zufolge ein deutlicher Hinweis auf einen Judaisierer.

Pater Buil setzt ein Das-wird-man-sich-merken-müssen-Lächeln auf, das zu bemerken mir mein Zustand nicht gestattet.

Wieder in meinem Krankenbett, erläutere ich Melchior Maldonado, was er zu tun hat. Es nimmt achtundvierzig Stunden in Anspruch.

«Habt Ihr alle nach ihrer Meinung gefragt?»

«Alle außer Alonso Ojeda und seine Garnison im Fort Santo Tomás», dröhnt Maldonado. «Aber das sind nur neunzehn Männer.»

«Und?»

«Vierhundertundzwei, darunter sämtliche Caballeros, stimmen mit Hauptmann Margarit überein, daß wiederholter Diebstahl ein ausreichender Grund ist, um einen Indianer zu köpfen. Dreihundert sind dagegen. Der Rest hat keine Meinung.»

Ich schlüpfe in meine vizekönigliche Uniform und schicke nach Mosén Pedro Margarit; Melchior Maldonado bleibt als Zeuge.

«Ich übertrage Euch das Kommando über ein Heer von vierhundertundzwei Männern», sage ich zu Ihrer Majestät bevorzugtem Kavallerieoffizier.

«Ich weiß nicht, was ich sagen soll, Vizekönig», sagt er.

«Ich wünsche, daß Ihr Kapitän Ojeda im Fort Santo Tomás ablöst.»

«Ich bin wirklich sprachlos, Vizekönig.»

«Euer Befehl lautet, im Fort zu bleiben, bis Ihr andere Anweisungen erhaltet.»

Mosén Pedros Hochgefühl sinkt. «Es ist ein ziemlich kleines Fort für eine Garnison von vierhundertundzwei Männern. Fast wie ein Gefängnis, könnte man sagen.»

«Diese Erfahrung wird Euch und Eure Männer abhärten für das, was noch kommt.»

Mosén Pedro denkt kurz nach. «Ihr habt etwas Großes vor, nicht wahr, Vizekönig?» schmettert er. «Einen Top-Secret-Feldzug gegen den Kaziken Caonabó, habe ich recht?»

«Was auch immer, es braucht Zeit. Je weniger Kontakt Ihr inzwischen mit den Indianern habt, um so besser.»

«Ich verstehe. Ich bin ein geduldiger Mensch.»

Ich nicht. Drei Tage später stehe ich, blaß und noch ziemlich schwach, auf dem Achterdeck der forschen kleinen *Niña*, in vertrauter Haltung eine Want umklammernd. Ich habe die Nase voll von Mosén Pedro und Pater Buil und der Gelben Krankheit und meiner eigenen sonderbaren Krankheit und sogar vom wohlmeinenden Großen Diego. Wozu hat Gott mich denn überhaupt auf die Erde (oder aufs Meer) gesetzt? Um unzufriedene Kolonisten zu verhätscheln oder um auf Entdeckungsfahrten zu gehen?

Natürlich bekomme ich den üblichen Rüffel von meinen Biographen. Diesmal beschuldigen sie mich wie aus einem Mund, ich hätte meinen Posten verlassen, hätte eine in erheblichen Schwierigkeiten steckende Kolonie im Stich gelassen – um eine Vergnügungsreise im Karibischen Meer zu unternehmen!

Kümmern Sie sich nicht um die Fehleinschätzung meines Charakters. Die Fehleinschätzung der Situation ist schlimm genug. Was kann schließlich ein genesender Admiral (selbst ein Vizekönig) tun, was der Große Diego und seine Berater nicht könnten? Sollte ich nicht, da ich das Meer liebe, versuchen, aus dem kühlen Blau seiner Umarmung meine Kraft zurückzugewinnen wie Antaios die seine aus der Erde? Nein, ich muß los. Unbekannte Inseln, ja sogar unbekanntes Festland harren meiner.

Hoch, immer höher schnellt das Großsegel, als alle Hände am Fall holen, und mit ihm, begleitet von den fröhlichen Rufen meiner jugendlichen Mannschaft, meine Lebensgeister. Mit Ausnahme des massigen Juan Niño könnte ich ihrer aller Vater sein, der seines Bruders Francisco, der von Pedro Terreros, der von Yego Clone, von allen sechzig jungen Kerlen.

Während die *Niña* und die zwei kleineren Karavellen *San Juan* und *Cardera* mit dem Passat nach Westen in Richtung Kuba fahren, hänge ich einem Traum nach. Warum sollte ich mit meiner kleinen Flotte aus drei Karavellen, ein paar gestandenen Veteranen und sechzig furchtlosen Jungen nicht das Goldene Chersones (die Malaienhalbinsel) umschiffen und mit einem günstigen Wind über den Indischen Ozean segeln können, dann um das Kap der Guten Hoffnung und entlang der afrikanischen Küste an Fernando Póo vorbei nach Spanien fahren – und damit fast dreißig Jahre vor Magellan und seinem einzig überlebenden Schiff *Victoria* den Globus umrunden? Aber nein, ich habe es nicht versucht. Es sollte nicht sein, obwohl ich in meinem tiefsten Inneren nach wie vor fest davon überzeugt war, daß Kuba ein Teil des asiatischen Festlands ist.

Wir machen einen Abstecher nach Süden zu der gebirgigen Insel Jamaika und umrunden sie, bevor wir nach Kuba zurückkehren; der Wind ist einfach traumhaft, und die zynischen Ränkeschmiede von Isabela sind vergessen. Bin ich je todkrank gewesen, oder waren lediglich meine Lebensgeister erkrankt?

Meine Biographen zerbrechen sich den Kopf über andere Fragen. Warum, so fragen sie, umsegle ich nicht auch Kuba und erfahre auf diese Weise, was sie rückblickend wissen, nämlich daß es nicht ein Teil Asiens ist, sondern nur die größte Insel im Karibischen Meer? Nur!

Eine Stunde vor Sonnenaufgang ist sie nur ein Bergkamm, der die zeitlosen Sterne auslöscht. Dann verleiht das erste Licht dem unbekannten Land Gestalt, und als der Rand der Sonnenscheibe dort, wo Meer und Himmel aufeinandertreffen, auftaucht, nehmen seine Konturen an Schärfe zu, bis schließlich das erste richtige Tageslicht diese Terra incognita ans farbige Licht der Welt bringt, diesen Teil der Erde, der meines Wissens bisher *nicht einmal existiert hat*. Nur!

Mißmutig nörgeln meine Biographen herum, erheben anklagend ihre Zeigefinger und verstaubten Geographiebücher. Er hat nicht einmal versucht, Kuba zu umfahren, wiederholen sie, als wäre das der Zweck meines Daseins gewesen. Und dann erfinden sie etwas höchst Unglaubwürdiges, um ihre Behauptung zu untermauern: Angeblich zwinge ich meine Mannschaft, meine sechzig unschuldigen Jungen, einen heiligen Eid (bei einer Strafe von nicht zu überlebenden hundert Peitschenhieben oder nicht zu bezahlenden zehntausend Maravedis) darauf zu schwören, daß sie alle davon überzeugt sind, daß Kuba ein Teil des asiatischen Festlandes ist.

Sieht mir so etwas ähnlich?

Bevor wir kehrtmachen, folgen wir einer Küstenlinie, die länger ist als die Großbritanniens, und wir stimmen alle darin überein, daß Kuba zu ungewöhnlich groß ist, um eine Insel zu sein. Und wenn es das nicht ist, meinen wir alle, dann muß es doch wohl ein Teil Asiens sein, oder?

Die Wahrheit ist, daß ich meine sechzig Jungen (und den bärbeißigen, redlichen Juan Niño) tatsächlich einen Eid ablegen lasse – einen so heiligen Eid, daß keiner seine kostbare Ehre dadurch aufs Spiel setzen wird, daß er ihn verletzt.

Hier nun die Tatsachen. Als ich mich eines Morgens (es ist Ende September, und wir befinden uns auf der Rückfahrt nach Isabela) aus meiner Hängematte erhebe, ächzen meine Gelenke ohne Vorwarnung wie die eines alten Mannes, ein stechender Schmerz fährt mir durch die Kreuzbeingegend, und trotz der wärmenden Sonne erfaßt mich ein heftiger Schüttelfrost. Meine tränenlosen Augen brennen so erbarmungslos, daß ich, statt unter Deck zu gehen, um sie unbeobachtet mit Wasser zu benetzen, direkt auf eine offene Tonne an Deck zusteuere.

Das Wasser rinnt mir durch die Finger, denn als ich die Hände mit dem geschöpften Wasser an die Augen hebe, sehe ich die entzündeten Wunden auf meinen Handflächen.

Ich erinnere mich noch, daß ich dastand und dachte: Sieht aus wie Wundmale.

«Das s-sieht ja aus wie Wundmale», höre ich die erstaunte Stimme des schüchternen Francisco Niño.

Ich balle die Hände zu Fäusten, um die eitrigen Entzündungen zu verbergen. Vergebens hoffe ich, daß sie nach ein paar Sekunden verschwunden sind.

«Was redet Ihr da, Dummkopf?» fahre ich ihn an, gallig, wie Dr. Chanca hätte prophezeien können.

«Tut mir leid, Sir», sagt Francisco Niño, «aber was Ihr d-da an Euren Händen habt, sieht aus wie Wundmale, und wenn s-sie echt sind, dann . . . dann . . .» Verwirrt bricht er mitten im Satz ab.

Schnell öffne ich eine Faust. Stigmata, jawohl. Ganz wie bei

Christus. Ich balle die Hand wieder zur Faust und beschließe, sie als Bestandteil meines komplexen Krankheitssyndroms zu betrachten. Wer braucht schon Wunder?

Aber Francisco platzt in seiner schlichten Art heraus: «Ihr . . . Ihr s-seid ein Heiliger, Sir!»

«Ihr habt nichts gesehen», sage ich.

«Ich h-habe nichts gesehen? Ich habe Wundmale gesehen», sagt Francisco Niño gekränkt.

«Hört zu, Junge», knurre ich.

Inzwischen haben sich ein paar Schiffsjungen um uns geschart.

«Also müßt Ihr ein Heiliger sein, S-Sir», sagt Francisco.

«Ich warne Euch, Junge», knurre ich ihn böse an.

«Wenn Ihr Wundmale habt, ha-habt Ihr Wundmale. Tut mir wirklich leid.»

Außerdem habe ich inzwischen Fieber.

Etwa zwanzig junge Stimmen rufen: «Wir wollen sie auch sehen, wir wollen sie auch sehen!»

Um die Situation noch zu verschlimmern, weht heute ein sehr leichter, unbeständiger Wind, so daß die *Cardera* und die *San Juan* mit eingefallenen Segeln neben uns herdriften. Ein paar Matrosen sind schwimmen gegangen. Bei solchen Gelegenheiten sind Besuche auf den anderen Schiffen üblich, und im Handumdrehen haben wir ein paar Leichtmatrosen von den zwei kleineren Karavellen an Bord der *Niña*.

«Der Admiral hat S-Stigmata an den Händen», erklärt Francisco Niño – beinahe mit Besitzerstolz – unseren tropfnaßen, nackten Besuchern.

«Es sind nur ganz ordinäre offene Wunden!» brülle ich.

Juan Niño kommt vom Achterdeck herunter. «Was zum Teufel hat das zu bedeuten?» fragt er Francisco.

«Der Admiral ist ein Heiliger», sagt dieser.

«*Was* ist er?» Ungläubig schnappt Juan Niño nach Luft.

«Wir wollen sie auch sehen, wir wollen sie auch sehen», schreien alle anderen.

Meine krankhafte Neugier gewinnt die Oberhand, und wieder öffne ich schnell eine Faust, um einen kurzen Blick darauf zu werfen.

«Heiliger Mann! Heiliger Jesus Christus! Heilige Scheiße! Stigmata!» brüllt Juan Niño, der augenblicklich, wenn auch nur vorübergehend, zu einem echten Gläubigen wird.

Drei Tage später beginnen die Wundmale abzuheilen, und nach einer Woche sind sie vollkommen verschwunden.

Zu diesem Zeitpunkt kommt mir auch die Idee mit dem Eid. Daß jeder bis zum letzten Mann ihn leisten muß, liegt auf der Hand. Ich kann kein Heiliger sein, nicht einmal einem Gerücht zufolge, und gleichzeitig Gouverneur und Vizekönig, von einem Admiral ganz zu schweigen. Keines dieser Ämter verträgt sich mit Heiligkeit, und schließlich muß ich an meine Karriere denken.

In der Zwischenzeit verschlimmert sich mein Zustand; ich liege halb im Delirium. Kein Mensch weiß, was zu tun ist. Die Schuld der im fünfzehnten Jahrhundert noch rückständigen Medizin? Nein – selbst ein halbes Jahrtausend später kann man noch nicht mehr tun, als Wunderdrogen in die Leute hineinzupumpen und auf das Beste hoffen. Es handelt sich nicht einmal um eine normale Krankheit, sondern um ein relativ obskures Syndrom, das später nach jenem Doktor Reiter benannt wird, der es erstmals bei einem glücklichen Patienten diagnostiziert hat. (Üblicherweise korreliert es mit dem Vorhandensein des Histokompatibilitäts-Antigens HLA-B27.) Ich erwähne diesen Laborbefund nur, um zu betonen, daß es sich nicht um ein psychosomatisches Syndrom handelt. Als wir, unter vollem Zeug laufend, nach Isabela zurückkehren, bin ich ein kranker Admiral. Das akute Reiter-Syndrom tut sein Möglichstes, mich umzubringen. Wäre Pater Buil an Bord gewesen, hätte er mir sicher – lächelnd – die letzte Ölung verpaßt.

«Es ist hoffnungslos», sagt der bärbeißige, redliche Juan Niño.

«D-Das darfst du nicht mal denken», flüstert sein Bruder Francisco. Francisco gibt sich die Schuld, wahrscheinlich weil er der erste (nach mir) war, der die Wundmale gesehen hat.

«Es ist hoffnungslos», hört man überall auf der kleinen *Niña*, an Bord der *Cardera* und der *San Juan*.

Aber was halten Sie von folgender Transfiguration oder zumindest von dem zeitlich am besten plazierten Deus ex machina in der Geschichte?

Im Fieber bekomme ich vage mit, daß die *Niña* am provisorischen Dock von Isabela festgemacht hat. Neben mir höre ich leises Weinen. Es ist Yego. «Bitte nicht sterben, Admiral und Vater», fleht er, während Pedro Terreros tapfer versucht, ihn zu trösten.

Ich höre keine Schiffsgeräusche – keinen Wind in der Takelage, kein Ächzen von Spieren und Planken, kein schmatzendes Wasser in den Speigatten. Ich höre Landgeräusche – das Klappern von Hufen auf Docksbohlen, das Läuten unserer Kirchenglocke (für mich?), das Bellen irischer Wolfshunde, die abgerichtet werden (was ich freilich noch nicht weiß), um Indianer in Stücke zu reißen. Ich spüre, wie man mich über das Deck trägt.

Juan Niño ruft: «Die Gangway, die Gangway, hierher! Auf der Trage liegt der Admiral; sein Zustand ist besorgniserregend.»

Ich höre Schritte zurückweichen, dann, deutlich lauter, Stiefel näherkommen.

Und eine Stimme aus der Vergangenheit, eine Stimme, die ich schon glaubte, nie wieder zu hören, fragt: «Der Admiral liegt da auf der Bahre? Aber wieso denn?»

«Geh lieber aus dem Weg, Mann.»

«Aber wieso denn?»

Endlich steht er da an meiner Seite, wie es immer vorgesehen war, bringt mich dazu, blinzelnd meine trockenen Augen zu öffnen und, während Leben in meinen Körper zurückströmt, wirklich und wahrhaftig Freudentränen zu vergießen: Mein geliebter Bruder Barto.

KAPITEL 14

Wie ich aufgrund
eines administrativen Mißverständnisses
in Sack und Asche
nach Spanien zurückkehre

Ich wünschte, ich könnte wie ein Romanschriftsteller schreiben, daß sich mit Barto schlagartig alles änderte. Ein Romancier kann sich alles erlauben, wenn nur die Story gut ist. Aber mir blickt, während ich diese Worte niederschreibe, die unnachsichtige Lehrmeisterin Geschichte über die Schulter.

Ich wünschte, ich könnte schreiben, Barto wäre Bernal de Pisas Bojen-Dossier auf den Grund gegangen und hätte Pater Buil auf den rechten Weg als Missionar geführt oder Mosén Pedro beigebracht, sich wie ein Gentleman zu benehmen, statt lediglich einer zu sein, oder vielleicht sogar dem leutseligen Großen Diego etwas Vernunft beigebracht.

Ich wünschte, ich könnte mit der literarischen Freiheit eines Romanschriftstellers schreiben, daß Barto auf seinen drei Karavellen außer dem Nachschub aus Spanien auch ein Heilmittel gegen die Gelbe Krankheit mitgebracht hätte, ein wirksames Medikament gegen die Syphilis oder auch nur ein taugliches Abwehrmittel gegen Moskitos.

Ich wünschte, ich könnte schreiben, daß wir lernten, mit den Indianern in Harmonie zu leben.

Aber nichts von alledem geschah.

Tatsache ist, daß in den achtzehn Monaten bis zu meiner Abreise nach Spanien, mit einem Herzen so voller Schuldgefühle, daß es mir kaum etwas ausmachte, ob Mosén Pedro, Pater Buil, Bernal de Pisa und all die anderen es geschafft hatten, meinen letzten Funken Glaubwürdigkeit am ambulanten Königshof zu zerstören . . .

Aber ich greife vor.

Zunächst mal zu Barto.

Er ist ein Mann von fünfundvierzig Jahren, breitschultrig, nicht groß, aber von imponierender Gestalt, gut, aber nicht auffallend gekleidet, mit tiefer Stimme und einer noch immer unverwechselbaren Sprache, selbstbewußt und, was seine Physiognomie betrifft, vollkommen verändert.

An einem sonnigen Novembertag, als ich beinahe schon wieder normal sehe, platze ich plötzlich heraus: «Die Warzen und das ganze Zeug sind ja weg!»

Mein Bruder Barto ist ein gutaussehender Mann. Sogar sein wildes Kraushaar, inzwischen grau gesprenkelt, ist nicht mehr so störrisch.

«Ich habe mich schon gefragt, wann du es bemerken würdest», sagt er. Zurückhaltend, aber erfreut.

«Wie ist das passiert?»

«O Mann, das ist ziemlich peinlich», sagt er nach kurzem Schweigen.

«Ich bin doch dein Bruder», erinnere ich ihn.

«Na gut. Sie sind eines Morgens einfach abgefallen.»

An diesem Morgen, wie an vielen zuvor und sehr vielen danach, hielt sich Barto in seiner kleinen Zimmerflucht im französischen Königspalast zu Fontainebleau auf. Inzwischen (es war Anfang 1492 und könnte durchaus an dem Tag gewesen sein, an dem Granada fiel) wußte er, daß König Karl unser Großes Abenteuer niemals unterstützen würde, hatte aber gute Gründe, weiterhin in Fontainebleau zu bleiben.

«Sie war wirklich hinreißend», erzählt er.

Sie, das war Anna von Beaujeu, die älteste Tochter König Ludwigs XI. und bis kurz vor Bartos Ankunft Prinzregentin für ihren Bruder Karl VIII.

An diesem Morgen kletterte die hinreißende Anna von Beaujeu vor Barto aus dessen riesigem Himmelbett, zündete Feuer im Kamin an, kehrte, köstlich nackt, in das riesige Himmelbett zurück, weckte Barto mit einem Kuß, setzte zu «Machen wir's noch mal» an, rief aber statt dessen, nachdem sie einen Blick auf sein verschlafenes Gesicht geworfen hatte: «Die Warzen und das ganze Zeug sind ja weg!»

Und so war es.

«Das war das erste Mal, daß ich es getan habe», sagt Barto.

«Mit irgend jemand oder mit der Prinzessin?»

«Das erste Mal überhaupt. Und die Warzen und das ganze Zeug sind einfach abgefallen.»

«Und was geschah dann?»

«Ich blieb fast noch zwei Jahre in Fontainebleau, während sie mich zum Narren hielt.»

«Andere Männer?»

«Nein. Sie wollte, daß ich dableibe, also hat sie mir deinen ersten Brief nicht gegeben – und den zweiten auch nicht. Ich führte ein Leben wie im Märchen. Früh zu Bett, spät aus den Federn, eine wunderschöne Prinzessin zum Zeitvertreib.» Barto seufzt. «Wahrscheinlich wäre ich noch da, wenn nicht ihr Bruder, der für einen König nicht sonderlich helle ist, ihren Rat in ein paar dringenden Staatsangelegenheiten gebraucht hätte. Also gab *er* mir deine Briefe und einen Beutel Gold (dazu ein Gefolge von Dienern und eine von diesen ungarischen Kutschen), und ich machte mich auf den Weg nach Spanien.

Ich erwischte den König und die Königin in Valladolid und muß wohl einen ziemlich guten Eindruck auf sie (eigentlich wohl eher auf die Königin) gemacht haben, denn nachdem sie gerade Antonio de Torres mit deiner Einkaufsliste empfangen hatten, übertrugen sie, oder vielmehr: übertrug *sie* mir umgehend das Kommando über drei Karavellen mit dem Nachschub. *Et voilà tout*, wie die Franzosen sagen. Hier bin ich.»

«Und wo sind die Karavellen?»

«Das ist eine andere Geschichte.» Die zu erzählen hat Barto anscheinend keine Eile. «Oh, übrigens ist es mir gelungen, alles wunschgemäß für deine Jungen zu arrangieren», sagt er entwaffnend. «Sie sind beide beim ambulanten Hofstaat, als Pagen des Kronprinzen Johann.»

«Wo sind die Karavellen?»

«Wir hatten eine spitzenmäßige Überfahrt.»

«Wo sind sie?»

«Kapitän Torres ist inzwischen wahrscheinlich mit vier weiteren unterwegs. Ich habe nur das Notwendigste mitgebracht.»

«Was ist mit ihnen passiert?»

«Wir haben den Großteil unserer Fracht ausgeladen.»

«Und was geschah mit dem Rest?»

«Vielleicht solltest du dich lieber etwas ausruhen. Dr. Chanca hat gesagt, ich darf dich nicht ermüden.»

«Ich bin nicht müde. Was ist mit den Karavellen passiert?»

«Sei nachsichtig mit dem Großen Diego, ja? Es war wirklich nicht seine Schuld.»

«Ich höre.»

Ich hörte.

Barto und seine kleine Flotte kamen am Tag der Sommersonnwende in Isabela an, genau zu der Zeit, als der Konflikt zwischen Mosén Pedro und dem Großen Diego seinen Höhepunkt erreichte. Barto schlitterte (oder segelte) ahnungslos in die ganze Sache hinein. Bis dahin ahnte er weder, daß unser jüngster Bruder Italien auch nur verlassen hatte, noch daß ich nicht in meiner Eigenschaft als Vizekönig auf der Insel weilte, sondern irgendwo auf Entdeckungsfahrt war. Er brauchte ein paar Tage, um die Lage der Dinge zu erfassen.

«Wieso denn nennen uns einige Kolonisatoren ‹dreckige Ausländer›?» fragte er den Großen Diego am Tag nach der Sommersonnwende.

«Hetzkampagne eines Lästermauls namens Mosén Pedro Margarit und seines Busenfreundes Pater Buil. Mach dir darum keine Sorgen», sagte der Große Diego.

Vor lauter Eifer, auf Entdeckungsfahrt zu gehen, hatte ich verabsäumt vorherzusehen, daß Mosén Pedro mit seinen vierhundertzwei Unzufriedenen nicht endlos im Fort Santo Tomás bleiben würde. Vierhundertzwei unzufriedene Mäuler wollen gefüttert werden, und schlauerweise hatte Mosén Pedro nur ein Minimum an Vorräten mitgenommen. Wenig später ernährten sie sich vom umliegenden Land. In der ersten Woche überfielen sie das halbe Dutzend indianische Dörfer in unmittelbarer Nachbarschaft des Forts, karrten die kargen Lebensmittelvorräte weg, vergewaltigten die Frauen, brachten ein oder zwei Unterkaziken, die sich beschwerten, einfach um. Bald schon drangen sie in die weitere Umgebung vor, nach Süden in das Gebiet von Cibao. Das hier war kein umstrittenes Grenzterritorium mehr, das war Caonabós Land. Über kurz oder lang konnten die Indianerinnen ihre Dörfer nur noch in Begleitung verlassen – aber auch Mosén Pedros Leute konnten sich nur noch in größeren Gruppen und schwer bewaffnet nach Cibao hineinwagen. Kleinere Trupps wurden überfallen und getötet; ihre abgetrennten Köpfe wurden an den Kreuzungen von Dschungelpfaden gut sichtbar an Bäumen aufgehängt.

Als die Kunde von alledem nach Isabela drang, gaben die Kolonisten den Indianern an allem die Schuld. Aber was kann man von seelenlosen Heiden schließlich anderes erwarten?

Der Krieg eskalierte. Als er sich über die Grenze in Guacanagarís Territorium hinein ausweitete, schickte der edle Kazike eine Delegation nach Isabela, um den Großen Diego und seine Ratgeber von dem, was sich im Hinterland zutrug, in Kenntnis zu setzen. Die Delegation wurde voller Argwohn empfangen und mit Hohn und Spott wieder weggeschickt. Inzwischen hatte Mosén Pedro vierundzwanzig Männer eingebüßt, und halb so viele indianische Dörfer waren entweder zerstört oder völlig verwaist. Der Große Diego schickte einen Untersuchungstrupp aus. Die Männer kehrten mit drei bereits in Verwesung übergegangenen spanischen Köpfen zurück, die sie an Mahagonibäumen baumelnd gefunden hatten und die bei der Bevölkerung Empörung hervorriefen. Der Große Diego schlug die Empfehlung der Ratsmitglieder, Verstärkung zu schicken, in den Wind und entsandte statt dessen einen Bevollmächtigten zum Fort Santo Tomás, um Mosén Pedro zu maßregeln, weil er die Indianer gereizt hatte. Mosén Pedro war erwartungsgemäß wütend. Mit seinen restlichen dreihundertachtundsiebzig Separatisten marschierte er nach Isabela. Entgegen Diegos Hoffnung wurde Mosén Pedro von der Bevölkerung nicht etwa geächtet, sondern als Held willkommen geheißen. Im Verlauf einer erbitterten Sitzung des Rates verpaßte er dem Großen Diego eine Ohrfeige – woraufhin der Große Diego ihn zur Überraschung aller Anwesenden zu Boden schlug und mit Füßen trat. (Wie ich bereits früher). Diese schmähliche Behandlung durch zwei Brüder Colón, beide dreckige Ausländer, war mehr, als Mosén Pedro Margarit, Offizier und spanischer Gentleman, ertragen konnte. In dieser Nacht brach er ins Gefängnis ein, befreite Bernal de Pisa, scharte die hitzigsten seiner Unzufriedenen (zu denen sich ein grimmig lächelnder Pater Buil gesellte) um sich, schnappte sich Bartos drei erst teilweise entladene Karavellen und segelte in Richtung Spanien davon.

«Und dort werden die Kerle versuchen, dich bei den Königen in Mißkredit zu bringen», warnt mich Barto jetzt.

«Mach dir um die keine Sorgen. Wie steht es denn hier?»

«Besser. Wir haben Guacanagarí wieder auf unserer Seite; er versucht, die anderen Kaziken davon zu überzeugen, daß Mosén Pedro kein normaler Spanier oder Christ war.»

Tatsächlich scheint sich die Situation in den folgenden Wochen zu bessern. Nachdem Pater Buil fort ist, tauft der schüchterne Hieronymitenmönch Ramón Pane den ersten Indianer vor Ort – ausgerechnet den fetten Hahnrei Guarionex, der häufig in geschäftlichen Angelegenheiten seines Bruders Guacanagarí in Isabela weilt. Aber, wie der Große Diego meint, irgendwo muß man ja anfangen.

Mein Gesundheitszustand hat sich ebenfalls gebessert, und als Mitte Dezember Kapitän Torres' aus vier Karavellen bestehende Flotte beim Kap Isabela in Sicht kommt, stehe ich mit sämtlichen Bewohnern der Kolonie unten am Wasser, um sie zu begrüßen.

Sobald Torres' gesunde, kräftige Männer an Land springen, tritt der Unterschied zwischen den Neuankömmlingen und den hagergesichtigen, trübäugigen, halb verhungerten, zu dreißig Prozent syphilitischen Überlebenden der Gelben Krankheit und der Kämpfe mit den Indianern deprimierend kraß zutage.

«He, du da! Bist du ein Indianer oder was bist du eigentlich?» fragt ein Matrose den Mann neben mir; es ist zufällig der Große Diego.

«Ich bin Don Diego Colón, einer der Brüder des Admirals», sagt der Große Diego, der alles immer sehr wörtlich nimmt.

Die Matrosen werfen sich bedeutungsvolle Blicke zu.

«Schon von Euch gehört», sagt ein zweiter vorwurfsvoll.

«Von Euch allen dreien», sagt der erste herablassend.

Später nimmt mich Antonio de Torres beiseite und erklärt:

«Buil, Bernal und Margarit sind beim ambulanten Hofstaat, der sich zuletzt in Burgos aufgehalten hat, und verbreiten dort alle möglichen böswilligen Verleumdungen gegen Euch, Vizekönig. Ich an Eurer Stelle würde auf der Stelle ein paar von diesen Karavellen nehmen, nach Spanien zurücksegeln und mich verteidigen.»

Dr. Chanca pflichtet ihm bei. «Spanisches Klima, das beste auf der ganzen Welt, und gutes spanisches Essen. Wahrscheinlich genau das, was Ihr braucht.»

Barto sagt: «Ich halte die Stellung, Cristóbal.»

«Santo Tomás?» frage ich.

«Nein, das ist nur so ein Ausdruck, den ich irgendwo gehört habe. Ich meine, ich kümmere mich um alles.»

Ich habe Barto ohnehin bereits zu meinem *Adelantado* ernannt, zu meinem Stellvertreter, und er hat seine Sache gut gemacht. Die Kolonisten mögen Barto. Vom Großen Diego kann man das nicht behaupten.

Vielleicht ist es eine gute Idee, nach Spanien zu segeln, aber ich tue es nicht, zumindest nicht sofort. Sobald ich mich kräftig genug fühle, begebe ich mich mit einer Delegation in Guacanagarís derzeitiges Hauptdorf, um nachzusehen, wie es um das gegenseitige Vertrauen bestellt ist.

Die Antwort fällt zu meiner Überraschung nicht sehr positiv aus. Denn in seiner gewohnt beredten Art gibt mir Guacanagarí mit Gesten zu verstehen: «Es heißt, daß du fünfhundert von Caonabós und Mayrenís Leuten gefangengenommen hast – nicht nur Männer, sondern auch hilflose Frauen und Kinder. Wie kann ich sicher sein, daß du meine Dörfer nicht auch überfällst, um Sklaven zu machen?»

«Gefangene? Sklaven?» wiederhole ich verblüfft, und Yego übersetzt. «Was soll das heißen?»

«Spiel hier vor mir nicht den Unschuldigen», signalisiert Guacanagarí scharf. Das ist das einzige Mal, daß ich ihn wütend erlebt habe.

Ich frage Melchior Maldonado, den militärischen Befehlshaber der Delegation, ob er von derlei Übergriffen weiß. «Ich höre zum erstenmal davon, Vizekönig», dröhnt er voller Überzeugung. Sein lautes Dementi besänftigt Guacanagarí etwas, und nachdem er sich bereit erklärt hat, seine Informationsquellen zu überprüfen, kehren wir so schnell wie möglich nach Isabela zurück.

Ich kann weder Barto noch den Großen Diego finden, auch nicht unten am Wasser, wo sich Barto häufig herumtreibt. Dafür treffe ich dort Kapitän Torres an.

«Also, mit den Umbauten werden wir pünktlich fertig», erklärt er mir voller Zufriedenheit.

Ich sehe ihn verständnislos an. «Was für Umbauten denn?»

«Alle vier Karavellen, ganz genau nach Euren Anweisungen.»

«Welche Anweisungen?» Jetzt schaue ich noch verständnisloser drein.

«Direkt aus Eurem Amtszimmer, Vizekönig», sagt der loyale, jetzt aber verunsicherte Offizier.

Ich gehe mit ihm an Bord der nächstbesten Karavelle. Mit Ausnahme des Ruderdecks ist sämtlicher verfügbarer Platz unter Deck mit zwei Reihen kräftiger Bretter ausgefüllt, zwischen denen schmale Gänge verlaufen.

«Einen Tag vor dem Termin fertig, Vizekönig. Morgen ist der vierundzwanzigste», erinnert er mich. «Spätestens dann sollte ich doch absegeln, damit meine Mannschaften von der königlichen Heuerliste gestrichen werden können.»

Ich nicke nur. Der Zweck dieser Bretterverschläge entgeht mir völlig.

Bevor Torres zu einer Erklärung ansetzt, höre ich von draußen jene Geräusche, die ich mein Leben lang mit Valencia in Verbindung bringen werde. Ich stürze an Deck, traue meinen Augen nicht. Männer drängen sich rempelnd am Dock, in jener grausigen Feststimmung einer Menschenmasse, die sich zusammenrottet, um Zeuge eines Ereignisses zu werden, das jeder einzelne unerfreulich, ja sogar entsetzlich finden würde.

«Da kommen sie!»

«Ein dreifaches Hoch auf Don Diego!»

Auf den Großen Diego? Ja, und die Hochrufe kommen von Herzen, während Diego, unsicher auf einem der wenigen Maultiere der Kolonie sitzend, heranreitet, an der Spitze einer Zweierreihe gefesselter, von bewaffneten Aufpassern flankierter Indianer, die bis hinauf zur Plaza und noch weiter reicht.

«Macht Platz!» schreit jemand. «Laßt sie durch!» Alonso Ojeda galoppiert durch die Menge auf dem Dock. Ein halbes Dutzend Männer plumpst ins Wasser, begleitet vom Gejohle und Gespött der anderen. Aber man macht Platz für die gefangenen Indianer.

Es sind, wie Guacanagarí mir ganz richtig mitteilte, fünfhundert.

Der Große Diego entdeckt mich neben Kapitän Torres, grinst und signalisiert mit dem Daumen «Alles bestens». Alonso Ojeda, der inzwischen abgestiegen ist und nur mit Mühe den riesigen irischen Wolfshund an seiner kurzen Leine halten kann, treibt ein paar aus der Reihe laufende Indianer mit Püffen an. Aber es laufen nicht viele aus der Reihe. Reibungslos, als hätte man es geprobt, werden die fünfhundert Gefangenen in vier Gruppen aufgeteilt, die im Gänsemarsch über die Gangways an Bord der vier Karavellen marschieren und fast wie aufgereihte Dominosteine in die vier Ladeluken fallen. Bald ist kein Indianer mehr zu sehen.

Die Menge zerstreut sich murrend, enttäuscht über die Kürze des Spektakels und die Fügsamkeit der Indianer. Der Große Diego kommt zu uns herüber. Er überreicht Torres ein offiziell aussehendes Dokument. «Das Ladungsverzeichnis, Kapitän», sagt er. «Würdet Ihr mir den Empfang bitte bestätigen?»

Torres unterschreibt.

«Glatteste Abwicklung, die ich je erlebt habe», sagt er bewundernd.

«Das ist der schweizerische Einfluß», sagt der Große Diego. «Ich habe dort eine Menge gelernt.»

Wieder grinst er mich an.

Natürlich kann ich die Sache nicht in der Öffentlichkeit mit ihm austragen. «Wir sprechen uns bei mir», sage ich. «In zehn Minuten.»

Vor der Kirche treffe ich Barto in besorgter Unterhaltung mit Pater Ramón Pane an, der umgehend durch die Kirchentür verschwindet.

«Was ist hier los?» frage ich Barto.

«Ich habe versucht, Pane davon zu überzeugen, daß du weißt, was du tust. Leicht war das nicht», sagt er ziemlich frostig.

«Was *ich* tue?»

«Ich bin nicht begeistert von den Sklaven, und Pater Pane

ebensowenig. Offenbar», fügt er mit für ihn ungewohnter Schärfe hinzu, «sind wir die einzigen zwei in der ganzen Kolonie.»

«Bis vor fünfzehn Minuten hatte ich keine Ahnung von den Sklaven.»

«Na, hör mal, Brüderchen – Diego behauptete, er führe nur deine Befehle aus. Er sagte, er wollte dich mit der schweizerischen Effektivität der ganzen Operation überraschen.»

«Was wollte er?» sage ich, nach Luft schnappend.

Fünf Minuten später verteidigt sich ein verwirrter Diego: «Weshalb bist du denn so wütend, Cristóbal? Ich habe doch nur deine Anweisungen ausgeführt.»

«Ich soll Anweisung gegeben haben, die Indianer in Ketten nach Spanien zu schicken?»

«Aber sicher. An dem Tag, an dem du das Heer zum Fort Santo Tomás geführt hast.» Ich murmle den Namen des Herrn, natürlich vergebens.

Der Große Diego geht in seinen Teil der Hütte; als er zurückkommt, schwenkt er ein paar Bogen Papier.

«Hier steht es, das sind deine eigenen Worte . . . dadadadam . . . *Cristóbals Plan für die Kannibalen.*»

«Kannibalen? Wir reden doch nicht von . . .»

«Hör mir bitte zu, nur eine Minute, einverstanden? Also, da steht es: *Menschen, die Menschen essen, sind nicht normal; es muß sich um einen erworbenen Geschmack handeln, und das bedeutet, daß man ihn, wie jede Perversion, abgewöhnen kann.*» Er blickt von seinen Papieren auf. «Hast du das nicht an dem Tag, an dem du losgezogen bist, zu mir gesagt?»

Ich erinnere mich nicht daran, aber es hört sich so an, als könnte ich es gesagt haben. Ich nicke, und er fährt fort: «Dadadadam . . . *also hier ist mein Plan – oder vielleicht mein Traum.* Deine eigenen Sätze, Wort für Wort so, wie du sie gesagt hast, Cristóbal. Ich habe als Kardinal Borgias stellvertretender Privatsekretär recht gut gelernt, nach Diktat zu schreiben.

Also, ich zitiere: *Wir müssen versuchen, sie zu Sklaven zu machen.*»

«Das habe ich niemals gesagt», protestiere ich.

«Cristóbal, es steht hier in meinen Notizen. Hm . . . *ein paar Schiffsladungen karibischer Gefangener schnappen* . . . dadadadam . . . *nach Spanien schicken* . . .»

«Hör zu, das habe ich niemals gesagt; trotzdem wäre es keine schlechte Idee, ein paar Kariben, falls uns welche über den Weg laufen, nach Spanien zu schicken, um ihnen neue Eßgewohnheiten beizubringen. Aber wie zum Kuckuck bist du auf die Idee gekommen, daß ich fünfhundert Arawaken in Ketten nach Spanien bringen lassen will?»

«Weil du es gesagt hast, deswegen. Hier steht es, in deinen eigenen Worten.» Wieder sieht er in seinen Notizen nach. «Mal sehen . . . dadadadam . . . ja, hier steht es: *Wahrscheinlich können wir auch Hunderte von Arawaken in Ketten . . .* dadadadam . . . *nach Spanien schicken.* Das wolltest du, hast du gesagt. Also habe ich genau das getan. Ich möchte bloß wissen, warum du so wütend bist?» fragt er vorwurfsvoll.

«Was bedeuten eigentlich diese ganzen Dadadadams, die du da dauernd einfügst?»

«Na ja, an dem Tag gab es ein Gewitter, falls du dich erinnerst, und das eine oder andere Wort ist mir vielleicht entgangen.»

(Vielleicht möchte der Leser auf Seite 383 nachschlagen, bevor er weiterliest.)

«Ich kann dir sogar deine genauen Abschiedsworte vorlesen», sagt der Große Diego beleidigt. «Ich sagte: ‹Du wirst ja wohl wissen, was du tust›, und du sagtest: ‹Sei kühn.› Und das war ich. Du lagst krank darnieder, vergiß das nicht. Also habe ich mir gedacht, warum soll ich dich mit Einzelheiten belästigen? Ich wollte dich überraschen.»

Ich sage nichts, starre ihn nur an.

Nach einiger Zeit erst merke ich, daß er gegangen ist. Ich muß gründlich nachdenken.

Die Frage hört sich einfach an: Wenn Antonio de Torres' vier Karavellen morgen früh nach Spanien auslaufen, fahren sie dann mit oder ohne ihre Ladung von fünfhundert Sklaven? Aber ich stelle fest, daß es eine der schwierigsten Entscheidungen ist, die ich je zu treffen habe.

Des Großen Diegos plötzliche Beliebtheit, auch wenn sie noch von so kurzer Dauer ist, öffnet mir die Augen. Hegen unsere Kolonisten einen so unversöhnlichen Haß gegen die bronzehäutigen Heiden? Oder ist es schlicht und einfach tröstlich zu erleben, daß fünfhundert andere Menschen noch übler dran sind als man selbst mit seinen verlorenen Illusionen, krank und halb verhungert?

Wie dem auch sei, hier werde ich die Antwort nicht finden. Ein Führer, der seine Entscheidungen von der öffentlichen Meinung abhängig macht, wird unvermeidlich zum Gefolgsmann, wie mir Rodrigo Borgia oft erklärt hat.

Was soll ich mit dem Großen Diego machen? Immerhin hat er es gut gemeint. War nicht ich es gewesen, der ihm gesagt hatte, er solle alles vergessen, was er je über Demokratie gehört hat? Gibt es einen krasseren Gegensatz zur Demokratie als die Sklaverei? Nein, der Große Diego hat mir nur auf seine Art gehorcht. Diese fünf- hundert Indianer von Antonio de Torres' Karavellen herunterzu- holen würde ihn zum Gespött von Isabela machen und sein Selbst- bewußtsein wahrscheinlich endgültig zerstören. Der Große Diego ist nämlich recht sensibel.

Außerdem, was hatte es mit seinen Notizen auf sich? Kann ich absolut sicher sein, daß er das Gespräch falsch aufgefaßt hat? Soviel ich weiß, befand ich mich damals halb im Delirium. Vielleicht habe ich genau das gesagt, was der Große Diego niedergeschrieben hat.

Hier stehe ich, noch weit davon entfernt, überzeugt zu sein, daß ich eine neue Welt entdeckt habe, und mit recht wenig Gold in meinen Kisten. Ist das eine Art, dem König und der Königin meine Dankbarkeit zu zeigen? Werden sie nicht allmählich Erträge sehen wollen?

Abgesehen davon, ist Gold nicht lediglich eine Frage der Alchi- mie? Alchimisten arbeiten daran, unedle Metalle in Gold zu ver- wandeln. Und Kolonisten? Was für ein Material von geringem Wert gibt es überall auf Haiti, das sich auf den Marktplätzen Spaniens und Portugals in Gold verwandeln läßt? Was außer leben- den Indianern?

Und noch etwas anderes solltest du dir klarmachen, sage ich zu mir selbst. Inzwischen sägen Mosén Pedro Margarit, Pater Buil, Bernal de Pisa und weiß Gott wer sonst noch an deiner Glaubwür- digkeit beim ambulanten Hofstaat. Wirst du nach vier Schiffs- ladungen mit Sklaven, die auf dem Sklavenmarkt von Sevilla harte Münze einbringen, nicht besser dastehen?

Barto unterbricht diese Überlegungen mit der platten Feststellung: «Der Große Diego hat einen Fehler gemacht. Wir sind keine Sklavenhändler wie die Portugiesen, außer wenn es sich um Kriegsgefangene handelt, und das sind diese armen Indianer nicht. Laß sie frei, Cristóbal. Es ist an der Zeit, daß unser kleiner Bruder lernt, die Konsequenzen seines Handelns zu tragen. Er ist immerhin siebenunddreißig, zum Kuckuck.»

Aus Bartos Mund hört sich das hart an, aber ist es das? Ich bin zu dem Zeitpunkt so durcheinander, daß ich nicht erkenne, daß er versucht, uns alle vor dem endgültigen Urteil der Geschichte zu bewahren, gegen das es keine Berufung gibt.

Nachdem Barto gegangen ist, kommt Yego herein; er spielt nervös mit seinem hölzernen Kruzifix. «Admiral und Vater, ich immer glaube, du und ich, derselbe Gott. Dann ich sehe, du Mann wie alle Männer, nur größer. Wenn krank, ich bete, Christengott, mach Admiral und Vater gesund. Jetzt ich . . .» Yego hustet und räuspert sich.

«Was ist denn?» sage ich gereizt.

«Ich möchte fast . . .» wieder räuspert er sich. Dann ändert er die Marschrichtung. «Diese fünfhundert Haiti-Indianer, dieselben Menschen wie meine kleine Insel. Sprechen dieselbe Sprache. Sie und ich Brüder, Admiral und Vater. Ich dich bitte bei Christus, Gottes Sohn, Indianer freilassen.»

Für Yego ist das eine lange und leidenschaftliche Rede.

Harsch erkläre ich ihm, daß eben jene Verwandtschaft, auf die er sich beruft, ihn daran hindert, objektiv zu sein.

Natürlich trifft dasselbe auf mich zu.

Der Große Diego ist mein eigenes Fleisch und Blut, und die Ereignisse sind zu weit vorangeschritten, als daß ich etwas anderes tun könnte, als ihm die Stange zu halten. Trotz diverser rationaler Erklärungen ist dies in den Augen der Geschichte letztendlich der Galgen, an dem ich uns alle aufknüpfe.

Am Morgen, bevor die Flotte unter Segel geht, sage ich zum Großen Diego: «Pack deinen Seesack.»

«Wieso denn?» Bartos Worte, aber aus Diegos Mund klingen sie eher kläglich.

«Du fährst nach Spanien.»

Er sieht aus, als hätte ihn der Blitz getroffen. «Du bist wütend auf mich. Ich hab's doch gewußt.»

«Überhaupt nicht.» Ich erkläre ihm die Sache mit Mosén Pedro, Buil und Benal de Pisa. «Jemand, dem ich vertrauen kann, muß am Hof sein, um meine Interessen zu wahren. Solltest du irgendwelche Schwierigkeiten haben, unser Mann dort ist der Verwalter der königlichen Privatschatulle, Luis de Santangel.»

«Ich werde dich nicht enttäuschen, Cristóbal.» Als Antonio de Torres' vier Karavellen bei Einsetzen der Flut mit ihrer schrecklichen Fracht auslaufen, feiert beinahe die ganze Bevölkerung von Isabela dieses große Ereignis.

Nur Pater Pane betet allein in seiner Kirche.

Und Barto starrt wie versteinert hinaus aufs Meer.

Und Yego weint leise hinter den Gittern des Gefängnisses.

Und mich überrollt, als ich die Karavellen am Horizont verschwinden sehe, eine ozeanische Flutwelle von Schuldgefühlen.

Krieg!

Dieser säbelrasselnde Neurotiker Alonso Ojeda begrüßt ihn wie eine Sonnenblume, die sich der Sonne zuwendet.

Ungeduldig schnallt er sich sein Schwert um, dieser Kondottiere, dieser gespreizte Gockel; ungeduldig schart er seine Hundeführer mit ihren geifernden irischen Wolfshunden und seine Caballeros um sich; ungeduldig späht er in die purpurnen Schatten der Gebirgsausläufer hinter Isabela, um vielleicht einen Blick auf einen indianischen Kriegstrupp zu erhaschen, der durch einen Hohlweg schleicht; ungeduldig besteigt er seine Mähre.

«Ein Wink von Euch, Admiral», sagt er mit bebender Stimme, «und ich reite los.»

Er hechelt geradezu vor Kampfgier.

«Da kommen sie!» ruft ein gewisser Francisco Roldán, der Befehlshaber unserer Kavallerie, ein zaundünner Kerl mit hagerem Gesicht und hellblauen, undurchdringlichen Konquistadorenaugen, der auf seinem Gaul sitzt, als wären Mann und Tier zu einem einzigen, schreckenerregenden Lebewesen zusammengewachsen, wie die Indianer glauben. Und genau an der Stelle, auf die Ojeda seine Augen gerichtet hat, kommt ein Trupp Indianer in Sicht, der eilig durch eine schattige Engstelle huscht.

Der Rest ist Geschichte und, wie vieles in der Geschichte, grausam.

Lassen Sie mich eines vorausschicken: Wir waren zahlenmäßig weit unterlegen, etwa viertausend Indianer gegen zwanzig unerfahrene Kavalleristen, zwanzig Hundeführer mit ihren irischen Wolfshunden und fünfzig Musketiere. Wie läßt sich dann das einseitige Gemetzel erklären?

Zunächst die Zentauren. Unsere (mit Barto und mir) zwanzig ungeheuerlichen Menschentiere mit zwei Köpfen und sechs Beinen waren entsetzlich furchteinflößend.

Zweitens, die Wolfshunde. Die einzigen Hunde, die die Indianer von Haiti bis dahin kannten, waren ängstliche kleine Tierchen, die nicht bellten und wegen ihres hohen Proteingehalts als Haustiere gehalten wurden. Folglich erschienen ihnen unsere geifernden irischen Wolfshunde beinahe ebenso ungeheuerlich und furchteinflößend wie die Zentauren.

Drittens, die Musketiere. Musketen treffen nicht besser als Caonabós Giftpfeile, die an diesem Tag ohnehin knapp bemessen waren, aber sie machen einen Höllenlärm.

Viertens und letztens, dieser säbelrasselnde Neurotiker Alonso Ojeda.

In seiner Kampfbegeisterung ist er ständig in der vordersten Reihe, sprengt auf seinem Kampfroß mit einem Gelächter, das ans Manische grenzt, umher, schwingt sein bald blutbeflecktes Schwert nach allen Seiten, ohne sich um den Hagel von Giftpfeilen zu kümmern, steht schließlich mit blutrünstigem Grinsen inmitten der Reihen toter Feinde, den rechten Arm bis zur Schulter rot von Blut – Feindesblut.

Wie konnte es dazu kommen?

Einst in einer julianischen Dekade hatte ich einen Traum, und in diesem Traum kamen wir auf diese Inseln, wo die Eingeborenen keine Hand gegen uns erhoben, sondern uns als Götter aus ihrem Himmel verehrten, und jetzt haben wir ihnen den Tod gebracht.

Feinde? *Wir sind die Feinde.*

Benommen gehe ich, an dem blutbespritzten Ojeda vorbei, zwischen den Leibern hindurch in den Wald.

Barto läuft mir nach.

«Wohin gehst du?»

«Ich weiß es nicht. Aber ich will das nicht mehr.»

«Wir müssen jetzt kämpfen. Tun wir das nicht, sind wir in Zukunft nirgends auf der Insel mehr sicher. Begreifst du das nicht?»

«Doch.»

«Nimm wenigstens ein paar Männer mit.»

«Nein.»

«Du rennst in den Tod.»

«Nein.»

Irgendwie bin ich mir dessen sicher. Wenn es einem Mann egal ist, ob er am Leben bleibt oder stirbt, läßt ihn das Schicksal am Leben.

Barto sagt: «Glaubst du vielleicht, mir gefällt dieser Krieg?»

Ich zucke die Achseln.

«Ich verabscheue ihn. Aber wir haben keine andere Wahl.» Seine Stimme klingt hart. «Jetzt nicht mehr.»

Später – wann, kann ich nicht sagen, denn wie in meiner julianischen Dekade habe ich ganz bewußt die Zeitkarte verlassen – wandere ich über Lichtungen mit weichem Moosboden, klettere über Felsen, trinke aus Bächen, ernähre mich von unbekannten Beeren und Früchten.

Es herrscht Zwielicht, an irgendeinem Abend, irgendwo in den purpurüberschatteten Bergen, und ich befinde mich in Lebensgefahr. Ich spüre sie, wie ein Seemann das erste Aufkommen des Windes spürt, der seine Segel füllen wird, noch bevor dieser ihn erreicht hat. Ich gehe weiter, um ihr entgegenzutreten, sorglos. Über mir höre ich ein Rascheln, und als ich gleichgültig hinaufschaue, springt von einem Baum ein Wilder herunter, der es unmittelbar auf mein Leben abgesehen hat. Ich werde zu Boden gemäht, eine Keule erhebt sich, es trennt mich nur noch ein Augenblick davon zu erfahren, ob nun der arme Luis de Torres im Besitz der endgültigen Antwort war oder seine Schwester Petenera, als eine Muskete knallt und ich unter einem toten Indianer hervorrolle.

Zunächst glaube ich, daß es sich bei meinem Retter um Alonso Ojeda handelt, weil Ojeda im Kampf stets allgegenwärtig ist. Aber es ist nicht Ojeda. Es ist Francisco Roldán. Gegen meinen Willen

412

auf die Zeitkarte zurückgerissen, gelingt mir ein kühles: «Ich bin Euch zu Dank verpflichtet, Hauptmann.»

Er neigt kurz den Kopf, dann gleiten diese merkwürdig undurchdringlichen Augen über mein Gesicht. «War nicht meine Idee, Vizekönig. Euer Bruder hat mich geschickt, um nach Euch zu sehen.»

Wir betrachten einander neugierig, der eine den Mann, der ihm das Leben gerettet hat, der andere denjenigen, den er gerettet hat. Der Gerettete ist verdreckt, hat zerzaustes Haar, einen zottigen Bart, zerfetzte Kleider. Wahrscheinlich stinkt er. Der Retter schafft es irgendwie, glattrasiert und frisch und sauber in einem Buschhemd aus indianischer Baumwolle dazustehen. In seinen merkwürdig undurchdringlichen Augen glaube ich Belustigung zu lesen, als ich sage: «Dann berichtet meinem Bruder, daß Ihr das getan habt. Ich werde allein weitergehen.»

Mit seiner tiefen, vollen Baritonstimme sagt er: «Ihr schätzt Euer Leben so gering, Vizekönig, daß Ihr einen hervorragenden Stabsoffizier abgeben müßtet. Ich frage mich, warum Ihr das nicht seid?»

Was ich zunächst für Belustigung hielt, ist Verachtung.

«Aber schließlich», sagt er, «sind kriegerischer Wagemut und Todeswunsch selten dasselbe.»

Kann ich ihm seine Verachtung übelnehmen? Nein, eher bewundere ich seine Offenheit.

Aber er ist noch nicht fertig. «Ihr solltet Euch lieber klarmachen, wonach Ihr hier draußen sucht. Denn Ihr werdet alles verlieren, was Ihr zurückgelassen habt – Stellung, Macht, Prestige, Autorität. Wenn man aufhört, die Menschen zu führen, gewöhnen sie sich bald ab zu folgen. Die Spanier müssen konkret erleben, aus welchem Holz ein Mann geschnitzt ist.»

Er blickt mich fragend an. «Wollt Ihr nicht doch mit mir zurückkommen?»

«Ich kann nicht. Noch nicht.»

Er sieht ein, daß es nutzlos ist, mich zu bedrängen.

«Aber ich werde weder vergessen, daß Ihr mir das Leben gerettet habt, noch daß Ihr jetzt zurückgeht.»

Er geht, und ich werde es nicht vergessen – und somit ist die Saat für eine böse Ernte ausgesät.

Ich wandere weiter. Irgendwohin. Nirgendwohin. Ein- oder zweimal höre ich das Getöse eines nahen Kampfes. Ein- oder zweimal stoße ich gleichgültig auf die aufgedunsenen Körper der Gefallenen. Sie sind nichts. Ich auch nicht. Da ist nur Schuld.

Irgendwann später, wann, weiß ich nicht, geleiten mich zwei alte, verhutzelte Indianerinnen auf einem Trampelpfad in ein armseliges kleines Dorf.

Sie geben mir kaltes Wasser zu trinken und etwas zu essen.

Sie ziehen mir die zerrissenen Fetzen vom Leib und baden mich.

Sie führen mich zu einer Hängematte, und Zeit und Un-Zeit verfließen.

Als ich aufwache, sitze ich an einem schwelenden Feuer, und mir gegenüber, so daß das Feuer seine Augen in karmesinrotes Glas verwandelt, sitzt Guacanagarí.

«Du hast mich belogen», bedeutet er mir ohne Zorn.

«Damals kannte ich die Wahrheit nicht.»

«Ich glaube dir, mein Bruder. Warum bist du hierher auf unsere Inseln gekommen?»

Ich grabe ein Wort aus längst vergangenen Zeiten aus. «Es war mein Fatum.» Ich spreche nicht mit Gebärden. Ich rede. Aber er scheint mich zu verstehen.

Und da verstehe auch ich. Dieses letzte armselige kleine Hauptdorf Guacanagarís ist der Ort, den ich aufsuchen mußte.

«Mein Bruder Guarionex ist der erste Christ unter uns», bedeutet er mir. Ich höre sein ironisches Lachen, bin überrascht. «Für sehr viel mehr wird die Zeit nicht reichen. Eine Generation oder zwei, dann wird mein Volk seinen Lebenswillen verlieren. Einstmals waren die alten Götter gut genug für uns. Falls Götter überhaupt gut sind. Bist du ein Gott? Ein müder und verwirrter und geschlagener Gott? Ein minderwertiger Gott? Oder schlimmer noch, ein falscher Gott?»

Ich gehe vor ihm auf die Knie. «Ich bin kein Gott, nicht einmal ein falscher. Sag mir, was ich tun muß.»

«Wenn dein Gott Vater, Gott Sohn und Gott Heiliger Geist vom Himmel herabkämen, um dich zu töten, würdest du dich dann zur Wehr setzen?»

«Nein.»

«Warum bist du im Dschungel umhergeirrt? Wolltest du sterben?»

«Ich wollte *nicht sein*.»

«Soll ich dich also töten, mein Bruder Cristóbal, oder gibt es etwas, das du noch vollenden mußt?»

«Ich weiß es nicht.»

«Der Krieg ist vorbei.»

Ich knie noch immer vor ihm. Ich hebe den Kopf.

«Der kleine Hauptmann, der dem Tod ins Gesicht lacht, ist ins Gebirge gegangen und hat Caonabó in Ketten zurückgebracht.»

Schweigen. Ich schaue in seine rotgläsernen Augen.

«Mein Volk wird den Tribut nicht bezahlen.»

«Welchen Tribut?»

«Soundso viel Gold im Monat, eine Kopfsteuer. Oder in einer Gegend, wo kein Gold gewaschen werden kann, soundso viel Baumwolle, soundso viel Tabak oder Hanf. Sie werden weder bezahlen, was ihr fordert, noch werden sie ihre Felder bestellen, sondern sie werden in das hohe, unwegsame Gebirge fliehen, wo die kalten Winde wehen. Sie werden keinen Verkehr mehr mit ihren Frauen haben. Ihr Lebensmut wird dahinwelken. Viele werden Gift nehmen. Was die restlichen betrifft, so tötet Hoffnungslosigkeit ebenso zuverlässig wie Maniok oder eure Donnerstöcke. Zwei Generationen, nicht mehr. Warum bist du hierhergekommen?»

Wieder sage ich: «Es war mein Fatum.»

«Und wirst du zurückkehren . . . woher du gekommen bist?»

«Ja.»

«Aber mußt du denn zurückkehren?»

Ich schweige lange. Das schwelende Feuer ist erloschen.

«Ja.»

«Als du diesmal zurückkehrtest, sahst du einen Indianer, der sich weigerte zu sterben. Einen Kannibalen.»

Keine Ahnung, woher er das weiß.

«Bald wirst du Indianer sehen, die sich weigern zu leben. Das sind keine Kannibalen.»

«Was bedeutet das?»

«Daß, seit du hierhergekommen bist, die Bösen sich weigern

zu sterben; und die Guten sich weigern zu leben. Verstehst du das?»

«Nein.» Aber beinahe.

«Ein Sturm wird kommen, wie du noch nie einen Sturm erlebt hast. *Huracán* nennen wir ihn.» Dieses eine Wort *huracán* spricht er aus.

«Wann?»

«Bald. Bald. Er wird alle eure geflügelten Schiffe zerstören, bis auf eines.»

«Guter Gott!» rufe ich entsetzt aus.

«Vielleicht», signalisiert er. Er lacht, aber sein Lachen ist ohne Heiterkeit.

«Du wirst ein neues geflügeltes Schiff bauen und in deine ferne Heimat fahren, die nicht der Himmel ist, und dann wirst du zurückkommen, wie du selbst gesagt hast. Umherzuwandern ist dein – welches Wort hast du benutzt?»

«Fatum.»

«Ja.»

«Und dann?»

Ich warte darauf, etwas über mein Schicksal zu erfahren, aber Guacanagarí bedeutet mir: «Es ist nicht gut, wenn ein Mensch zuviel von seiner Bestimmung weiß. Geh jetzt. Der Rückweg zur spanischen Niederlassung ist sicher, es sei denn, du hältst dich zu lange in den Bergen auf; denn wenn dich dort der *huracán* überrascht . . .» Er zuckt die Achseln. «Der *huracán* kommt und geht scheinbar, und kehrt dann ohne Vorwarnung aus der entgegengesetzten Richtung zurück. Vergiß das nicht, wenn dir dein Leben lieb ist.»

Ich verlasse das armselige kleine Dorf so, wie ich gekommen bin, in Lumpen, geführt von zwei alten Indianerinnen. Dann eile ich allein weiter, auf Dschungelpfaden und über Bergpässe, auf denen eisige Winde wehen, und durch die purpurnen Gebirgsausläufer hinunter nach Isabela.

Natürlich ist es möglich, daß ich mir das alles nur eingebildet habe.

Zu jener Zeit gab es für mich keine klare Trennungslinie zwischen objektiver Realität und subjektivem Erleben.

Aber der Hurrikan war eine Realität; das weiß ich.

Ich stehe auf dem Achterdeck der *Niña* und schaue hinaus in den heulenden Sturm. Es ist Nachmittag, finster, der Himmel über mir wie schwarzer Qualm. Die *Mariagalante* und die Karavellen *San Juan* und *Cardera*, die weit genug voneinander ankern, um ausreichend Seeraum zu haben, sind gerade noch in Sichtweite. Da draußen, eine halbe Meile vom Ufer entfernt, haben wir einen guten Ankergrund, aber keinerlei Schutz vor diesem ständig stärker werdenden Nordwind. Trotzdem ist es der richtige Ort, um einen Sturm abzureiten. Falls es einen solchen Ort überhaupt gibt.

Ich vermeide es, nach Osten zu sehen, wo unsere andere Karracke auf der Seite schlingert. Die arme, zum Untergang verdammte *Gallega* hat eine Bugankerleine abgerissen und ist sofort quergeschlagen. Das Boot mit der Sturmmannschaft kämpft sich in die Richtung vor, in der sie das Ufer vermutet. Aber auch dort schaue ich nicht hin.

Zu sehr beschäftigt mich Guacanagarís Prophezeiung – *Er wird alle eure geflügelten Schiffe zerstören, bis auf eines.*

Ist das der Grund, warum ich hier bin? Irgendeine irrationale Gewißheit, daß nur meine Gegenwart die geliebte *Niña* retten kann?

Als ich unangemeldet an Bord kam, als sie ablegte, protestierte nicht etwa der Kapitän Juan Niño, sondern Barto.

«Was bildest du dir eigentlich ein? Wo willst du denn hin?»

«Das ist doch offensichtlich, oder? Hinaus mit der *Niña*, wo ich hingehöre.»

Barto sah mich abschätzend an, zuckte dann die Achseln und trollte sich.

Juan Niño sagte lediglich: «Ich bin froh, daß Ihr wieder da seid, Admiral.»

Seine handverlesene Sturmmannschaft hatte, ohne Zeit zu verlieren, die *Niña* unter optimale Segel gesetzt, so daß sie sich ein Stück von der Küste entfernt auf Ankergrund halten konnte, bevor der Sturm in seiner ganzen Wucht losbrach.

Jetzt hebt und senkt sie sich zwischen drei straff gespannten Ankerleinen. Regen prasselt herunter. Zuerst verschwindet die *Mariagalante* aus unserem Blickfeld, dann die *Cardera*, schließlich die *San Juan*. Grünes Wasser überschwemmt die *Niña* bis hinauf zum Achterdeck, wo Juan Niño und ich uns an die Reling klammern. Hinter uns gurgelt Wasser wie durch einen Trichter in die Ruderluke hinunter. Die *Niña* bäumt sich auf, zerrt an den straffen Bugankerleinen.

Plötzlich schießt die *Cardera* mit dem Heck nach vorn auf uns zu.

«Sie treibt vor Anker!» brüllt Juan Niño, als die Karavelle eine knappe Bootslänge entfernt an Steuerbord vorbeirauscht. «Heiliger Jesus, sie läuft auf den Strand auf!»

Doch zuvor verschwindet die *Cardera* zweihundert Meter achteraus außer Sichtweite.

Der *huracán*-Wind kommt auf, die *huracán*-Düsterkeit weicht der Dunkelheit der hereinbrechenden Nacht. Juan Niño und ich haben uns an der Reling des Achterdecks festgebunden. Beide starren wir grimmig geradeaus, nicht willens, den Rumpf der auf uns zukommenden *Mariagalante* oder der *San Juan* im letzten Augenblick zu sehen, den Todeskampf der Hölzer zu hören, wenn die *Niña* in den Fugen birst, den plötzlichen Auftrieb zu spüren, der bedeutet, daß ihre Leinen gerissen sind und sie im Nichts ankert.

Dicht an Steuerbord taucht bedrohlich die *San Juan* auf, hilflos wie vor ihr die *Cardera* auf den Strand zutreibend. Winzige Gestalten auf dem Achterdeck, durch den niederprasselnden Regen kaum zu sehen, winken verzweifelt. Dann ist die *San Juan* verschwunden.

Vielleicht zwei Stunden später weicht die Rauchschwärze des Himmels einem sonderbaren, unwirklich silbernen Leuchten. Der Wind hat sich gelegt.

«Der Wind hat sich gelegt!» frohlockt Juan Niño und klopft mir auf den Rücken. Aus dem Ruderdeck kommt Francisco Roldán geklettert, völlig durchnäßt. Aus dem Laderaum, wo sie sechzehn Stunden lang ohne Unterbrechung die Pumpe bedient haben, tauchen ein paar Männer auf, darunter Pedro Terreros und Francisco Niño.

«Ho-holt den Wein raus», sagt Francisco. «Wir haben es gegeschafft.»

Behutsam informiert ihn sein älterer Bruder über die *Gallega* und die zwei gestrandeten Karavellen. Aber wenigstens die *Maria-galante* ist noch da; ruhig liegt sie seewärts vor Anker.

Unter der glänzenden Kuppel des silbrigen Himmels spülen wir Kassavabrot mit Wein hinunter. Launenhafte kleine Windböen blasen Schaum von den Kämmen der noch immer schweren See, aber der Regen hat aufgehört, und der heftige Wind ist abgeflaut.

Bis zum Vormittag haben wir das Boot der *Niña* im Wasser, und die Sturmmannschaft klettert einer nach dem anderen die Leiter hinunter. Der launische Wind ist gleichmäßig geworden, bläst jetzt vom Land her, ist aber kaum stärker als eine Brise. Wir werden keine Schwierigkeiten haben, ans Ufer zu rudern.

Ich stehe mit einem Fuß auf der Leiter, da fällt mir Guacanagarís letzte Warnung ein.

Der huracán kommt und geht scheinbar, und kehrt dann ohne Vorwarnung aus der entgegengesetzten Richtung zurück. Vergiß das nicht, wenn dir dein Leben lieb ist.

Und wenn sich nun dieser Teufel von Wind aufs neue erhebt und direkt auf das breite Heck der *Niña* bläst? Obwohl ihre Anker mit zusätzlichem Gewicht beschwert sind, wie lange können sie halten?

Die Brise frischt auf. Nichts Gefährliches, noch nicht, aber von Minute zu Minute bläst sie kräftiger aus den Hügeln rings um Isabela.

Ich rufe zur Sturmmannschaft hinunter, und alle Männer schauen zu mir herauf, als sei ich verrückt.

«In den Wind stellen?» ruft Juan Niño zurück. «Das Boot? Wozu denn?»

«Das *Schiff*. Beeilt euch.»

Aber sie starren nur zu mir herauf, zu dem Gouverneur, der zweimal im Koma oder Delirium gelegen hat, zu dem Vizekönig, der wochenlang im Dschungel untergetaucht ist, und mein alter Freund Juan Niño ruft: «Ihr solltet lieber ins Boot herunterkommen, Admiral.» Es klingt mitleidig.

Es hat wieder zu regnen angefangen, und die silbrige Kuppel des Himmels überschattet sich gleichmäßig grau. Ohne mich weiter um die Männer im Boot zu kümmern, eile ich aufs Achterdeck, um der Sturmmannschaft der *Mariagalante* ein Signal zu geben. Aber sie rudert bereits ans Ufer. Ich reiße mir das Hemd vom Leib und schwenke es. «Zurück!» rufe ich. «Ihr müßt sie in den Wind drehen!»

Sie können mich nicht hören. Fröhlich winken sie zurück.

Und dieser Himmel voll schwarzem Qualm kriecht heran und überdeckt die purpurnen Hügel hinter Isabela.

Ich senke den Kopf und warte auf das, was eintreten muß.

Dann steht Francisco Roldán an meiner Seite. «Kapitän Niño sorgt dafür, daß die anderen wieder raufkommen, Admiral», sagt er. «Was kann ich in der Zwischenzeit tun?»

Ich schaue in diese unglaublich hellblauen, undurchdringlichen Konquistadorenaugen und rufe mir ins Gedächtnis, daß ich ohne Roldán ein toter Mann wäre.

Warum bist du hierher auf unsere Insel gekommen?

Es war mein Fatum.

Und welche Rolle spielt Roldán in diesem Zusammenhang? Warum bin ich so sicher, daß er eine Rolle spielt?

Ich bin kein Prophet wie Guacanagarí, aber irgendwie weiß ich, daß Roldán derjenige war, der Juan Niño umgestimmt hat. Somit stehe ich doppelt in seiner Schuld. Wenig später kämpft die Sturmmannschaft mit dem schwärzer werdenden Himmel, dem auffrischenden Wind um die Wette. Der Heckanker und einer der zwei großen Buganker müssen aufgeholt werden, damit die *Niña*, geschleppt von ihrem Boot, um die Trosse des zweiten Bugankers schwojen kann. Obwohl alle mithelfen, können wir die in der Mitte des Schiffes befindliche Ankerwinde kaum drehen. Die Gesichter sind kreidebleich vor Erschöpfung, noch bevor der zweite Anker gelichtet ist. Dann stolpern die Männer ins Boot, alle bis auf Francisco Roldán, der hinuntersteigt, um das Ruder ganz nach Lee zu legen, und mich, der ich vom Achterdeck aus das Manöver koordiniere. Jetzt legen sich die Männer in die Riemen, aber die *Niña* könnte ebensogut noch mit allen drei Ankern auf dem Grund festgenagelt sein. Bis das Heck widerwillig auch nur einen Strich dreht, ist das Pfeifen des Windes zu einem Heulen angeschwollen, und der Himmel über uns ist pechschwarz. Ein paar Strich weiter, und der Wind erfaßt die *Niña* querab und schleudert sie mit einem heftigen Stoß weiter. Jetzt müssen sich die Männer im Boot zu uns zurückkämpfen und die beiden anderen Anker werfen, bevor die

Niña ganz über den Ankergrund hinausgetrieben wird. Und dann reiten wir den Hurrikan blind eine Nacht lang ab.

Als es Tag wird, hat der flutartige Regen etwas nachgelassen. Achteraus liegt das Boot der *Niña* vor Anker, vollgelaufen, aber immerhin.

Von der *Mariagalante* keine Spur.

Als wir das Boot auslenzen und an Land rudern, sieht mich keiner von der Sturmmannschaft an. Fast scheint es, als hätten sie Angst.

Woher konnte ich das wissen? Woher?

Eine halbe Stunde später betreten wir ein Stück Strand, auf dem sich die Trümmer des Hurrikans häufen – die geborstenen Überreste unseres Docks, die zerschmetterten Rümpfe der *San Juan* und der *Cardera*. Weiter oben, über der Flutwasserlinie, laufen Kolonisten kopflos auf der weiten Lichtung hin und her, die mit dem Flechtwerk und den Strohdächern bedeckt ist, aus denen gestern noch Isabela bestand. Von unserer ganzen, hart erarbeiteten Siedlung überlebt nur die Fertigkirche.

Der Hurrikan zerstört unsere Siedlung am 28. Juni 1495, um Ihnen die Koordinaten auf der Zeitkarte zu nennen. Denn nach dem Sturm bin ich wieder da, ganz da, und beratschlage täglich mit unseren beiden Schiffsbauern.

«Genau wie die *Niña*», beharre ich.

«Die ist klein, Admiral. Sie ist nicht mehr jung. Wir können etwas Besseres bauen als die *Niña*.»

«Sie taugt zum Überleben.»

So entsteht Monat um Monat auf ihrem Schlitten am Strand die *Holy Cross*. Denn das ist ihr offizieller, religiöser Name. Aber da sie das erste hier gebaute Schiff ist, eine Zwillingsschwester der forschen *Niña*, soll sie *India* genannt werden.

Aus den Wracks der anderen Karavellen wird alles nur erdenkliche Material und die gesamte Ausrüstung geborgen. Während des Sommers erhält die *India*, aufbauend auf dem Kiel und dem Kielschwein der *Cardera*, ihr Gerippe aus gereinigten und neu zugepaßten Spanten.

Von November an geht die Arbeit langsamer voran, denn

unsere indianischen Arbeiter, Guacanagarís Leute, haben sich allesamt in die Berge davongemacht. Francisco Roldán, den ich zum Steuereintreiber ernannt habe (und bei meiner Abreise zum Alkalden oder Oberrichter ernennen werde), berichtet: «Der Tribut kommt nicht herein. Kein Gold, nicht einmal Baumwolle.»

Mir ist der Tribut gleichgültig. Ich weiß nicht einmal sicher, wer auf diese Idee kam. «Wir brauchen Baumwolle. Eine Menge Baumwolle. Wir haben so wenig, daß wir der *India* kaum einen Satz Segel verpassen können.»

Roldán nickt. Wir bekommen Baumwolle. Wie, danach frage ich nicht.

Um die Jahreswende sagt Barto: «Die Indianer bestellen ihre Felder nicht mehr.»

Aber dafür habe ich jetzt kein Interesse. Isabela ersteht ein zweites Mal, und am Ufer erwacht vor unseren Augen ein Schiff zum Leben. Mitte Januar sind die Spanten mit Planken überzogen. Die Masten stehen, drei stattliche, kiefernähnliche Stämme, gefällt im Hochland von Haiti.

Anfang Februar berichtet Barto, daß sämtliche Dörfer im Umkreis von zwei Tagesmärschen von Isabela verwaist sind.

Aber was spielt das für eine Rolle, wenn ein Schiff geboren wird?

Bald ist das Steuerruder, dessen Eisenteile aus einer alten Lombarde geschmiedet wurden, am Achtersteven befestigt. Gegen Ende Februar liegt die letzte der leicht gewölbten Decksplanken an ihrem Platz, und zu den kräftigen Hanfwanten, die den Mast halten, kommt das laufende Gut.

Jetzt ist die *Holy Cross* ein Schiff – und beim höchsten Flutwasserstand an einem Tag Anfang März hat Yego die Ehre, ihre Flaggen zu hissen. Als ich ihm zusehe, wie er das königliche Banner seiner königlich katholischen Pateneltern am Großmast aufzieht, denke ich: Inzwischen ist er mehr Mann als Junge. Aber er ist betrübt, schweigsam, niedergeschlagen. Und wo ist eigentlich das große hölzerne Kruzifix des Bischofs von Barcelona?

Dann habe ich nur noch Augen für die Schiffstaufe der *India*.

Als würde sie meine Ungeduld widerspiegeln, ist die *India* voller Selbstvertrauen, als sie sich gegen die Brandung stemmt, sich wachschüttelt, wie es scheint, und ihren Bugspriet nach Osten gen Spanien richtet.

Barto sagt: «Wir verlassen Isabela.»

«Natürlich», stimme ich ihm zu, während ich zusehe, wie meine Schönheit jetzt neben der *Niña* vertäut wird. «Höchste Zeit. Buil und Mosén Pedro und die anderen haben uns schon zu lange bei Hof verleumdet.»

«Das meine ich nicht. Du fährst nach Spanien, aber ich nicht. Einer von uns muß hierbleiben.»

Natürlich stimmt das. Immerhin lassen wir eine Kolonie mit beinahe fünfhundert Menschen zurück.

«Aber nicht hier an diesem Ort», fährt Barto fort. «Während du bei deiner *India* Hebammendienste geleistet hast, habe ich für uns eine neue Heimat gefunden, eine wirkliche Heimat.» Er beschreibt den natürlichen Hafen an der Südküste der Insel und meint: «Die Indianer dort haben uns bisher den wenigsten Ärger mit dem Tribut gemacht.»

Dr. Chanca sagt: «Ich bin überzeugt, daß die Luft da gesund ist.»

«Und da die dortigen Eingeborenen offenbar eher bereit sind, uns zu akzeptieren», ergänzt der schüchterne Pater Ramón Pane, «können wir ja vielleicht einen neuen Versuch unternehmen, sie in die Heilige Mutter Kirche einzugliedern.»

«Also abgemacht», sage ich.

Aber wer segelt mit mir nach Spanien, und wer bleibt da? Es ist die umgekehrte Situation wie in Navidad. Damals waren alle versessen darauf zu bleiben, die ersten zu sein, die das Gold finden. Jetzt ertönt von allen Seiten der Ruf: «Nehmt uns mit zurück nach Spanien!»

«Bald wird es auf ganz Hispaniola spanische Städte und Dörfer geben», entgegne ich. «Diejenigen, die jetzt dableiben, werden die ersten Großgrundbesitzer in den Indischen Landen sein.»

«Wir haben genug von Euren beschissenen Indischen Landen!»

Barto geht wie der Blitz auf diesen Mann los, zerrt ihn aus der Menge, packt ihn mit einer Hand am Hemd und schlägt ihm mit der anderen rechts und links ins Gesicht.

«Du redest mit dem Vizekönig. Benimm dich gefälligst respektvoll, du Hurensohn», tobt Barto.

Ist das mein Bruder? Was ist nur mit ihm geschehen?

Später frage ich Dr. Chanca nach Barto.

Ratlos zuckt er die Achseln. «Manche Männer macht der Krieg zu Pazifisten. Andere macht er hart. Vielleicht kommt er darüber hinweg.»

Unzufrieden mit dieser Auskunft, frage ich Pater Pane. «Oh, was seine religiösen Pflichten angeht, ist er sehr eifrig; könnte es sein, daß er bei dem, was er für seine bürgerlichen Pflichten hält, zu eifrig ist? Der Tribut verursacht mir Unbehagen.»

«War denn der Tribut die Idee meines Bruders?»

Aber Pane schweigt sich aus, also suche ich Barto auf.

«Klar», sagt er. «Warum nicht? Wir haben die Indianer im Kampf besiegt, oder? Also sind in gewisser Weise alle Bewohner der Insel Kriegsgefangene; und mit denen können wir machen, was wir wollen.»

«Aber . . .»

«So ist das nun mal. So war es immer», sagt Barto.

«In Europa schon, aber . . .»

«Wir bringen doch Europa in die Indischen Lande, oder nicht?»

Ich würde gerne entgegnen, daß manches besser zurückbliebe, sage aber nur: «Sei nachsichtig mit ihnen.»

«Hast du vor, noch mehr Kolonisten hierherzubringen?»

Ich nicke. «Auch Frauen, wenn die Könige zustimmen.»

«Dann sag ihnen, daß sie Arbeitskräfte und Dienstboten haben werden, dann bekommst du mehr Kolonisten, als du brauchen kannst.»

Alles, was mir dazu einfällt, ist ein zögerndes «Aber . . .».

«Hör zu», sagt Barto sachlich. «Du kehrst mit zwei Schiffen nach Spanien zurück, vollgestopft mit Leuten, die sich nicht anpassen können, die die Nase voll haben von den Indischen Landen. Der Himmel weiß, was für üble Verleumdungen Buil und Mosén Perdo Margarit über die Kolonie in Umlauf gesetzt haben. Du brauchst Munition.»

«Tu, was du für das Beste hältst», sage ich zu meinem Bruder.

Ich frage meinen ältesten Freund auf der Insel, Juan Niño, ob er weiß, was mit Barto passiert ist.

«Na ja, wenn Ihr schon fragt: Ihr seid ein Träumer, jawohl, das seid Ihr.»

«Ich? Ich bin der am praktischsten veranlagte Mensch, den man sich vorstellen kann! Barto ist derjenige, der träumt.»

«Der Adelantado? Nein, inzwischen nicht mehr. Schaut, manchmal verkehrt sich ein Traum ins Negative. So wie ich es sehe, ärgert sich ein Mann wie Euer Bruder darüber, und erst brütet er, dann geht er zum Angriff über. Wohingegen Ihr» – an dieser Stelle lächelt das grimmige Desperadogesicht meines alten Freundes voller Zuneigung –, «Ihr macht Euch einfach auf die Suche nach einem anderen Traum.»

«Ihr habt keine Ahnung von Menschen, Juan.»

«Das habe ich nie behauptet.»

Alonso Ojeda erklärt mir: «Ich möchte mit Euch zurückfahren, Admiral. Hier wird es eine Zeitlang ruhig bleiben. Eine neue Niederlassung bedeutet *sich niederlassen*, falls Ihr versteht, was ich meine.»

Ich habe die Absicht, beide Karavellen vollzuladen, um den Großteil der Unzufriedenen von der Insel fortzuschaffen. Und was immer er sonst sein mag, unzufrieden ist Alonso Ojeda nicht. Trotzdem sage ich: «Ihr habt Euch Eure Überfahrt verdient, falls Ihr wirklich nach Hause wollt.»

«Eines Tages, wenn Ihr es am wenigsten erwartet, werdet Ihr mich wieder in den Indischen Landen antreffen.»

Roldán beansprucht das Recht zu bleiben. «Es ist eine Chance, beim Neuanfang richtig einzusteigen», sagt er. «Es werden sich große Dinge tun, wenn ich nicht völlig danebentippe.»

«Was für Dinge?» frage ich den Mann, der mir das Leben gerettet hat.

«Nun, wie ich es sehe, ist das Allerwichtigste die Verbesserung der Beziehungen zu den Indianern. Wir können ihnen nicht endlos Tribut abknöpfen, denn dann braucht die Kolonie bald mehr Soldaten als Bauern und Bergarbeiter. Es muß einen anderen Weg geben, diese faulen Heiden zum Arbeiten zu bringen.»

Und da mache ich, einem Impuls folgend, aber nicht ausschließlich aus Dankbarkeit, Roldán zum Alkalden der Kolonie – ein Posten, der unmittelbar hinter dem von Barto rangiert.

In diesem Augenblick kommt Francisco Niño atemlos angerannt. «Vizekönig! Vizekönig! Be-beeilt Euch! Er stirbt!»

Damit rennt er los, ich hinterher, zu dem neuen, wenn auch provisorischen Gerichtsgebäude, in dem sich ein einziger Gefangener befindet: Caonabó. In Kürze soll er auf der *India* nach Spanien fahren und dort die Art von Aufklärung erfahren, die hoffentlich dazu führt, daß sich sein Stamm, der ungebärdigste auf der ganzen Insel, nach seiner Rückkehr mit uns verbündet.

Aber es soll nicht sein. Dr. Chanca kniet neben dem Körper des großen kriegerischen Kaziken.

«Maniokgift», brummt Chanca.

Am nächsten Morgen treffe ich Yego bei den Docks an, wo er den Schiffsjungen dabei zusieht, wie sie die Segel an die Rahen der *India* anschlagen.

Ich habe dieses Gespräch bisher vermieden. Ich weiß, wie sehr Yego Spanien liebt.

«Sie ist eine Schönheit, findest du nicht?» sage ich einleitend.

«Wie die *Niña*, Vizekönig», meint Yego achselzuckend.

«Ja. Also, Yego – Yego, mein Bruder braucht dich hier, solange ich weg bin», stoße ich schließlich hervor. «Ich weiß, daß das viel verlangt ist, aber würdest du hierbleiben?»

«Ja, Vizekönig.»

«Was?»

«Ja, Vizekönig», wiederholt er, weicht aber meinem Blick aus.

Vierundzwanzig Stunden später segeln die Zwillingskaravellen mit mehr als zweihundertfünfzig Männern (dreißig davon Indianer), obwohl sie für nicht mehr als fünfzig gebaut sind, nach Spanien.

KAPITEL 15

Das Bojen-Dossier hat seinen Auftritt bei Hof

Was für einen Unsinn die Historiker doch über diese Reise schreiben!

Sie schreiben, daß ich ganze drei Monate brauchte, um das Ozeanische Meer von Hispaniola bis Cádiz zu überqueren, was der Wahrheit entspricht. Aber war ich denn der Kapitän einer regelmäßig verkehrenden Postschifflinie oder ein Entdecker? Zukünftige Generationen von Seeleuten würden mir noch dankbar sein für meine Berichte über die launenhaften Winde in den Roßbreiten, anstatt mich wegen der Zeit, die ich dort bei Flaute lag, zu verhöhnen.

Sie schreiben, daß uns die Lebensmittel ausgingen, was schlichtweg eine Übertreibung ist. Denn wäre es so gewesen, würde ich dann diese Zeilen niederschreiben? Natürlich konnte ich auf einer neunzigtägigen Reise, die nicht länger als fünf oder sechs Wochen hätte dauern sollen, unmöglich die Mägen von mehr als zweihundertfünfzig Menschen füllen. Aber unsere reduzierten Rationen – sechs Unzen Kassavabrot und ein Becher Wasser pro Tag – waren nicht völlig erschöpft, als wir am 11. Juli 1496 Land sichteten.

Sie schreiben, als die Lebensmittel knapp wurden, wären Stimmen laut geworden, man solle doch das Dutzend fetter Kannibalen, die wir während eines Scharmützels bei unserem letzten Verproviantierungsaufenthalt auf der Insel Guadalupe gefangengenommen hatten, aufessen. Dabei beschränkten sich diese sogenannten Stimmen auf einen gewissen Jeda und ein paar andere Männer, und ich denke doch, das Ganze war eher als Scherz gemeint.

Sie schreiben, daß man mich daraufhin bedrängte, *alle* Indianer über Bord zu werfen, um Lebensmittel einzusparen. Dieser leider von vielen unterstützte und korrekt überlieferte Vorschlag wurde mit Feuerwaffen abgelehnt.

Sie schreiben, als unsere Zwillingskaravellen (tangbehangen und tief im Wasser liegend) träge in den Hafen von Cádiz einliefen, wären drei stolze Schiffe unter Peralonso Niño mit Nachschub für die Kolonie nahe genug an uns vorbeigefahren, um zu sehen, wie klapperdürr, gelb und abgerissen wir waren – so daß Peralonsos schmucken Mannschaften Zweifel kamen, ob es sinnvoll sei, in die Indischen Lande zu segeln. Das stimmt so nicht. Peralonsos drei blitzende Schiffe warfen absichtlich neben uns Anker, damit der Generalkapitän und ich uns an Bord seines Flaggschiffs unterhalten konnten.

Bei unserer herzlichen Umarmung merkte ich, daß der massige Peralonso, dieser begeisterte Esser, noch zugenommen hatte.

«Wie geht es denn dem Familienvater?»

«Nun ja, wir haben zwei Töchter. Aber ich bin bereit zurückzufahren. Ihr wißt ja, wie das ist. Übrigens, Ihr seht miserabel aus, Cristóbal.»

«Habe mich nie besser gefühlt.»

«Wenn Ihr meint.» Es klang skeptisch. «Wie geht es denn meinen Brüdern?»

«Gut. Bisher hat keinen von beiden die Gelbe Krankheit erwischt.»

«Die Gelbe Krankheit? Ist die für die Hautfarbe Eurer Männer verantwortlich?»

«Was hat sich denn inzwischen in Spanien getan?» fragte ich statt zu antworten.

Peralonso zeigte Unbehagen. «Die Leute sagen, daß das ganze glorreiche indische Abenteuer nichts anderes ist als ein riesiges abgekartetes Spiel.»

Dieses Urteil überraschte mich nicht. Gleichgültig entgegnete ich: «Na ja, Pater Buil und Mosén Pedro Margarit . . .»

«Sie haben Freunde in einflußreichen Stellungen. Warum habt Ihr denn nichts unternommen, um Eure Position zu verteidigen?»

«Das habe ich doch. Ich habe meinen Bruder Diego geschickt.»

Nach einer kurzen Pause: «Nun, Ihr müßt selbst wissen, was Ihr tut. Gab's viel Ärger mit den Archipelbewohnern?»

«Wir nennen sie inzwischen Indianer», antwortete ich.

«Wem habt Ihr eigentlich das Kommando da draußen übertragen?»

«Meinem Bruder Barto.»

«Ob das klug war?»

«Er ist eine starke Führernatur.»

«Ich meinte eigentlich, daß das nur Nahrung für einen zusätzlichen Vorwurf liefert, nicht wahr? Nepotismus.»

«Barto ist der beste Mann für diesen Job», sagte ich steif. «Das hat absolut nichts damit zu tun, daß wir zufällig Brüder sind.»

«Also ich an Eurer Stelle würde auf dem schnellsten Weg an den Hof eilen.»

«Wo hält er sich denn derzeit überhaupt auf?»

«In Valladolid. Aber er zieht nach Burgos. Oder vielleicht auch nach Soria oder León.»

Nachdem Peralonso etwas gedrückter Stimmung abgesegelt war, kaufte ich ein Maultier und begab mich geradewegs zum Kloster La Rábida.

Warum?

Wie üblich sind meine Biographen schnell mit Theorien bei der Hand.

Spanien mit einer prächtigen Flottille von siebzehn Schiffen zu verlassen und mit zwei überladenen Karavellen zurückzukehren, läßt nicht gerade auf einen hundertprozentigen Erfolg schließen. Folglich behauptete ein Historiker, ich hätte mich monatelang demütig in La Rábida versteckt. Das ist einfach lächerlich. Nachdem mir Peralonso, dem ich wie einem Bruder vertraue, bestätigte, was Margarit, Buil & Co. im Schilde führten, wäre ich da nicht auf dem schnellsten Weg an den Hof geeilt, wenn ich gekonnt hätte?

Ein erfinderischer Biograph meinte, ich hätte den Demütigen – Mönchshabit bis hin zu einem härenen Hemd – nur gespielt, damit die Könige Mitleid mit mir haben würden. Derart komplizierte taktische Überlegungen entsprechen nicht meinem Charakter; ich bin doch nicht der verwegene Odysseus.

Eine dritte Erklärung lautete, ich hätte mich nach La Rábida zurückgezogen, um Gott zu suchen. Aber nachdem die Inquisition in Spanien ebensoviel Macht ausübte wie der König und die Königin, hätte kein Converso je den Verdacht aufkommen lassen, er könnte Gott verloren haben. Die Suche nach Gott können Sie also streichen.

Die einfachste Erklärung ist folgende: Ich hatte einen Rückfall in mein komplexes Krankheitssyndrom. Da chronisches Kranksein für das Image einer in der Öffentlichkeit stehenden Persönlichkeit den Tod bedeutet, verkroch ich mich in La Rábida, bis es mir wieder besser ging.

Pater Juan Pérez begrüßte mich wie einen alten Freund.

«Ich werde den Königen schreiben, daß Ihr da seid», sagte er.

Aber noch war ich nicht bereit für den König und die Königin.

«Nicht nötig. Ich habe schon an Luis de Santangel geschrieben, meinen Agenten beim ambulanten Hofstaat.»

Er nickte. «Wißt Ihr, daß Ihr beschissen ausseht?» sagte der Prior von La Rábida ganz unklerikal derb.

«Ich muß mich gründlich ausruhen, das ist alles. Könnte ich für eine Weile ein Zimmer bekommen?» Ich dachte an meine ausgetrockneten Augen. «Mit einem eigenen Waschtisch?»

«Das größte Zimmer im Haus, alter Freund. Ansonsten reserviert für den Erzbischof von Toledo.»

Aber ich sagte, ein kleines Zimmer wäre mir lieber.

Es war eine fensterlose Zelle, aus der ich den Strohsack entfernen ließ. Ich weiß nicht genau, warum; ich hatte einfach das Gefühl, es wäre gut, auf dem harten, kalten Steinboden zu schlafen. Als Ausgleich dafür kamen mir das frische Hefebrot und der kräftige Landwein nach dem trockenen Kassavabrot und dem abgestandenen Wasser wie die reinste Schlemmerkost vor. Und die härene Franziskanerkutte hätte ich nach kurzer Zeit gar nicht mehr bemerkt, wenn sie nicht so gejuckt hätte.

Als Luis de Santangel im Spätsommer vom ambulanten Königshof in Burgos hierher kam, ging es mir schon etwas besser.

Ich erkannte ihn an seinem Wanst, der sich zwischen mich und die einzige Kerze in der Zelle schob. Außerdem roch ich seine Zigarre.

«Ihr seht beschissen aus, mein Junge», sagte er.

«Wie geht es Petenera?» fragte ich. Ich hätte die Sache etwas zurückhaltender angehen sollen, aber ich konnte es nicht erwarten.

Santangel ging zur Tür, horchte, riß sie plötzlich auf, spähte nach rechts und links den Gang hinunter, schloß sie dann und schob den Riegel mit jenem nachhallenden Knall zu, der für Klöster und Verliese charakteristisch ist.

«Es geht ihr gut», sagte er.

«Zweieinhalb Jahre sind vergangen, und Ihr habt mir nichts weiter zu sagen, als daß es ihr gut geht?»

«Ist gut nicht gut genug? Wir leben in gefährlichen Zeiten.»

«Wo ist sie?»

«Oben im Norden. In Burgos, wie jeder, der jemand ist. Ihr solltet auch dort sein, mein Junge. Das sage ich Euch in Eurem eigenen Interesse.» Besorgt runzelte er die Stirn. «Hört mal, ist dieser Diego Colón wirklich Euer Bruder?»

«Der Große Diego? Klar. Warum fragt Ihr?»

«Kommt Ihr gut miteinander aus? Keine Geschwisterrivalität?»

«Ganz und gar nicht. Warum denn?»

«Nur so.»

Eine nachdenkliche Rauchwolke füllte die kleine Zelle. «Hört zu, mein Junge, ich an Eurer Stelle würde mir den Patriarchenbart abrasieren, wieder in Zivil schlüpfen und mit mir nach Burgos fahren. Vorausgesetzt, Ihr fühlt Euch kräftig genug.»

«Mir fehlt absolut nichts.»

«Vielleicht ist es der Bart. Er macht Euch um zehn Jahre älter. Also, wann seid Ihr startbereit? Wir fahren mit einer dieser ungarischen Kutschen», sagte er lässig. «Brandneu, das modernste Modell, das zweite in Spanien.» Er konnte nicht umhin, vor Besitzerstolz zu lächeln. «Als Statussymbol sind diese Dinger fast so brauchbar wie ein indianischer Sklave.»

«Soll das heißen, daß sie Anklang finden?» fragte ich gespannt.

«Das soll heißen, daß sie dahinsterben. Wenn es nicht die Pocken sind, dann die Masern. Sie haben keine Widerstandskraft. Überhaupt keine. Aber wenn es um Statussymbole geht, je weniger es davon gibt, um so besser. Ihr seid ein reicher Mann», sagte er plötzlich. «Ich habe euren Anteil vom Verkauf dieser fünfhundert Indianer angelegt. Drei Karavellen sind ganz Euer Eigentum, und von fünf weiteren gehört Euch die Hälf . . . Hört Ihr mir überhaupt zu?»

Aber ich hörte nur die Schreie von fünfhundert Indianern, die eine halbe Welt von zu Hause entfernt an exotischen Krankheiten starben.

«Na los, mein Junge. Entschließt Euch. Ihr habt noch genug übrig, um Euch ein oder zwei Güter zu kaufen.»

«Ich bin zuviel unterwegs, um mir ein Gut zuzulegen», brachte ich heraus.

«Die Könige haben sich davon nie beeinträchtigen lassen.»

«Ich muß weiter umherziehen.» Es klang eindringlicher als beabsichtigt; die Worte entsprangen den geheimen Tiefen meiner Seele.

«Dann also abgemacht.» Als er sah, daß ich zögerte, sagte er: «Wollt Ihr denn nicht Eure Jungen sehen?»

Aber ich war noch nicht bereit, irgend jemanden zu sehen, zumindest nicht in der Öffentlichkeit. Nicht einmal meine eigenen Söhne.

«Wie geht es ihnen? Gefällt es ihnen als Pagen? Ist Kronprinz Juan zufrieden mit . . .?»

«Sie sind befördert worden. Sie sind jetzt Pagen der Königin.»

«Großartig!» Das war die erste gute Nachricht seit meiner Rückkehr. «Wissen sie, daß ich wieder da bin? Trägt der kleine Diego noch immer das Herz auf der Zunge und stellt die ganze Zeit Fragen? Ist Fernando noch immer eher ein Harana-Torquemada als . . .»

«Seht Euch bloß vor! Nehmt ja den Namen dieses Kerls nicht in den Mund!» Santangel bekreuzigte sich. Vielleicht, um ein Unheil abzuwenden.

Seine Zigarre war ausgegangen, aber in seiner heftigen Erregung versuchte er erst gar nicht, sie wieder anzuzünden. «Ihr habt ja keine Ahnung, was in den vergangenen zwei Jahren los gewesen ist», erklärte er mir. «Es wird auf jeden Jagd gemacht, in dessen Adern Conversoblut fließt, und je reicher einer ist, desto größer ist die Wahrscheinlichkeit, daß man ihn kassiert.»

«Warum denn das?»

«Wegen des Finderlohns. Nachdem das Opfer für schuldig befunden worden ist, versteigert die Suprema seine Güter, und zehn

Prozent gehen an den Denunzianten. So ein Verfahren animiert natürlich dazu, auf Großwildjagd zu gehen, habe ich recht?»

«Und was haben sie sich zuschulden kommen lassen?»

«Was sie sich zuschulden haben kommen lassen, fragt er. Daß sie der Folter keinen Widerstand leisten können, das haben sie sich zuschulden kommen lassen. Wenn es die Aufgabe des Heiligen Offiziums wäre, Geld aufzutreiben, könnte ich das von einem geschäftlichen Standpunkt aus noch verstehen, aber das ist ja nicht der Fall, oder?»

Ich merkte, daß er eine Antwort von mir erwartete. «Ich war lange Zeit fort. Ich weiß es wirklich nicht», sagte ich.

«Aber vom menschlichen Standpunkt aus», faßte Santangel zusammen, «ist das ein neuer Nationalsport. Es ist absolut niederträchtig. Ich meine, es ist schließlich ein Unterschied, ob ein ehrgeiziger junger Kerl seine Familie, meinetwegen wegen Judaisierens, hinhängt, wenn sie unweigerlich früher oder später sowieso geschnappt wird; oder ob diese Zehn-Prozent-Jäger hergehen und flüchtige Bekannte aus den fadenscheinigsten Gründen oder ganz ohne Grund denunzieren . . .»

Nachdem er seinem Herzen Luft gemacht hatte, bedrängte mich Santangel erneut, mit ihm nach Burgos zu fahren, aber ich lehnte ab.

«Dann werde ich mich eben um Eure Interessen kümmern, bis Ihr nachkommt, mein Junge», versprach er – und er hätte es auch getan, wenn er gekonnt hätte.

Zum erstenmal seit Wochen ging ich nach draußen, um ihn zu verabschieden. Seine Kutsche wirbelte eine Staubwolke auf, die noch lange, nachdem das Gefährt außer Sichtweite gerumpelt war, in der Luft hing.

Dann kehrte ich in meine düstere Zelle zurück und kratzte mich heftig unter meinem härenen Hemd.

Gut möglich, daß ich für den Rest meiner Tage beim Schein einer einzigen Kerze auf vier winzige Wände gestarrt hätte, wäre nicht jener Mann gekommen, der abgesehen von Luis de Santangel das meiste unternommen hatte, um meinen Traum vom Großen Abenteuer Wirklichkeit werden zu lassen.

Er mußte sich bücken, als er meine Zelle betrat, jeder Zentimeter ein Aristokrat – hager, aufrecht, mit den vornehmen Gesichtszügen, die eine alte Herkunft verraten, das Lächeln flüchtig, aber herzlich, die Umarmung ohne Herablassung.

«Euer Ehren», sagte ich, denn hier in meiner Zelle stand Luis de Cerda, der Fünfte Herzog von Medinaceli.

«Vizekönig», sagte er, «es ist schön, daß Ihr wieder hier seid. Ich muß allerdings zugeben, daß Ihr verdammt schlecht ausseht.»

Er sah sich in meiner Mönchsbehausung um, was nicht viel Zeit in Anspruch nahm. «Sagt mir, habt Ihr die Absicht, für den Rest Eurer Tage in dieser Zelle zu schmollen? Warum legt Ihr nicht wenigstens die Gelübde ab und betrachtet die Angelegenheit damit als erledigt?»

«Das ist es nicht, Euer Ehren. Ich . . .»

«Na kommt schon, Mann, Ihr kennt mich lange genug, um mich mit Namen anzureden. Also, Don Cristóbal, erzählt mir von den Indischen Landen.»

Ich erzählte. Anfangs widerstrebend und nur, weil ich es ihm schuldig war, dann aber unfähig, wieder aufzuhören. Darüber verging ein Großteil des Tages.

«Ich verstehe», sagte er bedächtig. «Ihr fühlt Euch schuldig an dem, was mit den Indianern passiert ist.»

«Das habe ich nicht gesagt. Oder meint Ihr, weil ich hier in La Rábida bin? Ich erhole mich von meinem komplexen Krankheitssyndrom, das ist alles.»

«Und weil Ihr Euch schuldig fühlt», fuhr er fort, als hätte ich nichts gesagt, «versteckt Ihr Euch vor der Welt. Mensch – werft Euer Leben doch nicht weg! Spanien hat zu wenige Männer von Eurem Schlag.»

Ich lachte voller Selbstironie und zupfte an meinem Bart.

«Rasiert dieses Ding da ab. Legt das Büßergewand ab, kleidet Euch so, wie es dem Vizekönig der Indischen Lande ansteht. Gebt dem Volk seine Parade und begebt Euch dann zum König und der Königin. Macht Pläne für eine richtige Kolonie, die dauerhafte Wurzeln auf der anderen Seite des Ozeanischen Meeres schlägt. Kämpft nicht gegen Eure Bestimmung an, Mann. Werft Euer Leben nicht weg.»

«Mein Leben? Das liegt bereits hinter mir.»

«Wie alt seid Ihr?» spottete er. «Fünfundvierzig? Ich bin über fünfzig und komme gerade erst in Schwung. Na los, Mann.»

In seiner Stimme lag so viel Enthusiasmus, daß sich die Wände meiner Zelle auszudehnen schienen.

Aber ich entgegnete: «Nein, Don Luis, ich brauche noch Zeit.»

«Dann verbringt sie nicht hier, Mann. Nichts gegen die Franziskaner, aber das hier ist ein verdammt schlechter Ort, um sich zu erholen. Kommt mit mir zum Jagen nach Medinaceli, und in ein paar Wochen seid Ihr so weit, daß Ihr am liebsten über Euer Ozeanisches Meer schwimmen würdet.»

Wir einigten uns auf einen Kompromiß. Ich behielt mein Büßergewand und den weißen Bart und legte die zweiwöchige Parade in Richtung Norden nach Medinaceli auf einem Maultier zurück. Der Kontrast zum Herzog, der hoch aufgerichtet auf einem feurigen Streitroß saß, war möglicherweise spektakulärer als unsere schnatternden Affen und kreischenden Papageien, ja sogar als die gefesselten Kannibalen mit ihren Stirnbändern, Gürteln und goldenen Masken; wenn wir in eine Stadt einzogen, hörte man häufig Gespräche, die etwa so verliefen:

«Das ist der Vizekönig von Indiana.»

«Welcher?»

«Welcher? Welcher glaubst du denn? Der große da auf dem Schlachtroß. Schau ihn dir bloß an. Einem Mann wie dem würde ich bis ans Ende der Welt folgen, nicht nur nach Indiana.»

«Und auch noch fromm. Reist mit seinem eigenen Franziskanermönch. Siehst du ihn, den Graubart dort auf dem Maultier?»

Zuweilen glaube ich fast, der Herzog hat diese Gespräche bestellt, um mich dazu zu bewegen, Bart und Büßergewand abzulegen. Falls dem so war, ist es ihm beinahe gelungen. Aber noch tat ich es nicht. Zumindest nicht gleich.

Medinaceli entpuppte sich als ein Gut von der Größe einer Provinz, mit eigenem Park, Forellenbächen, Herden mit Merinoschafen, Viehherden und Kampfbullen, Olivenhainen, Getreidefeldern, Weinbergen, ein paar hundert Nebengebäuden, Tausenden von Bediensteten und einem hochherrschaftlichen Palast, der so groß war, daß der Herzog bei unserem Eintreten sagte: «Fragt mich nicht, wie viele Zimmer es hier gibt, ich habe nämlich keine

Ahnung. Als Kind habe ich einmal versucht, sie alle aufzusuchen, und war zwei Tage lang verschwunden.»

Er sah mich an. «Die Reise hat Euch gutgetan. Ihr habt Farbe bekommen. Wenn Ihr jetzt noch den Bart abnehmen würdet, würdet Ihr so jung aussehen, wie *ich* mich fühle.»

Aber ich weigerte mich noch immer.

«Dann wenigstens das Büßergewand?» drängte er, als eine andere Stimme ertönte. Die einer Frau.

«Hallo, Liebling. Wie schön, daß du wieder da bist.»

Sie eilte in einem langen, schwingenden Gewand eine lange, geschwungene Freitreppe herunter. Mein Herz tat einen Sprung. Ich fühlte mich schwindlig und jung und glücklich und ohne jede Hoffnung.

«Meine Liebe», sagte der Herzog von Medinaceli, «darf ich dir Don Cristóbal Colón vorstellen, Admiral des Ozeanischen Meeres und Vizekönig und Gouverneur der Indischen Lande. Don Cristóbal, das ist mein Schützling, Doña . . .»

Aber sie küßte ihn ausgiebig und verschaffte mir damit noch ein paar Sekunden, um mich zu fassen.

Ich hätte nicht überrascht sein dürfen. Es war nicht unüblich, daß sich eine junge, schöne Frau, die weder Ehemann noch männliche Verwandte hatte, noch über eigene finanzielle Mittel verfügte, einen wohlhabenden, adeligen Beschützer suchte. Einem solchen Arrangement haftete keinerlei Makel an, zumal mein Freund, der Herzog von Medinaceli, Witwer war.

«Don Cristóbal», sagte er, während er sie auf Armeslänge von sich hielt und ihr lächelnd und voller Zuneigung in die Augen sah, «darf ich Ihnen meinen Schützling vorstellen, Doña Petenera de Torres.»

Früher oder später wird unweigerlich ein wohlmeinender Kritiker fragen: «Schreiben Sie eigentlich eine Autobiographie, einen historischen Roman, eine Liebesgeschichte oder was?»

Worauf ich prompt antworten werde: «Oder was.»

Er wird fragen: «Aber was sollen dann diese ganzen Anachronismen? Können Sie sich nicht wenigstens auf Ihr eigenes Jahrhundert beschränken?»

Ich werde versuchen, ihm zu erklären, daß meine Anachronismen beabsichtigt sind. Denn ist nicht das Einfangen der wesentlichen Ereignisse eines Tages etwas Ähnliches wie das Übersetzen eines Gedichtes? Spielt nicht der Geist des Originals eine wichtigere Rolle als der genaue Wortlaut?

«Und erst die Dialoge!» wird der Kritiker unnachgiebig sagen. «Wo sind die hübschen alten, handlichen Wendungen wie ‹traun fürwahr› oder ‹sintemalen› oder wenigstens ein oder zwei ‹mich deucht›?»

«Das ist einfach nicht mein Stil», würde ich ihm zu erklären versuchen.

«Aber Sie setzen sich ja über alle Regeln hinweg.»

«Meine Entdeckungsreisen verliefen auch nicht gerade nach irgendwelchen Regeln. Warum also meine Memoiren?»

«Ach bitte. Wenn Sie nur ein paar anständige historische Abenteuerromane lesen, kriegen Sie den Dreh sicher raus.»

«Ich weiß gar nicht genau, was ein historischer Abenteuerroman ist», müßte ich zugeben.

«Versuchen Sie es doch wenigstens mal», würde er mich bedrängen.

Uns so versuche ich es eben, gegen besseres Wissen:

Am nächsten Morgen klagte sie über Kopfschmerzen.

«Aber Ihr habt doch nie Kopfschmerzen», sagte der Herzog.

«In ein paar Stunden wird es vorüber sein. Warum geht Ihr nicht ohne mich Rebhühner jagen?» schlug sie in aller Unschuld vor.

«Sapperlot, das ist aber merkwürdig», sinnierte er. «Don Cristóbal behauptet ebenfalls, indisponiert zu sein.»

«Mich deucht, es muß etwas gewesen sein, das wir gegessen haben.»

«Mag wohl sein.»

«Ich bitte Euch, laßt Vorsicht walten, wenn Ihr Rebhühner jagen geht.»

«Vertraut darauf, meine Teure, daß ich stets Vorsicht walten lasse, wenn ich Rebhühner jagen gehe.»

Ein flüchtiger Kuß, und damit verließ er sie.

Sie machte sich nicht die Mühe, ihm nachzuwinken.

Träge schwelgte sie in einem luxuriösen, duftenden Bad, liebkoste die geheimen Winkel ihres nach Liebe dürstenden Körpers, der sich danach

sehnte, die Berührung von Cristóbals reiserauhen Händen zu spüren.
Beim Ankleiden beschloß sie, auf das dezente Brusttuch zu verzichten und
ein verführerisches goldenes Band um ihr Haar zu schlingen, das das Gold
des brokatbesetzten Sammetunterkleides unter dem reichbestickten, bur-
gunderroten Moirégewand aufgriff. Beide Gewänder waren bis zum
Nabel dekolletiert. Sodann hüllte sie sich in einen schweren Moschusduft,
der ihn vor Verlangen würde schwindeln lassen.

Aber würde es ihm gelingen, in diesem Labyrinth des herzoglichen
Palastes jenes Zimmer ausfindig zu machen, das sie ihm vergangene
Nacht auf einem geheimen Lageplan gewiesen hatte? Ihr Herz übersprang
einen Schlag, als ihr einfiel, daß er nicht selten West und Ost verwechselte.

Aber er war da, harrte ihrer mit einem mußevollen, männlichen
Lächeln auf den Lippen.

«Mein Herz», sagte er, sich vom Diwan erhebend.

«Oh, Geliebter! Geliebter!» rief sie drängend. «Endlich!»

Bald wanderten seine reiserauhen Hände ungehindert über ihren aus-
gehungerten Körper hin. Seine Begierde war unermeßlich, wie ihr das
zunehmende Feuer seiner gebieterischen Küsse verriet, doch mit geradezu
rührender Einfühlsamkeit erspürte er ihre tiefe Sehnsucht, die köstliche
Raserei dieser Begierde andauern zu lassen, denn er bezwang sich.
Keuchend.

«Laß mich», stieß sie hervor.

«Mein Herz», fügte er sich, mit jener in ihrer Erinnerung haftenden
Stimme, die sie in bestimmten Augenblicken zum Wahnsinn treiben
konnte. So wie jetzt.

Langsam, quälend langsam, entkleidete sie ihn. Als die Kleidungsstücke eins nach dem anderen hemmungslos in die verschiedenen Himmelsrichtungen flogen, murmelte er «Mein Herz, mein Herz» in den schweren
Moschusduft ihres Haares, während ihre fieberhaften Hände liebkosten,
was sie enthüllten. Seine Männlichkeit war überwältigend.

«Mein Herz?» hauchte er seine Frage, rücksichtsvoll wie stets, und
trug sie auf ihr leise klagendes Seufzen hin zum Diwan, wo sie, während
er sie, hier und dort verweilend, aus ihren Gewändern schälte, auf dem
Rücken lag, um auf dem flaumigen Hügel ihres verborgenen Gefäßes
zunächst die hauchzarte Berührung seiner Fingerspitzen zu fühlen, und
dann, ja!, o Gott, das Kribbeln seines Bartes dort zwischen ihren seidig

weißen Schenkeln, als seine Zunge wie eine Flamme um das pochende,
lodernde Zentrum ihres Seins züngelte, so daß sie in ihrer Begierde laut
aufstöhnte, wobei sie mit fast vergessener Finesse sein Gesicht in ihre
Hände nahm und ihn der ganzen starken, schlanken, harten Länge nach
behutsam nach oben zog, bis sich sein plutonisch pulsierendes Drängen in
ihren dem Schmelzpunkt zustrebenden Kern stürzte, um seine rhythmi-
schen Stöße mit dem Wogen und Rollen ihres Beckens eins werden zu
lassen, so daß sie beide von jener aufwühlenden Raserei unbeschreiblicher
Ekstase hinweggetragen wurden, in der . . .

Nein, nein, nein, das ist völlig daneben! Aufhören! Das ist nicht
mein Stil, und außerdem hat es sich – Stil hin oder her – so gar nicht
abgespielt.

Machen wir auf meine Weise weiter, einverstanden?

Ich lege nämlich Wert auf die Wahrheit.

Der Herzog wollte den Morgen draußen verbringen und Rebhühner jagen, wie er sagte, also ging ich mit Petenera im gespren-
kelten Schatten einer schnurgeraden Platanenallee spazieren.

Eingedenk seines Anspruchs auf sie, gab ich mir alle Mühe, meine
Augen von ihrer Schönheit abzuwenden. Aber wie konnte ich Haare
vom schwärzesten Schwarz wie an der Unterseite eines Rabenflügels
vergessen oder Augen vom Smaragdgrün einer tiefen korallenumgürteten Lagune, wenn kein Lüftchen das Wasser kräuselt und die
Sonne senkrecht steht, oder Lippen von genau dem matten Karmesinrot einer bei den Arawaken sehr beliebten exotischen Blume, die
nur im Bergland zwischen dem Meer und Cibao wächst, oder ein Lächeln, das Zähne von einem Weiß enthüllte wie die Perlen, die ich einige Jahre später in den Perlenfischereien am Paria-Golf an der Küste
Südamerikas finden sollte, einem Ort, den ich – möglicherweise unbewußt in Erinnerung an jenes Lächeln – «Irdisches Paradies» taufte?

Trotz meiner abgewandten Augen erinnerte ich mich lebhaft.
Aber wie hätte ich meine Ohren von dieser Stimme wie Silber,
Gold und Edelsteine abwenden können?

«Warum rasiert Ihr Euch diesen lächerlichen Bart nicht ab? Ihr
seht damit aus wie ein verrückter neutestamentarischer Talmud-
schüler.»

Von ferne hörte man einen einzelnen zaghaften Vogelruf, dann
einen kontrapunktischen Flintenschuß; dann herrschte Stille.

«Wie ist mein Bruder gestorben?»

Ich glaubte, ihr die Wahrheit ersparen zu müssen; manchmal ist das besser so. «Friedlich. Im Schlaf.»

Abrupt flog mein Kopf nach hinten, mein Gesicht brannte, und zum erstenmal seit ich weiß nicht wie langer Zeit sprangen mir Tränen in die Augen. Sie hatte mich ins Gesicht geschlagen, kräftig. Mit der Linken. Sie war Linkshänderin, fiel mir wieder ein.

«Ihr lügt», sagte sie. «Ich hasse Leute, die lügen.»

«Was erwartet Ihr denn von mir?»

«Sagt mir die Wahrheit.»

Ich tat es, widerstrebend.

Ich hatte sie noch nie weinen gesehen. Ich wollte sie trösten, sie an mich ziehen und ihre Tränen wie heißes Wachs an meinem Hals spüren, aber wie konnte ich das? Der Herzog war mein Freund.

«Danke, daß Ihr es mir gesagt habt», brachte sie heraus. «Aber ich werde Euch nie verzeihen, daß Ihr meinen Bruder diesem schrecklichen Schicksal überlassen habt. Ich hasse Euch mehr denn je. Das versteht Ihr doch, oder?»

Mit einer gewissen philosophischen Niedergeschlagenheit sagte ich, daß ich es verstünde.

Eine Bank kam in Sicht; wir setzten uns.

«Solange das klar ist», sagte sie, «darfst du mich küssen.»

«Der Herzog ist mein Freund», wandte ich ein.

Darauf kam ein überraschtes: «Er ist auch *mein* Freund. Also?»

«Begreifst du das nicht?»

«Ich begreife nur, daß ich seit mehr als zwei Jahren nicht mehr mit einer Legende geschlafen habe.»

«Der Herzog», wiederholte ich nachdrücklich, «ist mein Freund.»

«Du . . . du Flegel!» rief sie und schwang wieder diese heimtückische Linke. Ich packte sie an beiden Handgelenken, zog sie von der Bank hoch, und wir rangen Brust an Brust. Sie war groß für eine Frau, geschmeidig und alles andere als schwach. Unsere Gesichter kamen einander näher. Unsere Lippen berührten sich. Ihre waren, wie ich sie in Erinnerung hatte, Nektar, Honig und Ambrosia. Sie schlang ihre Arme um meinen Hals, und ihr Mund öffnete sich. Wir küßten uns heftig, eilten dann die schnurgerade Allee zum herzoglichen Palast zurück, um uns ein Bett zu suchen.

Medinaceli schwang sich soeben mit zwei Fasanen oder Rebhühnern – vielleicht waren es auch Perlhühner – vom Pferd.

Er muß etwas bemerkt haben. Vielleicht unsere ramponierten Lippen. Von da an jedenfalls verbrachte er alle Stunden des Tages mit uns beiden und alle nächtlichen mit Petenera.

Innerhalb weniger Tage rasierte ich mir den weißen Bart ab und ließ mir von meinem Freund Medinaceli eine herzogliche Garderobe schenken. Dazu einen vierzehnjährigen Hengst.

«Auf nach Burgos?» schlug der Herzog vor.

Mit Petenera an meiner Seite führte ich den Hengst zum Tor. Ich spürte, daß uns der Herzog von einem Turmfenster aus beobachtete, und stieg in den Sattel, ohne sie zu berühren.

Sie machte sich nicht die Mühe, zum Abschied zu winken.

Unsere nächste Begegnung würde bei der Hochzeit des Kronprinzen Juan mit Prinzessin Margarete von Österreich stattfinden, wo sich ohne Vorwarnung alles für uns ändern sollte. Aber das geschah erst im Frühjahr in Toledo.

In der Zwischenzeit herrschte Winter in Burgos.

Diese ehemalige Hauptstadt von Kastilien, die ich im Oktober erreichte, steht Wind und Wetter preisgegeben auf einem hohen Plateau. Abgesehen von der meteorologischen Kälte befand sich Burgos im Klammergriff jenes Klimas eiskalter Angst, die der Rat der Suprema und Generalinquisition in ganz Spanien verbreitete.

Diese Angst blieb unausgesprochen, aber jedermann lebte in Furcht und Schrecken davor, spurlos zu verschwinden wie einst Grönland. (Sie erinnern sich noch, wie Harold der Haarer es ausdrückte: «Grönland ist weg. Einfach verschwunden, ohne eine Spur zu hinterlassen.») Heutzutage verschwanden in Spanien Menschen auf ähnliche Weise wie damals während meiner julianischen Dekade dort oben am nördlichen Ende der Welt die Insel Grönland.

Ein Mann (oder eine Frau, denn ganze fünfzig Prozent der Inquisitionsopfer waren Frauen – hier gab es keine zweierlei Maßstäbe) konnte jahrelang ein normales Leben führen, sich um seine eigenen Angelegenheiten kümmern, es sogar zu Wohlstand bringen, von einem Tag zum nächsten leben, und dann, zack!, erging es ihm wie Grönland. Als hätte es ihn nie gegeben. Zwei oder drei Jahre später tauchte der Name dann irgendwo auf einem Autodafé-Programm auf, und das Opfer wurde zum Verbrennungsplatz geführt (oder in einem Sarg getragen).

Der härteste Schlag war in diesem Winter in Burgos das Verschwinden von Santiago Santangel, so benannt nach seinem Großvater, zu dessen letztem Seder meine Eltern auf den ersten Seiten dieses Buchs unterwegs waren. Santí war inzwischen ein- oder zweiundzwanzig und der Augapfel seines Vaters.

«Er wird einer der zwei oder drei reichsten Männer Spaniens sein, wenn er mich beerbt», erzählte mir Luis de Santangel eines frostigen Morgens, während er stolz auf seiner kunstfertig gedrehten Zigarre herumkaute.

Ich war gekommen, um Santangel über die siebenunddreißig hitzköpfigen jungen Neuchristen Bericht zu erstatten, die sich meiner zweiten Reise angeschlossen hatten. Es gab nicht viel zu berichten.

«Sechs starben an der Gelben Krankheit, und zwei holten sich die Syphilis – ganz im Rahmen der Norm. Aber tot oder lebendig, krank oder gesund, sonderlich hervorgetan hat sich keiner.»

«Ich sollte Euch lieber vorwarnen, mein Junge. Das nächste Mal ändert sich das wahrscheinlich. Wir haben da zum Beispiel einen Kerl namens Cristóbal Rodríguez, auch ‹die Zunge› genannt, der . . .»

In diesem Augenblick kam ein junger Adjutant herein und flüsterte Santangel etwas ins Ohr. Santangel ließ seine Zigarre ausgehen, ohne Zweifel ein schlechtes Zeichen.

«Mein Vetter», sagte er. «Er heißt auch Luis. Er ist verschwunden.»

«Nach Grönland?»

Dieser Euphemismus für «von der Suprema in Gewahrsam genommen» war bereits fester Bestandteil des Jargons von Santangel und seinen Neuchristlichen Samaritern.

«Sieht ganz danach aus», sagte er. «Wir hatten keinen engen Kontakt, aber Luis weiß unheimlich viel über unsere Organisation, so daß das nicht gerade eine frohe Botschaft ist.»

Eine Woche später rief mich Santangel zu sich, um mir zu sagen, daß er für diesen Tag endlich eine Audienz bei den Königen arrangiert hatte.

«Glaubt bloß nicht, daß das einfach war. Kein anderer Mann in ganz Spanien hätte das für Euch zustande gebracht, mein Junge. Sie stecken bis über beide Kronen in den Vorbereitungen zu dieser Hochzeit zwischen den beiden Herrscherhäusern, vom Krieg in Frankreich ganz zu schweigen.»

Wieder kam ein Adjutant herein und flüsterte ihm etwas ins Ohr.

«Santí!» rief Santangel und brach seine Zigarre mittendurch.

Ich brauchte nicht erst zu fragen. Ein Blick in das Gesicht meines Freundes verriet mir, daß sein Sohn in Grönland war.

Dann sagte er: «Santí weiß noch mehr über unsere Organisation als mein Vetter Luis.»

Es überraschte mich, daß Santangel jetzt daran denken konnte.

Verzagt schüttelte er den Kopf. «Vor ein paar Jahren hätte ich noch alle möglichen Hebel in Bewegung setzen können, nicht nur für meinen Sohn, sondern auch für meinen Vetter Luis. Aber diese Zeiten sind vorbei. Niemand setzt sich mehr für einen anderen ein. Nicht einmal die Könige treten als Fürsprecher auf. Sie mögen Spanien zwar regieren, aber die höchste Instanz ist die Suprema. Es sind harte Zeiten, mein Junge.» Dann gab er sich einen Ruck, rief seinen Sekretär herein, einen zurückhaltenden Mann namens Espina de Chopito, und trug ihm auf:

«Sagt bis auf weiteres alle meine Termine ab.»

«Aber Ihr seid in Kürze beim König und der Königin . . .»

«Was ist denn los, hört Ihr schlecht? Ich sagte, *alle* meine Termine. Und sagt Porco-Z Bescheid, daß ich möglicherweise den Notfonds anzapfen muß.»

«Sprecht Ihr zufällig von Porco-Zámpano, dem Direktor der hiesigen Niederlassung des Hauses Centurione?» konnte ich nicht umhin zu fragen.

«Der ambulanten Niederlassung. Er reist derzeit mit dem Hofstaat. Wo war ich doch gleich? Ach ja. Sorgt dafür, daß meine ungarische Kutsche jederzeit startbereit ist.» Santangel zündete sich eine neue Zigarre an, diesmal ganz ohne Zeremoniell. «Beruft eine außerordentliche Versammlung der Topleute des Blauen Pimpernell ein.» Während der ganzen Zeit schrieb Espina de Chopito wie ein Wilder mit.

«Gehört dazu auch Petenera de To . . .» setzte ich an, aber Santangel schnitt mir mit einer scharfen Geste das Wort ab.

«Verschont mich vorerst mit Eurem Liebesleben, mein Junge. Und haltet Euch bloß da raus. Wir brauchen euch da drüben als Vizekönig mehr denn je.» Er wandte sich wieder an Espina de Chopito: «Sagt den üblichen Hitzköpfen Bescheid, sie sollen untertauchen, und sorgt dafür, daß sich unsere Maulwürfe in der Suprema sofort um diese Angelegenheit kümmern.»

Nachdem Espina de Chopito hinausgeeilt war, sagte Santangel zu mir: «Ihr seid jetzt auf Euch gestellt. Ich werde nicht hier sein, wenn Ihr mich braucht.»

«Verstehe.»

«Macht sie fertig, mein Junge.» Er meinte die Könige. Ich sah ihm nach, als er, eine Rauchfahne hinter sich herziehend, hinausging, ziemlich rasch für einen so korpulenten Mann. Dann begab ich mich ziemlich aufgewühlt zu meiner Audienz bei den Königen.

Als sie vorüber war, sagte ein winziger, noch keine sieben Jahre alter Page in einer purpurroten Livree zu mir: «Ich bin sicher, sie mögen dich, Papa. Weißt du, warum ich das glaube?»

«Nein. Warum?» Ich hätte ihm gern durch die dunklen Haare gewuschelt, aber da ich nicht wußte, ob man sich bei königlichen Pagen solche Freiheiten herausnehmen durfte, hielt ich mich zurück.

«Die Audienz hat länger als eine Stunde gedauert. Das ist wirklich lange. Und ohne Zeitsignale von mir oder Diego. Für manche Leute sind fünf Minuten schon eine lange Audienz. Aber natürlich kommt hier eine Menge Gesindel an. Wir sind im Grunde ein Land von Bauern.»

Für einen Jungen seines Alters verfügte Fernando über ein beachtliches Vokabular. Außerdem war er ein kleiner Snob. Der Pomp und das Zeremoniell bei Hof imponierten ihm. Aber sein fünfzehnjähriger Halbbruder hätte, zumindest heute, lieber auf die Ehre verzichtet.

Steif, formell, vornehm in Purpur und Gold gekleidet, hatte mein Sohn Fernando mich eingelassen. Unmittelbar bevor ich mich vor dem provisorischen Thron verbeugte, erblickte ich zu meiner Linken den Kleinen Diego, der ein zusammengerolltes Pergament in der Hand hielt und den Eindruck erweckte, als wäre er am liebsten ganz woanders. Ich warf ihm ein rasches Lächeln zu. Er blickte trübe geradeaus. Sein Adamsapfel hüpfte. Er war hoch aufgeschossen und schlaksig, und sein leuchtendroter dichter Haarschopf und das sommersprossige Gesicht paßten schlecht zu seiner purpurroten Livree.

Weder der König noch die Königin forderten mich auf, Platz zu nehmen.

Hinter dieser Richterbank von Thron konnte ich von beiden nicht viel mehr sehen als Kopf und Schultern. Sie war gealtert; ihr Haar war grau geworden und ohne Glanz, und ihre Augen sahen müde aus.

Ihr Mann wirkte zappelig. «Willkommen daheim und das ganze Zeug», sagte er ungeduldig.

«Ihr müßt uns ausführlich von Euren Abenteuern berichten», sagte die Königin.

«Sobald wir alle mehr Zeit haben», ergänzte der König.

Ich spürte, daß sie die Rollen erneut vertauscht hatten und daß ich heute, wenn überhaupt, eher auf die Königin würde zählen können.

«Man hat eine höchst besorgniserregende Anklageschrift gegen Euch vorgelegt, Admiral», sagte sie.

«Der Page», sagte der König, «möge beginnen.» Er schnippte mit den Fingern, um die Aufmerksamkeit des Kleinen Diego zu erregen, der mich mit weit aufgerissenen Augen anstarrte.

Hat man je einem Fünfzehnjährigen, der das Herz auf der Zunge trägt, eine schwierigere Aufgabe übertragen?

Doch der Kleine Diego entrollte das Pergament mit sicherer Hand. Er hatte eine dieser jungenhaften Stimmen, die sich nach Kräften um Männlichkeit bemühen und etwa bei jedem dritten Satz umkippen. Aber nachdem er einmal begonnen hatte, verhaspelte er sich nicht ein einziges Mal, sosehr ihm diese üble Demonstration königlicher Überlegenheit auch zugesetzt haben muß.

Das Ganze verlief im Prinzip folgendermaßen:

«Erklärung . . . an Ihre Katholischen Majestäten . . . betreffend das ungebührliche und schändliche Verhalten des Admirals des

Ozeanischen Meeres und Vizekönigs und Gouverneurs der Indischen Lande, Cristóbal Colón, eines Ausländers:

Die Unterzeichneten, allerdemütigste und treue Untertanen und Diener, die nur den Wunsch hegen ... die Interessen Ihrer Katholischen Majestäten zu verteidigen ... erklären bei ihrer heiligen Ehre folgendes:

Punkt eins: Während einer Auseinandersetzung zwischen einem heidnischen Wilden und einem Gentleman und Offizier im Dienste der Könige hat der Admiral des Ozeanischen Meeres und Vizekönig und Gouverneur der Indischen Lande, fortan als besagter Vizekönig bezeichnet, nicht nur die Partei des heidnischen Wilden ergriffen, sondern vorsätzlich und mit verderblicher Absicht die Hand gegen den Gentleman und Offizier erhoben und ihn zu Boden geschlagen und getreten, während er dalag.

Punkt zwei: Obgleich in den Indischen Landen aufgenommene Zeugenaussagen und zusammengetragenes Beweismaterial über jeden berechtigten Zweifel hinaus erwiesen haben, daß der Arawakenhäuptling Guacanagarí tatenlos zugesehen hat, wie die Untertanen Ihrer Katholischen Majestäten, die vierzig Kolonisten von Navidad, hingemetzelt wurden, weigerte sich besagter Vizekönig nicht nur, den Häupling Guacanagarí hinzurichten, sondern ihn überhaupt zu bestrafen.

Punkt drei: Bei der Begnadigung dreier bösartiger indianischer Verbrecher gab besagter Vizekönig jedem von ihnen den Segen ohne das Kreuzzeichen.

Punkt vier: Als nach viel Mühsal und Krankheit die zweihundert überarbeiteten Caballeros der Kolonie eine geringfügige Umverteilung jener Arbeitslast forderten, von der die ganze Bevölkerung profitierte, lehnte besagter Vizekönig nicht nur ihre begründeten Forderungen ab, sondern enthielt ihnen ihre Essensrationen zur Gänze vor.

Punkt fünf: Nachdem der geistige Beistand der Kolonie, ein Mönch eines der heiligsten Orden der Christenheit, zu Gott um geistige Führung gebetet und verkündet hatte, eine solche Umverteilung der Arbeitslast entspräche Gottes Willen, behielt besagter Vizekönig auch die Lebensmittelrationen des Mönchs ein, woran dieser hätte sterben können, hätte er nicht rechtzeitig auf seine Vorräte an Hostien und Meßwein zurückgegriffen.

Punkt sechs: Als ein Aufruhr der Wilden unmittelbar bevorstand, hat besagter Vizekönig

(a) seine besten Truppen in die Wildnis verbannt und

(b) ist selbst auf eine Entdeckungsreise gegangen und hat seinen Posten beinahe sechs Monate lang im Stich gelassen.

Punkt sieben: Ohne königlichen Auftrag hat besagter Vizekönig fünfhundert neue Untertanen Ihrer Katholischen Majestäten aus Hispaniola auf den Sklavenmarkt von Sevilla exportiert, auf daß sie dort in Ketten verkauft werden.

Punkt acht: Besagter Vizekönig, beziehungsweise in seiner Abwesenheit sein Bruder (seine Brüder), erlegte(n) den Untertanen Ihrer Katholischen Majestäten einen so hohen Tribut in Gold auf, daß des besagten Vizekönigs heimkehrende Karavellen für dessen Transport nicht hätten ausreichen dürfen, während in Wirklichkeit Ihre Katholischen Majestäten von besagtem Vizekönig lediglich ein paar symbolische Masken, Gebrauchsgegenstände und Goldklümpchen erhielten.

Punkt neun: Als er sich gezwungen sah, in aller Eile nach Spanien zurückzukehren, um sich gegen diese und andere Vorwürfe zu verteidigen, hat besagter Vizekönig, obwohl er unter mehr als vierhundert guten und loyalen Untertanen der Krone die Wahl gehabt hätte, diese alle böswillig übergangen und einen unerfahrenen Ausländer zu seinem Stellvertreter ernannt, einen gewissen Bartolomé Colón, seinen Bruder.

In Anbetracht all dieser Umstände ersuchen die Unterzeichneten in aller Ergebenheit darum, daß besager Vizekönig, der nicht nur das Gesetz Unseres Herrn und Unserer Herrin, des Königs und der Königin, sondern auch das höhere Gesetz Gottes so schamlos verletzt hat, seiner Titel, Ämter, Ehren, Einnahmen, etc., etc. entkleidet und mit einer bescheidenen Pension in den Ruhestand auf ein kleines Landgut auf der Insel Hispaniola geschickt werden möge.»

Während der Stille, die auf das letzte Umkippen von Klein Diegos Stimme auf dem letzten Wort folgte, dachte ich: Bravo, mein Sohn, bravo! Er hatte sich bewundernswert gehalten.

Und dann wurde mir klar, daß der König und die Königin hofften, ich würde mich genau davon ablenken lassen. Also sagte ich, ohne den Kleinen Diego auch nur anzusehen, mit aller Gering-schätzung, die ich aufbringen konnte: «Nun, Eure Majestäten, zumindest haben sie nicht vorgeschlagen, man solle mich wie einen gemeinen Verbrecher behandeln. Ein erstaunlicher Mangel an Phantasie, wenn man bedenkt, in welch phänomenalem Ausmaß sie diese Eigenschaft ansonsten an den Tag legen.»

«Bravo, Papa!» rief der Kleine Diego und schlug sich mit der Hand auf den Mund.

Fernando blickte starr geradeaus, so als würde er weder seinen Halbbruder kennen noch mich.

Die Königin warf dem Kleinen Diego einen strengen Blick zu, dann biß sie sich auf die Lippen, wahrscheinlich, um nicht lächeln zu müssen.

«Bekennt Ihr Euch schuldig oder nicht schuldig?» fragte der König.

«Sire, soll das heißen, daß ich vor Gericht stehe?»

«Wenn Ihr Euch gegen diese formlosen Vorwürfe verteidigen wollt, Don Cristóbal, so wird es uns gefallen, Euch zuzuhören», sagte die Königin versöhnlich.

Aber ich entgegnete, wahrscheinlich um vor meinen Söhnen Eindruck zu schinden: «Eure Majestäten sind vollauf damit beschäf-tigt, einen Krieg zu führen und Vorbereitungen für eine Hochzeit zwischen zwei Herrscherhäusern zu treffen. Und was mich betrifft, so habe ich eine Flotte zusammenzustellen, Schiffsmannschaften anzuheuern, mehr Kolonisten anzuwerben, auch Frauen . . .»

«Frauen?» fragte der König lebhaft interessiert.

«Warum nicht? Männer brauchen Frauen.»

Der König fügte dem ein aus dem Herzen kommendes «Amen» hinzu, worauf die Königin es bedauerlicherweise für notwendig hielt, mich zu erinnern:

«Aber was ist mit den Vorwürfen?»

«Majestät», sagte ich mit einer Verbeugung und fuhr dann rasch fort:

«Punkt eins: Der hysterische Gentleman und Offizier wurde keineswegs von einem Heiden attackiert, sondern er hat meinen Adoptivsohn und Eurer Majestäten Patensohn, Yego Clone, mit einer tödlichen Waffe angegriffen; ich habe ihn lediglich zurückgehalten. Punkt zwei: Der Kazike Guacanagarí hat keineswegs die Kolonisten von Navidad ermordet, sondern vielmehr sein möglichstes getan, um sie zu retten. Punkt drei: Die sogenannten bösartigen Verbrecher waren lediglich kleine Diebe, und ich habe nie im Leben irgend jemandem den Segen gegeben – weder mit noch ohne Kreuzzeichen. Punkt vier: Die Caballeros waren so faul, daß sie sich weigerten, überhaupt zu arbeiten. Punkt fünf: Der Mönch lügt. Punkt sechs: (a) Meine sogenannten besten Truppen waren ausnahmslos Unzufriedene und Aufrührer, und (b) Entdecken ist nun mal mein Metier. Punkt sieben: Ich täte nichts lieber, als den Sklavenhandel auf der Stelle und für alle Zeiten abzuschaffen.» Das sage ich voller Inbrunst. «Punkt acht: Ich habe Euren Majestäten alles Gold abgeliefert, das ich erhalten habe; dürfte ich jetzt wohl meinen Anteil von zwölfeinhalb Prozent einfordern, wenn es koveniert? Punkt neun: Mein Bruder war der beste Mann für diese Aufgabe, sonst hätte ich ihn nicht dafür bestimmt.» Ich holte Luft, wahrscheinlich zu erstenmal seit Beginn meiner Aufzählung. «Damit wären alle Punkte abgehakt, Sires. Können wir jetzt zu Fragen der Kolonisierung und weiterer Entdeckungsfahrten kommen?»

Der Kleine Diego verkniff es sich mit Mühe, Beifall zu klatschen. Selbst Fernando, der jüngste königliche Page, schien beeindruckt.

Der König erholte sich als erster. «Ihr scheint wohl zum Ausdruck bringen zu wollen, Don Cristóbal, daß Ihr, nachdem wir Euch eine gewisse Machtbefugnis übertragen haben, die Freiheit haben solltet, sie so einzusetzen, wie Ihr es für richtig erachtet.»

«Das muß ich, Eure Majestät», sagte ich schlicht. «Die Indischen Lande sind weit von Burgos oder sonstwo entfernt, und wie könnte ich sonst die Kolonie verwalten?»

Das Gesicht des Kleinen Diego strahlte vor Sohnesstolz.

Der jüngste königliche Page sah mich an, als hätte er mich noch nie gesehen. Hatte er ja auch kaum. Dann sah er die Könige an. Dann wieder mich. Ich blinzelte ihm zu.

Diese subtilen Siegeszeichen waren verfrüht, denn der König sagte: «Die Frage ist nicht, *wie* Ihr die Kolonie der Krone verwalten könnt, sondern *ob* Ihr das solltet, oder vielmehr ob *Ihr* das solltet.»

«Oder», sagte die Königin zu meinem Schrecken, «ob es überhaupt eine Kolonie *geben* sollte.»

Angesichts dieser gut koordinierten, mit Betonungen versehenen Attacken blieb mir nichts anderes übrig, als den Mund zu halten und zu versuchen, nicht ungehobelt zu erscheinen.

«Niedergeschlagene, entmutigte, kranke Exkolonisten», sagte der König, «sind in den Audienzsälen von Burgos und anderswo so zahlreich wie Flöhe.»

«Selbst wenn die Vorwürfe gegen Euch so gegenstandslos sind, wie Ihr sie hingestellt habt, Don Cristóbal, bleibt nach wie vor die Tatsache bestehen, daß es Euch noch immer nicht gelungen ist, aus den Indischen Landen genug Gold zu ziehen, um auch nur die Kosten für Eure Reisen zu decken, von den Kosten für den Erhalt der Kolonie ganz zu schweigen. Gott weiß, warum.»

«Gott», sagte der König, «ist wie wir an der Bilanzsumme interessiert.»

Auf diese verfrüht calvinistische Bemerkung hin (der protestantische Theologe wurde erst 1509 geboren) telegraphierte die Königin ihrem Gatten mit den Augen ein wortloses, aber ungläubiges «So?». Für sie war Gott offenbar kein Bernal de Pisa, der Gewinne und Verluste in einen staubigen Aktenordner eintrug oder heimlich seine eigenen Bojen-Dossiers zusammentrug.

Der König seufzte. Und erklärte die Audienz klugerweise für beendet, bevor ich meinen berühmten Satz loswerden konnte: «Gott ist kein Geschäftsmann, Sire.»

Dieser unausgesprochene Satz charakterisiert die Probleme, mit denen ich in den folgenden Monaten konfrontiert war. Es folgten noch fünf weitere Audienzen hier in Burgos, ohne daß ich mir die Unterstützung der Könige für meine dritte Reise hätte sichern können.

Manchmal frage ich mich, was geschehen wäre, wenn Luis de Santangel zur Stelle gewesen wäre. Hätte er nicht nach zwei oder drei Audienzen die Verhandlungen zum Abschluß gebracht? Und wäre ich dann nicht viel früher nach Hispaniola zurückgekehrt – vielleicht rechtzeitig, um die unüberlegte Liaison meines Bruders Barto mit der Kriegerwitwe Anacaoná und ihre schwerwiegenden Folgen sowohl für die Kolonie als auch für mich zu verhindern?

Aber Santangel war nicht greifbar, und so mußte ich allein tun, was ich konnte. Vielleicht, so sagte ich mir, würde es mir besser ergehen, wenn wir nach Süden ziehen; denn es war März 1497, und der ambulante Hofstaat brach allmählich nach Toledo auf, wo der bleiche, schwindsüchtige, unglückliche Kronprinz Juan und die lüsterne Prinzessin Margarete von Österreich heiraten würden.

Spanien würde nie mehr so sein wie früher – und ich auch nicht.

KAPITEL 16

Die fast unbestreitbare Überlegenheit der Suprema

Die hohe Kunst des Vergiftens – Sie erinnern sich sicher an das Memorandum, das mein Bruder Barto für Kardinal Borgia verfaßt hatte, als ich in Rom im Sterben lag – erlebte, zumindest in Spanien, gegen Ende des Jahrhunderts einen Niedergang. Heutzutage bei einem königlichen Bankett der Dienste eines Vorkosters teilhaftig zu werden, war gleichbedeutend mit dem ersten Platz auf der Gästeliste der Königin von England in späteren Zeiten oder mit der Ernennung zum Ritter der Ehrenlegion.

Eben jene zeremonielle Prozession der Vorkoster beim Hochzeitsbankett – zwei Reihen junger Männer in purpurfarbener, goldbesetzter Livreé, die die U-förmig angeordnete Tafel flankierten, die sich über die ganze Länge des großen Saales im heruntergekommenen Alcázar von Toledo erstreckte –, eben jene Prozession war schuld daran, daß ich den Anfang des Geplänkels versäumte, das mit der Demütigung von Ihrer Majestät bevorzugtem Kavallerieoffizier enden sollte, denn ein Vorkoster blieb stehen, machte eine schwungvolle Vierteldrehung und nahm hinter meinem Stuhl Aufstellung.

Ich muß gestehen, daß es mir ein gewisses selbstgefälliges Vergnügen bereitete, als sich Hunderte von Augenpaaren auf mich richteten, während ich eine Gleichgültigkeit an den Tag legte, die dem Herzog von Medinaceli allen Respekt abgerungen hätte. Nicht der Rede wert, sagte mein Gesicht. Aber in meinem Kopf überstürzten sich die Erinnerungen an Rom und die damaligen Bankette, bei denen ich Dienst getan hatte.

Ich hielt sogar ein oder zwei Minuten lang inne und ließ meinen Blick schräg über die Tafel wandern, wo Petenera zwischen Männern meines Ranges saß – dem Admiral von Kastilien (dessen Flotte die Braut aus Flandern hierher gebracht hatte, der aber nicht mit einem Vorkoster geehrt wurde) und, wie das Schicksal es fügte, Ihrer Majestät bevorzugtem Kavallerieoffizier, Mosén Pedro Margarit. Nachdem die letzten Vorkoster das königliche Podest bestiegen hatten, trat eine jener unerklärlichen Gesprächspausen ein. Obwohl ganze vierhundert Leute an der Tafel saßen, hätte man die sprichwörtliche Stecknadel fallen hören können. Jeden Augenblick würden jetzt die Türen am Ende des riesigen Saales weit auffliegen und die rotgesichtigen Serviermädchen zu ihrer nicht abreißenden Prozession aus der Küche ansetzen, beladen mit Suppen und Soßen, Fleisch- und Fischbällchen, mit Ragouts und üppigen, würzigen Haschees, Wildpasteten und Geflügel in jeder Form, mit am Spieß gebratenen Spanferkeln und Zicklein und Lämmern, gewaltigen, blutigen Rindfleischkeulen, Gelees und Puddings und Früchten und Konfekt – begleitet von bereits angezapften Fässern voll Wein.

In dem wohltuenden Bewußtsein, daß hinter mir ein aufmerksamer Vorkoster bereitstand, dachte ich: Ich habe es geschafft.

«Ein *arrivista*», sagte eine durchdringende Stimme in diese unerklärliche Gesprächspause hinein. «Nichts weiter als ein ganz gewöhnlicher Emporkömmling.»

Nur seine unmittelbaren Tischnachbarn konnten wissen, wen Mosén Pedro meinte, denn bis zu dieser verhängnisvollen Gesprächspause hatte er die Stimme nicht erhoben. Zu seiner Linken saß die Gräfin del Palo, achtzig Jahre alt und stocktaub, zu seiner Rechten, wie bereits erwähnt, Petenera de Torres.

«Ich muß Euch mißverstanden haben», sagte sie, ohne jedoch ihrerseits die Stimme zu erheben.

«Ich sagte, meine liebe Doña Petenera, dieser Kerl taugt eher dazu, ein Vorkoster zu *sein*, als einen zu *haben*. Er ist nicht nur ein *arrivista*, sondern auch ein Sklavenhändler. Jedermann weiß doch, wie er zu seinem Geld gekommen ist.»

Noch immer nicht laut, aber mit einer gewissen Schärfe: «Er hat sein Geld als Entdecker gemacht.» Dann lauter: «Außerdem, Ihr müßt reden! Ausgerechnet Ihr, der Ihr unmittelbar nach Eurer

Rückkehr mit einer Flotte gestohlener Schiffe nach Spanien einen erheblichen Anteil am Sklavenmarkt von Sevilla erworben habt.»

«Lediglich eine kluge Investition. Ich mache keine Politik.»

«Heuchler!»

«Na hört mal, ich bin wohl kaum jemand, den man als Sklavenhalter bezeichnen könnte, oder? Es stimmt zwar, daß ich ein Dutzend Stück Frauen besitze, aber die waren ein Geschenk des Benediktinerordens.»

«Benediktinerorden? Ihr meint wohl Pater Buil, und wenn dieser vergnügte Sadist . . . sagtet Ihr ‹ein Dutzend *Stück* Frauen›? Betrachtet Ihr Frauen demnach als Vieh?»

An dieser Stelle tat einer von beiden unter der Tafel etwas, was die inzwischen gespannt zuhörenden Gäste nicht sehen konnten. Gleich wer oder was es war, jedenfalls sprangen Mosén Pedro und Petenera auf. Er, um einen Sekundenbruchteil langsamer, hatte gerade jene ungute, halb aufrechte Stellung erreicht, als sie ihre heimtückische Linke schwang und Mosén Pedro einen beachtlichen Schlag auf seine eingefallene Wange versetzte, der ihn über seinen Stuhl stolpern und zu Boden gehen ließ, worauf Petenera ihn eher symbolisch, als um ihm weh zu tun, dreimal recht zierlich mit einem silberbeschuhten Fuß trat.

Dies war, der aufmerksame Leser wird sich erinnern, nicht das erste Mal, daß Mosén Pedro zu Boden geschlagen und getreten wurde.

Mehr als die Tatsache, daß sie ihm eine Maulschelle verpaßt hatte, überraschte mich, daß Petenera mich gegen seine Anwürfe verteidigte. Als ob sie mich liebte oder so etwas.

So saß ich noch einen Augenblick gedankenverloren lächelnd da, während Mosén Pedro sich aufrappelte, offenbar vergessend, daß es sich bei seinem Gegner um eine Frau handelte, seinen Dolch zog und in geduckte Angriffsstellung ging. Im Handumdrehen wurde er vom Admiral von Kastilien entwaffnet; dieser überreichte Petenera Mosén Pedros Messer und bemerkte mit der durchdringenden Stimme eines Bootsmanns, der er gewesen war: «Vielleicht möchte die junge Dame dies als Andenken an ihren koketten kleinen Sieg aufbewahren?»

Damit erntete er stürmischen Beifall. Das schallende Gelächter, das von den Ziegelwänden und der gewölbten Decke widerhallte, ließ Mosén Pedros Wangen granatapfelrot anlaufen, während er mit starr geradeaus gerichtetem Blick an der endlos langen Tafel vorbei und hinaus stolzierte.

Ein Toast nach dem anderen wurde auf Petenera ausgebracht. Sie wurde so von Verehrern belagert, daß es mir unmöglich war, mich ihr zu nähern, um in Erfahrung zu bringen, ob der Wind der Liebe, wie ich jetzt Grund hatte zu hoffen, in meine Richtung blies. Zu allem Überfluß wurde ich auch noch eine ganze Stunde lang, bis sie und Medinaceli gingen (zusammen, aber – oder habe ich mir das nur eingebildet? – ohne ein Wort zu reden), vom Admiral von Kastilien in eine einschläfernde Diskussion über die Eignung von Karavellen von der Größe der *Niña* für seichte Gewässer verwickelt.

Am nächsten Morgen sprengte ich, so zeitig es der Anstand erlaubte, auf einem aus den Ställen des Alcázar geborgten Pferd über die Puente de San Martín zum Gut der Herzogin del Palo, wo Medinaceli bei seinen Aufenthalten in Toledo logierte.

Aus irgendeinem Grund schien mich der Herzog zu erwarten. Auf seinem Gesicht lag ein selbstironisches und zugleich trauriges Lächeln.

«Behandelt sie gut, Don Cristóbal», sagte er schlicht.

«Wie?»

«Schließlich sind wir doch beide Männer von Welt. Die Liebe einer Frau ist so unberechenbar wie . . . nun ja, Ihr wißt das ja. Natürlich wird sie mir fehlen. Aber», fügte er rasch hinzu, «meine Gefühle zählen nichts im Vergleich zu ihrem Glück.»

«Wovon redet Ihr, Don Luis?» fragte ich.

Wir sahen einander an.

«Soll das etwa heißen, Ihr habt keinen Boten mit der Nachricht geschickt, sie soll Euch heute früh reisefertig in der alten Judería treffen?»

«Mein Gott, nein», sagte ich.

«Sie war so aufgeregt.»

Er sah mich ganz verzweifelt an.

«Das ist eine ihrer zwei üblichen Vorgehensweisen», sagte er bitter. «Entweder locken sie ihre Opfer lautlos zu irgendwelchen vorgeblichen Verabredungen und nehmen sie dann fest. Oder sie klopfen mitten in der Nacht einfach an die Tür.»

Beachten Sie, daß er die Suprema nicht mit Namen nannte. Das tat niemand.

«Aber warum *sie*?» fragte ich

«Warum irgend jemand? Vergeßt nicht, daß ihre Eltern und ihre Großmutter . . .»

«Ich weiß», sagte ich. «Was werdet Ihr jetzt unternehmen?»

Aufrecht stand er da, aristokratisch. «Nichts», sagte er.

«Nichts?»

«Nichts.»

«Aber . . .»

«Mein lieber Don Cristóbal. Wenn ich nach Medinaceli zurückkehre, werde ich feststellen, daß man ihre bescheidene Habe beschlagnahmt hat. Und dann wird man sie weiß Gott wie lange . . . verhören. Sie hat nicht gerade ein untadeliges Leben geführt.»

«Aber Ihr liebt sie doch.»

«Soll ich denn im Namen einer Liebe, die sie nie wirklich erwidert hat, einen zum Scheitern verurteilten Rettungsversuch unternehmen und damit alles aufs Spiel setzen? Ich brauche wohl kaum zu erwähnen, daß niemand der Prüfung dieser Verhöre standhalten kann. Niemand, Don Cristóbal.»

«Dann wollt Ihr sie also einfach im Stich lassen . . .»

«Was bleibt mir anderes übrig, als meine Verluste abzuschreiben und zu versuchen, sie zu vergessen? Die eigentliche Frage ist, was werdet *Ihr* unternehmen? Ich kann Euch nur raten, mein Freund, es ebenso zu machen.»

Ich galoppierte zum Alcázar zurück und eilte in Santangels Büro, wo ich seinen Sekretär Espina de Chopito antraf.

«Wie er Euch angekündigt hat», sagte Espina. «Der Verwalter der königlichen Privatschatulle ist nicht da, wenn Ihr ihn braucht.»

«Dann möchte ich eine außerordentliche Versammlung dieser Samariter einberufen.»

«Das könnt Ihr nicht. Er ist der einzige, der das kann.»

«Aber es geht um den Blauen Pimpernell.»

«Nie von ihr gehört.»

Ich wandte mich zum Gehen. «Sagtet Ihr ‹ihr›?»

Aber er hatte sich ungezogenerweise hinter einer Akte verschanzt, und so ging ich, um zu versuchen, eine außerordentliche Audienz bei der Königin zu bekommen.

«Wir sind stets darum bemüht», sagte sie, nachdem ich ihr mein Problem bezüglich der Suprema geschildert hatte, «uns nicht in die Angelegenheiten des Heiligen Offiziums einzumischen und umgekehrt, aber wenn es sich um ein *kleines* Problem handelt, wird der Großinquisitor meine Fürsprache vielleicht wohlwollend erwägen. Normalerweise tut er das nämlich nicht. Gebt dem Kaiser, was des Kaisers ist, und . . . nun, Ihr wißt ja, wie das ist. Aber sagt mir, es ist doch nicht wieder dieser nette junge Mann, dieser Francisco Niño?»

«Sie haben den Schützling des Herzogs von Medinaceli geholt, Majestät.»

Die Stimme der Königin wurde merklich reservierter. «Die junge Torres? Warum in aller Welt sollte ich mich für dieses Frauenzimmer einsetzen, das mir keinen anderen Dienst erwiesen hat, als meinen bevorzugten Kavallerieoffizier zu demütigen und das Hochzeitsbankett meines Sohnes zu stören? Nein. Nein, bedaure sehr, Don Cristóbal, ich kann Euch nicht helfen. Aber ich will Euch einen Rat geben. Es wäre äußerst unklug von Euch, ihr zuliebe Euren Hals zu riskieren, denn sie ist nicht nur eine Hexe . . .»

«Eine Hexe?» wiederholte ich bestürzt. Aber zumindest wußte ich jetzt, wie der Hauptanklagepunkt lautete.

«Nach Aussage meines bevorzugten Kavallerieoffiziers ist sie eindeutig eine Hexe. Und nach allem, was ich höre, hat sie nicht gerade ein untadeliges Leben geführt. Laßt sie fallen, Don Cristóbal.»

Jetzt blieb nur noch eine einzige Hoffnung, und ich brauchte zwei Wochen, um das entsprechende Treffen zu arrangieren.

«Wir bekommen nicht oft freiwilligen Besuch», sagte Tomás de Torquemada mit seiner heiseren Flüsterstimme. Seine asketischen (oder irren) Augen lagen tiefer in ihren Höhlen, als ich in Erinnerung hatte, und seine Haut war von jener schimmernden Transparenz, die das letzte Stadium einer zehrenden Krankheit kennzeichnet. «Ich bin in der Tat überrascht, daß ausgerechnet Ihr Euch hier blicken laßt, nachdem Ihr Eurem Obermissionar Pater Bernardo Buil die Lebensmittelrationen vorenthalten habt, so daß er sich nur mit Opferwein und Hostien am Leben erhalten konnte.»

«Buil belügt auch Euch, nicht wahr? Ich möchte zu gern wissen, ob er auch Gott belügt.»

«Ihr leugnet also, daß Ihr versucht habt, ihn in Euren Indischen Landen verhungern zu lassen?»

«Das tue ich, aber das ist nicht der springende Punkt.»

«Was denn dann?»

«Ihr sagtet es bereits selbst – *meine* Indischen Lande. Das entstammt alles Buils Einbildung, aber der nächste Bernardo Buil, den Ihr hinüberschickt . . .»

«Untersteht Eurer Gewalt? Wollt Ihr mir drohen, daß Ihr, wenn ich nicht mit Euch kooperiere, allen meinen Seelenhirten, die so dumm sind, sich in Eure Indischen Lande zu wagen, das Leben sauer machen werdet?»

Dem Großinquisitor zu drohen war das letzte, was ich beabsichtigt hatte. Mehr denn je wünschte ich jetzt, Luis de Santangel wäre hier. Ein schmeichlerischer Vermittler würde aus der Situation Kapital zu schlagen wissen. Ich überlegte, was er wohl entgegnet hätte.

«Euch drohen? Aber gewiß nicht, Großinquisitor. Aber Ihr verfügt hier über eine gewisse Macht, und ich dort. Könnten wir nicht im Sinne unser beiderseitigen Interessen . . .»

Wieder unterbrach er mich: «. . . miteinander ins Geschäft kommen? Immunität für gewisse Personen hier in Spanien als Gegenleistung dafür, daß meine Untergebenen ungehindert ihre Pflicht ausüben können?»

«Und die Zusicherung von Schutz und aller erdenklichen Unterstützung.»

«Wie ausgesprochen amüsant Ihr doch seid, Admiral. Aber schließlich haben wir, wie ich bereits erwähnte, sehr wenige Gäste. So wie Ihr in Euren Indischen Landen sehr wenige Bekehrte habt. Worin besteht also Euer Angebot? Darin, daß Ihr Euch nicht zwischen meine Ketzerjäger und vielleicht ein Dutzend bekehrter Heiden stellen wollt? Nein, Admiral. Das Heilige Offizium ist an Quantität interessiert, und es hat Geduld. Kommt wieder und droht uns, wenn wir tausend, fünftausend bekehrte heidnische Seelen auf Ketzereien hin durchleuchten können. Aber dazu wird es nicht kommen. Denn bis dahin sind wir beide längst tot. Aber in der Zwischenzeit dürft Ihr mir noch mit dem konkreten Grund für Euer Kommen die Zeit vertreiben – als würde ich ihn nicht kennen.»

«Vor zwei Wochen wurde eine Frau namens Petenera de Torres von der Suprema in Gewahrsam genommen.»

«Das behauptet Ihr.»

«Stimmt es nicht?»

«Doch. Es gibt bei uns durchschnittlich zwei Freilassungen im Jahr. Sie wird nicht dazugehören.»

«Es würde Euch wohl kaum zum Verdienst gereichen», sagte ich steif, «Spaniens größte Schönheit in einem Inquisitionsverlies vermodern zu lassen, nur weil sie Ihrer Majestät bevorzugten Kavallerieoffizier gedemütigt hat.»

Aus Tomás de Torquemadas Mund kam ein kaum hörbares, spröde raschelndes Gelächter. «Ihr glaubt doch nicht im Ernst, daß das der Anklagepunkt ist? Obgleich es stimmt, daß dieser Margarit sie denunziert hat.»

«Als Hexe?»

«Wie ich sehe, habt Ihr Eure eigenen Informationsquellen. Aber Hexerei ist nur die Spitze des Eisbergs. Sie hat nicht gerade ein untadeliges Leben geführt, wie Ihr, Admiral, wissen solltet.»

«Aus welchen Gründen könnte sie denn irgend jemand bezichtigen, eine Hexe zu sein?»

«Aus beliebigen Gründen natürlich. Aber in der Anzeige dieses Margarit heißt es» – an dieser Stelle griff der Großinquisitor nach einem Dossier –, «ich zitiere: ‹Da keine normale Frau einen königlichen Kavallerieoffizier mit einem einzigen Schlag hätte zu Boden strecken können, muß sie notgedrungen eine Hexe sein.› Freilich wissen wir, daß das ein Trugschluß ist. Aber besagte Dame tut gerne ihre Ansichten kund, Admiral, und ich freue mich, sagen zu können, daß sie bei ihrer ersten Befragung etliche belastende Eingeständnisse gemacht hat.»

Torquemada las aus dem Dossier vor.

FRAGE: Glaubt Ihr an Gott?

ANTWORT: Es liegt auf der Hand, daß es einen Gott gibt.

FRAGE: Wir sprechen von dem traditionellen Modell – Vater, Sohn und Heiliger Geist.

ANTWORT: Oh.

FRAGE: Könntet Ihr das vielleicht genauer ausführen?

ANTWORT *(Pause)*: Gott als realen Vater und realen Sohn zu beschreiben hört sich an, als wäre er nach dem Vorbild des Menschen geformt, und das ist eine Beleidigung der Gottheit. Wenn er allmächtig, allwissend, allgütig ist, wie kann er dann dem Menschen gleichen? Und überhaupt, welchem Menschen? Dem Durchschnittsspanier? Oder einem Engländer mit magentarotem Gesicht oder vielleicht einem Indianer jenseits des Ozeanischen Meeres mit einer Feder im Haar? Oder, wenn wir schon dabei sind, vielleicht sogar einer Frau?

FRAGE: Das ist Blasphemie.

ANTWORT: Ist es das? Das ist ebenso vernünftig wie zu behaupten, Gott sähe aus wie Ihr, Pater Buil.

(Erst jetzt erfuhr ich, wer ihr Gesprächspartner war.)

FRAGE: Dann glaubt Ihr also nicht, daß der Mensch nach Gottes Ebenbild geschaffen ist?

ANTWORT: Das habe ich nicht gesagt. Ich sagte, ich glaube nicht, daß Gott nach dem Vorbild des Menschen geformt ist. Obwohl rein logisch das Endergebnis wohl dasselbe wäre.

FRAGE: «Rein logisch – vernünftig – es liegt auf der Hand . . .» Ihr Humanisten glaubt allesamt, daß die Vernunft den Glauben ersetzen kann. *Glaubt* Ihr an irgend etwas?

ANTWORT: Ich glaube an die Gottheit der Natur.

FRAGE *(lacht)*: Die Gottheit der Natur?

ANTWORT: Sie ist allwissend und herrlich und gut und unerklärlich . . .

«Daß das eine grauenhafte Häresie ist», flüsterte der Großinquisitor heiser, «brauchen wir Euch wohl nicht zu sagen. Aber beachtet, wie offen die arme Sünderin geantwortet hat. Und wißt Ihr auch, warum?»

Ich verneinte.

«Die intelligentesten unserer unfreiwilligen Besucher wissen, daß sie verdammt sind, und deshalb sehen sie sich in der Lage, ihre ketzerischen Ansichten, die sie so lange unterdrückt haben, frei zu äußern. Es ist beinahe eine Erleichterung für sie.»

FRAGE: Wir leben in einem Zeitalter, in dem die weltlichen Humanisten fordern, daß sich unsere Nation von der Religion freimacht. Eine Kakophonie von Stimmen – das Druckgewerbe, die Universitäten, Wissenschaftler, die in Gottes Geheimnissen herumschnüffeln, Entdecker, die in Bereiche vordringen, die Gott ihnen nicht zugedacht hat – unterminiert eben jene Moral und jenes geistige Fundament, auf dessen Grundlage Spanien zu einer großen Nation geworden ist. Wahr oder falsch?

ANTWORT: Lieber Gott!

FRAGE: Ihr seid schon wieder blasphemisch.

ANTWORT: Dann also, wahr und falsch. Gewiß gibt es solche Stimmen. Aber die Humanisten wollen dieses moralische und geistige Fundament, von dem Ihr sprecht, durchaus nicht in Mißkredit bringen, sie wollen es nur als eine von zahlreichen Alternativen verstanden wissen . . .

«Wer diese beiden Fragen beim ersten Gespräch nicht korrekt beantwortet», erklärte Torquemada, während er das Dossier zuklappte, «wird zum Verhör dabehalten – ebenso wie jene, die diese Fragen richtig beantworten. Man kann heutzutage nicht gründlich genug sein. Aber das Heilige Offizium beabsichtigt keineswegs, einer Sünderin wie Petenera de Torres weh zu tun. In Wirklichkeit liegt uns nur daran, ihre unsterbliche Seele zu retten. Und während man . . . ihr nahelegt, ein Geständnis abzulegen, nennt sie unweigerlich andere Namen . . .» Er führte diesen Gedanken mit einem beredten Hochziehen seiner knochigen Schultern zu Ende. «Nun», sagte er und erhob sich, «wenn Ihr ein eifriger Leser der Autodafé-Programme seid, wer weiß, vielleicht werdet Ihr dem Namen Petenera de Torres gelegentlich wieder begegnen.»

Über meinen Mißerfolg nachsinnend, kehrte ich düsterer Stimmung in mein Quartier im Alcázar zurück. Ein skrofulös aussehender Bettler undefinierbaren Alters wartete auf dem Gang vor meinen Räumen.

«Admiral, Vizekönig oder Gouverneur Colón?»

Ich nickte trübe.

«Höchste Zeit. Los, beeilen wir uns.»

«Wohin denn?»

Egal wohin, schon der Gedankte beflügelte mich.

«Ich weiß nur, daß mir dieser Kerl fünfzig Kupfermünzen gegeben hat, damit ich Euch hole. Es war ein älterer Bürger, dem aus Ohren und Nase Schweinsborsten stehen.»

Er führte mich zu einem kleinen Steinhaus zwischen dem Marktplatz und den Ruinen der alten arabischen Festungsanlage im Norden der Kathedrale. Dort erwartete mich natürlich Porco-Zámpano.

«Kommt herein, kommt herein, junger Mann! Ihr seid eine Wohltat für meine lädierten Augen, wirklich. Aber verzeiht, eigentlich seid ja Ihr derjenige, der lädierte Augen hat, nicht wahr?»

«Woher wißt Ihr das?»

«Ich weiß derzeit alles.»

Porco-Zámpano, der inzwischen über achtzig sein mußte, wirkte zwanzig Jahr jünger als damals in Cádiz.

«War das Beste, was mir je passiert ist, die Eröffnung der ambulanten Centurione-Niederlassung. Seit zwei Jahren nehme ich jetzt ihr ganzes dreckiges Geld entgegen und wasche es. Ich weiß alles über jeden, der irgendwo irgendwie wichtig ist. Hab nie im Leben soviel Spaß gehabt.» Mit zahnlosem Lächeln bot er mir einen Stuhl an.

«Ich sehe, daß Ihr Zweifel habt. Nennt mir einen Namen. Na los – irgend einen.»

«Hmm, Pater Buil.»

«Buil? Das ist einfach. Ihr glaubt, daß Buil Euch wegen dieses klassenkämpferischen Hungerstreiks in den Indischen Landen haßt. Aber Ihr irrt Euch. Pater Buil haßt Euch aus einem ganz anderen Grund: Er haßt Euch, weil er Euch die Schuld an dem Tripper gibt, den er sich geholt hat, bevor er die Karavellen Eures Bruders gekapert hat und heulend nach Spanien zurückgekehrt ist.»

«Buil? Buil hat Syphilis?»

«Ja, aber ich kann Euch nicht verraten, welche arawakanische Maid dafür verantwortlich ist. Tut mir leid. Sie ist nämlich noch nicht volljährig. Wollt Ihr es mit einem anderen Namen versuchen?»

Aber ich sagte, er hätte mich überzeugt.

462

«Ihr seid übrigens der einzige wichtige Mann hierzulande, der keine Angst vor mir hat. Wißt Ihr, warum?»

«Warum ich nicht oder warum alle anderen?»

«Alle anderen natürlich. Weil ich von ihnen allen geheime Akten besitze. Und wenn ich ‹alle› sage, meine ich jeden einzelnen. Ihr braucht mir bloß irgendeinen Namen zu nennen.»

«Nein, ist schon gut.»

«Diese Akten sind gut aufgehoben und werden im Falle meines verdächtigen oder auch natürlichen Ablebens den entsprechenden Leuten ausgehändigt.»

«Was für entsprechenden Leuten?»

«Nun ja, die Suprema bekommt die Akte des Königs und der Königin, und der König und die Königin die der Suprema, um nur ein Beispiel zu nennen.»

«Aber was ist, wenn Ihr eines natürlichen Todes sterbt? Jeder Mensch stirbt einmal, und – verzeiht, wenn ich das sage – Ihr seid nicht mehr der Jüngste.»

«Das ist das Problem der anderen, nicht meines. Ein natürlicher Tod könnte schließlich auch auf ein langsam wirkendes Gift zurückzuführen sein. Ich gehe kein Risiko ein.» Er lachte. «Wenn ich sterbe, wird der Teufel los sein. Aber jetzt zu Euch. Ich gehe davon aus, daß Ihr eine gewisse Person, auch wenn sie nicht gerade ein untadeliges Leben geführt hat, aus den Klauen der Inquisition retten wollt und zwar, bevor diese Gelegenheit hat, ihre unvergleichliche Schönheit mit Hilfe gewisser Befragungsinstrumente zu entstellen.»

«Ja, bitte», sagte ich. Es kam aus tiefstem Herzen.

An dieser Stelle wurde mein alter Freund philosophisch. «Schon merkwürdig, nicht wahr, daß sie so mächtig werden konnte. Euer Agent bei Hof, Luis de Santangel, hat mich vor kurzem gefragt: ‹Sagt mir, Prospero, wie kommt es, daß eine Nation, die es fertigbringt, Männer über das Ozeanische Meer zu schicken, kein Mittel gegen die Inquisition findet?› Nun ja, was soll man auf so eine Frage schon antworten?» Porco-Zámpano erhob sich und stützte sich mit beiden Händen auf seinen provisorischen Schreibtisch, ein auf zwei Fässern liegendes Brett. «Nun, kommt morgen um dieselbe Zeit wieder her, dann werden wir sehen, was ich für Euch tun kann.»

«Aber morgen fangen sie mit dem Verhör an.»

«Ihr wart doch in Rom, oder? Dann brauche ich Euch nicht zu sagen, daß es nicht an einem Tag erbaut wurde. Ich versuche, das hier an einem Tag zu erledigen. Ich weiß zwar alles über jeden, aber zaubern kann ich nicht. Kommt morgen wieder.»

Es war fast schon Mittag, als er endlich sein Büro betrat.

«Habt Ihr je Dantes *Inferno* gelesen, junger Mann?» fragte er, während er die Tür aufschloß.

«Als Junge, im Original.»

«Nun, in gewisser Weise begebt Ihr Euch dorthin. Aber es befindet sich mitten hier in Toledo. Es ist alles arrangiert. Ihr könnt sie rausholen – vorausgesetzt, Ihr geht *hinein*.»

«An ihrer Stelle?» Mein Mund war plötzlich trocken, meine Handflächen feucht. Aber ich hatte ihn mißverstanden.

«Nichts da. Sie wollen, daß Ihr Euch da drinnen alles anschaut.»

«Ich? Warum ich?»

«Warum nicht Ihr? Vielleicht sind sie der Ansicht, daß Ihr eine Lektion nötig habt. Aber das ist nur eine Vermutung. Ich habe Euch gesagt, daß ich alles über jeden weiß, aber ich habe nie behauptet, die *Gründe* für alles zu kennen. Also viel Glück, junger Mann. Ein gewisser Pater Virgilio erwartet Euch.»

So kam es, daß ich mich, grad in meines Lebens Mitte, in der Hölle wiederfand, hier mitten in Toledo.

Das Gebäude umschloß einen großen Garten, in dem Springbrunnen plätscherten und Nachtigallen sangen. Als der Rat der Suprema und Generalinquisition im Juli 1834 endgültig abgeschafft wurde, etablierte sich hier die Stammkneipe der Santa Hermandad.

Meine Verleger haben mir nahegelegt, die nächsten paar Seiten auszusparen, und da ich das guten Gewissens nicht tun kann, haben wir uns auf folgenden Kompromiß geeinigt: Erstens habe ich versucht, die Schrecken, die ich gesehen habe, zu untertreiben. Zweitens sei dem zartbesaiteten Leser empfohlen, die Seiten 465 bis 470 zu überspringen. Aber falls ich mir, wie Porco-Zámpano meinte, «da drinnen alles anschauen» sollte, dann ist mein Besuch im Palast der Inquisition ein Teil meiner Lebensgeschichte, und der wißbegierige und nicht so leicht einzuschüchternde Leser möchte vielleicht eine Vorstellung davon bekommen, was ich gesehen habe.

Pater Virgilio empfing mich im Garten, von dem aus wir in eine mehrgeschossige Gewölbegalerie gelangten. Das einzige Licht drang durch hoch gelegene Schießscharten herein, so daß man fast den Eindruck hatte, sich durch einen unterirdischen Gang vorwärts zu tasten. Es roch nach Verfall, Verderben, Verwesung und Tod.

«Sämtliche Gefangenen müssen die Kosten für Unterkunft und Verpflegung selbst tragen», erklärte Pater Virgilio. «Die in den drei unteren Stockwerken sind zweiter Klasse untergebracht. Gefangene erster Klasse, die mehr bezahlen können, befinden sich in den Zellen entlang der obersten Galerie.»

«Wo ist Petenera de Torres?»

«Ah», sagte er. «Ja, wo ist sie nur?»

Wir stiegen die Treppe zur obersten Galerie hinauf. Dort war es kalt und feucht, eine so hoffnungslose Atmosphäre, daß die steinernen Mauern weinten.

Ich sah eine Reihe Türen, jede mit einem winzigen Guckloch.

«Ihr dürft einen Blick hineinwerfen», sagte Pater Virgilio.

«Und wenn ich das lieber nicht möchte?»

«Dann würdet Ihr ja nicht erfahren, ob sich diese Petenera de Torres in einer der Zellen befindet, oder?»

Auf diesem Stockwerk gab es zweiunddreißig Zellen mit je einem Gefangenen. Ich werde mich damit begnügen zu beschreiben, was ich in dreien sah. Drei genügen vollauf.

Auf dem Steinboden der ersten Zelle kauerte ein zehn- oder zwölfjähriges Mädchen nackt in einer Lache Blut und Urin, die Knie ans Kinn gezogen, die dünnen Arme um die dünnen Beine geschlungen. Eine Ratte kroch über ihre Füße. Sie schien sie gar nicht zu bemerken. Ihre Lippen bewegten sich; vielleicht betete sie.

«Gucklöcher sind auch zum Horchen da», meinte Pater Virgilio.

Ich drückte mein Ohr an das Loch und hörte einen Singsang, der mich bis an mein Lebensende verfolgen wird:

«Was habe ich denn getan? Wenn ich doch bloß wüßte, was ich getan habe. Ich würde ja gestehen, wenn ich es nur wüßte. Aber sie sagen es mir nicht. Wenn sie es mir nur sagen würden, würde ich gestehen. Ich habe es getan. Ich würde sagen, ich habe es getan, ich würde sagen, ich habe alles getan, wenn mir nur jemand sagen würde, was ich getan habe. Sie fordern mich immer wieder auf, die Wahrheit zu sagen, aber ich weiß nicht, was die Wahrheit ist. Lieber Gott, warum sagt es mir denn niemand? Ich will nicht mehr da hinunter. Nein. Nein, bitte, sagt es mir doch, dann werde ich gestehen, daß ich es getan habe, ganz gleich, was es ist.»

«Worin besteht denn ihr Verbrechen?» fragte ich.

«Das werden wir wissen, sobald sie gesteht», sagte Pater Virgilio.

Um ein Haar hätte ich meine nächste Frage unterdrückt. «Und das Blut?»

«Sie ist jung. Sie ist klein und eng. Manchmal sind sie mit den jungen Mädchen ungestüm und unbeabsichtigt brutal.»

Sprachlos stand ich da.

«Ihr seid überrascht? Aber sie versuchen doch nur, ihre unsterbliche Seele zu retten. Und bei den kleinen Jungfrauen aus einer bestimmten Schicht funktioniert Vergewaltigung oft besser als der Flaschenzug oder die Wasserfolter. Aber kommt weiter.»

In einer anderen Zelle sah ich einen beleibten Mann mit wirrem Haar, der hemmungslos masturbierte und soeben den Höhepunkt erreichte. Rasch wandte ich mich ab.

«Onaniert er wieder?» fragte Pater Virgilio und schnalzte mit der Zunge.

Ich nickte.

«Wenn sie die jungen Mädchen vergewaltigen, holen sie ihn immer zum Zuschauen.»

«Aber warum . . .»

«Weil man ihn nach zwei Jahren Einzelhaft dabei beobachtet hat, wie er sich selbst mißbraucht hat. Wenn einer erst mal damit angefangen hat, wird er immerzu animiert. Es scheint genau die umgekehrte Wirkung zu haben wie Kasteiung des Fleisches, das heißt, es senkt bei gewissen Individuen die Widerstandsschwelle gegenüber dem Flaschenzug, der Streckbank, der Wasserfolter.»

«Was hat er sich denn zuschulden kommen lassen?»

«Das werden wir wissen, sobald er gesteht.»

Die letzte Zelle an der obersten Galerie, geräumige drei mal drei Meter groß, hatte ein überdurchschnittlich großes Loch in der Decke, durch das Licht hereinflutete.

«Unser Luxusquartier, für die, die es sich leisten können», sagte Pater Virgilio.

Der Mann war alt und ausgemergelt, seine Augen lagen so tief in den Höhlen, daß man sie gar nicht sah, die vorspringenden Rippen drohten die Haut seiner zerschundenen, eingesunkenen Brust zu durchbohren. Ellbogen, Knie und Fußknöchel waren dick geschwollen. Er grinste vor sich hin.

«Warum grinst er?» fragte ich.

«Weil er lange genug hier ist – elf Jahre, glaube ich –, um zu wissen, daß er unter keinen Umständen gestehen wird. Und er weiß, daß wir das auch wissen.»

«Warum wird er dann nicht freigelassen?»

«Unsere Entlassungsquote liegt, wie Ihr wißt, bei zwei pro Jahr. Ist er schon tot?» fragte mich Pater Virgilio.

«Nein.» Nicht einmal diese Frage überraschte mich noch. «Nein, ich glaube nicht.»

«Ich frage deshalb, weil wir ihn verhungern lassen. In einigen Fällen dauert das länger als in anderen.»

«Aber warum . . .»

«Überbelegung. Wir brauchen seine Zelle. Wenn er nicht gesteht, nützt er weder uns zum Aufspüren anderer Sünder noch sich selbst im Hinblick auf die Rettung seiner Seele.»

«Aber was ist, wenn er unschuldig ist?»

«Niemand ist unschuldig. Also, wollen wir hinuntergehen?»

Ich bekam einen undefinierbar grauen Umhang, der meine weltlichen Kleider verdecken sollte, damit die emsigen Aufseher und die Objekte ihrer Aufmerksamkeit nicht abgelenkt würden.

Am Fuß der Treppe blieb ich zurück, verwirrt durch das Chaos dieses unterirdischen Inquisitionsverlieses. Wärter in weißen, schwarzen und braunen Gewändern eilten in einer riesigen, höhlenartigen Halle umher, aus der Gänge in tiefste Dunkelheit abzweigten. Die Luft war rauchgeschwärzt und hallte wider vom Lärm verschiedener Apparaturen – dem Drehen von Kurbeln, dem Quietschen von Rollen, dem plötzlichen Krachen von Eisen auf Stein. Aus dem Dunkel kamen zwei rotgesichtige, schwitzende Wärter, die eine Pritsche mit einer reglosen Gestalt trugen. Zwei andere Wärter in braunen Gewändern schleiften eine mit gellender

Stimme protestierende Gestalt in einen anderen Gang hinein. Türen knallten, Mechanismen quietschten, derbe Stimmen schrien:

«Die Rolle klemmt, wir lassen ihn gleich fallen. Wo ist denn bloß dieser verdammte Mechaniker? Nie sind die Kerle da, wenn man sie braucht!»

«Nein, nein, nein! Jetzt schau bloß, was du wieder angerichtet hast! Wie oft muß man euch Lehrlingen sagen, daß ihr sie nicht umbringen sollt?»

«Da hinein», sagte Pater Virgilio.

Ich war auf alles gefaßt, aber im ersten Raum am ersten Gang gab es weder Flaschenzug noch Streckbank noch Wasserfolter.

«Das hier dient zum Aufwärmen», erklärte Pater Virgilio. Durch Schwefeldampf hindurch sah ich Flammen in einem großen, offenen Herd tanzen, ein beinahe fröhlicher Anblick, bis ich die drei Tische und die drei völlig in Grau gehüllten Gestalten erkannte, auf deren nackte Füße ein Gehilfe reichlich Öl goß, während die Tische allmählich näher an die tänzelnden Flammen herangerückt wurden. Bald begann das Öl zu brutzeln, wenig später das Fleisch, doch da die Opfer geknebelt waren, übertönten ihre Stimmen kaum das unruhige Knistern des Feuers, und als der anwesende Arzt mit dem Grad der Verbrennung zufrieden war und «Aussetzen» rief, konnte er sich ohne weiteres Gehör verschaffen.

Eine kurze Anmerkung zu diesem «Aussetzen». Den Regularien der Inquisition zufolge konnte eine Person nur einmal gefoltert werden. Das heißt, eine einmal eingestellte Folter konnte nicht wiederaufgenommen werden. Aus diesem Grund wurden Foltersitzungen nicht beendet, sondern nur ausgesetzt, so daß sie jederzeit wiederaufgenommen werden konnten, sogar über einen Zeitraum von Jahren hinweg.

Die *garrucha* oder der Flaschenzug, den ich als nächstes zu sehen bekam (und von dem das Inquisitionsobjekt an den hinter dem Rücken gefesselten Händen baumelt), verursacht den meisten Lärm, weil an die Knöchel des Gefolterten schwere Eisengewichte gehängt werden, die, wenn man ihn aus beträchtlicher Höhe heruntersausen läßt, vor ihm auf den Steinboden krachen.

Der *potro* oder die Folterbank ist eine Art Tisch mit einer leiterähnlichen, mit scharfen Sprossen versehenen Vorrichtung, auf dem das Inquisitionsobjekt festgeschnallt wird. Es gibt zwei Überredungsmethoden. Zum einen können die zahlreichen Gurte an Kopf, Armen, Körper und Beinen enger geschnallt werden. Zum zweiten können die nach oben gewölbten Seitenteile des Tisches, die häufig mit kleinen, stumpfen Dornen besetzt sind, aufeinander zubewegt werden.

Die Wasserfolter wird häufig angewandt, während das Objekt auf der Folterbank liegt. In diesem Fall wird das Fußteil des Tisches hochgestellt; man öffnet mit Gewalt den Mund des Objekts und stopft ihm einen langen Stoffstreifen in den Hals. Über diesen wird ihm langsam krügeweise Wasser eingegossen. Es gab Fälle, in denen jemand acht oder sogar neun Krüge verkraftet hat, bevor er Ertrinkungssymptome aufwies.

Beim ersten Besuch in den Verliesen gab man den Beschuldigten häufig eine Kostprobe von diesen wichtigsten Überredungshilfen, und dies war, wie ich zu meinem Entsetzen erfuhr, auch bei Petenera de Torres der Fall gewesen.

Vor einer unscheinbaren Tür am Ende des letzten Ganges hieß mich mein Führer Pater Virgilio stehenbleiben.

«Hier werdet Ihr sie finden.»

Er machte keine Anstalten, die Tür zu öffnen.

«Kommt Ihr nicht mit?» Nach allem, was ich mit angesehen hatte, beunruhigte mich das am meisten.

«Tut mir leid, aber das geht nicht. Angeblich schadet es meiner Moral, die Entlassung eines Objekts mit anzusehen. Aber wartet nur hier. Der untersuchende Arzt sagt Euch Bescheid, wenn sie gehen kann.»

Damit war Pater Virgilio verschwunden.

Ich wartete, aber kein Arzt öffnete die Tür, um mich einzulassen. Nach einer Weile hörte ich ein wohlbekanntes Lachen. Als ich krachend die Tür aufstieß, sah ich den breiten Rücken eines Mannes, dessen Gewand nicht etwa von ärztlichem Karmesinrot, sondern von zerknittertem Braun war. Es wurde soeben über fette, unbehaarte Beine und ausladende rosige Hinterbacken hochgezogen, die das auf dem Untersuchungstisch ausgestreckt liegende Objekt fast ganz verdeckten. Nur zwei mit Blasen übersäte Füße waren zu sehen. Das Objekt stieß einen Seufzer aus, Pater Buil antwortete mit Gelächter. Er machte sich daran, den Tisch zu besteigen, in der unverkennbaren Absicht, mit dem Objekt ebenso zu verfahren. Um ein Haar wäre es ihm gelungen, denn für den Bruchteil einer Sekunde ergriff mich lähmendes Entsetzen, da ich Porco-Zámpano abermals sagen hörte, *Pater Buil haßt Euch, weil er Euch die Schuld an dem Tripper gibt, den er sich in den Indischen Landen geholt hat*, bevor ich mich auf Buil stürzen, ihn um seine teigige Mitte packen und ihn quer durch den Raum schleudern konnte. Dann bedeckte ich die Gestalt auf dem Tisch mit meinem grauen Umhang, hob sie behutsam hoch, küßte ihr schmutzgestreiftes Gesicht und trug sie aus jenem Raum und jenen unterirdischen, von Schwefeldampf erfüllten Gefilden hinauf und hinaus in die hereinbrechende Dämmerung; dort stand Porco-Zámpano am geöffneten Schlag der vermutlich dritten in Privatbesitz befindlichen ungarischen Kutsche Spaniens. Auf dem Kutschbock, die Zügel in der Hand, erkannte ich mit knapper Not noch meinen Bruder Diego.

An einem Spätnachmittag kurz vor Weihnachten desselben Jahres trottete mein Maultier durch strömenden Regen geduldig den Hügel von La Rábida hinauf, zu dem winzigen Steinhaus, das eine halbe Meile hinter dem Kloster in einem Pinienwäldchen lag. Rauch stieg aus dem Kamin auf, und plötzlich drang aus der geöffneten Tür ein Lichtschimmer, der mich willkommen hieß. Ich sprang ab, noch bevor das Maultier zum Stehen kam.

Wortlos warf sich Petenera in meine Arme, ohne vom Regen Notiz zu nehmen. Ich war drei Wochen lang fort gewesen, zwar nicht zum erstenmal, seit wir im April in La Rábida eingetroffen waren, aber länger als jemals zuvor.

Die Arme umeinandergelegt, gingen wir hinein. Das Feuer im Herd brachte meinen durchnäßten Umhang zum Dampfen. «Du bist ja ganz durchgeweicht, Liebling», sagte Petenera besorgt und holte mir Hausjacke und Pantoffel. Wenig später trank ich heißen, gewürzten Wein. Draußen heulte der Wind, und eisiger Regen schlug ans Fenster.

Peteneras verbrannte Fußsohlen waren längst geheilt, ihre Wirbelsäule, die nach Ansicht eines Arztes in Toledo infolge des Flaschenzuges auf Dauer verrenkt bleiben würde, hatte sich wieder eingependelt.

Durch ihr Haar, glänzend und schwarz wie der endlose Raum zwischen den Sternen, zog sich jetzt auf einer Seite eine weiße Strähne wie ein leuchtender Kometenschweif. Sie sah mich mit ihren tief smaragdgrünen Augen an.

«Es kommt mir vor, als würde ich nicht leben, wenn du fort bist», sagte sie. «Ich komme mir vor wie ein Bär, der Winterschlaf hält.»

Ich küßte die weiße Strähne in ihrem Haar. Ich streichelte ihre Wange. «Und was für ein Bär», sagte ich leichthin.

Aber ihre Abhängigkeit bereitete mir Sorgen; sie hatte zwar ihre Gesundheit, nicht aber ihre frühere Vitalität wiedererlangt. Das war selbst dem guten Pater Juan Pérez aufgefallen. «Die Stärksten trifft es am härtesten», hatte er gesagt, als wir nach meiner Rückkehr von meinem ersten Besuch in Sevilla durch den Kreuzgang von La Rábida gingen. «Sie hat nie geglaubt, daß man sie brechen könnte. Als es soweit war, wart Ihr derjenige, der die Bruchstücke aufgesammelt und wieder zusammengefügt hat. Und jetzt befürchtet sie, daß sie wieder auseinanderfallen, wenn Ihr fortgeht.»

Einmal sagte ich zu ihr: «Irgendwann in nächster Zeit muß ich wieder auf die andere Seite des Ozeanischen Meeres zurückkehren. Was wird dann aus dir?»

«Ich komme schon zurecht», antwortete sie mit einem spröden Lächeln. «Ich liebe dich sehr, Cristóbal, aber ich möchte wieder die alte sein. Dann wirst du mich noch mehr lieben.» Danach zerbröckelte das Lächeln. «Aber *so* bald mußt du doch noch nicht gehen, oder?»

Das war nach meiner zweiten Reise nach Sevilla; dort arbeitete der Große Diego bei Juan Fonseca, dem Erzdiakon der Diözese und frisch ernannten Präsidenten des Handelshauses, das seinen Hauptsitz im düsteren alten Alcázar hatte. «Er ist die Woge der Zukunft», versicherte mir der Große Diego, ohne daß ich verstanden hätte, was er damit meinte. «Ich habe bereits eine Menge von ihm gelernt. Und das beste ist», sagte er, «daß er dich ungeheuer bewundert, Cristóbal. Bevor ich mir dessen nicht ganz sicher war, habe ich uns zu nichts verpflichtet. Du kannst Gift darauf nehmen, daß ich mißtrauisch war, als die Könige ihn mir auf den Hals hetzten. Aber sie wußten, was sie taten.» Als ich ihn fragte, wozu er uns denn konkret verpflichtet hätte, blieb des Großen Diegos Antwort vage. «Nun ja, wir können ja schlecht gleichzeitig hier in Spanien und in den Indischen Landen sein, oder? Außerdem ist er hervorragend in der Lage, Risikokapital für uns aufzutreiben, falls die Könige je knapp bei Kasse sein sollten; ich brauche dir ja nicht zu sagen, daß der Krieg stets Vorrang vor Entdeckungsreisen hat, so daß dieser Fall durchaus eintreten könnte.»

«Risikokapital?» fragte ich, aber der Große Diego ging in seiner Begeisterung darüber hinweg.

«Und außerdem ist er ein Fachmann in Dingen wie Agronomie und Biotechnologie, ganz zu schweigen von . . .»

«Bio-was?»

«Biotechnologie – das ist der Oberbegriff für Brotherstellung und Gärungsprozesse und so weiter. Jedenfalls hast du bis jetzt nichts von mir gehört, Cristóbal, weil ich mich erst vergewissern wollte, daß Fonseca in jeder Hinsicht der Mann ist, der zu sein er behauptet. Du wirst ihn mögen.»

Aber ich mochte ihn nicht. Für einen unabhängigen Menschen wie mich war es schwer, jemanden wie Juan Fonseca, Erzdiakon von Sevilla, später Bischof, zu mögen.

Nachdem ich das hingeschrieben habe, gebe ich lieber gleich zu Protokoll, daß dieses Buch kein antiklerikaler Traktat ist – denn Fonseca, der gleich nach Tomás de Torquemada, Pater Buil und der ganzen entsetzlichen Inquisition kam, könnte Sie auf diese Idee bringen. Aber ein Mann, der es zu meiner Zeit zu etwas bringen wollte, mußte ein adeliger Großgrundbesitzer wie Medinaceli sein oder Beziehungen bei Hof haben wie Luis de Santangel oder einem der fünf großen spanischen Militärorden beitreten oder in die Kirchenpolitik gehen. Meine Abneigung richtete sich ausssschließlich gegen den Menschen Fonseca; und sie wurde erwidert. Mich ödete seine bürokratische Pendanterie an, ihm war meine Individualität verhaßt. Er war ein begabter Amateur, der – aus Büchern – genau wußte, wie man die Welt managen mußte. Real war eine Sache für ihn dann, wenn er etwas darüber las – oder schrieb. Der Weisheit letzter Schluß in allen Fragen war für Juan Fonseca das

von ihm selbst verfaßte *Handbuch der Vorschriften und Verhaltensmaßregeln für den Kolonialverwalter* (Waldseemüller-Presse, Córdoba
1497).

Doch da er und der Große Diego sich gut verstanden, behielt ich
meine Bedenken für mich. Die beiden teilten sich ein Büro im
Alcázar von Sevilla, wo sie sich «gegenseitig Ideen zuspielten». Der
Große Diego hatte sich nämlich Juan Fonsecas Kolonialverwal-
tungsjargon zu eigen gemacht.

«Du wirst es schon noch lernen, Cristóbal», hatte er mir prophezeit. «Die Zeiten ändern sich, und ein Mann, der sich mit den
Methoden von heute zufriedengibt, ist morgen schon von gestern.»

Ich wußte zwar nicht, was an den heutigen Methoden auszusetzen sein sollte, aber das konnte man dem neuen, mit Ideen herum-
spielenden, kosteneffektiven, infrastrukturplanenden Großen
Diego schlecht sagen. Außerdem geschah, wie er mir eifrig versicherte, alles, was er im Handelshaus in Sevilla tat, nur zu meinem
Besten. Und das glaubte er wirklich.

Jetzt, im Steinhäuschen bei La Rábida, sagte ich zu Petenera, die
zu zittern begonnen hatte: «Ich werde dich immer lieben.»

Sie küßte mich. «Hör nie damit auf. Das würde ich nicht überleben.»

Zwei Tränen hingen an ihren langen Augenwimpern, bevor sie
über die glatten Wangen kullerten.

«Wie lange wirst du diesmal in den Indischen Landen bleiben?
Sechs Monate? Ein Jahr?»

Natürlich würde es sehr viel länger dauern. Aber das verschwieg
ich ihr. Ich drückte sie an mich und sagte:

«Weißt du, Pet, diesmal fahren mit großer Sicherheit auch
weibliche Kolonisten mit.»

«Dann sterbe ich eben vor Eifersucht, wenn ich nicht vor Ein-
samkeit sterbe.»

«Warum kommst du nicht statt dessen mit?» sagte ich leise in das
duftende schwarze Haar mit der einen weißen Strähne.

«O Cristóbal, das meinst du doch nicht im Ernst?»

«Ich habe nie im Leben etwas so ernst gemeint.»

«Du wirst sehen, daß aus mir eine gute Kolonistin wird.»

Ein paar Tage nach Weihnachten brach ich nach Soria auf, wo

der ambulante Hofstaat um Kronprinz Juan trauerte, der, wie es hieß, während seiner ausgedehnten Flitterwochen mit der lüsternen Prinzessin Margarete von Österreich an der Liebe gestorben war.

Aber auch sonst wirkte Soria wie eine Totenstadt. Schnee hüllte die Straßen und Giebel ein, Schnee erstickte die Geräusche, Schnee und ein eiskalter Wind ließen Finger und Zehen absterben, und jeden Morgen wurden erfrorene Bettler weggekarrt. Im Audienz-saal des alten Schlosses, dessen Fundamente an den Duero grenzten, herrschte eine erstickende Friedhofsatmosphäre.

Ich verbrachte ein paar Minuten mit dem Kleinen Diego im Vorzimmer, bevor er mich hineinführte. «Der Prinz fehlt mir», sagte mein Sohn. «Er war einer meiner besten Freunde. Warum mußte er so jung sterben?»

Freilich hätte ich, nur um etwas zu sagen, behaupten können, daß es Gottes Wille war. «Ich weiß es nicht», gab ich zu.

In dem Augenblick kam Fernando mit irgendeinem belanglosen Auftrag herein. «Es war Gottes Wille», sagte er.

Der Kleine Diego und ich warfen uns Blicke zu. Seine Augen waren beinahe auf gleicher Höhe mit meinen.

«Für ein Kind ist er sich seiner Sache sehr sicher», meinte mein älterer Sohn, als der jüngste königliche Page hinausmarschierte. «Hör zu, Papa, da drinnen herrscht Trübsal», sagte er, wobei er mit seinem roten Schopf auf den Audienzsaal deutete. «Wahrscheinlich bekommst du, was du willst, wenn du dich kurz faßt, aber mach dich auf ein paar düstere Prophezeiungen, wenn nicht gar Drohun-gen gefaßt.»

Das war der gute Rat eines Erwachsenen. Ich war stolz auf meinen Sohn. Und ich fühlte mich alt.

Sie waren wirklich recht trübsinnig; ich faßte mich kurz und bekam, was ich wollte. Und das war: ausreichend Geld für acht Schiffe samt Mannschaften, für Kolonisten (Frauen und Männer im Verhältnis eins zu zehn, aber immerhin ein Anfang), Vieh, und so weiter, und so weiter.

Mein Charterbrief enthielt zwei ungewöhnliche Posten. Er-stens: Da Mosén Pedro, Pater Buil und Konsorten die Indischen Lande so gründlich schlechtgemacht hatten und sich infolgedessen Freiwillige nicht gerade um die Plätze auf meiner dritten Reise rissen, hatte man Straftäter, die willens waren, Kolonisten zu werden, zu diesem Zweck begnadigt. Zweitens – aber das hören Sie sich besser in König Ferdinands eigenen Worten an; er las mir den entsprechenden Abschnitt des Charterbriefes vor:

«Kosmographen und Geographen stimmen seit Aristoteles darin überein, daß kostbare Dinge am häufigsten in sehr heißen Regionen gefunden werden, deren Bewohner entweder schwarz oder braun sind. Folglich erhält der vorher erwähnte Admiral des Ozeanischen Meeres den Befehl, auf der westlichen Seite des Ozeanischen Meeres weiter nach Süden zu segeln, um diese großartigen und wertvollen Dinge auszukundschaften, nämlich Gold, Perlen und andere Edelsteine, Gewürze und Heilkräuter, die in jenen unerforschten äquinoktialen Regionen in großen Mengen vorhanden sein müssen.»

Von der Formulierung einmal abgesehen, war dieser Gedanke erregend. Schließlich und endlich war ich Entdecker, und meines Wissens hatte Barto die Situation in Hispaniola im Griff. Peralonso Niño, der gegen Ende des Jahres '96 zurückkehrte, berichtete, daß die neue Niederlassung Santo Domingo florierte, nachdem Barto mit den früher von Caonabó und jetzt von seiner Witwe Anacaoná angeführten unzivilisierten Indianern einen Modus vivendi gefunden hatte.

Doch die Königin, deren Gesicht durch den Kummer gealtert war, verwandelte diesen Auftrag in eine unterschwellige Drohung.

«Das letzte, was wir wünschen, Admiral, ist, unsere Besitztümer in Übersee aufzugeben, nachdem Ihr Eure ganze Energie und wir unser ganzes Geld investiert haben. Aber sollte nichts von Wert, von *wirklichem* Wert, entdeckt werden, ist es nicht undenkbar, daß eine Zeit kommen wird, in der uns diese Besitztümer nicht mehr interessieren. Das Leben, auch das königliche Leben, ist nur allzu kurz.»

Das wäre zwar der erste, nicht aber der einzige Fall gewesen, in dem eine Königin eine Kolonie aufgibt, an der sie das Interesse verloren hat. Ich weise nur auf Königin Elisabeth von England und das grausame Schicksal von Roanoke Island hin – einhundertsiebzehn Männer, Frauen und Kinder, die im neunten Jahrzehnt des folgenden Jahrhunderts vor der Küste des von John Cabot entdeckten Teils der Neuen Welt im Stich gelassen wurden. Zugegebenermaßen konnte sich Elisabeth damals keine neue Flotte leisten, um sie mit Nachschub zu versorgen, denn in diesem Jahr 1588 schickte König Philipp II. die spanische Armada aus, um England zu erobern (ein zum Scheitern verurteiltes Unternehmen, wenn es je eines gab). Es dauerte zwei Jahre, bis das Interesse der (angeblich) jungfräulichen Königin durch ihren Liebling bei Hof, einen gewissen Raleigh, eine Art altchristlichen Luis de Santangel, aufs neue entfacht wurde, aber da war es längst zu spät, denn die Indianer hatten sämtliche Bewohner der Insel umgebracht.

Als der jüngste königliche Page zurückkehrte, sagte ich: «Fernando, meinst du, du könntest einige Zeit freibekommen?»

Eine sonderbare Frage an einen Achtjährigen, aber er war fester angestellt als ich.

«Vielleicht ist es möglich», sagte er vorsichtig.

«Nun, wenn du freibekommst, was hieltest du davon, mich nach Córdoba zu begleiten und deine Mutter zu besuchen?»

Die schmalen Schultern unter der purpurnen Seide fielen herunter. «Muß ich?»

«Es ist mehr als drei Jahre her, seit du von zu Hause fort bist. Hast du denn gar keine Sehnsucht nach ihr?»

Noch hatte Fernando nicht gelernt, sich zu verstellen. «Nein. Warum sollte ich? Sie wäre die erste, die dir erklärt, daß sie nur ein Bauernmädchen aus Santa María de Trasierra ist. Und sie ist wirklich fett.» Er zog eine Grimasse. «Eine fette Bäuerin.»

«Aber Fernando», sagte ich, «du sprichst von deiner Mutter.»

«Ich habe sie mir nicht ausgesucht, das hast du getan, Papa.»

Zum erstenmal verspürte ich den Impuls, einen meiner Söhne zu schlagen.

Ich verließ Soria ohne ihn, nahm die Straße Richtung Süden nach Mérida, so daß ich Córdoba umging und meinen eigenen Überraschungsbesuch bei Beatriz verschob. Wenn ich sie von La Rábida aus besuchte, würde sie Fernando nicht in meiner Begleitung erwarten.

Beim Steinhaus hinter dem Kloster erwartete mich Petenera mit funkensprühenden smaragdgrünen Augen.

«O dieser Bastard! Warte bloß, bis du alles gehört hast!» rief sie, ohne mir auch nur einen Begrüßungskuß zu geben, obwohl ich doch fast sechs Wochen fort gewesen war. «Der hat vielleicht Nerven! Diese abscheuliche, arrogante, adelige, verlogene, vernagelte, versnobte Mißgeburt!»

«Wer denn?»

«Wer glaubst du wohl? Kommt hier angeritten, frech wie Oskar, erinnert mich daran, daß ein Mann in seiner Position bei einem königlichen Bankett keine Unruhe verursachen kann, nur weil mich irgendein Flegel mit dem Messer bedroht, behauptet dann, er hätte keine Ahnung gehabt, daß ich in einem Inquisitionsverlies hockte, sonst hätte er in meinem Namen an die Könige geschrieben – *geschrieben*! Und zu guter Letzt sagt er – bist du bereit? O dieser Bastard! Du wirst es nicht glauben –, er sagt, nun, da sich ja alles zum Guten gewendet habe, würde er über meine Vergehen hinwegsehen, würde das Vergangene vergessen sein lassen, selbst was dich betrifft, und mich zurücknehmen. *Er* ist bereit, *mich* zurückzunehmen. Was für eine absolute, anmaßende, aberwitzige Unverschämtheit dieses überheblichen, überzüchteten Rassepfaus!»

«Medinaceli?» fragte ich behutsam und bemühte mich, nicht zu lächeln.

«Männer!» tobte sie und drehte den Kopf beiseite, um meinem Kuß auszuweichen. Dann drehte sie ihn wieder zurück. «Na gut, einen kleinen.»

Es war kaum ein Küßchen, denn sie war noch nicht fertig. «Du wirst Pater Juan Pérez sagen müssen, daß ich ein paar Teller und anderes Geschirr zerschmissen habe.» Sie kicherte. «Du hättest ihn sehen sollen, wie er sich alle Mühe gab, sich einen würdevollen Abgang zu verschaffen – diese degenerierte, dekadente, aristokratische, aufgeblasene Memme von einem Herzog! Es tut mir nur leid, daß ich nicht gut genug gezielt habe.»

«Ich nehme an, der Besuch fand erst vor kurzem statt?»

«Vorgestern, aber ich koche noch immer. Er kam in einer von diesen ungarischen Kutschen. Hat erwartet, ich würde auf der Stelle mitfahren.» Eine kleine Pause zum Luftschnappen. «Aber jetzt erzähl mir von deiner Reise.»

«Ging alles ganz gut. Ein bißchen kühl.»

«In Soria ist es im Herbst immer kalt . . . Oh, du meinst Ihre knickrigen Majestäten. Tut mir leid, Liebling. Hast du annähernd das bekommen, was du wolltest?»

«Annähernd.»

«Das kannst du mir beim Abendessen erzählen. Bis dahin . . . hast du irgendwelche Pläne für den heutigen Nachmittag?»

«Eigentlich nicht. Ich möchte mich gerne waschen und . . .»

«Gute Idee. Ich mag dich frisch geschrubbt, wenn ich dich schände.»

So geschah es, und ich hatte allmählich den Eindruck, daß Petenera wieder die alte war.

Ich sagte ihr, daß ich in ein paar Tagen nach Córdoba aufbrechen würde; von dort aus ging es dann weiter nach Sevilla, wo die Flotte in See stechen würde.

«Um Beatriz zu besuchen?» fragte sie.

«Glaub mir, Pet, es hat seit Jahren nichts mehr zwischen uns gegeben. Es gehört sich nur einfach, daß ich sie besuche, bevor wir abfahren.»

«Nun ja, vermutlich schon. Und wann fahrt ihr?»

«Sobald wir in Sevilla alles erledigt haben. Ende Mai, spätestens Anfang Juni.»

«Oh.»

«Was heißt da ‹oh›? Hast du vergessen, daß du mitkommst?»

«Eher würde ich meinen Namen vergessen. Es ist nur . . .»

Aber obwohl ich sie bedrängte, wollte sie mir nicht mehr sagen.

Wir verabredeten, daß sie im Mai mit Pater Juan Pérez nach Sevilla reisen sollte, wo er an einer Zusammenkunft seines Ordens teilnehmen würde.

Ich traf Anfang März in Córdoba ein und begab mich auf direktem Weg zu dem versteckten Patio. Es war ein warmer, frühlingshafter Tag, zu beiden Seiten der Tür hingen Geranientöpfe, wie ich es in Erinnerung hatte, und die Kanarienvögel in ihren Käfigen sangen wie verrückt.

Eine Geistererscheinung öffnete mir die Tür.

«Hallo», sagte er. «Ich bin Pedro.»

«Harana!» platzte ich heraus. Denn da stand er, vor meinen Augen, groß, breitschultrig, athletisch gebaut, ein zögerndes Willkommenslächeln auf dem Gesicht.

«Ganz recht», sagte er. «Pedro Enríquez de Harana, zu Euren Diensten. Wer Ihr seid, braucht Ihr mir nicht erst zu sagen, Admiral.»

Da ich ihn immer noch anstarrte, fragte er: «Was ist denn los?»

«Nichts ist los. Nur daß Ihr das Ebenbild Eures Vetters Diego seid. Selbst Eure Stimme klingt genauso.»

«Ich würde gerne seinen Platz einnehmen», sagte er unumwunden. «Er war für Beatriz und mich wie ein großer Bruder. Es ist – nun ja, es ist, als hätte er in den Indischen Landen etwas unvollendet gelassen, und das will ich für ihn zu Ende führen. Deshalb bin ich Seemann geworden.»

«Welche Erfahrung habt Ihr?»

«Drei Reisen mit den Portugiesen nach Fernando Póo hinunter, die letzte als Profos.»

«Profos Harana», sagte ich. Ich kam nicht darüber hinweg.

«Soll das bedeuten, daß ich mich anheuern lassen kann, oder was?» fragte er.

Ich versicherte ihm, er könnte sich anheuern lassen.

«Also, was stehen wir dann noch hier herum? Gehen wir hinein und sagen es Beatriz.»

«Cristóbal!» Sie erhob sich, graziös für eine so korpulente Frau, und leckte sich einen Tropfen Honig von ihren vollen, roten, sinnlichen, mutmaßlich maurischen Lippen. Wir umarmten uns. Ihre Sanduhrfigur hatte im Lauf der Jahre ihre eingeschnürte Taille eingebüßt. Tiefe Grübchen bildeten sich auf ihren rosigen Wangen, als sie abermals lächelte.

«Du hättest mich vorwarnen sollen.»

«Ich bin auf der Durchreise», sagte ich.

Ihre dunklen, unverkennbar iberischen Augen versuchten in meinen zu lesen. «Du bist am Hof gewesen? Wie geht es ihnen?»

Ihnen, nicht ihm. Ich hätte sie küssen mögen. Genau das tat ich auch.

Dann sagte ich schnell: «Diego ist fast so groß wie ich, und Fernando sieht in seiner Livree aus wie ein kleiner Mann. Er war recht enttäuscht. Erst dachten wir, er könnte freibekommen, und er erzählte überall herum, daß er mich zu seiner Mutter begleiten würde, die in Córdoba wohnt, aber im letzten Augenblick wurden alle Pagen aus einem wichtigen Anlaß gebraucht – ein Staatsbesuch, glaube ich –, und er konnte doch nicht mitkommen.»

Bereits nach den ersten Sätzen meiner Rede begann ihr Bruder Pedro, der hinter ihr stand, den Kopf zu schütteln.

Beatriz sagte matt: «Ich dachte mir schon, daß er zu tun haben würde.»

«Ja», sagte ich. «Aber auch da hielt er sich wie ein kleiner Mann. Du wärest stolz auf ihn gewesen.»

Pedro schüttelte noch immer den Kopf.

Beatriz lief, trotz ihrer Fülle leichtfüßig, aus dem Zimmer.

«Wo habt Ihr bloß das Lügen gelernt?» fragte mich Pedro. «Ihr dürft nicht so dick auftragen, Mann. Ihr habt sie nicht eine Sekunde lang getäuscht.»

Als Beatriz zurückkam, waren ihre Augen gerötet, aber sie lächelte. «Jetzt mußt du mir aber alles genau erzählen. Wann wirst du denn . . .»

«Ich fahre mit», sagte Pedro beiläufig.

«Glaubst du, das wußte ich nicht?» sagte Beatriz zu ihrem jüngeren Bruder. «Ich wußte es in dem Augenblick, in dem du hereinkamst.»

Ich rechnete damit, daß sie ihm Vorwürfe machen würde, aber sie tat es nicht. «Es ist lange her, seit unser Vetter und die anderen umgekommen sind. Und die Indischen Lande sind alles, wovon er seit Jahren träumt. Und jetzt laßt uns etwas essen. Ich weiß ja nicht, wie es Euch Männern ergeht, aber ich bin am Verhungern.»

Drei Tage später stellten der junge Pedro Enríquez de Harana und ich unsere Maultiere in den Ställen des Alcázar unter. Der Empfangschef – eine neue Einrichtung in Spanien – fragte, ob wir einen Termin hätten.

«Colón braucht einen Termin?» fragte Harana II.

«Colón», wurde er belehrt, «braucht grundsätzlich keinen Termin. Er ist drinnen beim Präsidenten des Handelshauses.»

«Ich bin sein Bruder», erklärte ich.

Er reichte jedem von uns ein Exemplar des *Handbuchs der Vorschriften und Verhaltensmaßregeln für den Kolonialverwalter* und bat uns zu warten. Ich blätterte darin herum. Es wirkte auf mich ausgesprochen aphoristisch, vorausgesetzt, man verstand das Vokabular.

«Was ist denn ein innovatives Produktkonzept?» fragte mich Harana II.

Ich schüttelte den Kopf.

«Wie steht es mit Zuwachskosten?»

«Was weiß ich.»

Aber da wurden wir bereits unterbrochen. Erzdiakon Fonseca, obgleich kein Mönch, trug eine Kutte wie der Große Diego. Das hatte praktische Gründe. In ihren üppigen Falten konnte man eine Menge Papier unterbringen, und Papier war in dieser im Entstehen begriffenen Bürokratie stets vonnöten.

Harana II. wurde vorgestellt und erhielt eine Kennmarke, die ihn zur Unterkunft im Jungfernhof berechtigte, eine Bezeichnung, die ihn entzückte, sich aber als irreführend erwies, da sich besagter Hof als das Junggesellenquartier im Handelshaus entpuppte. Dann machten Fonseca, der Große Diego und ich uns an die Arbeit.

«Die lasche ökonomische Leistung der Kolonie», sagte Fonseca, «beschert uns natürlich eine ungünstige Startposition.»

«Die Krone verliert Megamaravedis», bestätigte der Große Diego.

«Wovon die höheren Chargen in der Hierarchie des ambulanten Hofstaates Kenntnis haben», ergänzte Fonseca, «obgleich Ihr, Admiral, die ganze Zeit behauptet habt, es handle sich hierbei um einen der wachstumsintensivsten ökonomischen Sektoren des Königreiches.»

«Habe ich das?»

Beide nickten, der Große Diego mit einem gewissen Mitgefühl.

«Aber Frauen geben dem Unternehmen einen hübschen, bravourösen Touch», meinte Fonseca, «der eine Kolonialvision indiziert, für die es bis jetzt keinerlei Evidenz gab. Wie sich freilich ihre Interaktion mit der männlichen Bevölkerung gestalten wird, bleibt abzuwarten.»

Und so ging es den ganzen Tag, die ganze Woche und dann den ganzen Monat.

Um das zu vermeiden, was Fonseca als Kostenüberschwemmung bezeichnete, wurde meine Flotte von acht auf sechs Schiffe reduziert, die Anzahl der Kolonisten (Frauen eingeschlossen) von fünfhundert auf dreihundertdreißig, wobei ein Viertel der Männer begnadigte Häftlinge waren. Auch die Verproviantierung erfolgte unter dem Aspekt der Wirtschaftlichkeit. Fonseca schien über ganz Andalusien verstreut eine Unmenge sogenannte Vettern zu haben, und mit diesen Vettern schloß er Geschäfte über die diversen Ausrüstungsgegenstände ab – ein Vetter aus Málaga lieferte Armbrüste und Musketen, einer aus Granada Lanzen, einer hier aus Sevilla Schießpulver und Kanonenkugeln. In der Zwischenzeit drängten mich fast täglich Briefe vom Hof aus Soria, sofort in die Indischen Lande abzureisen. «Zeit ist Geld», erklärte mir Fonseca, als wäre die Verzögerung meine Schuld gewesen. Dabei tat ich nichts anderes, als alle Posten zu überprüfen. Zum Beispiel stellte sich heraus, daß die von Fonsecas Küfercousin gelieferten Weinfässer zwar wunderschön anzusehen, aber undicht waren. Derlei Unkorrektheiten nahmen mich unweigerlich gegen Fonseca ein. Als ich daraufhin die Fässer in Sanlúcar anfertigen ließ, an der Mündung des mächtigen Guadalquivir, wo sich die Flotte ohnehin versammelte, meinte Fonseca verdrossen: «In Sanlúcar haben sie nicht das richtige Produktionskonzept.» – «Aber sie machen brauchbare Weinfässer», entgegnete ich. Und so ging es weiter. Ich nahm Anstoß an Fonsecas Gehalt von 200000 Maravedis, mit denen man mehrere Jahre lang den Unterhalt und die Löhne für die mühsam zusammengekratzten hundertsiebzig Kolonisten hätte bestreiten können. Fonseca nahm Anstoß an meinen diversen Titeln, die seiner Ansicht nach in Sevilla ohnehin nichts galten, da es sich bei Sevilla weder um das Ozeanische Meer handelte noch um die Indischen Lande. Der Große Diego, der zwischen allen Stühlen saß, nahm Zuflucht zu aphoristischen, wenn auch unverständlichen Zitaten aus dem *Handbuch*, was Fonseca schmeichelte, mich aber in Harnisch brachte. Fonsecas Überzeugug, daß mit Konquistadoren schwer auszukommen sei, liegt wahrscheinlich in meiner Person begründet, wenngleich ich mich nie als Konquistador betrachtet habe.

Gegen Ende Mai schließlich sah es so aus, als könnten wir tatsächlich bald in See stechen. Also hinterließ ich bei den Franziskanern in Sevilla eine Nachricht für Pater Juan Pérez und begab mich mit dem Großen Diego und Harana II. auf einer Fähre flußabwärts. Am 29. des Monats erreichten wir die Mündung des Guadalquivir.

Als ich am nächsten Nachmittag auf den Docks bestätigt fand, was Harana II. bereits vermutet hatte, nämlich daß man uns statt der eisernen Kanonenkugeln, für die wir bezahlt hatten, billigere aus Stein angedreht hatte, entdeckte ich plötzlich Pater Juan Pérez, der einen erschöpften Esel in unsere Richtung trieb.

«Ist sie da?» fragte er, während er sich zu Boden gleiten ließ.

Mein Herz setzte einen Schlag aus. «Nein.»

«Ich habe den ganzen Weg über gebetet, sie möge hier sein. Habt Ihr keine Nachricht erhalten?»

Ich schüttelte den Kopf und schickte einen Schiffsjungen an Bord des Flaggschiffs, um einen kräftigen Rotwein zu holen. Nachdem der Prior getrunken hatte, sagte er: «Dann hat Luis de Santangel sich also bei Euch gemeldet?»

«Prior», sagte ich und deutete auf ein paar Fässer, «Ihr solltet Euch lieber hinsetzen.» Ich füllte seinen Becher auf. «Jetzt erzählt mir, was geschehen ist.»

«Aber ich weiß nicht, was geschehen ist.»

Petenera, dachte ich die ganze Zeit, Petenera kommt nicht. Schlimmer noch: Sie ist verschwunden. Wie Grönland.

Allmählich kehrte die Farbe in das Gesicht des Priors zurück. «Vor etwa einer Woche», berichtete er, «kam Santangel nach La Rábida. Ihr hättet ihn nicht wiedererkannt. Nur noch Haut und Knochen.»

«Als ich ihn vor mehr als einem Jahr zum letztenmal sah, hatte er gerade erfahren, daß die Suprema seinen Sohn geholt hatte», sagte ich, wobei ich versuchte, mir einen Luis de Santangel aus Haut und Knochen vorzustellen. Nein, vielmehr aus Haut, Knochen und einer dicken kubanischen Zigarre.

Pater Juan Pérez seufzte. «Die Funktionäre des Heiligen Offiziums beten zu demselben Gott wie ich», sagte er kaum hörbar, «und ich weiß, daß er ein Gott der allumfassenden Liebe ist. Aber seine allumfassende Liebe kann doch nicht die Liebe zu Lug und Trug, die Liebe zu Täuschung und Bigotterie, die Liebe zur Folter einschließen? Wie können solche Abscheulichkeiten im Namen des Gottes begangen werden, zu dem ich bete?»

«Prior», sagte ich entschlossen, denn ich wollte, daß er mit seiner Erzählung fortfuhr, «ist sie denn mit Santangel gefahren?»

«Nein, nein. Er ist allein in seiner ungarischen Kutsche abgefahren. Als ich dann – es war drei Tage später, glaube ich – das kleine Steinhaus wie üblich zur Mittagszeit aufsuchte, war sie verschwunden.»

«Kein Brief, keine Nachricht?»

«Tut mir leid», sagte der gute Prior von La Rábida. Dann sah er mich trotzig an. «Aber daß ich gehorcht habe, tut mir nicht leid. Selbst wenn ich vermutlich einiges mißverstanden habe.»

«Erzählt.»

«Also, ich bin ja kein Botaniker, aber gibt es nicht eine wilde Pflanze, Pimpernelle oder Pimpernell genannt, die in Gräben und am Wegrand wächst? Und ist sie nicht manchmal blau?»

Ich sagte ja. Zweimal.

«Also, ich bin sicher, ich habe Santangel sagen hören: ‹Wenn wir Santiago nicht bald erreichen› – glaubt Ihr, er hat die Pilgerstadt Santiago de Compostela gemeint? –, ‹steht alles auf dem Spiel, wofür der Blaue Pimpernell gearbeitet hat. Alles.› Und dann ging es noch um irgendeine Insel. Es gibt doch irgendwo in der Nähe von England eine Insel, die Grönland heißt, oder? Aber warum sollten sämtliche jungen Hitzköpfe Spaniens dorthin geschickt werden? Aber vielleicht habe ich das auch mißverstanden.»

Ich wandte mich an den Aufsichtsbeamten der Krone, der das Bunkern der Vorräte auf der forschen kleinen *Niña* überwachte, und lieh mir von ihm Schreibzeug.

Während ich schrieb, war es mir, als würden die pfeilschnell über den strahlenden Maihimmel schießenden Möwen ihren Namen kreischen – Petenera, Petenera, Petenera.

Ich gab Pater Juan Pérez den Brief. «Sorgt dafür, daß er zum Handelshaus Centurione gelangt, streng vertraulich zu Händen von Direktor Porco-Zámpano. Möglicherweise hängt ihr Leben davon ab.»

Als am nächsten Morgen vor Sonnenaufgang der Anker des Flaggschiffs aufgeholt wurde, umklammerte ich weder eine Want, noch schaute ich mit dem inzwischen von mir erwarteten Adlerblick aufs Meer hinaus. Nein, ich blickte landwärts wie ein liebeskranker Jüngling, während die Docks, Sanlúcar und ganz Spanien davonglitten, spähte in die verhangene Morgendämmerung in der absurden Hoffnung, einen Blick auf meine herbeieilende Liebste zu erhaschen.

Erst als das Land nur noch ein Tupfen am Horizont war, stieg ich in meine Kajüte unter dem Achterdeck hinunter. Und dort lagen auf meiner Hängematte, noch feucht vom Tau, zwei blaue Pimpernellen auf einem versiegelten Brief. Mit fliegenden Fingern riß ich ihn auf und las folgende kühle Zeilen:

> Tut mir leid, aber ich kann mich mir einfach nicht als Siedlerfrau vorstellen. Folge deiner Bestimmung über das Ozeanische Meer. Die meine erwartet mich hier.
>
> Deine Pet.

Ich las die kurze Botschaft, die so völlig über alles hinwegging, was wir einander bedeutet hatten, ein zweites Mal und dachte: Wie töricht war es doch, davon zu träumen, daß ich die weiten Indischen Lande haben könnte und Petenera dazu. Dann knüllte ich den Brief um die beiden Pimpernellen und warf alles zusammen zum Bullauge hinaus.

Ich fühlte mich vollkommen leer; nicht einmal Trauer empfand ich.

Überflüssig zu erwähnen, daß ich keine Tränen hatte.

KAPITEL 17

Wie Yego die Pocken übersteht, ihm aber keine Zeit mehr bleibt, sich seines Glückes zu erfreuen

Beide Namen meines Flaggschiffs von der Größe der *Mariagalante*, der offizielle, religiöse und der Kosename, sind für die Geschichte verloren. Auch weiß keiner meiner Biographen mehr als ein paar Worte über diese dritte und am weitesten nach Süden führende Überquerung des Ozeanischen Meeres zu sagen – denn sie alle beziehen ihre Informationen aus meinen Notizen, und da ich bereits wenige Stunden nach unserer Abfahrt einen Rückfall in mein komplexes Krankheitssyndrom erlitt, schrieb ich kaum eine Zeile, bis ich wieder (wackelig) auf den Beinen war und (verschwommen) den Golf von Paria vor der Küste erkennen konnte, die Alonso Ojeda später wegen der über den vielen Wasserwegen auf Pfählen erbauten Häusern Venezuela – kleines Venedig – taufen sollte.

Was die Reise betrifft, so gab es keine kritischen Situationen, derentwegen man mich aus meiner Kajüte gerufen hätte; ich hatte so gut wie keinen Kontakt mit der Mannschaft.

Allerdings erinnere ich mich daran, ein- oder zweimal den Kopf zur Tür hinausgestreckt zu haben, während wir im Hafen von Las Palmas oder vor Gomera vor Anker lagen, um als Ersatz für die mangelhafte Ware, die Juan Fonsecas Vettern geliefert hatten, qualitätvolle Produkte der Kanarischen Inseln an Bord zu nehmen. Ich erinnere mich auch noch, vor dem Ankerlichten eine Versammlung der Kapitäne einberufen zu haben, um der *Niña* (unter dem Kommando von Pedro Terreros), der *India* (unter dem Kommando von Harana II.) und einer dritten Karavelle Befehl zu erteilen, mit dem Löwenanteil an Vorräten und dem Gros der männlichen Kolonisten, sämtliche begnadigten Sträflinge eingeschlossen, direkt nach Hispaniola zu segeln, während ich die übrigen drei Schiffe auf einer neuen Route nach Süden führen wollte.

Von dem Morgen an, an dem wir die Kanarischen Inseln hinter uns ließen, weiß ich nichts mehr bis zum 13. Juli, an dem wir bei 20° nördlicher Breite, 20° westlicher Länge mitten in die äquatorialen Windstillen gerieten. Falls es zu dieser Jahreszeit irgendwo auf dem Meer einen heißeren Ort gibt, dann ist er mir zumindest unbekannt. Schweißgebadet tauchte ich wie eine weißhaarige, rotäugige Geistererscheinung aus dem Backofen unter Deck auf, ging auf dem Achterdeck auf und ab, schaute in den windstillen Himmel und bebte trotz der erbarmungslosen Sonne vor Schüttelfrost. Im Laderaum sprengte die Hitze die Reifen der Fässer, so daß diese aufplatzten; der Weizen wurde brennend heiß und hat sich einmal angeblich sogar entzündet; Salzfleisch und Speck begannen zu schmoren und verrotteten.

Und so lagen wir da, bis ein für die Jahreszeit untypischer Wind aus Ostsüdost das spiegelglatte Meer zum Leben erweckte, ihm Schaumkronen aufsetzte und unsere Segel füllte.

Wir schreiben den letzten Julitag, als gegen Mittag der Ruf «Land in Sicht!» aus dem Mastkorb erschallt – höchste Zeit! Auf dem Flaggschiff sind wir bei der letzten Tonne Wasser und dem letzten Rest kostbaren Schiffszwiebacks angelangt, der von Maden nur so wimmelt. Und so sinkt diese namenlose, gesichtslose Mannschaft meines namenlosen Flaggschiffs wie ein Mann auf die Knie und singt das *Salve Regina*. Spontan gebe ich der Insel den Namen Trinidad, der Heiligen Dreieinigkeit zu Ehren – oder vielleicht nur wegen der drei Hügel, die vom Mastkorb aus als erstes zu sehen waren? Denn schließlich ist es kein Geheimnis, daß ich in puncto Religion unentschlossen bin – ein jüdischer Christ oder ein christlicher Jude, der auf dem besten Weg ist, dank Pater Buil und der Suprema zu der Überzeugung zu gelangen, daß Religion eine Art geistiger Syphilis ist, als Pater Juan Pérez, schlicht und gut und selbst voller Zweifel, daherkommt und ich wieder einmal nicht

weiß, wo ich stehe. Lassen Sie mir etwas Zeit, mir darüber klarzu-
werden. Ich komme noch darauf zurück.

Inzwischen bin ich wieder halbwegs auf den Beinen und kann
mich, während die Besatzung angelt, büschelweise Austern sammelt und unsere Wasserfässer auffüllt, um das Wohl unserer
dreiunddreißig weiblichen Kolonisten kümmern (exquisite Unter-
bringung im gedrängt vollen Vorderkastell, mit Segeltuch um-
zäunter Decksplatz in der Nähe der Pferdeverschläge, eigenes
«Gärtchen» – strenge Trennung, zu neunzig Prozent effektiv).

Nachdem ich mich vom Wohlbefinden der Damen überzeugt
habe, geht es ans Entdecken.

«Was hat der denn da?» frage ich meinen namenlosen Zweiten
Offizier, als wir mit dem Boot des Flaggschiffs eine unerforschte
Küste südlich von Trinidad anlaufen.

Es ist ein Indianer, der einen Korb am Strand entlang trägt.
Hinter ihm häufen sich Unmengen fauliger Austernschalen, die
schon weiß Gott wie lang in der tropischen Sonne liegen und
verrotten. Die Tatsache, daß es sich bei den friedlichen Eingeborenen hier nicht um die von Aristoteles angekündigten Schwarzen
handelt, sondern um Indianer, überrascht mich. Entweder sind wir
nicht weit genug nach Süden gesegelt, oder der große Aristoteles
hat sich geirrt. Aber das spielt jetzt keine Rolle, denn mein namen-
loser Zweiter Offizier antwortet:

«Perlen, Admiral. Das ist ein Korb voller Perlen. Und um den
Hals trägt er ganze Ketten davon, wie andere Glasperlen.»

Und er ist bereit, sie auch herzugeben, wie andere ihre Glasper-
len. Aber da höre ich schon jenen anderen Admiral: «Noch wußte
Kolumbus nichts von der Perlenfischerei.» Und den Ehrenwerten
Fellow: «Es ist nicht weiter verwunderlich, daß Colón, als er im
Golf von Paria Perlen in solchen Unmengen fand, versucht war,
diese Entdeckung für sich zu behalten.»

Nicht zum erstenmal irren alle beide.

Es stimmt, daß der berühmte Brief, den ich aus diesem «irdi-
schen Paradies» an Ihre Majestäten schrieb, keine besondere Erwähnung der Perlen enthielt, aber ich berichtete sehr wohl, daß hier
Reichtümer in Hülle und Fülle zu finden seien. Vielleicht hätte ich
mich präziser ausdrücken sollen, aber nachdem ich überzeugt war,

daß ich hier an der Südküste des Karibischen Meeres nicht einfach eine weitere Insel entdeckt hatte, sondern eine Andere Welt, hatte ich wenig Meinung, mich mit Kleinigkeiten aufzuhalten.

Mit Hilfe von Zeichensprache gelingt es mir an dieser südlichen Küste, den Indianern klarzumachen, daß ich wegen der Perlen zurückkommen werde und bereit bin, Falkenglöckchen und dergleichen dagegen einzutauschen. Aber statt meiner kommen Ende '99 Alonso Ojeda und sein opportunistischer Passagier und Namensgeber, die ein paar Scheffel für mich vorgesehene Perlen kassieren, und Ende 1500 kommt Peralonso Niño, und Peralonso wird reich, und einem netteren Kerl hätte das nicht passieren können.

Aber ich greife vor. Ich wollte nämlich noch diese Geschichte mit der Anderen Welt erklären. Durch den Golf von Paria fließt eine starke Strömung, die sich am Drachensund zwischen der Halbinsel Paria und der Insel Trinidad ins Meer ergießt, und in diese Strömung lassen wir Eimer hinunter und holen damit Wasser herauf, *das so süß ist, daß man es trinken kann.* Weder der Guadalquivir noch der Tejo, weder der Tiber noch die Themse, nicht einmal der mächtige Nil oder der Euphrat schwemmen größere Mengen Süßwasser meilenweit ins Meer hinaus. Ist es möglich, daß die Flüsse einer Insel eine solche Strömung verursachen? Nein, das ist unmöglich. Was da in der Strömung an unseren Schiffsrümpfen vorbeirauscht, ist das Wasser des mächtigen Orinoco-Deltas, und was sich – endlich – nach Süden bis zum Horizont erstreckt und meines Wissens noch tausend Meilen weiter, sind die Schwemmlandebenen und die riesigen Hartholzwälder jenes unbekannten Kontinents, der einst so ungeheuer unzutreffend benannt werden soll. So schreibe ich in höchster Erregung an die Könige und prophezeie ihnen, daß sie und ihre Nachkommen auf ewig diese Landmasse beherrschen werden, dieses gigantische Mysterium, diese Andere Welt, die ich entdeckt habe.

Meine Verleumder, angeführt von den Parteigängern des Florentiners Vespucci, behaupten, es sei mir gar nicht klar gewesen, daß ich eine neue Welt entdeckt hatte – nur weil ich sie als Andere Welt bezeichnet habe. Das ist eine üble semantische Wortklauberei, und mein Brief an Ihre Majestäten dürfte als Gegenbeweis ausreichen.

Aber ich greife schon wieder vor. Die Perlen; ich kümmere mich nicht weiter um sie, weil ich so eine Vorahnung habe. Warum mich das komplexe Krankheitssyndrom empfänglich für mystische Vorahnungen macht, kann ich auch nicht sagen. Und nicht nur für Vorahnungen. Auch für Träume, bedeutungsschwangere Träume. Wie mein erster Christophorus-Traum. In ihm bin ich groß, fast eine Art Riese, und ich stehe am Ufer eines Flusses (ein Tribut an den Orinoco?), als dieses kleine Kind daherkommt und mich bittet, es hinüberzutragen. Wozu ich mich auch bereit erkläre. Aber obwohl ich ein Riese bin und der Fluß nicht sehr breit und das Kind klein ist, reicht mir, als ich mit dem Kind auf den Schultern die Flußmitte erreiche, das Wasser bis zum Kinn, meine Knie drohen einzuknicken, und ich beschwere mich: «Mein Gott, Kind, du wiegst ja eine Tonne.» Worauf es piepst: «Überrascht dich das, Riese? Du trägst die ganze Welt und alle Sünden dieser Welt auf deinen Schultern.» Wenn Sie die Heilige Schrift kennen, wissen Sie, daß das die Stelle ist, an der ich unter meiner Last zusammenbreche (und unter Wasser tauche), dann wieder aufstehe und schwöre, für den Rest meines Lebens – die ganzen drei Tage bis zu meinem Tod und unmittelbar folgender Heiligsprechung – nur noch diesem schwergewichtigen Kind zu dienen. Aber der Traum endet nicht, wie er sollte, denn anstatt unter Wasser zu tauchen, als wir uns dem anderen Ufer nähern, schleudere ich das Kind von meinen Schultern; und während es zappelnd versucht, die letzten paar Meter ans Ufer zu schwimmen, rufe ich höhnisch: «Na los, beweg dich, und verschon mich bloß mit diesem Gerede von wegen Gewicht der ganzen Welt», und von einer Sekunde auf die nächste sieht das Kind aus wie ein erwachsener Mann, der unter der Last von etwas Schwerem, das ich nicht so recht erkennen kann, ans Ufer schwankt. Und nur aus Gemeinheit rufe ich nochmals: «Na los, beweg dich», und er wendet sich um und sieht mich an und sagt: «Ich bewege mich, du Schlaumeier, aber du wirst hierbleiben, bis ich zurückkomme.» Was er nicht tut. Zurückkommen, meine ich. Er klettert die Böschung hinauf und verschwindet in einem plötzlichen Nebel, und ich stecke mitten im Fluß fest und kann keinen Zeh mehr bewegen.

Ich wünschte, es hätte damals Sigmund Freud oder sonst jemanden gegeben, der mir das hätte erklären können.

Aber zurück zu den Perlen. Ich kümmere mich nicht weiter um sie, weil ich so eine Vorahnung habe – eine starke Vorahnung –, daß es Schwierigkeiten in Hispaniola gibt. So fahren wir am 15. August, ich mit festem Griff eine Want umklammernd und den Blick geradeaus gerichtet, durch den Drachensund und eilends nach Norden.

Am letzten Tag des August 1498 laufen wir in den Hafen der ersten Stadt in der Neuen oder Anderen Welt ein, die Bestand haben sollte; zwei Jahre und fünf Monate nachdem ich von Isabela aus nach Spanien gesegelt bin, geht unsere kleine Flotte hier im Fluß Ozama vor Anker. Ich werfe den ersten Blick auf die neue Kolonialhauptstadt Santo Domingo – das unvermeidliche Fort, umgeben von mehreren Holzhäusern, eines davon zwei Stockwerke hoch und mit einem Flaggenmast, an dem anscheinend eine Fahne mit meinem Wappen flattert.

Wie erwartet, säumt eine Menschenmenge das Dock, es wird gewinkt, gerufen, vom Fort her donnert eine Lombarde. Ein einzelnes Segelboot kreuzt heran. Als ersten erkenne ich Dr. Chanca, dann den massigen, grimmig aussehenden Juan Niño. Noch zwei andere Männer sitzen im Boot. Verblüfft begreife ich, daß der eine mein Bruder Barto ist. Ich hatte ganz vergessen, was für ein gutaussehender Mann er nach seinem Verhältnis mit Anna von Beaujeu geworden war. Aber sein Lächeln, einstmals vertraut schiefzahnig, ist hart geworden. Den vierten Mann kenne ich nicht. Es ist ein junger, von der Sonne gebräunter Kerl in einem modischen, kanariengelben Wams. Er winkt am allerwildesten. Der Große Diego und ich winken vom Poopdeck zurück. «Willkommen, Vizekönig! Willkommen, willkommen!» schreit der unbekannte junge Mann. Dann hechtet er plötzlich ins Wasser und schwimmt mit kräftigen Stößen zum Flaggschiff. Er erreicht es vor dem Boot, klettert die Strickleiter hinauf, läuft nach achtern und springt mit ein paar gewaltigen Sätzen aufs Achterdeck. Während ich noch überlege, wer er sein könnte, schlingt er seine nassen Arme um mich und umarmt mich heftig, so daß meine Admiralsuniform, die ich speziell für diese Gelegenheit geschont habe, in kürzester Zeit tropfnaß und kanariengelb gefleckt ist. Im selben Augenblick ertönt lautes Geschrei vom Ufer, da unsere dreißig am Schanzkleid aufgereihten weiblichen Kolonisten (nur drei von ihnen schwanger) als solche erkannt werden, und im Nu kommen dreihundert Männer angeschwommen, um uns zu begrüßen. Inzwischen ist mein überschwenglicher Begrüßer einen Schritt zurückgetreten und lächelt mich an. Er ist ein gutgebauter Junge um die zwanzig, etwas kleiner als ich; er grinst mich an und sagt kopfschüttelnd: «Du erkennst mich tatsächlich nicht.» Er hat eine tiefe Stimme, sein Spanisch ist flüssig und klingt melodisch. Inzwischen stößt Bartos Boot leicht an den Schiffsrumpf, die besten Schwimmer haben den Rest der Meute weit hinter sich gelassen, die Frauen winken und lachen, die Pferde, die Land schnuppern, wiehern und stampfen aufgeregt, und unsere drei Säue grunzen gleichgültig. Während mich dieser durchnäßte Kerl, der meine Galauniform ruiniert hat, mit seinen blitzendweißen Zähnen noch immer herausfordernd angrinst, klettert Barto an Bord, umarmt mich, tritt dann zurück, packt mich an den Oberarmen und sagt auf seine nach wie vor unverwechselbare Art: «Menschenskind, bin ich vielleicht froh, dich zu sehen.» Dann steht auch schon Juan Niño auf dem Achterdeck, haut mir auf den Rücken und setzt sein grimmigstes Lächeln auf. Gleichzeitig linst er verstohlen zur Schiffsmitte hin, wo dreiunddreißig Frauen stehen und ihn mit gemischten Gefühlen betrachten. Als nächster kommt Dr. Chanca, dieser nüchterne, vollendete Profi. «Hallo, Vizekönig, ich wünsche, daß die Frauen isoliert werden, bis ich jeden einzelnen Mann in der Kolonie untersucht habe, denn wir haben noch immer eine Syphilis-Quote von dreißig Prozent.»

Dann reden alle durcheinander.

Barto sagt: «Und wieso hast du Terreros mit der Vorhut Roldán direkt in die Arme geschickt?»

Dr. Chanca sagt: «Sorgt dafür, daß diese Schwimmer von den weiblichen Passagieren ferngehalten werden.»

Juan Niño sagt: «Wer ist denn die reizende kleine Frau mit dem weißen Häubchen da drüben?»

Ich antworte der Reihe nach:

«Was soll das heißen, Roldán direkt in die Arme?»

«Ja, Doktor, ich sorge dafür, daß sie ferngehalten werden.»

«Sie heißt Inocencia Premiada, und sie ist Witwe.» Das wußte ich zufällig, weil die Frauen Inocencia Premiada zu ihrer Sprecherin ernannt hatten.

Schon geht es weiter.

Barto: «Das soll heißen, daß sie westlich von hier an Land gegangen sind, genau dort, wo Roldán und seine Rebellen sich verkrochen haben; Roldán hat siebzig deiner neuen Kolonisten – Sträflinge, wie dieser Harana behauptet – dazu überredet, sich ihm anzuschließen, ganz zu schweigen davon, daß sie sich mit dem Großteil des Nachschubs, den du mitgebracht hast, aus dem Staub gemacht haben. Mein lieber Schwan, Cristóbal, die Sache sieht übel aus.»

Dr. Chanca: «Haltet alle Eure Leute auch ein paar Tage lang von den Indianern fern. Damals im Jahr '96 kam Peralonso Niño mit ein paar Fällen von Pocken an, und unsere arawakanischen Freunde hatten keinerlei Widerstandskraft. Die Sterblichkeitsrate beträgt beinahe hundert Prozent. Seit Eurer Abfahrt hat sich die Inselbevölkerung drastisch verringert, und noch ist die Epidemie nicht vorbei.»

Juan Niño: «Eine Witwe? Na, dieses hübsche kleine Ding kann doch kaum älter sein als siebzehn . . .»

An dieser Stelle fährt der junge Unbekannte aufgebracht dazwischen: «Würdet Ihr alle jetzt mal einen Augenblick den Mund halten und ihm die Möglichkeit geben, mit seinem Sohn zu reden?»

«Yego!» rufe ich. «Lieber Himmel, du bist ja Yego!»

Er lächelt nur.

«Aber du siehst aus wie ein Spanier. Und du redest wie ein Spanier.»

Mit breitem Grinsen streicht er über die verwässerten kanariengelben Flecken an meiner Uniform und sagt: «Zweieinhalb Jahre ist eine lange Zeit, Admiral und Vater.»

Das wirksamste Heilmittel gegen die Erschöpfung nach einer langen Reise ist ausgiebiger Schlaf. Aber der ist mir nicht vergönnt. Statt dessen schildert mir Barto die Situation in der Kolonie, und die ist wahrhaftig dazu angetan, einem schlaflose Nächte zu bereiten.

«Laß mich dir die Situation schildern», beginnt Barto, während Yego einem Dockarbeiter eine Leine zuwirft und wir an Land gehen; im selben Augenblick drängen vier Muskelprotze, neben deren Gesichtern das von Juan Niño geradezu engelhaft wirkt, Barto, den Großen Diego und mich eng zusammen.

«Leibwächter», erklärt Barto.

«Du brauchst Leibwächter?»

«Du auch, Brüderchen. Glaub mir.»

Derart eskortiert und gefolgt von Dr. Chanca, Juan Niño und Yego, bewegen wir uns wie ein Mann die ungepflasterte Straße hinauf zu Santo Domingos nicht sonderlich eindrucksvoller Plaza.

Die Menschenmenge, die den Weg säumt, ist nicht unbedingt abstoßend, aber angenehm ist sie auch nicht.

«Verdammte Pharaos!» brüllt jemand.

Zu meiner Überraschung schluckt Barto diese Beschimpfung, ohne auch nur den Schritt zu verlangsamen.

«Pharao» ist ein Schimpfname, schlimmer noch als «Marano»; so bezeichneten Spanier aus der Unterschicht einst wohlhabende Juden – und jetzt Neuchristen. Barto setzt sein neu erworbenes, hartes Lächeln auf. «So nennen sie mich neuerdings: Pharao. Aber ich schere mich nicht darum. In Rom nennt man Borgia den Marano-Papst, und du weißt selbst, daß das nicht zutrifft. Es ist nur der Neid. Du wirst dich daran gewöhnen.»

Wir erreichen die Plaza. Der scheue Pater Ramón Pane steht an der Tür seiner Kirche, die man offenbar in ihre Einzelteile zerlegt und von Isabela hierher verfrachtet hat. Als wir die Plaza überqueren, verschwindet er nach drinnen.

«Was hat er denn?» frage ich. Eigentlich bin ich immer gut mit Pater Pane ausgekommen.

Statt einer Antwort deutet Barto auf die Fassade des diesmal unverkennbaren vizeköniglichen Palastes – jenes relativ großen, zweistöckigen Gebäudes, an dessen Flaggenmast die Fahne mit meinem Wappen weht. Die Fensterläden sind geschlossen, die Türen mit zahlreichen Schlössern gesichert, und Wachposten patrouillieren mit geschulterten Musketen auf und ab.

«Dein neues Zuhause, Vizekönig», sagt Barto lächelnd. «Wie gefällt es dir?»

Aber ich lasse mich nicht ablenken. «Was ist mit Pater Pane?»

«Er mißbilligt den Galgen.»

Erst jetzt sehe ich dieses entsetzliche Gestell. Um diese Nachmittagsstunde fällt sein verlängerter Schatten auf Pater Panes Kirche.

Der Große Diego läßt sein *Handbuch*, das er offenbar ständig bei sich trägt, fallen. Betreten hebt er es auf.

«Du kannst mir glauben, das Ding hält sie in Schach», sagt Barto leicht abwehrend.

«Wen denn?»

«Potentielle Separatisten. Ich trage mich mit dem Gedanken, eine Mauer um die gesamte Stadt zu ziehen.»

«Aber du kannst doch deine eigenen Leute nicht einsperren.»

«Manchmal glaube ich, es ist die einzige Möglichkeit. Roldáns Populismus kommt bei den Massen ungeheuer an.»

Der Große Diego blättert fieberhaft in seinem *Handbuch*.

Ich frage Barto: «Hast du diesen . . . diesen Galgen da jemals benutzt?»

«Nein. Ich sagte dir doch, schon die Tatsache, daß dieses Ding da drohend über ihren Köpfen hängt, hält sie in Schach. Manchmal wenigstens», fügt Barto hinzu.

Als ich ihm wortlos einen mißbilligenden Blick zuwerfe, setzt er sich erneut zur Wehr. «Na, war es nicht Kardinal Borgia, der gesagt hat: ‹Wenn es nicht geht, daß man dich fürchtet *und* liebt, dann laß die Liebe fahren›?»

Der Große Diego sagt ganz aufgeregt: «Hier steht es, hier im *Handbuch*. ‹Populismus ist ein Verbrechen gegen die Kolonialverwaltung›, steht da. ‹Siehe Widerstand.›»

Barto sieht ihn mit der Herablassung des älteren Bruders an. «Klar, mein Junge. Geh nur und erzähle das Francisco Roldán.»

Während wir warten, bis die vielen Schlösser von der Tür meines vizeköniglichen Palastes entfernt werden, kommen Pedro Terreros und Haran II. die Straße entlang.

«Wir haben Euch im Stich gelassen, Admiral», sagt Pedro ohne Umschweife.

«Vizekönig», herrscht Barto ihn an. «Der Titel an Land ist Vizekönig.»

Harana II. ist wütend auf sich selbst. «Idiotischer hätte ich mich nicht anstellen können. Lasse zu, daß dieser Roldán einfach mit dem Nachschub und den Sträflingen abdampft. Mein Gott!»

«Was heißt da zulassen?» sagt Pedro. «Er hat sich das Zeug mit Waffengewalt genommen.»

«Die Sträflinge nicht. Die sind freiwillig mitgegangen, als er ihnen Land versprach und Indianer, die es bestellen.»

«Gott sei Dank sind wir diese Kerle los», sagt Pedro.

«Aber siebzig kerngesunde Sträflinge verdoppeln die Größe von Roldáns Verräterarmee», gibt Barto zu bedenken, während wir alle ins Haus gehen.

Obwohl indianische Diener hastig alle Fensterläden öffnen, wirkt mein vizeköniglicher Palast dennoch düster und riecht muffig. Über sämtliche Wände ziehen sich große, blaugrüne Schimmelflecken.

Der Konferenzraum ist groß und luftig – leider mit Blick auf diesen Galgen. Aber hier gibt es kaum Schimmel, und der lange Mahagonitisch mit einem Weinbecher und einer Zigarre an jedem Platz ist beeindruckend. Die Stühle sehen bequem aus. Außerdem liegt jede Menge Schreibpapier bereit.

«He, sieht ja richtig gut aus», sagt der Große Diego.

«Jetzt laß dir mal die Situation schildern», hebt Barto an. Aber sobald wir uns gesetzt haben, reden sofort wieder alle gleichzeitig, so daß man kein Wort versteht, bis Barto mit einem Ruck aufsteht und «Raus!» donnert. «Raus, alle miteinander!»

Er reißt die Tür auf. «Verschwindet, ihr Trampel.»

Dieses Verhalten scheint außer mir niemanden zu überraschen. Na ja, den Großen Diego vielleicht. Die andern seufzen, erheben sich und defilieren zur Tür hinaus. Somit befinden sich nur noch die drei Brüder Colón im Konferenzraum.

«Du auch», sagt Barto zum Großen Diego.

«Ich?»

«Ja, verschwinde, ich möchte mit Cristóbal reden.»

Der Große Diego, dickwanstig, bläßlich und sanft, schlurft hinaus.

«Also, jetzt will ich dir mal schildern, was sich hier getan hat, während du in Spanien auf deinem Arsch herumgesessen hast», sagt Barto, aber ich entgegne: «Barto, ich habe mir bereits einen umfassenderen Eindruck verschafft, als du denkst, und wenn du nichts dagegen hast, möchte ich mir den Rest gerne selbst ansehen.»

Und genau das tue ich in den folgenden Wochen. Es ist alles andere als ermutigend. Der einzige annähernd zufriedene Kolonist, der mir begegnet, ist Juan Niño, und selbst er sehnt sich nach seinen Brüdern daheim in Spanien. «Aber es gefällt mir hier», sagt Juan Niño. «Meine Leute waren Bauern in Moguer, das wißt Ihr ja. Haben Zuckerrohr von den Kanarischen Inseln nach Spanien gebracht, und ich» – ein stolzes Lächeln – «habe es hierher gebracht. Habe es mit eigenen Händen gepflanzt. Schaut Euch bloß dieses Dickicht da drüben an. Das ist richtiges Zuckerrohrland, Vizekönig. Nein, meine Tage als Seemann sind vorüber.» Und dann fältelt sich – wie immer, wenn sein übliches Einpersonenpublikum, Inocencia Premiada, in der Nähe ist – sein grimmiges Gesicht zu einem beinahe sonnigen Lächeln.

Aber dieser alte Seemann aus Moguer ist wohl kaum ein typischer Kolonist. Die meisten von ihnen sind ständig am Jammern. Sie beschweren sich über den immerwährenden Frühling, das Fehlen der lebensnotwendigen Mindestration von einem Viertel Wein pro Tag und über die allgegenwärtige Gefahr der Syphilis angesichts williger und reizvoller weiblicher Eingeborenen. Schließlich sind diese Männer Abenteurer, die in der Vorstellung hierher gekommen sind, sie könnten reich werden, ohne zu arbeiten. Darf ich mich da wundern, daß sie sich beklagen?

Der eine oder andere Separatist schlüpft trotz der ständig patrouillierenden Wachen und der Hunde aus Santo Domingo heraus, um sich Roldán anzuschließen. Der Mann, der mir einst das Leben gerettet hat, ist ein Meister in der Kunst, allen alles zu versprechen. Er betört seine Zuhörer mit seinen blaßblauen, undurchdringlichen Konquistadorenaugen, während seine tiefe, feierliche Stimme einen Zauber webt. Hört zu, Spanier! Wollt ihr, daß euch die Pharaos von Santo Domingo für den Rest eures Lebens wie Tagelöhner schuften lassen? Kommt zu mir, da bekommt ihr Land und dazu Indianer, die es bestellen. Hört zu, Indianer! Habt ihr es nicht satt, Tribut zu entrichten? Gehorcht eurem Vorarbeiter, dann werden wir gut miteinander auskommen – ohne jeglichen Tribut. Hört zu, Vorarbeiter! Sorgt dafür, daß eure Arbeiter spuren, dann zahle ich euch für jedes Paar Hände, das einen Monat lang tüchtig arbeitet, ein paar wuuunderschöne rote Glasperlen, oder auch blaue, wenn euch die lieber sind.

«Wie ist es denn überhaupt zu dieser Revolution gekommen?» frage ich Barto eines Tages.

«Hör zu, Brüderchen, du warst länger als zwei Jahre in Spanien. Glaubst du nicht, daß es sogar mir als deinem Bruder in den Sinn kam, du könntest möglicherweise überhaupt nicht mehr zurückkommen? Nun, Francisco Roldán kam es auch in den Sinn, und der ist nicht dein Bruder. Erinnerst du dich, daß dich die Vollmachten, die du von den Königen bekommen hast, dazu berechtigen, einen Statthalter zu ernennen? Aber zeig mir die Stelle, an der irgend etwas über einen Adelantado steht. Also behauptete Roldán, er sei als Statthalter die Nummer eins auf der Insel und nicht ich, und er wolle verdammt sein, wenn er sich von mir Befehle erteilen lasse. Außerdem sei ich ein Ausländer.»

«Das bin ich auch.»

Barto wirft mir einen sonderbar fragenden Blick zu. «Gibt es irgend etwas über unsere Herkunft, was du weißt und ich nicht, Cristóbal? Ich meine, was soll diese ganze Pharao-Geschichte?»

«Es ist nur Neid, das hast du selbst gesagt. Das gehört dazu, wenn man über eine gewisse Macht verfügt», lüge ich. Wir haben schon genug Schwierigkeiten, auch ohne daß mein Bruder in eine Identitätskrise gerät wie ich damals.

«Nun, den Neid hat Roldán, und an der Macht arbeitet er.» Bartos Augen werden hart. «Ich sage dir, wie es ist, Brüderchen. Mit diesen Sträflingen in seiner Verräterarmee kann er mehr Männer ins Feld schicken als wir. Wenn du also den ersten Schritt tun willst, dann tu ihn lieber schnell.»

«Was soll das heißen, den ersten Schritt tun?»

«In Xaragua einmarschieren, Roldán gefangennehmen und ihn an Ort und Stelle auf der Plaza aufknüpfen.»

«Das geht doch nicht.»

«Und warum nicht?»

«Selbst wenn ich den Bürgerkrieg nicht vermeiden wollte, was ich sehr wohl will, stünde ich in Francisco Roldáns Schuld. Er hat mir das Leben gerettet.»

Barto wendet sich ab. «Sentimentaler Waschlappen», murmelt er.

«Was hast du gesagt?»

Aber er weicht zurück. «Ich habe es nicht so gemeint. Ich weiß gar nicht, warum ich so etwas sage.» Barto blickt starr aus dem Fenster auf den Galgen. Dann sagt er: «Hör zu, weißt du eigentlich, was für eine Welt das hier ist? Die Hunde fressen sich gegenseitig auf, so eine Welt ist das. Du mußt die Zähne zeigen, sonst machst du dich verdächtig. Komm mit, na komm schon. Jetzt gleich. Ich möchte, daß du jemanden kennenlernst.»

Barto geht mit langen Schritten voraus zu den Ställen, wo wir zwei feurige Kriegsrösser besteigen, die Peralonso Niño im Jahr '96 herübergebracht hat. Ich kann nicht umhin, mich daran zu erinnern, wie ungeschickt Barto, der mir teure und gütige Barto von einst, mit Tieren umgegangen ist, vor allem mit Pferden. Aber das ist vorbei. Er schwingt sich auf seinen gescheckten Hengst, gibt ihm die Sporen und galoppiert davon. Ich registriere berittene Leibwächter, die mir dicht auf den Fersen bleiben, und dann nicht sehr viel mehr, als daß wir am Nachmittag durch den Fluß Jaina waten. Denn für jemanden, der eher an ein Maultier gewöhnt ist als an ein Pferd, ist der Ritt ins Hochland des Landesinneren verdammt anstrengend.

Bei Sonnenuntergang ruft Barto einem indianischen Wächter, der aus dem Nichts hervorspringt, ein Losungswort zu, und bald traben wir in das indianische Dorf Bonao ein.

Fast könnte es sich um die belagerte Stadt Santafé handeln. Hunderte von Kriegern kampieren ringsum, und die Luft ist dunstig von den Feuern, über denen gekocht wird. In einer gutbewachten Koppel stehen ein halbes Dutzend Pferde. Indianer wie diese habe ich noch nicht gesehen; nicht einmal vor Pferden haben sie Angst.

Aber vor Barto haben sie Angst.

Er springt von seinem Schecken und schnippt mit einstudierter Arroganz die Finger, worauf ein paar Indianer herbeieilen. Im nächsten Augenblick marschiert er, zwei Leibwächter im Kielwasser, mit langen Schritten in die Dorfmitte.

«Wo zum Teufel ist sie?» brüllt er, ein oder zwei herumlungernde

Indianer aus dem Weg tretend. Bald befinden wir uns in Gegenwart der Person, die jetzt, nachdem sich Guacanagarí dem Mystizismus zugewandt hat und Caonabó tot ist, die größte Macht auf der Insel darstellt: Caonabós ziemlich junge Witwe, die Kazikin Anacaoná. Von der Statur einer Walküre, wie man später sagen wird, kommt sie mit wiegendem Gang auf uns zu, eine Zigarre paffend, riesig und nackt bis auf ihre *nagua* – einen winzigen Lendenschurz aus königlich goldenem Tuch.

«Warum du nicht kommst manchmal, mich sehen?» fragt sie in passablem Spanisch.

Und wumm! Barto verpaßt ihr eine kräftige Ohrfeige, die ihr die Zigarre aus der Nase haut.

«Ich besuche dich, wenn ich Zeit habe, dich zu besuchen.»

«Ja, Herr.» Sie neigt den Kopf, schielt dann aber seitlich zu Barto hinauf und fragt:

«Jetzt ficken, Herr?»

Wumm! Wieder schlägt er zu. Aber dann seufzt er und sagt zu mir: «Mach es dir ein halbes Stündchen bequem, Brüderchen. Ich muß mich um die indianischen Beziehungen kümmern.»

Später, bei irgendwelchen gebratenen Nagetieren, die wie Kaninchen schmecken, meint er: «Begreifst du die Situation? Jetzt sind sie auf *unserer* Seite.»

Das scheint unbestreitbar. Diese Krieger mit den bemalten Gesichtern und den vergifteten Pfeilen, die gefürchtetsten auf der ganzen Insel, sind uns gegenüber – Barto gegenüber – respektvoll, ja sogar unterwürfig.

«Natürlich sind der Kazikin nur noch acht- oder neunhundert Mann von den ursprünglichen drei- oder viertausend geblieben. Die Pocken. Aber Guarionex hat es genauso hart getroffen.»

«Guarionex?» frage ich. «Wo kommt der denn ins Spiel?»

«Drüben in Xaragua. Als Guacanagarí auf seinen mystischen Trip gegangen ist, hat Guarionex das Volk seines Bruders übernommen – und direkt zu Roldán hinübergeführt. Nach Anacaoná stellt er die größte Macht auf der Insel dar. Aber gemeinsam mit ihr werden wir wie der Sturmwind durch Xaragua fegen, wenn wir gegen Roldán vorrücken.»

«Wir rücken nicht gegen Roldán vor.»

Barto zählt seine Gründe auf, aber er kann mich nicht umstimmen. «Wo ist denn Higueymota?» fragt er die walkürenhafte Kazikin.

Eine geschmeidigere, kleinformatige Version ihrer Mutter tritt zu uns. Sie mag vielleicht vierzehn Jahre alt sein und ist hinreißend.

«Willst du sie?» fragt mich Barto.

Wer würde das nicht? Aber ich schüttle den Kopf.

Barto bedrängt mich: «Vielleicht ist dir nach einem guten F. . . eher nach Krieg zumute.»

«Nein», sage ich entschlossen. «Sie ist noch ein Kind.» Eigentlich stimmt das nicht. Nach spanischer Sitte, von indianischer ganz zu schweigen, ist eine Vierzehnjährige eine erwachsene Frau.

Barto fährt mit einem Finger die Kontur von Higueymotas fester junger Brust nach. «Bist du sicher? Sie tut alles, was ich ihr sage.» Sein Finger zeichnet die Kurve ihrer Hüfte nach. Er überquert ihr Hinterteil. «Und sie wird allmählich ziemlich gut in der Hängematte.»

Inzwischen knistert die Eifersucht der walkürenhaften Kazikin wie das elektrisierte Fell einer Katze.

Mit der freien Hand tätschelt Barto beschwichtigend Anacaonás Knie, doch gleichzeitig sagt er zu mir: «Wenn dir das Alter des Kindes wirklich so zu schaffen macht, kannst du ja die Mutter nehmen; dann nehme ich Higue.»

Anacaoná blickt ihn finster an.

Wumm!

Die Kazikin betastet ihre blutende Lippe mit einem fetten Daumen und strahlt meinen Bruder bewundernd an.

Von mir bekommt Barto auch einen Blick. Ist es Überraschung? Verachtung? Bewunderung? Ich weiß nicht recht.

Wie auch immer, ich verbringe die Nacht allein. Barto verbringt sie, wie immer er sie verbringt.

Wir sind bereits aufgesessen, um den langen Rückweg anzutreten, als Anacaoná auftaucht. Ihre Augen sind verquollen von zu wenig Schlaf, aber sie wirkt zufrieden. Ich erwarte, daß Barto sich von ihr verabschiedet, ihr vielleicht einen Kuß gibt. Aber er sitzt nur da. Gebieterisch, abwartend. Die Kazikin kommt näher. Sie küßt seinen im Steigbügel hängenden Stiefel.

«He, was ist mit diesen dreihundert Kriegsgefangenen?» will er wissen.

«Morgen. Gehe nach Süden morgen, Herr.»

«Was für Kriegsgefangene?» frage ich Barto.

«Indianer. Anacaoná und Guarionex bekriegen sich. Ich dachte, das wüßtest du. Und da sie meine Verbündete ist, sind ihre Gefangenen meine Gefangenen.»

«Was hast du mit ihnen vor?»

Nach einer Weile sagt er: «Der Große Diego möchte sie nach Spanien schicken.»

«Als Sklaven? Kommt nicht in Frage.»

«Für Kriegsgefangene ist die Sklaverei in Ordnung, Cristobál. Selbst deine kostbaren Könige wissen das.»

«Ich sagte, Sklaverei kommt nicht in Frage.»

«Wieso bist du auf einmal so moralisch?»

Ich selbst habe mich nie für besonders moralisch gehalten. Warum also gibt mir Bartos Frage das Gefühl, mich verteidigen zu müssen?

Er wartet die Antwort gar nicht ab. Als wir aus dem Dorf galoppieren, reitet er drei oder vier Indianer über den Haufen, die ihm zu langsam aus dem Weg gehen.

Als wir spät nachts in den vizeköniglichen Palast zurückkehren, sitzt Barto auf meiner Bettkante. Er schluchzt.

«Wie ist das möglich?» heult er. «Wie ist es nur möglich, daß ich mich so verhalte? Irgendwo tief in meinem Inneren eingesperrt ist der Bruder, den du einst gekannt hast, Cristobál, aber er kann nicht heraus.»

Was soll ich dazu schon sagen?

Ohne mich wäre mein Bruder Barto ein erfolgreicher Kartenzeichner in Portugal, vielleicht ein respektabler Verleger wertvoller Bücher, mit Sicherheit der anerkannte Erfinder des Weltglobus. Er wäre mit Felipa verheiratet, einer glücklichen Felipa mit einem Haus voller heranwachsender Kinder und einem liebevollen Mann – einer *lebenden* Felipa.

Nein, wie könnte ich Barto vorwerfen, was aus ihm geworden ist?

So halte ich ihn fest, wiege ihn in meinen Armen und streiche über sein ergrautes Haar, bis er schließlich einschläft. Dann gehe ich in den leeren Konferenzraum und öffne die Fensterläden, während sich Bartos Galgen bereits gegen das Licht der Morgendämmerung abzeichnet.

Ein Diener findet mich hier. «Schnell kommen, Vizekönig. Yego sehr schlimm krank.»

Dr. Chanca begrüßt mich mit: «Hattet Ihr je die Pocken, Vizekönig?»

«Nicht daß ich wüßte.»

Er begutachtet mein Gesicht. «Jedenfalls keine Narben. Ich an Eurer Stelle würde da nicht hineingehen. Wir haben jede Menge Leute, die die Pocken überlebt haben, und die sind immun. Sie können Euren Sohn pflegen, ihm das Sterben erleichtern.»

«Admiral und Vater?» ruft eine schwache Stimme. Und ich fege an Chanca vorbei hinein.

Yego, mit einer völlig verdrehten, schweißgetränkten Bettdecke kämpfend, sieht mich mit glasigen Augen an. Ich berühre seinen fieberheißen Kopf. Er hört auf, sich herumzuwerfen, und seine aufgesprungenen, trockenen Lippen öffnen sich. «Wasser», sagt er. Ich stütze seinen Kopf und setzte ihm den Krug an die ausgedörrten Lippen.

Später, als er unruhig schläft, klärt mich Dr. Chanca über den tückischen Verlauf der Krankheit auf: «Ihr könnt davon ausgehen, daß dieses Vorstadium mit schwerem Krankheitsgefühl und hohem Fieber achtundvierzig Stunden andauert. Am dritten Tag erfolgt dann mit dem Auftreten der Papeln eine deutliche Besserung. Das Fieber sinkt, der Patient fühlt sich kräftig, er ist bei klarem Bewußtsein. Typischerweise breiten sich die Flecken von der Stirn und den Schläfen zum Mund hin aus, dann in Windeseile weiter über Hals, Arme und schließlich den ganzen Körper. Am fünften Tag kehrt das Fieber, verbunden mit dem schweren Krankheitsgefühl, ganz plötzlich zurück, und aus den Flecken werden Pusteln, die gelegentlich ineinander übergehen und zu Blutungen führen. In diesem Stadium sterben die Indianer unweigerlich.»

«Soll das heißen, daß keine Hoffnung mehr besteht?»

«Ich weiß von einem einzigen Indianer in Concepción de la

Vega, der die Pocken überlebt hat, aber das war ein harmloser Fall. Angenommen, der Patient überlebt tatsächlich, kann man davon ausgehen, daß er sich innerhalb von zwei Wochen allmählich erholt; dabei schorft sich die Haut ab, und mit großer Wahrscheinlichkeit fallen Haare, Augenbrauen und Nägel aus – wo geht Ihr hin?»

«Hinein.»

«Es ist Euer Begräbnis», ruft er mir nach.

Am Morgen des dritten Tages ist Yego fröhlich und munter. Er hat kein Fieber. Er verlangt nach einem ausgiebigen Frühstück, und als ich, nachdem ich es in Auftrag gegeben habe, ins Zimmer zurückkomme, steht er unsicher neben dem Bett.

«Es geht bergauf», sagt er matt lächelnd. «Ich spüre richtig, daß es mir besser geht.»

«Dein Zustand ist schlechter, als du denkst», erkläre ich ihm. «Erinnerst du dich an die Ruhe vor einem Sturm, draußen auf dem Meer?»

Er nickt feierlich, schwankt, läßt sich auf die Bettkante nieder.

«Du solltest deine Kräfte lieber sparen.»

Voller Vertrauen läßt er zu, daß ich ihm helfe, sich hinzulegen. Bald ist er wieder eingeschlafen.

Als Yego aufwacht, hat er Durst und Schmerzen am ganzen Körper. Aber er möchte reden. Als wüßte er, daß ihm nicht mehr viel Zeit bleibt.

«Erinnerst du dich an den Tag, an dem du auf der Insel Guanahani an Land gegangen bist?» fragt er. «Damals sagtest du: ‹Da drüben im Gebüsch ist jemand›, unmittelbar bevor ich herauskam.»

«Woher weißt du, daß ich das gesagt habe?»

«Du sahst eben so aus, als würdest du das sagen», lächelt der sterbende Yego etwas geheimnisvoll, so daß er mich trotz seines armen, entstellten Gesichts einen flüchtigen Augenblick lang an Guacanagarí erinnert. Plötzlich frage ich mich . . .

«An dem Tag hielt ich dich für einen Gott», sagt Yego liebevoll und voller Zuneigung. «Aber ich wurde bald eines Besseren belehrt.»

«Yego», frage ich, dem Rätsel seiner Geburt nachspürend, «bist du auf dieser Insel Guanahani geboren?»

«Als ich ein Säugling war, fand mich irgendeine Frau in einem Korb im Schilf dort an der Küste. Zumindest hat man mir das erzählt», sagt er achselzuckend.

Und er redet weiter und weiter, bis sich der Tag dem Ende zuneigt.

«Aber wenn du nicht Gott bist, und wenn Gott niemand ist, den ich sehen kann, *gibt* es ihn dann überhaupt? Hast du Gott je gesehen, Admiral und Vater?»

«Nein, Yego. Ich hoffe einfach, daß er da ist. Weil die Welt Gott braucht, glaub mir.»

Und in Gedanken flehe ich inständig: *Wer immer du bist, was immer du bist, mach ihn wieder gesund.*

«Gibt es ein Ende der Zeit?» fragt mich Yego. «Ich meine, wenn Gott die Zeit anstellen würde, wie man eine Sanduhr umdreht, was geschieht dann, wenn der ganze Sand durchgelaufen ist?»

Ich erkenne einen Todesgedanken, wenn ich ihm begegne.

«Nun», sage ich, «wenn aller Sand der Welt in dieser Uhr ist, dann ist es eine ungeheuer lange Zeit, von der du da sprichst.»

«Wahrscheinlich schon», sagt Yego, und dann driftet er weg.

Am nächsten Tag, Dr. Chanca zufolge dem letzten, den er bei klarem Bewußtsein erleben wird, besteht Yego nur noch aus einer schrecklichen Anhäufung ineinander übergehender Wunden; aber seine Augen leuchten.

«Erinnerst du dich an den Tag, an dem du von Isabela abgefahren bist? Ich habe dich gehaßt. Ich dachte die ganze Zeit: Warum ist er hierher gekommen, wenn er nichts anderes mitgebracht hat als Tod und Zerstörung? Wer braucht schon seine Zivilisation? Wer braucht ihn? Ich wollte dich töten, Admiral und Vater.» Der Glanz in seinen Augen sind Tränen. «Zwei Jahre lang habe ich dich gehaßt. Ich habe geschworen, dich zu töten, wenn du zurückkommen würdest, und jedesmal, wenn ich es geschworen habe, habe ich geweint.»

Da ist etwas in meinem Hals, was sich wie eine riesige «Kolumbusbohne» anfühlt. Wann ist mir das zum letztenmal passiert?

«Schließlich ging ich hinauf in die Berge, um Guacanagarí zu suchen. Ich dachte, wenn überhaupt jemand mir helfen kann zu begreifen, dann er. Zwei uralte Frauen haben mich zu ihm geführt; seine Augen haben zum Fürchten rot geleuchtet.»

«Ich weiß.»

«Hast du das auch gesehen?» Als ich nur nicke, fährt Yego fort: «Er spricht nicht mehr, nicht einmal unsere Eingeborenensprache. Er verständigt sich nur noch mit Zeichen. Vielleicht, weil Zeichen allgemeingültiger sind? Ohne mir eine Frage zu stellen, signalisiert er: ‹Wenn zwei einander fremde Kulturen aufeinandertreffen, ist das für die primitivere immer verhängnisvoll.› Aber ich bin so voller Zorn, daß ich entgegne: ‹Schließlich haben wir dieses erste Aufeinandertreffen ja nicht gewollt; es war einzig und allein die Idee der anderen.› Und er: ‹Die Menschen bekommen nicht oft das, was sie wollen, mein Sohn. Niemanden trifft die Schuld an dem, was geschehen ist. Weder einen Menschen noch einen Gott. Etwas geschieht, weil es geschieht. Suche nicht nach tiefgründigen Geheimnissen, wo keine verborgen liegen. Der freie Wille ist ein Mythos, die Vorsehung ebenfalls. Der blinde Zufall regiert die Welt. Niemanden trifft eine Schuld.› Ich begriff nicht alles. ‹Ich verstehe nicht recht›, sage ich, und er signalisiert: ‹Niemanden trifft eine Schuld. Diesmal.›

Das war seine Botschaft, Admiral und Vater. *Niemanden trifft eine Schuld.* Also kehrte ich über die Berge nach Santo Domingo zurück und brauchte dich nun doch nicht zu töten.»

Er blickt zu mir auf. Ein Fieberfrost schüttelt ihn.

«Ich liebe dich, Admiral und Vater», sagt er. «Ich bin glücklich, daß ich das jetzt sagen kann.»

Binnen weniger Stunden glüht er vor Fieber, er ist nicht mehr bei Bewußtsein, und Pater Ramón Pane kommt, um ihm die letzte Ölung zu geben. Wenn ich irgend etwas sicher weiß, dann dies, daß Guacanagarís Botschaft nicht lautete: *Niemanden trifft eine Schuld*, sondern: Niemanden trifft eine Schuld – *diesmal*.

Wird es ein *nächstes* Mal geben?

Ich rieche den Weihrauch, ich höre Pater Pane rezitieren und eine tiefe, weiche Stimme weinen. Es ist der Große Diego, der tränenüberströmt neben mir steht, und es ist mir, als läge ich dort sterbend im Bett und nicht Yego. Nur daß ich nicht gestorben bin, vor all den Jahren in Rom. Plötzlich erfüllt mich – trotz Dr. Chancas «Es wird nicht mehr lange dauern» – eine irrationale Gewißheit, daß Yego ebenfalls nicht sterben wird.

«Hör zu, Gott», bete ich, «ich weiß, daß ich kein großartiger Vizekönig bin, aber ich bin doch wirklich kein schlechter Entdecker, oder? Ich meine das ganz ohne Überheblichkeit. Laß ihn gesund werden, Gott, dann werde ich für den Rest meines Lebens umherwandern und entdecken – *ad majorem gloriam Dei*.»

Die Dunkelheit kommt und geht.

Dr. Chanca steht abermals neben mir.

«Das wär's. Ihr braucht mich hier nicht mehr», sagt er.

«Soll das heißen, daß er tot ist?» rufe ich ungläubig, nachdem ich so sicher war, daß er leben würde.

«Nein. Das soll bedeuten, daß die Krise vorüber ist. Es sieht so aus, als würde Euer Sohn am Leben bleiben.»

Nachdem Yego genesen wird, bin ich an diesem sechsten Kolumbustag in ziemlich euphorischer Verfassung. Und ich bin nicht der einzige.

«Peralonso wird das nie glauben», sagt Juan Niño ein ums andere Mal.

«Daß Ihr heiratet? Hat er doch auch getan.»

«Daß so ein hübsches kleines Ding wie Inocencia mich haben will.»

Um die Mittagszeit, während unser ganztägiges Fest längst voll im Gange ist, geleite ich die beiden zum Altar, wo Pater Pane die erste Eheschließung zweier Europäer in der Neuen Welt vollzieht. Anschließend begibt sich die Hochzeitsgesellschaft – Inocencia wirkt neben dem massigen Juan Niño wie eine knapp lebensgroße Puppe – über die belebte Plaza, um das Standesamt im vizeköniglichen Palast einzuweihen.

Zu diesem historischen Ereignis sind die Bergarbeiter aus den umliegenden Lagern gekommen, und viele von Anacaonás Indianern sind aus dem Bergen heruntergewandert, um das spanische Fest mitzuerleben. Der Wein fließt in Strömen, der Lärm auf der Plaza ist gewaltig, und es tut wohl, auf allen Gesichtern ein Lächeln zu sehen.

Nur auf Yegos Gesicht nicht.

Ich spüre ihn in der Dunkelheit seines vormaligen Krankenzimmers auf. Er hat die Fensterläden geschlossen.

«Wir haben dich bei der Hochzeit vermißt.»

«Laß mich allein.»

«Komm wenigstens heraus und trinke auf die Braut.»

«Herauskommen?» Er schiebt die Riegel der Fensterläden zurück und stößt sie auf. «Schau dir bloß mein Gesicht an.»

Die tiefen Pockennarben sind noch rot und wund. Das Haar wächst allmählich büschelweise nach, was seinem Kopf ein räudiges Aussehen verleiht.

«Das ist ein Gesicht zum Kinder-Erschrecken!» heult er. «Ich sehe aus wie ein Ungeheuer.»

«So schlimm ist es auch wieder nicht, und mit der Zeit wird es besser.»

«Ich werde diesen Raum nicht verlassen, solange ich lebe.» Er kehrt mir den Rücken zu. «Warum hast du mich nicht sterben lassen?»

Ohne Yego würden die Feierlichkeiten des Kolumbustages nicht so verlaufen wie vorgesehen. Als erster Indianer, der je mit Europäern in Berührung kam, und als erster, der getauft wurde, sollte er vom Balkon des vizeköniglichen Palastes aus im Anschluß an meine Rede eine kurze Ansprache halten.

Als ich nun auf dem kleinen Balkon neben Juan Niño und seiner Braut stehe, fällt meine Rede nicht ganz so aus wie geplant, da ich mit meinen Gedanken bei Yego bin:

«Ihr alle, die ihr heute hier versammelt seid, sollt wissen, daß ohne euer Vertrauen und eure Unerschrockenheit . . . ohne eure Träume von einem neuen Spanien jenseits des Ozeanischen Meeres . . . ohne eure Opfer und eure Mühen . . . nichts, was wir bis jetzt erreicht haben, und, so Gott will, noch erreichen werden . . . möglich gewesen wäre.»

Während ich diese Worte über die Plaza rufe, höre ich, wie sich die Balkontür hinter mir öffnet und eine vierte Person an die Brüstung tritt. Es ist Yego, mit einem breitkrempigen Hut, der sein narbiges Gesicht verdecken soll.

Glücklich fasse ich zusammen: «Hier neben mir steht ein junger Mann . . . der heute vor allen anderen geehrt werden soll . . . denn er war es, der . . . nur in Begleitung einer Handvoll ebenso junger Kameraden . . . heute vor sechs Jahren kühn aus dem Dschungel trat . . . um die ersten Spanier zu begrüßen, die ersten Europäer, die ein Angehöriger seines Volkes je zu Gesicht bekommen hat . . . und so bin ich besonders stolz darauf . . .»

Unten auf der gedrängt vollen Plaza glitzert etwas, ein Blitzen wie ein von einem Spiegel reflektierter Sonnenstrahl. Dann höre ich einen Schrei und sehe, daß sich etwas neben mir blitzschnell bewegt; bis mir klar wird, daß es Yego ist, der sich zwischen mich und die Balkonbrüstung wirft, taumelt er schon rückwärts, krümmt sich zusammen und schwankt dann nach vorn, so daß ich ihn festhalten muß, damit er nicht vom Balkon stürzt. Von der Plaza herauf erhebt sich jener mir aus Valencia in Erinnerung haftende Lärm einer Menschenmenge, die, verunsichert durch etwas, was sie nicht genau mitbekommen hat, durcheinanderrennt. Einige stürzen auf den Palast zu, andere weichen in Richtung Kirche zurück. Ein paar werden über den Haufen gerannt. Wieder andere werden in die schmalen, auf die Plaza führenden Gassen gedrängt. Einzelne Schreie und Rufe steigen zum Balkon empor. «Es ist der Vizekönig! Sie haben den Vizekönig erwischt!» Dann beginnt Inocencia zu schreien, und ich sehe Juan Niños entsetzten Blick, als Yegos breitkrempiger Hut zu Boden fällt und die räudigen Haarbüschel, das narbige Gesicht und die weit aufgerissenen, blicklosen Augen enthüllt.

KAPITEL 18

Glückliches neues Jahrhundert

Stundenlang sitze ich am Fenster des leeren Konferenzraumes im vizeköniglichen Palast, blicke dem Schatten des Galgens nach, der mit jedem vergeudeten, belanglosen Tag über die Fassade der Kirche wandert. Manchmal ist der Raum von Stimmen erfüllt: Bartos Kommandostimme, des Großen Diegos Stimme, sanft und tief, widerhallend von *Handbuch*-Jargon; Pater Panes Stimme, schüchtern, voll echter Demut; Dr. Chancas Stimme, sachlich wie eh und je, wenn er den Mitgliedern des Rates über minderwertige Lebensmittel, faule Zähne und Krankheitsfälle Bericht erstattet; die argwöhnische Stimme Haranas II. – ein paar Tage oder Wochen oder auch zwei, drei Monate nachdem ich mein namenloses Flaggschiff und die Karavelle *Correo* nach Spanien zurückgeschickt habe, die Laderäume gefüllt mit Tabak, Baumwollballen und wertvollen Harthölzern, mein Brief aus der Anderen Welt an die Könige samt den Karten, auf denen meine Reiseroute nach Westen verzeichnet ist, im sicheren Gewahrsam des Kapitäns der *Correo*. Daß dieser Brief und die Karte durch grobklotzige, opportunistische Hände wandern, bevor sie den ambulanten Hofstaat erreichen, kann ich natürlich nicht wissen. Nicht daß es mir etwas ausmachen würde, wenn ich es wüßte.

Aber eigentlich wollte ich Ihnen von Haranas II. Bericht über die Ereignisse jenes Kolumbustages erzählen.

«Wißt Ihr, was der beste Ort ist, um einen Mord zu begehen, Admiral?» fängt er an. Wie Pedro Terreros spricht er mich stets mit

Admiral an. Das ist eine der Eigenschaften, die ich an ihm mag. Sollten die Könige zwischen den Zeilen meines Briefes lesen können – auch wenn ich es nicht ausdrücklich gesagt habe –, daß ich erwäge, mich aus dem Vizekönig-Geschäft zurückzuziehen, dann soll es mir recht sein.

«Nein», sage ich zu Harana II., «was ist denn der beste Ort, um einen Mord zu begehen?»

«Mitten in einer Menschenmenge», sagt er, «bei einem öffentlichen Ereignis mitten am hellichten Tag.»

Das überrascht mich. «Und warum?»

«Weil erstens die Aufmerksamkeit aller auf das Ereignis gerichtet ist und der (oder die) Täter jene entscheidende Sekunde Zeit haben, um unbemerkt zu handeln. Zweitens, weil die Verwirrung der Menge dem Täter (oder den Tätern) die ideale Deckung verschafft, um zu verschwinden. Drittens, weil sich unweigerlich hundert Augenzeugen melden, jeder mit einer anderen, ganz genauen Beschreibung des Täters oder der Täter . . .»

«Würdet Ihr wohl aufhören, sie so zu nennen. Sie haben ihn umgebracht. Sie sind Mörder.»

«Tut mir leid. Dann also die Mörder. Hundert Beschreibungen, und alle unterschiedlich. Ja, freilich kann man jede Spur verfolgen, und glaubt mir, das habe ich auch getan, aber es führt zu nichts. Tut mir leid, Admiral. Es sieht ganz so aus, als würden wir sie nie finden.»

Diese objektive Endgültigkeit hat etwas Ungeheuerliches an sich. Nicht daß ich Harana II. Vorwürfe mache. Es ist die Gewißheit, die ungeheuerlich ist, die Gewißheit, daß mein Sohn tot ist und sein Mörder, wer immer das ist, lebt.

Manchmal denke ich, daß der Rhythmus der Jahreszeiten – dort, wo es Jahreszeiten gibt – dabei hilft, dem Trauern ein Ende zu machen. Denn jedes Jahr wiederholt sich der Kreislauf von Geburt, Leben und Tod, und jedes individuelle Leben und jeder Tod wird als Bestandteil alles Lebenden und Sterbenden begriffen. Selbst Christus stirbt in alle Ewigkeit für die Sünden der Menschheit – der letzte und größte einer langen Reihe von Göttern, deren Tod und Auferstehung bewirkt, daß die winterkahle Erde jeden Frühling aufs neue grünt und fruchtbar wird. Und vor jenen in alten Zeiten wiedergeborenen Göttern, vor Osiris und Adonis, vor dem Dionysos der griechischen Mythologie und vor der Halbgöttin Persephone, die jedes Jahr vier Monate im Hades verbrachte, um den Lebenskreislauf zu vollenden – vor allen diesen gab es Sündenböcke und Opferlämmer und, wenn man weit genug zurückgeht, sogar Menschenopfer. In welcher Form auch immer – die Botschaft ist dieselbe: Im Leben ist der Tod, und im Tod ist Leben.

Aber in den Indischen Landen gibt es keine Jahreszeiten, und meine Trauer dauert an.

Ich hocke im vizeköniglichen Palast herum, kritisch beäugt von Barto, der irgendwann meint: «Mein Gott, Cristóbal, du mußt dich zusammenreißen und zusehen, daß du dein altes Charisma wiedererlangst, sonst wird noch eines Tages Roldán in Santo Domingo einmarschieren, und kein Mensch wird einen Finger rühren, um ihn aufzuhalten.»

Wie kann ich Barto begreiflich machen, daß mir das völlig egal ist?

«Der Vizekönig ist erledigt», heißt es in Santo Domingo.

«Mit seinen neunundvierzig Jahren schlicht und einfach am Ende.»

Vielleicht bin ich das.

Am 12. Oktober 1499, genau ein Jahr nach jenem denkwürdigen Kolumbustag, macht Pater Ramón Pane den Säugling Cristóbal Yego Niño de Moguer y Premiada anläßlich seiner Taufe zum Thema seiner Predigt. Immerhin ist er das erste Kind, das in der Kolonie ehelich geboren wurde. Schon der Name des Jungen, sagt Pater Pane, verkündet den Willen Gottes und seine Absicht – ein Name, der zugleich spanisch und indianisch ist, ein Name, der uns unweigerlich an den jungen Indianer erinnern muß, den ersten seines Volkes, der die geistige Wildnis für den Himmel des Heiligen Glaubens verlassen hat, der mit selbstloser Hingabe das letzte Opfer gebracht hat für unseren . . .

Der Pate des Kindes, der nicht den heulenden Säugling Cristóbal Yego in den Armen seiner Mutter sieht, sondern den lächelnden Teenager Yego in seinem leuchtenden Taufanzug, läuft durch den Mittelgang nach hinten und hinaus ins Freie.

«Ich muß fort von hier», sage ich zu Barto.

Er wirkt, soweit sich das überhaupt feststellen läßt, erleichtert. Hat keine Einwände, fragt mich nur, wohin.

«Ich möchte hinaus, unter die Leute, möchte sehen, was sie denken.»

Ein skeptischer Blick, eine hochgezogene Augenbraue, aber Barto hält «Aus den Augen – aus dem Sinn» wohl für die beste Medizin gegen vizekönigliche Melancholie, denn er sagt: «Ich gebe dir ein paar erstklassige Leibwächter mit. Wann willst du aufbrechen?»

Ich breche am nächsten Morgen auf. Anfangs wird durch die Reise alles nur noch schlimmer. Die Menschen im Hinterland erkennen mich oft gar nicht. Das ist verständlich, wenn auch nicht gerade erhebend. Viele Siedler in Niederlassungen wie Esperanza oder Santiago de los Caballeros, Concepción de la Vega oder dem spanischen Bonao sind mit Peralonso Niño herübergekommen und haben keine Ahnung, wie ich aussehe. Einige sind sogar der Meinung, der Vizekönig sei längst gestorben.

Wenn ich auf meine Reise durch die ganze Insel (mit Ausnahme des Südwestens, Roldáns Revier) zurückblicke, stelle ich fest, daß ich eines gelernt habe: Hispaniola ist kein Fleck mehr auf der Weltkarte. Es hat Dörfer und Städte, jede mit einem eigenen Bürgermeister, einem Priester, ein paar weiblichen Siedlern, ja sogar Kindern, und über kurz oder lang bedeuten Kinder, daß es Schulen geben wird, und bald werden wir wahrscheinlich eine richtige Polizei haben und Steuereintreiber, Angestellte, Buchhalter, Wirte, Geschäftsleute, Prostituierte und sogar Schriftsteller (mein Biograph Bartolomé de las Casas wird der erste sein), die beweisen, daß Hispaniola ein echter, handfester, florierender, aufstrebender *Ort* ist. Und um diesen *Ort*, zu dem sich Hispaniola (und die übrigen Indischen Lande unvermeidlich auch) entwickeln wird, zu regieren, bedarf es auf die Dauer mehr als eines im Ausland geborenen Entdeckers und seiner Brüder. Ich meine, was weiß ich schon von Bezirksverordnungen, Baugenehmigungen und Gesetzbüchern? Was scheren mich die Erbsenzählereien von Notaren oder die Tricks und Schliche von Rechtsanwälten? Bin ich ein Bürokrat oder ein Entdecker? Wenn die Insel ein richtiger *Ort* wird, braucht sie eine professionelle Verwaltung.

Aber ich will Ihnen lieber erzählen, wie meine Leibwächter beinahe gefeuert wurden, weil sie ohne mich nach Santo Domingo zurückkehrten.

Einen Teil der Geschichte habe ich von Barto, der sie zum Teil wiederum von einem anderen Cristóbal hat, einem gewissen Cristóbal Rodríguez, auch «die Zunge» genannt, einem Neuchristen der dritten Generation, der wegen seines losen Mundwerks, das ihn garantiert eher früher als später in Konflikt mit dem Heiligen Offizium gebracht hätte, über die Organisation des Blauen Pimpernell in die Indischen Lande verfrachtet worden war. Dieser Cristóbal Rodríguez war der Boß der für meine Landpartie abkommandierten Leibwächter, und hier legt er sich gerade bei Barto ins Zeug:

«Gönnt uns eine Pause, Kommandant. Ihr habt doch sicher nicht von uns erwartet, daß wir Euren Bruder, den Vizekönig, in Ketten legen, oder? Glaubt mir, wir haben von dem Zeitpunkt an, als wir Bonao verlassen haben, alles Erdenkliche getan. Aber trotzdem ist er eines Nachts in den Bergen im Nordwesten . . .»

«Dazu kommen wir noch», fährt Barto ihn an. «Berichtet erst mal von Bonao.»

«Nun, Bonao ist ein Kapitel für sich, das könnt Ihr mir glauben», sagt Cristóbal Rodríguez.

Und dann liefert er Barto in aller Ausführlichkeit seine Version der Ereignisse. Da ich selbst in Bonao war, gebe ich Ihnen die meine.

Alle meine Leibwächer waren bereits zuvor in Bonao gewesen, nur der jüngste noch nicht, Hernando de Guevara. Mit seinen siebzehn Jahren wirkt dieser gutaussehende Sohn aus einem kastilischen Adelsgeschlecht sexuell ausgesprochen attraktiv auf Frauen.

Zum Beispiel auf die Kazikin Anacaoná.

«Ich will den da ficken», sagt sie.

Hätte Hernando de Guevara mit einem unumwundenen «Also, Gnädigste?» oder etwas in der Art reagiert, wäre vielleicht alles anders gekommen. Aber er kann seinen Blick nicht von der Tochter der drallen Anacaoná abwenden, der aufreizenden Higueymota – und sie läßt ihn ebenfalls nicht aus den Augen.

Anacaoná wirft ihrer Tochter einen finsteren, wagnerianischen

Blick zu. Higueymota fängt an zu schmollen. Und wenn Higueymota schmollt, sieht sie noch aufreizender aus.

Barto, das sollte ich lieber klarstellen, hat seine sexuelle Aufmerksamkeit von der Mutter inzwischen gänzlich auf die Tochter verlagert, und Anacaoná kocht noch immer vor Wut.

In dieser Nacht in Bonao also tut Higueymota es mit Hernando de Guevara, und am Morgen versohlt die walkürenhafte Anacaoná die Tochter, die ihr ein Dorn im Auge ist, und bekommt als Quittung dafür von Guevara einen Barto-mäßigen Klaps aufs Hinterteil, der ihre Krieger auf den Plan ruft. Daraufhin knöpfe ich mir Anacaoná vor und verschaffe so Guevara und Higueymota einen Vorsprung; sie machen sich nach Südwesten davon, in Richtung der Provinz Xaragua und des abtrünnigen Roldán.

Nachdem Barto all dieses sehr viel detaillierter aus dem Mund von Cristóbal Rodríguez, der Zunge, erfahren und bei jeder Erwähnung von Guevara und Higueymota die Fäuste geballt hat, fragt er relativ gefaßt: «Also gut, wie habt ihr meinen Bruder verloren?»

«Wir haben ihn nicht verloren, *er* hat *uns* verloren. Wie ich schon sagte, wir waren irgendwo oben in den Bergen im Nordwesten . . .»

«Was hattet Ihr denn in dieser gottverlassenen Gegend zu suchen? Wir haben doch keine Siedlungen dort.»

«Euer Bruder, der Vizekönig, wollte dahin. Wir hätten ihn schlecht zurückhalten können, schließlich ist er doch der Vizekönig, habe ich recht? Also, wir befinden uns irgendwo in den Bergen, und es sind vielleicht noch zwei oder drei Stunden bis Sonnenaufgang, als ich von einem Geräusch aufwache. Ich will aufspringen, aber Euer Bruder, der Vizekönig, knallt mir einen Felsbrocken oder so was auf den Schädel, und dann weiß ich nichts mehr, bis mir die Sonne in die Augen scheint und mir jemand Wasser ins Gesicht spritzt und Euer Bruder, der Vizekönig, verschwunden ist; der Himmel mag wissen, mit welchem Ziel, schließlich ist die Insel ja nicht gerade klein.»

Klein ist die Insel nicht, aber ich kann nur ein Ziel haben. Denn ich benötige ein Zeichen, einen Fingerzeig. Rückblickend glaube ich, daß ich in meinem Schmerz auf ein Zeichen kosmischen

Ausmaßes gewartet habe, das mir eine Erklärung dafür liefern würde, warum mein Sohn erst am Leben geblieben und dann gestorben war. Denn er war kein gewöhnlicher Sohn. Er hatte sich seinen Vater aus freien Stücken gewählt, und diese Entscheidung war verantwortlich für seinen vorzeitigen Tod. Den hatte Guacanagarí offenbar nicht vorhersehen können. Aber hatte er mir nicht früher einmal bedeutet, daß gewisse Dinge vorherbestimmt sind? Oder zumindest vorhersehbar? Sagte Guacanagarí etwa jedem von uns das, was er brauchte?

Also schleiche ich mich in jenem ersten Monat des ersten neuen Jahres im neuen Jahrhundert von meinen Leibwächtern fort und suche den einzigen Ort auf, an dem ich möglicherweise eine Antwort finde.

Das armselige kleine Dorf ist verwaist. Der Dschungel hat Schlingpflanzen in die stillen Gassen vorgeschickt und Kletterranken, die von den strohgedeckten Hütten Besitz ergreifen. Als ich näherkomme, huscht etwas durch ein Dornengebüsch davon.

Aus dem Nichts tauchen die zwei uralten, verhutzelten Indianerinnen auf.

Als ich ihnen erkläre, ich sei gekommen, um Guacanagarí zu sprechen, wechseln sie bedeutungsvolle Blicke.

«Du weißt es also nicht?» fragen sie.

Offenbar nicht.

«Er ist auf den höchsten Berg gestiegen, wo die kältesten Winde wehen, um die verborgensten Wahrheiten zu erfahren. Aber diese Wahrheiten haben Anspruch auf ihn erhoben, und er ist entschwunden. Guacanagarí ist tot.»

Damit sind die beiden Alten verschwunden.

Und das armselige kleine Dorf ist verschwunden.

Und Hispaniola und die Indischen Lande und die Welt sind verschwunden, und ich befinde mich inmitten meines zweiten Christophorus-Traums. Da stehe ich, riesenhaft, die Beine wie Baumstämme im Flußbett verwurzelt, und frage mich, wann oder ob das Kind, das ich ins Wasser geschleudert habe (und das als erwachsener Mann die Böschung hinaufgeklettert ist und mir prophezeit hat, ich würde warten müssen, bis es zurückkommt), je zurückkehren wird, um mich zu befreien.

«He, Kind, wo zum Teufel bist du?» rufe ich. «Es ist spät, es ist kalt, ich will raus aus dem Wasser. Kind? He!»

Keine Antwort. Die Temperatur sinkt, die Sterne kommen hervor. Zitternd döse ich ein, wobei mein Kinn gerade die Wasseroberfläche berührt. Und wie in einer dieser pfiffigen Schachteln, die immer wieder eine neue Schachtel enthalten, träume ich einen Traum in einem Traum.

Ein uralter Raum, die Decke rauchgeschwärzt. Bücher säumen die Wände, die, nach dem zu urteilen, das geöffnet auf dem Tisch liegt, aus der Zeit vor Gutenberg stammen. Denn diese Seiten, in denen ein mittelalterlicher Mann in klösterlichem Habit liest, sind offensichtlich handgeschrieben. Der Mönch blickt auf. Ich stampfe Schnee von meinen Stiefeln. Schnee liegt auf meiner Kapuze und auf den Schultern meines Umhangs.

«Kommt herein, Herne», sagt der Mönch. «Wärmt Euch am Feuer.»

Herne, das bin ich. Herne der Jäger. Bärtig, jung, von großer Statur, mit roten, kräftigen Händen. Im Winter erledige ich alle möglichen Arbeiten im Kloster. Das hier ist St. Albans in England. Um welche Zeit? Das kann ich nicht sagen, noch nicht. Aber lange her. Ich (das heißt Herne der Jäger) gehe dankbar ans Feuer und hebe den Saum meines Umhangs, und der Mönch liest weiter in seinem Buch, bis er Schritte auf der Treppe hört. Herein kommt ein schwerfälliger Mann, der über einer schwarzen Kutte ein riesiges Büßerkreuz trägt.

«Und wie fühlt sich der vielgereiste Erzbischof von Armenien?» fragt der Mönch unter Verwendung eines jener handlichen Sätze, die in Träumen auftauchen, damit der Träumende weiß, von wem er träumt.

«Ausgeruht, mein lieber Roger Wendover, und begierig darauf, mich mit dem gelehrten Historiker und Chronisten von St. Albans zu unterhalten», sagt der Erzbischof von Armenien.

Während die beiden kirchliche Belange erörtern, wärme ich mich am Kamin und bewundere die üppigen Wandbehänge der Bibliothek. Ich weiß, daß St. Albans für derlei Kostbarkeiten bekannt ist.

Der Erzbischof von Armenien ist ein Geschichtenerzähler von

Weltformat, und in jener Zeit vor der Erfindung des Buchdrucks erwartet man von ihm, daß er für sein Abendessen singt, wie man so sagt. Und so fragt Roger Wendover denn auch begierig: «Wißt Ihr denn eine neue Geschichte zu erzählen, mein Freund?»

«Eine wahre?»

«Das überlasse ich Euch», sagt Wendover und schenkt seinem Gast Wein nach. Ich bin ebenso gespannt wie der geistliche Historiker.

«Kurz bevor ich Armenien verließ, speiste ich mit einem Fremden, der behauptete, der Türhüter des Pontius Pilatus zu sein.»

«Ah, dann ist sie also *nicht* wahr!» lacht Roger Wendover. «Ihr könnt wohl schlecht mit einem zwölfhundert Jahre alten Mann gespeist haben!»

Folglich kann ich mir jetzt ausrechnen, daß mein Traum um das Jahr 1230 stattfindet.

«Ich habe mit ihm gespeist. Was die Wahrheit dessen betrifft, was er mir erzählt hat, so müßt Ihr darüber selbst befinden. Er nannte sich Cartaphilus.»

«Der Kartenliebhaber», sinniert Roger Wendover.

«Sein Glück», lächelt der Armenier, «denn er ist dazu verdammt, auf ewig umherzuwandern – oder zumindest, bis Christus wiederkehrt.»

«Aber weshalb denn?» fragt Wendover.

Am Feuer stehend, spürt Herne der Jäger sein Herz klopfen. Er ist auf rätselhafte Weise fest davon überzeugt, daß er jener Fremde ist, der mit dem Erzbischof von Armenien gespeist hat.

«Wegen mangelnder Menschlichkeit, könnte man wohl sagen. Denn Ihr müßt wissen, Cartaphilus hat mir erzählt, daß er dem verurteilten Christus, als dieser den Gerichtshof des Pontius Pilatus verließ, einen Hieb versetzte, so daß er das Gleichgewicht verlor, und ihm nachrief: ‹Geh zu, was zögerst du, du versperrst die Tür!›, worauf Christus sich umwandte und entgegnete: ‹Ich gehe, du aber sollst verweilen, bis ich wiederkomme.› Und das tut Cartaphilus seit dieser Zeit.»

«Verweilen?» sagte Wendover. «Aber doch sicher nicht an Ort und Stelle. Nicht, wenn Ihr ihm in Armenien begegnet seid.»

«Ich glaube, er meinte, auf dieser Erde verweilen. Er müsse bis ans Ende seiner Tage umherwandern, sagte Cartaphilus. Denn jedesmal, wenn ihn sein Alter und seine Wanderungen an die Schwelle des Todes führten, fände er sich unversehens als junger Mann wieder, der wieder die ganze Welt durchwandern und die Weisheit der ganzen Welt suchen müsse. Auf ewig – bis der Sohn Gottes wiederkehrt.»

Herne der Jäger zittert inzwischen heftig. Bis zu dieser Nacht war ihm diese Legende unbekannt. Aber jetzt, mit diesem Wissen, hat er soeben einen Blick in den Grenzbereich zwischen Übernatürlichem und Irdischem geworfen und sieht sich selbst nicht nur als den Fremden aus der Geschichte, sondern als Pontius Pilatus' Türhüter. Er hält den Atem an, hofft, noch mehr zu erfahren, aber da verlassen der Mönch und der Erzbischof, noch immer ins Gespräch vertieft, die Bibliothek.

Später sieht er Roger Wendover die wundersame Geschichte niederschreiben. Als Wendover fertig ist, hält er inne, blickt zu den dicken Deckenbalken auf und zeichnet, als hätten sie ihn dazu inspiriert, mit raschen Strichen ein Symbol:

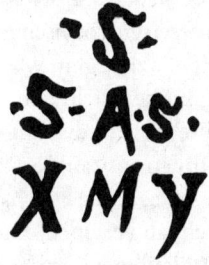

Herne der Jäger schreit auf. Er kennt dieses Symbol. Es ist genau das, das Cartaphilus für seine Unterschrift verwendet hat. Aber woher konnte Roger Wendover es kennen?

Und woher Herne?

Oder ich?

Von Entsetzen gepackt, flüchtet Herne der Jäger aus dem Kloster und aus der Gegend von St. Albans.

Und dann bin ich wieder in Guacanagarís verwaistem Dorf und denke über dieses merkwürdige Symbol und den ganzen merkwürdigen Traum nach.

Was kann ich daraus folgern? Vergessen Sie nicht, ich lebe vor Freud und Jung und vor der Erklärung oder Erfindung archetypischer Mythen. Zu meiner Zeit herrscht die Vorstellung, daß Träume die Zukunft voraussagen, und damit basta.

Aber dieses Symbol, diese Unterschrift, ist eine andere Geschichte. Sie beeindruckt mich gewaltig. Mehr noch, sie ist mir vertraut, fast als gehöre sie zu mir. Irgendwie ist sie das Zeichen, auf das ich gewartet habe, mythisch, rätselhaft und doch darauf hindeutend, daß die Welt nicht vom blinden Zufall regiert wird, so daß es mir jetzt möglich ist, nach Santo Domingo – und sogar zu einem normalen Leben – zurückzukehren.

So normal zumindest, wie meine Brüder, die in meiner Abwesenheit die Amtsgeschäfte führen, es zulassen.

Hätte der große Dante (1265 bis 1321) seine *Göttliche Komödie* nach der Erfindung des Buchdrucks geschrieben, hätte er den Verlegern von How-to- und Selbsthilfebüchern garantiert einen eigenen Platz in der Hölle reserviert. Immerhin bereitete es ihm keine schlaflosen Nächte, daß er sieben Päpste in sein *Inferno* schickte, ganz zu schweigen von diversen römischen Kaisern und einigen persönlichen Feinden. Schwer zu sagen, was schlimmer ist – How-to-Bücher mit ihren jargonüberfrachteten, unverständlichen Anweisungen oder Selbsthilfebücher, die ungeheuer tiefschürfende, mit hochtrabenden Platitüden umrankte Ratschläge erteilen; den Vogel jedenfalls schießen jene ab, die es schaffen, beide Gattungen zwischen zwei Buchdeckeln zu vereinen. Ein solches Buch, tödlich in den Händen von Leichtgläubigen, ist das *Handbuch der Vorschriften und Verhaltensmaßregeln für den Kolonialverwalter*. Mein beflissener Bruder Diego läßt sein Exemplar nicht aus den Augen. Selbst nachts hat er es neben sich liegen.

«Sei doch vernünftig, Cristóbal», sagt er am Tag meiner Rückkehr und wedelt mit dem *Handbuch* vor meinem Gesicht herum. «Ich kenne deine Einstellung zur Sklaverei ja von früher, aber damals kannten wir das Handelshaus und Fonseca und das *Handbuch* noch nicht einmal vom Hörensagen. Wußtest du, daß Fonseca einen Anteil von vierzig Prozent am Sklavenmarkt von Sevilla besitzt? Würde er das, wenn Sklaverei gegen die Vorschriften oder

Verhaltensmaßregeln verstieße? Niemals.» Der Große Diego blättert im *Handbuch*. «Hier steht es, genau hier auf Seite siebenundneunzig. ‹*Sklaverei:* Maximierung von gegnerischem Gefangenenpotential zum Zwecke arbeitsintensiver Eigentümerverwendbarkeit.› Was ist dagegen einzuwenden?»

Wenn ich aus dem Fenster an Bartos Galgen vorbei zum Hafen hinunterschaue, sehe ich die vier Karavellen, die mit der morgendlichen Flut ausgelaufen sind.

«Ich verstehe kein Wort davon», sage ich, «also kann ich dir auch nicht sagen, was dagegen einzuwenden ist.»

«Ich hatte gehofft», sagt der Große Diego in seiner vom *Handbuch* geprägten Diktion, «daß du dich von den wahren Fakten argumentationsmäßig überzeugen lassen würdest.»

«Alle Fakten sind wahr, sonst wären sie keine Fakten», stelle ich klar.

«Ansonsten», warnt mich mein Bruder, «riskierst du, daß du dich mit deinen veralteten Ansichten ins Abseits manövrierst.»

«Diego», sage ich, «ich wünsche, daß du diese Karavellen zurückrufst und die Indianer herunterholst.»

«Sei doch vernünftig, Cristóbal. Ich habe die Angelegenheit geschichtsmäßig überprüft. Als Granada im Jahr 1492 belagert wurde, hat es im Grunde keinen Widerstand geleistet. Also, keine Sklaven. Aber Málaga hat wirklich einen harten Kampf geliefert. Und Ihrer Majestäten kontingentmäßige Option bestand im Gegenzug darin, zwölftausend Gefangene, hochbegünstigte Höflinge und ausländische Würdenträger, zu akquirieren. *Zwölftausend*, und wir reden nur von etwa dreihundert.»

Es ist müßig, sich mit einem Gläubigen zu streiten. Also gebe ich selbst den Befehl, ein Signalfeuer anzuzünden.

Die *Vaqueños*, die erste der vier Karavellen, die zum Dock zurückkehrt, führt ihren Frachtpapieren zufolge fünfundneunzig Sklaven. Ich gehe mit einem widerstrebenden Diego an Bord, der sein *Handbuch* fest an die Brust drückt, und bestimme ein paar Männer, die die Indianer von ihren Eisen befreien sollen. («Das ist ja der Vizekönig! Mein Gott! Ich dachte, der wäre irgendwo draußen im Dschungel gestorben.») Ein Teil des Laderaums ist mit waagerechten Brettern versehen, auf denen die Sklaven, an Händen und Füßen gefesselt, dicht zusammengedrängt liegen wie Stoffballen in einem Textilgeschäft. Die Luft ist stickig, und es stinkt grauenhaft nach Erbrochenem. Als ich den schmalen Gang betrete, bleibt der Große Diego zurück; sein Gesicht ist von einem teigigen Grau.

«Gib ihm dein Werkzeug», sage ich zu dem letzten Leichtmatrosen in der Reihe, aber mein Bruder entgegnet: «Ich kann da nicht hineingehen, Cristóbal.»

«Du kannst doch mit Hammer und Stemmeisen umgehen, oder?»

Der Große Diego schaut mich entsetzt an.

Aber so billig lasse ich ihn nicht davonkommen. «Hast du dir jemals überlegt, wie es ist, in Ketten auf einem schmalen Brett zwischen Lebenden und Toten eingekeilt das ganze Ozeanische Meer zu überqueren? Denn sterben werden sie, mehr als die Hälfte von ihnen, und manchmal werden die Leichen tagelang nicht weggeräumt. Und für die, die das Pech haben, die acht oder neun Wochen in ihrem eigenen Dreck liegend zu überleben . . .»

«Das reicht, Cristóbal. Ich will da nicht hineingehen», fleht mich der Große Diego an.

«Glaubst du, sie wollten da hinein?»

Er soll die Gefangenen aus der Nähe sehen, das schon jetzt von Arm- und Fußfesseln wundgescheuerte Fleisch, den Urin, der von den oberen auf die unteren Bretter tropft, die mit Fäkalien beschmierten kleinen Kinder. Von alledem steht nichts im *Handbuch*.

Angstschreie schwappen wie eine Woge durch den stinkenden Schiffsrumpf, schwellen an, als ich selbst die ersten Fesseln sprenge. Dann erkennt mich der befreite Sklave, sein Schrei – «Admiral! Admiral!» – pflanzt sich fort, und die Angst weicht einer so abgrundtiefen Erleichterung, daß mir fast Tränen in die vertrockneten Augen schießen.

Einige Zeit später. Die Sklaven aus allen vier Karavellen liegen auf dem Dock. Es gibt Eimer mit Wasser und Essen für die, die essen können. Ein Mann, der achtzehn Monate harter Zwangsarbeit an Land überlebt hat, ist an diesem ersten und einzigen Tag auf See gestorben.

Der Große Diego sieht sich ganz benommen um. «Ich hatte ja

keine Ahnung», sagt er. «Ich hatte ja keine Ahnung.» Dann geht er zwischen den Sklaven umher und ruft in seinem stark akzentuierten Arawakanisch, daß sie frei seien. Aber sie liegen bewegungslos da, bis auf einen großen Kerl, der sich langsam auf die Beine quält und mich fragt: «Ist es wahr, Admiral, daß wir frei sind?» Ich bestätige ihm, daß es wahr ist. «Wenn der Admiral das sagt, dann ist es so.» Und wieder ertönt im Sprechchor: «Admiral! Admiral!» Verlegen wende ich mich ab und stelle fest, daß sich der Große Diego ebenfalls abgewandt hat. Er starrt auf sein *Handbuch*. Dann sieht er mich an. Dann wieder das *Handbuch*. Dann tritt er an den Rand des Docks und schleudert das *Handbuch* weit hinaus ins Wasser.

«Ohne dich machen wir einfach nichts richtig», sagt er, «weder ich noch Barto, noch sonst jemand», und eilt davon, damit ich ihn nicht weinen sehe.

Der Brief, den ich am folgenden Abend schreibe und der die Königin mit der Flotte erreichen soll, deren Fracht statt aus Sklaven aus Mahagoni und Brasilholz besteht, spiegelt diese Gefühle nicht wider.

«. . . und da ich den Eindruck habe, daß ich in diesem Parteienzwist, der die Kolonie bedroht, nicht gänzlich objektiv bin, bitte ich Eure Majestäten ergebenst darum, einen erfahrenen Alkalden zu bestimmen und herzuschicken, der auf der Insel Recht sprechen soll, einen rechtschaffenen Mann, ausgestattet mit der vollen Handlungsvollmacht der Krone.»

Einem Impuls folgend, unterzeichne ich diesen Brief (wie von nun an alle Dokumente) mit der Unterschrift aus meinem Traum, wobei ich «Admiral & Vizekönig» hinzufüge, damit jeder weiß, um wessen Unterschrift es sich handelt.

Da klopft es an die Tür des Konferenzraumes. «Herein!» rufe ich, und mein ehemaliger Leibwächter Cristóbal Rodríguez tritt ein.

«Ich trage Euch nichts nach, Vizekönig», sagt er.

«Das ist sehr nett von Euch, Rodríguez», entgegne ich.

«Ich bin wirklich froh, daß Ihr den Rückweg allein geschafft habt, das könnt Ihr mir glauben.»

Ich versichere ihm, daß ich seine Fürsorge zu schätzen weiß.

Er räuspert sich ausgiebig. Dann sagt er: «Vor allem, nachdem sich Euer Bruder, der Kommandant, derzeit oben in Bonao aufhält.»

Das ist keine aufregende Neuigkeit. Barto hält sich oft in Bonao auf.

«Was tut er denn da?» frage ich.

«Ich bin froh, daß Ihr danach fragt, Vizekönig», sagt Cristóbal Rodríguez.

«Na, dann werdet Ihr mir ja wohl sagen, was er dort treibt.»

Rodríguez kann recht lange um den heißen Brei herumschleichen. «Welche Strafe steht denn auf Desertieren, Vizekönig?» will er jetzt wissen.

Ich vermute, daß er sich Sorgen um seinen Freund Hernando de Guevara macht. «Der Tod. Das solltet Ihr wissen.»

Es ist ihm deutlich anzumerken, daß er reden will, aber er weiß offenbar nicht, wie er das Gespräch anfangen soll.

«Habt Ihr je den *areitos* gesehen, Vizekönig?» fragt er.

Der *areitos* ist ein haitianischer Tanz. Er besteht aus zwei Teilen, dem Sexualtanz, der zwei oder drei Tage ohne Unterbrechung andauert und die Indianer aufheizen soll, und dem daran anschließenden Kriegstanz.

«Der sexuelle Teil», sagt Rodríguez, «ist wirklich ungeheuerlich, das könnt Ihr mir glauben. Jede Jungfrau im Dorf macht da mit. Im indianischen Dorf», fügt er rasch hinzu. «Spanische Frauen waren während dieser Zeit nicht dabei.»

Die Handelsniederlassung Bonao am Fluß Jaina nördlich von Santo Domingo besteht aus zwei Dörfern. Das spanische Dorf am rechten Flußufer ist nach der Hauptstadt unsere größte Niederlassung auf der Insel. Am linken Ufer befindet sich das indianische Dorf, von dem aus Anacaoná ihr Volk regiert.

«Ich bin in zwei Tagen mit Sicherheit siebenmal flachgelegt worden», berichtet Rodríguez. «Verzeihung, Vizekönig.»

Ich tue die Sache mit einem weltmännischen Wink ab; erst dann wird mir die Bedeutung seiner Worte klar. Bereits seit zwei Tagen tanzen sie den *areitos*. Länger, wenn man die Zeit mitrechnet, die Rodríguez brauchte, um nach Santo Domingo zurückzukehren.

Auf einen Sexualtanz folgt immer ein Kriegstanz.

Und auf den Kriegstanz Krieg.

«Wenn Ihr mit all diesen Mädchen so heftig beschäftigt wart, warum habt Ihr Bonao dann verlassen?»

«Weil das erste Stadium heute morgen in das zweite überging und Euer Bruder mich für den Kriegstanz zur Verfügung stellte. Ebenso Pedro Valdivieso und Diego de Escobar, falls es Euch interessiert.»

Und ob mich das interessiert. Immerhin waren die beiden meine Leibwächter.

«Das ist auch der Grund, warum Euer Bruder uns nicht gefeuert hat, nachdem wir Euch da oben im Nordwesten verloren haben», sagt Rodríguez verbittert. «Er hat uns für den Kriegstanz aufgespart.»

Der *areitos* ist ein ausgesprochen realistischer Tanz. Der Sex ist, wie Sie Cristóbal Rodríguez, die Zunge, haben berichten hören, durchaus nicht symbolisch. Ebensowenig der Krieg, so daß ich das Ganze nicht als anthropologische Studie von seiten Bartos abtun kann.

Rodríguez bestätigt meine Befürchtungen: «Sobald der *areitos* zu Ende ist, wird Euer Bruder auf Roldáns Stützpunkt in Xaragua losmarschieren, um diese arawakanische Helena, diese Higueymota, zurückzuholen.»

Es ist eine klare Nacht. Ein Vollmond steht über dem Galgen. «Sattelt zwei Pferde», sage ich zu Cristóbal Rodríguez.

«Jetzt? Es ist mitten in der Nacht.»

Aber ich eile bereits zur Tür.

Kurz nach Tagesanbruch reiten wir im spanischen Bonao ein; unsere Pferde haben Schaum vor dem Maul. Das Schlagen der Trommeln dringt über den Fluß herüber; der Rhythmus ist nicht mehr wollüstig, sondern drohend und unerbittlich.

Bonaos Bürgermeister und ein Häufchen verschreckter Bürger stehen, nachdem sie die Nacht über Wache gehalten haben, auf der Plaza vor der Kirche herum.

«Es ist der Vizekönig!» ruft jemand.

«Gott sei Dank!» ruft ein anderer.

Fällt Ihnen auf, wie mich jetzt, da ich mich dazu entschlossen habe, aus dem Vizekönig-Geschäft auszusteigen, plötzlich alle schätzen? Aber das muß ein Zufall sein; schließlich weiß es ja niemand.

Als sie keine Kavallerie hinter mir entdecken, sondern nur Rodríguez, flaut ihre Begeisterung etwas ab.

«Werden die Indianer angreifen?» fragt der Bürgermeister.

Ich schüttle den Kopf. «Aber es könnte sein, daß sie durch den Fluß waten und hier durchmarschieren. Sorgt dafür, daß Eure Frauen in den Hütten bleiben.»

Als ich mein Pferd zum Fluß lenke, sagt Rodríguez: «Vielleicht sollte ich hierbleiben und ihnen helfen, Türen und Fenster zu verrammeln.»

Aber ich werfe ihm nur einen vielsagenden Blick zu, und er reitet hinter mir her in den seichten Fluß.

Als wir uns in der Flußmitte befinden, krachen Musketenschüsse. «Wie viele Männer hat mein Bruder?» frage ich Rodríguez.

«Mehr als achthundert, und wie Ihr selbst hört, befinden sie sich auf dem Kriegspfad.»

«Ich meine, wie viele Spanier.»

«Nur Escobar und Valdivieso. Aber die hat man inzwischen wahrscheinlich umgebracht.»

Weitere Musketenschüsse krachen, als wir uns dem linken Flußufer nähern.

«Oh», sagt Rodríguez, «falls Ihr die Musketen meint – Euer Bruder hat fünfzig davon ins indianische Bonao gebracht.»

Es ist also passiert. In seiner rasenden Eifersucht hat mein Bruder Barto die Indianer mit Feuerwaffen bekannt gemacht.

Der erste Indianer, dem wir begegnen, dampft vor Schweiß und ringt nach Luft. Seine Augen sind glasig, Blut strömt aus einer häßlichen Wunde an seiner Schulter, unter der der weiße Knochen zum Vorschein kommt; Gesicht und Körper sind mit der üblichen Kriegsbemalung, schwarzen sich überkreuzenden Kohlestreifen, verziert.

Ich halte an und frage ihn: «Wo ist mein Bruder?»

Er verbeugt sich tief. «Hure Higueymota nicht wert Krieg», sagt er in gebrochenem Spanisch. «Zum Glück großer Vizekönig hier.»

Dieser puritanische und pazifistische Indianer ist – leider – ein Einzelfall.

Barto und die walkürenhafte Anacaoná stehen zusammen vor der geräumigen Hütte der Kazikin. Sie, nackt bis auf ihre *nagua*, ist mit denselben sich kreuzenden Kohlestreifen bemalt. Er, in schweißgeflecktem Hemd, hält sein gewaltiges Schlachtroß am

Zügel. Ich steige ab, bemerke, daß die Indianer langsam einen Kreis um uns bilden.

Aus der Nähe betrachtet, sind Bartos Augen, ebenso wie die von Anacaoná, glasig von drei Tagen *areitos*. Er schnippt mit den Fingern einen abgehackten Rhythmus. Geht rasch in sinnlosen, kleinen Kreisen herum. Läßt den Kopf auf und ab hüpfen.

«So, so», sagt er. «Der verlorene Bruder kehrt also zurück.»

«Ich wünsche, daß sämtliche Musketen umgehend hier vor dieser Hütte auf einen Haufen gelegt werden.»

Aber Barto, dessen glasige Augen an mir vorbeischauen, fragt verträumt: «Ist das zu glauben, ein *areitos* mit zwölf Opfern, die Verwundeten noch nicht einmal mitgezählt. Anacaoná behauptet, das sei ein Rekord. Natürlich», konzediert er mit einem weggetretenen Grinsen, «haben die Musketen das Ihre dazugetan.»

Anacaoná strahlt meinen Bruder an.

Barto erkennt Cristóbal Rodríguez und sagt gelassen: «Tötet diesen Deserteur.»

Rodríguez hechtet durch die Tür in die Hütte der Kazikin.

Zwei Indianer, ebenso high wie mein Bruder und mit Messern aus feinstem Toledo-Stahl in der Hand, pirschen um die Hütte herum, als müßten sie damit rechnen, daß sie davonläuft.

Ich blockiere den Eingang und versuche, Barto zur Räson zu bringen. «Du willst ihn also umbringen, weil er den *areitos* nicht mittanzen wollte?»

«Ich habe ihn gewarnt. Es ist dasselbe wie Fahnenflucht.»

Inzwischen sind die Indianer so nahegerückt, daß ich den verschleierten Glanz in ihren Augen erkennen kann.

«Tötet ihn», sagt Barto, und wer weiß, ob er in seinem berauschten Zustand Rodríguez meint oder mich?

«Gebt mir die Messer.» Um vizeköniglichen Gleichmut bemüht, weiche ich keinen Schritt.

Und da passiert es wieder. Nicht nur Anerkennung und Schmeichelei, jetzt, da ich beschlossen habe abzudanken, sondern sogar Gehorsam seitens dieser vom *areitos* aufgeputschten Krieger.

Beide Messer werden mir demütig ausgehändigt.

Nicht daß ich damit schon aus dem Schneider wäre.

«Die Musketen», erinnere ich Barto.

«O Mann, du mußt verrückt sein, wenn du glaubst, ich . . .»

Und wumm! Anacaoná versetzt ihm einen massiven Schlag auf den Mund.

«Niemand nennt Vizekönig verrückt», sagt sie, während Barto verblüfft seine Lippe betastet.

Einer nach dem andern, dann in Zweier- und Dreiergrüppchen treten die Indianer mit ihren Musketen aus dem Schatten hervor und lassen sie vor meine Füße fallen.

Anacaoná verneigt sich ergeben vor mir. Es hat den Anschein, als würde ich mich als Vizekönig endlich durchsetzen, sogar bei der willensstarken Kazikin.

Es sei denn, sie ist lediglich dankbar dafür, daß ich ihre aufreizende Tochter in Xaragua lasse, in sicherer Entfernung von Bartos Hängematte.

Nachdem die Musketen auf mehrere Maultiere geladen worden sind, besteigen Barto, Rodríguez und ich unsere Pferde. Anacaoná wartet bis zum letzten Augenblick, bis sie sich schüchtern meinem Bruder nähert und seine Stiefel küßt. Tränen kullern aus ihren Augen. «Herr Barto, bitte verzeihen! Bitte! Ich muß wumm. Er Vizekönig.»

Ich bin der Vizekönig, und noch am selben Tag treffe ich spät nachts in meinen Palast in Santo Domingo die härteste vizeköniglich Entscheidung überhaupt, nämlich mein Rücktrittsgesuch – denn im Grunde ist es nichts anderes – nicht zu zerreißen, bevor die Flotte in See sticht. Das ungute Gefühl, daß mir die Geschichte über die Schulter blickt, entscheidet diese Angelegenheit für mich. Ich erkenne meine jüngsten Triumphe als das, was sie sind. Ich spiele eine Rolle von klassischen Ausmaßen, aber sie dauert nicht ewig. Das tun solche Rollen nie.

«Vizekönig?»

Das Messer in der Hand, fahre ich herum und spähe ins Mondlicht hinaus.

«Ich bin es, Hernando de Guevara.»

Und schon klettert durch das Fenster dieser junge Sproß eines Adelsgeschlechtes aus Avila herein, Higueymotas Entführer.

Er läßt sich auf einen Stuhl sinken. Sein Hemd hat die Ärmel eingebüßt, die Strumpfhose hängt in Fetzen herunter, das hübsche

Gesicht ist eine topographische Karte von Kratzern. Er sei von Xaragua zu Fuß durch den Dschungel gekommen, erklärt er.

«Allein», sagt er, und seine jugendliche Stimme versagt ihm. «Ohne Higuey», führt er aus.

Ich bringe ihm einen Becher Wein. «Immer langsam, mein Junge.»

Der junge Guevara kippt den Wein hinunter. «Wie konnte mein eigener Vetter mir das antun?»

In diesem Augenblick kommt Barto herein. Seine Berauschtheit ist verflogen. «Cristóbal, gerade ist mir eingefallen, daß . . . Guevara!»

«Hallo, Kommandant», sagt dieser einfältige, muskelbepackte Junge, ohne die mörderische Wut in Bartos Stimme zu erkennen.

Ich fordere meinen Bruder auf, Platz zu nehmen und sich Guevaras Geschichte anzuhören – mit deutlicher Betonung auf «anhören».

Barto läßt sich auf einen Stuhl plumpsen. «Ihr seht mies aus, Hernando», sagt er voller Genugtuung.

«Der Weg durch den Dschungel ist lang», sagt Guevara, «so ganz allein, ohne meine geliebte Higueymota.»

Barto macht Anstalten aufzustehen. Ich winke ihn zurück.

«Dieses arme, liebe Kind», sagt Guevara, während er sich Wein nachgießt. «Was für ein tragisches Leben! Erst stirbt ihr Vater in einem spanischen Gefängnis, und dann fängt irgend so ein alter Bock, einer von unseren Kapitänen» – offenbar weiß Guevara nicht, daß er von Barto spricht – «mit seiner Mutter ein Techtelmechtel an. Wenig später bezieht er auch Higuey in seine perversen Spielchen mit ein. Über kurz oder lang bringt er diesem unschuldigen, vierzehnjährigen Kind jene Art sexueller Gymnastik bei, von der man einfach weiß, daß sie nur aus Frankreich oder einem ähnlich dekadenten Land kommen kann.»

Dieser Schuß trifft ins Schwarze. Aus Bartos Richtung hört man Zähneknirschen. Ich werfe ihm einen warnenden Blick zu.

«Mein Gott! Wenn ich diesen dreckigen alten Kerl bloß in die Finger bekommen könnte!» fährt Guevara fort.

«Hernando», schlage ich vor, «erzählt uns doch lieber was über Euren Aufenthalt in Xaragua.»

Aber er kann über nichts anderes reden als über Higueymota.

«Für mich und meine geliebte Higuey war es Liebe auf den ersten Blick», sagt er und stößt einen tiefen, verzweifelten Seufzer aus. «Ich werde nie vergessen, was sie sagte, als wir uns das erste Mal liebten. ‹Ich hätte mir nie träumen lassen, Hernando, mein Liebling, daß Sex so wunderschön sein kann.› Mein Gott! Nach allem, was sie durchgemacht hat, kann man ihr es da übelnehmen?»

Unterdrückte Tränen glitzern in Guevaras Augen. «Jedesmal, wenn ich sie berührte, stöhnte sie vor Ekstase. Und wenn sie, wenn sie dann soweit ist . . . ach, dann schlägt ihr ganzer Körper kleine Wellen, und sie . . .»

Barto springt auf und stürzt zum Weinkrug. Er verschüttet so viel, wie er sich eingießt.

Etwa zehn Minuten geht es in diesem Stil weiter. Schließlich wischt sich Guevara die Tränen ab und ruft leidenschaftlich:

«Ich habe sie gerettet! Ich! Vor einem Schicksal, schlimmer als der Tod, mit diesem perversen Kapitän. Ich war überzeugt, alles würde herrlich werden, auch wenn es bedeutete, daß wir in Xaragua leben mußten.»

«Ja», sage ich rasch, «erzählt uns von Xaragua.»

«Mein Vetter Adrian Múxica kam '96 mit Peralonso Niño herüber und war einer der ersten Gefolgsleute Roldáns, also ging ich davon aus, daß wir dort sicher sein würden, meine geliebte Higuey und ich. Aber ich hätte es besser wissen müssen. Mein Vetter ist ein älterer Mann, mindestens sechsundzwanzig. Und er macht sich auf die sanfte Tour an Higuey ran. Nie hat ein unschuldigeres Mädchen seinen Fuß in den Kreuzgang eines Klosters gesetzt. Kaum drehe ich mich um, lebt sie mit meinem Vetter zusammen. Verläßt mich einfach und zieht zu ihm, ohne auch nur ihre zweite *nagua* einzupacken.» Ich erwarte, daß der junge Guevara davon völlig niedergeschmettert ist, aber statt dessen schnaubt er verächtlich: «Ha! Nicht daß das von Dauer ist, denn bald schon erhascht Francisco Roldán einen Blick auf Higuey – ohne *nagua* –, und schließlich ist er der Maximo von Xaragua.»

«Ist das sein offizieller Titel?» frage ich.

«Ja, Sir. El Lidér Máximo.»

«Wie sind denn die Lebensbedingungen in Xaragua?»

«Die Lebens-*Arrangements*», sagt der eingleisig denkende Hernando de Guevara, «sehen so aus, daß der Maximo mit den Fingern schnippt und Higuey jemanden zu mir schickt, der ihre zweite *nagua* holt, und von Múxicas Hütte in die größere von Roldán übersiedelt.»

Tapfer unterdrückt Guevara einen Schluchzer. «Und das schlimmste ist, daß man durch diese Wände aus Flechtwerk alles hört. Nachdem ich hier Leibwächter war, hat mich Roldán in seine Garde gesteckt. Ich mußte direkt vor seiner Hütte Wache schieben. Nachtschicht. Und jede Nacht, die ganze Nacht hindurch, höre ich meine arme, konfuse Higuey zum Maximo sagen: ‹O Francisco, mein Liebling, ich hätte mir nie träumen lassen, daß Sex so wunderschön sein kann.› Und ich . . . ich merke genau, wenn ihr Körper anfängt, diese kleinen Wellen zu schlagen, denn . . .»

An dieser Stelle endlich beginnt er zu schluchzen. Bartos bleichgesichtige Fassung ist beeindruckend. Ich schenke noch einen Becher Wein ein und halte ihn Guevara an die Lippen.

Er reißt sich zusammen.

«Jede Nacht, und nicht nur einmal pro Nacht. Dabei ist Roldán ein alter Mann, mindestens fünfunddreißig. Ich konnte es einfach nicht mehr aushalten, ich mußte weg von dort.» Dann ganz sachlich: «Kann ich wieder hier in Santo Domingo leben?»

«Ich wüßte nicht, wieso», sagt Barto gefühllos.

«Ich flehe Euch an, Kommandant. Denn entweder bleibe ich hier, oder ich gehe zurück nach Spanien, und wenn ich hierbleibe, bin ich zumindest auf derselben Seite des Ozeanischen Meeres wie meine geliebte, unglückliche Higuey.»

«Ist sie denn unglücklich mit Roldán?» lächelt Barto.

«Klar ist sie das. Oh, vielleicht glaubt sie, daß sie es nicht ist, aber ich weiß es besser. Und es ist auch nicht Roldán, dem ich Vorwürfe mache. Ein Maximo hat schließlich so seine Launen. Nein, ich gebe meinem Vetter Adrian Múxica die Schuld. Na ja, er kriegt, was er verdient – seine ganze Karriere ist im Eimer. Er mag zwar noch der Kontaktmann zu den indianischen Verbündeten von Xaragua sein, aber zu mehr wird er es nicht bringen, und dabei hat es bisher immer geheißen, er sei für größere Dinge vorgesehen. Aber nicht nach dem Streit, den die beiden hatten. Ihr hättet nur mal hören sollen, wie er sich mit Múxica um die arme Higuey gezankt hat. Diese alten Böcke! Ich möchte nie so alt werden . . .»

Während er sich über die Unbilden des Alters ausläßt, beharrt Barto darauf, daß wir ihm das Asyl in Santo Domingo verweigern.

«Sooft ich ihn sehe, werde ich den Wunsch verspüren, ihm den Hals umzudrehen.»

«Du wirst schon darüber hinwegkommen.»

«Einen Scheiß werd ich.»

Während wir weiter debattieren, höre ich den jungen Guevara sagen: «. . . diese Geburtstagsfeier hat platzen lassen . . .»

Mit einem Satz stehe ich vor ihm.

«Was für eine Geburtstagsfeier?»

Mit bleichem Gesicht blickt er zu mir auf. Ich habe ihm Angst eingejagt.

«Versucht, Eure Gedanken zu ordnen, Hernando. Ihr habt gesagt, ‹diese Geburtstagsfeier hat platzen lassen›. Was habt Ihr damit gemeint?»

Guevara sagt noch immer nichts, glotzt mich nur mit hervorquellenden Augen an.

«Laß vielleicht seine Kehle los», schlägt Barto vor.

Nachdem Guevara noch einen Becher Wein hinuntergekippt hat:

«Es war in der Nacht, in der mein Vetter Adrian Múxica Roldán aufgesucht hat, um zu versuchen, Higuey zurückzubekommen. Er sagt: ‹Wo wollt Ihr denn einen andern erfahrenen Soldaten finden, der fließend die Sprache der Arawaken spricht? Denn wenn Ihr mir Higueymota nicht zurückgebt, könnte es durchaus sein, daß ich zum Vizekönig zurückkehre.›»

«Wir könnten Múxica ganz gut gebrauchen», meint Barto nachdenklich.

Ich befehle ihm, den Mund zu halten.

«Und was macht der Maximo?» fährt Guevara fort. «Er lacht meinem Vetter einfach ins Gesicht und sagt: ‹Daß ich nicht lache. Wenn Ihr zum Vizekönig abhaut, sorge ich dafür, daß er erfährt, wer seine Geburtstagsfeier hat platzen lassen.›»

Ein rötlicher Schleier schwimmt vor meinen Augen.

«War das das Ende der Unterhaltung?» höre ich mich aus weiter Ferne sagen.

«Nein, Sir. Mein Vetter Múxica sagt: ‹Na, was glaubt Ihr wohl, für wen ich das getan habe?› Und der Maximo sagt: ‹Nicht auf meinen Befehl, nein, mein Söhnchen, nicht auf meinen Befehl.›»

«Und dann?» drängt Barto.

«Nun, dann sagt der Maximo: ‹Glaubt Ihr nicht, daß der Vizekönig längst tot wäre, wenn ich ihn zum Märtyer hätte machen wollen? Aber dann hätte ich jemanden geschickt, der diesen Job auch zuverlässig erledigt. Wo habt Ihr bloß gelernt, ein Messer zu werfen?›»

Worin besteht der Zweck der Geschichtsschreibung?

Herodot von Halikarnassos (ca. 490 bis 425 v. Chr.) zufolge, dem Vater aller Historiker, besteht er darin, das Andenken an «große und wunderbare Taten» auf ewig zu erhalten. Seitdem ist die Geschichtsschreibung wohl etwas anspruchsvoller geworden, denn die, die sie betreiben, neigen gleichermaßen dazu, das Andenken an gemeine und schreckliche Taten zu bewahren. Nicht daß sie der Wahrheit, was immer die Wahrheit ist, damit näher kämen.

Die Historiker behaupten übereinstimmend, ich hätte aus Angst, daß Roldán in Xaragua zu mächtig und in Santo Domingo zu beliebt wird, mit ihm verhandelt. Daß ich mit ihm verhandelt habe, stimmt. Die dafür angeführten Gründe nicht.

Einige sind der Ansicht, ich sei der zaghafteste Verhandler vor Chamberlain in München gewesen. Der Rest behauptet, ich sei einfach unverantwortlich unfähig gewesen. Die erste Behauptung hat wohl kaum Widerspruch verdient. Was die zweite betrifft, so müssen Sie selbst urteilen.

Beginnen wir mit einem Blick aus der Vogelperspektive auf die Landnase Escondido, auf halbem Weg zwischen Santo Domingo und Roldáns Lager in Xaragua. Diese Landzunge, die sich in einem schützenden Bogen um eine kleine Bucht und einen weißen Korallensandstrand legt, erhebt sich zum Meer hin knapp zweihundert Meter hoch. In der Bucht ankert die *Niña*, die mich und mein Verhandlungsteam nach Escondido gebracht hat. Das Boot der *Niña* gleitet in der Brandung auf den Strand zu, ohne dort anzulegen. Vier Männer waten an Land, das Boot kehrt zur Karavelle zurück. In der Zwischenzeit steigen vier andere Männer langsam und vorsichtig den Pfad herab, der in steilen Serpentinen vom Rand der Klippe zum Strand führt. Sie sind ebenso ungeschützt wie jene, die unten auf dem nassen, festgepreßten Sand am Ufer warten. Die beiden Parteien gehen aufeinander zu. Ihre Schritte sind genau bemessen, als wäre ihnen bewußt, daß sie zu den fernen Trommelschlägen einer perfiden Geschichtsschreibung marschieren. Als nur noch knappe hundert Meter zwischen ihnen liegen, gehen nur die beiden Anführer weiter. Beide sind groß, beide schlank. Eine leichte Brise streicht durch das weiße Haar des einen. Einen Augenblick lang blendet die Sonne den anderen, und er legt seine Hand über die hellblauen, undurchdringlichen Konquistadorenaugen. Der weißhaarige Mann ergreift zuerst das Wort. «Roldán.»

«Colón», antwortet der Mann mit den undurchdringlichen Augen.

Instinktiv heben beide die Hand zu jenem unsterblichen Friedenszeichen. Währenddessen sind die Lombarden der *Niña* auf den Rand der Klippe gerichtet. Warum ein Risiko eingehen?

«Aus zuverlässiger Quelle habe ich erfahren, daß es in Bonao vor kurzem einen *areitos* gab», beschuldigt mich Roldán. «Wenn das stimmt, welchen Sinn haben dann diese Verhandlungen?»

«Kriegsspiele», versichere ich ihm. «Eine Übung, nichts weiter, Maximo.»

Alles in allem finden sechs Verhandlungsgespräche an drei aufeinanderfolgenden Tagen statt. Jeden Abend kehren meine Leute auf die *Niña* und die von Roldán in ihr Lager auf der Klippe zurück. Dies verschafft uns scheinbar einen Vorteil. Denn das tägliche Aufundabklettern ist anstrengend. Aber der Vorteil auf seiten Xaraguas ist der Geschichtsschreibung zufolge größer. Der Vorteil Xaraguas bin nämlich ich.

Nicht am ersten Tag. Am ersten Tag arbeiten wir eine Vereinbarung über Waffensysteme aus, das heißt über die zulässige Ladung von Maniokgift pro Pfeilspitze; wir einigen uns darauf, wie viele indianische Bogenschützen einem spanischen Musketier entsprechen (40), wie viele einem irischen Wolfshund (70), wie viele einem Kavalleristen (108); wie viele Kriegskanus einer mit Lombarden und Falkonetten ausgerüsteten Karavelle. Dieser dritte Punkt ist ausgesprochen heikel. Roldán hat keine Schiffe.

Historiker, bitte beachten Sie folgenden Teil des Protokolls:

> MAXIMO: Solange Ihr eine Flotte habt, ist kein Gleichgewicht zu erzielen.
> VIZEKÖNIG: Vorhandensein und Größe unserer Flotte sind nicht Gegenstand der Verhandlungen.

Hört sich das zaghaft an? Unfähig?

Tatsächlich werde ich am ersten Abend an Bord der *Niña* von allen Seiten beglückwünscht. Sogar von dem von Natur aus argwöhnischen Profos Harana II.

Am zweiten und dritten Tag verschiebt sich das Gleichgewicht, und ich muß zugeben, daß ich das folgende Protokoll mit einer gewissen Verlegenheit zu Papier bringe.

Morgensitzung, zweiter Tag, der letzte Lichtblick.

> MAXIMO: Nun zur Frauenfrage.
> VIZEKÖNIG: Zu was?
> MAXIMO: Zur Frauenfrage. Sie verschafft Euch eindeutig einen psychologischen Vorteil. Ihr habt in der Kolonie dreiunddreißig Spanierinnen, und wir in Xaragua haben keine.
> VIZEKÖNIG: Aber Ihr habt Higueymota.

Unsere Experten stecken die Köpfe zusammen, um zu entscheiden, wie viele spanische Frauen einer Higueymota entsprechen. Aber wir gelangen zu keinem Konsens, weil Barto für eine unrealistisch hohe Zahl plädiert.

> MAXIMO: Wir wünschen, daß Ihr uns fünfzehn Spanierinnen für Xaragua abtretet.
> VIZEKÖNIG: Unsere Frauen sind keine Leibeigenen, können aber, wie alle Bürger von Santo Domingo, nach Belieben kommen und gehen. Ich glaube an offene Grenzen, auf die man sich offen geeinigt hat.

In der Frauenfrage bleibe ich – die Historiker mögen das bitte registrieren – hart.

Nachmittagssitzung, zweiter Tag. Roldán fordert schriftlichen Pardon für alle bisherigen verräterischen Handlungen und rückwirkend für alle, die noch ans Licht kommen könnten.

Ich lasse mich darauf ein.

Sichtlich widerstrebend setzt der Große Diego ein entsprechendes Dokument auf.

Barto murmelt, wir sollten doch keine Verhandlungspositionen aufgeben, ohne Gegenleistungen dafür zu bekommen.

Harana II. sieht mich mit einer Mischung aus Argwohn und Ungläubigkeit an.

Roldán ist nicht zufrieden mit dem, was der Große Diego geschrieben hat.

MAXIMO: Das genügt nicht. Es ist nur von Colón unterschrieben. Ich kann dieses Dokument nicht akzeptieren, wenn es nicht von zwanzig führenden Bürgern von Santo Domingo unterzeichnet ist.

Diese zusätzlichen Unterschriften zu fordern ist natürlich ein unverschämter Angriff auf meine Ehre. Aber ich gehe darauf ein.

Barto verlangt, daß wir uns kurz zurückziehen, um mich zu fragen: «Menschenskind, warum läßt du dich so von ihm einwickeln?»

«Du gibst irgendwie nach, Cristóbal», meint der Große Diego auf seine sanfte Art. Seit er das *Handbuch* weggeworfen hat, bedient er sich auch nicht mehr dieses Jargons.

«Was zum Teufel ist das hier eigentlich? Ein verdammter Ausverkauf?» protestiert Harana II. lauthals.

«Er hat mir einmal das Leben gerettet», gebe ich zu bedenken.

Sobald die Morgensitzung des dritten Tages in Schwung kommt, verlangt Roldán seine Wiedereinsetzung als Statthalter der Insel, während er gleichzeitig seine unabhängige Basis in Xaragua behalten will.

Barto und der Große Diego lachen ihm ins Gesicht.

«Einverstanden», sage ich.

«Du gibst allen seinen Forderungen nach, selbst wenn sie noch so unerhört sind», tadelt Barto mich später.

«Ohne ihn hätten wir damals in diesem Hurrikan im Jahr '95 die *Niña* nicht retten können», erinnere ich meinen Bruder.

«Ich schwöre zu Gott, es ist einfach nicht zu glauben,» donnert Harana II.

Somit kommen wir zur letzten Sitzung:

MAXIMO: Ich verlange, daß meine eigenen Sicherheitstruppen weiterhin aus Mitteln der Krone oder des Vizekönigs bezahlt werden.

«Jetzt ist er zu weit gegangen», sagt Barto hoffnungsvoll.

«Diesmal wird Cristóbal ihm ordentlich den Marsch blasen», prophezeit der Große Diego.

Harana II. behält seinen skeptischen Kommentar für sich.

VIZEKÖNIG: Gewährt.

«Nie im Leben», brüllt Harana II. voller Abscheu, «hätte ich das geglaubt, wenn ich es nicht mit eigenen Ohren gehört hätte.»

Und dann läßt Roldán die Bombe platzen.

MAXIMO: Ich habe eine letzte Forderung.

VIZEKÖNIG: Gewährt.

MAXIMO: Wollt Ihr sie nicht einmal hören?

VIZEKÖNIG *(gleichgültig)*: Wenn Ihr darauf besteht.

MAXIMO: Ich verlange das ausdrückliche Recht, ein Bürgerheer aufzustellen, um die Regierung zu stürzen, falls sich der Vizekönig an eine oder mehrere dieser Zusagen nicht hält.

VIZEKÖNIG: Einverstanden.

«Nun, damit ist die Sache erledigt», sage ich beiläufig und weise Harana II. an: «Schreibt diese letzte Forderung nieder, damit ich sie unterzeichnen kann.»

«Und damit dieselben zwanzig führenden Bürger von Santo

Domingo sie gegenzeichnen können», insistiert Roldán, unverschämt bis zum Schluß.

Wir wollen gerade zur *Niña* zurückkehren, als Harana II. die Katze aus dem Sack läßt. Nachdem er die vier von der Gegenseite herbeigewinkt hat, ruft er:

«Jetzt, da Ihr eine offizielle besoldete Sicherheitstruppe habt, braucht Ihr da nicht vielleicht zufällig einen guten Kommissar in Xaragua?»

Im Anschluß an diesen Verrat sieht mich Harana II. mit kummervoller Miene an und meint: «Es tut mir furchtbar leid, Admiral, aber diese drei Tage haben mir wirklich die Augen geöffnet. Jetzt, da wir gewissermaßen alle auf der gleichen Seite stehen, glaube ich, würde ich mich dort wohler fühlen, wo es bessere Aufstiegsmöglichkeiten gibt.» Nachdem der Maximo seiner Bewerbung für diesen Job begeistert zugestimmt hat, marschiert Harana II. selbstbewußt hinüber zur xaraguanischen Delegation, die sich anschickt, den gewundenen Klippenpfad hinaufzuklettern.

Traurig blicke ich meinem Freund nach, meinem Schützling, dem Onkel meines Sohnes.

Dann wende ich mich wieder meinen Brüdern zu.

Ein zweites Mal steuern wir auf das Boot der *Niña* zu – als plötzlich ein Mann aus Roldáns Basislager den Klippenpfad heruntergerannt kommt.

«Ein feindliches Segel, Maximo! Zwei Karavellen, die direkt auf die Landzunge zuhalten. In einer halben Stunde haben sie die Bucht erreicht.»

Roldáns Leute machen auf der Stelle kehrt – eine Wand des Mißtrauens, mit Ausnahme von Harana II., der ausnahmsweise überrascht aussieht.

«Das ist eine Falle!» schreit einer von Roldáns Leuten. «Eine dreckige Falle dieses dreckigen Ausländers!»

«Deshalb also hat er in allen Punkten nachgegeben», schreit ein anderer. «Um unsere Aufmerksamkeit abzulenken, bis seine Flotte eintrifft.»

«Sie werden uns allesamt umbringen!»

Bevor ich meine Unschuld beteuern kann, ergreift Harana II. unerwartet das Wort zu meiner Verteidigung.

«Das sind nicht die Schiffe des Admirals, sonst wüßte ich davon. Er war mir gegenüber stets offen.» Es hört sich an, als spräche er die Wahrheit. Wahrscheinlich, weil es die Wahrheit ist.

Ich weiß nicht mehr als sonst jemand. Als die zwei Karavellen um die Landzunge biegen und in der Nähe der *Niña* Anker werfen, erkenne ich sie nicht. Doch sobald ein Boot heranrudert, kommt mir die im Bug stehende Gestalt bekannt vor.

Alonso Ojeda, dieser säbelrasselnde Neurotiker, dieser gespreizte Gockel, springt aus dem Boot, noch bevor dieses den Sand berührt. Mit beiden Armen winkend (geschlitzte *und* mehrfarbig in Rot, Purpur und Gold leuchtende Ärmel), watet er platschend ans Ufer und schreit:

«Vizekönig! Bei Gott, habe ich Euch nicht gesagt, daß wir uns wieder in diesen Indischen Landen begegnen werden, wenn Ihr es am wenigsten erwartet! Bei Gott!»

Während zwei Schiffsjungen aus dem Boot springen und es festhalten, legt ein dritter eine lange Planke als provisorische Gangway an. Auf diese Planke tritt, vorsichtig, damit ja seine Samtstiefelchen trocken bleiben, ein ziemlich großer Kerl mit der gelangweilten Attitüde einer reinrassigen ägyptischen Katze in einem rosa Samtwams, grünen Seidenstrumpfhosen und einer für Hispaniola viel zu warmen scharlachfarbenen Samtpelerine. Übertrieben behutsam setzt er seinen Fuß auf den Sand und sagt mit jener Bühnenstimme, deren sich Gentlemen-Abenteurer häufig bedienen: «*Terra firma! Terra firma* – endlich!»

Alonso Ojeda wendet sich an seinen Amateur-Entdecker (inzwischen habe ich nämlich genug von dieser Sorte erlebt, um so ein Exemplar zu erkennen) und sagt: «Habe ich es Euch nicht gesagt, Amerigo, mein Freund? In dem Augenblick, in dem ich die *Niña* in der Bucht erspäht habe, wußte ich, daß Ihr bald dem Entdecker einer Anderen Welt begegnen würdet, Don Cristóbal Colón, Admiral des Ozeanischen Meeres und Vizekönig und Gouverneur der Indischen Lande, dessen höchstselbst angefertigte Karte uns in das irdische Paradies Paria und zu diesen Säcken voller Perlen geführt hat, die Ihr in Eurer Seemannskiste versteckt habt. Admiral, darf ich Euch . . .»

Aber sein Freund stellt sich selbst mit einer schwungvollen Verbeugung vor: «Vespucci, ein Florentiner.»

Und ahnungslos heiße ich jenen grobklotzigen Opportunisten und Namensgeber, der mich von allen Weltkarten verdrängen wird, in Hispaniola willkommen.

«Sich vorzustellen», sagt er (lascher, feuchter Händedruck), «daß ich hier auf der andern Seite des Ozeanischen Meeres stehe, und das alles nur, weil eine Bank in Sevilla in Schwierigkeiten geraten ist.»

«Centurione», vermute ich.

«Haben seit Jahren die Bücher frisiert», erklärt Amerigo Vespucci, «und Genua hat mich geschickt, um Ordnung in das Durcheinander zu bringen. Was mich einige Zeit gekostet und mir eine Begegnung mit dem zweifelhaftesten Finanzmenschen beschert hat, dem zu begegnen ich je das Pech hatte.»

«Porco-Zámpano», sage ich. Das ist schon keine Vermutung mehr.

«Ja, so heißt dieser pensionsreife Gauner. Also jedenfalls, im Verlauf meiner Nachforschungen habe ich Kapitän Ojeda kennengelernt, und er stellte mich diesem Organisationswunder Juan Fonseca vor, und dann, um es kurz zu machen, segelten Ojeda und ich als Befehlshaber dieser zwei Karavellen in eine Gegend, die ich nach jenem äußerst pittoresken italienischen Stadtstaat Venezuela benannt habe.»

«*Ihr* habt sie so benannt?» sagt Ojeda. «Ihr wußtet doch nicht einmal, was Venezuela bedeutet, bevor ich es Euch gesagt habe.»

«Nun ja, jetzt, wo ich darüber nachdenke, hat Kapitän Ojeda tatsächlich mehr oder minder beiläufig angedeutet, daß das ein passender Name sein könnte», gibt Vespucci in fließendem Spanisch mit norditalienischem Akzent zu. «Aber nun, *paesan'*, berichtet! Berichtet mir alles! Wie steht es denn so mit unserer Neuen Welt?»

Achten Sie auf das Possessivpronomen in der ersten Person Plural. Ich hätte sofort Bescheid wissen sollen. Ojeda wußte Bescheid. Aber schließlich hatte er mehrere Wochen mit diesem herausgeputzten florentinischen Großmaul verbracht.

«Mein *Passagier*», erklärt Ojeda, «versteht sich als Reiseschriftsteller.»

«Als Marco Polo des sechzehnten Jahrhunderts», ergänzt der bescheidene Amerigo Vespucci.

«Oh?» ist alles, was mir dazu einfällt.

«Und Ihr müßt Don Diego Colón sein, und Ihr dort Don Bartoloméo!» ruft der Florentiner. «So erzählt schon, ich möchte alles erfahren! Was gibt es Neues in der Neuen Welt?»

Dies ist, wie Sie sich denken können, ein schlechter Zeitpunkt, um meinen Brüdern eine solche Frage zu stellen. Also füllt Roldán die Gesprächspause. «Es ist in der Tat ein historischer Augenblick, den Ihr hier miterlebt, Gentlemen. Als Gegenleistung für offene Grenzen hat mich der Vizekönig zum Statthalter ernannt . . .»

«Hat er das nicht, bevor Ihr im Jahr '96 abgehauen seid?» fragt Ojeda.

«Er hat mich *wieder*ernannt, mich von verleumderischen Anschuldigungen reingewaschen und mir nicht nur das Recht zugesprochen, meine eigene Sicherheitstruppe beizubehalten, sondern im Falle eines Interessenkonfliktes mit den Brüdern Colón meine eigene Bürgerwehr aufzustellen.»

Ist das der Augenblick, in dem in dem grobklotzigen Opportunisten und Namensgeber der Verdacht aufkeimt, daß die Neue Welt nie Colonia heißen wird? Oder Colonica oder Colonzuela? Denn an diesem Tag merkt man deutlich, daß es mir am Talent eines echten Helden und Namensgebers, für sich selbst die Werbetrommel zu rühren, gebricht.

Sobald wir wieder in Santo Domingo sind, steht fest, daß ich mit meiner Rolle in einer Sackgasse gelandet bin.

Die Kolonisten üben unbarmherzige Manöverkritik an den Verhandlungen mit Roldán. Sie geben bissige Kommentare zu Haranas II. Abfall ab. Sie stellen sogar gehässige Vergleiche zwischen meinem und Kapitän Ojedas modischem Niveau an.

Doch obwohl Ojeda das mir zustehende Rampenlicht für sich allein beansprucht, und, was sehr viel schwerer wiegt, als Überträger meiner persönlichen Pest, Vespucci, fungiert hat, bin ich beinahe froh, daß er gekommen ist, denn er bringt meinen vizeköniglichen Untertanen das, wonach sie am meisten gieren – Nachrichten aus der Alten Welt.

Ojedas Sack voller Nachrichten beinhaltet zuallererst die Fertigstellung des größten gotischen Gebäudes der Christenheit nach nur hundert Jahren, der Kathedrale von Sevilla (siebenundsechzig Architekten, ein siebzig Meter hohes Gewölbe über dem Querschiff, und so weiter, und so fort). Außerdem enthält er Berichte vom Hof (Johanna die Wahnsinnige, jetzt Kronprinzessin, wird immer verrückter, während ihr Mann, Philipp der Schöne, in Flandern herumflirtet; Gerüchten zufolge soll Johanna die Wahnsinnige schwanger sein). Und er reicht bis hin zu Klatschgeschichten und Skandalen und dem letzten Schrei in der Damenmode (parfümierte Lederfächer, Kordeln und Borten, die gewagte neue Farbe Schwarz).

Eine Zeitlang werfen sich die Kolonisten die Nachrichten wie Spielbälle zu, stellen sich vor, daheim in Spanien in der gigantischen Kathedrale die Kommunion zu empfangen oder diesem Stierkampf oder jenem Autodafé beizuwohnen oder sich ein schwarzes Kleid anmessen zu lassen, das über und über mit Borten und Tressen besetzt ist. So kommt unweigerlich Nostalgie auf. Aber diesmal hat sie einen verbitterten Beigeschmack.

«Selbst wenn ich ein solches Kleid hätte, wo könnte ich es denn schon tragen?»

«Von einem Heer von Steinmetzen bis in den Himmel hinauf gebaut, und hier haben wir nicht mal Häuser aus Ziegeln.»

«Warum vergeuden wir eigentlich unser Leben auf der falschen Seite des Ozeanischen Meeres in diesem gottverlassenen Nest?»

«Jetzt, wo Torquemada tot ist, würde ich am liebsten wie ein Pfeil nach Hause fliegen.»

«Nach Hause . . .»

«Klar, aber schließlich entscheiden die Pharaos, wer bleibt und wer fährt, und außer Seeleuten fährt niemand – und die kommen nur mit neuen Opfern zurück.»

Eine Neuigkeit, die Vespucci mitbringt, interessiert mich besonders.

Am Johannistag 1497 ist ein gewisser John Cabot aus der Stadt Bristol in England, der das von König Heinrich VII. gecharterte Vierzig-Tonnen-Schiff *Mathew* befehligte, in einer Gegend an Land gegangen, bei der es sich seiner Überzeugung nach um einen Teil Asiens handelte, in Wirklichkeit aber um ein anderes, weiter nördlich gelegenes Festland als das, das ich kürzlich entdeckt habe.

«Er ist ein *paesan'*», kreischt Amerigo Vespucci. «Ein *Landsmann* namens Gaboto!»

«Aus Genua, nicht aus Florenz», differenziere ich rasch, ausnahmsweise darauf bedacht, selbst für einen Genuesen gehalten zu werden, wenn mich das in den Augen der Geschichte von Vespucci abrückt.

Während dieser säbelrasselnde Neurotiker Ojeda in den folgenden Tagen seine üblichen krummen Dinger dreht – er schneidet Hartholzbäume ohne königliche Lizenz, zwingt Indianer dazu, die gefällten Bäume zur Küste zu schleifen, führt bewaffnete Marodeure ins Landesinnere, um die Vorräte seiner Karavellen mit von den Indianern erbeuteten Ernten aufzufüllen –, während dieser Tage ist Vespucci vollauf damit beschäftigt, jedem, der ihm zuhört, zu erklären, was für eine wichtige Persönlichkeit er ist. Aus dem pensionsreifen Gauner Porco-Zámpano ist der «inoffizielle Schatzmeister von Genua, Florenz, Venedig und Mailand mit engen Beziehungen zum Vatikan» geworden, und Vespucci ist natürlich sein Vertrauter. «Wenn wir es darauf anlegen würden, könnten Porco-Zámpano, Centurione und ich ein Konsortium italienischer Stadtstaaten zustande bringen, die diese Indischen Lande dreimal aufkaufen könnten.»

Ojedas Verhalten im Hinterland beschert mir einen seltenen Besuch von Anacaoná. «Kleiner Kapitän zuviel nimmt. Kleiner Kapitän nicht bezahlt nichts. Entweder geht schnell zurück in Himmel, oder wir tanzen *areitos*, das verdammt sicher.»

Ich rufe Ojeda zu mir. «Wann wolltet Ihr denn wieder abfahren?»

Er betrachtet die Frage philosophisch. «Ärger mit den Indianern?» Und als ich nicke: «Den gibt's doch immer. Ich bin einfach kein geborener Kolonist. Am besten bin ich mit einem Schwert in der Hand.» Nehmen Sie statt des Schwertes ein Achterkastell unter den Füßen, dann könnte er von mir sprechen.

Ein paar Minuten bevor sie Segel setzen, nimmt mich Vespucci beiseite: *«Paesan'»*, sagt er ohne Umschweife, «Ihr seid nicht gerade übermäßig beliebt in Hispaniola.» Ich sage irgend etwas Biblisches über den Propheten, der nichts im eigenen Lande gilt. Er tut das mit einem Wink ab.

«Ich will Euch lediglich klarmachen, daß Ihr diesen undankbaren Spaniern nichts schuldet. Unsere italienischen Handelsbanken sind allesamt baden gegangen, als Konstantinopel an die Türken fiel. Seitdem halten sie Ausschau nach Investitionsmöglichkeiten im großen Stil. Solche wie Eure Indischen Lande.»

«Hört zu», sage ich, als ich beginne, seine Absicht zu durchschauen, «ohne den König und die Königin von Spanien würde ich irgendwo in einem kleinen Laden sitzen und Karten verkaufen.»

«Ihr habt bereits hundertfach dafür bezahlt, *paesan'*. Warum also versucht Ihr es nicht einmal mit folgendem Szenario?» Er blickt aufs Meer hinaus. «Eines Tages seht Ihr da draußen die vereinigte Armada von Genua und Venedig, hundert Schiffe oder mehr. Ihr wißt, daß Widerstand Selbstmord wäre, also öffnet Ihr Santo Domingo für ihre Funktionäre und laßt ihre Heere ins Land einmarschieren, um die Eingeborenen zu befrieden. Wißt Ihr, was Ihr dann wäret? Der reichste Mann der Christenheit. Und ich könnte alles arrangieren. Ein Wort genügt, *paisan'*.»

«Ich habe nichts gehört», entgegne ich.

«Nichts gehört?»

«Geht an Bord dieses Schiffes und verschwindet aus meinen Indischen Landen.»

Ich möchte nur wissen, wie sich dieser grobklotzige Opportunist und Namensgeber einbilden konnte, ich würde etwas so weit Hergeholtes glauben. Nicht die Sache mit den genuesischen Banken und den venezianischen Kriegsschiffen – das ist nicht unmöglich –, sondern die Vorstellung, daß Amerigo Vespucci diesen ganzen grandiosen Plan ausgeheckt hat.

Und damit ist er verschwunden.

Auch von diesen Seiten. Er bekommt hier nicht mehr als eine Statistenrolle, und im Bereich der Geschichtsschreibung – und der Geographie – verdient er auch nicht mehr. Er segelt zwar bei drei weiteren Gelegenheiten in den Gewässern der Neuen oder Anderen Welt herum, seinen geschwätzigen Reisebeschreibungen zufolge als Generalkapitän einer Flotte, nach den Aussagen von Peralonso Niño und anderen, die es wissen müssen, da es ihre Reisen sind, die er beschreibt, als Passagier. Aber erst berichtet er über Ojedas Reise. Bei der Ojeda freilich keine Rolle spielt. Nein, dieser säbelrasselnde Neurotiker verschwindet einfach aus dem Bericht des Florentiners, der mehr als zwei Jahre vordatiert ist, so daß Vespucci die südamerikanische *(sic)* Küste ein ganzes Jahr vor mir erreicht. Als er später Wind von einem prominenten Verleger bekommt, der in Bälde in Zusammenarbeit mit einem berühmten Kartographen eine Neuausgabe des Ptolemäus mit einer auf den neuesten Stand gebrachten Weltkarte publizieren wird, überflutet Vespucci die beiden mit Briefen. Möglicherweise besucht er sie sogar. Das allerdings ist nicht erwiesen. Aber soviel ist gewiß: Der Verleger, ein gewisser Martinus Waldseemüller, und der Kartograph, ein gewisser Martin Behaim, sind angesichts der Alternative, mich als Namensgeber zu nehmen, nur allzu gern bereit, Amerigo Vespucci den Platz in der Geographie einzuräumen, der mir gebührt.

Nicht daß ich gekränkt wäre. Was bedeutet schon ein Name?

Eines Tages im August, als Juan Niño mich auf seiner neuen Farm ein paar Meilen landeinwärts herumführt, kommt ein herangaloppierender Reiter in Sicht. Oder vielmehr in Hörweite, denn da wir im hohen Rohrdickicht stehen, können wir ihn nicht sehen, bis er die Stelle erreicht hat, an der Juan Niño und ich schmatzend ein Stück Zuckerrohr kauen.

Der Reiter ist Cristóbal Rodríguez, die Zunge; er ist völlig außer Atem.

«Harana. . .» stößt er hervor.

«Sprecht ja in meiner Gegenwart nicht den Namen dieses Verräters aus», brummt Juan Niño.

«. . . ist zurück!» ergänzt die Zunge.

Da Juan Niño die Nachricht richtig interpretiert, vollzieht sich bei ihm ein rascher Gesinnungswechsel. «Ihr meint, der gute alte Harana hat die andere Seite im Stich gelassen?»

Mein Brustkorb krampft sich zusammen. Hat Harana es also tatsächlich geschafft?

«Er traf heute morgen mit dem Gefangenen ein, dessentwegen Ihr ihn nach Xaragua geschickt habt, Vizekönig», sagt die Zunge.

Wie Harana II., vermutlich der höchstrangige Abtrünnige, der je zu Roldáns Rebellen übergelaufen ist, in Xaragua als Held einritt; wie er bald erkannte, daß Adrian Múxica die Haitianer nicht besser behandelte als Tiere; wie er mit diesen Indianern einen Plan ausheckte, um Múxica gefangenzunehmen; wie dieser rechtzeitig Wind von der Sache bekam, um Harana II. und seinen Gefangenen bis unmittelbar vor die Tore von Santo Domingo zu verfolgen – alle diese Ereignisse, die an sich durchaus interessant sind, liegen außerhalb des bescheidenen Rahmens dieses Buches.

Als ich von der Farm der Niños zurückkehre, erwartet mich Roldán mit einer bewaffneten Eskorte vor dem Gericht.

«Übergebt mir den Gefangenen.»

«Kommt nicht in Frage.»

«Er wurde mit Gewalt aus Xaragua weggeschleppt, und außerdem habe ich keinen Haftbefehl ausgestellt, und ich bin der Statthalter.»

Ich schicke nach Harana II. «Hat Múxica gestanden?»

«Ich bearbeite ihn noch, Vizekönig. Aber jetzt, wo er hier ist, ist es ganz erstaunlich, wie sehr sich das Erinnerungsvermögen der Augenzeugen gebessert hat. Sobald sie ihn nämlich . . .»

«Haben sie ihn eindeutig identifiziert?»

«Ja, Sir. Acht von ihnen. Und was sein Geständnis betrifft, so gebt mir noch ein paar Minuten.» Harana II. kehrt ins Gerichtsgebäude zurück.

In Wirklichkeit dauert es dann noch eine Stunde, bis der Kommissar wieder auftaucht; in der Hand schwenkt er ein Blatt Papier.

Nachdem Múxica gestanden hat, kann Roldán schlecht weitere Einwände machen; also wendet er wie wir seine Aufmerksamkeit Bartos Galgen zu.

In der Dämmerung jenes schicksalhaften Samstags, des 27. August 1500, wird der Galgen von Bartos Sicherheitstruppe (unter dem Kommando von Cristóbal Rodríguez) abgeriegelt und desgleichen die Straße, die zum Gerichtsgebäude führt; aber das restliche Santo Domingo quillt über von Menschen. Sämtliche Bewohner der Kolonie wollen die Hinrichtung miterleben, die erste in Hispaniola. Als der Verurteilte schließlich langsam vom Gerichtsgebäude zur Plaza geführt wird, gleicht das Stimmengewirr der Menge so sehr dem, das mir aus Valencia in Erinnerung ist, daß ich einen Augenblick, von Panik und Schuldgefühlen ergriffen, die Augen schließe und vor mir wieder den Verbrennungsplatz und jenen entsetzlichen Tag sehe und mich frage, ob ich etwas anderes bin als ein hierher verpflanzter Tomás de Torquemada oder Pater Buil. Obwohl ich nicht darüber nachgrüble, weiß ich, wie Harana II. Múxica dieses Geständnis entlockt hat. Aber nein, nein. Gewissensbisse sind hier fehl am Platz. Der Verurteilte hat sich mehr zuschulden kommen lassen als haarspalterische Ketzereien. Er hat kaltblütig und zu seinem persönlichen Vorteil getötet, und er hat meinen Sohn getötet.

Trotz seiner Fesseln schafft es Adrian Múxica, den kurzen Weg, seinen letzten, stolzen Schrittes zurückzulegen. Doch als er den Galgen erreicht, weicht sein prahlerisches Gehabe (denn Tapferkeit ist das nicht) einem so abgrundtiefen Entsetzen, daß er trotz Pater Panes behutsamem Drängen nicht in der Lage ist zu beichten.

«Na komm schon, Adrian, alter Junge», ruft jemand. «Oder hat dir der Henker deine Sünden vielleicht gestohlen?»

«Gebt doch dem armen Mann ein paar Sünden, denn wie es scheint, ist Mord nicht genug.»

Múxica läßt sich zu Boden fallen, und es gelingt ihm, mit den auf dem Rücken gefesselten Händen die unterste Sprosse der Leiter zu erreichen, die zum Galgen hinaufführt.

«Ich kann nicht! Ich möchte, aber ich kann nicht!» schreit er in einem Anfall von Panik, während Pater Pane ihn weiterhin ermahnt, doch seine Seele zu retten. «Wie kann ich beichten? Wie denn? Wenn ich mich nicht an eine einzige Sünde erinnern kann, nicht einmal an eine winzige, dann kann ich doch nicht beichten, und Ihr werdet doch nicht zulassen, daß sie mich umbringen, wenn ich nicht im Stande der Gnade bin, also müssen wir die Sache aufschieben, nicht wahr?» kreischt Adrian Múxica.

Schließlich zieht man ihn die Leiter zum Gerüst von Bartos Galgen hinauf.

Als er auf der Klappe steht, richtet er den Blick auf mich (damals verwendete man noch keine Kapuzen) und sagt auf seine großkotzige Art: «Ich wünschte nur, ich hätte *dich* erwischt, du dreckiger Pharao!» Im nächsten Augenblick pendelt er mit schräg hängendem Kopf hin und her.

Aber da habe ich mich bereits abgewandt. Die Menge teilt sich für mich wie das Rote Meer für Moses, und abgesehen von einem gelegentlich gemurmelten «Pharao» herrscht Stille. Während ich durch die verlassenen Straßen gehe, dann laufe, fühle ich nichts von all dem, was ich mir ausgemalt habe. Im Stall werfe ich einen Sattel auf das nächstbeste Pferd, springe auf und galoppiere ins Landesinnere zu der Farm, auf der meine Freunde Juan und Inocencia dafür sorgen, daß ihr Vieh und ihr Zuckerrohr gedeihen. Und ihr zehn Monate alter Sohn, den sie Yego genannt haben.

Am nächsten Tag (wie ich später vom Großen Diego erfahre) drehen sich die Bürger von Santo Domingo auf dem Weg zur Sonntagsmesse plötzlich wie ein Mann zum Wasser hin um. Denn unmittelbar vor dem Hafen liegen zwei Schiffe, die darauf warten, daß der ablandige Wind abflaut, so daß sie einlaufen können.

Das ist beinahe zuviel für unsere Kolonisten – Ojedas Karavellen mit ihrer Ladung Neuigkeiten, der großspurige Vespucci mit seinen tollen Beziehungen, dann die Hinrichtung, und jetzt noch zwei fremde Karavellen. Das Dock ist überfüllt, die Kirche leer, die Plaza verlassen, und der Körper, der sanft in der Brise schaukelt, wird von niemandem beachtet.

Auf dem Achterdeck der Karavelle *Gorda* ist der Gehenkte Gegenstand erheblicher Spekulationen. Die Neuankömmlinge nehmen das Hängen ernst; sie führen königliche Beglaubigungsschreiben mit sich, die einen von ihnen als neuen Alkalden und Gouverneur ausweisen, ausgestattet mit der Vollmacht, Verhaftungen und Beschlagnahmungen vorzunehmen. Dementsprechend ist Don Francisco de Bobadilla, fünfzig Jahre alt, Ritter des militärischen Calatrava-Ordens, Angehöriger des königlichen Hofstaats, ehemaliger Bürgermeister von einem halben Dutzend Städten, genau der rechtschaffene und überaus ehrenvolle Mann, den ich selbst ausgesucht hätte.

Während sich alle an Land fragen, wer sich an Bord befinden mag, schickt der Große Diego Cristóbal Rodríguez in einem Kanu los, um eben das festzustellen.

Nachdem man Rodríguez auf das Achterdeck der *Gorda* geführt hat, stellt er sich selbst als Chef der Sicherheitstruppe vor. Don

Francisco de Bobadilla nickt brüsk, ohne seine unerbittlichen Augen auch nur einen Augenblick von dem aus der Ferne winzig aussehenden Gehenkten abzuwenden.

«Passieren solche Dinge häufiger?» will er wissen.

«Zum erstenmal überhaupt», sagt Rodríguez.

«Ah», seufzt Bobadilla.

«Aber glaubt mir, von jetzt an wird alles anders. Der Kommandant hält sich derzeit im Landesinneren auf, um den Unruhen in Concepción de la Vega auf den Grund zu gehen, und er übt weniger Nachsicht als sein Bruder, der Vizekönig, so daß Ihr vielleicht bald schon mehr Rebellen im Wind schaukeln seht.»

«War denn der Hingerichtete ein Rebell?»

«Ja, und er hat einen Indianer ermordet.»

«Man hat einen Spanier aufgeknüpft, weil er einen Indianer getötet hat?»

Cristóbal Rodríguez setzt dazu an, die besonderen Umstände dieses Falles zu erläutern, aber gerade da dreht endlich der Wind, die Segel füllen sich, und die *Gorda* und ihre Schwesterkaravelle *Antigua* halten auf die Küste zu.

Rodríguez, der kein Seemann ist, ringt um festen Stand. Er fährt mit seiner Erklärung fort.

«Der Sohn des Vizekönigs?» wiederholt Don Francisco de Bobadilla voller Abscheu. «Wurde er denn mit einer Indianerin gezeugt?»

«Das schon, aber der Vizekönig war nicht der Vater.»

«Erklärt mir das!» bellt Bobadilla, obwohl sich Rodríguez alle Mühe gibt.

«Der Junge hat seinen Vater nie gekannt», erläutert Cristóbal Rodríguez.

«Dann war also das sogenannte Mordopfer nicht nur ein Indianer, sondern auch noch ein Bastard?»

Bevor Rodríguez erklären kann, daß er der Patensohn des Königs und der Königin war, wird er seekrank. Und als Bobadilla Kenntnis von diesem Umstand erlangt, ist es zu spät.

An Land erkundigt er sich sofort nach mir.

Als er dem Großen Diego sein Beglaubigungsschreiben unter die Nase hält, platzt dieser heraus: «Hier heißt es Alkalde *und* Gouverneur. Was soll denn das bedeuten?»

Ohne auf diese Frage einzugehen, fragt Bobadilla: «Ihr sagtet, Euer Bruder hielte sich irgendwo im Landesinneren auf?»

«Er mußte nach der Exekution einfach weg von hier.»

In dem Augenblick ruft jemand aus der Menge: «Und ob er das mußte, dieser dreckige Pharao!»

Variationen zu diesem Thema folgen.

«Und Euer anderer Bruder, der, den sie Kommandant nennen?»

Der Große Diego bestätigt, daß auch der sich im Landesinneren befindet, um sich um die Kolonisten zu kümmern, die Ärger machen.

«Passiert so etwas häufig, Don Diego?»

Der Große Diego, im Denken nicht allzu behende, kann nicht entscheiden, ob uns mit einer positiven oder einer negativen Antwort besser gedient ist. Also versucht er es mit einem lässigen: «Nun ja, kleinere Aufstände sind in dieser Gegend nichts Besonderes.»

Don Francisco de Bobadilla sieht ihn mit großen Augen an.

An dieser Stelle greift Roldán in das Gespräch ein, indem er sich als Alkalde vorstellt.

«Ihr seid dieses Postens enthoben», informiert ihn Bobadilla kurz und bündig.

Statt eines Widerspruchs kommt von Roldán ein inbrünstiges «Gott sei Dank».

Bobadilla wirft ihm einen verächtlichen Blick zu. «Mehr Schwierigkeiten, als ihr verkraften könnt?»

«Das ist es nicht. Unruhen sind eine Sache, damit kann ich fertig werden. Aber was kann man schon gegen ein ausländisches Komplott zur Inbesitznahme der Indischen Lande ausrichten – ein Komplott, das sich direkt bis zum Vizekönig zurückverfolgen läßt?»

Das Gerüst des Indizienbeweises ist geschickt aufgebaut. Der kürzliche Besuch von Amerigo Vespucci, Vespuccis allgemein bekannter (sic) guter Draht zu dem berüchtigten Porco-Zámpano und dem alten Ludovico Centurione höchstpersönlich, die Tatsache, daß noch ein anderer Genuese (wenn auch unter britischer Flagge) Anspruch auf Länder im Norden erhoben hat . . .

«Ist der Vizekönig nun ein Pharao, wie diese Leute behaupten, oder ist er Genuese?» fragt Bobadilla gereizt.

Roldán zuckt die Achseln. «Ich vermute, er könnte beides sein.»

Es dauert nicht lange, bis Francisco de Bobadillas drei Sekretäre Aussagen zu Themen aufnehmen, die von dem imaginären italienischen Konsortium Amerigo Vespuccis bis hin zu Bartos gemischtrassigen amourösen Verstrickungen reichen. Aber zunächst muß der neue Alkalde und Gouverneur irgendwo wohnen. Er fragt den Großen Diego: «Wo ist der Gouverneurspalast?»

«Wir haben eigentlich keinen Gouverneurspalast, wir haben einen vizeköniglichen Palast – dieses imposante zweistöckige Gebäude da drüben, auf dem die Fahne des Vizekönigs weht.»

«Holt sie herunter. Ich werde mit meinem Gefolge umgehend dort einziehen.»

Der Große Diego ist ein gutmütiger Kerl, der lieber nachgibt, als Krach zu schlagen. Aber wenn er dann mal die Nase voll hat, verblüfft er die Leute.

«Einen Scheiß werdet Ihr», sagt er zu Bobadilla.

Der neue Gouverneur antwortet darauf zweierlei:

«Verhaftet diesen Mann», ist das erste. Dabei zeigt er auf den Großen Diego, falls es irgendwelche Zweifel geben sollte.

Und das zweite: «Stellt genau fest, wo sich sein Bruder aufhält.»

Ich bin auf der Farm der Niños, lasse den kleinen Cristóbal Yego auf meinen Knien hüpfen und höre Inocencia zu, die mir ihre Idee für eine Schule für die Indianer erläutert, über die sie offenbar gründlich nachgedacht hat.

«Ich bin informiert über alle diese Pläne, sie nach Spanien zu schicken, die Erwachsenen meine ich, aber anscheinend nur als Sklaven», meint sie. «Wir könnten doch statt dessen die Kinder hier erziehen, oder? Ich habe bereits mit Pater Pane gesprochen, und er ist damit einverstanden. Natürlich möchte er den Unterricht überwachen. Einige von uns Frauen würden sich gerne als Lehrerinnen zur Verfügung stellen. Wenn man bei den Kindern anfängt, wüchse eine völlig neue Generation von Indianern heran; sie würden fließend Spanisch sprechen und hätten eine anständige christliche Erziehung.»

Die kleine Innocencia ist alles andere als schüchtern. Aber als ich sie frage, ob sie lesen und schreiben kann, errötet sie ganz reizend – nicht, weil sie es nicht kann, sondern weil sie es kann. «Ich wollte lernen, als ich jung war. Manche Mädchen sind eben so.»

Ich möchte ein Buch kaufen, höre ich Beatriz sagen.

Einfach ein ganz normales Buch.

Ist das ein gutes Buch zum Lesenlernen?

Ihr meint also, ich muß lesen können, bevor ich ein Buch kaufen kann? Das ist nicht fair. Wie kann ich denn lesen lernen, ohne ein Buch zu kaufen?

«Ja», sage ich, «manche Mädchen sind so.»

Ich versichere Inocencia, daß ich sehr von ihrer Idee angetan bin und daß es gar nicht nötig sei, ein richtiges Schulgebäude abzuwarten, «denn im vizeköniglichen Palast ist mehr Platz als genug», als wir Pferde herangaloppieren hören. Wenig später erscheint Juan Niño mit grimmigem, purpurrotem Gesicht in der Tür.

«Da ist ein Trupp Soldaten, Vizekönig», sagt er. «Sie behaupten, sie seien gekommen, um Euch zu verhaften.»

Zwei Stunden später stürzt Harana II. ins Gerichtsgebäude, öffnet die Zelle in dessen hinterem Teil, wirft einen Blick auf mich und den Großen Diego, die wir, an Händen und Füßen gefesselt, zu beiden Seiten eines kleines Tisches sitzen, und brüllt: «Ich habe es gerade erfahren, Admiral. Ich breche diese Eisen auf der Stelle auf. Von allen verrückten, lächerlichen . . .»

Er ist zu sehr in Rage, um weiterzureden. Der Große Diego sieht ihn hoffnungsvoll an.

Doch ich sage: «Wenn Ihre Majestäten diesen Mann mit der Vollmacht hierhergeschickt haben, uns in Eisen zu legen, nun gut, dann werden wir eben in Eisen bleiben, bis Ihre Majestäten jemand anderem die Vollmacht erteilen, sie zu entfernen.»

Der Große Diego seufzt.

«Reitet hinauf nach Concepción und bringt den Kommandanten zurück», sage ich zu Harana II.

Er lächelt. «Verstanden. Mit seinen indianischen Verbündeten aus Bonao?»

«Nein. Auch gegen ihn ist Haftbefehl erlassen worden. Ich wünsche, daß er sich freiwillig ergibt.»

«Ohne sich zu wehren?» fragt Harana II. fassungslos. «Aber warum denn, Admiral?»

Sehr einfach. Würde ich Widerstand leisten, würde ich Barto benachrichtigen, er solle im indischen Bonao den *areitos* tanzen lassen, dann würde ich die Insel in zwei sich bekriegende Lager spalten.

Niemanden trifft eine Schuld. Diesmal. Soweit der Prophet Guacanagarí. Ich möchte nicht, daß es ein nächstes Mal gibt.

So gesellt sich am folgenden Tag Barto zu uns, der sich mit schweigendem Zorn in seine Eisen fügt. Bis wir in Ketten an Bord der *Gorda* gebracht werden, um nach Spanien zurückzukehren, vergehen Wochen; dem Kapitän, einem gewissen Andrés Martín, wird ein fünfhundertseitiges Dossier anvertraut.

Bobadilla bleibt als Gouverneur in Santo Domingo.

Betrübt denke ich daran, daß Inocencia wahrscheinlich nie die Chance haben wird, ihre Schule ins Leben zu rufen.

Sobald wir den Hafen hinter uns gelassen haben, kommt ein verlegener Kapitän Martín mit einer Laterne in die finstere, fensterlose Kajüte, in der wir eingesperrt sind.

«Es tut mir furchtbar leid, Admiral», sagt er. «Ich lasse diese Ketten sofort abschlagen.»

Aber ich schüttle den Kopf.

Warum lehne ich ab, jetzt, da wir auf See sind?

Diese Frage zu stellen heißt mich völlig verkennen. Bedeuten diese Fesseln etwa eine Demütigung? Nein, sie sind das Symbol meiner Ehre, das kalte, geschmiedete Eisen meines Ruhmes. Denn ich habe Menschen in hohen Positionen gedient und bin von ihnen mißbraucht worden. Die Schande trifft sie, nicht mich. Wenn ich könnte, würde ich diese Ketten mit ins Grab nehmen.

«Sturer Esel», sagt Barto, aber in seiner harten Stimme schwingt Zärtlichkeit.

Meine stille Heiterkeit auf der langen Rückfahrt nach Spanien verblüfft meine Brüder. Der arme Diego hat panische Angst vor der Zukunft. Barto nährt seinen Zorn. Ich hingegen trage meine neuerworbene Gelassenheit wie eine Rüstung. Nichts kann mir etwas anhaben. Denn ich habe mein Bestes gegeben. Mehr kann ein Mann nicht tun.

Das Wetter ist freundlich, das Essen gut, der Wein reichlich. Nachts träume ich manchmal von Petenera. Zwei Jahre und länger ist es her: In zwei Jahren kann viel passieren. Auch das gehört zu meiner neuen Gelassenheit. Wenn ich sie erst einmal gefunden habe, vielleicht könnten sie und ich dann . . .

Der aufmerksame Leser wird bemerken, daß kein zotenreißender Lümmel Dreckwasser zu mir in den Schiffsbauch hinunterkippt wie in jenem Traum, den ich mit sechzehn hatte, als ich in Rom im Sterben lag. Ich will diese Abweichung nicht leugnen, aber ich finde trotzdem, für den ersten prophetischen Traum eines Teenagers war das eine ziemlich reife Leistung.

KAPITEL 19

Die recht unerwartete Rückkehr des Blauen Pimpernell

Hier haben Sie eine vom Unglück verfolgte königliche Familie.

Isabella und ihr Vetter Ferdinand, die heirateten, um ganz Spanien zu vereinen, hätten ohne weiters eine Dynastie gründen können, die die der Habsburger und Hohenzollern, der Bourbonen und Romanows in den Schatten gestellt hätte. Immerhin hatten sie zehn Kinder.

Aber die Hälfte starb bei der Geburt oder im Säuglingsalter.

Und Kronprinz Juan starb, wie Sie mitbekommen haben, während der Flitterwochen an der Liebe.

Und Prinzessin Isabella, des Königs heißgeliebte Isa, starb im Kindbett, so daß ihre jüngere Schwester Maria ihren Platz als Königin von Portugal einnahm.

Und Isas Sohn, der Erbe, der Iberien zur größten Macht Europas hätte machen können, starb an einem Fieber. (Fieber war häufig ein Euphemismus. Für Gift.)

Und Philipp der Schöne, dieser ungeniert untreue burgundische Mann von Johanna der Wahnsinnigen, regierte Spanien nur zwei Jahre lang, bevor er im Anschluß an ein Handballspiel einer Erkältung erlag. (Erkältung war ebenfalls häufig ein Euphemismus.)

Und Johanna die Wahnsinnige wurde ihrem Namen vollauf gerecht.

Alle Tragödien mit Ausnahme der von Philipp hatten sich in der Zeit bis zum 17. Dezember 1500 ereignet, so daß Ferdinand und

Isabella Grund genug gehabt hätten, das verbittertste Königspaar der Christenheit zu sein.

«Aber so schlecht geht es ihnen gar nicht», versicherte mir Juana de Torres. Die Schwester meines alten Freundes Kapitän Antonio de Torres und Vertraute der Königin stand plaudernd mit mir in dem kleinen Vorzimmer zum Audienzsaal in der Alhambra in Granada, wo einst blinde Musiker für den Sultan aufgespielt hatten. «Denn die jüngste Tochter, Prinzessin Catalina, ist ein ausgesprochener Schatz, und alle Hoffnungen des Herrscherhauses ruhen auf ihr. Die Könige arrangieren für sie eine Hochzeit mit diesem netten Arthur, dem Prinzen von Wales. Also werdet Ihr sie durchaus guter Laune antreffen.»

Arthur sollte, wie Geschichtscracks wissen müßten, drei Monate nach der Hochzeit (an einer Erkältung oder einem Fieber oder einem Euphemismus) sterben, und Katharina von Aragón heiratete kurz nachdem ihr Mann die Thronfolge angetreten hatte, den jüngeren Bruder dieses netten Arthur, den reizenden König Heinrich VIII.

«Wie geht es meinen Jungen?» frage ich Juana de Torres. Bei Hof waren alle so beschäftigt, daß ich die beiden noch gar nicht zu Gesicht bekommen hatte.

Nachdem Ihre Majestäten einen Staatsvertrag mit Frankreichs neuem König geschlossen und einen Krieg gegen mehrere italienische Stadtstaaten organisiert hatten, hatten sie endlich mich und meinen Bruder zu sich rufen lassen. Und sie hatten uns – ein hervorragendes Zeichen – zweitausend Golddukaten geschickt, so daß wir standesgemäß von La Rábida hierher reisen konnten. Wir hatten dort ziemlich lange gewartet, nach wie vor – darauf bestand ich – in Ketten. Als dann schließlich die königliche Order eintraf, sie uns abzunehmen, fühlte ich mich ohne sie nackt.

«Eure Jungen», sagte Juana de Torres, «geben zur Zeit ein ziemlich schwaches Bild ab. Bei Hof hängen eine Menge übelgelaunter Ex-Kolonialisten herum, die unter anderem nach Entschädigung schreien. Der fette Ferdy läßt ihre Beschimpfungen einfach an sich abprallen, aber dieser Diego – ein Schrank von einem Mann! – nimmt sie sich ziemlich zu Herzen. Einmal hat er die Beherrschung verloren und irgend so einen Kavallerieoffizier zu Boden geschlagen und getreten, einen ehemaligen Günstling der Königin, dessen Name mir entfallen ist.»

«Habt Ihr mit dem ‹fetten Ferdy› meinen Sohn gemeint?»

«Na ja, so wird er eben genannt, tut mir leid.»

Als der mollige elfjährige Fernando in seiner purpurnen, gold-besetzten Livree ankam, um uns in den Audienzsaal zu geleiten, war mir klar, daß er dringend Abhärtung brauchte.

Da acht oder neun Leute im Vorzimmer herumhingen, be-grüßte Fernando seinen Vater und seine beiden Onkel nicht gerade überschwenglich. «Papa, nett, dich zu sehen. Tag, Onkel Barto, Onkel Diego. Nun, sie erwarten euch.» Allerdings fügte er hinzu: «Kein Zeitlimit, soviel ich weiß.»

«Wo ist dein Bruder?»

«Beim Eisenfressen. Er verbringt mehr Zeit damit als irgendein Kerl, der mir je untergekommen ist», sagte der fetteste aller könig-lichen Pagen.

Wir wurden hineingeführt. Ich fiel vor dem Doppelthron auf die Knie, hielt die Augen gesenkt, verletzt und selbstgerecht, bis ich mir meine neuerworbene Gelassenheit ins Gedächtnis rief. Der Große Diego warf sich, glaube ich, hinter mir zu Boden. Ich bin nicht ganz sicher, denn ich war absolut schockiert, daß Barto unter Mißach-tung des Protokolls noch immer dastand und das Wort ergriff.

«Also wirklich, Eure Majestäten, ich möchte bloß wissen, was für ein Spielchen Ihr da eigentlich mit mir treibt. Vor sieben Jahren habe ich ein ziemlich angenehmes Leben da oben in Fontainebleau aufgegeben, um hierher zu kommen und meinem Bruder zu hel-fen, und Eure Majestäten haben mich mit Handkuß mit einer Versorgungsflotte losgeschickt, und Ihr könnt Gift darauf nehmen, daß der Admiral damals jegliche Unterstützung brauchte, die er bekommen konnte. Ich habe mir die besten Jahre meines Lebens da draußen in Euren Indischen Landen um die Ohren geschlagen. Ich kann an den Fingern beider Hände abzählen, wie viele Nächte ich in einem bequemen Bett geschlafen habe. Und wie äußert sich Eure Dankbarkeit? Darin, daß Ihr mich festnehmen und in Ketten drei-tausend Meilen übers Meer bringen und dann in einem Kloster einsperren laßt. Und meine Brüder auch», fügte er hinzu. Dann machte er eine Pause, um Luft zu holen.

Zu perplex, um entsprechend zu reagieren, hörten der König und die Königin zu.

«Mein Bruder Cristóbal», fuhr Barto fort, «glaubt vielleicht immer noch, daß er Euch etwas schuldet, aus Gründen, die er wohl selbst am besten kennt, und mein Bruder Diego hat noch nie gerne Zoff gemacht, aber ich bin da anders. Also erwartet bloß nicht, daß ich zu diesen beleidigenden Vorwürfen Stellung nehme. Wenn Ihr irgendein interessantes und lukratives Unternehmen anzubieten habt, werde ich mir die Sache durch den Kopf gehen lassen. Andernfalls mache ich mich jetzt auf die Socken. Mein Gott, es gibt noch andere Könige und Königinnen in Europa, und mit den meisten von ihnen ist besser Kirschen essen als mit Euch. Sie haben nämlich begriffen, daß Loyalität eine Sache ist, zu der zwei gehören. Kapiert?»

Sie hatten alles kapiert. Die Rede bestand aus ungefähr zweihundertsiebzig – lautstark vorgebrachten – Wörtern, und jeder Satz war eine Majestätsbeleidigung. Ich war überzeugt, mein Bruder Barto würde auf ein königliches Fingerschnippen hin zur Hinrichtung geschleift, aber sie ließen es ihm durchgehen.

Der König sagte: «Mag sein, daß Eure ... Interpretation der Ereignisse eine gewisse Wahrheit enthält, Don Bartolomé.»

Die Königin sagte: «O je, haben wir das alles getan? Doch sicher nicht. Ich hoffe es zumindest nicht.»

Jetzt schaute ich zum erstenmal zu den beiden auf, vorwiegend zu ihr. Ich bekam einen zweiten Schock. Kummer hatte ihre Mundwinkel nach unten gebogen; Schmerz hatte ihr Gesicht mit einem Netz feiner Falten überzogen; Unglück hatte ihr ehemals leuchtendrotes, üppiges Haar spärlich und weiß werden lassen. Mit einem Wort: Sie war eine alte Frau. Dabei war sie knapp so alt wie ich, und bis zu meinem fünfzigsten Geburtstag waren es noch einige Monate hin.

War ich in ihren Augen ein alter Mann?

«Wir sind», sagte der König, «dieser Angelegenheit mit den italienischen Stadtstaaten nachgegangen, die mit ihren Kriegsflotten unser Reich jenseits des Ozeanischen Meeres erobern wollen.»

«Nur um zu erfahren», sagte die Königin, «daß es sich um ein reines Gerücht handelte.»

«Trotzdem», fuhr der König fort, «befinden wir uns im Krieg mit den italienischen Stadtstaaten.»

«Eine kleine Meinungsverschiedenheit wegen Neapel», berichtigte ihn die Königin mißbilligend, «die absolut nichts mit einem angeblichen Komplott gegen unsere Indischen Lande zu tun hat.»

«Mag sein», entgegnete der König verdrossen, und noch verdrossener sagte er zu mir: «Und es mag auch sein, Don Cristóbal, daß Ihr mit der Hinrichtung dieses Mörders Eure vizekönigliche Vollmacht nicht überschritten habt, aber trotzdem können wir nicht umhin, uns zu fragen . . .» Er ließ den Satz in der Luft hängen und wandte sich an die Königin: «Was war es noch mal, was wir nicht umhin konnten, uns zu fragen?»

«Warum um alles in der Welt der Ordenskomtur Francisco de Bobadilla *seine* Kompetenz überschritten hat, indem er die Brüder Colón in Ketten werfen ließ.»

«Aber wir haben Bobadilla doch ermächtigt, jeden nach Spanien zurückzuschicken, der eine Bedrohung für den Frieden und die Sicherheit der Kolonie darstellt, oder nicht?»

«Ich glaube schon», gab die Königin zu.

«Na also, siehst du?» sagte der König zweifelnd.

Jetzt zankten sie sich, und damit war bei den Königen die Schlacht bereits halb gewonnen.

Selbst der Große Diego mußte das gemerkt haben, denn er ergriff voller Selbstvertrauen das Wort. «*Wir* sollen eine Gefahr für den Frieden und die Sicherheit der Kolonie dargestellt haben?»

«Nehmt Euch in acht!» schleuderte ihm der König entgegen. «Wir tolerieren hier keine Majestätsbeleidigung.»

Das war Diegos letzter Versuch mit höfischer Diplomatie.

Ich fragte gelassen: «Aber was wird aus meinen diversen Ämtern, Sires? Sie waren als Ernennungen auf Lebenszeit gedacht. Sogar erblich.»

«Ihr bleibt», sagte die Königin, «unser Admiral des Ozeanischen Meeres.»

«Dieser Titel steht Euch nach wie vor zu, Don Cristóbal, und er ist nach wie vor erblich», sagte der König mit deutlicher Betonung auf «Titel». «Und Ihr dürft auch weiterhin den Ehrentitel «Vizekönig» tragen.»

«Zum Teufel mit dem Ehrentitel», sagte Barto. «Gebt ihm lieber seine zwölfeinhalb Prozent.»

«Wie wäre es statt dessen mit einer hübschen Datscha in der Provinz Granada, Don Cristóbal?» schlug der König vor.

Störrisch schüttelte ich mein weißes Haupt. «Ich bin zu jung, um mich zur Ruhe zu setzen. Außerdem bin ich ein Admiral und ein Vizekönig, kein Herzog.»

«Ihr müßt einsehen», sagte die Königin, «daß kein Mann, auch wenn er sich noch so verdient gemacht hat, auf die Dauer ein Achtel der Staatseinnahmen aus unserem Reich in Übersee erwarten kann.»

«Es geht nun mal nicht, daß sich einer so viel unter den Nagel reißt, Don Cristóbal», sagte der König.

«Denn», fuhr die Königin fort, «mit all den Entdeckungen von Vicente Yáñez Pinzón und diesem verwegenen Kapitän Ojeda und Eurem guten Freund Peralonso Niño und Bastidas von Sevilla und Lepe von Palos und . . . – die Namen der anderen habe ich vergessen – ist dieses Reich, diese Neue oder Andere Welt, ungleich größer als das alte Spanien.»

«Ihr könnt sie ebensowenig als Vizekönig regieren und erwarten, daß Eure Nachfahren in Eure Fußstapfen steigen, wie Ihr weiterhin Euren unangemessenen Anteil einstreichen könnt», fügte der König hinzu – einer der seltenen Fälle königlicher Einmütigkeit.

Natürlich hatten sie recht. Während ich Aufstände niedergeschlagen und Kriege in Hispaniola verhindert hatte, hatte mich die Geschichte überholt. Aber in meiner neuen Gelassenheit würde ich mich von einer solchen Kleinigkeit nicht beeinträchtigen lassen.

«Ich bin sicher», lenkte die Königin ein, «daß wir mit Eurem Agenten Luis de Santangel eine akzeptable Vereinbarung treffen können.»

«Heißt das, er ist zurück, Majestät?» rief ich.

«Freilich werdet Ihr ihn nicht wiedererkennen», prophezeite der König.

«Ich hatte noch nie etwas für Fettwänste übrig», sagte die Königin. Dann lächelte sie Barto an. «Nun, Don Bartolomé, werdet Ihr in unseren Diensten bleiben?»

«Die Portugiesen», sagte der König pointiert, «stellen derzeit spanische Kapitäne für die afrikanische Handelsschiffahrt ein. Und Eure spanische Armada, falls Ihr die vorzieht, braucht erfahrene Offiziere im Krieg gegen dieses Konsortium italienischer Stadtstaaten.»

«Zu denen Genua nicht gehört», ergänzte die Königin rasch.

Barto blickte den König kühl an. «Ich bin kein Spanier, ebensowenig wie der Admiral, und ich danke Gott dafür. Portugal sagt mir durchaus zu.»

Also würde Barto als Generalkapitän einer Flotte segeln, die zwischen Fernando Poó und dem Kap der Guten Hoffnung Handelsposten errichtete, und diese Erzählung für ein paar Jahre verlassen.

«Und wie steht es mit Euch, Don Diego?» fragte die Königin.

«Ich habe La Rábida liebgewonnen», sagte der Große Diego schüchtern lächelnd. «Dort ist es so friedlich.»

Er würde also einen guten Teil seines restlichen Lebens in diesem abgelegenen Kloster verbringen und, soweit ich das beurteilen kann, glücklicher sein als seine beiden Brüder.

«Und Ihr, Admiral?» fragte die Königin. «Was werdet Ihr tun?»

Ich wußte es nicht.

Ich hatte nur einen Gedanken: das Werk eines Lebens, geboren aus einer kummervollen julianischen Dekade am äußersten nördlichen Ende der Welt, das Große Abenteuer – so lange vorbereitet, so schnell vorbei, meine Indischen Lande in anderen Händen, anderen Herzen, anderer Männer Träume . . .

Aber nein. In meiner neuerworbenen Gelassenheit waren mir Reuegefühle fremd.

Sobald uns der fetteste aller königlichen Pagen hinausgeleitet hatte, begab ich mich allein ins Schatzamt der Alhambra, um Luis de Santangel aufzusuchen.

Ohne die perfekt gedrehte Zigarre, die ihren festen Platz in seinem Mundwinkel hatte, hätte ich ihn nicht erkannt. Der Verwalter der königlichen Privatschatulle war schmal geworden, und mit seinen Pfunden war auch seine Persönlichkeit dahingeschwunden. Während er auf und ab ging und seinem Sekretär Espina de Chopito einen Brief diktierte, strahlte er nicht mehr die alte Macht aus, sondern nur nervöse Energie.

Aber wenigstens seine selbstsichere Stimme war unverändert geblieben.

«. . . Schwierigkeiten und jetzt in allen christlichen Kirchen Kerzen anzuzünden hilft auch nichts wenn Ihr mir nicht glaubt dann macht nur so weiter und riskiert den einzigen Kopf den Ihr habt aber sagt nicht ich hätte Euch nicht gewarnt. Das war's, Chopito. Die üblichen Punkte, Strichpunkte und Kommas. Drei Abschriften.»

«Was, keine Ausrufezeichen?» fragte ich.

Zunächst verhüllte eine Rauchwolke das verdutzte Gesicht, dann rief er aus: «Mein Junge! Ich wußte, daß Ihr zurückkommen würdet, aber altersmäßig habt Ihr ganz schön zugelegt. Mein Gott, ich hätte nie gedacht, daß ich Euch noch mal sehen würde. Los, Espina, verschwindet.»

Espina de Chopito tat, wie ihm geheißen.

«Wo ist sie?» fragte ich.

«Soll ich Euch anlügen? Wenn ja, dann lautet die Antwort, ich weiß es nicht. Wenn ich ehrlich bin, heißt die Antwort, ich kann es Euch nicht sagen. Tut mir leid, mein Junge. Aber nun zu Euch. Wie ist es Euch mit den Königen ergangen?»

Während wir redeten, paffte Santangel seine Zigarre, ging zwischen Schreibtisch und Fenster auf und ab, ließ seine Fingerknöchel knacken und hob sporadisch die linke Augenbraue.

«Das müßt schon Ihr mir sagen», sagte ich.

Er schien das Thema zu wechseln. «Ich war nicht skrupellos genug.»

«Wofür?»

«Um herauszufinden, wohin die Suprema meinen Sohn Santí hatte verschwinden lassen. Nicht daß ich es nicht versucht hätte, damals in den Jahren '97 und '98. Aber als offensichtlich war, daß ich nicht skrupellos genug war, um irgend etwas zu erreichen, da fand ich jemanden, der es war.»

Ich konnte ihm nicht folgen. «Der was war?»

«In der Lage, Santí zu kriegen, bevor er zu reden anfing. Denn früher oder später bricht die Suprema jeden. Aber dieser Junge, mein Gott! Man muß wirklich allen Respekt vor ihm haben. Fünf Jahre in einem Verlies, und hält noch immer durch. Nicht ein Wort, wie unsere Maulwürfe innerhalb des Heiligen Offiziums berichten. Jedenfalls gab es nur eine Person, die skrupellos genug war, also bin ich hinunter nach La Rábida, um ihr Bescheid zu sagen, und seitdem leitet sie die Nachforschungen, um herauszufinden, wo sie meinen Jungen Santí haben verschwinden lassen.»

«Petenera?» sagte ich atemlos.

Santangel schüttelte warnend den Kopf. «Ihr dürft ihren Namen nicht einmal aussprechen», sagte er.

«Und sie sucht nach Santí?»

Er nickte nur.

Während er sich feierlich eine neue Zigarre anzündete, schwenkte seine Stimmung um. Anteilnehmend fragte er: «Nun, was haltet Ihr von der großen neuen Kolonialflotte, die sie im nächsten Jahr losschicken wollen?»

«Sie haben kein Wort davon erwähnt.»

«Nein? Damit beginnt ein ganz neues Kapitel im Handel mit den Indischen Landen; das wird ein gewaltiger Vorstoß, um da drüben ein richtiges neues Spanien aufzubauen – das koloniale Pendant zu einem totalen Krieg. Fünfundzwanzig, vielleicht auch dreißig Schiffe. Drei- oder viertausend Kolonisten. Das ist Geschichte, mein Junge. Wir haben Glück, in solchen Zeiten zu leben, trotz allem.»

«Wann soll ich das Kommando übernehmen?» fragte ich. Mit meiner Gelassenheit war es vorbei. Mein Puls raste, mein Mund war trocken. Vor meinen Augen sah ich diese Flotte, die von Horizont zu Horizont reichte.

Santangel hingegen betrachtete eingehend die Bodenfliesen. «Es fällt mir schwer, derjenige zu sein, der es Euch sagt, mein Junge. Aber sie haben Euch ausmanövriert. Antonio de Torres hat bereits den Zuschlag als Generalkapitän erhalten.»

Jetzt war ich es, der zu Boden blickte. Ich weiß nicht, was ich dort suchte. Meine Gelassenheit vielleicht.

«Das ist hart, mein Junge, aber Ihr wart lange im Rennen. Also seht zu, daß Ihr nicht in die Fänge der Nostalgie geratet», riet mir Santangel.

Aber er begriff nicht. Hier ging es nicht um Nostalgie. Hier ging es ums Übergangenwerden, darum zu erfahren, was es bedeutet, zum alten Eisen zu gehören.

Santangel sah das offenbar nicht so. «Das heißt doch nicht, daß Ihr abserviert seid. In diese Schublade gehört Ihr mit Sicherheit nicht. Erzählt mir bloß nicht, daß Eurer Meinung nach der Befehlshaber dieser Flotte mehr gilt als der Admiral des Ozeanischen Meeres.»

«Das ist jetzt nur noch ein Ehrentitel. Genauso wie Vizekönig.»

«Einen Dreck ist es. Wie werden sie denn Eurer Meinung nach die kolonialen Pöstchen besetzen?»

«Ich kann Euch nicht folgen», sagte ich.

«Dieser Margarit und dieser Bernal de Pisa und all die anderen haben die Indischen Lande seit Jahren schlechtgemacht. Jetzt braucht man jemanden, der bei den Leuten Begeisterung für das Leben in den Kolonien weckt. Und wer wäre da besser geeignet als der Admiral des Ozeanischen Meeres in eigener Person? Ihr werdet auf Tournee gehen, mein Junge. Macht Euch darauf gefaßt, daß Ihr Euch eine goldene Nase verdient. Ich werde dem legendären Colón die fettesten Auftrittshonorare verschaffen, die je gezahlt wurden, und dazu einen prozentualen Anteil an den Eintrittsgeldern. Ich mache aus Euch noch einen reichen Mann.»

Er zündete sich die dritte Zigarre an, die erneut einen Stimmungsumschwung einleitete. Jetzt waren seine Augen schwarz wie die Gewässer des Nordens an einem grauen Wintertag. «Wie lange wird er durchhalten, mein Sohn? Was er leistet, ist übermenschlich. Er ist der größte unbesungene Held in der Geschichte Spaniens. Aber nun, sie wird ihn finden.» Eingehend betrachtete er das glimmende Ende seiner frischen Zigarre. «Sie haben ihre ganze Familie auf dem Scheiterhaufen verbrannt, den kleinen Bruder, den Ihr in Navidad verloren habt, nicht mitgerechnet, und sie haben ihr in Toledo eine Kostprobe ihrer Foltermaschinerie gegeben. Sie ist ziemlich skrupellos. Ja, sie wird ihn finden», sagte Santangel zuversichtlich – aber in seinen Augen standen Tränen.

«Und wenn, was passiert dann?»

Eine finstere Rauchwolke. Langes Schweigen. Und dann: «Ich dachte, Ihr hättet begriffen. Der einzige Zweck, Santí zu finden, besteht darin, ihn zu töten.»

Bei Sanlúcar, ein Stück stromabwärts von Sevilla, versammelte sich die große Flotte – fünf riesige Karracken, vierundzwanzig Karavellen, drei *Barcos*, mehr als tausend Mann Schiffsbesatzung, dreitausend Kolonisten, darunter mehrere hundert Frauen; zwölf Franziskanermönche zu Pater Ramón Panes Unterstützung, Pferde, Rinder, Schweine, Ziegen, sogar Luxusgüter für die Damen, etwa Ballen mit echter Seide, Spitzenmantillas, Pfauenfedern und Fächer; drei große Seemannskisten voller Bücher (darunter mehrere Exemplare der Tragikomödie *Celestina*). Das hier war nicht nur eine Flotte; es war eine komplette schwimmende Welt.

Am Tag der Abreise stand ich, als Gast von Generalkapitän Antonio de Torres, auf dem Achterdeck des Flaggschiffs *Bonanza*.

Um ein Haar hätte ich meine gewohnte Stellung an einer Want eingenommen, als ein anderer Mann, rotgesichtig und korpulent, in einer prachtvollen schwarzen Uniform mit weißen Aufschlägen und so vielen Goldtressen, daß sie für die gesamte Armada gereicht hätten, auf dem Achterdeck erschien.

Antonio de Torres strahlte uns beide an. «Gouverneur, es ist mir eine Ehre, Euch den Mann vorzustellen, der, wie jedermann weiß, das alles erst möglich gemacht hat», sagte er mit einer allumfassenden Geste. «Admiral Colón – Gouverneur Ovando.»

Während wir einander vorgestellt wurden, betrachtete dieser Ovando das Kompaßgehäuse, als hätte er noch nie einen Kompaß gesehen. Außerdem strich er geflissentlich ein paar verrutschte Goldtressen glatt.

«In der Tat», fuhr Torres fort, «wäre es nicht übertrieben zu behaupten, daß mir der Admiral alles beigebracht hat, was ich über das Ozeanische Meer weiß.»

Der Gouverneur wandte sich mit jenem selbstvergessenen Lächeln um, das Leute kurzsichtig wirken läßt. «Es ist mir ein Vergnügen, Kapitän Pinzón», sagte er, wobei er mich ohne Grund mit Vicente Yáñez Pinzón verwechselte, dem ehemaligen Kapitän der *Niña* und jetzt der Nummer eins in der neuen Entdeckerriege, ein Mann, der in Kürze den Amazonas entdecken würde.

Torres sah mich unbehaglich an, aber ich lächelte nur. «Gouverneur Ovando», erklärte er, «löst Gouverneur Bobadilla ab, der aufgrund unrechtmäßiger Amtshandlungen zurückbeordert wird.»

Ich muß gestehen, daß mein Lächeln breiter wurde.

«Das Vergnügen ist ganz auf meiner Seite, Gouverneur.»

Torres sagte: «Wißt Ihr eigentlich, Admiral, daß ich alle Topleute bekommen habe, die ich wollte, mit Ausnahme von einem einzigen? Der Kapitän, den ich mir am meisten gewünscht habe, hat abgelehnt.»

«So? Und wer war das?»

«Dieser brillante junge Terreros. Er sagte, er würde das Ozeanische Meer nur unter Eurem Kommando überqueren. Er sagte auch» – an dieser Stelle warf mir Antonio de Torres einen fragenden Blick zu –, «er rechne damit, noch vor Ende des Jahres überzusetzen.»

«Nicht mit mir. Meine Tage auf See sind vorüber», sagte ich; es tat kaum noch weh.

«Nun, Ihr habt mitschiffs einen kleinen Ersatzreifen, aber ansonsten scheint Ihr mir gut in Form. Wer weiß? Terreros könnte recht behalten.»

Wir lächelten beide. Antonio de Torres freute sich über sein Taktgefühl, ich mich über Pedro Terreros' Vertrauen zu mir.

Zehn Minuten später saß ich auf einer Rotfuchsstute und galoppierte schnurstracks zur Landspitze an der Mündung des Guadalquivir, wo ich, nostalgischen Gedanken nachhängend, einen letzten Blick auf die große Flotte werfen konnte, als sie in See stach. Am äußersten Ende der Landzunge graste ein Pferd, und eine einsame Gestalt, deren schwarzer Umhang vom Wind gebläht wurde, stand da und blickte flußaufwärts, wo gerade das Führerschiff der Flotte in Sicht kam.

Ich ließ meine Stute ebenfalls grasen, etwas besorgt wegen des fremden Hengstes. Aber der hob nur den Kopf, wieherte einmal laut und graste weiter.

Als der Fremde das hörte, wandte er sich um.

Der Wind wehte seine Kapuze zurück und enthüllte den weißen Kometenschweif in jenem Haar, das so schwarz war wie der Raum zwischen den Sternen in einer klaren Nacht auf See.

Sie rief: «Aber . . . aber du bist doch da unten bei der Flotte! Wie kannst du dann hier sein? Und dir selbst beim Auslaufen zusehen.»

Sie lief in meine Arme. Wir umarmten und küßten uns. Sie weinte. Tränen schossen in meine vertrockneten Augen.

Atemlos sagte sie: «Ich wußte, daß du umhergezogen bist, um Leute für die größte Kolonialflotte in der Geschichte anzuwerben, also nahm ich selbstverständlich an, du würdest das Kommando haben, und ich mußte dir einfach nachwinken, auch ohne daß du es wissen würdest . . .»

Zum zweitenmal an diesem Tag hörte ich mich sagen: «Nein, meine Tage auf See sind vorüber.» Und dann küßte ich sie wieder, zärtlich. Nebel rollte vom Meer herein, und keine Flotte war mehr zu sehen.

Wir umarmten und küßten uns weniger sanft und dann überhaupt nicht mehr sanft, und irgendwann mittendrin sagte ich: «Ich liebe dich, Petenera», und sie sagte: «Ich liebe dich auch, Cristóbal, ich habe nie aufgehört, dich zu lieben.»

Nach einer Weile begann sie zu lachen. «Wer ist denn eigentlich der Admiral der Flotte?» fragte sie.

«Er ist Generalkapitän – Antonio de Torres.»

«Ich möchte bloß wissen» – wieder ein Lachen –, «was er davon hält, wenn er drei» – mehr Küsse – «blaue Pimpernellen in seiner Koje findet? Mein Gott, was für ein Tag! Was für ein unglaublicher, himmlischer, wunderbarer Tag!»

Und das, obwohl es inzwischen in Strömen goß. Ich wies sie darauf hin.

«Was für ein herrlicher Regen. Ich habe noch nie so einen Regen erlebt, und du, Liebling?»

In Sanlúcar suchten wir uns einen Gasthof, ein gedrungenes, weißgetünchtes, überwachsenes Gebäude; bis wir unsere Pferde im Stall untergebracht hatten, rissen die Wolken auf, die Sonne kam hervor, und ein perfekter Regenbogen spannte sich über den Himmel. Leuchtend purpurrote Bougainvilleen hätten in Kaskaden über diese weißgetünchten Wände herabfallen sollen, aber noch waren die auf den Inseln eines unbekannten Meeres wachsenden Bougainvilleen nicht entdeckt worden. Eine Allee stattlicher Eukalyptusbäume wäre auch hübsch gewesen, aber auch die waren noch nicht entdeckt. Man kann schließlich nicht alles haben.

Wir hatten einander, und das sollte uns genügen.

Als wir an unserem zweiten gemeinsamen Abend Hand in Hand durch die schmalen Gassen von Sanlúcar schlenderten, hörten wir Zigeunermusik und gingen ihr nach bis zu einer schäbigen kleinen Bodega am Wasser.

«Wollen wir?» fragte sie.

«Du bist sicher die einzige Frau da drin.»

«Na und?»

Als wir eintraten, schlug der Gitarrist einen melancholischen Akkord an, und ein alter lederhäutiger Zigeuner stieß jenen unerwarteten, langgezogenen Klagelaut aus, der dem echten *cante jondo* vorangeht. Noch ein melancholischer Akkord, bei dem sich alle Augenpaare in dieser Räuberhöhle auf Petenera richteten, und dann begann der Zigeuner zu singen:

> Wer nannte dich Petenera?
> Dein hübscher Name ist eine Lüge.
> Dein Name sollte sein: Verderben –
> denn die Männer lieben dich, um zu sterben.

«Bring mich hier raus.»

Ich blickte in ihre gehetzten Augen, warf ein paar Münzen auf den Tisch und eilte mit ihr hinaus. Später stand sie nachdenklich am Fenster unseres Zimmers und betrachtete den aufgehenden Mond. Das Bett war noch warm, strömte noch ihren Duft aus. Ich stand auf, stellte mich hinter sie und schlang meine Arme um sie, so daß ich ihre makellosen Brüste wie elfenbeinerne Kelche umfing. Dann wandte sie sich um, glitt in meine Arme, und ich trug sie zurück zum Bett. Diesmal liebte sie mich mit dem scheuen Erstaunen einer Jungfrau, als hätte sie wie durch Zauberkraft zehn Jahre und alle Männer aus ihrem Leben getilgt, als wäre nicht ihr Name, sondern das Lied eine Lüge, und doch als wüßte sie, daß dies das letzte Mal war, und als sei das Geschenk ihrer wiedergeborenen Jungfräulichkeit ihre Art, mir auf Wiedersehen zu sagen. Im Mondlicht, das durch die offenen Fensterläden hereinfiel, sah ich Tränen in diesen unglaublich smaragdgrünen Augen. Ich küßte die salzigen Wangen. Sie zog mich an sich und ließ mich lange Zeit nicht los. Dann sagte sie: «Ich muß jetzt gehen», und ihre Stimme klang so kühl, so fern, daß sie vom Mondlicht hätte stammen können. Ungläubig beobachtete ich sie dabei, wie sie sich anzukleiden begann.

«Petenera, was um Himmels willen . . .»

«Ich bin nicht gut für dich, Cristóbal. Du bist besser dran ohne mich.»

«Ohne dich? Seit wir in La Rábida zusammen waren, ist das heute der erste Tag, an dem ich mich wie ein ganzer Mensch fühle. Ich liebe dich, Petenera.»

«Ich verdiene deine Liebe nicht. Und selbst wenn ich sie verdiene, so ist Liebe etwas, was ich mir jetzt nicht leisten kann.»

«Petenera, es ist doch nur ein Lied. Du wirst doch sicherlich nicht glauben . . .»

«Es ist zwecklos, darüber zu reden.»

Aber schließlich ließ sie sich darauf ein, einen letzten Krug Wein mit mir zu trinken. Wir überquerten den mondbeschienenen Hof zum Weinausschank. Ein schläfriger Schankkellner brachte uns einen Krug kräftigen Roten an den Tisch.

Wir erhoben unsere Becher.

Lange Zeit sagte keiner von uns ein Wort.

Dann sagte ich: «Es ist der junge Santangel, nicht wahr?»

«Ja, aber nicht so, wie du denkst.»

«Sein Vater hat mir erzählt, was du . . . tun mußt.»

Ich berührte ihre Hand auf dem Tisch. Sie war eiskalt. Sie schien an mir vorbeizuschauen in einen anderen Raum, eine andere Zeit. «Dieses Lied», sagte sie, «Santí hat es mir immer vorgesungen. Er sagte, das sei ich.»

«Santí und du, ihr wart . . .»

«Er hat meinen Bruder Luis verehrt, und dann mußte Luis fortgehen, und er hat mich verehrt. Ich war die große Schwester. Und später betrachtete mich Santí unweigerlich als die ältere Frau.» Fast brachte sie ein Lächeln zustande. «Er wollte in mir die Femme fatale sehen, damit er der tragische junge Liebhaber sein konnte. Er wollte diesem Lied glauben. Und in gewisser Weise ist es genauso für ihn gekommen. Denn ohne mich wäre er jetzt ein aufstrebender junger Mann bei Hof, nicht wahr? Doch statt dessen habe ich ihn mit hineingezogen . . . und die Inquisition . . .» Ihre Stimme ließ sie im Stich. Diesmal tastete ihre Hand nach der meinen. «Sein Vater und die anderen . . . sie wollten die skrupelloseste Person Spaniens losschicken. Und sie haben mich geschickt.»

«Petenera», setzte ich liebevoll an, «doch nicht, weil du skrupellos bist, sondern weil du diejenige bist, die . . .»

Aber meine Worte blieben wie eine improvisierte Melodie in der Luft hängen.

Diejenige, die was? Ihn wie eine Schwester liebte? Zuließ, daß er sie liebte? So daß sie ihn leichter würde töten können, denn nach diesen Jahren in einem Verlies der Suprema wäre das ein Akt der Gnade?

«Du bist immer fortgegangen», sagte sie plötzlich. «Dein Leben war dort, und meines war hier. Hätte ich weiterhin nur die große Schwester für Santí bleiben sollen? Hätte ich Medinaceli abweisen sollen? Oder die anderen . . .? Du warst nicht da. *Du warst nicht da.*»

«Das wird sich alles ändern. Ich sagte dir ja, meine Tage auf See sind vorüber.»

«Ja, alles wird sich ändern», sagte sie leise. «Du wirst nicht zur See fahren – und ich werde nicht mehr nach Santí suchen.»

Einen Augenblick lang jubelte mein Herz. «Weil du es nicht übers Herz bringst, es zu tun?»

«Weil sie ihn so gut versteckt haben. Und weil er der Suprema bereits genug gesagt hat, um unsere halbe Organisation in Spanien auffliegen zu lassen.»

Der Gesang in meinem Herzen erstarb mit einem plötzlichen Mißklang. «Soll das heißen, daß sie ihn gebrochen haben?»

«Fünf Jahre. Fünf Jahre in Einzelhaft hat es gebraucht, und der Himmel weiß, wie viele Foltern.» In ihrer kalten Stimme schwang ein Hauch trotzigen Stolzes.

«Aber wenn sie ihn gebrochen haben», fragte ich, «wohin gehst du dann? Was kannst du denn jetzt noch ausrichten?»

Sie hob den Kopf. Ihre Augen sprühten grünes Feuer. «Alles», sagte sie. «Denn Santí wird nicht mehr leiden, und auch sonst niemand. Sie haben sich dazu bereit erklärt zu warten.»

«Die Suprema? Aber wenn Santí geredet hat, warum sollten sie dann . . .»

«Weil unser alter Freund, Pater Buil, ganz versessen auf einen Austausch ist.»

Verständnislos sah ich sie an.

«Und ich auch.»

Ich goß mir einen zweiten Becher Wein ein und leerte ihn mit einem Zug. «Einen Austausch?»

Ich glaube, ich hätte es erraten, bevor sie etwas sagte, aber plötzlich sah ich zwei Peteneras, beide unwirklich verschwommen. Rings um mich war Dunkelheit. Ich versuchte die Hand auszustrecken, um sie zu berühren, konnte aber meinen Arm nicht bewegen.

«Buil sagt, wir haben noch etwas zu Ende zu bringen, er und ich. Sie tauschen Santí gegen mich aus.»

Sie stand auf. Ich versuchte es ebenfalls. Wie eine optische Brechung ihrer selbst kam sie um den Tisch herum; die Doppelgestalt verschmolz. Zögernd berührten ihre Fingerspitzen meine Wange. Ich konnte mich nicht bewegen. Sie küßte meine Lippen. Ich konnte mich nicht bewegen. Sie drehte sich um, blickte einmal zu mir zurück und wandte sich wieder um. Mein Kopf schlug auf den Tisch.

Am folgenden Nachmittag erklärte mir Espina de Chopito in Sevilla, wo der ambulante Hofstaat derzeit residierte: «Ihr werdet warten müssen. Er hat eine außerordentliche Sitzung der Neuchristlichen Samariter einberufen.»

Ich hätte selbst einen Samariter gebrauchen können. Das Zeug, das mir Petenera in den Wein getan hatte, wirkte noch immer nach. Ich mußte mich konzentrieren, um nur einen scharf umrissenen Espina de Chopito zu sehen. Nach einiger Zeit gab ich es auf, sank auf einen Stuhl und ließ es in meinem Kopf weiter kreiseln.

Eine Hand rüttelte mich. Ich roch Zigarrenrauch.

«Wir hatten eine Besprechung», sagte Luis de Santangel so sachlich, daß sofort klar war, daß irgend etwas Entsetzliches geschehen sein mußte.

«Ich weiß. Chopito hat es mir gesagt.»

«‹Der Blaue Pimpernell›, habe ich die anderen unterrichtet, ‹ist bereit, sich auf einen Handel einzulassen. Sie im Austausch gegen Santí»», berichtete Santangel.

«Ich weiß. Sie hat es mir gesagt.»

Er nahm das mit einem Achselzucken zur Kenntnis und fuhr mit seinem Bericht fort:

«‹Was?› riefen sie. ‹Wie ist das möglich?›

Ich sagte ihnen, daß es nicht möglich sei. ‹Schließlich war es Pater Buil, der diesen Austausch vorgeschlagen hat›, erklärte ich ihnen, ‹folglich traue ich der Sache nicht. Ich traue ihr absolut nicht.› Ihr könnt Gift darauf nehmen, mein Junge, daß mir das Qualen verursacht hat. Hier war eine Chance, meinen Sohn und Erben lebend herauszuholen. Aber warum sollten sie ihn freilassen? Was profitierte die Suprema davon, wenn sie das Geständnis meines Sohnes bereits hatte? Oder schlimmer noch: Wenn sich der Blaue Pimpernell auf den Austausch einließ, was hielt sie dann davon ab, das Geständnis *und* meinen Jungen *und* den Blauen Pimpernell zu behalten? ‹Nein, ich bin sicher, daß das eine Falle ist.›

‹Aber wenn sie Santí und sein Geständnis bereits haben, wenn er Namen genannt hat und damit alles auffliegt›, wandten sie ein, ‹dann muß der Blaue Pimpernell doch noch einen Trumpf in der Hinterhand haben. Wenn sie also den Handel machen wollen – was haben wir dabei zu verlieren?› fragten sie mich.

‹Den Blauen Pimpernell›, sagte ich, ‹das ist es, was wir zu verlieren haben. Also lautet die Antwort: Nein.›

Traurig sahen sie mich an. Glaubt mir, mein Junge, ich war noch trauriger. ‹Willst du deinen eigenen Sohn umkommen lassen, anstatt auf diesen Handel einzugehen?› fragten sie mich. ‹Das ist die einzige Möglichkeit›, erklärte ich.

Sie steckten die Köpfe zusammen. Ohne mir in die Augen zu sehen, wie Ihr Euch vorstellen könnt, sagten sie: ‹Chinillo irrt sich.›

Ich traute meinen Ohren nicht. Ich betrachtete ein Gesicht nach dem andern und las in allen dasselbe Urteil.

Dann sagten sie: ‹Chinillo irrt sich gewaltig.›

Das ist ihre neue Formel, um eine Sitzung für beendet zu erklären.»

Die Zigarre in seinem Mund war erloschen. Er stieß einen langen bebenden Seufzer aus. «Was kann ich Euch sagen, mein Junge?»

«Ihr könnt mir sagen, wo ich sie finde.»

«Das kann ich nicht. Denn von jetzt an wird unsere Kontaktperson nicht mehr mir Bericht erstatten, sondern den anderen. Seit man Santí hat verschwinden lassen, haben mich die Samariter so allmählich ausgebootet. Das heute war das Ende.»

Mein alter Freund blickte auf seine erloschene Zigarre. Dann starrte er in seine Zukunft; aber er sah nichts.

«Geht behutsam mit ihm um», sagte ich zu Espina de Chopito, aber der räumte bereits seinen Schreibtisch aus, als ich mich aufmachte, um Porco-Zámpano aufzusuchen.

Der alte Bankier hatte sich ein provisorisches Büro im Hinterzimmer des Stadtschreiberladens in der Nähe der Torre del Oro an der Flußpromenade eingerichtet, die eines Tages Paseo Cristóbal Colón heißen sollte – rückblickend ein gutes Zeichen.

Aber er war nicht da.

«Wer seid Ihr denn?» fragte ich den kaninchengesichtigen Neunzehnjährigen, den ich dort antraf.

«Porco-Zámpano, das internationale dynamische Finanzgenie», sagte er.

«Ein Dreck seid Ihr.»

«Sicher sucht Ihr meinen Großvater. Er lernt mich an. Kann ja schließlich nicht ewig weitermachen.»

«Und wo ist er?»

«Er kommt frühestens am Donnerstag aus Córdoba zurück.»

Es wurde Freitag, bis Porco-Zámpano an den sechs Schreibern vorbei, die eifrig Briefe für Analphabeten kritzelten, hereingestürzt kam. Er warf einen Blick auf seine goldene Taschenuhr. Seine Augen blitzten, und seine Borsten sträubten sich.

«Junger Mann», rief er. «Was für eine Freude!» Weniger erfreut fragte er: «Hat die kleine Rotznase Euch erklärt, ich könnte nicht ewig weitermachen? Nicht daß er nicht recht hätte. Mit siebenundachtzig wird man schon ein bißchen langsamer. Ihr seht selbst ein wenig bejahrt aus, junger Mann – das muß das Zeug gewesen sein, das sie Euch in den Wein gekippt hat.»

Dieses jüngste Beispiel seiner Allwissenheit war ungeheuer ermutigend.

«Was ist aus ihr geworden?» fragte ich. «Hat sie es getan – hat sie den Austausch gemacht?»

«Aber sicher», sagte Porco-Zámpano. Zu seinem kaninchengesichtigen Enkel sagte er: «Geh zum Mittagessen», und der Junge verzog sich. «Ich weiß das zufällig, weil ich die Sache vermittelt habe.»

«Ihr habt für Buil gearbeitet?» fragte ich kalt.

«Aber bitte, junger Mann, nehmt doch Vernunft an! Ihr wißt doch, auf welcher Seite meine Sympathien liegen, sonst hättet Ihr mir nicht diesen Hilferuf geschickt, als Ihr von Sanlúcar abgesegelt seid. Aber ich arbeite für niemanden. Ich weiß einfach nur alles über jeden, und früher oder später müssen sie alle zu mir kommen. Jetzt besitze ich Abschriften von Santí Santangels Geständnis *und* von Buils Geständnis – das einzige Exemplar außer dem des Blauen Pimpernell. Eine recht hübsche Neuerwerbung für mein Archiv.»

«Buils Geständnis?» hätte ich um ein Haar gefragt. «Wie ist das möglich?» Aber dann ging mir die Bedeutung seiner Worte erst richtig auf. «Ihr sagtet, die Abschrift vom Geständnis des Blauen Pimpernell – heißt das, es geht ihr gut?»

«Dieses Mädchen ist nicht so schnell totzukriegen», sagte Porco-Zámpano, und ich hätte vor Erleichterung heulen können.

«Wo ist sie denn?»

«Ich weiß nur, daß sie nach dem Rendezvous mit Santí Santangel in eine ungarische Kutsche gestiegen ist, die wie der Teufel davon-ratterte.»

«Wenn Ihr alles über jeden wißt, wieso wißt Ihr dann nicht, wohin sie gefahren sind?»

«Junger Mann» – es klang gereizt –, «ich bin, der ich bin, aber Gott bin ich mit Sicherheit nicht. Aber das eine kann ich Euch sagen: Es geht ihr garantiert gut. Ihm geht es garantiert nicht gut.»

«Aber . . . was ist passiert?»

«Passiert», sagte Porco-Zámpano, «ist die hübscheste Falle, die je einer aufgestellt hat. Direkt hier in Sevilla – auf der falschen Seite des Flußes in Triana, wo sich nach und nach die Zigeuner niederlas-sen. Buil brachte ein Dutzend Leibwächter mit, alle schwer bewaff-net.»

«Guter Gott!»

«Nur mit der Ruhe, junger Mann. Sie hatte einen zwanzigköp-figen Schlägertrupp dabei. Zur Hälfte junge neuchristliche Hitz-köpfe, zur anderen Hälfte Zigeuner. Noch schwerer bewaffnet. Sie brachten Buil da drüben in Triana an einen Ort, an dessen Namen ich mich lieber nicht erinnern möchte, und . . . seid Ihr sicher, daß Ihr das alles hören wollt?»

Ich packte zwei magere Schultern und schüttelte sie, während ich ihm das nachdrücklich versicherte.

Meine Gelassenheit, bisher so sorgfältig gehütet, ließ mich endgültig im Stich. Auch gut. Was ist schon Großartiges daran, wenn man gelassen ist?

«Anfangs», begann Porco-Zámpano, «war Pater Buil die Gelassenheit in Person. Aber dann . . .»

Dann schoben zwei Zigeuner mit ausdruckslosen Gesichtern den korpulenten Pater Buil eine Kellertreppe hinunter. Fackeln, die in den rauhen Steinwänden steckten, erleuchteten den Keller. Von der Decke hing etwas, was Buil zunächst vielleicht für eine Henkerschlinge gehalten haben mochte.

«Wenn man improvisieren muß», erklärte Petenera, «dann ist das am einfachsten nachzumachende Folterinstrument der Flaschenzug.»

«Ja, das sehe ich», lächelte Pater Buil einsichtig.

Noch hatte ihm niemand weh getan. Wahrscheinlich konnte er nicht glauben, daß es dazu kommen würde.

Petenera forderte ihn auf zu beichten.

«Gute Frau, ich habe meinen eigenen Beichtvater, der mir regelmäßig die Absolution erteilt.» Jetzt war Pater Buils Lächeln herablassend.

Die hitzköpfigen Neuchristen aus Peteneras Schlägertrupp hielten übrigens draußen Wache. Bei der Folterung anwesend waren ausnahmslos Zigeuner.

«Zieht ihn aus», sagte Petenera zu ihren Zigeunern.

Wenig später stand Buil, rosig in seiner teigigen Nacktheit, da und bemühte sich, seine Geschlechtsteile mit seinen speckigen Fingern zu bedecken.

«Zieht das Objekt hoch», wies Petenera ihre Zigeuner an.

Buil begann vor Kälte zu zittern. Oder vielleicht löste das Wort «Objekt», das in jedem Inquisitionsverlies gang und gäbe war, das erste Stadium der Angst bei ihm aus.

«Sagtet Ihr ‹Objekt›?» fragte er.

Aber da hatte man ihm bereits die Hände hinter dem Rücken zusammengebunden, und hinauf ging's, begleitet vom Quietschen der Rolle, über die die Zigeuner das andere Seilende zogen.

Ob der Laut, den Buil von sich gab, ein Lachen oder ein Schrei war, ist schwer zu sagen.

«Hier sind die Bedingungen, die wir bereit sind, Euch anzubieten», sagte Petenera.

Buil lachte und lachte oder schrie und schrie.

«Ihr werdet freigelassen. Santiago Santangel wird freigelassen. Ihr behaltet sein Geständnis, vorausgesetzt . . .»

«Das habe ich nicht mehr in Händen», lachte oder schrie Pater Buil.

«Und was damit geschieht, habt Ihr das auch nicht mehr in der Hand?»

Keine Antwort. Ein blasiertes, wenn auch gepeinigtes Lächeln.

«Laßt das Objekt herunter.»

Die Rolle quietschte, und Buil sauste herunter, bis seine Füße beinahe den Boden berührten; dann wurde sein Fall mit einem Ruck gestoppt, der ihm beide Schultern ausrenkte.

Sein Lachen, wenn es eines war, war beachtlich.

«Zieht das Objekt hoch.»

Wenn ein Objekt mit ausgerenkten Schultern mit dem Flaschenzug hochgezogen wird, verstärkt sich dessen Wirkung.

«Hört mir zu, Buil. Ihr behaltet Santangels Geständnis. Und wir behalten das Eure.»

«Ich habe nichts zu gestehen.»

«Laßt ihn herunter.»

Diese Abfolge wurde mehrere Male wiederholt. Mit zunehmend schwereren Gewichten an Buils Füßen.

Schießlich unterzeichnete Pater Bernardo Buil ein Geständnis, das die folgenden Punkte enthielt:

1. Daß Bernardo Buil zu verschiedenen Zeiten und in verschiedenen Inquisitionsverliesen Akte verschärfter Unzucht mit verschiedenen weiblichen Häftlingen begangen hat.

2. Daß sich Bernardo Buil zu verschiedenen Zeiten und in verschiedenen Dörfern auf der Insel Hispaniola auf brutale

Weise an mehreren indianischen Mädchen, viele unter zehn Jahren, vergangen hat.

3. Daß Bernardo Buil die beiden Standardfragen, die die Inquisitoren bei jeder ersten Befragung stellen, unzufriedenstellend beantwortet hat.

(a)

FRAGE *(nachdem Buil, nicht zum erstenmal, von dem anwesenden Arzt wiederbelebt worden war)*: Glaubt Ihr an Gott?

ANTWORT: Guter Gott, was für eine Frage!

FRAGE: Wir reden über das traditionelle Modell – Vater, Sohn und Heiliger Geist.

ANTWORT *(Es ist gut vorstellbar, daß Buil hier seiner tiefsten Überzeugung gemäß geantwortet hat, da er, trotz aller Beteuerungen, annahm, man würde ihn in Kürze töten)*: Oh, dieser Gott. Um die Wahrheit zu sagen, er ist mir immer etwas simpel und, nun ja, gewöhnlich vorgekommen. Vielleicht nicht so vulgär wie der Teufel, vornehmlich der traditionelle Teufel, aber wenn weniger vulgär, so auch weniger interessant und definitiv weniger mächtig. Alles in allem eine recht mittelmäßige Gestalt zum Anbeten. Es wäre jedoch extrem schwierig, die Massen zur Teufelsverehrung zu bekehren, und selbst wenn wir das könnten, müßte man ein ganz neues System von Häresien aufstellen. Und dieser Aufwand lohnt sich einfach nicht.

(b)

FRAGE: Wir leben in einem Zeitalter, in dem die weltlichen Humanisten fordern, daß sich unsere Nation von der Religion frei macht. Eine Kakophonie von Stimmen – das Druckgewerbe, die Universitäten, Wissenschaftler, die in Gottes Geheimnissen herumschnüffeln, Entdecker, die in Bereiche vordringen, die Gott ihnen nicht zugedacht hat – unterminiert eben jene Moral und jenes geistige Fundament, auf dessen Grundlage Spanien zu einer großen Nation geworden ist. Wahr oder falsch?

ANTWORT: Was für eine teuflische Frage.

FRAGE: Antwortet.

ANTWORT: Ich glaube, das habe ich bereits. Nachdem es schon

ziemlich schwierig wäre, von der Verehrung einer simplen dreieinigen Gottheit zu der eines differenzierten Teufels überzugehen, um wieviel schwieriger wäre es dann erst, bei einer Nation, der man sowohl Gott als auch den Teufel weggenommen hat, ganz von vorn anzufangen? Was den zweiten Teil Eurer Frage betrifft, falls es eine Frage ist, so lautete die Antwort ohne Zweifel Ja.

FRAGE: Also richtig?

ANTWORT: Nein, falsch. *(Es herrscht erhebliche Unsicherheit hinsichtlich dessen, was Buil an diesem Punkt der Befragung gemeint hat.)*

Buil unterzeichnete sein Geständnis vierundzwanzig Stunden nach seiner Ankunft in Triana. In der folgenden Nacht fand genau in der Mitte der (vorübergehend gesperrten) Triana-Brücke ein Gefangenenaustausch statt. Man einigte sich darauf, daß für den Fall, daß irgendwelche Aktivitäten seitens der Suprema die Verwendung von Material aus Santiago Santangels Geständnis ratsam erscheinen ließen, eine dementsprechende Menge Material aus Bernardo Buils Geständnis veröffentlicht würde.

Man half der humpelnden, schemenhaften Gestalt Santiago Santangels in eine bereitstehende ungarische Kutsche – Petenera saß bereits drinnen –, die sogleich davonfuhr.

«Aber ich habe nicht die leiseste Ahnung, wohin», sagte Porco-Zámpano. «Spanien ist ein großes Land.»

«Mit Euren Beziehungen könnt Ihr das sicher herausfinden.»

An dieser Stelle konsultierte Porco-Zámpano ungeduldig seine goldene Taschenuhr. Er hatte noch niemals die Geduld mit mir verloren. «Ich habe Euch alles gesagt, was ich weiß.»

«Ich muß sie finden.»

«Ich an Eurer Stelle würde das bleibenlassen.»

Sein Rat war überflüssig. Ich hätte ohnehin nicht gewußt, wo anfangen.

Wenn Sie jemals einen Menschen, der unfreiwillig in den Ruhestand gegangen ist, sagen hören: «Ich beschäftige mich», dann seien Sie freundlich zu ihm. Denn es gibt keine Worte, die mehr Hoffnungslosigkeit ausdrücken, mehr Verzweiflung.

Genau das antwortete ich den Leuten, die mir zwischen Februar und April auf der Straße begegneten. Ich hatte mich in der Nähe der Gärten des Alcázar einquartiert, lernte Schach spielen und ließ mich von Luis de Santangel schlagen. Den fetten Ferdy sah ich nur gelegentlich, den Kleinen Diego häufig.

Der fette Ferdy begann, mich über meine Jugend auszufragen, als hätte er gewußt, daß er eines Tages jene Biographie schreiben würde, die ich wirklich nicht empfehlen kann. «Also», sagte ich beispielsweise als Antwort auf eine Frage, «ich war sogar noch jünger als du, mein Sohn, als ich das erste Mal zur See fuhr.» Das war nicht ganz richtig. Genaugenommen war es ganz falsch. Ich sagte auch: «Aber ich unterbrach die Seefahrerei, um an der Universität von Pavia die Klassiker und Kosmologie zu studieren.» Das traf ebensowenig zu. Aber wenn ein Mensch die meiste Zeit nichts anderes tut, als sich zu beschäftigen, neigt er wohl dazu, die Ereignisse der Vergangenheit auszuschmücken. Schon möglich, daß ich dem fetten Ferdy ein paar falsche Vorstellungen vermittelt habe, aber er stellte seine Fragen zu einem ungünstigen Zeitpunkt.

Der Kleine Diego, einundzwanzig Jahre alt und Offizier in der Wache der Königin, wurde (jetzt, wo Luis de Santangel sich ebenfalls beschäftigte) mein Mann bei Hof. Ein guter Mann. Auf einer niedrigeren Ebene als Santangel, aber unnachgiebig, wenn es darum ging, für meine Rechte einzutreten. Von seinen eigenen ganz zu schweigen. Immerhin war «Admiral des Ozeanischen Meeres» ein erblicher Titel, der nach meinem Tod auf ihn übergehen würde. Ich dachte viel an den Tod. Ein Anzeichen dafür, daß man sich nicht genug Mühe gibt, sich zu beschäftigen.

Der Kleine Diego war, wie Antonio de Torres' Schwester vor einem Jahr bemerkt hatte, ein ziemlicher Schrank von einem Mann – groß, mit einem dichten roten Haarschopf, stahlblauen Augen und Sommersprossen auf der gewaltigen Nase.

Er hatte eine Menge Mädchen, alle künstlerisch angehaucht. Ihre Namen konnte ich mir nie merken, aber an die Künstler erinnere ich mich. Eine, etwa siebzehn Jahre alt, war eine aufreizende Brünette, die Goyas Gemälde *Die nackte Maja* hätte entstiegen sein können, hätte Goya zu meiner Zeit gelebt und gemalt. Eine andere Schöne, etwas jünger, hatte rotgoldenes Haar und eine vollere Figur und gehörte zu jenem Typ Mädchen, der sich bereits auf Tizians Leinwänden tummelte. Dann gab es auch noch eine pfirsichfarbene Blondine, drall und attraktiv, die ein vorzeitiger Rubens hätte sein können.

Er ging mit der Goya-Maid, als er zu mir sagte: «Weißt du was, Papa? Die Könige sind bereit, dich mit einer weiteren Entdeckungsreise zu beauftragen – vorausgesetzt, du hältst dich von Hispaniola fern.» Bei dem Gedanken, noch einmal loszufahren, rüttelte mein Herz an den Gittern seines Rippenkäfigs. «Nein», sagte ich mit meinem Ich-beschäftige-mich-Lächeln, «meine Tage auf See sind vorüber.»

Mit der Tizian-Maid war er beisammen, als er vorschlug: «Warum schreibst du nicht deine Memoiren, Papa?» Das war eine glänzende Idee, und ich ging sofort los und kaufte einen Packen Papier, jede Menge Federkiele und ein großes Faß Tinte. Ich begann zu schreiben. Aber nach den ersten paar Sätzen sagte ich zum Kleinen Diego (damals hatte er eine Botticelli-Schönheit, lauter ätherische Kurven): «Ein Mann sollte die Geschichte seines Lebens nicht niederschreiben, bevor alles vorbei ist. Und dann ist es natürlich zu spät.»

«Vielleicht könntest du dir ja ein Hobby suchen? Dann hast du wenigstens was zu tun.»

Ich ging viel spazieren, vor allem in der ehemaligen Judería, wo ich festzustellen versuchte, wo meine Eltern gewohnt haben könnten. Ich schlief viel. Schlaf ist eine gute Art, sich zu beschäftigen, wenn einem nichts Besseres einfällt.

Eines Nachts hatte ich wieder einen jener Schachtelträume. Erst versuchte ich ihn abzuwehren, indem ich sagte: «Ich beschäftige mich auf meine Weise, vielen Dank», aber mit Träumen klappt so etwas selten.

Da stand ich also – oder vielmehr der Riese stand da, festgewachsen im Flußbett meines ersten Christophorus-Traums –, rief vergebens nach dem Kind, das verschwunden war, döste dann mit dem Kinn auf der Wasseroberfläche ein und träumte jenen Traum im Traum von Herne dem Jäger. An diesem Punkt erwachte mein Interesse.

Ein paar Jahre nachdem Herne (das heißt ich) beim Anblick

dessen, was ich jetzt als meine Unterschrift erkenne, davongelaufen ist, kehrt er in das Kloster von St. Albans zurück. Er muß mit dem Mönch Roger Wendover reden, muß mehr über den Türhüter des Pontius Pilatus herausfinden, der dazu verdammt ist, ewig umherzuwandern.

Herne trifft gerade rechtzeitig beim Kloster ein, um dem Begräbnis des armen Roger Wendover beizuwohnen. Traurig steht er vor dem Grabstein, der die zeitliche Einordnung meines früheren St.-Albans-Traumes bestätigt.

Roger Wendover

1187 – 1236

R.I.P.

Herne bekreuzigt sich und geht ins Kloster.

Der neue Chronist von St. Albans, ein gewisser Matthew Paris, erinnert sich an ihn, und Herne bekommt seinen alten Job als Faktotum.

Und damit .bekommt er auch die Gelegenheit, dem neuen Historiker bei der Arbeit zuzusehen. Dieser ist ein ungleich vernunftbetonterer Mensch als sein Vorgänger. Es mangelt ihm an Vorstellungsvermögen, nicht aber an Energie, als er sich durch sämtliche Chroniken Roger Wendovers hindurchliest, wobei er häufig verärgert den Kopf schüttelt.

Mißbilligend sieht Herne zu, wie er alles Unerklärliche aus diesen Chroniken tilgt, darunter meine – oder Cartaphilus'? – Unterschrift. «Möchte bloß wissen, wo er diese Hühnerkrakel herhat?» murmelt Matthew Paris. «Geradezu peinlich kindisch.»

Und dann noch ein paar Namen, über die er stolpert. «Wollte doch sicher nicht behaupten, der alte Esel, daß der Armenier wirklich die Namen von Leuten kannte, die nach ihm kamen . . . armer Wendover! Eindeutig bekloppt.»

Ansonsten bleibt die Legende von Cartaphilus so ziemlich unangetastet.

Im Laufe der Jahre, so stellt Herne fest, haben die Kopisten von St. Albans sechs Abschriften davon angefertigt. Alle werden dem Feuer übergeben. Matthew Paris schreibt seine bereinigte Version vom Original ab, und in der Nacht, in der er sie fertigstellt, bläst er die Kerzen aus und schläft am Tisch ein. Herne steht lange Zeit da und beobachtet ihn. Eine fahle Dämmerung dringt zum Fenster herein. Herne überlegt. Ich weiß, was er denkt. *Nimm sie*, dränge ich ihn im Traum. *Na mach schon, nimm sie.* Er nimmt das Original der Chronik in die Hand. Legt es wieder hin. *Nimm sie!* dränge ich ihn. Und er nimmt sie.

Er nimmt sie, klemmt sie unter den Arm, verläßt St. Albans und macht sich auf in Richtung Oxford.

Ich wache auf und denke: Hätte Herne das Original nicht gestohlen, gäbe es weder die Unterschrift des Cartaphilus, die ich mir seit langem zusätzlich zu meiner zu eigen gemacht habe, noch einen Hinweis darauf, daß man der Zeitkarte entrinnen kann wie ich damals während meiner julianischen Dekade. Während ich über diese Traumphänomene nachdenke, entgleiten sie mir. Sie schlüpfen mir einfach aus dem Gedächtnis. Aber ein Traum schlüpft nicht *aus* dem Gedächtnis, oder? Er vergräbt sich nur ganz tief unten.

Wie auch immer, Herne ist verschwunden, und außerdem war das Ganze nur ein Traum.

Anfang April kam ein Brief aus La Rábida. Ich erkannte sofort die kindliche Handschrift des Großen Diego. Da ich mir ohnehin keine besondere Beschäftigung für diesen Nachmittag vorgenommen hatte, öffnete ich ihn sofort.

Lieber Cristóbal,

ich versuche noch immer zu einer Entscheidung zu gelangen – ob ich die Ordensgelübde ablegen soll oder nicht. Es gefällt mir hier in La Rábida, und dein alter Freund, Pater Juan Pérez, ist sehr dafür, aber es ist eine ziemlich schwerwiegende Entscheidung, und vermutlich besteht ja keine Eile. Vielleicht bin ich in ein oder zwei Jahren soweit, daß ich daran denken kann, eine Entscheidung zu treffen.

Letzte Woche geschah etwas Merkwürdiges. Im hinteren Teil des Klosterbezirks, in einem dichten Pinienwäldchen versteckt, steht so ein kleines Steinhaus. Also, ich bin dort herumspaziert, und gerade als das Häuschen in Sichtweite kam, entdeckte ich eine Dame im Pinienwäldchen, und dann kamen ein paar riesige Mönche, kräftig aussehende Kerle, was für La Rábida ungewöhnlich ist, auf mich zugerannt und brachten mich eilig zum Kloster zurück. Pater Juan Pérez sagte, ich muß vergessen, was ich gesehen habe, und darf es niemandem erzählen. Aber wenn ich dir das schreibe, ist das sicher in Ordnung, denn du bist ja nicht niemand, du bist mein Bruder und sein alter Freund. Das Merkwürdige daran war jedenfalls folgendes: Erinnerst du dich an damals, als du zusammen mit diesem alten Mann in der ungarischen Kutsche, auf deren Bock ich saß, diese Dame da aus dieser finsteren Gegend von Toledo herausgeholt hast? Also anfangs dachte ich, es sei dieselbe Dame wie die, die ich im Wäldchen gesehen habe. Aber sie war es nicht. Diese schöne Dame vor dem Steinhäuschen hatte eine weiße Strähne im Haar, das ansonsten pechrabenschwarz war, während die andere damals in Toledo keine solche weiße Strähne hatte. Also war es doch eine andere Dame.

Ich ließ Diegos Brief fallen und rannte hinaus in die königlichen Ställe des Alcázar.

Pater Juan Pérez fragte hoffnungsvoll: «Kommt Ihr wegen Eures Bruders?»

«Ich komme wegen Petenera.»

«Das habe ich befürchtet.» Der Prior von La Rábida seufzte. «Sie ist nicht die erste, der wir Zuflucht vor der Suprema gewähren, und sie wird nicht die letzte sein. Damit machen wir uns der schlimmsten Ketzerei überhaupt schuldig – Behinderung der Arbeit des Heiligen Offiziums. Aber die Dinge haben sich so zugespitzt, daß ich aufrichtig glaube, daß wir Gottes Werk tun, wenn wir sie bei ihrer Arbeit behindern.»

Unfähig, meine Ungeduld zu verbergen, sagte ich: «Geht es ihr gut?»

«*Ihr* geht es gut.» Nachdenklich fügte er hinzu: «Aber sie hat sich verändert. Die Suche nach ihm hat ziemlich lange gedauert, und während der ganzen Zeit hat sie gewußt, daß sie ihn würde töten müssen, falls sie ihn findet. Und als sie sich einen besseren Plan zurechtlegte, schien er so wenig erfolgversprechend, daß sich sogar der Vater des Jungen widersetzte. Aber sie hat es geschafft, und sein Leben war wie ein Geschenk Gottes. Nicht für ihn, sondern für sie. Weil sie ihn nun doch nicht zu töten brauchte.» Er blickte hinaus aufs Meer. «Sie haben sich in ihr geirrt. Sie ist zu skrupellosen Taten fähig, das schon. Aber auch zu großer Selbstlosigkeit. Nun ja, Ihr werdet sehen, mein Freund.»

Ich sah.

Während ich allein durch das Pinienwäldchen eilte, hörte ich die Mönche von La Rábida jenen großartigen, vom heiligen Franziskus selbst verfaßten Lobgesang auf die Sonne singen.

> Gelobt seist du, Herr, mit allen Wesen, die du geschaffen, der
>   edlen Herrin vor allem, Schwester Sonne, die uns den Tag
>   heraufführt . . .
> Gelobt seist du, Herr, durch Bruder Mond und die Sterne . . .
>   durch Bruder Wind . . .

Und während ich tiefer in das Wäldchen eindrang, rief mir schließlich eine einzelne, helle Tenorstimme eine Burgruine hoch auf einer felsigen Insel in einem kalten nordischen Meer in Erinnerung:

> Gelobt seist du, Herr, durch unseren Bruder, den lieblichen Tod;
>   ihm kann kein lebender Mensch entrinnen.

Drei in Kapuzen gehüllte Gestalten, die mich aus dem schattigen Dunkel des Wäldchens beobachteten, verschwanden beinahe lautlos, als ich mich dem Steinhaus näherte. Ich klopfte, und als niemand antwortete, klopfte ich abermals. Ich trat an die Fenster, aber die Läden waren geschlossen. Der Stall war leer. Als ich zur Vorderseite des Häuschens zurückkehrte, kam sie gerade heraus und sagte beschwichtigend: «Es gibt keinen Grund, Angst zu haben, mein Lieber. Er ist ein Freund.» Dann schloß sich die Tür, und sie drehte sich zu mir um. Sie trug Schwarz. Jener lebhafte Kometenschweif in ihrem Haar leuchtete silbern in der Sonne. Als ich versuchte, sie zu küssen, wandte sie ihr Gesicht ab.

Ihre grünen Augen waren zornig. «Warum mußtest du hierherkommen? Warum? Glaubst du, ich habe dich in dieser Nacht in Sanlúcar gerne verlassen? Glaubst du, es ist mir leichtgefallen?» schrie sie. «Warum mußt du mich das alles noch einmal durchmachen lassen?»

«Petenera, das hier ist kein Platz für dich. Ich möchte, daß du mit mir fortgehst.»

«*Du* möchtest. Und spielt es eine Rolle, was *ich* möchte oder dieser arme Junge da drinnen? Wer kümmert sich um ihn, wenn ich mit dir fortgehe?»

«Sein Vater. Luis de Santangel ist ein reicher Mann, und er liebt seinen Sohn. Er wird sich darum kümmern, daß er die beste Fürsorge erhält.»

«Santí braucht nicht seinen Vater, der ihn töten wollte, er braucht mich. Außerdem wird er sich nie sicher fühlen, solange er in Spanien ist. Es werden Vorbereitungen getroffen, uns nach Italien zu schicken.»

Während sie sprach, verflog ihr Zorn.

«Du brauchst ihn nicht hinzubringen», sagte ich. «Darum kümmert sich schon sein Vater. Also gibt es nichts, was uns davon abhalten würde . . .»

«Nicht. Bitte sag nichts mehr. Du machst alles nur noch schlimmer.»

«Wie mir mein Sohn Diego versichert, wollen Ihre Majestäten mich eine letzte Reise über das Ozeanische Meer machen lassen. Diesmal wirst du mitfahren. Es gibt ein Land, das ich entdeckt habe, ein irdisches Paradies, ein zweites Eden. Wer sagt, daß wir jemals zurückkehren müssen?»

Sie schloß die Augen, als wollte sie einen unmöglichen Traum verscheuchen. Oder vielleicht für immer bewahren. Ich küßte das traurige Lächeln auf ihrem lieben Mund. Einen langen und, wie ich spürte, endgültig letzten Augenblick lang drückte sie mich an sich, dann trat sie zurück, die Hände auf meinen Schultern, die Augen beinahe auf gleicher Höhe mit meinen. «Ich kann nicht. Ich kann es nicht tun, Cristóbal.»

«Du kannst. Wenn du willst, kannst du.»

«Erinnerst du dich, als wir hier zusammen waren, brauchte ich dich so dringend, daß ich jedesmal, wenn du fortgingst, glaubte, ich würde sterben? Es war mir zuwider, so abhängig zu sein, auch wenn ich dich noch so sehr liebte.»

«Liebte?»

«Oh, ich liebe dich immer noch. Daran hat sich nichts geändert. Aber . . . siehst du das denn nicht ein? Was du damals für mich warst, bin ich jetzt zehnmal mehr für Santí. Du hast mich aufgelesen, als ich verletzt war, aber Santí war mehr als verletzt, er war völlig zerbrochen. Du hast mich wieder zusammengesetzt, aber Santí wird nie wieder ganz sein. Er ist in jeder Beziehung von mir abhängig. Ich muß mich um ihn kümmern. Ich muß es und . . . und ich will es.»

«Ich kann nicht zulassen, daß du dein Leben wegwirfst.»

«Nein? Und wenn ich mit dir ginge, würdest du ihn dann auch mitnehmen? Denn verlassen kann ich ihn nicht. Ich weiß, wie das ist, diese abgrundtiefe Verzweiflung, wenn man glaubt, der einzige Freund, der letzte Rettungsanker, hat einen im Stich gelassen. Das werde ich Santí nie antun.»

«Mein Gott, Petenera, du schuldest ihm doch nicht dein ganzes Leben.»

«Tue ich das nicht? Ich habe ihn seines gekostet. Aber ich betrachte es nicht als Verpflichtung, mich um ihn zu kümmern. Wirklich. Ich habe nie gewußt, wieviel . . . Freude . . . es bereiten kann, einem Menschen zu helfen. Santí braucht mich auf eine Art, wie du mich nie gebraucht hast. Wirklich, ich bin die glücklichste . . . die glücklichste . . .»

Sie schloß die Augen und wandte sich um. «Komm», sagte sie, «ich möchte, daß du ihn siehst.»

«Alles in Ordnung, mein Lieber. Du brauchst keine Angst zu haben. Es ist ein alter Freund. Es ist beinahe der beste Freund, den ich habe.»

Die Tür öffnete sich einen mißtrauischen Spaltbreit, und ich sah ihn im Profil, einen Mann Mitte Zwanzig, hochgewachsen, mit den ausgeprägten Gesichtszügen seines Vaters. Aber in dem einen Auge, das mir zugewandt war, lag ein kindlich verwirrter Blick.

«Sind sie gekommen, um mich zu holen?» fragte er. «Ich will nie wieder an diesen Ort zurück. Das hast du mir doch versprochen.»

«Es ist gut, Santí. Admiral Colón ist auch ein alter Freund deines Vaters.»

«Der Admiral des Ozeanischen Meeres, seid Ihr das, Sir? Ja, sicher, ich habe von Euch gehört.» Santí lächelte uns beide an. Seine Sprache hörte sich an wie die eines kleinen Kindes. «Seid Ihr wirklich auf die andere Seite der Welt gesegelt?»

«Ja.»

«Und habt Indianer und alles mögliche mitgebracht?»

«Ja.»

«Ich habe einmal einen Indianer gesehen», sagte er. «In Barcelona, in der Kathedrale, wo er getauft wurde. Er war der Adoptivsohn des Admirals des Ozeanischen Meeres. Ich erinnere mich ganz deutlich daran.»

«Aber ich bin . . .»

Rasch warf mir Petenera einen warnenden Blick zu.

«. . . sicher, daß Ihr Euch daran erinnert», beendete ich den Satz.

Mittlerweile war Santí wohl davon überzeugt, daß ich ihm nicht übelwollte, denn er öffnete die Tür ein Stück weiter. Seine ganze rechte Gesichtshälfte bestand aus einer einzigen grauenhaften Brandnarbe. Das Auge fehlte. Die Augenhöhle war mit Narbengewebe überwachsen. Er streckte seine Hand aus, und Petenera ergriff sie. Dann beugte er sich zu ihr hin, voller Vertrauen, und sie küßte seine verunstaltete Gesichtshälfte mit überwältigender Zärtlichkeit.

Ich ging fort, ohne auch nur kurz am Kloster haltzumachen, um meinen Bruder zu sehen.

Diese helle Tenorstimme hatte nicht von irgendeines Mannes Tod gesungen, sondern nur von meinem Fatum – einem Schicksal, das ich mir letztendlich selbst geschmiedet hatte, wenngleich ich das damals, als ich jung war, nicht gewußt hatte.

KAPITEL 20

Das komplexe Krankheitssyndrom
rebelliert gegen Gott

Man könnte das, was folgt, als Ferdys Reise bezeichnen und als sein Kapitel, aber das wäre irreführend.

Nicht daß der jüngste Schiffsjunge auf der *Santa María* kein tüchtiger Seemann gewesen wäre, der seine Wachen hielt und seine Leinen spleißte, der seinen Decksanteil schrubbte, die Bilge auspumpte, beim Segelsetzen und -niederholen mithalf und aus alten Tauen Umkleidungsmaterial machte. Oh, er war ein recht ordentlicher Seemann, und es spielte keine Rolle, daß er der Sohn des Admirals des Ozeanischen Meeres und Generalkapitäns einer Flotte von vier Karavellen war, die am 9. Mai 1502 bei Cádiz in See stach, um nach Zipangu, Cathay und Indien via die Indischen Lande zu segeln, vorausgesetzt freilich, daß es überhaupt eine Durchfahrt zwischen den Inseln gab und es uns gelang, sie zu finden. Es ist der 29. Juni, und die Flotte liegt vor der Mündung des Flusses Ozama und wartet auf die Flut, um in den Hafen von Santo Domingo einlaufen zu können. Mir behagt weder der Anblick der öligen Dünung, die aus Südosten heranrollt, noch der der Zirruswolken, fein wie Spinnweben, die hoch und schnell aus derselben Richtung kommen. Auch die drückend schwere Luft behagt mir nicht, die alle reizbar macht und die vielleicht eine Erklärung für die fatale Sturheit von Gouverneur Ovando liefert. Am wenigsten behagt mir das wetterbedingte, warnende Reißen in sämtlichen Gelenken. Also habe ich Kapitän Terreros von der *Gallega* (eine zweite Karavelle dieses Namens, so wie das Flaggschiff eine zweite *Santa María* ist, aber der loyale Pedro Terreros ist immer noch derselbe) mit deren Boot losgeschickt, um Gouverneur Ovandos Einwilligung zu holen, daß wir unsere vier Karavellen in den Hafen bringen, bevor der Hurrikan losbricht; und um Ovando, dessen dreißig Schiffe sich für die Rückreise nach Spanien in der Mündung des Ozama versammelt haben, zu beschwören, seine Leute an Land zu schaffen, bis der heraufziehende Sturm vorüber ist.

Was Terreros nicht erwähnen wird, ist die Tatsache, daß ich von den Königen strikte Anweisung habe, einen großen Bogen um Hispaniola zu machen, außer in einem Notfall. Und den haben wir jetzt.

Diese königliche Verfügung hat etwas ebenso Schmeichelhaftes wie Beleidigendes an sich, denke ich, als sich der fette Ferdy mit einem «Guten Morgen, Papa – ich meine, Admiral» dem Achterdeck nähert. Schmeichelhaft, weil sie mir fast den Rang eines abgesetzten Monarchen zuspricht, der womöglich noch immer Anhänger in den Indischen Landen hat; aber auch beleidigend, weil sie impliziert, ich könnte die Situation ausnützen. Kennen mich die Könige denn so schlecht? Ich habe die Nase voll von Kolonien – und Kolonisten. Trotzdem kann ich nicht umhin, mir Juan Niño vorzustellen, wie er mit grimmigem Lächeln die Reihen seiner Zuckerrohrfelder abschreitet. Und Inocencia und den kleinen Yego – und vielleicht schon ein Schwesterchen? Und Dr. Chanca, der seine Patienten terrorisiert wie eh und je.

Aber all das ist nur Nostalgie. Mit den Kolonien hat das nichts zu tun. Wenn man es recht betrachtet, sind es ohnehin keine Kolonisten, es sind Menschen. Und selbst die verblassen neben der Aussicht auf eine Entdeckungsreise – vier elegante Karavellen, hundertfünfunddreißig engagierte Männer und Jungen, die Pedro Terreros zum größten Teil in Palos und Huelva und Moguer rekrutiert hat – mit dem Ziel, die unbekannten Regionen jenseits von Kuba zu erkunden und, vielleicht, den Durchschlupf nach Westen zu finden, diesmal ganz nach Westen, bis der Westen zum Osten wird.

«Spürt ihr es?» frage ich Diego Tristán, den Kapitän der *Santa María*, der dem fetten Ferdy die Leiter aufs Achterdeck hinauf folgt. (Schon wieder ein Diego; tut mir leid. Aber schließlich habe ich mir die Personen nicht ausgedacht.)

«Da kommt was», sagt er und wirft einen kurzen wetterkundigen Blick nach Südosten. Auf der Überfahrt habe ich Tristán als einen fähigen Seemann kennengelernt, der jedoch zu sehr nach dem Buch segelt – eine Art seefahrender Juan Fonseca.

Von der *Bermuda*, die etwa eine Kabellänge weiter der Küste zu liegt, ruft Barto herüber. Er ist gerade rechtzeitig aus Afrika zurückgekehrt, um sich der Flotte als zweiter Befehlshaber anzuschließen; aber er ist ebensowenig der Kapitän der *Bermuda* wie ich der der *Santa María*. Jetzt, wo wir beide über fünfzig sind, erwartet man von uns, daß wir jüngeren Männern das Kommando auf unseren Schiffen überlassen. Diese Kapitäne – Terreros und Tristán, Porras auf der *Bermuda* und der temperamentvolle genuesische Kapitän Fieschi auf der *Vizcaína* – wissen, daß wir dann das Kommando übernehmen, wenn es ans eigentliche Entdecken geht. Aber in der Zwischenzeit bezeichnet sich Barto, dessen Aufmerksamkeit in erster Linie den in einem Zwinger auf der *Bermuda* untergebrachten drei irischen Wolfshunden gilt, ohne mit der Wimper zu zucken als Hundeführer. Und ich, der ich mich Vizekönig und Admiral des Ozeanischen Meeres und Generalkapitän nenne, habe auch nicht mehr zu tun.

Barto ruft also herüber: «Da kommt Pedro, und er bringt keine guten Nachrichten.»

Wie schlecht sie sind, stellt sich heraus, als das Boot der *Gallega* die *Santa María* erreicht hat und Pedros Kopf am Ende der Leiter auftaucht.

Pedro Terreros, der nie die Geduld verliert. Aber jetzt ist sein Gesicht puterrot wie das von Gouverneur Ovando.

«Zwei Monate in Santo Domingo, und schon weiß er mehr als Gott der Allmächtige im Himmel. Steht da, spielt an den Goldtressen seiner Zuhälterkluft herum und sagt – ich schwöre, Admiral, das ist ein wörtliches Zitat: ‹Sturm? Was für ein Sturm denn? Hätte mir keinen schöneren Tag wünschen können, um die Flotte auf den Heimweg zu schicken.› Und genau das hat dieser mörderische Idiot vor, sobald die Flut die Hafenausfahrt passierbar macht. Er wird freilich nicht an Bord sein. Nein, *er* sitzt dann sicher und gemütlich in dem Haus, das von Rechts wegen *Euer* vizeköniglicher Palast ist, während er Antonio Torres und ich weiß nicht wie viele hundert Seeleute hinausschickt, um . . .»

«Hattet Ihr die Möglichkeit, mit Kapitän Torres zu sprechen?»

«Nicht länger als zwei Minuten. Falls Ihr meint, ob er sich Sorgen macht, natürlich macht er sich die. Ihm gefällt dieser Himmel genausowenig wie uns. Aber er hat Order, in See zu stechen.»

«Und wir ebenfalls, nehme ich an.»

Pedro bestätigt das. «Tut mir schrecklich leid, Kapitän Terreros», äfft er Ovando nach, ‹aber ihr kennt ja das Problem – wir wollen unter allen Umständen vermeiden, daß wieder der alte Streit zwischen unseren guten Leuten hier und den Partisanen des Pharaos, das heißt, des ehemaligen Vizekönigs, aufflackert.› Scheiße, Kacke und Korruption! Ovando hat es wohl darauf abgesehen, heute seine ganze Umgebung umzubringen?»

«Was sollen wir jetzt tun?» fragt dieser Schulbuch-Seemann Diego Tristán.

Aber Pedro Terreros ist noch nicht fertig. «Und als ob das noch nicht genügen würde, macht er sich auch noch über Euch lustig. ‹Hält sich der Admiral des Ozeanischen Meeres inzwischen für einen Propheten?› fragt er Francisco Roldán und Ex-Gouverneur Bobadilla, ja sogar den Kaziken Guarionex. ‹Schlitzt der alte Junge Möwen auf und prophezeit anhand ihrer Innereien das Wetter, um eine Beschäftigung zu haben?› So ein Quatsch! Ohne Eure Seemannskunst, Admiral, wüßte keiner von denen überhaupt, daß die Indischen Lande existieren. Warum segelt Ihr nicht einfach hinüber und *befehlt* ihnen, im Hafen liegenzubleiben?» Damit wendet sich Pedro ab und starrt schweigend aufs Meer hinaus.

Alles, was ich herausbringe, ist ein lahmes «Langsam, mein Junge», denn wir kennen beide die Antwort. Ich bin nur dem Namen nach Vizekönig. Und was das Ozeanische Meer angeht, so bin ich Admiral genau der Fläche, die vier kleine Karavellen zu irgendeinem Zeitpunkt einnehmen.

Ich kann mir nicht den Luxus leisten, wütend zu sein. Dies ist die letzte Chance, dem glorreichen Weg nach Westen zu folgen, zu suchen, wovon man bisher nur geträumt hat, den Magellanschen Traum vor Magellan, des Entdeckers Heiligen Gral.

Dies ist *el alto viaje*, die «hohe», die Große Reise. Nichts darf schiefgehen, diesmal.

«Wir sollten uns lieber nach einem guten Ankergrund umse-hen», sage ich als Antwort auf Diego Tristáns Frage.

Natürlich würde ich den Hurrikan lieber an Land überstehen. Aber es soll eben nicht sein. Die nächstbeste Alternative ist ein guter Ankergrund an einer windgeschützten Stelle mit reichlich See-raum. Die Mündung des Flusses Jaina, ein paar Meilen weiter westlich, ist breit und durch Landzungen geschützt. Die Anker-hände können sich tief in den sandigen Grund krallen, und es gibt keine Korallen, die das Ankertauwerk verheddern und zerreißen könnten. Wenn wir also Glück haben, können wir den Sturm dort abreiten.

Auf alle Fälle sind wir besser dran als Antonio de Torres.

Während ich überlege, ob wir einen zweiten Vorstoß unterneh-men sollen, unterbricht mich ein Ruf aus dem Krähennest.

«Sie setzen Segel!»

Und das tun sie – zu viele Segel für die launenhaften Böen, die bereits einfallen. Antonio de Torres wird sich hier außerhalb des Hafens in den Wind stellen, sobald sie die Mündung des Flusses verlassen haben. Aber was dann?

Darüber auch nur nachzudenken ist müßig. Sie sind zum Unter-gang verurteilt; Antonio de Torres weiß das ebensogut wie ich. Ich feuere einen Lombardenschuß zum Gruß ab, und Torres antwortet. Dann steuern unsere vier Karavellen dem Jaina zu.

Bis zum Sonntag nach dem Sturm haben sich alle zu einem Ren-dezvous in der Escondido-Bucht eingefunden. Die *Santa María* ist als erste angekommen, mit nacktem Mast vor dem steifen Wind, der noch immer im Gefolge des Hurrikans bläst, ein äußerst zahmer Kapitän Diego Tristán neben mir auf dem Achterdeck. Als wir zwei Nächte zuvor – Elmsfeuer tanzten auf allen drei Masten, und die See ging so hoch, daß man bei jedem Wellenkamm das Gefühl hatte, von einer Klippe heruntergeschleudert zu werden – den großen Rettungsanker aus dem Schiffsrumpf hochzogen, unsere letzte Hoffnung, da wir trotz aller vier Buganker abtrieben, kam er zu mir und sagte: «Sie ist Euer Schiff, Admiral.» Nicht aus Angst, sondern weil er mit seiner Weisheit am Ende war und es wußte. Anders Barto. Als die *Bermuda* ihre Anker verlor, ließ mein Bruder sie mit den tosenden Winden, die zu diesem Zeitpunkt von den Hügeln herunterfegten, ungebremst aufs Meer hinauslaufen und gab ihr Spielraum für ihre Bewährungsprobe. Als die *Bermuda* Puerto Escondido erreichte, trieben bereits Wrackteile heran, und es war unschwer zu erraten, daß das Schlimmste eingetreten war. Später, sehr viel später, als wir das Ausmaß der Katastrophe erfuhren, war sie bereits Geschichte geworden. Antonio de Torres' riesige Flotte war in die Längsbahn des Hurrikans geraten, als dieser losschlug. Einige Schiffe sanken binnen Sekunden, andere zerschellten an der Felsküste bei der Monkey-Passage. Zwanzig gingen mit Mann und Maus unter, darunter das Flaggschiff. Fünfhundert Männer büßten ihr Leben ein – mein Freund Antonio de Torres und Francisco Roldán, der seines Amtes enthobene Gouverneur Bobadilla und Guarionex auf seinem Weg nach Spanien oder in den Himmel. Ein paar Schiffe wurden in den sicheren Hafen von Santo Domingo zurückgefegt. Ein Schiff, ein einziges – die *Aguja*, das schäbigste, kleinste, älteste, unstabilste von allen – kam durch. Ihrem Schiffsraum hatte Ovando eine Goldladung anvertraut, die mir gehörte, viertausend Pesos, die Bobadilla endlich herausgerückt hatte. (Göttliche Gerechtigkeit? Wenn ja, dann sind Gottes Urteile vertrackt, denn wir haben nicht das geringste über den Verbleib der *Aguja* und des Goldes erfahren.)

In der Morgendämmerung des Sonntags, zwölf Stunden nachdem die *Gallega* ohne ihr Boot in die Bucht von Escondido eingelaufen ist, jagt die *Vizcaína* um die Landzunge. Kapitän Fieschi ruft vom Bug herüber: «He, Colombo! Jetzt gehen wir entdecken, was?» Erst als die aufgehende Sonne das Meer golden färbt, sieht Fieschi die treibenden Wrackteile. Und dieser temperamentvolle Mensch fällt auf die Knie und neigt den Kopf.

Zwei Wochen später segeln wir von Puerto Escondido aus in das unbekannte Meer im Westen, um Ausschau nach dieser Durchfahrt nach Cathay und Indien zu halten, die, wie ich mir einrede, dasein muß; und wenn sie da ist, dann werden wir sie finden, bei Gott.

Dies ist die Große Reise. Nichts darf schiefgehen, diesmal.

Das sage ich mir noch immer vor, und wir suchen noch immer, als das neue Jahr anbricht.

Barto ist weniger zuversichtlich.

«Es ist ein Festland. Wieviel mußt du denn noch davon abfahren, bis du das einsiehst?»

«Nach Aussagen der Indianer gibt es ein großes Land im Norden und ein anderes im Süden. Dies hier ist so etwas wie die schmalste Stelle einer Sanduhr, ein Isthmus. Den Indianern zufolge liegt auf der anderen Seite ein weites Meer, und über die Berge sind es nur neun Tagesmärsche bis dorthin.»

«Oder fünfzehn oder zwanzig, je nachdem, welchen Indianern man glaubt. Dieser Dschungel macht auf mich einen ziemlich undurchdringlichen Eindruck. Und die Berge sehen noch schlimmer aus.»

«Klar, aber wenn der Isthmus so schmal ist, warum kann dann keine Wasserstraße durchführen?»

«Die Indianer sind ganz sicher, daß es keine gibt.»

«Nun ja, die Indianer», sage ich, jetzt auf einmal voller Geringschätzung für ihre geographischen Kenntnisse.

Es muß eine Wasserstraße geben.

Seit achtundvierzig Stunden liegen wir vor Anker. Die Männer fischen, schwimmen, waschen ihre Sachen in einem Fluß. Ich liege in meiner Hundehütte, die der Schiffszimmermann der *Santa María* vor ein paar Monaten auf dem Poopdeck zusammengenagelt hat, damit ich mich nicht fünfzigmal am Tag aus meiner Kajüte unter dem Achterdeck heraufschleppen muß.

Barto steckt den Kopf herein. «Wie geht es dir denn heute?»

«Es geht mir ausgesprochen gut», sage ich mit erhobener Stimme.

Es ist wirklich recht angenehm hier drinnen, die Sonne sickert durch das Dach aus Palmblättern, und es ist heiß, so daß ich die Anfälle von Schüttelfrost nicht als so schlimm empfinde. Aber meine Augen brennen mörderisch, und das Fieber kommt und geht.

«Brauchst du irgend etwas?»

«Nein!»

«Reg dich nicht auf, Brüderchen. Ich wollte nur . . .»

«Es geht mir bestens, verdammt noch mal.»

Später, während ich eine Karte vom Isthmus zeichne, klopft der furchtlose Ferdy, wie ihn die anderen Schiffsjungen inzwischen getauft haben, an die Tür meiner Hundehütte. «Papa?»

«Komm herein, mein Sohn.»

Hereingekrochen kommt ein drahtiger, braungebrannter Junge, an dem nicht ein überflüssiges Gramm Fett ist.

Das erste, was wir erlebten, als wir den Isthmus erreichten, waren volle vier Wochen Sturm. Als hätte der Hurrikan nicht ausgereicht! Wir verloren diverse Anker, wir verloren Takelage und Segel, die wir gerade erst repariert hatten, wir verloren Taue und ein zweites Boot, das der *Vizcaína*. Die Situation wurde so kritisch, daß die Männer anfingen, sich gegenseitig die Beichte abzunehmen. Da begannen wieder die Schüttelfröste, das Fieber und die Steifheit in meinen Gelenken, so daß ich kaum noch umherhumpeln konnte. Aber ich konnte Ferdy beobachten – und das war wahrhaftig ein Anblick –, wie er die Webeleinen hinaufkletterte und das Lot warf und irgendwie immer noch Zeit fand, seine Schiffskameraden aufzuheitern. Mein Sohn Fernando, ein geborener Seemann. Wer hätte das gedacht?

Eines Tages sagte er zu mir: «Du kennst doch die Redewendung ‹Alles hat sich gegen mich verschworen›. Ich habe früher nie so recht begriffen, was das heißt.»

«Wovon redest du eigentlich?»

Ferdy lächelte sein unerschrockenes Seemannslächeln. «Von diesem verdammten Wetter. Da rotten sich alle Elemente – Erde, Luft, Feuer, Wasser – gegen uns zusammen. Die Erde, das sind Riffe und felsige Leeküsten, die Luft, das ist ein heulender Sturm, das Feuer ist der Blitz, und was das Wasser betrifft . . .» Er warf die Arme in die Luft. «Aber wir werden es überstehen. Davon bin ich überzeugt.»

Damit lief er hinaus an Deck, um dafür Sorge zu tragen.

«Angst», höre ich ihn eines Tages zu einem fünf Jahre älteren Leichtmatrosen sagen, «ist Zeitverschwendung.»

Jetzt hockt er im Schneidersitz in meiner Hundehütte auf dem Achterdeck. Die Karte, die ich skizziere, bringt ihn auf eine Idee.

«Erzähl mir, was auf der anderen Seite liegt», sagt er.

Und ich fange an. Mitten in meinen Ausführungen – ich spekuliere darüber, daß sich die Mündung des Ganges unseres Wissens nicht weiter als eine Zehntagesfahrt entfernt auf der anderen Seite des Isthmus befindet – stutze ich. Dieses Gespräch hat der furchtlose Ferdy schon einmal in Gang gesetzt.

«Ferdy», frage ich ihn, «versuchst du etwa, mich bei Laune zu halten?»

Im Licht, das durch die Palmblätter sickert, sehe ich, wie Ferdy rot wird. «Nun ja, du hast ja nicht viel zu tun, nachdem du hier eingesperrt bist. Also dachte ich . . .»

«Ich bin hier drinnen, weil ich in diesem Augenblick nicht draußen an Deck gebraucht werde!» brülle ich.

Sofort nickt Ferdy zustimmend.

«Ich bin zu jeder Tages- und Nachtzeit da, wenn man mich braucht.»

«Ich weiß, Papa.» Etwas umständlich, da meine Deckskajüte nicht sonderlich geräumig ist, entknotet Ferdy seine Beine und verschränkt sie andersherum. Nachdem er eine Zeitlang geschwiegen hat, fragt er: «Wie kommt es, daß die Indianer so viele verschiedene Sprachen sprechen?»

Wir sind durch mehrere Sprachzonen gekommen, wobei wir uns in jeder einen Dolmetscher gesucht haben. Keinen Dolmetscher im üblichen Sinn, denn natürlich spricht der Betreffende ebensowenig Spanisch wie wir seine Sprache. Aber er gewöhnt sich an uns und kann den neuen Indianern, denen wir begegnen – verglichen mit Hispaniola ist dieser Isthmus eine ziemlich dicht bevölkerte Gegend –, erklären, daß unsere Absichten friedlicher Natur sind.

Auf unserem Weg durch die Sprachzonen müssen wir in jede Bucht, jede Bai, jeden Einlaß hineinfahren. Denn irgendwo in den verschlungenen Mangrovensümpfen versteckt könnte sich ja der Zugang zur Wasserstraße befinden, der Durchschlupf nach Westen, des Entdeckers Gral.

Während des ersten Monats fuhren wir ironischerweise *nach Osten*, denn das entspricht der Lage des Isthmus in dem Bereich, den meine Männer inzwischen Honduras nennen. Es regnete die ganze Zeit, und außer diesen tropfenden Mangrovensümpfen war nichts zu sehen. Nur manchmal riesige Eidechsen, die an Nilkrokodile erinnerten, nur daß sie größer waren. Und schäbig aussehende, langsam schwimmende bräunliche und recht zutrauliche Tiere, die die Indianer Lamantinen nennen. Jede Nacht, wenn wir vor diesen Mangrovensümpfen Anker warfen, sagte irgendein besonders schlauer Schiffsjunge: «Ich könnte schwören, daß das derselbe verdammte Felsen ist, vor dem wir heute morgen geankert haben», und man konnte ihm schwer das Gegenteil nachweisen. Dies nur als Erklärung dafür, wie Honduras zu seinem Namen kam. Spanier benennen Orte nach dem optischen Eindruck. Honduras bedeutet «Mulden», «Gruben». Nun ja, das war eben unser Eindruck.

Aber Ferdy hatte mich nach den Indianern und ihrem Sprachenbabel gefragt. Ein ungeheuer faszinierendes Thema, auch wenn er es nicht zum erstenmal anschnitt.

Hier auf dem Isthmus leben verschiedene Indianerstämme. Die ersten Indianer, denen wir begegneten, hätten (abgesehen von der Sprachbarriere) in jedem großen Hafen auf dem Kontinent zu Hause sein können. Ihre Einbaumkanus, lang wie Karavellen und acht Fuß breit, faßten zwanzig Paddler, doppelt so viele Passagiere und so viel Fracht, daß sie den vorderen Laderaum der *Santa María* gefüllt hätte. Mittschiffs befanden sich mit Palmblättern gedeckte Kajüten, und die Frauen trugen lange Baumwollgewänder und verhüllten ihre Gesichter wie die Araberinnen bis zu den Augen; einige der Männer trugen dick gefütterte Baumwolljacken und hatten Schwerter und Kupferäxte. Sie bezeichneten sich als Mayas, aber ihr Königreich lag ein Stück weiter nördlich, und wir bekamen es nie zu sehen, obgleich sie uns einluden. Auch sie versicherten uns, daß es keine Wasserstraße durch den Isthmus gibt.

Die Jicaque-Indianer, ansonsten nicht weiter bemerkenswert, hatten mit den Mayas eines gemeinsam: Auch sie versicherten uns, daß es keine Wasserstraße durch den Isthmus gibt.

Weiter südlich (in dem Teil des Landes, der später Costa Rica heißen sollte) lebten die Talamanca, ungehobelte nackte Wilde im Vergleich zu den Mayas, aber recht freundlich. Als Tauschwaren boten sie uns zwei nackte Jungfrauen an – etwa vierzehn und acht Jahre alt. Schickten sie einfach die Leiter herauf, nachdem wir in einer schmalen Bucht Anker geworfen hatten. Die Mädchen zeigten keinerlei Angst; sie wirkten ausgeglichen und stolz. Als sie an

Bord kamen, hörte ich von meinem Krankenlager in der Hundehütte aus die aufgeregten Rufe der Mannschaft, gefolgt von plötzlicher, noch bedrohlicherer Stille. Auf allen vieren kroch ich hinaus
– ohne zu wissen, was mich erwarten würde. Ich blickte in ungläubige Gesichter, während der furchtlose Ferdy, ruhig und höflich,
beide Mädchen in Umhänge hüllte und ihnen mit Gesten bedeutete, das Schiff zu verlassen. Das taten sie dann auch. Und die
Mannschaft nahm es Ferdy nicht etwa übel, nein, sie bewunderte
ihn. In mancher Beziehung ist er ein merkwürdiger Junge, aber es
gibt Zeiten, in denen mir sein Instinkt imponiert.

Auch diese mit Jungfrauen handelnden Talamanca versicherten
uns, daß es keine Wasserstraße durch den Isthmus gibt.

Die Cuna-Cuna-Indianer trugen schwere Halsketten mit polierten Scheiben aus purem Gold. Sie wohnten in Pfahlhütten auf
Inseln vor der Küste des späteren Panama. Da wir eine Wasserstraße
finden wollten, hatte ich keinerlei Interesse am Gold, aber aus
Neugier fragte ich doch, woher es denn käme. Sie hatten es von den
Guaymi, die auf dem Isthmus lebten – dahinten. Wie kam es, daß
wir sie übersehen hatten? Ihre Dörfer lagen ein paar Meilen landeinwärts im Dschungel, an irgendwelchen namenlosen Flüssen.
Also machten wir, einfach nur aus Neugier, kehrt, um die Guaymi
zu suchen.

Die bis auf ihre goldenen Halsketten nackten Cuna-Cuna hatten
eines mit den Mayas, den Jicaque und den Talamanca gemeinsam:
Auch sie versicherten uns, daß es keine Wasserstraße durch den
Isthmus gibt.

Damit endet diese kurze Auflistung der Indianer auf dem Isthmus, und Ferdy fragt: «Aber wie können die Mayas und die
Talamanca so verschieden sein, wenn sie so nahe beieinander leben?»

«Spanier und Franzosen», sage ich achselzuckend und frage
mich, wo sein Onkel Barto bleibt, der am frühen Morgen mit dem
Boot der *Bermuda* einen Fluß hinaufgefahren ist, um die Guaymi zu
suchen.

Barto kehrt gegen Abend zurück. «Ich habe drei Dörfer besucht», berichtet er. «Es gibt keine Wasserstraße, hier nicht und auch
nirgendwo weiter südlich.»

«Haben dir das die Guaymi gesagt?»

«Nein. Aber bisher alle anderen Indianer auf dem Isthmus.» Barto verschweigt etwas. «Schön, dich auf den Beinen zu sehen», sagt er.

«Mir geht es gut», versichere ich ihm. «Konntest du dich mit den Guaymi gut verständigen?»

«Nun ja, gewissermaßen schon.»

«Was soll das heißen?» hake ich, eine Spur gallig, nach.

«Sie sind nicht so kultiviert wie die Mayas und nicht so großzügig wie die Talamanca. Wir konnten noch keinen Dolmetscher anwerben. Das wird einige Zeit dauern.»

Während Barto redet, wirft er ununterbrochen einen Stoffbeutel in die Luft. Er sieht schwer aus.

«Diese Barre da», sagt er (er meint die Sandbank an der Flußmündung), «vielleicht ist es nicht ganz einfach, aber bei Flut müßten wir es schaffen, die Schiffe hinüberzuschleppen. Auf der anderen Seite der Sandbank ist ein Becken und guter Ankergrund.»

«Wozu denn? Es ist doch ein Fluß. Wir suchen eine Wasserstraße.»

Barto wirft noch immer den Beutel hoch und fängt ihn wieder auf.

Schließlich überreicht er ihn mir. «Ein frohes Dreikönigsfest, Bruderherz.»

«Guter Gott», sage ich, «haben wir schon den 6. Januar?» Das ist der Tag, an dem sich die Spanier gegenseitig Weihnachtsgeschenke geben.

«Willst du nicht aufmachen?»

Ich greife in den Beutel und hole einen Goldklumpen von der Größe einer Walnuß heraus.

«Wo ich das herhabe, gibt es noch mehr», erklärt Barto. «Sehr viel mehr.» Er zieht seinen Dolch. «Und ich brauchte nichts weiter als das, um es aus der Erde zu graben.»

Die Mannschaft spitzt die Ohren.

«Es ist an der Zeit, sich damit abzufinden, daß es keine Wasserstraße gibt», meint Barto.

Der Goldklumpen glitzert verführerisch. Ich versuche mir in

Erinnerung zu rufen: Dies ist die Große Reise. Nichts darf schiefgehen, diesmal.

Und doch weiß ich ebensogut wie Barto, daß es keine Wasserstraße gibt.

Seit wir den Mayas begegnet sind, mache ich mir etwas vor.

Barto merkt, wie ich zögere. «Ich bin sicher, daß wir bei Flut
über die Sandbank kommen.»

«Was hast du vor?» frage ich meinen Bruder.

Er betrachtet das Gold in meiner Hand. «Ein paar Wochen, drei
vielleicht. Die Männer brauchen ohnehin etwas Ruhe.»

«Ich habe noch nie einen Spanier erlebt, der Ruhe gibt, wenn er
nach Gold sucht.»

«Diesmal ist es anders. Es liegt einfach herum.»

«Das meine ich nicht», entgegne ich.

Barto zuckt die Achseln.

«Wie sind denn die Guaymi?»

«Ich habe dir doch gesagt, daß wir keinen Dolmetscher bekommen konnten.»

«Und warum nicht?»

«Das Übliche», sagt Barto. «Sie sind mißtrauisch gegenüber
Fremden, Weißhäutigen, Musketen . . .»

«Ist es zum Kampf gekommen?»

«Nein. Absolut nicht», versichert Barto eifrig. «Nicht im mindesten. Sie haben nur etwas Lärm gemacht, und wir auch.» Er beantwortet meine nächste Frage, bevor ich sie stelle. «Mit Hörnern und
Trommeln. Und sie haben mit Stöcken auf den Fluß geschlagen.»

«Dann sind sie uns also feindlich gesinnt?»

«Das habe ich nicht gesagt. Sie hatten Angst. Offenbar haben
wir ihnen Angst eingejagt.»

Kapitän Diego Tristán sagt: «Der Kommandant hat recht, die
Männer brauchen keine Ruhe.» Seine Augen kleben am Gold.

Der Himmel ist klar, die Sonne geht unter. Sämtliche Männer
an Bord der *Santa María* stehen wie versteinert da. Schweigend.
Jemand räuspert sich geräuschvoll.

«Wir könnten uns hier», sagt Barto, «in ein paar Wochen mehr
Gold beschaffen, als der Tribut eines ganzen Jahres in Hispaniola
ausmacht.»

Einen flüchtigen Augenblick lang reflektiert das Gold in meiner Hand die letzten Sonnenstrahlen und nimmt die Farbe von Blut an.

Der furchtlose Ferdy hält die Luft an.

Ich ebenfalls, fällt mir auf.

Es gibt keine Wasserstraße. Dies ist die einzige unwiderlegbare Tatsache, die wir über den Isthmus erfahren haben. Und wenn sich ein Traum in Luft auflöst, wie oft findet man dann einen zweiten, der nur darauf wartet, an dessen Stelle zu treten?

Ich meine, es ist einfach zu schön, um wahr zu sein.

Ich sage zu Kapitän Diego Tristán: «Laßt loten. Wenn wir mehr als einen Faden haben, versuchen wir es.»

Brausendes Stimmengewirr erhebt sich, Füße stampfen über das Deck. Barto lächelt.

«Wir nehmen uns zwei Wochen Zeit», erkläre ich ihm.

Aber es regnet vierzig Tage und vierzig Nächte. Auf den Tag genau.

Der Regen ist unmäßig, unanständig, biblisch. Er trommelt wie die Hufe stampfender Pferde auf die Decksplanken und verwandelt die Luft in eine schiefergraue Wand. Unten rauschen die dreckig-braunen Wassermassen des Bethlehem-Flusses vorbei – so genannt, weil wir am Dreikönigstag vor seiner Mündung das erste Mal Anker geworfen haben. Wir brauchen zwei Tage, um die Schiffe über die Sandbank zu schleppen – mit nur zwei Booten eine zähe, zermürbende Arbeit –, und wenn wir wollen, können wir ein paar Tage später einfach wieder hinaussegeln. Der Gedanke ist verlockend.

Wenn der Regen auch nur zehn Minuten aussetzt, kommen die Moskitos aus ihren Verstecken und quälen uns so, daß wir uns Regen wünschen. Nur allzu schnell geht unser Wunsch in Erfüllung. Und dann wünschen wir uns Moskitos.

«Irgend etwas Trockenes, irgendwo», fleht Kapitän Tristán. «Eine trockene Planke, ein trockener Zwieback, ein trockenes Stück Stoff am Leib oder ein trockener Feuerkasten, um ein Feuer anzuzünden – vorausgesetzt, wir hätten einen trockenen Kienspan.» Er seufzt. «Wenigstens ein trockener Husten», fügt er hinzu und niest im nächsten Augenblick explosionsartig.

Die meisten Männer haben Husten und Schnupfen. Viele haben

Fieber. Nicht nur im Rahmen ihrer Erkältungen, sondern das Fieber der Klaustrophobie. Es ist schon schlimm genug, auf einer langen Reise eingepfercht zu sein. Aber einen Steinwurf weit vom Ufer entfernt ans Schiff gefesselt zu sein ist ungleich schlimmer. Manchmal, wenn die Wolken kurz aufreißen, erhaschen wir den einen oder anderen quälenden Blick auf gewaltige Laubbäume am Flußufer und dahinter ansteigende grüne Hügel. Die Männer aus Palos und Moguer, aus Lepe und Huelva sind gute Schwimmer, aber keiner könnte sich in den tosenden braunen Fluten länger als ein paar Sekunden über Wasser halten. Diese Männer sind Entdeckernaturen, sonst wären sie nicht hier. Und die meisten von ihnen sind jung und stecken voller jugendlichem Tatendrang.

Zwei Schiffsjungen schlurfen mit hängenden Köpfen an uns vorbei – nackt, denn welchen Sinn hat es, Kleider zu tragen, die ebenso durchgeweicht sind wie man selbst?

«Schaut Euch die an», sagt Kapitän Tristán düster. «Zu still. Die haben was vor.»

«Woran könnt Ihr das erkennen?»

«Ich kann es nicht erkennen», gibt Tristán zu. Er lacht brummend. «Aber ich kann hoffen, nicht wahr? Selbst eine gute altmodische Meuterei wäre mir willkommen.» Er klatscht sich aufs Ohr und betrachtet triumphierend den Blutfleck auf seiner Hand.

Wieder setzt der Regen ein. Wir stehen da und lassen ihn an unseren nackten Körpern hinunterrieseln. Unter Deck ist es auch nicht besser; das Bilgenwasser ist faulig.

Am nächsten Morgen hört man Vogelstimmen aus dem Dschungel. Golden leuchtend zieht die Morgendämmerung über einen kristallklaren blauen Himmel herauf. Nur die rauschenden Wasserfluten und der ledrige Glanz durchnäßten Blattwerks erinnern noch an den Regen.

Es gelingt Ferdy, den Feuerkasten anzuheizen. Mit den züngelnden Flammen steigt auch die Stimmung. Durchnäßte Kleider werden an Deck ausgebreitet und aufgehängt. Auf der *Gallega* bläst ein Flötenspieler eine Melodie übers Wasser, und jemand singt. Ferdy überwacht die Zubereitung eines Eintopfs aus Salzfleisch, Knoblauch und Rotwein. Das Aroma zieht über den Gestank aus der Bilge hinweg nach achtern, wo ich vor meiner Hundehütte in der

Sonne sitze. Es weht gerade so viel Wind, daß er die Moskitos vertreibt.

Die nächsten drei Tage vergehen mit der widerlichsten Arbeit überhaupt, dem Säubern der Bilgen. Am Ende des dritten Tages steigt Kapitän Tristán hinunter. Lächelnd kommt er herauf. «Sämtliche Düfte Arabiens», sagt er.

Als der furchtlose Ferdy aus der Bilge auftaucht, riecht er wahrhaftig nicht nach den Düften Arabiens.

«Stell dich in meinen Windschatten», schlage ich ihm vor.

Aber er ist mit ein paar Sätzen an der Achterdeckreling und verschwindet mit einem eleganten Hechtsprung im Wasser. Der Fluß ist abgeschwollen, fließt aber immer noch ungestüm und schmutzigbraun. Beunruhigt trete ich an die Reling. Da taucht Ferdys Kopf auf. Er grinst. Wenig später spritzt die gesamte Bilgenmannschaft im Wasser herum. Kapitän Fieschi ruft von der *Vizcaína* herüber: «He, Colombo! He, hier gefällt es mir!»

Erst jetzt können wir unsere Umgebung richtig in Augenschein nehmen. Innerhalb der Sandbank formt der Bethlehem-Fluß ein Becken, das groß genug ist, um zwei Dutzend Karavellen Platz zu bieten. In Richtung Südosten verschwindet der Fluß unter dem grünen Baldachin des Dschungels. Im Hintergrund stürzen Bäche und Wasserfälle silbern glitzernd die Abhänge herunter. Plötzlich bewegt sich etwas an Steuerbord. Ein dunkelbrauner Ast löst sich vom Ufer, driftet in unsere Richtung und öffnet seine gewaltigen Kiefer. Ferdy treibt die anderen Schwimmer zur Leiter. Hastig klettert einer nach dem anderen hoch. Er ist der letzte. «Auf diese Weise ist man schnell eine Zehe los», erklärt er mir, ausgesprochen lässig. Aber sein sonnengebräuntes Gesicht ist blaß. Später befestigen wir am Schiffsrumpf rundum Kletterseile und stellen Beobachtungsposten auf.

Ein paar Tage nach dem Ende der Regenzeit fährt Barto mit ein paar Männern im Boot der *Bermuda* stromaufwärts. Sie bleiben über Nacht aus und kehren mit vier kleinen Kanus im Schlepptau zurück.

«Die werden wir brauchen», erklärt er. «Mit dem Boot kommt man nur ein paar Meilen weit stromaufwärts. Außerdem sind wir an mindestens dreißig Nebenflüssen vorbeigekommen.»

«Sind die Indianer freundlich?» Barto hat so eine Art, Fragen auszuweichen. Das muß in der Familie liegen. «Zwölf Falkenglöckchen für alle vier Kanus», sagt er.

Kapitän Tristán fragt mit gepreßter Stimme: «Ihr habt nicht zufällig noch mehr Gold gefunden, Kommandant?»

Das ist die Frage, auf die alle gewartet haben. Alle rücken näher zu uns an den Großmast heran.

«Das Land steht ein paar Fuß unter Wasser», sagt Barto. «Aber das wird zurückgehen. In der Zwischenzeit können wir die Gegend mit den Kanus auskundschaften.»

«Wie sind denn die Dörfer?» frage ich.

«Ich habe nur eines gesehen. Verglichen mit den Mayas sind die Leute ziemlich primitiv.»

«Verglichen mit den Mayas sind alle ziemlich primitiv», entgegne ich, denn Barto weicht schon wieder meiner Frage aus.

Er lächelt trübe. «Na ja», sagt er, «jedenfalls sind sie keine Kannibalen.»

«Kampflustig?»

«Sagen wir mißtrauisch.»

Mühsam humpelnd schleppe ich mich ans Schanzkleid und blicke nachdenklich zu der grünen Blätterwand des Dschungels hinüber.

Barto packt mich an der Schulter. «Mein Gott», sagt er leise, «es muß schon hart sein, Bruderherz.»

«Was», frage ich und richte mich mit einem Ruck auf, «muß hart sein?»

Er sieht mich an und ändert die Taktik. «Ich meinte nur, hierbleiben zu müssen, um die ganze Operation zu überwachen, weiter nichts.»

«Du glaubst also, ich könnte nicht gehen, wenn ich wollte?»

«Lieber Himmel! Du brauchst mir doch nicht gleich den Kopf abzureißen. Natürlich könntest du. Hat irgend jemand gesagt, du könntest nicht?»

Aber natürlich hat er recht. Bei meinem Zustand als halber Krüppel muß ich mich wohl oder übel damit abfinden, daß andere für mich Augen und Ohren aufsperren. Daß sie ohne mich flußaufwärts fahren. Daß sie ohne mich *entdecken*. Und ganz gleich, welche

Entscheidung ich treffe, ich muß mich notgedrungen auf Informationen aus zweiter Hand verlassen.

So ist es, wenn man sich alt fühlt. Als Invalide. Abhängig. Es ist entsetzlich.

«Nimm Fieschi morgen mit», schlage ich vor.

Barto, der mehr Erfahrung mit Indianern hat als irgend jemand außer mir. Und Fieschi, der fast gar keine hat. Zusammen gelangen sie vielleicht zu einem annähernd der Wahrheit entsprechenden Urteil.

Achtundvierzig Stunden später springt Fieschi, der heldenhafte Eroberer, an Bord der *Santa María*. Barto hält sich zurück und läßt ihm den großen Auftritt. Ein Grinsen zieht sich über sein bärtiges Gesicht, als er wie ein Zauberer goldene Schätze aus einem Beutel von ansehnlicher Größe zieht – ein Dutzend spiegelblank polierter Scheiben, zwei Masken und eine Handvoll goldener Stirnbänder. «Die tragen sie um den Kopf», erklärt er und verteilt sie ringsum, als wüchsen sie an Bäumen.

«Wir können mit ihnen Geschäfte machen», sagt er mit breitem Grinsen.

«Wie sind sie denn so?» frage ich.

Fieschi und Barto wechseln einen schnellen Blick. «Laut», sagt Fieschi.

«Waffen?» frage ich.

Barto hat seine Liste parat und spult sie rasch herunter: «Speere, Pfeile und Bogen, Steinschleudern, Keulen.»

«Und was hat es mit dem Lautsein auf sich?» frage ich Fieschi.

«Sie trinken recht viel», meint er.

«Ein Zeug, das sie *chicha* nennen», erklärt Barto. «Aus vergorenem Mais und ziemlich kräftig. Wie starkes Bier.»

«Sie trinken sehr viel», wiederholt Fieschi und zieht eine Grimasse. «Abscheuliches Zeug.»

Ich lasse nicht locker. «Werden sie denn gewalttätig?»

«Laut», sagt Fieschi.

«Kein Grund zur Beunruhigung», sagt Barto.

Sie schleppen ein zweites Mal zwei Kanus flußaufwärts und kehren ein paar Tage später mit einem Sortiment Goldklümpchen zurück. Fieschi läßt einen Klumpen von der Größe einer Olive fallen; er kullert über die gewölbten Decksplanken auf die Speigatten zu, und die Schiffsjungen stürzen sich wie die Wilden darauf. Triumphierend löst sich einer aus dem Knäuel, in der Hand das glitzernde Gold.

«Es ist so, wie der Kommandant gesagt hat», jubelt Fieschi. «Man gräbt sie einfach mit dem Messer aus dem Boden. Wenn wir erst einmal richtig mit dem Graben anfangen», er rollt die Augen, «kaufe ich mir vielleicht gar einen Anteil an Centurione.»

Er lacht über seinen kleinen Scherz.

Außer ihm lacht niemand. In seiner Begeisterung hat Fieschi gegen ein ungeschriebenes Gesetz verstoßen. Kein Abenteurer, der je unter welchen Vorzeichen und in welcher Gesellschaft auch immer auszog, um Gold zu suchen, hat es versäumt, etwas davon für sich abzuzweigen. Das ist eine Tatsache. Aber man redet nicht darüber, man tut es einfach.

«Kapitän Fieschi hat einen Scherz gemacht», sagt Barto kühl.

Auf dieses Stichwort hin lacht Fieschi erneut, diesmal weniger überzeugend.

Die Männer stehen schweigend dabei.

Am nächsten Morgen schicke ich Pedro Terreros und Kapitän Porras von der *Bermuda* mit fünfzehn Männern flußaufwärts. Ein paar Tage später sind sie mit den üblichen Scheiben, Masken und goldenen Stirnbändern zurück.

«Laut», sagt Kapitän Porras. «Sie trinken ziemlich viel.»

Auch das wie üblich.

Ich warte darauf, daß Pedro Terreros sich äußert. Ich verlasse mich darauf, daß mir dieser geradlinige Mensch, eher noch als Barto, die Wahrheit sagt.

«Ich habe noch nie solche Indianer erlebt», berichtet er. «Sie sind absolut unberechenbar. Einmal könnte man schwören, daß sie einem freundlich gesinnt sind, und im nächsten Augenblick blasen sie in ihre Hörner, schlagen ihre Trommeln, hauen auf Baumstämme und schauen einen nicht einmal an.»

Porras hält sich den Kopf. «Vielleicht liegt das an ihrem Bier», meint er unsicher.

«Es kommt einem so vor, als würden sie sich alle Mühe geben, so zu tun, als wäre man gar nicht da», sagt Pedro. «Aber das solltet Ihr Euch selbst ansehen.»

Diese Möglichkeit ergibt sich, als Barto von seinem nächsten Ausflug flußaufwärts mit Gästen zurückkehrt – fünf stattliche Kanus mit dem Häuptling namens El Quibián und seinem Gefolge. Vier Kanus werden ans Ufer gezogen, und wenig später blasen die Indianer in ihre Hörner, schlagen ihre Trommeln und klopfen mit Stöcken auf Baumstämme und mit ihren Paddeln aufs Wasser, wobei sie uns völlig ignorieren; das fünfte Kanu rumpelt gegen den Rumpf der *Santa María*. Ein Rudel Indianer klettert die Strickleiter herauf, nackt bis auf baumwollene Lendenschurze. Barto, der im Boot der *Santa María* steht, lächelt zu mir herauf und nickt. Der letzte Indianer, der an Bord kommt, ist dieser El Quibián, der abwartend rittlings auf dem Schanzkleid sitzt, während seine Leute das Deck inspizieren; dabei bringen sie es fertig, weder arrogant noch feindselig über uns hinwegzusehen. Als El Quibián, hager und voller Falten, vom Schanzkleid auf die Decksplanken springt, bemerke ich, daß sein eines Bein schlaff ist. Er humpelt ziemlich. Aber seine Arme sind kräftig. Ich humple auf ihn zu, um ihn zu begrüßen, aber er wendet sich ab. Dreht mir doch tatsächlich den Rücken zu. Das ist eine neue Erfahrung für mich. Plötzlich heben ihn zwei Männer aus seinem Gefolge hoch und setzen ihn ins Gärtchen. El Quibián deutet auf mich und macht mit den Fingern eine Gehbewegung. Ich gehe auf ihn zu. Drei Indianer verstellen mir den Weg. Wieder bedeutet mir El Quibián, näher zu kommen. Wieder wird mir der Weg versperrt. Erst dann wird mir klar, was er möchte: Er möchte mich gehen sehen. Oder vielmehr humpeln. Lahmheit ist das, was uns verbindet. Ich humple nach achtern und wieder zurück. Als er mit dieser Demonstration unseres gemeinsamen Defekts zufrieden ist, reicht ihm einer seiner Leute eine Kürbisflasche. Er trinkt, dann gibt er sie mir. Das *chicha* ist extrem sauer und außerdem bitter. Es schmeckt abscheulich. Die Kürbisflasche, leider ziemlich groß, wird hin und her gereicht, und jedesmal scheint El Quibián sie in Händen zu wiegen, um sich zu vergewissern, daß ich auch meinen Anteil trinke. Um etwas Abwechslung in die Situation zu bringen, lasse ich Papier holen und zeichne eine Karte, auf der die Küste und der Bethlehem-Fluß zu sehen sind. Oder

vielmehr, ich fange damit an. Denn sobald mir die Indianer über
die Schulter schauen und die schwarzen Striche auf dem Papier
entstehen sehen, kehren sie mir den Rücken zu und stoßen Schreie
aus. Das ist ein neuer Zauber. El Quibián wird bleich. Einer seiner
bronzehäutigen Gefolgsleute fördert ein Tierhorn zutage, aus dem
er orangefarbenes Pulver verstreut, das einen widerlich süßen Geruch verbreitet. Als mein Sohn Fernando dreißig Jahre später über
diese Ereignisse schreibt, erwähnt er dieses Sichumdrehen, ohne
über seine Bedeutung nachzudenken. Er stellt zwar fest, daß die
Guaymi offenbar Angst vor Gezeichnetem haben, aber muß es
denn wirklich Angst sein? Vielleicht gibt es einen völlig anderen
Grund dafür, daß sie einem den Rücken zuwenden und Pulver
verstreuen, einen Grund, der ihrer uns fremden Sicht der Dinge
entspricht, der Überprüfung durch unsere sich selbst einschrän-
kende Logik jedoch nicht standhält. Folgt daraus, daß diese
Guaymi und ihr El Quibián verrückt sind? Oder liegt Verrücktheit,
ebenso wie Schönheit, im Ermessen des Betrachters? Fernando
stellt dreißig Jahre später keinerlei Vermutungen über diese Dinge
an, vielleicht, weil der furchtlose Ferdy jetzt wie alle anderen
Schiffsjungen blöde auf den im Gärtchen hockenden El Quibián
stiert, als würde er erwarten, daß dieser etwas Unerhörtes tut –
etwa sich auf irgendeine spektakuläre Art zu entleeren. Aber El
Quibián dreht sich lediglich mit Hilfe seiner kräftigen Arme auf
seinem Sitz um, so daß er uns den Rücken zuwendet. Dann wirft er
die Kürbisflasche ins Wasser und streckt seine Hand über die Schulter nach der nächsten aus, während der Lärm am Ufer anschwillt.
El Quibián trinkt, und ich trinke. Dieses *chicha* ist schlimmer als
englisches Ale, aber ich tue, was man von mir erwartet. El Quibián
hebt die Hand, nur ein paar Zentimeter, und der Lärm am Ufer
verstummt augenblicklich. El Quibián ergreift das Wort. Einem
Impuls folgend, drehe ich mich ebenfalls um. Seine Stimme ist so
laut, daß mir die Ohren dröhnen, als er seine Rede endlich beendet hat. Ich drehe mich um und stelle fest, daß er mir wieder
das Gesicht zuwendet. Ist das ein Zeichen für eine neue Vertrau-
ensbasis? Seine Lippen verziehen sich zu einem Lächeln, das ein
paar Zahnstümpfe enthüllt. Er nickt heftig und lange. Wieder
versuche ich es mit meiner Karte, und wieder wird orangefarbe-

nes Pulver verstreut. El Quibián rutscht auf seinem Sitz hin und her, dreht sich diesmal aber nicht um. Er muß seinen Leuten einen subtilen Wink gegeben haben, denn sie helfen ihm wieder auf Deck, wo er sich neben mir aufpflanzt. Ich habe gar nicht bemerkt, wie klein er ist. Reicht mir kaum bis zur Schulter. Er macht einen Schritt und dreht sich wartend um. Ich mache einen Schritt, dann wieder er. Im Gleichschritt humpelnd erreichen wir die Leiter. Wie zuvor hebt er kaum wahrnehmbar die Hand, und das Getöse am Ufer beginnt aufs neue. Dann versucht El Quibián mit komplizierten Gebärden, uns etwas mitzuteilen. Er bedeutet uns, daß es uns gestattet ist, flußaufwärts zu paddeln und zu graben (vermutlich nach Gold), daß er es aber eindeutig vorziehen würde, wenn unsere Leute den seinen nicht zu nahe kämen. Dann klettert er mit seinen Gefolgsleuten die Leiter hinunter. Seine Krachmacher steigen in ihre Kanus, und bald verflüchtigt sich die Geräuschkulisse im Dschungel.

«Menschenskind, was hatte denn das zu bedeuten?» sagt Barto kopfschüttelnd.

Mein Kopf pocht von zuviel *chicha*. Trotzdem gehen mir unausgegorene anthropologische Gedanken hinsichtlich der Bedeutung dieser Begegnung durch den Kopf. «Wenn wir sie nicht verstehen, und ich zumindest verstehe sie nicht», sage ich zu ihm, «dann sollten wir den Kontakt auf ein Minimum beschränken. Was El Quibián offenbar ohnehin wünscht.»

«Aber sie haben nichts dagegen, daß wir nach Gold graben.» Darüber sind sich alle einig. «Wie lange würdest du brauchen, um unsere Kisten zu füllen?» frage ich.

Barto lächelt.

«Vorausgesetzt», sage ich, «daß genug Gold da ist, um sie zu füllen.»

«Soll das ein Witz sein? Jetzt, wo das Hochwasser fällt, kann man es in jedem Bachbett glitzern sehen. Mein Gott, Cristóbal, wir würden fünfzig Jahre brauchen, um das ganze Gold da herauszuholen. Hundert Jahre. Aber gib mir nur einen Monat, dann schleppen wir das Doppelte von dem an, was man sich in Hispaniola jemals erträumt hat.»

Ich verbringe eine schlaflose Nacht mit Nachdenken. Dies ist die

Große Reise, rufe ich mir ins Gedächtnis. Nichts darf schiefgehen, diesmal.

Nur daß etwas bereits schiefgegangen ist. So schief wie irgend möglich: Es gibt keine Wasserstraße, keine Durchfahrt nach Westen, keinen Entdecker-Gral.

Soviel zur Großen Reise. Gegen die Geographie kann man nicht ankämpfen.

Während dieser langen, heißen, schlaflosen Nacht in meiner Hundehütte auf dem Poopdeck der *Santa María* sehe ich mich wieder zu Hause in Spanien, sehe mich, wie andere mich vielleicht sehen, und was ich sehe, gefällt mir gar nicht – einen alten Mann am Strand, einen zweiten Vásquez de la Frontera, allerdings ohne Sargassokraut, nur mit einem Sack voller Erinnerungen. Entdeckte alle Inseln der Indischen Lande. Entdeckte Hispaniola, Krone des Karibischen Meeres, machte es zu einem *Ort*, darf aber nicht hinfahren. Entdeckte die Neue oder eine Andere Welt. Bemitleidenswerter alter Kerl, der nichts mehr zu tun hat. Sollte vielleicht ausgiebig lesen, all die Bücher, für die er nie Zeit hatte, aber seine Augen machen nicht mehr mit.

Aber eines können meine Augen sehen. Sie können sehen, daß in Sanlúcar und Sevilla, in Cádiz und Palos jüngere Männer große Träume träumen und sie verwirklichen. Oder scheitern, es aber zumindest *versuchen*.

Nicht daß ich alt wäre. Ich doch nicht. Ich werde es wissen, wenn ich alt bin.

Irgendwann in dieser langen, heißen, schlaflosen Nacht in der Hundehütte sehe ich mich im letzten behelfsmäßigen Thronsaal des ambulanten Hofes, wo ich der Königin erkläre: Gold – richtiges Gold, nicht wie in Hispaniola. Läßt sich einfach mit dem Messer aus der Erde kratzen, auf dem Isthmus. Keine Notwendigkeit für Sklaven, kein Tribut. Ich habe meine Lektion gelernt. Hört zu, Majestät, wir besorgen uns einen guten Chefmissionar, so einen wie Pater Juan Pérez . . . was? Na gut, einverstanden, einen jüngeren, wenn Ihr das wünscht . . . und holen die Kaziken nach Spanien, damit sie eine anständige spanische Erziehung erhalten, und im Handumdrehen werden sie Euch so treu ergeben sein wie Eure anderen Untertanen. Sogar Kleider werden sie tragen. Die Königin lächelt. Der König, der mit der Fußspitze den Boden zu erreichen versucht, lächelt ebenfalls.

Ich weiß, was zu tun ist. Ich habe aus Hispaniola gelernt.

Aber Hispaniola ist zu groß geworden, überlege ich in dieser langen, heißen, schlaflosen Nacht in der Hundehütte. Kein Wunder, daß es nicht mehr zu bändigen war. Halte die neue Kolonie klein, kaum größer als ein Dorf, suche dir genau die richtigen Leute aus, keine Kolonisten, keine Abenteurer, einfach *Menschen* wie Juan Niño und Inocencia Premida. Inzwischen kenne ich die Tücken. Die Erfahrung hat mich klüger gemacht, aber ich bin noch immer jung genug, um einen Traum zu haben.

Am Morgen fragt mich Barto: «Also, was ist?»

Wir lehnen an der Heckreling. Die Luft ist köstlich. Schaumkronen schwappen über die Sandbank. Vögel rufen im Dschungel. Der Hügel oberhalb des linken Flußufers ist oben abgeflacht, fast als hätte Gott ihn eigens zur Erbauung einer Niederlassung dorthin gesetzt.

«Graben wir oder graben wir nicht?» fragt Barto. Es hört sich etwas widerborstig an.

«Barto», sage ich behutsam, «ich möchte, daß du hierbleibst.»

Er mißversteht mich. «Soll das heißen, daß du flußaufwärts fahren willst? Mein Gott, Cristóbal, bei den Schwierigkeiten, die du mit deinen Beinen und deinen Augen hast, halte ich das nicht für eine grandiose Idee.»

«Wir werden eine Siedlung bauen», führe ich aus. «Ich möchte, daß du mit der Hälfte der Leute hierbleibst, während ich nach Spanien zurückkehre und mir einen Reiseauftrag von den Königen und Kolonisten hole. Nur daß es keine richtigen Kolonisten sein werden, denn was ich mir vorstelle . . .»

Barto ringt sich ein Lächeln ab, während ich nach einem Wort ringe, das es noch nicht gibt. «Sehr komisch», preßt er schließlich hervor. Und dann flehend: «Sag, daß das ein Witz ist.»

Wie soll ich ihm das erklären? Ich kann nicht sagen, daß ich mir ein Utopia vorstelle, denn Thomas Morus wird dieses Wort erst dreizehn Jahre später prägen. (Fernando wird mit diesem Humanisten korrespondieren, kurz bevor dieser reizende König Heinrich VIII. ihn hinrichten läßt.) Aber Utopia ist genau das, was ich auszudrücken versuche. Doch Barto kommt mir zuvor.

«Ich habe nie einen Spanier erlebt, der angesichts von Gold nicht den Kopf verloren hat, von Indianerinnen ganz zu schweigen; und da draußen gibt es Tausende von Indianern, und wir sind nur hundertdreißig, mit vier Schiffen, die, nach der *Bermuda* zu urteilen, übrigens dringend kielgeholt werden müßten; denn ganze Teile ihres Rumpfes sehen aus wie Bienenwaben, was bedeutet, daß es in dieser Bucht hier von Holzwürmern nur so wimmelt – und du willst diesen ganzen Zirkus nochmals von vorn anfangen?»

«Wir haben seit damals viel gelernt, Barto. Wir könnten . . .»

«Warum nennst du deine neue Niederlassung nicht gleich Navidad?» fällt er mir ins Wort. Aber es kommt noch schlimmer. «Glaubst du denn, ich weiß nicht, was du durchmachst? Daß du zu beweisen versuchst, daß du noch so jung bist wie früher? Ich habe das alles mit Higueymota mitgemacht.»

«Das ist nicht dasselbe.»

«Ich habe um ein Haar einen Krieg angefangen, bevor du mich zur Räson gebracht hast. Wie kann ich jetzt dich zur Räson bringen?»

«Ich kann mit weniger als der Hälfte der Männer zurücksegeln», sage ich. «Also vergiß Navidad mit seinen vierzig Grünschnäbeln. Das ist gar kein Vergleich. Du kannst siebzig Freiwillige haben, und ich lasse dir ein Schiff da, die *Gallega*, so daß du, wenn es hart auf hart geht, jederzeit abhauen kannst. Aber dazu wird es nicht kommen.»

«Ich weiß, daß du ein enttäuschter Mann bist, der versucht, sein Leben nochmals von vorn zu beginnen.»

In diesem Ton geht es eine Zeitlang weiter. Aber ich höre nicht hin. Denn rein zeitlich betrachtet, kann ich Barto nicht widersprechen. Zu unserer Zeit ist ein Mann wie Porco-Zámpano eine Ausnahme. Die meisten Männer sterben vor dem fünfzigsten Lebensjahr. Es handelt sich hier also nicht um eine verspätete Midlifecrisis, von der Barto redet, sondern es ist schlicht und einfach das Alter, das uns ins Gesicht starrt.

«Nur um zu beweisen, daß du deinen Biß noch nicht verloren hast, überläßt du siebzig Männer hier dem Tod.»

«Niemand wird sterben. Ihr habt doch sogar irische Wolfshunde auf der *Bermuda*, und du weißt selbst, was für eine panische Angst die Indianer vor denen haben.»

«Es sind nur drei», sagt Barto. «Drei Hunde und siebzig Männer. Und keinerlei Garantie, daß du jemals wieder zurückkommst. Du bist ein kranker Mann, Cristóbal. Gut möglich, daß du in Spanien stirbst. Und was wird dann aus uns? Ist dir nicht klar, wie krank du bist?»

Meine Handfläche brennt. Ich habe meinen Bruder geschlagen.

Diego Tristán steht am Kompaß und schaut angelegentlich hinüber zur Sandbank. Vielleicht wissen die Guaymi recht gut, was sie tun; vielleicht ist es besser, so zu tun, als existierten gewisse Dinge nicht.

«Tut mir leid», sage ich mit einem Kloß im Hals. «Das wollte ich nicht.»

«Klar. Ist schon gut.»

«Aber ich werde diese Niederlassung gründen – mit dir oder ohne dich.»

Jetzt wird Barto zum Guaymi. Lange Zeit schaut er übers Wasser auf den abgeflachten Hügel, den Gott so offensichtlich für meine Zwecke dorthin gestellt hat. «Cristóbal, du bist wahrscheinlich der Seemann mit dem größten Instinkt aller Zeiten», beginnt Barto langsam; man merkt, wie er nach Worten sucht. «Und ich bin stolz darauf, dein Bruder zu sein. Aber wenn ein Mann nicht weiß, wann er aufhören muß . . .»

Leise, so leise, daß ich nicht einmal sicher bin, es ausgesprochen zu haben, sage ich: «Ich kann nicht. Ich kann nicht aufhören, Barto.»

Vielleicht hat er es nicht gehört, denn er fährt fort: «Was ist, wenn du nach Spanien zurückkehrst und aus irgendeinem Grund nicht mehr zurückkommen kannst? Du glaubst doch nicht, daß außer dir irgend jemand in der Lage wäre, diesen Ort hier wiederzufinden, oder?»

«So oder so, Barto», sage ich, immer noch leise, «ich werde weitermachen.»

Und er dreht sich um. «Also gut, ich tu's, ich bleibe. Früher oder später tue ich ja doch alles, was du willst. Nur diesmal, diesmal, wird es mich umbringen.»

Ich wache auf. Unmittelbar vor Tagesanbruch. Aus dem Dschungel schallen Hörner, dröhnen Trommeln, aber das ist es nicht, was mich geweckt hat. Daran sind wir gewöhnt. Das geht nun schon seit mehreren Nächten so. Die ganze Nacht hindurch. Seit wir mit dem Bau der Niederlassung begonnen haben. Seit der Wasserspiegel gesunken ist, so daß bei Ebbe die Barre sichtbar wird und wir im Becken an der Mündung des Bethlehem-Flusses festsitzen. Seit Tagen haben wir keinen Indianer zu Gesicht bekommen.

Wieder dieses Geräusch, das mich aufgeweckt hat: Ein weicher dumpfer Schlag, ganz nahe. Ein Ast, der gegen den Schiffsrumpf prallt? Ein Kanu?

Dann Schritte an Deck und ein plötzlicher Aufschrei.

«Stehenbleiben! Sofort stehenbleiben!»

Das ist Ferdys Stimme.

Auf allen vieren krieche ich aus meiner Hundehütte. Zwei Schiffsjungen mit Musketen – zum Glück nicht geladen – stehen mit dem Rücken zum Schanzkleid da, ihnen gegenüber Ferdy mit einer Lanze. «Wachoffizier!» brüllt er, und direkt unter mir schießt der Zweite Offizier der *Santa María* aus der Ruderluke, wo er vermutlich ein Nickerchen gehalten hat.

«Die beiden da sind gerade aus einem Kanu gestiegen», sagt der furchtlose Ferdy zum Zweiten.

«So», sagt der Zweite nicht sonderlich begeistert.

«Ich an Eurer Stelle würde sie durchsuchen.» Für einen Dreizehnjährigen hört sich Ferdy recht diensteifrig an.

Aber eigentlich erübrigt sich eine Durchsuchung. Das schwache Tageslicht reicht aus, um den Sack über der Schulter des einen Schiffsjungen zu erkennen.

«Fieser Schnüffler», sagt der Sackträger.

Der Sack enthält die üblichen Goldscheiben, Masken und Stirnbänder.

Die Ertappten sind verärgert.

«Warum ausgerechnet wir?» sagt der eine. «Das ist nicht fair. Warum wir, wo das doch alle tun?»

Und der andere sagt: «Alle außer dem Sohn des Admirals, dem fiesen Ferdy.»

Eine Durchsuchung des Schiffes fördert alle möglichen goldenen Gegenstände in allen althergebrachten und einigen recht originellen neuen Verstecken zutage.

Ein typisches Verhör:

FRAGE: Seid ihr vorgestern nacht mit einem Kanu losgefahren?

ANTWORT: Ja, ich und Manolo Méndez.

FRAGE: Wo seid ihr hingefahren?

ANTWORT: Was weiß ich. Bei Mondschein flußaufwärts. Dann haben wir einen Trampelpfad entdeckt und sind ziemlich bald zu einem Dorf gekommen.

FRAGE: Haben euch die Indianer willkommen geheißen?

ANTWORT: Sie haben Lärm gemacht. Und wir haben Lärm gemacht.

FRAGE: Wie denn?

ANTWORT: Mit einer Muskete.

FRAGE: Und was ist dann passiert?

ANTWORT: Sie haben uns ein paar goldene Masken und so Zeug gegeben.

FRAGE: Im Austausch wofür?

(Schweigen.)

FRAGE: Was habt *ihr ihnen* gegeben?

ANTWORT: Sie wollten nichts. Na ja, sie wollten, daß wir verschwinden.

FRAGE: Und seid ihr verschwunden?

ANTWORT: Wir sind doch da, oder nicht?

FRAGE: Aber ihr seid nicht gleich verschwunden, oder?

ANTWORT: Na ja, nicht gleich. Wir hatten noch ein bißchen Spaß mit ein paar Mädchen draußen im Busch – aber die wollten! Ich schwöre, daß sie wollten!

Barto sagte es bereits: *Warum nennst du deine neue Niederlassung nicht gleich Navidad?*

Wie konnte ich erwarten, daß sich irgend etwas ändern würde? Das Wort «Utopia» kommt aus dem Griechischen und bedeutet «kein Ort».

Aber noch bin ich nicht gewillt aufzugeben.

Später stehe ich mit Barto und Pedro Terreros vor meiner Hundehütte. Ich weiß schon, was jetzt kommt.

«Hör dir bloß diese Trommeln an», sagt Barto. «Die Niederlassung ist beim Teufel.»

«Warum denn? So ein bißchen Ärger mit den Indianern hat doch nichts zu bedeuten. Wir werden schon damit fertig.»

Barto schüttelt nur den Kopf.

Pedro Terreros macht ein gequältes Gesicht. Er räuspert sich. «Admiral», sagt er, und man sieht ihm an, wie er sich jedes Wort abringt, «ich bin von der ersten Reise an mit Euch gesegelt, Admiral. Das war 1492. Alles, was ich weiß, habt Ihr mir beigebracht. Aber ich . . .» Sein Adamsapfel hüpft auf und ab. «Admiral, ich glaube, der Kommandant hat recht. Wir sollten die Siedlung vergessen und die Schiffe startklar machen, um so schnell wie möglich von hier zu verschwinden.»

«Ich werde darüber nachdenken», brumme ich und kehre den beiden nach Guaymi-Manier den Rücken, um die Tränen zu verbergen, die mir in den Augen brennen.

In der nächsten Nacht verschwindet der fiese Ferdy.

Es fehlt kein Kanu, aber er ist weder an Bord der *Santa María* noch auf einem anderen Schiff. Ich versuche es in der Niederlassung – eine Handvoll aus Zweigen geflochtene, um das Lagerhaus gruppierte Hütten, keine Palisade. Auf einer Seite bietet ein tiefes Flußbett Schutz, auf zwei weiteren der Fluß selbst. Ein paar Minuten genügen, um festzustellen, daß Ferdy auch da nicht ist.

«Er kann doch nicht einfach verschwunden sein.»

Ich muß den Satz wiederholen, weil die Hörner und Trommeln heute besonders laut dröhnen. Dann spüre ich plötzlich, wie mir alles Blut aus dem Kopf weicht. «Was ist, wenn sie ihn gekidnappt haben? Wenn sie ihn als Geisel festhalten, um uns zu zwingen, von hier zu verschwinden? Und ihn töten, wenn wir uns weigern?»

«Sie wissen doch gar nicht, daß er dein Sohn ist», meint Barto.

Mit einem schwerbewaffneten Suchtrupp begebe ich mich ins Landesinnere. Schlage irgendeinen Dschungelpfad ein. Aber welchen Sinn hat das? Ein Dutzend weitere Pfade zweigen davon ab. Als wir uns auf dem Rückweg befinden, knackt es im Unterholz, und ein Pfeil bleibt zehn Zentimeter neben meinem Kopf schwirrend in einem Baumstamm stecken. Eine Musketensalve hindert den unsichtbaren Schützen an einem zweiten Versuch; verfolgt vom Lärm der Hörner und Trommeln, eilen wir zurück.

«Blas die ganze Sache ab», bedrängt mich Barto, «bevor es zu spät ist.»

«Was bedeutet schon ein bißchen Lärm? Du kennst doch die Indianer. Je mehr Krach sie machen, desto weniger haben sie es auf einen Kampf abgesehen.»

«Meinst du? Du vergißt wohl den *areitos*, was? Wenn wir nicht bald von hier verschwinden . . .»

«Und Ferdy zurücklassen?»

«Ich meinte, sobald er zurückkommt.»

«Du glaubst also, daß er auf eigene Faust losgezogen ist?»

«Kann schon sein. Er ist ein merkwürdiger Junge. Wenn er wohlbehalten zurückkommt, willst du dann wenigstens erwägen, von hier zu verschwinden?»

«Das geht nicht. Schau dir doch die Sandbank an.» Die Grundsee bricht sich an der Barre und geht schäumend darüber hinweg. «Wir können nicht weg, selbst wenn wir wollten, nicht bevor es regnet.»

Es regnet den ganzen nächsten Tag und den Tag danach. Diego Tristán fährt mit dem Boot der *Santa María* hinaus, um die Barre auszuloten, und kommt durchnäßt, aber glücklich zurück. «Das Wasser ist schon einen Fuß gestiegen, Admiral.» Ein zuckender Blitz zerreißt den Himmel. Donner kracht. Tristán lächelt. Aber es fehlt noch weit. Und immer noch kein Zeichen von Ferdy.

Am vierten Morgen nach seinem Verschwinden wache ich in meiner Hundehütte auf, von Fieberfrösten geschüttelt, in Schweiß gebadet, mit brennenden Augen. Ich schleppe mich nach draußen. Die Männer rufen und lachen, scharen sich um den Großmast. Ihre Aufmerksamkeit ist so in Anspruch genommen, daß niemand bemerkt, wie ich mich vom Poopdeck herunterquäle. Als ich mich nähere, schnappe ich ein paar Fetzen auf.

«. . . wieder getan!»

«. . . mitten in ihr Lager . . .»

«. . . weiß nicht, was Angst heißt.»

«Der furchtlose Ferdy hat wieder zugeschlagen!»

Und da ist er, wird auf Schultern getragen.

«Das war doch nichts Besonderes», grinst er.

Sobald sie ihn absetzen, kommt er zu mir herüber. Sein Gesicht ist von Insektenstichen aufgequollen, er hat ein blaues Auge, sein Wams hängt in Fetzen herunter.

«Was ist denn mit dir passiert?»

«Ich fand, jemand sollte feststellen, was die Indianer im Schilde führen. Also bin ich einfach diesen Hörnern und dem Getrommel nachgegangen und habe mich ein paar Tage in der Umgebung ihres Lagers herumgetrieben.»

«Ihres Lagers?» frage ich. Dieses Wort gefällt mir gar nicht.

«Hineingegangen bin ich nicht, auch wenn die anderen das behaupten. Aber ich erkenne ein Militärlager, wenn ich es sehe. Da müssen sich mindestens zweitausend Guaymí versammelt haben. Vielleicht noch mehr. Bis zu den Zähnen bewaffnet.»

Jemand fragt: «Werden sie uns angreifen, Ferdy?»

Und mein Sohn nickt ernsthaft wie ein Erwachsener.

Jemand anderes – ich, um genau zu sein – fragt: «Warum bist du dessen so sicher?»

«Weil ich über einen Wachposten gestolpert bin und wir an einem Bach etwas gerangelt haben und ich ihm den Kopf unter Wasser gehalten habe, bis er mir sagte, was ich wissen wollte.»

«Sagte?»

«Zeichensprache», erklärt der furchtlose Ferdy, «wird direkt proportional zur Intensität der Drohung besser verständlich.»

Achten Sie auf den schulmeisterlichen Ton.

«Sie werden uns angreifen», sagt er. «Davon war der Kerl überzeugt.»

«Und wann?»

«Das wußte er nicht.» Als er jetzt selbstbewußt die blitzend-weißen Zähne zeigt, erinnert er mich an Alonso Ojeda. «Und ich garantiere dir, daß er es mir gesagt hätte, wenn er es gewußt hätte.»

In dieser Nacht liege ich schwitzend und zitternd unter einem schweren Mantel in meiner Hundehütte. Von weit draußen auf dem Meer kommt Donnergrollen, was Kapitän Diego Tristán zum Vorwand nimmt, bei mir hereinzuschauen.

«Hat Euch der Sturm aufgeweckt, Admiral?»

«Was ist denn?» Ziemlich gallig.

«Ich kann später wiederkommen.»

«Ich sagte, was ist denn?»

«Der Kommandant ist an Bord, Admiral. Er sah keinen Grund, Euch zu stören, aber jetzt, wo Euch der Sturm geweckt hat . . .»

Es regnet nicht, noch nicht, aber in der Ferne rollt wieder Donner. «Was ist denn los?» frage ich, diesmal weniger gallig.

«Die Moral in der Garnison ist so schlecht, daß der Kommandant glaubt, er kann sich nicht auf die Männer verlassen, wenn es zum Kampf kommt.»

Bartos zwanzig Männer haben sich tagelang in der noch nicht fertiggestellten Niederlassung verkrochen und in Erwartung des Angriffs, der nicht stattgefunden hat, rund um die Uhr Wache gehalten.

«Wir könnten ja Verstärkung schicken.»

Dieser Vorschlag wird ignoriert. «Der Fluß steigt, Admiral. Ich war draußen an der Sandbank.» Das ist nichts Besonderes; Tristán lotet zweimal am Tag. «Sechs Fuß beim höchsten Flutwasserstand», sagt er, «und es regnet weiter.»

Ich sage nichts.

«Der Kommandant meint, wir sollten alles liegen und stehen lassen, solange es noch geht. Admiral?»

«Ich habe es gehört.»

«Wenn der Admiral also will, könnten wir ja vielleicht morgen damit anfangen, die Schiffe hinauszuschleppen. Wir hätten Glück, wenn wir es an einem Tag schaffen, wo wir doch nur zwei Boote haben.»

«Ich weiß, wie viele Boote wir haben.»

Danach schweigen wir beide ziemlich lange. Ich liege da, schwitzend und zähneklappernd, und versuche, an gar nichts zu denken.

«Admiral? Schlaft Ihr?»

Utopia. Ein Ort, den es nicht gibt.

«Sagt meinem Bruder, er soll alle Vorräte und Bestände aus der Niederlassung wieder an Bord der *Gallega* schaffen lassen. Lotet bei Tagesanbruch die Sandbank aus. Wenn sie tief genug liegt, gehen wir hinaus.»

Ich verhülle mein Haupt und versuche zu schlafen. Die ganze Nacht über regnet es heftig.

Sobald es dämmert, sehe ich die Wundmale. Ich bin kaum überrascht. So, wie ich mich seit Tagen fühle, wundert es mich eher, daß sie so lange auf sich haben warten lassen. Ich betrachte sie eingehend. Offene Wunden auf beiden Handflächen. Kein Blut. Ganz normale, unerklärliche Stigmata.

Von draußen höre ich Rufe. Kapitän Tristáns Stimme. «Beide Boote los! Pullt!» Sekunden später, anfangs kaum wahrnehmbar, beginnt sich die *Santa María* zu bewegen.

«Admiral?» Wieder Tristán, jetzt näher, gedämpft. «Ich dachte, Ihr wollt sicher informiert werden, daß wir hinausgehen.»

Ich brumme etwas, aber im selben Augenblick ertönt ein Donnerschlag.

«Admiral?»

«Schon gut. Ich habe es gehört.»

«Auf dem Hügel oberhalb der Niederlassung stehen fünfhundert kreischende und trompetende und trommelnde Guaymí. Ein paar Speere haben sie auch geworfen. Aber der Kommandant meint, es wird noch eine Weile dauern, bis sie richtig loslegen», sagt Diego Tristán. «Ich habe eine Bootsladung zur Verstärkung hinübergeschickt und einen Kanonier auf die *Gallega* gesetzt. Einen Großteil der Gerätschaften und einen Wolfshund, den es an der Schulter erwischt hat, habe ich mit zurückgebracht.»

Ich habe hohes Fieber, und in meinem Kopf dreht sich alles.

«Kann ich Euch irgend etwas bringen, Admiral?»

«Nein.»

«Wollt Ihr herauskommen und Euch die Sache anschauen? Ich helfe Euch . . .»

«Nein!»

Ich schaue auf meine Wundmale. Meine brennenden Augen veranlassen mich zu der Frage: «Haben wir genug Wasser für die Fahrt?»

Tristán bricht beinahe zusammen. Ich kann es ihm nicht verübeln. «Lieber Himmel! Wir haben nicht mehr als zwei Boote, um vier Schiffe über die Sandbank zu ziehen, müssen zudem noch die Garnison evakuieren, und jeden Augenblick können die Guaymí den Hügel heruntergestürmt kommen, und da erinnert Ihr mich daran, daß wir zu allem Überfluß auch noch leere Wasserfässer haben und der Fluß braun vor Dreck ist. Lieber Himmel!»

«Ganz ruhig, Kapitän. Kümmert Euch um das Wasser, wenn es geht. Vielleicht kann ja einer dieser diebischen Schiffsjungen eine Quelle auskundschaften.»

«Ja, Sir. Sonst noch etwas?»

«Alles mit der Ruhe, Kapitän.»

Die Vorwärtsbewegung der *Santa María* wird gebremst, als sie die Sandbank streift und sich nach Steuerbord legt. «Backbord! Backbord!» brüllt Kapitän Tristán.

Ich versuche mich aufzusetzen. Es erweist sich als schwierig. Als unmöglich. Die einzige Bewegung spielt sich in meinem Kopf ab, in dem alles kreist und durcheinanderwirbelt. Ein Schüttelfrost nach dem anderen überfällt mich. Ein schabendes Geräusch, die *Santa María* erbebt. Dann spüre ich das Kratzen direkt unter mir, und plötzlich gleitet die *Santa María* rauschend vorwärts; die Sandbank liegt hinter uns. Das ist für einige Zeit das letzte, woran ich mich erinnere.

Das nächste ist, daß es wieder dunkel ist. Abgesehen vom Knacken der Hölzer ist alles ruhig auf dem Schiff. Zu ruhig. Absolut ruhig.

«He!» rufe ich.

Schritte eilen herbei.

«Wer ist draußen?»

Ein Winseln. Ein großer Hundekopf schiebt sich durch die Tür. Ich setze mich auf, streichle die feuchte Schnauze und kraule die triefenden Ohren. Ich setze mich auf. *Ich setze mich auf.* Na, wie finden Sie das? Versuchsweise hieve ich mich auf alle viere, krieche langsam aus der Hundehütte. Im Augenblick regnet es nicht. In der Ferne ein Blitz. Kein Mensch an Deck. Langsam richte ich mich auf. Stehe nicht felsenfest, aber es besteht keine unmittelbare Gefahr, daß ich umkippe. Ich versuche, ein paar Schritte zu machen. Der Wolfshund wedelt mit dem Schwanz.

«He! Ist irgend jemand da?»

Aber das Schiff ist verlassen. Ich stehe auf dem Achterdeck, schwankend, lasse die Augen im Umkreis von dreihundertsechzig Grad wandern. Sehvermögen ganz passabel, obwohl meine Augen brennen. Auf dem Meer draußen nichts. Die *Vizcaína* und die *Bermuda* liegen in gut einer halben Meile Entfernung unmittelbar vor der Sandbank vor Anker. Auf Anhieb kann ich nicht ausmachen, was diese Punkte da in der Ferne im Wasser sind, die querab zur *Vizcaína* vorbeigleiten. Dann gehen die Falkonetten der Karavelle los, speien an Steuerbord der ganzen Länge nach Flammen und Rauch. Die Punkte im Wasser sind Kanus, besetzt mit Guaymi, und die meisten sind inzwischen an der *Vizcaína* vorbei und kommen direkt auf die *Santa María* zu.

Nicht sehr weit weg rollt ein Donner.

Der Wolfshund winselt.

«Ganz ruhig, mein Junge, es ist nur ein Donner.»

Weit hinten, jenseits der Sandbank leuchtet es rot auf. Kurz darauf ein dumpfes Brüllen. Die *Gallega* feuert. Was immer geschehen ist, zumindest regt sich dort noch Leben, und noch halten sie durch.

Ich befinde mich auf dem Hauptdeck, als das erste Kanu unter dem Bugspriet hindurchgleitet. Schlurfend haste ich zur Jakobsleiter, hänge sie aus und lasse sie, gegen die Schiffswand klappernd, ins Wasser fallen. Ich stoße einen Triumphschrei aus, doch dann setzt mein Herz einen Schlag aus, als mir die vielen Leinen einfallen, die wegen der Schwimmer am Schanzkleid hängen. Direkt unter mir heulen die Guaymi. Knurrend springt der irische Wolfshund ans Schanzkleid, stützt die riesigen Vorderpfoten auf, fletscht die Zähne. In Küstennähe entfaltet sich das Großsegel der *Vizcaína*. Sie haben das Problem erkannt. Sie haben erkannt, daß ich ein toter Mann bin oder in Kürze sein werde. Aber selbst bei einer steifen Brise würden sie es nicht mehr rechtzeitig schaffen. Ich winke, damit sie sehen, daß ich noch am Leben bin. Jetzt bewegt sich die *Vizcaína*. Nicht schnell, aber sie kommt näher.

Ich ertappe mich dabei, wie mein Blick den Großmast hinaufwandert. Dann beginne ich die Webeleinen hinaufzuklettern. Ich weiß nicht genau, warum. Linke Hand. Rechter Fuß. Rechte Hand. Linker Fuß. Immer weiter hinauf, einen Augenblick vom Schüttelfrost gebeutelt, im nächsten vor Fieber glühend. Als ich hinunterschaue, sehe ich, wie der Wolfshund einen Satz macht und ein mit einem Speer bewaffneter Guaymi in hohem Bogen über das Schanzkleid fliegt. Jetzt kommen noch zwei an Bord. Ich klettere weiter. Das habe ich nicht mehr gemacht, seit ich Schiffsjunge war. Weiter hinauf. Da bleibt dicht über meinem Kopf ein Pfeil schwirrend im Mast stecken. Ich schaue hinunter. Aber das ist ein Fehler, denn in dieser Höhe schwankt der Mast erheblich, und ich schwanke mit. Ich umklammere die Webeleinen. Mein Atem geht schwer. Ein zweiter Pfeil bohrt sich in den Mast. Ein dritter bleibt im Großsegel stecken, das an der Rah festgezurrt ist. Ich klettere weiter. Schließlich erreiche ich den Mastkorb. Die *Vizcaína* ist nähergekommen. Aber nicht nahe genug. Übers Wasser höre ich schwach die aufmunternden Rufe.

Vielleicht haben sie mich gesehen. Auf alle Fälle sollen sie wissen, daß ich hier oben bin, am Leben. Also hole ich tief Luft, um zu schreien.

In diesem Augenblick läßt Fieschi zwei Lombarden abfeuern, so daß Flammen und Rauch aus der *Vizcaína* schlagen. Um den Guaymi Angst einzujagen und mir ein paar zusätzliche Sekunden zu verschaffen?

Ich brülle.

Ein Hilferuf? Vielleicht gar verzweifelt? Das wäre nicht ungerechtfertigt.

Aber nein, so laut es irgend geht, brülle ich, und meine Stimme bebt von der Frustration und dem Zorn eines ganzen Lebens:

«Gott!»

Und über meinem Kopf, unmittelbar über der Toppsegelspiere, zuckt ein grelles Licht auf, kreiselt – ein rundes, leuchtendes Elmsfeuer. Ich wende die Augen ab, schaue hinunter und sehe zwanzig, dreißig Guaymis an Bord, die vorwärts laufen und . . .

Nein, sie laufen nicht.

Den einen Fuß im Abstoßen begriffen, den anderen in der Luft, verharren sie mitten in der Bewegung, erstarren zu Statuen. Desgleichen der irische Wolfshund, mitten im Sprung an eine Guaymi-Kehle. Und ebenso die *Vizcaína*, einen halben Lombardenschuß entfernt, mit hochgerecktem Bug auf dem Kamm einer Woge. Am trübgrauen Himmel – und das ist das Groteskeste überhaupt – steht ein kleiner, schwarzer Gegenstand. Rund. Wie ein Nagelkopf. Das muß eine Lombardenkugel sein. Hängt da einfach in der Luft, ohne sich zu bewegen.

Mir wird schwindlig, und ich klammere mich an den niedrigen Rand des Mastkorbs. Delirium. Etwas anderes kann es nicht sein. Endlich fährt mein komplexes Krankheitssyndrom sein massivstes Geschoß auf.

«Gott!» rufe ich aus und verstärke meinen Klammergriff um das windige Geländer meines kleinen Hochsitzes, mehr als dreißig Meter hoch über dem Deck der *Santa María*.

– Wer ist es denn diesmal?

Eine Stimme. Eher ungeduldig, gereizt. Man könnte sogar sagen, gallig.

Ich schaue nach oben.

Es leuchtet an der Mastspitze. Das ist normal, rede ich mir ein, ein Elmsfeuer eben.

Aber ist es normal, eine Stimme zu hören?

Sie wiederholt:

– Wer ist es denn diesmal? Oh, ich sehe schon, Colón. Also, was willst du?

Und die ganze aufgestaute Enttäuschung der Großen Reise bricht aus mir heraus:

«Was soll das eigentlich? Was habe ich hier verloren, im Krähennest eines verlassenen Schiffes, das vor einer unpassierbaren Landenge ankert, während hundert Guaymí nach meinem Blut lechzen und ich bereits halb krepiert bin an einer Krankheit, die weiß Gott wie viele Jahrhunderte lang nicht erkannt werden wird. Was habe ich getan?»

Ich bin so aufgebracht, daß es eine Weile dauert, bis ich realisiere, daß die Stimme antwortet.

– Kümmere dich nicht um diese Jahrhunderte. Kümmere dich nicht um das, was war und was kommt. Alles, was ist, ist hier bereits bekannt.

«Wo?»

– Hier.

«Wer bist Du?»

Diese Frage wird nicht beantwortet. Aber das runde Elmsfeuer pulsiert heller. Bald stelle ich fest, daß das ein Zeichen von Verärgerung ist.

Ich schaue weg. Ich bin ziemlich ruhig jetzt. Was ist schon ein Elmsfeuer im Vergleich zu dem, was mich da unten erwartet? Selbst wenn es spricht.

Ich versuche, meine ursprüngliche Frage umzuformulieren. Dies führt mich weit zurück zu jenem Tag, an dem mir Luis de Santangel von meiner Herkunft erzählte.

«Wer bin ich?» frage ich. «*Warum* bin ich?»

Das Elmsfeuer leuchtet noch heller. Falsche Frage.

«Bin ich ein Christ oder ein Jude oder was?» Die Antwort darauf sollte er kennen.

– Oder was, sagt die Stimme, wobei die leuchtende Kugel an den Rändern flimmert. Belustigt? Ich erinnere mich, einmal eine ähnliche Antwort gegeben zu haben. Darauf läßt sich schlecht etwas entgegnen.

Aber die Stimme hat mehr zu diesem Thema zu sagen.

– Es gibt unterschiedliche Modelle für denselben Sachverhalt. Was ist schon ein Name? Glaubst du nicht, daß der Heilige Geist groß genug ist, um in allen Menschen zu wirken – Christen und Juden und Moslems, gebildeten und ungebildeten? Auch in Frauen. Aber jetzt sag mir, was du willst, ich habe zu tun. Diese Welt ist nicht die einzige, die ich zu bewegen habe.

Also stelle ich die Ur-Frage, jene Frage, die meines Erachtens den größten Bereich abdeckt:

«Warum?»

– Warum was?

«Einfach warum.»

Ich werfe rasch einen Blick hinunter. Die Guaymi verharren noch immer mitten im Lauf.

– Versuche, deine Frage zu präzisieren. Meinst du, warum einiges in deinem Leben schiefgelaufen ist?

«Einiges? *Einiges?* Soll das vielleicht ein kosmischer Witz sein? Etwas, was Gott für einen Scherz hält?»

– Keine Namen, bitte.

«Dann sag mir, warum mußte Yego so früh sterben? Warum Tristram? Warum? Warum mußte Toscanelli ausgerechnet Martin Behaim nach Lissabon schicken? Und warum hat Felipa ... ach vergiß es. Warum konnte meine erste *Santa María* an jenem Weihnachtsabend 1492 nicht einfach über das Riff rutschen? Warum konntest Du nicht eine Durchfahrt durch den Isthmus legen? Oder mich und Petenera Hand in Hand der Sonne entgegengehen lassen? Warum, Gott? Warum? Warum hat die Wahrheit Guacanagarí das Leben gekostet? Warum mußte der erste Missionar in der Anderen Welt Pater Buil sein? Warum läßt Du einen Buil oder einen Torquemada in Deinem Namen handeln?»

– Keine Namen, ich habe dich gewarnt. Aber sie haben nicht in meinem Namen gehandelt, wie du wohl wissen solltest. Und spar dir die Großbuchstaben, wenn du mich anredest.

«Oder warum haben sie mich, nachdem ich diese Andere Welt entdeckt habe, in Ketten nach Hause geschickt? Oder warum hat mein Bruder Barto, oder auch der Große Diego, immer . . .»

– Frag mich nicht, ob du deines Bruders Hüter bist. Bleiben wir lieber dabei, warum du mit deinem Leben unzufrieden bist.

«Das habe ich nie behauptet.»

– Du törichter Mensch! Was habe ich für irgendeinen Menschen getan, was habe ich selbst für Moses oder für David getan, das ich für dich nicht getan hätte? Habe ich mich nicht von deiner Geburt an um dich gekümmert? Dich zu Borgia geschickt, damit du von ihm lernst? Dir das Leben gerettet, als man dich vergiftet hatte? Dich vor einem Schiffbruch bewahrt? Von einem Eisberg ganz zu schweigen? Und vor einem Hurrikan? Sogar vor zweien. Habe ich dir nicht die Indischen Lande gegeben, auf daß du mit ihnen nach Belieben verfahren konntest? Ich habe dir das Ozeanische Meer erschlossen. Habe ich mehr für die Kinder Israels getan, als ich sie aus Ägypten führte? Oder für den Hirten David, als ich ihn zum König von Judäa machte? Habe ich dir nicht Ruhm im ganzen Christenreich geschenkt? Habe ich dich nicht umherwandern lassen, auf daß du diesen Teil deiner Bestimmung erfüllen mögest?

«Diesen Teil? Dann gibt es also noch mehr? Meinst Du diesen seltsamen . . .»

– Du willst mich nach deinen Träumen von diesem ungehobelten Christophorus und von Herne dem Jäger fragen, der die Chronik mit der Geschichte des Ewigen Juden aus St. Albans gerettet hat, nicht wahr?

Er weiß Bescheid, denke ich. Er weiß es. Er kann es mir sagen.

«Ja!» rufe ich.

– Das darfst du nicht. Es ist dumm, alles zu glauben, was man träumt.

«Du weißt es also nicht», sage ich. Es klingt fast wie ein Vorwurf. Das Elmsfeuer pulsiert extrem hell. Ich wende mich ab und lege die Hand schützend vor die Augen.

– Wo ich bin, wird alles gewußt.

«Und wo bist Du?»

Keine Antwort.

«*Was* bist Du?»

– Ich bin, der ich bin.

Wer hat das einst gesagt? Das oder etwas Ähnliches? Es fällt mir wieder ein: Porco-Zámpano. *Ich bin, der ich bin, aber Gott bin ich mit Sicherheit nicht.*

«Spricht Porco-Zámpano, der alles über jeden weiß, in Deinem Namen?»

– Ich habe dir doch gesagt (wieder gallig), daß der Heilige Geist in jedem wirkt. Aber in manchen Menschen ist er eben stärker. Warum, weiß ich auch nicht.

«*Du* weißt nicht, *warum*?»

– Aus deiner Sicht bin ich allwissend, allmächtig. (Das wird mit einem erstaunlichen Mangel an Selbstvertrauen ausgesprochen.) Aber manchmal muß ich woandershin, muß diese anderen Welten bewegen – und ich kann dir versichern, einige davon sind größer und wichtiger als die Erde. Außerdem, wenn du es unbedingt wissen willst: Es ist durchaus möglich, daß ich nicht wirklich allmächtig bin. Von einer höheren Warte aus betrachtet.

«Ich verstehe nicht, Gott.»

– Keine Namen! Wie oft muß ich dir das noch sagen?

«Tut mir leid, Sir.»

– Einst hielten die Indianer euch Spanier für Götter. Wart ihr das?

Ich lache nervös.

– Also ist es einfach eine Frage des Standpunktes, oder? Wenn ihr nicht so viele Fehler begangen hättet, wenn ihr nicht die Gewalt in ihre unverdorbene Welt gebracht hättet, hättet ihr in ihren Augen vielleicht Götter bleiben können. Begreifst du denn nicht, daß es möglicherweise Welten innerhalb anderer Welten gibt?

«Ich verstehe nicht», sage ich abermals.

Er blinkt ungeduldig.

– Chinesische Kästchen, mein lieber Colón. Könnte nicht dein Himmel mein Spanien sein? Auf einer Ebene wart ihr für die Eingeborenen Götter. Auf einer sehr viel höheren Ebene bin ich für dich der, der ich bin. Glaubst du nicht, daß ich mir über das nächste, größere Kästchen Gedanken mache? Ich meine, was ist denn da draußen? Wacht jemand über meine Welt und vielleicht über andere Welten, die ich nicht einmal begreifen kann? Ist das der Grund, warum *er* manchmal nicht da ist, wenn man *ihn* am dringendsten braucht? Von mir kannst du das kaum behaupten. Zumindest nicht im Augenblick. Ich bin da.

«Schon, aber . . .»

Ich werfe einen unbehaglichen Blick auf das Deck hinunter.

– Komm mir nicht mit Einwänden. Ich habe meine eigenen Probleme, und es wäre unklug von dir, etwas in deine Stigmata hineinzugeheimnissen.

«Nein, ich verstehe schon. Sie gehören einfach nur zum komplexen Krankheitssyndrom.» Um ein Haar hätte ich gefragt: Bist *Du* auch nur ein Teil davon? Aber ich halte den Mund.

– Ich habe dich gehört.

Jetzt halte ich den Atem an.

– Glaub, was du willst. Alles ist möglich. Hier, ich werde es dir zeigen.

Plötzlich verwandelt sich das Elmsfeuer. Ich sehe Lettern aus Feuer. Um ein Haar wäre ich aus dem Krähennest gefallen.

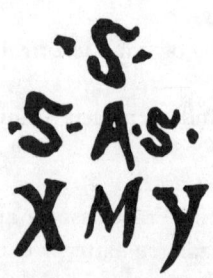

– Ist das deine Unterschrift?

«Mein Gott! Ja.»

Er sagt nichts von wegen keine Namen.

Die Lettern flimmern, schillern in vielen Farben. Göttliches Gelächter?

– Was bedeuten die Lettern?

«Ich weiß es nicht. Ich habe sie mir für einen Traum ausgeborgt.»

– Ich weiß.

«Was bedeuten sie denn?»

Aber statt einer Antwort sagt er:

– Der andere Admiral wird etwas sehr Frommes und Christliches daraus machen, der Ehrenwerte Fellow etwas ausgesprochen Kabbalistisches und Jüdisches.

Er weiß Bescheid. Er weiß von meinen zukünftigen Biographen! Wie kann er das? Wie kann ich das?

«Welcher hat recht?» frage ich.

– Keiner. Oder beide.

«Es gibt noch so vieles, was ich nicht weiß. Meine eigene Unterschrift . . .»

– Du wußtest genug, um deine Andere Welt zu entdecken.

Achten Sie darauf, daß er sie so nennt. Nicht Neue Welt. Andere Welt. *Meine* Andere Welt.

Verlegen sage ich: «Ich habe sie lange Zeit für Asien gehalten.»

– Wenn du genau gewußt hättest, was du tust, du, für den ich das Ozeanische Meer geteilt habe, hättest du nicht für all jene eine Gefahr dargestellt, die weniger wußten? Für all jene, die ihre gotischen Kirchtürme bis in den Himmel hinauf bauten, als es an der Zeit gewesen wäre, statt dessen die Oberfläche ihrer eigenen Welt weiter zu erkunden? Du willst nichts gewußt haben! Was mußtest du denn wissen, um zu erforschen, zu entdecken? Um umherzuwandern? Woher du kommst? Wohin du gehst? Warum mußt du diese Dinge wissen? Es war an der Zeit, daß die Menschen die Meere überquerten und die Länder ihrer gesamten Erde bevölkerten. Es war an der Zeit, daß sie diese Erde, und damit ihr eigenes Wesen, erforschten. Glaubst du vielleicht, ein Don Quijote oder ein Hamlet, ein Lincoln oder ein Einstein wäre ohne deine Andere Welt denkbar gewesen?

«Ich hatte unter vielfältigen Schwierigkeiten zu leiden, die . . .»

– Ich bitte dich! Du hast gelitten, weil du dir eine Bedeutung beigemessen hast, die du nie hattest. Nicht du warst wichtig. Wichtig war, was du getan hast. Wären ohne diese Andere Welt die Menschenrechte verkündet worden? Hätten ohne diese Andere Welt die Menschen einen neuen Kontinent voller eigener Wunder entdeckt? Wäre ohne diese Andere Welt der Quell der Kreativität übergeflossen? Und dir war es gegeben, sie zu finden, dir mit deinen abstrusen Visionen und deinen konfusen geographischen Vorstellungen. Du willst *gelitten* haben? Du willst nichts *gewußt* haben? Du Narr! *Wie vielen Menschen ist es gegeben, eine Andere Welt zu entdecken?*

Das Elmsfeuer vibriert, der Mast bebt, ein Donnerschlag zerreißt die Luft.

Im Grenzbereich zwischen Übernatürlichem und Irdischem höre ich ein letztes Wort.

– *Umherwandern* . . .

Da pfeift die Lombardenkugel vorbei, die *Vizcaína* eilt wieder über das lebhafte Meer auf das Flaggschiff zu, und ich könnte schwören, daß ich für einen Augenblick unten an Deck nicht einen, sondern zwanzig Wolfshunde sehe, und wenig später alle Guaymi, soweit sie können, über Bord hechten; aber drei liegen tot da, mit durchgebissenen Kehlen, und der Hund, jetzt nur noch einer, ist auch tot; ein Speer hat ihn durchbohrt.

Ein Gesicht, das Gesicht eines Guaymi, späht über den Rand des Krähennestes. Eine Hand hebt ein Messer. Da vibriert die Luft, der Mast bebt, ein Blitz leuchtet grell auf. Ich werde im Krähennest hin und her geworfen. Der Guaymi schreit auf, klammert sich noch einen Augenblick lang fest, stürzt dann vom schwankenden Mast in den Tod.

Und dann ist der Blitz verschwunden. In der Wolkendecke tut sich sogar ein blaues Loch auf.

Wahrscheinlich war das alles lediglich ein neuropsychiatrischer Aspekt des komplexen Krankheitssyndroms. Wahrscheinlich war *er* auch nicht mehr. Und was hat er gesagt? – Alles ist möglich. Ist das eine Antwort? Nicht dort, wo ich herkomme. Aber das ist die ganze Antwort, die er mir gegeben hat.

Ich berichte hier nur, was ich erlebt habe, und die Geschichte endet damit, daß ich unsicher aus dem Mastkorb klettere und mit den Füßen Halt in den Webeleinen suche. Ich rutsche ab, bleibe kurz hängen, beginne zu fallen. Verzweifelt suche ich Halt. Meine Hand erwischt eine Want. Ich packe sie mit beiden Händen, rutsche daran herunter, so schnell, daß es nach angebranntem Fleisch riecht.

Unsanft lande ich auf Deck, drehe mich um, setze mich auf und starre auf die durch die Reibung versengten Handflächen.

Die Stigmata sind verschwunden.

Als erster klettert Kapitän Fieschi an Bord. «Gott sei Dank seid Ihr unversehrt. Wir hätten nie gedacht, daß die Guaymi so weit herauskommen, sonst hätten wir Euch nicht hier allein gelassen.» Er grinst. «Aber Ihr seid nicht leicht umzubringen, Colombo.» Er betrachtet den leblosen Wolfshund. «Das war vielleicht ein Hund. Von der *Vizcaína* aus sah es zeitweise so aus, als wären da zehn oder zwölf von seiner Sorte. Er war überall gleichzeitig.»

«Ja», sage ich. In der Luft liegt noch immer der scharfe Brandgeruch vom Blitzeinschlag.

«Nachdem dieser Guaymi Euch schon nicht erwischt hat, hätte Euch eigentlich der Blitz treffen müssen. Was habt Ihr denn überhaupt da oben auf dem Mast gemacht?»

«Gerufen. Um Hilfe gerufen.»

«Der gewaltigste Blitz, den ich je gesehen habe. Kam aus dem Nichts und war genauso schnell wieder verschwunden. Ihr habt wirklich Glück gehabt.»

«Was habt Ihr gesagt?»

«Daß Ihr Glück habt, am Leben zu sein.»

«Nein, über den Blitz, meine ich.»

«Ein gewaltiger Donnerschlag, und schon fährt er direkt in den Großmast. Ich dachte, das Schiff würde bersten oder wie eine Fackel in Flammen aufgehen.»

«Kein Elmsfeuer oder dergleichen an der Mastspitze?»

Er sieht mich skeptisch an. «Ein einziger Blitz. Nur einen Sekundenbruchteil lang. Aber Ihr seid doch am Ort des Geschehens gewesen, also . . .»

«Wie steht es denn ansonsten?» frage ich.

«Nun, wie Ihr seht, ist die *Bermuda* ebenfalls in Sicherheit. Sieht so aus, als würden wir nur die *Gallega* einbüßen.»

Nachdenklich betrachtet er die Decksplanken. Er weiß, was jetzt kommt.

«Was ist mit meinem Bruder und der Garnison?»

«Wir kriegen die *Gallega* unmöglich da raus, nachdem wir nur noch ein Boot zum Ziehen haben. Es wäre tollkühn, das zu versuchen.»

«Ein Boot . . .»

Fieschis Kopf bleibt gesenkt. Seine Stimme klingt monoton. «Unmittelbar bevor der eigentliche Kampf losging, hat Tristán das Boot des Flaggschiffs genommen und ist mit zusätzlicher Verstärkung und einer Ladung leerer Wasserfässer hinübergefahren. Er sagte, Ihr hättet ihm aufgetragen, Wasser zu holen. Die Verstärkung war meine Idee. Tut mir leid, wenn ich einen Fehler gemacht habe, Admiral.»

«Nein. Ich hätte dasselbe getan.»

Fieschi betrachtet das Deck, als hätte er noch nie Holzplanken gesehen.

«Ich kann mir die Sache nur so vorstellen, daß Tristán die Niederlassung gerade verlassen hatte, als der eigentliche Kampf begann. Folglich hatte er zwei Möglichkeiten, habe ich recht? Entweder hinzugehen, um dem Kommandanten beizustehen, oder in den sicheren Schoß der Schiffe zurückzukehren und dort den Kampf abzuwarten. Aber er tat keines von beidem. Offenbar ist er weiter flußaufwärts gezogen, um irgendeine Quelle zu suchen, von der Euer Junge wußte.»

«Mitten im Kampf?»

«Das nehme ich zumindest an.»

«Aber es wäre doch Selbstmord gewesen, ins Landesinnere zu gehen . . .»

«Ich weiß», sagt Fieschi.

Wir schweigen beide. Dann fällt mir etwas ein, was er gesagt hat. «Ihr sagtet, es ist nur noch ein Boot übrig?»

«Vor etwa einer Stunde trieben die ersten Wrackteile flußabwärts. Das Boot der *Santa María*, da gibt es keinen Zweifel. Die Guaymí müssen es zerstört haben. Aber es kamen auch ein paar volle Fässer. Wir haben Trinkwasser.»

«Und was ist mit der Mannschaft aus Tristáns Boot?»

Fieschi schüttelt den Kopf.

Wieder herrscht Schweigen.

«Ihr sagtet, Ferdy wußte, wo diese Quelle zu finden war?»

«Ja, Sir.»

«War er mit auf dem Boot?»

«Ja, Sir.»

Jetzt sieht Fieschi mich an. Seine Stimme stockt. «Er war der tapferste Junge, der mir je begegnet ist.»

Langsam segeln wir zur Barre zurück, eine dezimierte Mannschaft auf der *Santa María*, ich auf der *Vizcaína*. Unter einer strahlenden Mittagssonne werfen wir Anker. In den Strudeln hinter der Sandbank wirbelt noch immer Treibgut vom Boot der *Santa María* herum.

Ich stehe mit Fieschi auf dem Achterdeck und sehe zu, wie die Bootsmannschaft der *Bermuda* eine Wassertonne von der Sandbank herunterfischt. Das letzte Boot, das noch übrig ist; und drei Schiffe ohne ein einziges Boot segeln zu lassen hieße eine Katastrophe heraufbeschwören. Es ist vollkommen ausgeschlossen, daß wir dieses Boot an Land schicken. Das aber bedeutet, daß Barto und die Garnison, falls von Barto und der Garnison überhaupt noch etwas übrig ist, ganz auf sich gestellt sind.

«Da schwimmt ein Toter im Wasser!» gellt ein Schrei aus dem Krähennest der *Vizcaína*, und bald sehen wir eine, dann zwei und dann ein halbes Dutzend Leichen mit dem Gesicht nach unten in der schmutzigbraunen Strömung treiben. Auf den Rücken hocken hackend große schwarze Krähen.

Ferdy, denke ich. Meine Knie geben nach. Mit meinen bandagierten Händen greife ich nach der Reling, um nicht umzufallen.

Dreizehn Jahre war er alt. Ich habe ihn mitgenommen, um einen Mann aus ihm zu machen.

Ein paar Körper bleiben an der Sandbank hängen. Einer bahnt sich einen Weg; an ihm picken keine Krähen.

Er hebt eine Hand.

«Der Mann dort ist noch am Leben!»

Fieschi und drei Schiffsjungen springen über Bord.

Zehn Minuten später wird der Schiffsjunge Manolo Méndez auf

die Decksplanken gelegt. Er spuckt Wasser, würgt, windet sich. Kapitän Fieschi beatmet ihn. Er erbricht sich. Man setzt ihn auf, damit er nicht erstickt.

«Alle . . . tot», stößt er hervor. «Der Kapitän bekam . . . einen Speer ins Auge. Die anderen . . .» Manolo Méndez sackt ohnmächtig in Fieschis Armen zusammen.

Und wir warten. Eine sinnlose Nachtwache. In der Niederlassung gibt es keinerlei Anzeichen von Leben. Auch nicht auf der *Gallega*. Trotzdem warten wir. Die Abenddämmerung zieht herauf. Die Luft ist diesig. Im Westen geht die Sonne unter, ein riesiger karmesinroter Ball. Jemand bringt etwas zu essen, aber ich rühre nichts an.

Ich umklammere die Reling des Achterdecks, blicke starr über die Sandbank hinweg auf den Bethlehem-Fluß und wünsche inständig, es möge wenigstens einen Überlebenden geben, der sich an ein Stück Treibholz klammert. Sie können doch nicht alle tot sein. Sie können einfach nicht tot sein.

Neben mir plötzlich Stimmen, deutende Finger.

«Was ist denn das da unten?»

«Noch mehr Wrackteile. Sieht aus wie ein Teil der Palisade.»

«Es ist aber nicht im Wasser.»

«Soll das ein Witz sein? Am Himmel vielleicht?»

«Ich meine, es schwimmt deutlich über dem Wasser.»

Fieschis Stimme macht mich hellwach. «Das ist ein Floß da draußen!»

Es ist wirklich ein Floß – mit Seilen zusammengebundene Holzpflöcke, die auf zwei Einbaumkanus befestigt sind. Ein Hund bellt. Männer rufen übers Wasser. Schon kommen die ersten die Leiter herauf. Ich sehe nicht sonderlich gut. Frohes Rufen ringsum.

Ich höre Lachen, fast schon hysterisch.

Es ist Barto.

«Ich habe Gold mitgebracht», sagt er. Gelächter bricht aus. «Keine Riesenmenge Gold, aber doch wohl ausreichend für eine Sechzig-Tonnen-Karavelle. Damit sind wir quitt – die *Gallega* kriegen wir da nie raus.»

«Die ist sowieso völlig vom Holzwurm zerfressen, Onkel Barto.»

Ferdy!!

Ein recht kleinlauter Ferdy, der sagt: «Eigentlich dürfte ich gar nicht hier sein. Ich müßte tot sein wie die anderen. Denn Kapitän Tristán hat mir keine Erlaubnis gegeben zu gehen.»

«Wohin denn?»

«Zu Onkel Barto. Weil der Kapitän mich brauchte, um ihn zu dieser Quelle zu führen. Aber ich mußte Onkel Barto helfen, oder? Also habe ich dem Kapitän eine Karte gezeichnet, und bevor mich jemand aufhalten konnte, bin ich aus dem Boot gesprungen und wie der Teufel zur Siedlung geschwommen. War das falsch? Onkel Barto hat mich doch gebraucht.»

«Es war Ferdys Idee», meint Barto trocken, «das Floß zu bauen, mit dem wir rausgekommen sind.»

Am nächsten Morgen segeln wir in Richtung Spanien.

Ankommen freilich werden weder die *Santa María* noch die *Bermuda*, noch die *Vizcaína*.

KAPITEL 21

In dem ein einziges loses Ende bleibt

Es dauerte drei Tage, bis die Neuigkeiten per Eilkurier nach Sevilla und in das große Haus gelangten, das ich in der Gemeinde Santa María gemietet hatte.

Königin Isabella war tot.

Sie starb am 26. November 1504 in ihrem Schloß in Medina del Campo in ihrer Heimat Kastilien und lag aufgebahrt in ihrer Residenzstadt Segovia.

«Ihre beinahe letzten Worte», sagte Pater Juan Pérez, der von La Rábida gekommen war, um mich zu besuchen, «waren, daß ihre Untertanen, egal ob alte, neue oder ganz neue Christen, vor dem Gesetz gleichgestellt sein sollten.»

«Ganz neue?» fragte ich.

«Indianer, mein Freund. Wie geht es Euch denn heute?»

«Besser», sagte ich.

Ich konnte mich fast schon aufsetzen und in den Hof hinausschauen.

«Euer Dr. Chanca hat mir nur zehn Minuten bewilligt.»

«Was kann man von ihm schon anderes erwarten?»

Sie ist also tot, dachte ich und versuchte, sie mir mit geschlossenen Augen so vorzustellen, wie ich sie an jenem Tag in der Alhambra gesehen hatte, mit ihrem rotgold schimmernden Haar und voller Begeisterung für die Sache der Rückeroberung.

«Schlaft Ihr?» fragte Juan Pérez leise.

Ich schüttelte den Kopf.

«Ich habe Euch ein Buch mitgebracht.»

Ich glaubte zu wissen, was ich zu erwarten hatte. Etwas Religiöses, Erbauliches.

Aber das Buch war uralt und handgeschrieben.

Mit einem Ruck setzte ich mich auf. Saß zum erstenmal, seit man mich hierher getragen hatte.

«Wo habt Ihr das her, Prior?»

«Wo ich das herhabe? Von Euch natürlich.»

«Dieses Buch?»

Er nickte. «Ihr habt es mir nach Eurer zweiten Reise gegeben, als Ihr eine Zeitlang in Sack und Asche in La Rábida verbracht habt.»

Ich schlug das Buch auf und sagte: «Das kann ich Euch unmöglich gegeben haben.»

«Gelegentlich entfällt einem Mann, der so viel um die Ohren hat wie Ihr, die eine oder andere belanglose Kleinigkeit», sagte der gute Prior freundlich. «Ihr habt mir sogar gesagt, woher es stammt.»

«Woher denn?»

«Dieses Buch hat Euch Petenera de Torres gegeben, damit Ihr es Ihrem armen Bruder Luis nach Navidad mitbringt.»

Da fiel es mir wieder ein. «Sie hat mir eine ganze Kiste voller Bücher gegeben, aber ich habe sie nie aufgemacht. Sie ist irgendwo verlorengegangen.»

«Dieses Exemplar offenbar nicht», meinte Juan Pérez achselzuckend. «Das hattet Ihr bei Eurer Rückkehr im Gepäck.»

Bei dem Buch handelte es sich um die *Chronik* des Roger Wendover von St. Albans. Ich schlug sie auf. Den Titel konnte ich zwar lesen, aber schon die Handschrift auf dem Vorsatzblatt nahm ich nur verschwommen wahr, so schlecht war mein Sehvermögen. Ich hielt das Buch dicht an die Augen.

Peteneras Namen konnte ich entziffern. Sonst nichts.

«Ich könnte Euch daraus vorlesen, wenn Ihr wollt», sagte Pater Juan.

In dem Augenblick kam Dr. Chanca herein. Er war seit zwei Jahren wieder in Spanien und praktizierte hier in Sevilla. Er war gealtert – wer war das nicht? – und trug jetzt manchmal eine Brille auf der Nase. Aber ansonsten hatte er seine alte nüchterne Art beibehalten.

«Genug für heute», erklärte er dem Prior.

Pater Juan versprach wiederzukommen.

«Taugen diese Dinger denn was?» fragte ich, als Chanca seine Brille – runde Linsen in einem Drahtgestell, das er an seinen Ohren befestigte – aufsetzte, um sich das Buch anzusehen.

«Ja natürlich, zum Lesen.»

Er legte das Buch auf den Nachttisch und drückte auf verschiedene Stellen meines Körpers. «Fühlt Ihr Euch sehr mies?» fragte er.

Ich verneinte das entschieden.

«Hab ich mir gedacht. Ich sähe es gerne, daß Ihr aufsteht und Euch etwas bewegt.» Chanca half mir zum Fenster, das auf den Hof hinausführte, wo ein halbes Dutzend Matrosen in der fahlen Novembersonne herumlungerte.

«Seid Ihr vielleicht Millionär?» brummte Chanca. «Wie viele von diesen Schnorrern füttert Ihr eigentlich durch?»

«Ich habe sie nie gezählt. Und es sind keine Schnorrer.»

Es waren vier Dutzend, Mannschaftsangehörige der Großen Reise, für die alles schiefgelaufen war.

«Ganz gleich, wie Ihr sie nennt, sie werden Euch in den Bankrott treiben», sagte Dr. Chanca.

Was hätte ich denn tun sollen? Sie verhungern lassen? Sie auf die Straße zum Betteln schicken? Die derzeitige Wirtschaftslage war miserabel, Arbeit war knapp, und meine Männer hatten die Heuer für sechs Monate erhalten und darüber hinaus nicht einen Pfennig mehr.

Sechs Monate! Für eine Reise, die im Mai 1502 begann und am 7. November 1504 mit unserer Rückkehr nach Sevilla endete – auf einem Schiff, das ich mit eigenen Mitteln in Hispaniola gechartert hatte.

Rund dreißig Monate sind vergangen; zuletzt sah man uns im April 1503 den Bethlehem-Fluß verlassen.

Dieses Loch ist peinlich, läßt sich aber leicht erklären.

Wir lagen einsam und verlassen an der Küste von Jamaica. Barto hatte recht gehabt mit der Holzwurmpest im Bethlehem-Fluß: Unsere Schiffsböden sahen aus wie Bienenwaben, die Pumpen waren dem Wasser nicht gewachsen, und wir hatten Glück, Jamaica überhaupt zu erreichen; dort zogen wir die Karavellen auf den Strand und warteten ab. Kapitän Fieschi erklärte sich tapfer bereit, mit nur vier Indianern in einem Kanu gegen den Wind nach Hispaniola zu paddeln, und dann wartete auch er. Denn Gouverneur Ovando war damit beschäftigt, die Insel zu befrieden, und alle Indianer tanzten den *areitos*, aber Ovando hatte tausend gut gerüstete Soldaten, und das Gemetzel war fürchterlich. Achtzig Kaziken und Stammesführer wurden hingerichtet – gehenkt oder verbrannt, wie Fieschi berichtete –, die walkürenhafte Anacaoná eingeschlossen. Erst dann schickte uns Ovanda eine Karavelle – und nur unter der Bedingung, daß ich für die Charter aufkam. Es war ein noch rankeres Schiff als die *Aguja* und ging beinahe unter. Wahrscheinlich hoffte Ovando genau dieses. In Hispaniola lief für ihn alles prächtig; er war ein reicher Mann. Wahrscheinlich befürchtete er, ich würde einen Aufstand im Volk entfachen. Aber daran hatte ich kein Interesse. Mehr als die Hälfte meiner Männer machten sich auf nach Puerto Rico, wo sie sich als erste Siedler niederließen. Der Rest kehrte mit Barto, Ferdy und mir in einer großen Karavelle – die ich ebenfalls für einen horrenden Preis gechartert hatte – nach Spanien zurück.

Daß wir monatelang festsaßen, gehört nicht eigentlich zu meiner Lebensgeschichte. Die Große Reise endete an dem Tag, an dem wir den Bethlehem-Fluß verließen. Über ein Jahr lang festzusitzen ist entsetzlich öde. Und warum sollte ich Sie mit faden Details langweilen?

In Spanien angekommen, begab sich Ferdy auf schnellstem Weg nach Medina del Campo, um seinen Dienst als Page wieder anzutreten. Ich bestand darauf – schließlich gab es keinen Grund, am Krankenbett eines alten Mannes herumzuhängen.

Barto allerdings blieb bei mir. Wollte nirgends anders hin, bevor ich nicht wieder auf den Beinen sei, behauptete er. Kapitän Fieschi blieb auch. Barto war froh um seine sonnige Gesellschaft, und ich noch mehr. Fieschi war ein typischer Genuese. Wir sprachen mehr und mehr Italienisch. Es tat wohl festzustellen, wie leicht mir die musikalische Sprache meiner Jugend von der Zunge ging. Fast ließ sie mich vergessen, daß ich überall ein Fremder war.

Als ich vom Kleinen Diego, der mit seinen fünfundzwanzig Jahren inzwischen Offizier in der Leibgarde des Königs war, Nachricht erhielt, daß meine Mannschaften von der Großen Reise über den Vorschuß für sechs Monate hinaus nicht einen Maravedi bekommen würden, ging ich an die Decke – soweit das möglich ist, wenn man flach auf dem Rücken liegt.

Ich schrieb an den Kleinen Diego und bat ihn, mir eine Audienz beim König zu verschaffen.

«Ihr könnt nicht hingehen», erklärte mir Chanca.

«Wenn die Audienz bewilligt wird, muß ich hin.»

«Es ist Euer Begräbnis.»

Während der Monate, die vergingen, ohne daß ich eine Audienz bekam, nahm ich häufig dieses höchst sonderbare Buch auf meinem Nachttisch in die Hand. Aber jedesmal legte ich es wieder weg. Ungeöffnet.

«Soll ich Euch daraus vorlesen? Mein Spanisch ist nicht sehr berühmt, aber es wird schon gehen.» Das war Fieschi.

«Es ist lateinisch geschrieben», sagte ich.

Dieses Buch beunruhigte mich. Ich war fest davon überzeugt, daß ich es nie gesehen hatte. Und Pater Juan Pérez war ebenso überzeugt, daß ich es gesehen hatte.

War das das Buch, das Herne der Jäger in meinem Traum aus St. Albans entwendet hatte?

Irgendwie wußte ich, daß es das war.

Warum drückte ich mich dann davor, es mir vorlesen zu lassen?

Als es März wurde, stand ich auf und ging umher. Zumindest im Hof des großen Hauses in Sevilla. Ich hatte auch noch andere Häuser gemietet. Ein paar Dutzend meiner Seeleute waren dort untergebracht; zu essen gab es immer reichlich, und der Wein war gut.

Barto sagte: «Du wirst dich verschulden.»

Das war kein Vorwurf, nur eine Feststellung.

«Ich kann mir auf mein Gold, das noch immer in Santo Domingo festliegt, vom Haus Centurione etwas borgen.»

«Menschenskind, Cristóbal, das kriegst du doch nie!»

«Porco-Zámpano ist bereit, das Risiko einzugehen.»

«Hast du mit ihm gesprochen?»

Ein merkwürdig schräger Blick trifft mich.

«Nein. Er ist zu beschäftigt, um sich die kleinen Probleme eines alten Seebären anzuhören. Aber ich habe einen freundlichen Brief von seinem Enkel bekommen. Hör zu, Barto, wenn sich der König weigert, die Männer zu bezahlen, glaubst du, es würde helfen, nach Rom zu schreiben? Ich meine, der Papst . . .»

Barto wandte sich ab. Mit leiser Stimme sagte er: «Ich dachte, du wüßtest es. Er ist gestorben, während du in Jamaica warst.»

Dasselbe galt für Luis de Santangel – starb einfach eines Tages, während er versuchte, sich zu beschäftigen.

Nachdem Barto gegangen war, verbrachte ich den Rest des Nachmittags im Bett. Derzeit schienen alle zu sterben.

Ende April kam ein Brief aus Segovia. König Ferdinand hatte mir endlich eine Audienz gewährt. Bartos Vorschlag, eine ungarische Kutsche zu mieten, lehnte ich ab; ich beschloß, auf einem Maultier zu reiten.

Im Mai trafen wir in Segovia ein; ich stieg den steilen Pfad zum Alcázar hinauf, der wie eine Galionsfigur über die Stadt und das grüne Tal ragte.

Man stellte uns Quartier zur Verfügung. Ich ruhte mich drei Tage aus, bevor ich in der Lage war, dem König gegenüberzutreten.

Der weitestgereiste königliche Page begleitete mich bis ins Vorzimmer. Ich ging mit Hilfe eines Stockes. In seiner purpurnen, goldbesetzten Livree sah Ferdy wieder ganz wie ein königlicher Page aus, doch seine seemännische Terminologie hatte er beibehalten. «Erwarte keine sanfte Brise, Papa. Seine erste Antwort lautet normalerweise: Nein. Ganz gleich, was der Bittsteller möchte. Also stell dich darauf ein, daß du den Kurs ändern mußt.»

Leutnant Diego Colón, ein hochgewachsener, rothaariger, auffallend gutaussehender Höfling, wartete im Vorzimmer.

«Der König hat gesagt», informierte er mich, «daß du alles bekommst, was du willst, solange es sich nicht um Geld, Macht oder Ämter handelt.»

«Dann bleibt nicht mehr viel übrig.»

«Tut mir leid, Papa. Wenn es heute nicht funktioniert, bleiben wir am Ball. Ich sehe ihn ständig, und er mag mich nicht ungern.»

Der Anblick, den König Ferdinand ohne Königin an seiner Seite so ganz allein auf einem einzelnen Thronsessel bot, stimmte irgendwie nicht.

«Keine langen Jammergeschichten, Colón. Ich habe mehr Arbeit, als ich ohne meine Gemahlin, Gott hab sie selig, schaffen kann. Also kommen wir gleich zur Sache.»

Ich sagte, daß ich wieder Vizekönig der Indischen Lande werden wollte.

Ein finsterer Blick. «Kommt nicht in Frage. Ihr seid zu alt. Und außerdem zu krank, wie ich höre. Man sieht es Euch auch an.»

Ich erklärte ihm, daß ich meine zwölfeinhalb Prozent von den Gewinnen aus den Indischen Landen schon seit einigen Jahren nicht mehr bekommen hätte.

«Kein Mensch», brüllte er, «kann erwarten, daß er ein Achtel von den Einnahmen der Krone aus unserer riesigen Anderen Welt *(sic)* jenseits des Ozeanischen Meeres bekommt.»

Natürlich hatte er recht, und ich hatte das ja auch gar nicht erwartet. Ebensowenig wie meine Wiedereinsetzung als trotteliger alter Vizekönig.

Aber so verschaffte ich mir eine günstigere Verhandlungsbasis.

«Ich hätte es gerne schriftlich, Sire, daß meine Admiralswürde an meine männlichen Nachfahren übergeht, angefangen bei Diego Colón, Leutnant in Eurer Majestät Leibgarde.»

«Kommt nicht in Frage. Admiralstitel sind nicht erblich.»

«Die Königin . . .»

«. . . ist tot», sagte er. Ziemlich harsch, wie ich fand.

«Sire, meine Männer sind nicht bezahlt worden. Ohne wohltätige Zuwendungen aus einer bestimmten Quelle würden sie verhungern.»

«Sie sind für sechs Monate entlohnt worden, und danach haben sie nichts getan, was man als der Krone dienen bezeichnen könnte. Falls es Euch interessiert, der königliche Aufsichtsbeamte hat im einzelnen dargelegt, was sie wann getan haben. Von Anfang 1503 bis Mitte April: Unruhe unter den Eingeborenen auf dem Isthmus gestiftet und Gold gestohlen; das kann man wohl kaum der Krone dienen nennen. 16. April bis 25. Juni 1503: auf See gewesen und sich bemüht, nicht unterzugehen; das kann man wohl kaum der Krone dienen nennen. 25. Juni 1503 bis 7. März 1504: auf einer ungastlichen Insel festgesessen; das kann man wohl kaum der Krone dienen nennen. 17. März bis 7. November 1504: auf gecharterten Karavellen herumgelungert, die sich auf dem Weg nach Hispaniola beziehungsweise nach Spanien befanden, dazwischen weiß Gott wie viele Monate lang am Strand herumgehockt; das kann man wohl kaum der Krone dienen nennen.»

Mit einem Wort, ich erreichte nichts.

Ich legte mich wieder ins Bett.

Der ambulante Hofstaat zog nach Salamanca, und ich schleppte mich auf dem Rücken meines Maultieres hinterher; Barto und Kapitän Fieschi bildeten mein ganzes Gefolge.

In Salamanca vergingen Monate. Wir mieteten ein kleines Haus.

Eines Abends kam Barto in mein Zimmer. «Wir haben da ein kleines Problem. Ich habe den Kleinen Diego getroffen, und . . .»

«Warum läßt er sich nicht blicken?»

«Er ist gerade aus Toledo zurückgekommen. Hatte dort für den König zu tun. Das Problem ist folgendes: In Toledo sind ihm Gerüchte zu Ohren gekommen, daß sich die Inquisition für dich interessiert.»

Dieses «interessiert» konnte eine Menge bedeuten.

«Weshalb denn?»

«Nun, du weißt ja, daß Buil seit dem Tod der Königin verrückt spielt, daß er alle Leute anschwärzt, die ihm je über den Weg gelaufen sind. Offenbar hat das Heilige Offizium ein Dossier über dich.»

«Was soll ich denn angestellt haben?» Ich war eher neugierig, ja fast freudig erregt, als verängstigt. Im Bett zu liegen ist ermüdend.

«So einiges. Eine Sache geht zurück auf das Jahr '2, die andere auf '98. Beide ziemlich merkwürdig.» Barto sah mich unbehaglich an, als täte es ihm leid, das Thema überhaupt angeschnitten zu haben.

Da kam Fieschi herein. «Na los, sagt es ihm. Was zu lachen wird ihm guttun.»

«Also, erinnerst du dich, damals im Jahr 1502 war dieser Hurrikan in Hispaniola, bei dem uns Ovando nicht in den Hafen lassen wollte. Zwanzig Schiffe und Hunderte von Männern gingen drauf – darunter deine Feinde Roldán und Bobadilla. Das einzige Schiff, das es bis nach Spanien schaffte – das einzige –, war diese ranke kleine *Aguja*, die eine Ladung *deines* Goldes an Bord hatte. Folglich behaupten einige Leute in Hispaniola, du hättest diesen Hurrikan herbeigehext.»

«Colón, der Hexenmeister!» rief Fieschi. «Colón, der Priester der Schwarzen Magie!» johlte er.

Barto lächelte nicht einmal.

«Zweitens», fuhr mein Bruder fort, «hat man Petenera de Torres des Mordes an Großinquisitor Tomás de Torquemada im Jahr 1498 bezichtigt.»

«Mord? Ist er denn nicht im Schlaf gestorben?»

«Angeblich war es Gift. Angeblich hat Petenera de Torres ihn vergiftet. Und angeblich hast du ihr dabei geholfen.»

«Aber ich war doch das ganze Jahr '98 über in den Indischen Landen.»

«Angeblich sollst du ihr ein ganz spezielles, langsam wirkendes indianisches Gift für Torquemada geschickt haben.»

«Jesus Christus!» brüllte Fieschi.

«Ich sagte dir ja, Buil sammelt glühende Kohlen auf dein Haupt», sagte Barto. «Aber der Große Diego meint, wahrscheinlich werden sie einen kranken Mann in Ruhe lassen, einen berühmten kranken Mann.»

«Wenn du glaubst, daß ich klein beigebe, mußt du verrückt sein. Der König schuldet meinen Männern zwei Jahre Lohn.»

Barto seufzte. Fieschi lächelte.

«Dann sollten wir lieber zusammenpacken», sagte er. «Der ambulante Hofstaat bricht nach Valladolid auf, und da bin ich noch nie gewesen.»

Das erste, was ich in meine Satteltasche packte, war Peteneras Buch.

Ich unterhielt noch immer drei große Häuser in Sevilla für meine gestrandeten Seeleute, so daß wir uns in Valladolid nichts Besseres leisten konnten als zwei Zimmer in einer schmalen Gasse hinter der Kathedrale, in der Ferdinand und Isabella vor fast vierzig Jahren getraut worden waren.

Der König wollte mir keine Audienz gewähren. Aber noch hatte ich ein paar Eisen im Feuer.

Der Kleine Diego sah ihn fast jeden Tag.

Und Johanna die Wahnsinnige sollte in diesem Frühjahr mit ihrem Mann, Philipp dem Schönen von Burgund, nach Spanien zurückkehren. Wie wahnsinnig Johanna die Wahnsinnige war, wußte niemand genau. Aber Philipp war das genaue Gegenteil. Und sich für den legendären Admiral des Ozeanischen Meeres und seine mittellosen Seeleute einzusetzen mochte durchaus ein populärer Schritt sein. In Spanien kursierten Gerüchte über königliche Machtkämpfe zwischen Ferdinand und Philipp dem Schönen.

«Ich werde in La Coruña sein, wenn sie den Fuß auf spanischen Boden setzen», erklärte Barto.

«Warte noch ein paar Tage, dann bin ich kräftig genug, um mitzukommen», sagte ich.

«Du bleibst hier. Du willst doch nicht, daß dich die Inquisition dabei erwischt, wie du durch die Gegend rennst.»

Wir verabschiedeten uns. Das übliche «Bis bald». Aber ich hatte Angst, ihn nie wiederzusehen.

Ein paar Tage später stand ich eines Morgens auf und rief nach Fieschi. «Wo zum Teufel sind meine Kleider?»

Ich hörte mich an wie ein zänkischer alter Mann. Muß wohl was gewesen sein, was ich gegessen habe.

«Genau dort, wo sie . . .»

«Ich meine, meine Admiralsuniform.»

Fieschi fand sie und half mir beim Ankleiden. Ich wankte im Zimmer umher.

«Ihr seht prachtvoll aus», sagte er.

«Haltet den Mund», sagte ich. «Wo ist mein Stock?»

Fieschi fand auch den. Ich öffnete die Tür. Es regnete.

«Wo wollt Ihr eigentlich hin?»

«Zum König.»

Nach einer äußerst beschwerlichen Fahrt, diesmal in einer Kutsche, was beinahe einer Bankrotterklärung gleichkam, wurde ich wie üblich von Ferdy empfangen.

«Ich kann dich zwischen dem venezianischen Gesandten und dem Verbindungsoffizier von Philipp dem Schönen einschieben, aber sieh zu, daß du ein scharfes Auge auf den Kleinen Diego hast.»

«Warum das denn?»

«Er ist ein Höfling. Ist nie draußen in der richtigen Welt gewesen. Könnte sein, daß du ihn in Verlegenheit bringst.»

Man muß mir den Schock angesehen haben.

«Ich jedenfalls tue es», sagte Ferdy.

Hatten meine Söhne ihre Persönlichkeiten vertauscht?

Als wir ins Vorzimmer kamen, stand der Kleine Diego da. Mein Herz klopfte heftig. Ich stützte mich auf meinen Stock.

«Guter Gott», sagte er, als er mich sah. «Eigentlich solltest du im Bett liegen», fügte er hinzu, und im Grunde hatte er recht.

Ferdy fragte: «Ist der venezianische Gesandte noch drin?»

«Er ist gerade gegangen.»

Ferdy führte mich ohne Umschweife hinein. Wieder kam es mir merkwürdig vor, den König so allein dasitzen zu sehen. Nachdem Ferdy mich angekündigt hatte, trat ich näher und verbeugte mich.

Der König sagte dasselbe wie zuvor der Kleine Diego. «Guter Gott.»

«Sire», flehte ich ihn an, «gewährt dem Jungen meinen Titel, wenn ich sterbe.»

Er starrte mich nur an.

«Und gebt meinen Männern den überfälligen Lohn.»

Ich begann zu schwanken.

«Halt ihn fest», brüllte der König Ferdy an.

Aber Ferdy hatte mich bereits am Arm gepackt.

«War dieser Auftritt deine Idee?» fragte ihn der König.

«Nein, Majestät. Den Titel bekommt mein älterer Bruder, und meinen Lohn habt Ihr mir bereits gegeben.»

Der König hustete und murmelte etwas, was sich anhörte wie: «Gut möglich, daß der Titel an den falschen Colón geht.» Dann lauter: «Also gut, Admiral. Euer Titel ist erblich. Aber Diego muß sich erst noch bewähren.»

Lassen Sie mich einen flüchtigen Blick in die Zukunft werfen: Der Kleine Diego bewährte sich. Er hielt sich von 1509 an ein paar Jahre lang recht gut als Gouverneur von Hispaniola. Aber dann packte ihn die Ruhmsucht, und er kehrte nach Spanien zurück, um darum nachzusuchen, Vizekönig der gesamten Indischen Lande zu werden. Dieser Traum hat ihn zermürbt, und er starb in jungen Jahren.

«Meine Mannschaft», sagte ich, «hat Anspruch auf zwei Jahre Lohn.»

Der König ging nicht darauf ein. Dann sagte er zu Ferdy: «Solltest du ihn jemals wieder ohne Anmeldung hier hereinbringen, muß ich dich entlassen, Colón. Das weißt du doch, oder?»

«Ja, Majestät. Aber wenn er mich darum bittet, werde ich es tun.»

Der König sann darüber nach. Erst sah er mich an, dann Ferdy. «Du bist der beste Page, den ich je hatte», brummte er.

Ferdy reagierte nicht.

«Ich sollte Eure Männer wohl lieber entlohnen», sagte der König zu mir.

Der Clan versammelte sich.

Und nicht nur der Clan. Fieschi war jeden Tag bei mir, ebenso Dr. Chanca; Pater Juan Pérez kam den weiten Weg von La Rábida angereist, zusammen mit dem Großen Diego.

Ich freute mich, sie alle zu sehen, aber diese ganze Besucherei ging mir auf den Wecker.

Ich meine, schließlich lag ich nicht im Sterben.

Ich hatte Pläne.

Der beste bestand darin, mit Fieschi nach Genua zu fahren, sobald es mir besser ging.

Als ich einmal davon sprach, hielt er es für eine ausgezeichnete Idee.

Der Kleine Diego und Ferdy waren auch sehr davon angetan.

Der Große Diego sagte: «Ich habe jemanden mitgebracht.»

An diesem Morgen sah ich nicht sonderlich gut. Sie beugte sich über mein Bett. Eine füllige Frau in Schwarz.

«Cristóbal», sagte sie mit zitternder Stimme. Sie küßte mich auf die Wange. «Das ist das erste Mal in meinem ganzen Leben, daß ich weiter nördlich als Córdoba gekommen bin.»

«Beatriz! Was für eine großartige Überraschung.» Das war es, aber trotzdem . . .

Das Allerschlimmste war Bartos Rückkehr.

«Es ist alles arrangiert», sagte er fröhlich.

Barto ist ein miserabler Lügner, genau wie ich. Seine Stimme verrät ihn.

«Sobald es dir gut genug geht, um zu reisen, wird dich Philipp der Schöne empfangen. Aber du mußt dich in acht nehmen.»

«Wovor denn?»

«Vor dem Heiligen Offizium. Ich bin überzeugt, daß sie auf der Stelle gegen dich vorgehen würden, wenn du nicht bettlägerig wärest.»

Ein paar Tage später sagte er: «Das werden sie ohnehin.»

«Wer? Was?»

Diese schwache Stimme gehörte mir, glaube ich.

«Die Inquisition. Es sei denn, wir tun so, als lägest du im Sterben. Heutzutage gehen sie gegen jeden vor, außer er liegt auf dem Sterbebett.»

Ich wünschte, Barto wäre kein so schlechter Lügner gewesen.

«Also wundere dich nicht, wenn an einem der nächsten Tage Pater Juan Pérez hier auftaucht, um dir die Letzte Ölung zu geben.»

Ich hatte keine Angst vor dem Tod. Ich liebte es nur zu leben. Zu reisen. Umherzuwandern.

«Denn das gehört alles zu unserem Plan», erklärte Barto. «Wir tun so, als würdest du sterben, bis du kräftig genug bist, um aufzubrechen.»

«Um Johanna die Wahnsinnige und Philipp den Schönen aufzusuchen?»

«Nein. Um deinen eigenen Plan zu verwirklichen – mit Fieschi nach Genua zu fahren.»

Fieschi bestätigte das.

Wahrscheinlich lief alles nur auf den Wunsch hinaus, mich voller Hoffnung sterben zu sehen. Ich würde weder nach Genua noch anderswohin fahren, weder mit Fieschi noch mit sonst jemandem.

Dr. Chanca kam.

«Wie geht es mir?» fragte ich, als er seine Untersuchung abgeschlossen hatte.

«Macht Euer Testament», sagte er.

Paradoxerweise war just dies der Besuch, der mich aufheiterte. Chanca war immer ein Schwarzseher gewesen. Trotzdem rief ich einen Notar und diktierte ihm ein kurzes Testament, in dem ich alles dem Kleinen Diego vermachte und ihn ersuchte, sich um die

Familie, Beatriz eingeschlossen, zu kümmern. Der Notar schickte sich zum Gehen an.

«Wartet!» rief ich.

Er kam zurück und öffnete abermals sein tragbares Schreibpult.

«Lissabon. In Lissabon wohnt ein Mann namens Isaak Levi. Der Besitzer eines armseligen Ladens in einem dieser Randbezirke im Norden. Ich möchte ihm einen goldenen Escudo vermachen.»

Ich unterzeichnete das Testament mit

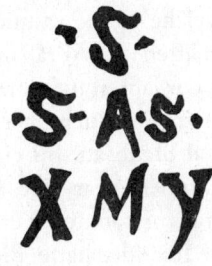

und der Notar ging.

Dr. Chanca kam wieder herein. «Kann ich Euch irgend etwas bringen?»

Ich faßte mir ein Herz. «Diese Augengläser, die Ihr da tragt, meint Ihr, Ihr könntet sie mir einmal leihen?»

Chanca nahm sie ab und befestigte sie an meinen Ohren. Jetzt sah ich Chanca und die Tür, durch die er verschwand, noch verschwommener als sonst.

Ich nahm Peteneras Buch zur Hand und schlug es auf. Die Worte, die sie auf das Vorsatzblatt geschrieben hatte, wurden scharf und deutlich:

Mein lieber Luis,

wenn es ein Buch gibt, von dem ich weiß, daß du es brauchst, dann dieses. Denn ich weiß, wie sehr dich die Legende vom Ewigen Juden (hier Cartaphilus genannt) stets fasziniert hat, und diese Version von Wendover ist möglicherweise die allererste schriftliche Fassung. Jetzt, da du selbst weite Reisen unternommen hast (die, wie ich hoffe, nicht bis zum Jüngsten Tag dauern werden!), und jetzt, da auch du von beidem, Christ und Jude, etwas verkörperst, wird dich diese Geschichte zweifellos noch mehr in ihren Bann schlagen. Ich kann endlich begreifen, was dich so anspricht – die zyklische Wiedererstehung der mythischen, zum Umherwandern verdammten Gestalt, die ihre erworbene Weisheit unter den Menschen verbreitet. Es wäre schön, das glauben zu können. Vielleicht wirst du mich davon überzeugen, wenn wir wieder vereint sind.

Aber jetzt, mein Bruder, sage bitte ein so lautes Dankeschön, daß ich es über das Ozeanische Meer hinweg hören kann. Denn wenn du wüßtest, welche Mühe es mich gekostet hat, dieses Buch für dich zu beschaffen . . .! Abraham aus Lucena (erinnerst du dich an ihn?) hat es vor Jahren auf seinen Reisen durch Europa entdeckt. Offenbar setzte das Buch über Generationen hinweg auf irgendeinem Regal Staub an, bis ein Student aus Oxford darauf stieß. Dieser Student war eine Art Gehilfe bei einem Alchimisten, den Abraham kannte; er erinnerte sich deshalb so gut an ihn, weil er die fixe Idee hatte, dieser Student müsse ein Mädchen sein, das sich als junger Mann verkleidet hatte. Wie dem auch sei, du weißt ja, was es mit Abraham und seltenen Büchern auf sich hat. Er wollte sich nicht davon trennen. Aber ich habe es für dich beschafft – wie, das soll nicht deine Sorge sein. Er ist ein ziemlich vitaler alter Mann. Das also ist die Geschichte zu diesem Buch.

Deine dich liebende Schwester
Petenera

Ich suchte die entsprechende Stelle im Buch und begann zu lesen. Wie Roger Wendover Besuch vom Erzbischof von Armenien bekam, der ihm die Geschichte seiner Begegnung mit einem Fremden erzählte, Cartaphilus mit Namen, der Türhüter bei Pontius Pilatus gewesen war und der, als Christus aus dem Gerichtshof kam . . .

Da traf es mich wie ein Keulenschlag.

Tristram! Petenera hatte das Buch über ein Zwischenglied von Tristram bekommen.

Unmöglich, meinen Sie?

Aber genauso war es.

Die erste und die letzte Liebe meines Lebens, die einzigen echten Lieben meines Lebens, tun sich zusammen, um mir zu sagen, daß . . . ja, was eigentlich? Jemand nimmt mir das Buch aus den Händen. Ich will protestieren, aber anscheinend habe ich keine Stimme mehr. Man nimmt mir die Brille ab. Ich höre Pater Juan Pérez' Stimme.

Und natürlich ist das kein normaler Wein und keine normale Oblate, sondern die letzte Wegzehrung.

Also, da liege ich nun. Ein Mann, der einst auf dem Ozeanischen Meer umhergefahren ist, und jetzt ist meine ganze Welt auf ein Bett beschränkt.

Aber selbst wenn das alles wirklich sein sollte, selbst wenn es nicht zu Bartos schlauem Plan gehören sollte, könnten sich doch alle irren. Ich wäre nicht der erste, der seinem Arzt ein Schnippchen schlägt, indem er sich von seinem Sterbebett erhebt, oder?

Ich kann doch nicht einfach sterben, ohne herauszufinden, was Tristram und Petenera mir zu sagen versucht haben.

Ich muß von diesem Bett aufstehen.

Wissen Sie was? Wenn ich wirklich aufstehe, wenn ich mich wirklich erhole, dann schreibe ich meine Memoiren. Auf diese Weise wissen *Sie* dann Bescheid. Existieren keine Memoiren, dann bedeutet das, daß ich an dieser Stelle gestorben bin. Aber wenn Sie sehen, was ich geschrieben habe, dann wissen Sie mit Sicherheit . . .

Oder doch nicht? Immerhin könnte ein noch üblerer Opportunist als Amerigo Vespucci die Situation ausnützen. Könnte in meinem Namen ein Buch schreiben und «beweisen», daß ich es geschrieben habe, indem er schreibt, was ich jetzt in dieser Minute niederschreibe.

Vielleicht gibt es eine bessere Möglichkeit.

«Fieschi», sage ich, «ich möchte Porco-Zámpano sprechen. Bringt ihn her.»

«Ich gehe sofort», sagt er.

Die Nacht vergeht. Am Morgen stehen alle wieder um mein Bett. Es ist der 20. Mai 1506, ein Donnerstag.

Dann gehen alle hinaus, und neben mir steht nur noch ein verschwommenes Gesicht.

«Wer ist das?»

«Porco-Zámpano, das internationale dynamische Finanzgenie.»

Ich erinnere mich an einen kaninchengesichtigen Jungen. «Ein Dreck seid Ihr.»

«Oh, Ihr meint sicher den armen Großpapa. Der ist letztes Jahr gestorben.»

Ich drehe mein Gesicht zur Wand.

Der kaninchengesichtige Junge ist noch immer da. Ich kann ihn schnaufen hören.

«Geht es um diese Akten, die er hatte?» fragt er besorgt. Ich nicke.

«Ich bin nicht im entferntesten so ein Mensch wie mein Großvater. Ich hatte eine panische Angst davor. Deshalb habe ich sie vernichtet.»

Damit ist meine letzte Hoffnung dahin. Ich werde überhaupt nichts beweisen können.

Aber aus irgendeinem Grund bleibt der Junge an meinem Bett stehen.

«Mit Ausnahme von einer», sagt er. «Großpapa hegte so sentimentale Gefühle für Euch, daß ich ihm versprechen mußte, nach seinem Tod die Abschrift von Buils Geständnis aufzuheben. Großpapa meinte, vielleicht würdet Ihr sie eines Tages brauchen. Zum Beispiel jetzt.»

Wenn ich den Jungen nur besser sehen könnte! Ich möchte wetten, daß ihm inzwischen Haarbüschel wie kleine Bürsten aus Nase und Ohren sprießen.

«Habt Ihr das Geständnis dabei?» frage ich.

Er gibt es mir, und ich schiebe es unter mein Kopfkissen.

Also gut. Die Inquisition hat dieses Dossier über mich – wüstes Zeug, aber Sie kennen ja Pater Buil.

Wir werden also folgendes machen: Sobald ich kräftig genug bin, werde ich eine Abschrift der Abschrift dieses Geständnisses in den hiesigen Palast der Inquisition bringen. Dort werde ich Buil antreffen, denn er hat die Angewohnheit, mit dem königlichen Hof zu ambulieren.

Und dann werde ich ihm zeigen, was ich habe.

Und wenn er mein Inquisitionsverfahren nicht niederschlägt, werde ich mit seinem Geständnis an die Öffentlichkeit treten.

Wenn ich für Generationen von Schulkindern ein strahlender Held bleibe, dessen Ruf nicht von irgendwelchen ungeheuerlichen Anschuldigungen seitens der Inquisition besudelt ist, dann werden Sie, der Leser, wissen, daß ich mich von meinem sogenannten Sterbebett erhoben und mich mit Buil auseinandergesetzt habe.

Ist mein Ruf durch die Suprema beschmutzt, dann wissen Sie, daß ich es nicht geschafft habe.

Porco-Zámpano der Jüngere scheint mein Vorhaben vorausgeahnt zu haben.

«Ich habe Euch ein Duplikat mitgebracht, junger Mann», sagt er.

Junger Mann!

Bürsten, davon bin ich überzeugt.

Etwas später bin ich ebenso überzeugt, daß ich aufstehen kann.

Also versuche ich es.

Niemand ist da, und das ist gut so.

Ich ziehe meine Galauniform an. Das nimmt eine Weile in Anspruch. Ich nehme meinen Stock und klemme eine der zwei Abschriften des Bekenntnisses unter den Arm. Sonst noch was? Nun, man kann nie wissen. Es könnte eine Zeitlang dauern, bis ich zurückkomme. Also nehme ich dieses Buch – Tristrams und Peteneras Buch – und klemme es ebenfalls unter den Arm. Dann gehe ich zur Tür.

Draußen herrscht finstere Nacht.

Das Laufen ist nicht einfach. Wie Hart-am-Wind-Segeln, ohne anzuluven.

Aber allmählich sehe ich deutlicher.

Ich habe mich getäuscht. Es ist nicht Nacht, sondern Tag. Ein traumhafter Tag für einen Seemann auf dem Achterdeck einer Karavelle, die vor einer frischen Brise herläuft, mit Kurs auf ein fernes Land, in dem die Männer edel, die Frauen schön, die Luft voller Gewürzdüfte und die Flüsse voller Gold sind.

Die Straße kommt mir unbekannt vor, fremd. Aber ich gehe trotzdem weiter. Es fällt mir fast ebenso schwer, wie damals die Webeleinen hinaufzuklettern. Linkes Bein, rechtes Bein. Ich lehne mich einen Augenblick gegen eine Wand, stehe reglos da, während mich Zweifel beschleichen. Wird sich Buil auf diesen Handel einlassen? Wird er überhaupt da sein?

Doch schwach, wie ich bin, muß ich weitermachen, wenn mich Zweifel befallen. Sie kennen mich ja.

Also gehe ich weiter. Ich gehe . . .

. . . eile durch die schmale Gasse zum Basar, streiche mit der Hand über die Mauer. Habe ich gerade innegehalten, um mich an dieser Mauer auszuruhen? Seltsam. Wer braucht denn eine Ruhepause? Ich berste vor Tatendrang, vor Energie. Woran habe ich bloß gedacht? Ja, das ist es, ich *habe* an etwas gedacht – an eine Art Strickleiter, die zu einer Mastspitze hinaufführt? Ich mit meinen Tagträumen.

Vater ermahnt mich ständig, nicht mit dem Kopf in den Wolken herumzulaufen. Aber warten Sie, bis er sieht, wofür ich das Gold, das ich zur Firmung bekommen habe, ausgebe. Er wird einen Anfall kriegen.

Aber ich muß es tun. Eine Karte wie die da, wie könnte ich ohne sie leben?

Gerade als ich den winzigen Laden des Kartenhändlers Abu'l Qurra erreiche, höre ich den Klageruf eines Muezzins, und in der ganzen Gasse sinken die Männer auf die Knie, strecken sich auf dem Boden aus. Höflich warte ich. Der alte Abu'l Qurra erhebt sich soeben von seinem Gebetsteppich, als ich eintrete.

«Die Karte ist aber teuer», erinnert er mich. Alter Miesmacher.

Ich zeige ihm den kleinen Beutel mit dem Gold von der Firmung. «Das ist alles, was ich habe.»

Murmelnd zählt er die Münzen. Dabei schimpft er vor sich hin. «Eine Karte von der ganzen Welt, gezeichnet von dem berühmten Piri Re'is aus Konstantinopel, ist eine Menge Geld wert», erklärt er mir.

Dann ist er mit dem Zählen fertig.

Ich halte die Luft an.

«Es reicht nicht ganz», sagt er. «Ich habe dir bereits gesagt, daß diese Karte von der Hand von Piri Re'is stammt, dem berühmtesten lebenden Kartenzeichner, aber noch wichtiger ist, daß der Teil, der die Inseln der Antillen darstellt, von einer älteren Karte abkopiert wurde, die Piri Re'is vor einigen Jahren einem ungläubigen Seemann abgekauft hat, einem pockennarbigen, mittellosen Kerl namens Q'intero. Und diese andere Karte, Allah möge mich auf der Stelle tot umfallen lassen, wenn ich lüge, hat der berühmte ungläubige Entdecker Christophorus Columbus auf seiner ersten Reise über das Ozeanische Meer gezeichnet. Da unten könnt Ihr ein echtes Faksimile seiner Unterschrift sehen.»

Ich schaue hin, und da, im Bereich der Antillen, ist diese merkwürdige Signatur:

«Das soll Columbus heißen?»

Aber ich habe diese Signatur nicht verwendet, zumindest damals nicht; wie also . . .

Ich stutze. Woher kam nur dieser Gedanke?

. . . nur wieder einer meiner sonderbaren Christophorus-Träume . . .

«Was ist denn los, Junge?» fragt Abu'l Qurra. «Was macht dich denn so stutzig?»

Ich gebe keine Antwort.

«Ich versichere dir, daß das Columbus' Unterschrift ist.»

«Gott!» flüstere ich ehrfürchtig.

«Für Entdecker und Kartenliebhaber vielleicht», räumt der alte Mann ein. Mit gespieltem Widerstreben steckt er meinen Beutel mit Münzen ein.

Ich laufe mit der Karte nach Hause und träume von fernen Orten. Nicht von Kolumbus-Orten, nicht von den Indischen Landen. Sondern von meinen eigenen. In meinem Kopf ist eine ganze Liste von Namen – Venedig, das Goldene Jerusalem, Trapezunt, Babylon, die Stadt der hundert Tore, Samarkand, Karakorum –, und ich weiß, daß ich sie eines Tages mit eigenen Augen sehen werde, so sicher, wie ich weiß, daß mein Name . . .